KB040762

PUBLIC LAW

공법기록형 공법소송실무

정승윤 저

박영사

PREFACE

　실무에서 교직으로 자리를 옮긴 후 시간이 흐르면서 어떻게 가르쳐야 '제자들이 쉽고 편하게 배울 수 있는가' 하는 문제를 늘 고민하였다. 교재도 만들어 보고, 유인물도 만들어 나눠주기도 하고, 소리도 질러보고, 일부러 화도 내보고, 영상을 녹화해 올리기도 하고…. 어떤 방법이 좋은지 아직도 모르겠지만, 분명한 것은 학습자를 괴롭혀야 학습동기가 유발된다는 것이다. 머릿속에서 안다는 것과 실제로 서류를 작성한다는 것의 차이는 너무 크기 때문에 수업시간에 서류를 작성토록 한 경우와 그렇지 않은 경우에 나타는 결과는 현격히 차이가 난다. 수업시간 이외에 서류를 작성하도록 과제를 부과하면 항상 시간에 쫓기기 때문 형식적으로 서류를 작성해 오는 경우가 다반사이고, 수업시간에 서류를 작성토록 하면 강의 시간이 절대적으로 부족하다. 그래서 먹물 교재와 영상 교재를 만들고 제공하는 방법으로 부족한 시간을 보충해서 강의와 학습의 균형을 맞추도록 결심하게 되었다.

　우선 본서 먹물 교재를 만들었는데, 본서는 공법 기록을 일정한 프레임 형식으로 분석하는 방법으로 서술되어 있다. 공법 소송의 기본 서류인 '행정소송소장, 답변서, 집행정지신청서, 위헌법률제청신청서, 헌법소원심판청구서 등' 작성 시 필요한 요소를 소송요건·적법요건과 본안(위법, 위헌)이라는 틀을 기초로 분석하고 있다. 그래서 본서에 나타난 문서는 첫 장부터 마지막 장까지 일정한 형태로 기술되어 있는데, 이와 같은 분석 방법이나 기술 방식이 유일하다거나 보편적이라고 장담할 수는 없지만 실무나 변호사시험에서 사용할 수 있는 유용한 방법임은 분명하다. 즉, 본서는 문서 작성 시 반드시 주장·기술해야 할 요소가 무엇인지를 알려주고 있을 뿐, 그 요소의 구체적 내용을 자세히 알려주지 않는다. 후자의 자세하고 구체적인 내용은 행정법·헌법 교과서, 판례 등을 통해 별도로 확인해야 한다.

　　본서 출판에 많은 분의 도움을 얻었는데, 모든 분들을 밝혀 감사를 표현해야 마땅한 도리이지만, 오히려 무례가 될 수 있기에 사죄와 함께 생략한다. 끝으로 본서를 보신 분들께 본서의 미흡한 내용이 폐가 되지 않았으면 하는 간절한 소망과 개선할 점과 잘못된 점을 질책해 주셨으면 하는 작은 바람을 덧붙인다.

2017년 2월
연구실에서

CONTENTS

PART
01

기본형 취소소송

> 제1강
취소소송의 이론

1. 취소소송의 의의

　　우리나라의 법제는 공법관계와 사법관계의 구별을 전제로 공법상 법률관계를 대상으로 하는 행정소송과 사법관계를 대상으로 하는 민사소송으로 구별하고 있다. 행정소송과 민사소송은 모두 법원의 관할에 속하지만, 행정소송은 행정법원의 전속관할로 민사소송과 구별되고 있다. 즉, 법률관계의 성질에 따라 공법관계는 행정소송으로 행정법원에서 처리되고, 사법관계는 민사소송으로 일반법원에서 처리되기 때문에 양자의 구별이 비교적 분명하다. 다만, 문제는 공법관계와 사법관계를 구별이 쉽지 않다는 점인데, 법률관계를 구별하는 기준에 대하여 주체설(국가·공공단체 상호간이나 이들과 사인간의 관계는 공법관계이고, 사인간의 관계는 사법관계라는 설), 성질설·권력설(불평등한 법률관계이면 공법관계이고, 평등관계이면 사법관계라는 설), 이익설(공익보호를 목적으로 하는 법률관계가 공법관계이고 사익보호를 목적으로 하는 법률관계가 사법관계라는 설), 생활관계설(국민으로서의 생활관계가 공법관계이고, 인류로서의 생활관계가 사법관계라는 설), 귀속설·신주체설(공권력의 담당자 지위로서의 권리의무가 귀속되는 관계가 공법관계이고, 누구에게나 권리 또는 의무가 귀속되는 관계가 사법관계라는 설) 등의 대립이 있다.[1]

　　우리 법제상 행정소송은 '항고소송, 당사자소송, 민중소송, 기관소송'의 4 종류로, 항고소송을 '취소소송, 무효등 확인소송, 부작위위법확인소송'의 3종류로 규정되어 있다.[2] 행정소송은 크게 국민의 권리 또는 이익을 보호하고 공법상의 권리관계에 관한 분쟁을 해결하기 위한, 즉 주관적 권리·이익의 보호를 목적으로 하는 주관적 소송과 개인의 권

---

1 정승윤, 그래픽 행정쟁송법(디앤비, 2013) 44쪽 11줄 이하.
2 행정소송법 제3조와 제4조.

익구제가 아닌 순수 행정작용의 적법성 확보를 위한 객관적 소송으로 나뉘어 지는데, 항고소송과 당사자소송이 전자에, 민중소송과 기관소송이 후자에 속한다. 한편, 항고소송과 공법상 당사자소송이 국민의 권리 구제를 주된 목적으로 하는 주관적 소송이라고 하더라도 더불어 행정작용 위법상태의 배제를 하는 것을 내용으로 하는 행정통제적 기능이라는 행정소송의 공익적 특수성으로 인하여 민사소송과 다른 특질을 가지고 있고,[3] 특히 항고소송은 민사소송과 확연히 다른 소송구조를 지니고 있다. 즉, 민사소송이 사인 사이에 형성된 법률효과를 중심으로 이행소송, 확인소송, 형성소송 등으로 구별된다는 점을 고려하면, 공법상 당사자소송은 행정주체와 사인 사이에 발생된 법률효과를 중심으로 하기 때문에 민사소송과 동일한 소송구조이지만, 항고소송은 행정청의 권력적 단독행위인 행정행위의 효력·존부를 중심으로 하기 때문에 민사소송과 다른 소송구조를 취하고 있다. 즉, 사법관계에서 법률행위와 법률효과에 대한 다툼이 있는 경우 특별한 규정이 없는 이상 민사소송의 대상은 법률행위 또는 법률행위의 핵심요소인 의사표시의 효력·존부 등이 아니라 법률효과의 효력·존부 등이 되고, 법률효과를 중심으로 권리·채권 등을 실현하기 위한 이행소송이나 의무·채무 등의 부존재를 구하는 확인소송을 제기해야 한다. 그러나 공법관계에서 행정행위와 법률효과에 대한 다툼이 있는 경우라면 행정행위의 공정력 등으로 인하여 특별한 규정이 없는 이상 행정행위의 효력·존부 등을 대상으로 하는 항고소송을 제기해야 하고,[4] 통상 단기 제소기간의 제한이라는 약점에도 불구하고 유효하지만 위법하면 행정행위의 효력을 소급해서 소멸시킬 수 있는 취소소송을 제기한다.[5]

---

3 전게서 33쪽 1줄 이하.

4 전게서 43쪽 8줄 이하, 무효등확인소송과 당사자소송의 관계에서 처분이 무효인 경우에는 이른바 공정력이 없기 때문에 누구든지 어떠한 방법이든지 처분의 효력을 부인할 수 있다. 예컨대, 공무원 파면처분이 무효인 경우 항고소송으로서 파면처분무효확인소송이 가능할 뿐만 아니라 당사자소송으로서 파면처분이 무효임을 전제로 한 공무원지위 확인소송도 가능하고, 과세처분이 무효인 경우 항고소송으로서 과세처분무효확인소송과 당사자소송으로서 부과처분이 무효임을 전제로 한 조세채무부존재확인소송이 가능하다.

5 본 교재는 이러한 특징을 고려해서 항고소송 중 취소소송의 구조와 특징을 비교적 상세하게 설명한 후 나머지 무효등확인소송과 부작위위법확인소송을 취소소송과 비교해서 부분적으로 설명하는 방식을 취하고 있다. 그리고 공법상 당사자소송은 주관소송으로 민사소송과 별다른 차이가 없기 때문에, 기관소송과 민중소송은 객관소송으로 법률에 특별한 규정이 있는 경우에 한하여 제소 가능하다는 특징으로 인해 실무상 매우 희소하기 때문에 설명을 생략하였다.

[행정소송의 종류와 관계]

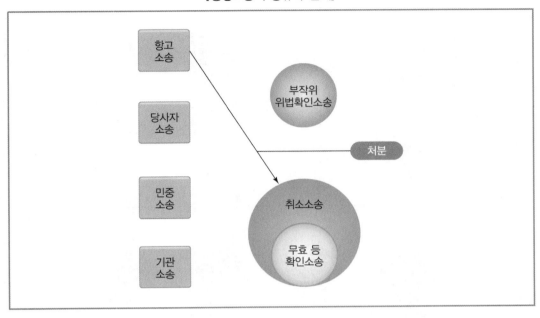

2. 취소소송의 흐름

앞에서 살펴본 바와 같이 행정소송법은 민사소송법과의 관계에서 특별법과 일반법의 관계가 아니라 독립된 개별 소송절차법이지만, 절차면에서 행정소송이 민사소송과 유사하기 때문에 행정소송법은 민사소송법, 민사소송규칙 등 민사소송에 관한 각종 관련법규를 준용하고 있다.[6] 그래서 취소소송도 민사소송과 동일하게 '원고의 제소, 피고의 응소 및 증거조사 등의 절차를 거쳐 변론종결 및 판결 선고에 의한 종료'라는 소송절차상의 흐름이 그대로 적용된다. 즉, 원고가 취소소송의 소장과 준비서면을 작성해서 법원에 제출하고, 피고는 답변서와 준비서면을 작성해서 법원에 제출하는 방식으로 취소소송이 진행된다.

---

6 행정소송법 제8조 제2항 '행정소송에 관하여 이 법에 특별한 규정이 없는 사항에 대하여는 법원조직법과 민사소송법의 규정을 준용한다.'

[행정소송의 흐름]

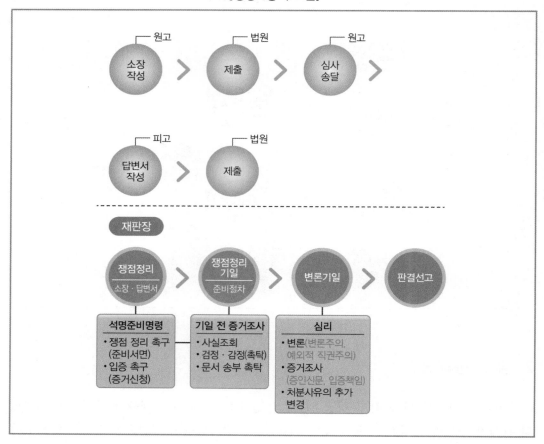

3. 소장, 답변서 및 준비서면 작성

소장은 원고가 소송을 통해 이루고자 하는 결론을 기재한 청구취지 및 결론의 정당성에 관한 주장을 기재한 청구원인 등으로 구성되고,[7] 답변서는 소송요건의 흠결 주장을 기재한 본안 전 항변과 청구의 부당성에 대한 반박 주장을 기재한 본안에 대한 항변 등으로 구성되며,[8] 준비서면은 소장과 답변서에 기재된 주장에 대한 보충 주장뿐만 아니라

---

7 소장 기재사항. 민사소송법 제249조(소장의 기재사항) ① 소장에는 당사자와 법정대리인, 청구의 취지와 원인을 적어야 한다. ②소장에는 준비서면에 관한 규정을 준용한다.

8 답변서 기재사항. 민사소송법 제256조(답변서의 제출의무) ④ 답변서에는 준비서면에 관한 규정을 준용한다.

새로운 주장 등으로 구성된다.[9] 소장의 청구취지는 실무상 판결 주문과 동일한 형태로 작성되는데, 취소소송이 형성소송이라는 점[10]을 고려하면 취소소송의 청구취지[11]는 「피고가 20××. . . 원고에 대하여 한 ○○(거부)처분을 취소한다.」라는 형태로 작성되는 것이 일반적이고, 통상 취소소송에서 나타나는 각종 주문은 별첨 표[12]에서 보는 바와 같다. 소장의 청구원인에서 처분의 경우와 처분의 위법성 등이 기재되는데, 처분의 위법성[13]은 처분문서에서 나타난 사실과 근거법령에 터잡아 사실오인, 법령해석과 포섭의 오류, 재량권 남용·일탈, 절차·형식의 위법 및 처분 근거 법령의 위법·위헌[14] 등으로 구성된다.

---

9 준비서면 기재사항. 민사소송법 제274조(준비서면의 기재사항) ① 준비서면에는 다음 각호의 사항을 적고, 당사자 또는 대리인이 기명날인 또는 서명한다. 1. 당사자의 성명·명칭 또는 상호와 주소 2. 대리인의 성명과 주소 3. 사건의 표시 4. 공격 또는 방어의 방법 5. 상대방의 청구와 공격 또는 방어의 방법에 대한 진술 6. 덧붙인 서류의 표시 7. 작성한 날짜 8. 법원의 표시 ② 제1항 제4호 및 제5호의 사항에 대하여는 사실상 주장을 증명하기 위한 증거방법과 상대방의 증거방법에 대한 의견을 함께 적어야 한다.

10 대판 1992. 2. 11. 선고 91누4126 판결 '현행 행정소송법상 의무이행소송이나 의무확인소송은 인정되지 않으며, 행정심판법이 의무이행심판청구를 할 수 있도록 규정하고 있다고 하여 행정소송에서 의무이행청구를 할 수 있는 근거가 되지 못한다.'

11 무효확인소송의 청구취지 「피고가 20××. . . 원고에 대하여 한 자동차운전면허취소처분은 무효임을 확인한다.」, 부작위위법확인소송의 청구취지 「원고가 20××. . . 피고에 대하여 한 ○○○신청에 관한 피고의 부작위가 위법임을 확인한다.」 「피고가 원고의 20××. . . ○○○신청에 관하여 허부의 결정을 하지 아니함은 위법임을 확인한다.」 당사자소송의 청구취지(이행판결) 「토지수용보상금」 피고는 원고에게 금 80,000,000원 및 이에 대하여 20××. . .부터 판결선고일까지는 연 5푼, 그 다음날부터 다 갚는 날까지는 연 20%의 각 비율에 의한 금원을 지급하라. 「손실보상금증액 청구의 소」 피고는 원고에게 금 80,000,000원 및 이에 대하여 2005. 4. 28.부터 판결선고일까지는 연 5푼, 그 다음날부터 다 갚는 날까지는 연 20%의 각 비율에 의한 금원을 지급하라. 「재해위로금지급 청구의 소 (석탄산업합리화사업단)」 피고는 원고에게 금 14,028,820원 및 이에 대하여 2001. 12. 24.부터 2004. 10. 29.까지 연 5푼의, 그 다음날부터 다 갚는 날까지는 연 20%의 각 비율에 의한 금원을 지급하라.

12 행정법원 제공 각종 서식자료 참조.

13 판례와 다수설은 취소소송의 소송물을 '처분의 위법성 일반(추상적 위법성)'으로 보고 있다. 이 견해에 따르면 개개의 위법사유에 관한 주장은 단순한 공격방어방법에 지나지 않고, 판결의 기판력은 처분의 위법, 적법에 대하여 미친다. 기각판결은 처분의 적법, 인용판결은 처분의 위법에 기판력이 미치기 때문에 기각판결 이후 패소한 원고가 처분에 관한 새로운 위법사유를 주장해서 신소(후소)를 제소하면 전소 확정판결의 기판력이 후소에 미친다.

14 소장 또는 준비서면 등에 기재된 근거 법률의 위헌 주장은 법률의 위헌 여부에 대한 심판권한이 헌법재판소에 속해 있다는 점과 법원이 헌법재판소의 위헌결정 전까지 당해 법률이 합헌임을 전제로 판결해야 한다는 점 등을 고려하면 당해 재판부에 직권으로 위헌법률제청을 촉구하는 의미가 있을 뿐이고, 헌법재판소에 헌법소원을 제기하려면 별도 문서로 법원에 위헌법률제청신청해야 한다.

[소장]

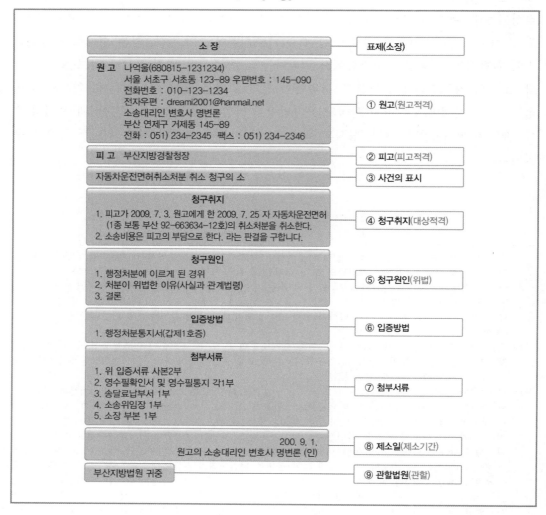

소 장	표제(소장)
원 고　나억울(680815-1231234) 　　　　서울 서초구 서초동 123-89 우편번호 : 145-090 　　　　전화번호 : 010-123-1234 　　　　전자우편 : dreami2001@hanmail.net 　　　　소송대리인 변호사 명변론 　　　　부산 연제구 거제동 145-89 　　　　전화 : 051) 234-2345　팩스 : 051) 234-2346	① 원고(원고적격)
피 고　부산지방경찰청장	② 피고(피고적격)
자동차운전면허취소처분 취소 청구의 소	③ 사건의 표시
청구취지 1. 피고가 2009. 7. 3. 원고에게 한 2009. 7. 25 자 자동차운전면허 　(1종 보통 부산 92-663634-12호)의 취소처분을 취소한다. 2. 소송비용은 피고의 부담으로 한다. 라는 판결을 구합니다.	④ 청구취지(대상적격)
청구원인 1. 행정처분에 이르게 된 경위 2. 처분이 위법한 이유(사실과 관계법령) 3. 결론	⑤ 청구원인(위법)
입증방법 1. 행정처분통지서(갑제1호증)	⑥ 입증방법
첨부서류 1. 위 입증서류 사본2부 2. 영수필확인서 및 영수필통지 각1부 3. 송달료납부서 1부 4. 소송위임장 1부 5. 소장 부본 1부	⑦ 첨부서류
200. 9. 1. 　　　　　　　원고의 소송대리인 변호사 명변론 (인)	⑧ 제소일(제소기간)
부산지방법원 귀중	⑨ 관할법원(관할)

　　답변서의 본안전 항변에서 송달받은 소장을 기초로 대상적격, 원고적격, 피고적격, 협의의 소의 이익, 제소기간, 필요적 행정심판전치주의, 관할 등 소송요건 흠결 주장이 기재된다. 취소소송의 소송요건도 민사소송과 동일하게 변론주의가 적용되지 않고 직권탐지 또는 직권조사사항에 속하기 때문에 법원이 피고의 주장에 상관없이 직권으로 소송요건의 구비 여부를 조사·판단해야 한다는 점에서 피고의 본안전 항변은 법원의 조사·판단을 촉구하는 의미에 불과하다.

답 변 서[15]

사건번호　　　20　구합(구단)　　　00000처분취소
원　　고
피　　고
위　사건에 관하여 피고의 소송수행자는 다음과 같이 답변합니다.

청구취지에 대한 답변

1. 원고의 청구를 각하한다. 또는 원고의 청구를 기각한다.
2. 소송비용은 원고의 부담으로 한다.
라는 판결을 구합니다.

청구원인에 대한 답변

1. 인정 사실
2. 본안 전 항변
3. 본안에 관한 다툼
4. 결론

입증방법

1.

　　　　　　　　　20　　　.　　　.　　　.

　　　　　　　　　　　　피고의 소송수행자 ○○○ (날인 또는 서명)

　　　서울행정법원 제　　　부(단독)　　　귀중

---

15 준비서면 작성: 제목 '답변서 대신 준비서면'으로 변경하고, 청구취지에 대한 답변을 생략하고, '청구원
인에 대한 답변 대신 다음'으로 변경해서 원고 또는 피고가 작성해서 제출하면 된다.

4. 취소소송의 쟁점

소송절차에서 제출된 소장, 답변서, 준비서면 등을 종합해보면 쟁점은 소송요건(소의 적법 여부)과 본안(처분의 위법 여부)으로 구성된다. 취소소송의 경우 통상 소송요건에서 대상적격, 원고적격, 피고적격, 협의의 소익, 제소기간, 필요적 행정심판전치주의 등이 주된 쟁점이 되고, 본안에서 사실오인과 법률해석의 오류, 재량권 일탈·남용, 절차·형식의 위법, 법령의 위헌·위법 등이 주된 쟁점이 된다. 쟁점에 대한 주장과 증거조사가 마무리되면 법원은 소송요건을 먼저 심리한 후 소송요건이 흠결되었다고 판단되면 각하판결을, 소송요건이 구비되었지만 처분이 적법하다고 판단되면 기각판결을, 처분이 위법하다고 판단되면 취소판결을 각 선고해야 한다.

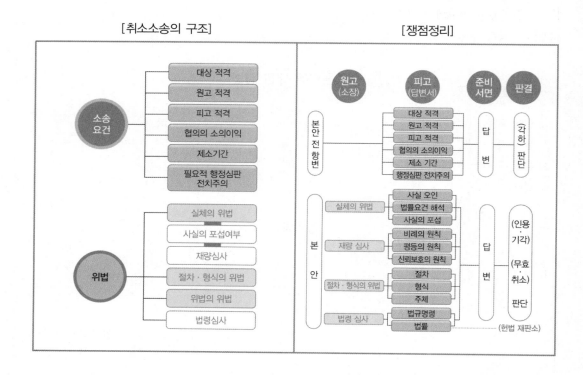

선고된 판결에 불복하려면 패소한 당사자가 1심 판결에 대하여 항소장(서식16)을, 2심 판결에 대하여 상고장을 선고법원에 제출해야 한다.

---

16 서울행정법원 서식자료 참조.

항 소 장

항소인(원,피고)　　　　(이름)
　　　　　　　　　　　(주소)
　　　　　　　　　　　(연락처)
피항소인(원,피고)　　　(이름)
　　　　　　　　　　　(주소)

　위 당사자 사이의 서울행정법원 20　　구　　　　　　호　　　　　　　　　　　사건에
관하여 원(피)고는 귀원이 20 ． ． ．선고한 판결을 20 ． ． ．송달받고 이에 불복하므로
항소를 제기합니다.

원판결의 표시

항소취지

항소이유
별지와 같음.

첨부서류

1. 납부서

　　　　　　　　　20　　　 ． 　 ． 　 ．

　　　　　　　　　　　　　항소인(원,피고)　　　　　　(날인 또는 서명)

서울고등법원　　귀중

5. 취소소송의 관할[17]

가. 의의

관할은 소송요건의 하나이기 때문에 관할을 위반하여 소송이 제기된 경우라면 부적법 각하된다. 이렇게 관할위반의 제소가 모두 부적법 각하된다면 제소기간의 경과로 다시 제소할 수 없는 경우가 발생하는 등 권리구제에 중대한 장애가 발생할 수 있다. 그래서 행정소송법은 민사소송법 제34조 제1항[18]을 준용하여 소송의 전부 또는 일부가 관할에 속하지 아니함을 인정한 때에는 결정으로 관할법원에 이송하도록 규정하고 있다. 이송결정이 확정되면 소송은 처음부터 법원에 계속된 것으로 본다. 따라서 관할 위반이라도 이송가능하기 때문에 관할이 중요한 소송요건이 아니라고 볼 여지도 있지만, 소송수행의 편리라는 측면에서 당사자에게 큰 이해가 있기 때문에 여전히 중요한 소송요건이다.

나. 행정법원 전속관할

행정소송법과 법원조직법은 행정소송법상 항고소송과 당사자소송 및 다른 법률에 의하여 행정법원의 권한에 속하는 사건의 1심을 행정법원이 담당하도록 규정하고 있다. 행정법원은 3심제로 처리되는 행정사건의 1심을 담당하는 전문법원으로서 일반법원일 뿐이고, 행정법원의 구별은 법원 간 업무분담의 문제로서 구성원인 판사의 자격·신분

---

17 당사자소송의 토지관할은 취소소송에 관한 규정이 준용된다. 따라서 보통재판적은 피고의 소재지를 관할하는 행정법원이지만 당사자소송은 항고소송과 달리 국가·공공단체 기타 권리주체를 피고로 하고, 국가나 공공단체가 피고인 때에는 당해 소송과 구체적인 관계가 있는 관계 행정청의 소재지를 피고의 소재지로 의제하기 때문에 관계 행정청의 소재지를 관할하는 행정법원이 된다. 다만, 관계 행정청이 '중앙행정기관, 중앙행정기관의 부속기관과 합의제행정기관 또는 그 장' 및 '국가의 사무를 위임 또는 위탁받은 공공단체 또는 그 장'일 때에는 대법원 소재지의 행정법원이 된다. 물론 목적물 소재지의 특별재판적도 준용된다.

18 제34조(관할위반 또는 재량에 따른 이송) ① 법원은 소송의 전부 또는 일부에 대하여 관할권이 없다고 인정하는 경우에는 결정으로 이를 관할법원에 이송한다. 「민사소송법 제34조 제1항」은 원래 관할권없는 지방법원에 소를 제기한 경우만을 상정한 것으로 지방법원에 제소하여야 할 사건을 고등법원이나 대법원에 제소한 경우에는 그 적용이 없다고 해석하는 견해도 있기 때문에 행정소송법 제7조 '(사건의 이송) 민사소송법 제34조 제1항의 규정은 원고의 고의 또는 중대한 과실없이 행정소송이 심급을 달리하는 법원에 잘못 제기된경우에도 적용한다'는 원고에게 고의나 중대한 과실이 없는 한 행정소송이 심급을 달리하는 법원에 제기된 경우에도 이송하도록 특별히 규정하고 있다. 또한, 행정사건을 민사사건으로 오인하여 일반 지방법원에 제소한 경우에도 고의 또는 중대한 과실이 있거나 행정소송으로서의 소송요건을 결하였음이 명백한 경우를 제외하고는 각하할 것이 아니라 관할 행정법원에 이송해야 한다. 제소 시부터 관할을 위반한 경우뿐만 아니라 소의 변경 등으로 인하여 소송계속 중 관할 위반이 발생한 경우에도 이송해야 한다.

등은 일반 지방법원과 동일하다. 행정법원이 설치되지 아니한 지역에서는 행정법원이 설치될 때까지 해당 지방법원의 본원(행정부)과 춘천지방법원 강릉지원이 행정법원의 권한에 속하는 사건을 관할하도록 규정되어 있다.

다. 토지관할[19]

① 보통재판적

항고소송의 제1심 관할법원은 피고의 소재지를 관할하는 행정법원[20]이다. 다만, 2014. 5. 20. 법률 제12596호 행정소송법의 개정으로 '중앙행정기관, 중앙행정기관의 부속기관과 합의제행정기관 또는 그 장' 및 '국가의 사무를 위임 또는 위탁받은 공공단체 또는 그 장'을 피고로 취소소송 제기하는 경우에는 대법원소재지를 관할하는 행정법원에 제기할 수 있다. 이전에는 '중앙행정기관 또는 그 장'이 피고인 경우의 관할법원은 대법원 소재지의 행정법원이었지만, 현재는 대법원 소재지의 행정법원인 서울행정법원과 행정청의 소재지 지방법원 모두 관할법원이 된다.[21]

② 특별재판적

토지의 수용 기타 부동산 또는 특정의 장소에 관계되는 처분 등에 대한 취소소송은 그 부동산 또는 장소의 소재지를 관할하는 행정법원에도 제기할 수 있다.

라. 사물관할

행정법원의 심판권은 판사 3인으로 구성된 합의부에서 행한다. 다만, 합의부가 단독판사가 재판할 것으로 결정한 사건은 단독판사가 재판할 수 있다. 통상 지방법원 본원의 경우 전자는 행정부로, 후자는 재정단독(행정단독)판사로 불린다.

---

19 행정소송법은 제소의 편의를 위하여 항고소송이나 당사자소송의 토지관할을 전속관할로 규정하지 아니함으로써 임의관할임을 간접적으로 밝히고 있다. 따라서 항소심에서 관할위반을 주장할 수 없고, 당사자의 합의에 의한 합의관할이나 응소관할도 생기는데 행정법원이나 지방법원본원(춘천지원 강릉지원 포함)에 대한 합의관할이나 응소관할이 가능하지만 전속관할이 없는 지방법원지원에 대하여는 불가능하다.

20 행정법원이 설치되지 아니한 지역에서 행정법원의 권한에 속하는 사건은 행정법원이 설치될 때까지 해당 지방법원본원의 관할로 규정되어 있으므로, 행정법원이 설치된 서울 및 부칙에 따른 춘천지방법원 강릉지원을 제외하면 지방법원 본원이 된다.

21 세종시의 경우 대전지방법원, 과천시의 경우 수원지방법원.

마. 심급관할

종래 행정소송법은 항고소송과 당사자소송의 1심법원을 고등법원으로 규정함으로써 행정사건을 2심제로 운영하였지만, 1998. 3. 1.부터 시행된 현행 행정소송법은 지방법원급인 행정법원을 1심법원으로, 그 항소심을 고등법원, 상고심을 대법원으로 규정함으로써 3심제를 채택하고 있다. 그러나 개별법규(예컨대 보안관찰법 제23조, 독점규제 및 공정거래에 관한 법률 제55조, 약관의 규제에 관한 법률 제30조의2, 하도급거래 공정화에 관한 법률 제27조 등)가 서울고등법원을 제1심으로 규정함으로써 2심제를 채택하고 있는 경우도 있다.

바. 법원조직법

> **법원조직법**

제3조(법원의 종류) ① 법원은 다음의 6종으로 한다.
1. 대법원
2. 고등법원
3. 특허법원
4. 지방법원
5. 가정법원
6. 행정법원

② 지방법원 및 가정법원의 사무의 일부를 처리하게 하기 위하여 그 관할구역안에 지원과 가정지원, 시법원 또는 군법원(이하 '시·군법원'이라 한다) 및 등기소를 둘 수 있다. 다만, 지방법원 및 가정법원의 지원은 2개를 합하여 1개의 지원으로 할 수 있다.
③ 고등법원·특허법원·지방법원·가정법원·행정법원과 지방법원 및 가정법원의 지원, 가정지원, 시·군법원의 설치·폐지 및 관할구역은 따로 법률로 정하고, 등기소의 설치·폐지 및 관할구역은 대법원규칙으로 정한다.

부칙 〈법률 제4765호, 1994. 7. 27.〉

제2조(행정사건에 관한 경과조치) 부칙 제1조 제1항 단서의 규정에 의한 행정법원에 관한 사항의 시행당시 행정법원이 설치되지 않은 지역에 있어서의 행정법원의 권한에 속하는 사건은 행정법원이 설치될 때까지 해당 지방법원 본원 및 춘천지방법원 강릉지원이 관할한다.

각급 법원의 설치와 관할구역에 관한 법률

제1조(목적) 이 법은「법원조직법」제3조 제3항에 따라 각급 법원의 설치와 관할구역을 정함을 목적으로 한다.

제4조(관할구역) 각급 법원의 관할구역은 다음 각 호의 구분에 따라 정한다. 다만, 지방법원 또는 그 지원의 관할구역에 시·군법원을 둔 경우「법원조직법」제34조 제1항 제1호 및 제2호의 사건에 관하여는 지방법원 또는 그 지원의 관할구역에서 해당 시·군법원의 관할구역을 제외한다.

1. 각 고등법원·지방법원과 그 지원의 관할구역: 별표 3
2. 특허법원의 관할구역: 별표 4
3. 각 가정법원과 그 지원의 관할구역: 별표 5
4. 행정법원의 관할구역: 별표 6
5. 각 시·군법원의 관할구역: 별표 7
6. 항소사건(抗訴事件) 또는 항고사건(抗告事件)을 심판하는 지방법원 본원 합의부 및 지방법원 지원 합의부의 관할구역: 별표8
7. 행정사건을 심판하는 춘천지방법원 및 춘천지방법원 강릉지원의 관할구역: 별표9

[별표 3]

고등법원·지방법원과 그 지원의 관할구역

고등법원	지방법원	지원	관할구역
서울	서울중앙		서울특별시 종로구·중구·강남구·서초구·관악구·동작구
	서울동부		서울특별시 성동구·광진구·강동구·송파구
	서울남부		서울특별시 영등포구·강서구·양천구·구로구·금천구
	서울북부		서울특별시 동대문구·중랑구·성북구·도봉구·강북구·노원구
	서울서부		서울특별시 서대문구·마포구·은평구·용산구
	의정부		의정부시·동두천시·양주시·연천군·포천시, 강원도 철원군. 다만, 소년보호사건은 앞의 시·군 외에 고양시·파주시·남양주시·구리시·가평군
		고양	고양시·파주시
		남양주	남양주시·구리시·가평군
	인천		인천광역시
		부천	부천시·김포시
	춘천		춘천시·화천군·양구군·인제군·홍천군. 다만, 소년보호사건은 철원군을 제외한 강원도
		강릉	강릉시·동해시·삼척시

		원주	원주시 · 횡성군
		속초	속초시 · 양양군 · 고성군
		영월	태백시 · 영월군 · 정선군 · 평창군
대전	대전		대전광역시 · 세종특별자치시 · 금산군
		홍성	보령시 · 홍성군 · 예산군 · 서천군
		공주	공주시 · 청양군
		논산	논산시 · 계룡시 · 부여군
		서산	서산시 · 당진시 · 태안군
		천안	천안시 · 아산시
	청주		청주시 · 진천군 · 보은군 · 괴산군 · 증평군. 다만, 소년보호사건은 충청북도
		충주	충주시 · 음성군
		제천	제천시 · 단양군
		영동	영동군 · 옥천군
대구	대구		대구광역시 중구 · 동구 · 남구 · 북구 · 수성구 · 영천시 · 경산시 · 칠곡군 · 청도군
		서부	대구광역시 서구 · 달서구 · 달성군 · 성주군 · 고령군
		안동	안동시 · 영주시 · 봉화군
		경주	경주시
		포항	포항시 · 울릉군
		김천	김천시 · 구미시
		상주	상주시 · 문경시 · 예천군
		의성	의성군 · 군위군 · 청송군
		영덕	영덕군 · 영양군 · 울진군
부산	부산		부산광역시 중구 · 동구 · 영도구 · 부산진구 · 동래구 · 연제구 · 금정구
		동부	부산광역시 해운대구 · 남구 · 수영구 · 기장군
		서부	부산광역시 서구 · 북구 · 사상구 · 사하구 · 강서구
	울산		울산광역시 · 양산시
	창원		창원시 의창구 · 성산구 · 진해구 · 김해시. 다만, 소년보호사건은 양산시를 제외한 경상남도
		마산	창원시 마산합포구 · 마산회원구 · 함안군 · 의령군
		통영	통영시 · 거제시 · 고성군
		밀양	밀양시 · 창녕군
		거창	거창군 · 함양군 · 합천군
		진주	진주시 · 사천시 · 남해군 · 하동군 · 산청군

광주	광주		광주광역시·나주시·화순군·장성군·담양군·곡성군·영광군
		목표	목포시·무안군·신안군·함평군·영암군
		장흥	장흥군·강진군
		순천	순천시·여수시·광양시·구례군·고흥군·보성군
		해남	해남군·완도군·진도군
	전주		전주시·김제시·완주군·임실군·진안군·무주군. 다만, 소년보호사건은 전라북도
		군산	군산시·익산시
		정읍	정읍시·부안군·고창군
		남원	남원시·장수군·순창군
	제주		제주시·서귀포시
수원	수원		수원시·오산시·용인시·화성시. 다만, 소년보호사건은 앞의 시 외에 성남시·하남시·평택시·이천시·안산시·광명시·시흥시·안성시·광주시·안양시·과천시·의왕시·군포시·여주시·양평군
		성남	성남시·하남시·광주시
		여주	이천시·여주시·양평군
		평택	평택시·안성시
		안산	안산시·광명시·시흥시
		안양	안양시·과천시·의왕시·군포시

[별표 6] 행정법원의 관할구역

고등법원	행정법원	관할구역
서울	서울	서울특별시

[별표 9] 행정사건을 심판하는 춘천지방법원 및 춘천지방법원 강릉지원의 관할구역

명 칭	
춘천지방법원	춘천지방법원의 관할구역 중 강릉시·동해시·삼척시·속초시·양양군·고성군을 제외한 지역
춘천지방법원 강릉지원	강릉시·동해시·삼척시·속초시·양양군·고성군

사. 관할 도표

[행정법원의 전속괄할, 토지관할 / 서울고등법원 1]

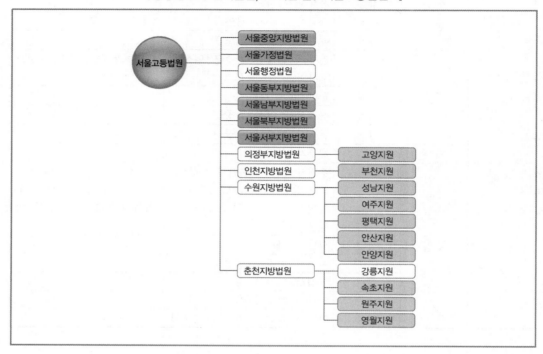

[사물관할 / 서울행정법원 1-2]

[사물관할 / 부산지방법원]

불이익처분 취소

　　　　자동차운전면허취소처분취소 청구의 소

피고가 20××. . . 원고에 대하여 한 자동차운전면허취소처분을 취소한다.

　　　　영업정지처분취소 청구의 소

피고가 20××. . . 원고에 대하여 한 숙박영업정지처분을 취소한다.

　　　　부정당업자제재처분취소 청구의 소

피고가 20××. . . 원고에 대하여 한 부정당업자제재처분을 취소한다.

　　　　파면처분취소 청구의 소

피고가 20××. . . 원고에 대하여 한 파면처분을 취소한다.

　　　　의원면직처분취소 청구의 소

피고가 20××. . .원고에 대하여 한 의원면직처분을 취소한다.

　　　　교원징계소청결정처분취소 청구의 소

피고가 20××. . . 원고와 소외 학교법인 소망학원 사이의 99－34 임기만료 해임처분취소 청구 사건에 관하여 한 소청결정을 취소한다.

　　　　개별공시지가결정처분취소

피고가 2004. 1. 1. 서울 서초구 서초동 000－1 대 100㎡에 대한 개별공시지가를 ㎡당 금 1,800,000원으로 결정한 처분을 취소한다.

　　　　변상금부과처분취소 청구의 소

피고가 20××. . . 원고에 대하여 한 금 2,295,000원의 변상금부과처분을 취소한다.

과징금부과처분취소 청구의 소

피고가 20××. . . 원고에 대하여 한 과징금 169,331,890원의 부과 처분을 취소한다.

증여세부과처분취소 청구의 소

피고가 20××. . . 원고에 대하여 한 증여세 금 988,000,000원의 부과처분을 취소한다.

특별소비세부과처분취소 청구의 소

피고가 20××. . . 원고에 대하여 한 특별소비세 12,363,840원의 부과처분을 취소한다.

부가가치세부과처분취소 청구의 소

피고가 1999. 11. 16. 원고에 대하여 한 부가가치세 2005년 제1기분 금 2,260,320원, 1995년 제2기분 금 5,030,800원, 1996년 제1기분 금 3,794,080원, 1996년 제2기분 금 4,836,860원, 1997년 제1기분 금 3,304,750원, 1997년 제2기분 금 6,408,530원, 1998년 제1기분 금 11,573,920원, 1998년 제2기분 금 3,757,670원, 1999년 제1기분 금 296,110원의 부과처분을 각 취소한다.

종합소득세부과처분취소 청구의 소

피고가 1997. 12. 16. 원고에 대하여 한 1994년도 귀속 종합소득세 금 106,454,180원 동 방위세 금 21,431,880원, 1995년도 귀속 종합소득세 금 130,238,550원, 동 방위세 금 72,054,320원의 부과처분을 각 취소한다.

재산세부과처분취소 청구의 소

피고가 원고에게 20××. . .자로 부과한 20○○년도 6월 정기분 재산세 금 ○○○원 중 금 ○○○원을 초과한 부분을 취소한다.

거부처분 취소

정보공개거부처분취소 청구의 소

피고가 20××. . . 원고에 대하여 한 정보공개거부처분은 이를 취소한다.

국가유공자등록거부처분취소 청구의 소 (서울지방보훈청장)

피고가 20××. . . 원고에 대하여 한 국가유공자등록거부처분을 취소한다.

의사자불인정처분취소 청구의 소 (보건복지부장관)

피고가 20××. . . 원고에 대하여 한 의사자불인정처분을 취소한다.

공상불인정처분취소 청구의 소 (서울특별시 서초구청장)

피고가 20××. . . 원고에 대하여 한 공상불인정처분을 취소한다.

공무상 요양불승인처분취소 청구의 소 (공무원연금관리공단)

피고가 20××. . . 원고에 대하여 한 공무상 요양 불승인 처분을 취소한다.

퇴직급여부지급처분취소 청구의 소 (공무원연금관리공단)

피고는 20××. . . 원고에 대하여 한 퇴직급여청구에 대한 부지급결정처분을 취소한다.

유족보상금지급청구부결처분취소 청구의 소 (공무원연금관리공단)

피고가 20××. . . 원고에 대하여 한 유족보상금 지급청구 부결처분은 이를 취소한다.

요양급여불승인처분취소 청구의 소 (근로복지공단)

피고가 20××. . . 원고에 대하여 한 요양급여불승인처분을 취소한다.

요양불승인처분취소 청구의 소 (근로복지공단)

피고가 20××. . . 원고에 대하여 한 요양불승인처분을 취소한다.

유족보상일시금및장의비부지급처분취소 청구의 소 (근로복지공단)

피고가 20××. . . 원고에 대하여 한 유족보상일시금및장의비부지급처분을 취소한다.

장해등급결정처분취소 청구의 소 (근로복지공단)

피고가 2004. 5. 15. 원고에 대하여 한 행한 산업재해보상보험법에 의한 장해등급 제12급 12호의 결정처분을 취소한다.

난민불인정처분취소 청구의 소 (법무부장관)

(Complaint against the MOJ's decision to reject the request of recognition of refugee status)

피고가 201   .   .   . 원고에 대하여 한 난민불인정처분을 취소한다.
      (Year) (Month) (Day)

(Date on Refusal Notice of Refugee Status/ Refusal Notice of the Recognition of Refugee Status)

재결 취소

　　　　부당해고구제재심판정취소 청구의 소 (중앙노동위원회위원장)
피고가 20××. . . 원고에게 한 부당해고구제재심판정을 취소한다.
피고가 20××. . . 원고와 피고보조참가인 사이의 20××부해×× 부당해고구제재심신청사
건에 관하여 한 재심판정을 취소한다.

　　　　토지수용이의재결처분취소 청구의 소 (중앙토지수용위원회)
피고가 20××. . . 원고에 대하여 한 별지목록 기재 부동산에 대한 이의재결처분을 취소한다.

> 제2강
기록형 문제 연습

1. 과제

운전면허취소처분 취소소송에 관한 재판 기록 안에서 '소장, 답변서, 판결[22]' 3가지 형태의 문서를 작성하고자 한다. 본건에서는 법률의 위헌 여부가 쟁점이 되지 않는다는 점에서 기본형 취소소송이라고 부르기로 한다.

각 문서 작성에 필요한 부분에서 '문제'가 제출되어 있다.

소장은 원고의 권리 구제를 위해 행정법상 주장할 수 있는 내용으로 작성해야 한다.

답변서는 피고의 입장에서 소의 부적법함과 원고 주장에 대한 반박으로서의 처분의 적법함을 내용으로 작성해야 한다.

판결은 원고와 피고의 주장 및 증거조사 결과 등을 고려해서 결론을 논리적으로 도출한 후 그 내용을 작성해야 한다.

2. 참고자료

처분의 근거 법령(도로교통법 등)이 제시되어 있는데, 소장, 답변서, 판결 작성 시 반드시 참고[23]해야 한다.

---

22 법학전문대학원에서는 변호사 양성과 변호사시험 합격이라는 목표로 인하여 수업이 주로 소장과 답변서 작성 중심으로 이루어지지만, 판결 작성이 최종 결론을 도출하는 논리의 훈련이라는 점과 행정법의 이해를 높일 수 있다는 점을 고려하면 사법연수원 교육처럼 한번쯤 판결을 작성하는 것도 교육방법으로 매우 필요하다고 생각된다.

23 변호사시험 문제에서 통상 제시되는 [유의사항] 1. 행정법이론과 판례의 취지에 부합하게 작성할 것. 2. 기록에 나타난 사실관계와 증거만을 기초로 하고, 그것이 사실임을 전제로 할 것. 3. 기록에 나타난 자료를 토대로 작성하고, <u>기록에 나타난 다른 내용의 현행 법률이나 자료가 있더라도 현행 법률에 우</u>

3. 학습목표

    가. 취소소송의 기본 구조 이해

    나 소장 작성 방법 습득

    다 답변서 작성 방법 습득

    라. 쟁점 정리 방법과 판결 작성에 필요한 결론 도출 방식 이해

선하는 것으로 함. 4. 각종 서류 등에 필요한 서명과 날인 또는 무인과 간인 등은 모두 적법하게 갖추어진 것으로 볼 것. 5. 접수절차나 결재절차 등 각종 필요한 절차는 적법하게 갖춘 것으로 간주할 것. 6. 소장과 답변서에서 서술어는 관행상 경어를 사용할 것. 7. 기록 중 일부 생략된 것이 있을 수 있고, 오기나 탈자 등이 있을 수 있음에 유의할 것.

법령자료(도로교통법 등-발췌)

도로교통법 [법률 제13458호]

제44조(술에 취한 상태에서의 운전금지)

① 누구든지 술에 취한 상태에서 자동차등(「건설기계관리법」 제26조 제1항 단서의 규정에 의한 건설기계 외의 건설기계를 포함한다. 이하 이 조, 제45조, 제47조, 제93조 제1항 제1호 내지 제4호 및 제148조의2에서 같다)을 운전하여서는 아니된다.

② 경찰공무원(자치경찰공무원을 제외한다. 이하 이 항에서 같다)은 교통의 안전과 위험방지를 위하여 필요하다고 인정하거나 제1항의 규정을 위반하여 술에 취한 상태에서 자동차등을 운전하였다고 인정할 만한 상당한 이유가 있는 때에는 운전자가 술에 취하였는지의 여부를 호흡조사에 의하여 측정할 수 있다. 이 경우 운전자는 경찰공무원의 측정에 응하여야 한다.

③ 제2항의 규정에 의하여 술에 취하였는지의 여부를 측정한 결과에 불복하는 운전자에 대하여는 그 운전자의 동의를 얻어 혈액채취 등의 방법으로 다시 측정할 수 있다.

④ 제1항의 규정에 따라 운전이 금지되는 술에 취한 상태의 기준은 혈중알콜농도가 0.05퍼센트 이상으로 한다.

제80조 (운전면허)

② 지방경찰청장은 운전을 할 수 있는 차의 종류를 기준으로 다음과 같이 운전면허의 범위를 구분하고 이를 관리하여야 한다. 이 경우 운전면허의 범위에 따른 운전할 수 있는 차의 종류는 행정안전부령으로 정한다.

1. 제1종 운전면허
   가. 대형면허
   나. 보통면허
   다. 소형면허
   라. 특수면허

2. 제2종 운전면허

  가. 보통면허

  나. 소형면허

  다. 원동기장치자전거면허

3. 연습운전면허

  가. 제1종 보통연습면허

  나. 제2종 보통연습면허

제93조(운전면허의 취소·정지)

　① 지방경찰청장은 운전면허(연습운전면허를 제외한다. 이하 이 조에서 같다)를 받은 사람이 다음 각 호의 어느 하나에 해당하는 때에는 행정안전부령이 정하는 기준에 의하여 운전면허를 취소하거나 1년 이내의 범위에서 운전면허의 효력을 정지시킬 수 있다. 다만, 제2호·제3호, 제6호 내지 제8호(정기적성검사기간이 경과된 때를 제외한다), 제11호,[24] 제13호, 제15호, 제16호 또는 제17호에 해당하는 때에는 운전면허를 취소하여야 한다.

1. 제44조 제1항의 규정을 위반하여 술에 취한 상태에서 자동차등의 운전을 한 때

2. 제44조 제1항 또는 제2항 후단의 규정을 2회 이상 위반한 사람이 다시 동조 제1항의 규정을 위반하여 운전면허 정지사유에 해당된 때

3. 제44조 제2항 후단의 규정을 위반하여 술에 취한 상태에 있다고 인정할 만한 상당한 이유가 있음에도 불구하고 경찰공무원의 측정에 응하지 아니한 때

4. 제45조의 규정을 위반하여 약물의 영향으로 인하여 정상적으로 운전하지 못할 우려가 있는 상태에서 자동차등을 운전한 때

4의2. 제46조 제1항을 위반하여 공동위험행위를 한 때

5. 교통사고로 사람을 사상한 후 제54조 제1항 또는 제2항의 규정에 의한 필요한 조치 또는 신고를 하지 아니한 때

6. 제82조 제1항 제2호 내지 제5호의 규정에 의한 운전면허를 받을 수 없는 사람에 해당된 때

7. 제82조의 규정에 의하여 운전면허를 받을 수 없는 사람이 운전면허를 받거나 허위 그 밖의 부정한 수단으로 운전면허를 받은 때 또는 운전면허효력의 정지기간 중 운전면허증 또는 운전면허증에 갈음하는 증명서를 교부받은 사실이 드러난 때

8. 제87조 제1항 또는 제88조 제1항의 규정에 의한 적성검사를 받지 아니하거나 그 적성검사에 불합격된 때

9. 제87조 제3항의 규정에 의한 기간 이내에 운전면허증을 갱신하지 아니하고 1년이 경과된 때

10. 운전 중 고의 또는 과실로 교통사고를 일으킨 때

---

24 도로교통법이 2011. 6. 8. 법률 제10790호로 일부개정되면서 삭제됨(시행 2011. 12. 9.). 위헌결정(도로교통법 2008. 2. 29. 법률 제8852호로 개정되고, 2011. 6. 8. 법률 제10790호로 개정되기 전의 것).

11. 운전면허를 받은 사람이 자동차등을 이용하여 살인 또는 강간 등 행정안전부령이 정하는 범죄행위를 한 때

12. 다른 사람의 자동차등을 훔치거나 빼앗은 때

13. 다른 사람이 부정하게 운전면허를 받도록 하기 위하여 제83조의 규정에 의한 운전면허시험에 응시한 때

14. 이 법에 의한 교통단속임무를 수행하는 경찰공무원등 및 시·군공무원에 대하여 폭행한 때

15. 운전면허증을 다른 사람에게 빌려주어 운전하게 하거나 다른 사람의 운전면허증을 빌려 이를 행사한 때

16. 「자동차관리법」의 규정에 의하여 등록되지 아니하거나 임시운행허가를 받지 아니한 자동차(이륜자동차를 제외한다)를 운전한 때

17. 제1종 보통면허 및 제2종 보통면허를 받기 전에 연습운전면허의 취소사유가 있었던 때

18. 다른 법률의 규정에 의하여 관계 행정기관의 장이 운전면허의 취소 또는 정지의 처분을 요청한 때

19. 이 법이나 이 법에 의한 명령 또는 처분을 위반한 때

② 지방경찰청장은 제1항의 규정에 의하여 운전면허를 취소하거나 운전면허의 효력을 정지함에 있어서 그 기준으로 활용하기 위하여 교통법규를 위반하거나 교통사고를 일으킨 자에 대하여는 행정안전부령이 정하는 바에 의하여 그 위반 및 피해의 정도 등에 따라 벌점을 부과할 수 있으며, 그 벌점이 행정안전부령이 정하는 기간 동안 일정한 점수를 초과하는 경우에는 행정안전부령이 정하는 바에 의하여 운전면허를 취소 또는 정지할 수 있다.

③ 지방경찰청장은 연습운전면허를 교부받은 사람이 운전 중 고의 또는 과실로 교통사고를 일으키거나 이 법이나 이 법에 의한 명령 또는 처분을 위반한 때에는 연습운전면허를 취소하여야 한다. 다만, 본인에게 귀책사유가 없는 경우 등 대통령령이 정하는 경우에는 그러하지 아니하다.

④ 지방경찰청장은 제1항 또는 제2항의 규정에 의하여 운전면허의 취소 또는 정지의 처분을 하고자 하거나 제3항의 규정에 의하여 연습운전면허 취소의 처분을 하고자 하는 때에는 행정안전부령이 정하는 바에 의하여 처분의 당사자에게 처분의 내용 및 의견 제출의 기한 등을 미리 통지하여야 하며, 그 처분을 한 때에는 행정안전부령이 정하는 바에 의하여 처분의 이유와 행정심판을 제기할 수 있는 기간 등을 통지하여야 한다. 다만, 제87조 제1항 또는 제88조 제1항의 규정에 의한 적성검사를 받지 아니하거나 제87조 제3항의 규정에 의한 운전면허증의 갱신교부를 받지 아니하여 운전면허를 취소하거나 정지하고자 하는 때에는 행정안전부령이 정하는 바에 의하여 처분의 당사자에게 적성검사 또는 갱신교부를 할 수 있는 날의 만료일 전까지 적성검사 또는 갱신교부를 받지 아니하면 운전면허가 취소되거나 정지된다는 사실의 조건부 통지로 처분의 사전 및 사후 통지를 갈음할 수 있다.

제94조(운전면허 처분에 대한 이의신청)

① 제93조 제1항 또는 제2항의 규정에 의한 운전면허의 취소 또는 정지의 처분이나 동조 제3항의 규정에 의한 연습운전면허 취소의 처분에 대하여 이의(이의)가 있는 사람은 그 처분을 받은 날부터 60일 이내에 행정안전부령이 정하는 바에 의하여 지방경찰청장에게 이의를 신청할 수 있다.

② 지방경찰청장은 제1항의 규정에 의한 이의를 심의하기 위하여 행정안전부령이 정하는 바에 의하여 운전면허행정처분 이의심의위원회를 두어야 한다.

③ 제1항의 규정에 의하여 이의를 신청한 사람은 그 이의신청과 관계없이 「행정심판법」에 의한 행정심판을 청구할 수 있다. 이 경우 이의를 신청하여 그 결과를 통보받은 사람(결과를 통보받기 전에 「행정심판법」에 의한 행정심판을 청구한 사람을 제외한다)은 통보받은 날부터 90일 이내에 「행정심판법」에 의한 행정심판을 청구할 수 있다.

제95조(운전면허증의 반납)

① 운전면허증을 받은 사람이 다음 각 호의 어느 하나에 해당하는 때에는 그 사유가 발생한 날부터 7일 이내에 주소지를 관할하는 지방경찰청장에게 운전면허증을 반납하여야 한다.

1. 운전면허취소의 처분을 받은 때
2. 운전면허효력 정지의 처분을 받은 때
3. 운전면허증을 잃어버리고 다시 교부받은 후 그 잃어버린 운전면허증을 찾은 때
4. 연습운전면허증을 받은 사람이 제1종 보통면허증 또는 제2종 보통면허증을 받은 때

② 지방경찰청장이 제1항 제2호의 규정에 의하여 운전면허증을 반납받은 때에는 이를 보관하였다가 정지기간이 끝난 즉시 돌려주어야 한다.

제142조(행정소송과의 관계) 이 법에 의한 처분으로서 해당 처분에 대한 행정소송은 행정심판의 재결을 거치지 아니하면 이를 제기할 수 없다.

제148조의2(벌칙) 다음 각 호의 어느 하나에 해당하는 사람은 3년 이하의 징역이나 1천만원 이하의 벌금에 처한다.

1. 제44조 제1항을 위반하여 술에 취한 상태에서 자동차등을 운전한 사람
2. 술에 취한 상태에 있다고 인정할 만한 상당한 이유가 있는 사람으로서 제44조 제2항에 따른 경찰공무원의 측정에 응하지 아니한 사람
3. 제45조를 위반하여 약물로 인하여 정상적으로 운전하지 못할 우려가 있는 상태에서 자동차를 운전한 사람

제53조(운전면허에 따라 운전할 수 있는 자동차 등의 종류) 법 제80조 제2항에 따라 운전면허를 받은 사람이 운전할 수 있는 자동차등의 종류는 별표 18과 같다.

제91조(운전면허의 취소 · 정지처분 기준 등)

① 법 제93조에 따라 운전면허를 취소 또는 정지시킬 수 있는 기준(교통법규를 위반하거나 교통사고를 일으킨 경우 그 위반 및 피해의 정도 등에 따라 부과하는 벌점의 기준을 포함한다)과 법 제97조 제1항에 따라 자동차등의 운전을 금지시킬 수 있는 기준은 별표 28과 같다.

② 법 제93조 제3항에 따른 연습운전면허의 취소기준은 별표 29와 같다.

③ 연습운전면허를 받은 사람에 대하여는 별표 28의 기준에 의한 벌점을 관리하지 아니한다.

④ 경찰서장 또는 운전면허시험장장은 운전면허를 받은 사람이 제1항 및 제2항에 따른 취소사유에 해당하는 때에는 즉시 그 사람의 인적사항 및 면허번호 등을 전산입력하여 지방경찰청장에게 보고하여야 한다.

제93조(운전면허의 정지 · 취소처분 절차)

① 지방경찰청장 또는 경찰서장이 법 제93조에 따라 운전면허의 취소 또는 정지처분을 하려는 때에는 별지 제81호 서식의 운전면허정지 · 취소처분사전통지서를 그 대상자에게 발송 또는 발급하여야 한다. 다만, 그 대상자의 주소 등을 통상적인 방법으로 확인할 수 없거나 발송이 불가능한 경우에는 운전면허대장에 기재된 그 대상자의 주소지를 관할하는 경찰관서의 게시판에 14일간 이를 공고함으로써 통지를 대신할 수 있다.

② 제1항에 따라 통지를 받은 처분의 상대방 또는 그 대리인은 지정된 일시에 출석하거나 서면으로 이의를 제기할 수 있다. 이 경우 지정된 기일까지 이의를 제기하지 아니한 때에는 이의가 없는 것으로 본다.

③ 지방경찰청장 또는 경찰서장은 법 제93조에 따라 운전면허의 정지 또는 취소처분을 결정한 때에는 별지 제82호 서식의 운전면허정지 · 취소처분결정통지서를 그 처분의 대상자에게 발송 또는 는 발급하여야 한다. 다만, 그 처분의 대상자가 소재불명으로 통지를 할 수 없는 때에는 운전면허대장에 기재된 그 대상자의 주소지를 관할하는 경찰관서의 게시판에 14일간 이를 공고함으로써 통지를 대신할 수 있다.

④ 운전면허의 취소대상자 또는 정지대상자(1회의 법규위반 또는 교통사고로 운전면허가 정지되는 사람에 한한다)로서 법 제138조에 따라 법규위반의 단속현장이나 교통사고의 조사과정에서 국가경찰공무원 또는 제주특별자치도의 자치경찰공무원(이하 "자치경찰공무원"이라 한다)으로부터 운전면허증의 제출을 요구받은 사람은 구술 또는 서면으로 이의를 제기할 수 있다. 다만,

운전면허의 취소 또는 정지처분이 결정된 사람의 경우에는 그러하지 아니하다.

⑤ 국가경찰공무원 또는 자치경찰공무원은 제2항 및 제4항에 따라 처분의 상대방 또는 그 대리인이 구두로 이의를 제기하는 때에는 그 내용을 별지 제83호 서식의 진술서에 기재하고, 처분의 상대방 등으로 하여금 확인하게 한 후 서명 또는 날인하게 하여야 한다. 다만, 법 제44조의 규정을 위반하여 운전면허의 취소 또는 정지처분을 받아야 하는 사람이 이의를 제기하는 때에는 별지 제84호 서식의 주취운전자정황진술보고서에 기재한 후 서명 또는 날인하게 하여야 한다.

⑥ 지방경찰청장은 운전면허가 취소된 사람이 그 처분의 원인이 된 교통사고 또는 법규위반에 대하여 무혐의 불기소처분을 받거나 무죄의 확정판결을 받은 경우 도로교통공단에 즉시 그 내용을 통보하고, 도로교통공단은 즉시 취소당시의 정기적성검사기간, 운전면허증 갱신기간 또는 연습운전면허의 잔여기간을 유효기간으로 하는 운전면허증을 새로이 발급하여야 한다.

제95조(운전면허 처분에 대한 이의신청의 절차) 법 제94조 제1항에 따라 운전면허 처분에 이의가 있는 사람은 그 처분을 받은 날부터 60일 이내에 별지 제87호 서식의 운전면허처분 이의신청서에 운전면허처분서를 첨부하여 지방경찰청장에게 제출하여야 한다.

[별표 18]

운전할 수 있는 차의 종류(제53조관련)

운전면허		운전할 수 있는 차량
종별	구분	
제1종	대형면허	○승용자동차 ○승합자동차 ○화물자동차 ○긴급자동차 ○건설기계 － 덤프트럭, 아스팔트살포기, 노상안정기 － 콘크리트믹서트럭, 콘크리트펌프, 천공기(트럭적재식) － 도로를 운행하는 3톤 미만의 지게차 ○특수자동차(트레일러 및 레커를 제외한다) ○원동기장치자전거
	보통면허	○승용자동차 ○승차정원 15인 이하의 승합자동차 ○승차정원 12인 이하의 긴급자동차(승용 및 승합자동차에 한한다) ○적재중량 12톤 미만의 화물자동차 ○건설기계(도로를 운행하는 3톤 미만의 지게차에 한한다) ○원동기장치자전거
	소형면허	○3륜화물자동차 ○3륜승용자동차 ○원동기장치자전거
	특수면허	○트레일러 ○레커 ○제2종 보통면허로 운전할 수 있는 차량
제2종	보통면허	○승용자동차 ○승차정원 10인 이하의 승합자동차 ○적재중량 4톤 이하의 화물자동차 ○원동기장치자전거
	소형면허	○이륜자동차 (측차부를 포함한다) ○원동기장치자전거
	원동기장치 자전거면허	○원동기장치자전거
연습 면허	제1종 보통	○승용자동차 ○승차정원 15인 이하의 승합자동차 ○적재중량 12톤 미만의 화물자동차
	제2종 보통	○승용자동차 ○승차정원 10인 이하의 승합자동차 ○적재중량 4톤 이하의 화물자동차

(주)

1. 「자동차관리법」 제30조에 따라 자동차의 형식이 변경승인되거나 동법 제34조에 따라 자동차의 구조 또는 장치가 변경승인된 경우에는 다음의 구분에 의한 기준에 따라 이 표를 적용한다.

　가. 자동차의 형식이 변경된 경우

　　　(1) 차종이 변경되거나 승차정원 또는 적재중량이 증가한 경우: 변경승인 후의 차종이나 승차정원 또는 는 적재중량

　　　(2) 차종의 변경없이 승차정원 또는 적재중량이 감소된 경우: 변경승인 전의 승차정원 또는 적재중량

　나. 자동차의 구조 또는 장치가 변경된 경우: 변경승인 전의 승차정원 또는 적재중량

2. 별표 9 (주) 제6호 각 목에 따른 위험물 등을 운반하는 적재중량 3톤 이하 또는 적재용량 3천리터 이하의 화물자동차는 제1종 보통면허가 있어야 운전을 할 수 있고, 적재중량 3톤 초과 또는 적재용량 3천리터 초과의 화물자동차는 제1종 대형면허가 있어야 운전할 수 있다.

3. 피견인자동차는 제1종 대형면허, 제1종 보통면허 또는 제2종 보통면허를 가지고 있는 사람이 그 면허로 운전할 수 있는 자동차로 견인할 수 있다. 이 경우 총중량 750킬로그램을 초과하는 피견인자동차를 견인하기 위하여는 견인하는 자동차를 운전할 수 있는 면허 외에 제1종 특수(트레일러)면허를 가지고 있어야 한다.

4. 제3호의 규정에 불구하고 「자동차관리법」 제3조에 따른 이륜자동차로는 피견인자동차를 견인할 수 없다.

[별표 28]

[운전면허 취소·정지처분 기준(제91조 제1항 관련)]

1. 일반기준

　가. 용어의 정의

　　(1) "벌점"이라 함은, 행정처분의 기초자료로 활용하기 위하여 법규위반 또는 사고야기에 대하여 그 위반의 경중, 피해의 정도 등에 따라 배점되는 점수를 말한다.

　　(2) "누산점수"라 함은, 위반·사고시의 벌점을 누적하여 합산한 점수에서 상계치(무위반·무사고 기간 경과 시에 부여되는 점수 등)를 뺀 점수를 말한다. 다만, 제3호 가목의 1란 및 7란에 의한 벌점은 누산점수에 이를 산입하지 아니하되, 범칙금 미납 벌점을 받은 날을 기준으로 과거 3년간 2회 이상 범칙금을 납부하지 아니하여 벌점을 받은 사실이 있는 경우에는 누산점수에 산입한다.

[누산점수＝매 위반·사고 시 벌점의 누적 합산치－상계치]

　　(3) "처분벌점"이라 함은, 구체적인 법규위반·사고야기에 대하여 앞으로 정지처분기준을 적용하는데 필요한 벌점으로서, 누산점수에서 이미 정지처분이 집행된 벌점의 합계치를 뺀 점수를 말한다.

처분벌점＝누산점수－이미 처분이 집행된 벌점의 합계치

＝매 위반·사고 시 벌점의 누적 합산치－상계치

－이미 처분이 집행된 벌점의 합계치

　나. 벌점의 종합관리

　　(1) 누산점수의 관리

　　　법규위반 또는 교통사고로 인한 벌점은 행정처분기준을 적용하고자 하는 당해 위반 또는 사고가 있었던 날을 기준으로 하여 과거 3년간의 모든 벌점을 누산하여 관리한다.

　　(2) 무위반·무사고기간 경과로 인한 벌점 소멸

　　　처분벌점이 40점 미만인 경우에, 최종의 위반일 또는 사고일로부터 위반 및 사고 없이 1년이 경과한 때에는 그 처분벌점은 소멸한다.

　　(3) 도주차량 신고에 따른 벌점 공제

　　　교통사고(인적 피해사고)를 야기하고 도주한 차량을 검거하거나 신고하여 검거하게 한 운전자(교통사고의 피해자가 아닌 경우에 한한다)에 대하여는 40점의 특혜점수를 부여하여 기간에 관계없이 그 운전자가 정지 또는 취소처분을 받게 될 경우, 검거 또는 신고별로 각1회에 한하여 누산점수에서 이를 공제한다.

(4) 개별기준 적용에 있어서의 벌점 합산(법규위반으로 교통사고를 야기한 경우)

　법규위반으로 교통사고를 야기한 경우에는 3. 정지처분 개별기준 중 다음의 각 벌점을 모두 합산한다.

　① 가. 이 법이나 이 법에 의한 명령을 위반한 때(교통사고의 원인이 된 법규위반이 둘 이상인 경우에는 그 중 가장 중한 것 하나만 적용한다.)

　② 나. 교통사고를 일으킨 때 (1) 사고결과에 따른 벌점

　③ 나. 교통사고를 일으킨 때 (2) 조치 등 불이행에 따른 벌점

(5) 정지처분 대상자의 임시운전 증명서

　경찰서장은 면허 정지처분 대상자가 면허증을 반납한 경우에는 본인이 희망하는 기간을 참작하여 40일 이내의 유효기간을 정하여 별지 제79호 서식의 임시운전증명서를 발급하고, 동 증명서의 유효기간 만료일 다음 날부터 소정의 정지처분을 집행하며, 당해 면허 정지처분 대상자가 정지처분을 즉시 받고자 하는 경우에는 임시운전 증명서를 발급하지 않고 즉시 운전면허 정지처분을 집행할 수 있다.

다. 벌점 등 초과로 인한 운전면허의 취소·정지

(1) 벌점·누산점수 초과로 인한 면허 취소

　1회의 위반·사고로 인한 벌점 또는 연간 누산점수가 다음 표의 벌점 또는 누산점수에 도달한 때에는 그 운전면허를 취소한다.

기간	벌점 또는 누산점수
1년간	121점 이상
2년간	201점 이상
3년간	271점 이상

(2) 벌점·처분벌점 초과로 인한 면허 정지

　운전면허 정지처분은 1회의 위반·사고로 인한 벌점 또는 처분벌점이 40점 이상이 된 때부터 결정하여 집행하되, 원칙적으로 1점을 1일로 계산하여 집행한다.

라. 처분벌점 및 정지처분 집행일수의 감경

(1) 특별교통안전교육에 따른 처분벌점 및 정지처분집행일수의 감경

　(가) 처분벌점이 40점 미만인 사람이 교통법규교육을 마친 경우에는 경찰서장에게 교육필증을 제출한 날부터 처분벌점에서 20점을 감경한다.

　(나) 면허정지처분을 받은 사람이 교통소양교육을 마친 경우에는 경찰서장에게 교육필증을 제출한 날부터 정지처분기간에서 20일을 감경한다. 다만, 해당 위반행위에 대하여 운전면허행정처분 이의심의위원회의 심의를 거치거나 행정심판 또는 행정소송을 통하여 행정처분이 감경된 경우에는 그러하지 아니하다.

(다) 면허정지처분을 받은 사람이 교통소양교육을 마친 후에 교통참여교육을 마친 경우에
는 경찰서장에게 교육필증을 제출한 날부터 정지처분기간에서 30일을 추가로 감경한
다. 다만, 해당 위반행위에 대하여 운전면허행정처분 이의심의위원회의 심의를 거치거
나 행정심판 또는 행정소송을 통하여 행정처분이 감경된 경우에는 그러하지 아니하다.

(2) 모범운전자에 대한 처분집행일수 감경

　　모범운전자(법 제146조에 따라 무사고운전자 또는 유공운전자의 표시장을 받은 사람으로
서 교통안전 봉사활동에 종사하는 사람을 말한다)에 대하여는 면허 정지처분의 집행기간
을 2분의 1로 감경한다. 다만, 처분벌점에 교통사고 야기로 인한 벌점이 포함된 경우에는
감경하지 아니한다.

(3) 정지처분 집행일수의 계산에 있어서 단수의 불산입 등

　　정지처분 집행일수의 계산에 있어서 단수는 이를 산입하지 아니하며, 본래의 정지처분 기
간과 가산일수의 합계는 1년을 초과할 수 없다.

마. 행정처분의 취소

　　교통사고(법규위반을 포함한다)가 법원의 판결로 무죄확정(혐의가 없거나 죄가 되지 아니하
여 불기소처분된 경우를 포함한다. 이하 이 목에서 같다)된 경우에는 즉시 그 운전면허 행
정처분을 취소하고 당해 사고 또는 위반으로 인한 벌점을 삭제한다. 다만, 법 제82조 제1항
제2호 또는 제5호에 따른 사유로 무죄가 확정된 경우에는 그러하지 아니하다.

바. 처분기준의 감경

(1) 감경사유

　(가) 음주운전으로 운전면허 취소처분 또는 정지처분을 받은 경우

　　　운전이 가족의 생계를 유지할 중요한 수단이 되거나, 모범운전자로서 처분당시 3년 이
상 교통봉사활동에 종사하고 있거나, 교통사고를 일으키고 도주한 운전자를 검거하여
경찰서장 이상의 표창을 받은 사람으로서 다음의 어느 하나에 해당되는 경우가 없어
야 한다.

　　　1) 혈중알콜농도가 0.12퍼센트를 초과하여 운전한 경우

　　　2) 음주운전 중 인적피해 교통사고를 일으킨 경우

　　　3) 경찰관의 음주측정요구에 불응하거나 도주한 때 또는 단속경찰관을 폭행한 경우

　　　4) 과거 5년 이내에 3회 이상의 인적피해 교통사고의 전력이 있는 경우

　　　5) 과거 5년 이내에 음주운전의 전력이 있는 경우

　(나) 벌점·누산점수 초과로 인하여 운전면허 취소처분을 받은 경우

　　　운전이 가족의 생계를 유지할 중요한 수단이 되거나, 모범운전자로서 처분당시 3년 이
상 교통봉사활동에 종사하고 있거나, 교통사고를 일으키고 도주한 운전자를 검거하여
경찰서장 이상의 표창을 받은 사람으로서 다음의 어느 하나에 해당되는 경우가 없어

야 한다.

1) 과거 5년 이내에 운전면허 취소처분을 받은 전력이 있는 경우

2) 과거 5년 이내에 3회 이상 인적피해 교통사고를 일으킨 경우

3) 과거 5년 이내에 3회 이상 운전면허 정지처분을 받은 전력이 있는 경우

4) 과거 5년 이내에 운전면허행정처분 이의심의위원회의 심의를 거치거나 행정심판 또는 행정소송을 통하여 행정처분이 감경된 경우

(다) 그 밖에 정기적성검사 또는 운전면허증 갱신교부에 대한 연기신청을 할 수 없었던 불가피한 사유가 있는 등으로 취소처분 개별기준 및 정지처분 개별기준을 적용하는 것이 현저히 불합리하다고 인정되는 경우

(2) 감경기준

위반행위에 대한 처분기준이 운전면허의 취소처분에 해당하는 경우에는 해당 위반행위에 대한 처분벌점을 110점으로 하고, 운전면허의 정지처분에 해당하는 경우에는 그 처분기준의 2분의 1로 감경한다. 다만, 다목(1)에 따른 벌점·누산점수 초과로 인한 면허취소에 해당하는 경우에는 면허가 취소되기 전의 누산점수 및 처분벌점을 모두 합산하여 처분벌점을 110점으로 한다.

(3) 처리절차

(1)의 감경사유에 해당하는 사람은 행정처분을 받은 날(정기적성검사를 받지 아니하거나 운전면허증 갱신을 하지 아니하여 운전면허가 취소된 경우에는 행정처분이 있음을 안 날)부터 60일 이내에 그 행정처분에 관하여 주소지를 관할하는 지방경찰청장에게 이의신청을 하여야 하며, 이의신청을 받은 지방경찰청장은 제96조에 따른 운전면허행정처분 이의심의위원회의 심의·의결을 거쳐 처분을 감경할 수 있다.

2. 취소처분 개별기준

일련 번호	위반사항	적용법조 (도로교통법)	내용
1	교통사고를 일으키고 구호조치를 하지 아니한 때	제93조	○교통사고로 사람을 죽게 하거나 다치게 하고, 구호조치를 하지 아니한 때
2	술에 취한 상태에서 운전한 때	제93조	○술에 취한 상태의 기준(혈중알콜농도 0.05퍼센트 이상)을 넘어서 운전을 하다가 교통사고로 사람을 죽게 하거나 다치게 한 때 ○술에 만취한 상태(혈중알콜농도 0.1퍼센트 이상)에서 운전한 때 ○2회 이상 술에 취한 상태의 기준을 넘어 운전하거나 술에 취한 상태의 측정에 불응한 사람이 다시 술에 취한 상태(혈중알콜농도 0.05퍼센트 이상)에서 운전한 때
3	술에 취한 상태의 측정에 불응한 때	제93조	○술에 취한 상태에서 운전하거나 술에 취한 상태에서 운전하였다고 인정할 만한 상당한 이유가 있음에도 불구하고 경찰공무원의 측정 요구에 불응한 때
4	다른 사람에게 운전면허증 대여(도난, 분실 제외)	제93조	○면허증 소지자가 다른 사람에게 면허증을 대여하여 운전하게 한 때 ○면허 취득자가 다른 사람의 면허증을 대여 받거나 그 밖에 부정한 방법으로 입수한 면허증으로 운전한 때
5	결격사유에 해당	제93조	○교통상의 위험과 장해를 일으킬 수 있는 정신질환자 또는 간질병자로서 영 제42조 제1항에 해당하는 사람 ○앞을 보지 못하는 사람, 듣지 못하는 사람(제1종 면허에 한한다) ○양 팔의 팔꿈치 관절 이상을 잃은 사람, 또는 양팔을 전혀 쓸 수 없는 사람. 다만, 본인의 신체장애 정도에 적합하게 제작된 자동차를 이용하여 정상적으로 운전할 수 있는 경우에는 그러하지 아니하다. ○다리, 머리, 척추 그 밖의 신체장애로 인하여 앉아 있을 수 없는 사람 ○교통상의 위험과 장해를 일으킬 수 있는 마약, 대마, 향정신성 의약품 또는 알콜 중독자로서 영 제42조 제3항에 해당하는 사람
6	약물을 사용한 상태에서	제93조	○약물(마약·대마·향정신성 의약품 및 「유해화학물질

	자동차 등을 운전한 때		관리법 시행령」 제26조에 따른 환각물질)의 투약·흡연·섭취·주사 등으로 정상적인 운전을 하지 못할 염려가 있는 상태에서 자동차 등을 운전한 때
6의2	공동위험행위	제93조	○법 제46조 제1항을 위반하여 공동위험행위로 구속된 때
7	정기적성검사 불합격 또는 정기적성검사 기간 1년경과	제93조	○정기적성검사에 불합격하거나 적성검사기간 만료일 다음 날부터 적성검사를 받지 아니하고 1년을 초과한 때
8	수시적성검사 불합격 또는 수시적성검사 기간경과	제93조	○수시적성검사에 불합격하거나 수시적성검사 기간을 초과한 때
9	면허증 갱신기간 경과에 따른 정지처분 110일 경과	제93조	○제2종 운전면허증을 갱신하지 아니하여 110일의 면허정지처분을 받고도 면허증을 갱신하지 아니하고 그 정지처분 기간을 경과한 때
10	운전면허 행정처분기간 중 운전행위	제93조	○운전면허 행정처분 기간 중에 운전한 때
11	허위 또는 부정한 수단으로 운전면허를 받은 경우	제93조	○허위·부정한 수단으로 운전면허를 받은 때 ○법 제82조에 따른 결격사유에 해당하여 운전면허를 받을 자격이 없는 사람이 운전면허를 받은 때 ○운전면허 효력의 정지기간중에 면허증 또는 운전면허증에 갈음하는 증명서를 교부받은 사실이 드러난 때
12	등록 또는 임시운행 허가를 받지 아니한 자동차를 운전한 때	제93조	○「자동차관리법」에 따라 등록되지 아니하거나 임시운행 허가를 받지 아니한 자동차(이륜자동차를 제외한다)를 운전한 때
13	자동차 등을 이용하여 범죄행위를 한 때	제93조	○국가보안법을 위반한 범죄에 이용된 때 ○형법을 위반한 다음 범죄에 이용된 때 　·살인, 사체유기, 방화 　·강도, 강간, 강제추행 　·약취·유인·감금 　·상습절도(절취한 물건을 운반한 경우에 한한다) 　·교통방해(단체에 소속되거나 다수인에 포함되어 교통을 방해한 경우에 한한다)
14	다른 사람의 자동차 등을 훔치거나 빼앗은 때	제93조	○운전면허를 가진 사람이 자동차 등을 훔치거나 빼앗아 이를 운전한 때
15	다른 사람을 위하여 운	제93조	○운전면허를 가진 사람이 다른 사람을 부정하게 합격

			시키기 위하여 운전면허 시험에 응시한 때
16	운전자가 단속 경찰공무원 등에 대한 폭행	제93조	○단속하는 경찰공무원 등 및 시·군·구 공무원을 폭행하여 구속된 때
17	연습면허 취소사유가 있었던 경우	제93조	○제1종 보통 및 제2종 보통면허를 받기 이전에 연습면허의 취소사유가 있었던 때(연습면허에 대한 취소절차 진행중 제1종 보통 및 제2종 보통면허를 받은 경우를 포함한다)

3. 정지처분 개별기준

가. 이 법이나 이 법에 의한 명령을 위반한 때

위반사항	적용법조 (도로교통법)	벌점
1. 면허증 갱신기간 만료일 다음 날부터 면허증 갱신을 받지 아니하고 1년을 경과한 때	제93조	110
2. 술에 취한 상태의 기준을 넘어서 운전한 때 (혈중알콜농도 0.05퍼센트 이상 0.1퍼센트 미만)	제44조 제1항	100
3. 운전자가 단속 경찰공무원 등에 대한 폭행으로 형사입건된 때	제93조	90
4. 정차·주차위반에 대한 조치불응(단체에 소속되거나 다수인에 포함되어 경찰공무원의 3회이상의 이동명령에 따르지 아니하고 교통을 방해한 경우에 한한다)	제35조 제1항	
4의2. 공동위험행위로 형사입건된 때	제46조 제1항	
5. 안전운전의무위반(단체에 소속되거나 다수인에 포함되어 경찰공무원의 3회 이상의 안전운전 지시에 따르지 아니하고 타인에게 위험과 장해를 주는 속도나 방법으로 운전한 경우에 한한다)	제48조	40
6. 승객의 차내 소란행위 방치운전	제49조 제1항 제9호	
7. 출석기간 또는 범칙금 납부기간 만료일부터 60일이 경과될 때까지 즉결심판을 받지 아니한 때	제138조 및 제165조	
8. 통행구분 위반(중앙선 침범에 한함)	제13조 제3항	
9. 속도위반(40km/h 초과)	제17조 제3항	
10. 철길건널목 통과방법위반	제24조	
11. 고속도로·자동차전용도로 갓길통행	제60조 제1항	30
12. 고속도로 버스전용차로·다인승전용차로 통행위반	제61조 제2항	
13. 운전면허증 등의 제시의무위반 또는 운전자 신원확인을 위한 경찰공무원의 질문에 불응	제92조 제2항	
14. 신호·지시위반	제5조	15

15. 속도위반(20km/h 초과 40km/h 이하)	제17조 제3항	
15의2. 속도위반(어린이보호구역 안에서 오전 8시부터 오후 8시 까지 사이에 제한속도를 20km/h 이내에서 초과한 경우에 한정 한다)	제17조 제3항	
16. 앞지르기 금지시기·장소위반	제22조	
17. 운전 중 휴대용 전화 사용	제49조 제1항 제10호	
18. 운행기록계 미설치 자동차 운전금지 등의 위반	제50조 제5항	
19. 어린이통학버스운전자의 의무위반	제53조 제1항·제2항	
20. 통행구분 위반(보도침범, 보도 횡단방법 위반)	제13조 제1항·제2항	
21. 지정차로 통행위반(진로변경 금지장소에서의 진로변경 포함)	제14조 제2항·제4항, 제60 조 제1항	
22. 일반도로 전용차로 통행위반	제15조 제3항	
23. 안전거리 미확보(진로변경 방법위반 포함)	제19조 제1항·제3항·제4항	
24. 앞지르기 방법위반	제21조 제1항·제2항, 제60조 제2항	10
25. 보행자 보호 불이행(정지선위반 포함)	제27조	
26. 승객 또는 승하차자 추락방지조치위반	제39조 제2항	
27. 안전운전 의무 위반	제48조	
28. 노상 시비·다툼 등으로 차마의 통행 방해행위	제49조 제1항 제5호	
29. 어린이 통학버스 특별보호 위반	제51조	

(주)

1. 제1호의 위반행위로 인한 정지처분기간 중에 면허증을 갱신한 경우 그 잔여기간의 집행을 면제한다.

2. 범칙금 납부기간 만료일부터 60일이 경과될 때까지 즉결심판을 받지 아니하여 정지처분 대상자가 되었거나, 정지처분을 받고 정지처분 기간 중에 있는 사람이 위반 당시 통고받은 범칙금액에 그 100분의 50을 더한 금액을 납부하고 증빙서류를 제출한 때에는 정지처분을 하지 아니하거나 그 잔여기간의 집행을 면제한다. 다만, 다른 위반행위로 인한 벌점이 합산되어 정지처분을 받은 경우 그 다른 위반행위로 인한 정지처분 기간에 대하여는 집행을 면제하지 아니한다.

3. 제7호, 제8호, 제10호, 제12호, 제14호, 제16호, 제20호부터 제27호까지 및 제29호의 위반행위에 대한 벌점은 자동차등을 운전한 경우에 한하여 부과한다.

4. 어린이보호구역 안에서 오전 8시부터 오후 8시까지 사이에 제9호, 제14호, 제15호 또는 제25호의 어느 하나에 해당하는 위반행위를 한 운전자에 대해서는 위 표에 따른 벌점의 2배에 해당하는 벌점을 부과한다.

나. 자동차등의 운전 중 교통사고를 일으킨 때

(1) 사고결과에 따른 벌점기준

구분		벌점	내용
인적 피해 교통 사고	사망 1명마다	90	사고발생 시부터 72시간 이내에 사망한 때
	중상 1명마다	15	3주 이상의 치료를 요하는 의사의 진단이 있는 사고
	경상 1명마다	5	3주 미만 5일 이상의 치료를 요하는 의사의 진단이 있는 사고
	부상신고 1명마다	2	5일 미만의 치료를 요하는 의사의 진단이 있는 사고

(비고)
1. 교통사고 발생 원인이 불가항력이거나 피해자의 명백한 과실인 때에는 행정처분을 하지 아니한다.
2. 자동차등 대 사람 교통사고의 경우 쌍방과실인 때에는 그 벌점을 2분의 1로 감경한다.
3. 자동차등 대 자동차등 교통사고의 경우에는 그 사고원인 중 중한 위반행위를 한 운전자만 적용한다.
4. 교통사고로 인한 벌점산정에 있어서 처분 받을 운전자 본인의 피해에 대하여는 벌점을 산정하지 아니한다.

(2) 조치 등 불이행에 따른 벌점기준

불이행사항	적용법조 (도로교통법)	벌점	내용
교통사고 야기 시 조치 불이행	제54조 제1항	15	1. 물적 피해가 발생한 교통사고를 일으킨 후 도주한 때 2. 교통사고를 일으킨 즉시(그때, 그 자리에서 곧)사상자를 구호하는 등의 조치를 하지 아니하였으나 그 후 자진신고를 한 때
		30	가. 고속도로, 특별시·광역시 및 시의 관할구역과 군(광역시의 군을 제외한다)의 관할구역 중 경찰관서가 위치하는 리 또는 동 지역에서 3시간(그 밖의 지역에서는 12시간) 이내에 자진신고를 한 때
		60	나. 가목에 따른 시간 후 48시간 이내에 자진신고를 한 때

참고자료

*소장이 법원에 제출된 이후 법원에서 소장을 편철한 사건기록표지임.[25]

년	질	호			전	책 중	책

		부산지방법원					
기일 6/23 P2:30		부산지방법원 행정 제1심 소송기록					
7/21	사건	2010구단123　자동차운전면허 취소처분취소			단 독		2
	원고	홍 길 동 소송대리인 변호사 유명한					
	피고	부 산 지 방 경 찰 청 장 소송수행자 전경찰, 나형사					
완결 공람	담임		과장	국장		재판장	원장

---

25 답변서 제출과 재판종료시까지 작성한 내용을 목록·서증목록 작성하였음.

접 수 공 람	과 장	국 장	원 장

변 론 준 비 절 차

회 부 수명법관 지정	일자	수명법관 이름	재 판 장	비 고
			㊞	
			㊞	
			㊞	

기 일 외 에 서 지 정 하 는 기 일

기일의 종류	일 시				재판장	비 고
제1차 변론 기일	2011년	6월	23일	14:30	㊞	
					㊞	
					㊞	

목 록

사건번호: 2010구단 123

문서명칭	장수	비고
서증목록	1	원고 홍길동
증인 등 목록		원고 홍길동
서증목록		피고 부산지방경찰청장
증인 등 목록		피고 부산지방경찰청장
소장		원고 홍길동
소송위임장		
답변서(2011.01.15.자)		피고 부산지방경찰청장
소송수행자지정서(2011.01.15.자)		피고 부산지방경찰청장
변론조서(제1차)		
판결선고조서		
※ 사건별 송달현황보고서(생략)		

부산지방법원
서 증 목 록

2010구단 123

원고 제출

변론(준비기일)조서의 일부

서증 번호	기일 및 장 수	서 증 명	기 일	인부요지	비 고
1	1차 장	자동차운전면허취소 결정통지서	차		소장첨부
2	1차 장	운전면허정지처분 사전통지서	차		"
3	1차 장	운전경력증명서	차		"
4	1차 장	임시운전증명서	차		"
5	1차 장	설계사 위촉증명서	차		"
6	1차 장	주요 고객 명단	차		"
7-1,2	1차 장	탄원서와 탄원인 명부	차		"
8	1차 장	주민등록등본	차		"

부 산 지 방 법 원
서 증 목 록

2010구단 123

원고 제출

변론(준비기일)조서의 일부

서증 번호	기일 및 장 수	서 증 명	기 일	인 부 요 지	비 고
9	1차 / 장	가족관계증명서	차		소장첨부
10	1차 / 장	행정심판 재결서	차		1차변론기일 제출
	차 / 장		차		
	차 / 장		차		
	차 / 장		차		
	차 / 장		차		
	차 / 장		차		
	차 / 장		차		

부 산 지 방 법 원
서 증 목 록

2010구단 123
피고 제출

변론(준비기일)조서의 일부

서증 번호	기일 및 장 수		서 증 명	기 일	인부요지	비 고
1	1차		운전면허취소처분결정서	차		2011. 1. 15.자 답변서 첨부
	장					
2	1차		자동차운전면허대장	차		"
	장					
3	1차		진술서	차		"
	장					
4-1,2	1차		주취운전자 적발보고서	차		"
	장					
5	1차		주취운전자 정황 진술보고서	차		"
	장					
6	1차		피의자신문조서	차		"
	장					
7-1~6	1차		위반사고점수제조회	차		"
	장					
8	1차		감정의뢰 회보	차		"
	장					

부 산 지 방 법 원
서 증 목 록

2010구단 123

피고 제출

변론(준비기일)조서의 일부

서증 번호	기일 및 장 수		서 증 명	기 일	인 부 요 지	비 고
9	1차		운전면허 취소처분 내역	차		2011. 1. 15. 자 답변서 첨부
	장					
10	1차		채혈용구세트	차		"
	장					
	1차			차		"
	장					
	차			차		
	장					
	차			차		
	장					
	차			차		
	장					
	차			차		
	장					
	차			차		
	장					

4. 실전문제

소 장

【문제 1】

1. 의뢰인 홍길동을 위하여 유명한 변호사의 입장에서 자동차운전면허취소 처분의 취소를 구하는 소장을 작성하시오.

    – 제시된 법령과 법률상담일지를 참고할 것.

수임번호 2010-501	법률상담일지		2010. 12. 10.
의 뢰 인	홍길동	의뢰인 전화	***-****-****
의뢰인 주소	부산광역시 해운대구 해운대해변로 10	의뢰인 전송	

상 담 내 용

1. 의뢰인은 (주)부산화재해상보험에서 보험설계사로 근무하고 있다. 2010년 10월 16일 사건 발생 전날 의뢰인은 보험에 가입한 고객(최우수)으로부터 보험 가입과 관련된 상담을 받고 싶다는 전화를 받고, 고객의 숙소 근처로 약속 장소를 잡았다. 고객의 퇴근시간에 맞춰 약속 장소로 가서 보험 관련 상담을 하면서 저녁 식사를 함께 하게 되었다. 여러 보험 상품을 설명하면서 고객의 권유에 의하여 분위기상 어쩔 수 없이 반주를 하게 되었다. 당시 작은 맥주 5병을 나누어 나셨는데, 주로 고객이 마셨고 의뢰인 거의 술을 마시지 않았다.

2. 식사 후 고객의 숙소로 이동하기 위해 평소 이용하던 대리운전을 호출하였다. 하지만 그날 따라 대기자가 많아서 한참을 기다렸고, 1시간이 지나도 오지 않고 아무런 연락이 없었다. 고객이 취한 상태였기 때문에 부득히 고객의 차량을 운전하여 고객의 숙소로 가기에 이르렀다. 당시 술을 적게 마셨을 뿐만 아니라 술을 마신 후 1시간 이상이 경과되었기 때문 술이 충분히 깨었다고 생각해서 운전대를 잡게 되었다.

3. 음주운전 측정당시 호흡측정 결과 0.058%가 나와서 담당 경찰관으로부터 40일간의 면허정 지가 된다고 사전통지서와 함께 임시운전증명서를 건네받았는데, 12월 7일 갑자기 혈액채취한 결과 0.124%로 나와 면허가 취소되었다는 통지를 받았다.

4. 의뢰인 희망사항
   0.124% 측정결과를 믿을 수 없을 뿐만 아니라 1종 대형 면허까지 취소되는 것은 억울하다며 면허취소처분에 대한 취소소송을 제기하여 줄 것을 희망하고 있다.

변호사 유명한 법률사무소

제 2001-2010-12345 호 [2차]

보내는 사람

부산광역시 연제구 중앙대로 999

부산지방경찰청 교통과(면허계)

611-737

행정우편

받는 사람

부산광역시 해운대구 해운대해변로 10

홍길동 귀하

609-735

제 2001-2010-12345호 [2차]

자동차운전면허(□ 정지 · ■ 취소) 결정통지서

①성 명	홍길동	②주민등록번호	701122 - *******
③주 소	부산광역시 해운대구 해운대해변로 10		
④면허번호	부산 99-070456-80 (1보, 2보)		
⑤차량번호	87도9876		

⑥행정처분 결정내용	□ 정지기간	
	□ 취소일자	2010. 11. 25. (결격기간 2010.11.25 ~ 2011.11.24 까지)

⑦사 유	**도로교통법 제93조 1항 1호** **음주만취운전(본면허: 혈중알콜농도 0.1%이상, 연습면허: 혈중알콜농도 0.05%이상)**

도로교통법 제93조 규정에 의하여 위와 같이 행정처분(취소)이 결정되어 동법시행규칙 제93조의 규정에 의하여 통지하오니, 동법 제95조의 규정에 의하여 2010.11.12 까지 부산 지방경찰청 (경찰서) 교통(면허)계에 출석하여 운전면허증을 반납하시기 바랍니다. (이미 반납한 사람은 제외) 안내전화:051-784*-3939 담당자: 면허행정취소업무담당

2010년 11월 05일

부산지방경찰청장 부산직 방경찰 청장인

※ 알려드립니다.

1. 운전면허 행정처분에 대하여 이의가 있는 사람은 행정처분이 있음을 안 날로부터 90일안에 행정심판을 청구할 수 있으며, 행정소송은 행정심판의 재결을 거치지 아니하면 제기할 수 없습니다.
2. 운전면허 취소의 처분을 받은 사람이 다시 운전면허를 받고자 할 경우에는 도로교통안전관 리공단에서 실시하는 특별한 교통안전교육(6시간)을 의무적으로 받아야 합니다.

(보내는 사람)

해운대경찰서 경비교통과

(받는 사람)

운전면허(■정지 · □취소)처분 사전통지서

주   소: 부산광역시 해운대 해운대해변로 10

성   명: 홍 길 동

출석요구일: 2010년 10월 31일 안에

귀하가 아래와 같이 운전면허 취소대상이 된 사실에 대하여 확인하고자 하오니
상기일 안에 **해운대경찰서** (교통관리계)로 운전면허 정지·취소처분 사전통지서,
운전면허증 및 도장을 지참하시고 출석해 주시기 바랍니다.

확인내용(행정처분내용): 운전면허 **취소**
                        운전면허 (**정지**)

※ 일·공휴일은 휴무일입니다.
※ 위 기한내 의견제출을 하지 않을 경우 의견이 없는 것으로 간주합니다.

2010년   10월   16일

부산지방경찰청장(해운대경찰서장) | 해운대
경 찰
서장인 |

안내전화: 정지(051-744*-0811) 취소(051-744*-0911)

제 2007－2010－000055 호

운 전 경 력 증 명 서

1. 성 명	홍길동		2. 주민등록번호	771122－1234567	생략

3. 주 소	부산광역시 해운대구 해운대해변로 10

4. 면허취소	부산 99－0705456－80

5.소지 면허	종별	제 1 종					제 2 종		
	교부 일자	대형	보통	소형	특수 (트레일러)	특수 (레커)	보통	소형	원동기장 치자전거
			2006.11.21				1999.10.31		

6. 기 간	1999. 10. 31 ~ 2010. 11. 24 (11년 0월)		7. 누산벌점	0

8. 교통사고 (최근 11 년간)							9. 교통위반 (최근 1 년간)			
사고일자	발생지경찰서	피해구분	인적피해				발생일자	단속지경찰서	위반점수	위반법조항
			사 망	중 상	경 상	부 상				
							2010.10. 16	해운대경찰서	0	제93조1항1조

10. 취소일자	2010.11.25	11.용 도	

도로교통법 시행규칙 제78조 규정에 의하여 위와 같이 확인함.

2010.   12.   5

해운대경찰서장   [해운대 경 찰 서장인]

동 증명서는 취소일로부터 8.교통사고는 (12)년, 9.법규위반은 (1)년간을 기준으로 작성된 것임
(1쪽중1)

제 2010-0054321 호

임 시 운 전 증 명 서

이 증명서는 도로교통법 제91조의 규정에 의하여 유효기간 중
운전면허증과 같은 효력이 있음을 증명합니다.

2010년   10월   16일

부산지방경찰청장   [부산직
방경찰
청장인]

(운전자용)

① 성 명	홍길동	② 주민등록번호	701122-1234567
③ 주 소	부산광역시 해운대구 해운대해변로 10		
④ 면 허 종 별 및 번 호	1종보통, 2종보통 부산 99-070456-80		
⑤ 유 효 기 간	2010년 10월 16일부터 2010년 11월 24일까지 40일간		
⑥ 발 급 사 유	○ 재교부 ○ 적성검사 ○ 기재사항변경 ● 행정처분집행		
⑦ 면 허 조 건	없음		

(주) 1. 임시운전증명서를 위조 또는 변조할 경우 공문서위조(변조)죄에 해당하여 10년이하의 징
     역형을 받을 수 있습니다.
   2. 면허가 없는(정지기간 중 포함) 사람이 부정한 방법으로 취득한 임시운전증명서를 사용하
     여 운전할 경우 무면허 운전에 따른 형사처벌과 위반일로부터 2년 내지 5년간 운전면허취
     득이 불가합니다.

설계사 위촉증명서

성명	홍 길 동		
주민등록번호	701122-1234567		
등록번호(손보/제3)	03456	등록일자(손보/제3)	2004-02-09
소속	부산지점/해운대사업소		
용도	행정심판용	제출처	부산행정심판사무소

※ 위의 용도 이외에 사용할 수 없으며, 담당자의 확인 서명이 없는 것은 무효입니다.

담당자: 이보험 (날인 생략)

상기인이 2004년 02월 15일부터 현재까지 당사 보험설계사로 위촉 중임을 증명합니다.

2010년   11월   23일

부산화재해상보험 주식회사

대표이사 사장 박보상 [부산화재해상보험주식회사 인]

2011년 1월 소관계약 LIST

대외비

인쇄자:33334444   홍길동

담당자:33334444   홍길동

(2010－11－23현재)

순서 방향	계약자	증권번호	상품	상태	보험기간	납방	수금	영수 예정일	최종 납입월	납회	환산 납회	1회 보험료	집금 책임액	환산 수정료	이관 여부	입금일	대출 유무	전화 번호
1	강○○	40263978732	평생보상		021205~581231	월납	이체	13	201101	74	74	127010	127010	0	N	011113	N	생략
2	강○○	6060336639	부산1		061114~651131	월납	이체	13	201101	27	27	100300	100300	0	N	011113	N	
3	권○○	7080943343	부산1		081118~751120	월납	이체	13	201012	2	2	182000	182000	394101	N		N	
4	최우수	5070732285	보장80		071106~781110	월납	이체	13	201101	15	15	160960	160960	87049	N	011113	N	
5																		
6																		
7																		
8																		
·																		
·																		
·																		
·																		
·																		
·																		
·																		
566																		
567																		
568																		
569	황○○	2070559901	보장80		070903~760903	월납	이체	13	200901	17	17	150270	150270	16497	N	011113	N	
570	황○○	6026228835	메디컬4		021029~171029	월납	이체	13	200901	76	76	30000	30000	0	N	011113	N	

※ 장기보험 소관계약리스의 환산수정율은 단순 참고자료입니다. 실제 환산수정율과 차이가 날수 있습니다.

탄 원 서

수　신: 부산지방경찰청장님,
발　신: 홍　길　동(701122 − 1234567)

안녕하십니까?

저는 해운대구에 살고 있는 홍길동이라고 합니다.

2010. 11. 7. 부산지방경찰서에서 발송한 우편물이 저희 집에 배달되어 와 깜짝 놀란 마음에 살펴보니 자동차운전면허 취소결정통지서였습니다. 제가 2010. 10. 16. 밤에 음주운전을 하였기 때문에 저의 운전면허를 취소한다는 내용입니다. 법에 문외한 저로서는 당황한 나머지 무엇을 어떻게 해야 할지 몰라, 이렇게 탄원서를 제출합니다.

음주운전 당시 담당 경찰관으로부터 40일간의 면허정지가 된다고 임시운전증명서를 건네받았는데, 갑자기 혈액취지한 결과에 따라 면허가 취소되었다는 통지를 받았습니다. 면허 정지라고 사전 통지한 후 갑자기 면허 취소라고 통지하면 저희 같은 국민들이 어떻게 법을 집행하는 분들을 믿고 따르겠습니까? 음주단속기계에 의해 0.058%로 나왔는데, 혈액을 채취한 결과가 0.124%로 2배를 초과하였습니다. 음주단속기기계에 의한 결과를 무시하고, 혈액 채취 결과만을 기준으로 면허를 취소한다면, 국민들이 음주단속기계에 의한 음주단속을 어떻게 믿고 따르겠습니까? 이는 혈액 채취 과정에서 알코올 솜을 사용하기 때문에 채취된 혈액에 알코올이 묻어 포함되었기 때문으로 사료됩니다.

현재 저는 부산화재해상보험에서 보험설계사로 근무하면서 570명이 넘는 고객을 관리하고 있기 때문에 저에게 자동차운전면허는 생명줄이나 다름없습니다. 만약 자동차운전면허가 취소된다면 고객관리가 불가능하기 때문에 직장에서 퇴직당할 위험이 있습니다. 그리고 저는 80세에 다다른 노부모와 중학교와 초등학교 다니는 어린 자녀와 가정주부인 처 등 4인 가족의 생계를 책임지고 있습니다. 만약 저의 운전면허가 취소되어 직장을 잃게 된다면 저희 가족은 살아갈 수 없습니다. 운전면허 취소는 저와 저희 가족에 대한 사실상의 사형선고와 다름없습니다.

당시 음주운전하게 된 경위도 대리운전을 불렀으나, 기다려도 대리운전기사가 오지 않았기 때문에 부득이 고객의 자동차를 영업 차원에서 대신하여 운전한 것입니다. 운전하기 1시간 전에 맥주 330미리 5병 정도를 나누어 마셨는데 저는 거의 술을 마시지 않았고, 술을 마신지 1 시간이 지났기 때문에 술이 깨었다고 생각해서 운전한 것입니다. 저의 잘못된 판단에 대하여 진심으로 반성하고 있습니다.

이러한 점을 두루 살피셔서 부디 저에 대한 운전면허 취소를 없었던 것으로 해 주시길 간절히 부탁드립니다. 경찰청장님의 높은 혜안으로 잘못된 행정을 바로 잡아주시리라 굳게 믿습니다.

2010.　　11.　　21.

홍 길 동 드림

〈탄원인 명부〉

순번	이름	주소	연락처	확인
1	최우수	생략	생략	
2	전동료	생략	생략	
3	이고객			
4	나친구			
·				
·				
·				
·				
·				
·				
·				
·				
499	박 혁	생략	생략	
500	황진열	생략	생략	

주 민 등 록 표
(등 본)

위 용지는 위조식별 표시가 되어있음

부산 해운대구 우동장

세 대 주 호주 및 관계	홍 길 동 홍 길 동 의 본인		세 대 구 성 사유 및 일자	전입세대구성 1998. 10. 21.	
번호	주 소(통/반)			전 입 일 변 동	변 동 일 사 유
1	부산 해운대구 해운대해변로 10			− − − − −	

번호	세대주 관계	성 명 주민등록번호	전 입 일 변 동	변 동 일 사 유	호 주 성 명
1	본인	홍 길 동 (洪吉童) 701122 − 1234567			
2	처	박 아 내 (朴衙內) ****** − ******			
3	부	홍 길 서 (洪吉書) ****** − ******			
4	모	이 부 인 (李婦人) ****** − ******			
3	자	홍 길 남 (洪吉男) ****** − ******			
4	자	홍 길 여 (洪吉女) ****** − ******			
6		= = 이 하 여 백 = =			

서기 2010년 11월 19일
부산광역시 해운대구 우동장
(수입증지가 인영(첨부)되지 아니한
증명은 그 효력을 보증할 수 없습니다)

수입 증지
350원
부산 해운대구

우동
자의인
민원용

가	족

가 족 관 계 증 명 서

등록기준지	부산광역시 해운대구 해운대해변로 10

구분	성 명	출생연월일	주민등록번호	성별	본
본인	홍길동(洪吉童)	1970년 11월 22일	701122－1234567	남	東萊

가족사항

구분	성 명	출생연월일	주민등록번호	성별	본
부	홍길서(洪吉書)				東萊
모	이부인(李婦人)				金海
배우자	박아내(朴衙內))	19**년 06월 30일	******－******	여	慶州
자녀	마태욱(馬泰旭)	19**년 05월 24일	******－******	남	東萊
자녀	홍길여(洪吉女)	20**년 02월 13일	******－******	여	東萊

위 가족관계증명서는 가족관계등록부의 기록사항과 틀림없음을 증명합니다.

2010년   11월   19일

부산광역시 해운대구청장 배덕광

발급시각: 14시 02분
발급담당자: 김문서
☎: 051－***－****
신청자: 홍길동

부산광역시 해운대구청장   [부산광역시 해 운 대 구 청 장 인]

소 송 위 임 장

사 건	자동차운전면허처분 취소
원 고	홍길동
피 고	부산지방경찰청장

위 사건에 관하여 다음 표시 수임인을 소송대리인으로 선임하고,
다음 표시에서 정한 권한을 수여합니다.

수임인	변호사 유명한 부산 연제구 거제동 145*−89* 전화 051−123−2345 전송 051−123−2346
수권사항	1. 일체의 소송행위 1. 반소의 제기 및 응소, 상소의 제기, 동 취하 1. 소의 취하, 화해, 청구의 포기 및 인낙, 참가에 의한 탈퇴 1. 복대리인의 선임 1. 목적물의 수령 1. 공탁물의 납부, 공탁물 및 이자의 반환청구와 수령 1. 담보권의 행사 최고 신청, 담보 취소신청, 동 신청에 대한 동의, 담보 취소결정 정본의 수령, 동 취소 결정에 대한 항고권 포기 1. 강제집행신청, 대체집행신청, 가처분, 가압류등 보전처분과 관련한 모든 소송행위 1. 인지환급금의 수령에 관한 행위, 소송비용액확정결정신청 등 1. 등록사항별 증명서, 주민등록등·초본, 기타 첨부서류 발급에 관한 행위
	2010. 12. 10.
위임인	홍길동 ㉿ 부산 해운대구 해운대해변로 10

부산지방법원 귀중

소장 초안

소송요건

1) 취소소송의 대상   자동차운전면허취소처분 – 취소결정통지서(2010. 11. 5. 문서)

2) 원고   홍길동

3) 피고   부산지방경찰청장 – 취소결정통지서

4) 협의의 소익   고려할 사정 없음.

5) 제소기간   안 날(2010. 11. 7. 수령 – 법률상담일지 진술)로부터 90일
        처분이 있는 날(2010. 11. 5. 취소결정통지서로 추정)로부터 1년

6) 필요적 행정심판전치주의   검토 필요 – 추후 보완

7) 관할(기타)   부산지방법원 – 행정사건은 지방법원 본원 관할

본 안

1. 법령 검토
  가. 근거 법령

> **도로교통법**
>
> **제93조(운전면허의 취소·정지)** ① 지방경찰청장은 운전면허를 받은 사람이 다음 각 호의 어느 하나에 해당하는 때에는 행정안전부령이 정하는 기준에 의하여 운전면허를 취소하거나 1년 이내의 범위에서 운전면허의 효력을 정지시킬 수 있다.
>   1. 제44조 제1항의 규정을 위반하여 술에 취한 상태에서 자동차등의 운전을 한 때
>
> **제44조(술에 취한 상태에서의 운전금지)** ① 누구든지 술에 취한 상태에서 자동차등을 운전하여서는 아니된다.
>   ② 경찰공무원은 교통의 안전과 위험방지를 위하여 필요하다고 인정하거나 제1항의 규정을 위반하여 술에 취한 상태에서 자동차등을 운전하였다고 인정할 만한 상당한 이유가 있는 때에는 운전자가 술에 취하였는지의 여부를 호흡조사에 의하여 측정할 수 있다. 이 경우 운전자는 경찰공무원의 측정에 응하여야 한다.
>   ③ 제2항의 규정에 의하여 술에 취하였는지의 여부를 측정한 결과에 불복하는 운전자에 대하여는 그 운전자의 동의를 얻어 혈액채취 등의 방법으로 다시 측정할 수 있다.
>   ④ 제1항의 규정에 따라 운전이 금지되는 술에 취한 상태의 기준은 혈중알콜농도가 0.05퍼센트 이상으로 한다.

  나. 처분 요건 (법률요건 검토)
    자동차 운전면허를 받은 사람이 혈중알콜농도 0.05% 이상에서 자동차를 운전한 때
    [해석상 다툼이 없음]

  다. 처분 내용 (법률효과 검토)
    '행정안전부령이 정하는 기준'에 의하여 운전면허 취소 또는 1년 이내의 범위에서 운전면허의 효력 정지
    [행정안전부령이 정하는 기준 및 운전면허에 관한 해석상 다툼이 있음]

2. 법률요건 측면에서 주장할 수 있는 위법

　가. 처분문서에 기재된 처분사유

　음주만취운전(본면허: 혈중알콜농도 0.01% 이상)

　나. 사실오인 여부

　원고가 2010. 10. 16. 02:20경 혈중알콜농도 0.05% 이상의 술에 취한 상태로 87도9876호 투싼 승용차를 운전한 사실 (다툼이 없음)

　다. 법리오해 및 법률요건 포섭 오류 여부

　위 사실은 '자동차 운전면허를 받은 사람이 혈중알콜농도 0.05% 이상에서 자동차를 운전한 때'에 해당됨 (법적 문제 없음)

　라. 검토 결과

　법률요건 측면에서 사실의 오인, 법률해석의 오류, 포섭의 오류 등 처분의 위법을 주장할 수 있는 내용이 없음.

3. 법률효과 측면에서 주장할 수 있는 위법

　가. 법률 해석 검토

　취소 또는 효력정지 대상인 '운전면허'의 범위에 관하여 해석상 다툼의 여지가 있음.

　(2종 보통 운전면허로 운전 가능한 승용차를 운전하였기 때문에 2종 보통 운전면허만 취소되어야 함)

도로교통법

제80조(운전면허) ② 지방경찰청장은 운전을 할 수 있는 차의 종류를 기준으로 다음과 같이 운전면허의 범위를 구분하고 이를 관리하여야 한다. 이 경우 운전면허의 범위에 따른 운전할 수 있는 차의 종류는 행정안전부령으로 정한다.

　1. 제1종 운전면허

　　가. 대형면허

　　나. 보통면허

　　다. 소형면허

　　라. 특수면허

　2. 제2종 운전면허

　　가. 보통면허

　　나. 소형면허

　　다. 원동기장치자전거면허

도로교통법시행규칙

제53조(운전면허에 따라 운전할 수 있는 자동차 등의 종류) 법 제80조 제2항에 따라 운전면허를 받은 사람이 운전할 수 있는 자동차등의 종류는 별표 18과 같다.

[별표 18]

[운전할 수 있는 차의 종류(제53조관련)]

운전면허		운전할 수 있는 차량
종별	구분	
제1종	대형면허	○승용자동차　○승합자동차　○화물자동차　○긴급자동차 ○건설기계 　－ 덤프트럭, 아스팔트살포기, 노상안정기 　－ 콘크리트믹서트럭, 콘크리트펌프, 천공기(트럭적재식) 　－ 도로를 운행하는 3톤 미만의 지게차 ○특수자동차(트레일러 및 레커를 제외한다) ○원동기장치자전거
	보통면허	○승용자동차 ○승차정원 15인 이하의 승합자동차 ○승차정원 12인 이하의 긴급자동차(승용 및 승합자동차에 한한다) ○적재중량 12톤 미만의 화물자동차 ○건설기계(도로를 운행하는 3톤 미만의 지게차에 한한다) ○원동기장치자전거
	소형면허	○3륜화물자동차　○3륜승용자동차　○원동기장치자전거
	특수면허	○트레일러　○레커　○제2종 보통면허로 운전할 수 있는 차량
제2종	보통면허	○승용자동차 ○승차정원 10인 이하의 승합자동차 ○적재중량 4톤 이하의 화물자동차 ○원동기장치자전거
	소형면허	○이륜자동차(측차부를 포함한다) ○원동기장치자전거
	원동기장치 자전거면허	○원동기장치자전거

나. 재량행위 및 재량권 일탈·남용 여부
  1) 판례 검토: '행정안전부령이 정하는 기준'이란 판례에서 나타난 제재적 행정처분의 기준을 정하고 있는 부령으로서 행정규칙(참고자료)에 불과함.

법규명령 형식의 행정규칙, 행정규칙의 효력을 가진 법규명령

행정규칙의 효력을 가진 법규명령이란, 행정사무처리기준과 같이 행정내부적 사항을 상위법령의 위임에 따라 대통령령·총리령·부령의 형식으로 규정한 경우 법규 효력이 없는 대통령령·총리령·부령을 의미한다. 통상 영업허가의 취소·정지처분과 같은 제재적 행정처분의 구체적 기준을 설정한 대통령령·총리령·부령의 법적 성격과 관련해서 문제가 되는데, 그 법적 성격에 대하여 법규명령설(형식설), 행정규칙설(실질설), 수권여부기준설 등의 대립이 있지만, 판례는 제재적 행정처분의 구체적 기준을 법령의 위임에 의해 총리령·부령으로 정한 경우라면 당해 총리령·부령(조항)을 행정규칙으로, 법률의 위임에 의해 대통령령으로 정한 경우라면 법규명령으로 판시하고 있다. 즉, 판례에 따르면 제재적 행정처분의 구체적 기준을 정한 대통령령은 법규명령으로 사법심사의 척도가 되지만, 부령은 행정규칙으로 법원과 국민을 구속하지 않기 때문에 사법심사의 척도가 되지 않는다.[26]

대판 1990. 7. 13. 선고 90누2284 [전자오락실영업허가취소처분취소] / 부령

구 유기장업법시행규칙(1984. 9. 22. 보건사회부령 제755호) 제9조(및 별표 2)는 부령의 형식으로 되어 있으나 그 규정의 성질과 내용이 유기장영업허가의 취소처분 등에 관한 사무처리기준 등 행정청내의 사무처리준칙을 규정한 것에 불과하므로 보건사회부장관이 관계 행정기관 및 직원에 대하여 그 직무권행사의 지침을 정하여 주기 위하여 발한 행정조직 내부에 있어서의 행정명령의 성질을 가지는 것이라고 할 것이고, 따라서 이 규칙은 행정조직 내부에서 관계 행정기관이나 직원을 구속함에 그치고 대외적으로 국민이나 법원을 구속하는 것은 아니라고 할 것이므로, 유기장영업허가취소 등의 처분이 위 규칙에서 정한 기준에 위배되었다고 하여 바로 그 처분이 위법한 것이라고는 할 수 없고, 그 처분이 적법한 것인지의 여부는 구 유기장업법의 규정과 그 취지에 적합한 것인지의 여부에 따라 판단하여야 한다.

대판 2013. 9. 12. 선고 2012두28865 [의사면허자격정지처분취소] / 부령

제재적 행정처분의 기준이 부령의 형식으로 규정되어 있더라도 그것은 행정청 내부의 사무처리준칙을 규정한 것에 지나지 않아 대외적으로 국민이나 법원을 기속하는 효력이 없으므로, 당해 처분의 적법 여부는 위 처분기준만이 아니라 관계 법령의 규정 내용과 취지에 따라 판단하여야 한다. 따라서 그 처분기준에 부합한다 하여 곧바로 당해 처분이 적법한 것이라 고 할

---

26 전게서 302−303면.

수는 없지만, 위 처분기준이 그 자체로 헌법 또는 법률에 합치되지 않거나 그 기준을 적용한 결과가 처분사유인 위반행위의 내용 및 관계 법령의 규정과 취지에 비추어 현저히 부당하다고 인정할 만한 합리적인 이유가 없는 한, 섣불리 그 기준에 따른 처분이 재량권의 범위를 일탈하였거나 재량권을 남용한 것이라고 판단해서는 안 된다.

대판 1992. 4. 14. 선고 91누9954 [해임처분취소] / 총리령
공무원징계양정등에관한규칙은 그 형식은 총리령으로 되어 있으나, 그 제2조가 규정하는 징계양정의 기준의 성질은 행정기관 내부의 사무처리준칙에 지나지 아니한 것이지 대외적 으로 국민이나 법원을 기속하는 것은 아니다[공무원징계양정등에관한규칙의 법적 성질(행정규칙)].

대판 2001. 3. 9. 선고 99두5207 [과징금부과처분취소] / 대통령령
[1] 구 청소년보호법(1999. 2. 5. 법률 제5817호로 개정되기 전의 것) 제49조 제1항, 제2항에 따른 같은법시행령(1999. 6. 30. 대통령령 제16461호로 개정되기 전의 것) 제40조 [별표 6]의 위반행위의 종별에 따른 과징금처분기준은 법규명령이기는 하나 모법의 위임규정의 내용과 취지 및 헌법상의 과잉금지의 원칙과 평등의 원칙 등에 비추어 같은 유형의 위반행위라 하더라도 그 규모나 기간· 사회적 비난 정도·위반행위로 인하여 다른 법률에 의하여 처벌받은 다른 사정·행위자의 개인적 사정 및 위반행위로 얻은 불법이익의 규모 등 여러 요소를 종합적으로 고려하여 사안에 따라 적정한 과징금의 액수를 정하여야 할 것이므로 그 수액은 정액이 아니라 최고한도액이다[위반행위의 종별에 따른 과징금처분기준의 법적 성격(= 법규명령) 및 그 과징금 수액의 의미(=최고한도액)].
[2] 제재적 행정처분이 사회통념상 재량권의 범위를 일탈하였거나 남용하였는지 여부는 처분사유로 된 위반행위의 내용과 당해 처분행위에 의하여 달성하려는 공익목적 및 이에 따르는 제반 사정 등을 객관적으로 심리하여 공익침해의 정도와 그 처분으로 인하여 개인이 입게 될 불이익을 비교 교량하여 판단하여야 한다[재량행위-최고한도액 범위 내 선택재량].

  2) 선택 재량: 행정청에 '취소 또는 면허 정지'라는 선택권한이 부여되어 있기 때문에 본건 운전면허 취소는 선택권한의 행사로 이루어진 재량행위임.
  3) 재량권 일탈·남용
    가) 평등의 원칙 위반 여부
    행정안전부령이 정하는 기준인 도로교통법 시행규칙 조문이 행정규칙으로서 법원과 국민을 구속하는 법규적 효력이 없다고 하더라도 행정규칙 위반은 행정의 자기구속의 원칙 위반으로 위법으로 평가될 수 있음.

도로교통법 시행규칙(부령)

제91조(운전면허의 취소·정지처분 기준 등) ① 법 제93조에 따라 운전면허를 취소 또는 정지시킬 수 있는 기준(교통법규를 위반하거나 교통사고를 일으킨 경우 그 위반 및 피해의 정도 등에 따라 부과하는 벌점의 기준을 포함한다)과 법 제97조 제1항에 따라 자동차등의 운전을 금지시킬 수 있는 기준은 별표 28과 같다.

[별표 28]

[운전면허 취소·정지처분 기준(제91조 제1항 관련)]

1. 일반기준

<생략>

다. 벌점 등 초과로 인한 운전면허의 취소·정지

(1) 벌점·누산점수 초과로 인한 면허 취소

1회의 위반·사고로 인한 벌점 또는 연간 누산점수가 다음 표의 벌점 또는 누산점수에 도달한 때에는 그 운전면허를 취소한다.

기간	벌점 또는 누산점수
1년간	121점 이상
2년간	201점 이상
3년간	271점 이상

(2) 벌점·처분벌점 초과로 인한 면허 정지

운전면허 정지처분은 1회의 위반·사고로 인한 벌점 또는 처분벌점이 40점 이상이 된 때부터 결정하여 집행하되, 원칙적으로 1점을 1일로 계산하여 집행한다.

<생략>

2. 취소처분 개별기준

일련번호	위반사항	적용법조 (도로교통법)	내용
1	<생략>		
2	술에 취한 상태에서 운전한 때	제93조	○술에 취한 상태의 기준(혈중알콜농도 0.05퍼센트 이상)을 넘어서 운전을 하다가 교통사고로 사람을 죽게 하거나 다치게 한 때 ○술에 만취한 상태(혈중알콜농도 0.1퍼센트 이상)에서 운전한 때

			○2회 이상 술에 취한 상태의 기준을 넘어 운전하거나 술에 취한 상태의 측정에 불응한 사람이 다시 술에 취한 상태(혈중알콜농도 0.05퍼센트 이상)에서 운전한 때
3	<이하 생략>		

3. 정지처분 개별기준

가. 이 법이나 이 법에 의한 명령을 위반한 때

위반사항	적용법조 (도로교통법)	벌점
<생략>		
2. 술에 취한 상태의 기준을 넘어서 운전한 때 (혈중알콜농도 0.05퍼센트 이상 0.1퍼센트 미만)	제44조 제1항	100
<이하 생략>		

시행규칙 해석에 따르면 혈중알콜농도 0.05% 이상 0.1% 미만이면 운전면허 정지, 혈중알콜농도 0.1% 이상이면 운전면허 취소에 해당됨. 따라서 원고의 혈중알콜농도가 0.058%로 인정되면 평등의 원칙 위반으로 위법함을 주장할 수 있음. <만약, 본건 시행규칙이 법규명령으로 해석된다면 원고의 혈중알콜농도가 0.058%인 때의 취소처분은 법령위반으로 위법이 됨>

나) 비례의 원칙 위반 여부

혈중알콜농도가 0.124%로 운전면허 취소에 해당되는 경우에도 주장할 수 있음. <만약, 본건 시행규칙이 법규명령으로 해석된다면 취소처분이 기속행위가 되기 때문에 비례의 원칙 위반 여부를 주장·판단할 수 없음>

운전면허 취소로 보호되는 공익: 교통질서 유지, 타인의 생명·신체·재산의 위험 발생 방지 등
운전면허 취소로 침해되는 사익: 경제적 손실, 위반의 경위, 법익 침해의 정도 등

대판 2007. 9. 2 선고 2007두6946 [과징금부과처분취소]

[1] 제재적 행정처분이 사회통념상 재량권의 범위를 일탈하였거나 남용하였는지 여부는 처분사유로 된 위반행위의 내용과 당해 처분행위에 의하여 달성하려는 공익목적 및 이에 따르는 제반 사정 등을 객관적으로 심리하여 공익침해의 정도와 그 처분으로 인하여 개인이 입게 될 불이익을 비교교량하여 판단하여야 한다[제재적 행정처분이 재량권의 범위를 일탈·

남용하였는지 여부에 대한 판단 기준].[27]

[2] 제재적 행정처분의 기준이 부령의 형식으로 규정되어 있더라도 그것은 행정청 내부의 사무처리준칙을 정한 것에 지나지 아니하여 대외적으로 국민이나 법원을 기속하는 효력이 없고, 당해 처분의 적법 여부는 위 처분기준만이 아니라 관계 법령의 규정 내용과 취지에 따라 판단되어야 하므로, 위 처분기준에 적합하다하여 곧바로 당해 처분이 적법한 것이라고 할 수는 없지만, 위 처분기준이 그 자체로 헌법 또는 법률에 합치되지 아니하거나 위 처분기준에 따른 제재적 행정처분이 그 처분사유가 된 위반행위의 내용 및 관계 법령의 규정 내용과 취지에 비추어 현저히 부당하다고 인정할 만한 합리적인 이유가 없는 한 섣불리 그 처분이 재량권의 범위를 일탈하였거나 재량권을 남용한 것이라고 판단해서는 안 된다 [제재적 행정처분의 기준이 부령의 형식으로 규정되어 있는 경우, 그 기준에 따른 처분의 적법성에 관한 판단 방법].

[3] 약사의 의약품 개봉판매행위에 대하여 구 약사법(2007. 4. 11. 법률 제8365호로 전문 개정되기 전의 것) 제69조 제1항 제3호, 제3항, 같은 법 시행규칙(2005. 10. 7. 보건복지부령 제332호로 개정되기 전의 것) 제89조 [별표 6] '행정처분의 기준'에 따라 업무정지 15일의 처분을 사전통지하였다가, 그 후 같은 법 제71조의3 제1항, 제2항, 같은 법 시행령(2007. 6. 28. 대통령령 제20130호로 개정되기 전의 것) 제29조 [별표 1의2] '과징금 산정기준'에 따라 업무정지 15일에 갈음하는 과징금 부과처분을 한 것이 재량권의 범위를 일탈하거나 재량권을 남용한 것으로 보기 어렵다고 한 사례.

다) 신뢰보호의 원칙 위반 여부
혈중알콜농도가 0.124%로 운전면허 취소에 해당되는 경우
운전면허 정지 사전통지를 신뢰한 점을 착안해서 주장할 수 있음.

다. 검토 결과
행정처분 대상의 운전면허의 종류의 범위에 관한 위법 주장
혈중알콜농도가 0.058%임을 전제로 평등의 원칙 위반을 주장
혈중알콜농도가 0.124%임을 전제로 비례의 원칙, 신뢰보호의 원칙 위반을 주장

---

27 대판 2000. 4. 7. 선고 98두11779[의사면허자격정지처분취소]; 대판 2006. 4. 14. 선고 2004두3854[수입한약재폐기등지시처분취소]; 대판 2012. 11. 15. 선고 2011두31635[부정당업자입찰참가자격제한처분무효확인등] 등.

4. 절차와 형식 측면에서 주장할 수 있는 위법
   가. 행정절차법
       운전면허취소는 불이익처분이기 때문에 행정절차법상 절차 위반 주장 가능
       사전통지절차, 청문절차, 문서주의와 이유부기, 송달 등 검토 문제 없음.
   나. 도로교통법상 절차
       문제 없음

5. 처분의 위법에 관한 주장
   가. 사실오인, 법리오해, 포섭의 오류   해당사항 없음
   나. 법률효과 해석의 오류   처분대상 운전면허의 범위
   다. 재량권 일탈·남용   평등의 원칙 위반, 비례의 원칙 위반, 신뢰보호의 원칙

소   장

원   고　　　홍길동(701122−1234567)
　　　　　　부산광역시 해운대구 해운대해변로 10
　　　　　　소송대리인 변호사 유명한
　　　　　　부산 연제구 거제동 145*−89*
　　　　　　전화: 051) 123−2345　팩스: 051) 123−2346

피   고　　　부산지방경찰청장
　　　　　　부산광역시 연제구 중앙대로 999

자동차운전면허취소처분 취소 청구의 소

청 구 취 지

1. 피고가 2010. 11. 5. 원고에게 한 자동차운전면허취소처분을 취소한다.[28]
2. 소송비용은 피고의 부담으로 한다.
라는 판결을 구합니다.

청 구 원 인

1. 행정처분의 내용(경위)

　　피고는 2010. 11. 5. 원고에게 '원고가 2010. 10. 16. 02:20경 혈중알콜농도 0.124%의 술에 취한 상태로 87도9876호 투싼 승용차를 운전하였다.'라는 이유로, 2010. 11. 25.부터 원고의 제1종 보통 및 제2종 보통 운전면허를 취소하는 처분(이하 '이 사건 처분'이라 한다)을 하였다. 원고는 2010. 11. 7. 위 운전면허통지결정서를 수령하였습니다.

2. 음주운전에 이르게 된 경위

　　가. 원고는 (주)부산화재해상보험에서 보험설계사로 근무하고 있습니다. 2010년 10월 16일 사건 발생 전날 원고는 보험에 가입한 고객(최우수)으로부터 보험 가입과 관련된 상담을 받고 싶다는 전화를 받고, 고객의 숙소 근처로 약속 장소를 잡았습니다. 고객의 퇴근시간에

---

28 피고가 2010. 11. 5. 원고에게 한 2010. 11. 25.자 제1종 보통, 제2종 보통 자동차운전면허(부산 99−070456−80)취소처분을 취소한다.

맞춰 약속 장소로 가서 보험 관련 상담을 하면서 저녁 식사를 함께 하게 되었습니다. 여러 보험 상품을 설명하면서 고객의 권유에 의하여 분위기상 어쩔 수 없이 반주를 하게 되었습니다. 당시 작은 맥주 5병을 나누어 나셨는데, 주로 고객이 마셨고 원고는 거의 술을 마시지 않았습니다.

나. 식사 후 고객의 숙소로 이동하기 위해 평소 이용하던 대리운전을 호출하였습니다. 하지만 그날따라 대기자가 많아서 한참을 기다렸고, 1시간이 지나도 오지 않고 아무런 연락이 없었습니다. 고객이 취한 상태였기 때문에 부득히 고객의 차량을 운전하여 고객의 숙소로 가기에 이르렀습니다. 당시 술을 적게 마셨을 뿐만 아니라 술을 마신 후 1시간 이상이 경과되었기 때문 술이 충분히 깼다고 생각해서 운전대를 잡게 되었습니다.

3. 음주운전 단속 당시의 상황

(생략)

4. 행정소송에 이르게 된 이유

가. 혈중알콜농도가 0.058%이기 때문에 본건 취소처분은 위법합니다.

1) 혈중알콜농도를 0.058%로 보아야 합니다(사실상 주장).

음주단속기계에 의한 호흡측정치가 0.058%로 나왔는데, 혈액을 채취한 결과가 0.124%로 2배를 초과하였습니다. 음주단속기계에 의한 호흡측정 결과를 무시하고, 혈액 채취 결과만을 기준으로 면허를 취소한다면, 국민들이 음주단속기계에 의한 음주단속을 어떻게 믿고 따를 수 있겠습니까? 이는 혈액 채취 과정에서 알코올 솜을 사용하기 때문에 채취된 혈액에 알코올이 묻어 포함되었기 때문으로 사료됩니다. 가사 그런 사실이 없더라도 형사피고인에게 유리한 증거를 임의로 배척할 수 없다는 대한민국 헌법원리에 비추어 혈중알콜농도를 0.058%로 보아야 합니다.

2) 혈중알콜농도가 0.058%라면 본건 처분은 위법합니다(법률상 주장).

이처럼 혈중알콜농도가 0.058%인 경우 피고는 '도로교통법 제44조 제1항, 제93조 제1항 제1호, 같은 법 시행규칙 제91조 제1항 [별표 28] 운전면허 행정처분기준 3. 정지처분 개별기준 가. 이 법이나 이 법에 의한 명령을 위반한 때. 일련번호 2. 술에 취한 상태의 기준을 넘어서 운전한 때 (혈중알콜농도 0.05퍼센트 이상 0.1퍼센트 미만)'에 따라 자동차운전면허를 정지처분해야 됩니다. 따라서 본건 취소처분은 행정의 자기구속의 원칙, 평등의 원칙에 반하기 때문에 재량권의 일탈·남용으로서 위법합니다.

나. 가사 혈중알콜농도를 0.124%로 보더라도 본건 취소처분은 위법합니다.

1) 본건 처분이 신뢰보호의 원칙을 위반하였기 때문에 위법합니다(1).

음주운전 당시 담당 경찰관으로부터 40일간의 면허정지가 된다고 사전통지서와 함께 임시

운전증명서를 건네받았는데, 갑자기 혈액채취한 결과에 따라 면허가 취소되었다는 통지를 받았습니다. 면허정지라고 사전 통지한 후 갑자기 면허취소라고 최종 통지하면 이는 처분의 상대방인 국민들에 대한 신뢰를 파괴하는 행위입니다 즉, 면허정지라는 사전통지의 내용과 배치되는 취소처분은 신뢰보호의 원칙 위반으로 위법합니다.

2) 처분이 위법한 이유에 대한 법률상 주장(2)

원고는 현재 부산화재해상보험 부산지점 해운대영업소에서 근무하고 있습니다. 회사에 2004년 2월 15일 입사한 이래 지금까지 보험영업 업무를 담당하고 있는데, 부산지역에 거주하는 고객뿐만 아니라 인근 양산, 울산, 창원에 거주하는 고객 570명 이상을 관리하고 있습니다. 모든 종류의 보험 상품을 판매하기 위해 중요한 고객을 직접 방문하여 면담하기 때문에 한달 평균 50만원 이상의 유류비를 소요됩니다. 이러한 업무의 특성으로 인하여 차량이 없으면 약속시간을 지키기 곤란할 뿐만 아니라 지속적 영업과 신속한 영업을 위해 고객으로부터 연락받는 즉시 방문해야 되기 때문에 차량 운전이 절대적으로 필요한 상황입니다.

최근 보험회사의 사정이 좋지 않은 상황에서 회사에서 인력구조 조정 등을 실시하고 있습니다. 이때 고객들의 보험계약 해지가 늘고, 운전면허마저 취소되어 영업 실적이 저조해지면 구조조정 대상 1순위가 될 것입니다. 운전면서 취소사실이 알려지면 회사로부터 인사상 불이익을 받거나, 최악의 경우 권고사직이나 해고를 당할 수도 있습니다. 고등학교 졸업 후 군복무를 마치면서 회사에 입사하여 오로지 보험영업만 했고, 다른 특별한 기술이나 자격증을 취득하지 못하였기 때문에 직장을 잃는다면 동종업계의 취직이 사실상 불가능하여 취업이 어려운 형편입니다.

원고는 연로하신 부모님, 처, 아들과 딸을 부양하는 6인 가족의 가장입니다. 현재 원고의 부모님은 별다른 소득 없을 뿐만 아니라 오히려 사업 실패로 인한 많은 채무를 지고 있으며, 70세 넘어 연로해서 건강이 좋지 않아 거의 매일 병원을 다니십니다. 처도 몸이 허약하기 때문에 달리 직장을 구하거나 일을 할 수 있는 형편이 아니여서, 집에서 부모님과 아이들을 돌보며 가정주부로 살고 있습니다. 현재 아들은 중학생이고, 딸은 초등학생인데, 이들 밑에 들어가는 영어학원비 등 교육비도 만만찮은 상황입니다. 이런 상황에서 직장을 잃고 소득이 끊긴다면 사실상 원고 가족에게 취소처분은 사형선고와 다름없습니다. (이하, 개인사정 생략)

따라서 운전면허 취소처분으로 잃게 되는 원고의 손실이 운전면허 취소처분으로 달성하려는 공익보다 현저히 크기 때문에 본건 취소처분은 비례의 원칙 위반으로 위법하다고 할 것입니다.

다. 가사 혈중알콜농도를 0.124%로 보아 운전면허 취소처분이 가능하더라도 1종 보통 운전면허에 대한 취소처분은 위법합니다.

음주운전 당시 투싼 승용차를 운전하였을 뿐만 아니라 투산 승용차를 운전할 수 있는 2종 보통 자동차운전면허증(부산 99-070456-80)을 소지하고 있었습니다. 따라서 피고는 2종 보통 자동차운전면허증을 취소할 수 있지만, 음주 운전 당시 사용되지 않은 1종 보통 자동차운전면허를 취소할 수 없습니다. 1종 보통 자동차운전면허로 '승차정원 15인 이하의 승합자동차, 승차정원 12인 이하의 긴급자동차(승용 및 승합자동차에 한한다), 적재중량 12톤 미만의 화물자동차, 건설기계(도로를 운행하는 3톤 미만의 지게차에 한한다)' 등을 운전할 수 있지만, 2종 보통 자동차운전면허로 '승차정원 10인 이하의 승합자동차, 적재중량 4톤 이하의 화물자동차' 등 밖에 운전할 수 없습니다. 이처럼 2종 보통면허와 1종 보통면허가 엄격히 구별되기 때문에 2종 보통 면허만 취소해야 하고, 1종 보통 면허를 취소하는 처분은 위법합니다.

3. 결론

존경하는 재판장님!

이상의 이유로 자동차 운전면허 취소처분이 위법합니다. 원고는 이번 기회로 죄를 범하지 않겠다고 깊이 다짐하고 있습니다. 이번 한 번에 한하여 원고의 잘못을 용서하여 주시고, 이번 한 차례에 한하여 선처를 베풀어 주시기 바랍니다.

입 증 방 법

1. 자동차운전면허취소 결정통지서 (갑제1호증)
2. 운전면허정지처분 사전통지서 (갑제2호증)
3. 운전경력증명서 (갑제3호증)
4. 임시운전증명서 (갑제4호증)
5. 설계사 위촉증명서 (갑제5호증)
6. 주요 고객 명단 (갑제6호증)
7. 탄원서와 탄원인 명부 (갑제7호증의 1, 2)
8 주민등록등본 (갑제8호증)
9. 가족관계증명서 (갑제9호증)

첨 부 서 류

1. 위 입증서류 사본 2부
2. 송달료납부서 1부 (생략)
3. 소송위임장 1부 (생략)

4. 소장 부본 1부 (생략)

2010.   12.   15.

원고의 소송대리인 변호사 유명한

부산지방법원 귀중

답 변 서

【문제 2】

1. 부산지방법원으로부터 2010구단123호 자동차운전면허취소처분취소의 소장을 송달받은 부산지방경찰청장은 부산지방경찰청 소속 경위 나형사를 소송수행자로 지정하였다. 이에 나형사의 입장에서 답변서를 작성하시오.

    ─ 제시된 법령과 소장(문제1의 해답)을 참고할 것.

운전면허취소처분결정서

운전자인적사항	성 명	홍길동		주민등록번호	701122-1234567
	주 소	부산광역시 해운대구 해운대해변로 10			
	면허종별 및 번호	종 별	1종보통, 2종보통		
		번 호	부산 99-070456-80		
	소속 또는 직 업	연락처 010-3289-2000			
처 분 내 용		적용법조 도로교통법 제93조1항1호			
		취소처분 2010년 11월 25일			
위 반 내 용		위 사람은 2010년 10월 16일 03:13경 앞 노상에서 혈중알콜농도 0.124%의 주취 상태로 53라4783호 차량을 운전한 자임			

취소번호: 2010-017218

위와 같이 운전면허의 취소처분을 결정함.

2010년   10월   29일

부산지방경찰청장 [인: 부산직방경찰청장인]

자 동 차 운 전 면 허 대 장

			생략

면허번호: 부산 99-070456-8-0

① 성 명	홍길동	② 주민등록번호	701122-1234567
		③ 자 료 구 분	취소
④ 주 소	부산광역시 해운대구 해운대해변로 10		
⑤ 국 적	대한민국	⑥ 적검(갱신)기간	2015.11.20.~2016.05.19

⑦ 1 종	⑧교 부 일 자	⑨교 부 지 역	⑩교 부 번 호	⑪ 2 종	⑫교 부 일 자	⑬교 부 지 역	⑭교 부 번 호
대 형				보 통	1999.10.31	부산	046057
보 통	2006.10.21	부산	063633	소 형			
소 형				원 자			
특 수							
면허조건	없음(00)						

⑮ 변 동 내 역 기 록 사 항			
번호	연 월 일	내　　　　　　　　　용	비 고
1	2008.06.13	임시증명: 부산지방경찰청,적검	해운대경찰서
2	2008.06.13	정기적검(갱신): 해운대	부산면허시험장
3	2008.11.15	임시증명: 부산지방경찰청, 적검	해운대경찰서
4	2008.11.20	통합적검: 부 산	부산면허시험장
5	2010.10.16	임시증명: 부산지방경찰청,행정처분	해운대경찰서
6	2010.11.25	취소: 위반코드(30101), 공문번호(60-012380)	부산지방방경찰청
		총 6건	

교통법규위반 · 교통사고야기 이력

발생일자	구 분	단속지 경찰서	위반법조	피해금액	인적피해사항			
					사망	중상	경상	부상
2000.03.06	위반	해 운 대	제15조3항					
2002.12.05	위반	해 운 대	제48조의2제1항					
2004.03.16	위반	해 운 대	제44조					
2005.01.30	위반	해 운 대	제15조3항					
2005.06.30	위반	해 운 대	제15조3항					
2010.10.16	위반	해 운 대	제93조1항1호					
			총6건					

운전면허 행정처분 사항

구 분	처분일자	처분관서	처분기관	처분일수	비 고
취소	2010.11.25	부산지방경찰청			제93조1항1조
		총1건			

진 술 서

본인은 운전면허 취소처분 대상자로서 다음과 같이 임의로 허위 없이 진술합니다.

취 소 대상자	성 명	홍 길 동	주민등록 번 호	701122 − 1234567
	주 소	부산광역시 해운대구 해운대해변로 10	소속 또는 직업	
	면 허 번 호	부산 99 − 070456 − 80	연 락 처	010 − 3289 − 2000
취 소 사 유 고 지	2010. 10. 16. 02:20경 혈중알콜농도 0.124%의 술에 취한 상태로 부산광역시 해운 대구 소재 백사장주점 앞에서 같은 구 소재 해강초등학교 앞까지 87도9876호 투싼 승용차량 운전으로 위 운전면허가 취소됨을 고지합니다.			
진 술 내 용	일 시	2010. 10. 24. 10:25	장 소	해운대경찰서 교통조사계
	내 용	고지받았음		

위의 진술 내용이 틀림없음을 확인합니다.

2010년   10월   24일

진술자   홍 길 동   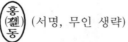 (서명, 무인 생략)

입회자   (인)

소속 해운대경찰서 교통관리계 계급 경위 성명 박 명 확

해 운 대 경 찰 서 장 귀하

주취운전자 적발보고서

No. 2010－6－2011－ 000756

주 취 운 전 측 정	일 시	2010. 10. 16. 02:57		위 반 유 형		
	장 소	해운대경찰서 우동지구대		■단순음주 □음주사고		
	방 법	■음주측정기 (기기번호: 00543) □채혈검사				
	결 과	혈중알콜농도: 영점영오팔 (0.058%)				
최종음주 일시,장소	일 시	2010. 10. 16. 02:00 해운대 백사장주점				
	장 소	부산 해운대구 소재 백사장주점				
구강청정제 사용여부		사용시 경과시간: (미사용)				
주 취 운 전 자	주 소	부산 해운대구 해운대해변로 10		전 화	010－3289－2000	
	성 명	홍길동	주민등록번호	701122－1234567		
	차량번호	87도9876	운전면허번호	부산 99－070456－80		
참 고 인	주 소					
	성 명			전 화		
단 속 자	소 속	해운대경찰서 과 우동 계(파출소)				
	계 급	경사	성 명	강단속		

본인은 범죄사실의 요지. 체포사유. 변호인 선임. 변명의 기회등이 있음을 들었고
위 기재내용도 사실과 틀림없음을 확인하고 서명 날인함.

운전자   성 명 홍 길 동   (인) (무인 생략)

위와 같이 주취운전자를 적발하였기 보고합니다.
2010 년   10 . 16 .
보고자   성 명   강 단 속   (인) (날인생략)

해 운 대 경 찰 서 장 귀하

주취운전자 적발보고서	결재	계 장	과 장	서 장
No. 2010-6-2011- 000610				

주 취 운 전 측 정	일 시	2010. 10. 16. 03:13경	위 반 유 형	
	장 소	부산 해운대구 해운대해변로 소재 해강초등학교 앞	■단순음주 □음주사고	
	방 법	□음주측정기 (기기번호:) ■채혈검사		
	결 과	혈중알콜농도: 영점일이사 (0.124%)		

최종음주 일시,장소	일 시	
	장 소	

구강청정제 사용여부	사용시 경과시간: 미사용			
주 취 운 전 자	주 소	부산 해운대구 해운대해변로 10	전 화	010-3289-2000
	성 명	홍길동	주민등록번호	701122-1234567
	차량번호	87도9876	운전면허번호	부산 99-070456-80

참 고 인	주 소			
	성 명		전 화	

단 속 자	소 속	해 운 대 경찰서 과 계(파출소)		
	계 급		성 명	

인 수 자	소 속	계 급		성 명	

본인은 범죄사실의 요지. 체포사유. 변호인 선임. 변명의 기회등이 있음을 들었고
위 기재내용도 사실과 틀림없음을 확인하고 서명 날인함.
운전자   성 명 홍 길 동   (인) (무인생략)

확 인 결 재	위와 같이 주취운전자를 적발하였기 보고합니다.
일 시	2010 년 10. 24 .
확인자	보고자 성 명 김 조 사 (인)(날인 생략)
결 재	해 운 대 경 찰 서 장 귀하

(별지 제 52호의 4서식)

주취운전자 정황 진술 보고서		적 발 보고서NO	2010-6-2011-000756
성명	홍 길 동	주민등록번호	701122-1234567

적발일시 장 소	2010. 10. 16. 02:20경 부산해운대구 소재 해강초등학교 앞 노상		측정일시 장 소	2010. 10. 16. 02:57 해운대경찰서 우동지구대
측 정 수 치	0.058%	측정전 조 치	구강청정제 등 섭취여부 및 조치	음주후20분경과여부
			해당없음	경과함

음 주 경 위	음주동기	술의 종류 및 음주량	운전동기
	선배와 같이 마심	소주 1병반정도	집으로 귀가하기 위해

음 주 운 전 거 리	출발지점	목적지점	단속지점	단속지와의 거리
	부산 해운대구 소재 백사장 주점앞	부산 해운대구 소재 센텀호텔	부산 해운대구 소재 해강초등학교 앞	약 1.5KM미터

적 발 당 시 상 황	언행 상태	보행 상태	운전자 혈색
	정상	정상	약간 붉음

측정날인 및 거부이유	

임시운전 증명서 발급여부		운전면허증 소지여부		
발급(유효기간)	미발급	소지	미소지	분실
2010.10.16. – 2010.11.24.			○	

면허(취소)상의 고지	운전자 의견 진술
귀하는 혈중알콜농도 0.058%의 주취 상태로 87도9876호 투싼 차량을 운전 중 단속경찰관에게 적발되어 면허가 정 지됨을 고지합니다.	채 혈 원 함(자필)
작 성 자	운 전 자
해운대경찰서 우동지구대 2010. 10. 16 계 급: 경사 성 명: 강 단 속 (날인 생략)	본인은 면허 정지 대상자로서 위 기재내용이 사 실과 같음을 확인하였으며, 측정결과에 인정하고 부당할 경우 혈액체취 할 수 있음을 고지 받았으 나 원하지 않음을 확인합니다. 2010. 10. 16 성명: 홍길동 (서명, 무인 생략)

해 운 대 경 찰 서 장 귀 하

피 의 자 신 문 조 서

피 의 자: 홍 길 동

　위의 사람에 대한 도로교통법위반(음주운전) 피의사건에 관하여 2010. 10. 24. 10:30경 해운대경찰서 경비교통과 교통조사계 사무실에서 사법경찰리 경장 이 조사는 사법경찰리 경사 안 감 독을 참여하게 하고, 아래와 같이 피의자임에 틀림없음을 확인하다.

문: 피의자의 성명, 주민등록번호, 직업, 주거, 등록기준지 등을 말하십시오.

답: **성명**은 홍 길 동(洪 吉 童)

　　주민등록번호는 701122－1234567　　39세

　　직업은 회사원(부산화재영업사원)

　　주거는 부산광역시 해운대구 해운대해변로 10

　　등록기준지는 주거지와 동일합니다.

　　직장주소는 부산광역시 금정구 장전동 산 30

　　연락처는 자택전화　　　　　　　**휴대전화** 010－328*－2000

　　　　　　직장전화　　　　　　　**전자우편**

　　　　　　　　　　　　　　　　　　　(e－mail)

　　　입니다.

사법경찰관은 피의사건의 요지를 설명하고 사법경찰관의 신문에 대하여 형사소송법 제244조의 3의 규정에 의하여 진술을 거부할 수 있는 권리 및 변호인의 참여 등 조력을 받을 권리가 있음을 피의자에게 알려주고 이를 행사할 것인지 그 의사를 확인하다.

진술거부권 및 변호인 조력권 고지 등 확인

1. 귀하는 일체의 진술을 하지 아니하거나 개개의 질문에 대하여 진술을 하지 아니할 수 있습니다.
1. 귀하가 진술을 하지 아니하더라도 불이익을 받지 아니합니다.
1. 귀하가 진술을 거부할 권리를 포기하고 행한 진술은 법정에서 유죄의 증거로 사용될 수 있습니다.
1. 귀하가 신문을 받을 때에는 변호인은 참여하게 하는 등 변호인의 조력을 받을 수 있습니다.

문: 피의자는 위와 같은 권리들이 있음을 고지 받았는가요
답: 예.

문: 피의자는 진술거부권을 행사할 것인가요
답: 아닙니다.

문: 피의자는 변호인의 조력을 받을 권리를 행사할 것인가요
답: 아닙니다. 혼자 조사받겠습니다.

이에 사법경찰관은 피의사실에 관하여 다음과 같이 피의자를 신문하다.

문: 피의자는 자동차운전면허를 받은 사실이 있나요
답: 1999년도에 2종 보통면허를 취득하였고, 현재 면허가 유효합니다.

이때 본적이 피의자의 자동차운전면허대장을 확인한 바, 피의자는 1종 보통 자동차운전면허를 받았으며, 운전면허가 유효함을 확인함.

문: 피의자는 1종 보통면허 받은 사실이 있나요.
답: 2006년 1종 보통면허를 받았고, 현재 면허가 유효합니다.

문: 피의자는 승용차량을 음주 운전하다가 경찰관에게 적발 된 사실이 있나요
답: 예, 제가 승용차량을 음주 운전하다가 경찰관에게 적발 된 사실이 있습니다.

문: 승용차량을 음주 운전한 일시 및 장소를 말하세요
답: 2010. 10. 16. 02:20경 부산광역시 해운대구 해운대해변로에 있는 해강초등학교 앞 도로상 입니다.

문: 차량을 음주 운전한 경위 및 이유를 말하세요
답: 2010. 10. 16. 00:05경 부산광역시 해운대구에 있는 백사장카페에서 고객과 함께 술을 마시고 고객차량을 운전하여 고객 숙소으로 데려가 주기 위해 가다가 단속이 되었습니다.

문: 음주운전으로 적발되기 전 최종 음주한 시간은 언제 인가요
답: 단속당하기 1시간 전에 술을 마지막으로 마셨습니다.

문: 피의자가 마신 술의 종류와 양을 말하세요
답: 제가 마신 술은 맥주 330미리 5병 정도를 마셨습니다.

문: 평소에 자주 술을 마시나요.
답: 영업을 하다가 보니 자주 술자리를 하나, 음주운전은 절대 하지 않았는데, 제가 이정도면 수치가 나오지 않을 것이라고 생각하고 운전한 것이 잘못인 것 같습니다.

문: 평소 주량은 어느 정도 되나요
답: 저는 평소에 소주 1병 정도 마십니다.

문: 당시 승용차량을 운전하는데 지장은 없었나요
답: 제가 운전하는데 지장이 없다고 생각들어 운전을 하였습니다.

문: 음주운전으로 단속 된 후 음주측정은 했나요
답: 음주운전 사실이 적발되고 나서 해운대경찰서 우동지구대로 임의 동행하여 동부지구대에서 음주측정기를 이용하여 같은날 02:57경에 음주 측정을 하였습니다.

문: 호흡측정기 음주 측정 수치는 얼마가 나왔던가요
답: 0.058퍼센트로 나왔습니다.

문: 이것은 피의자 앞으로 발부된 주취운전자적발보고서가 맞나요

(이때 피의자에게 해운대경찰서 우동지구대 경사 강단속이 음주측정기 00543호를 이용하여 음주
측정 후 발부한 주취운전자적발보고서 2010-6-2011-00756호를 보여주다)

답: 보여준 음주스티커를 확인했으며 단속 경찰관이 음주 측정 후 저에게 부한 주취운전자적발
   보고서를 제가 열람하고 서명 무인 한 것이 맞습니다.

문: 음주 측정 수치인 0.058퍼센트에 대해서 이의는 있나요
답: 예, 그 수치가 많이 나온 것 같아서 채혈을 요구하였습니다.

문: 호흡측정기로 음주측정을 한 후 혈액채취를 요구하였나요.
답: 예, 제가 요구하였습니다.

문: 이것은 피의자가 동의한 혈액채취 동의서가 맞나요.

(이때 피의자에게 혈액체취 동의서를 보여주다)

답: 예, 제가 동의하고 서명무인한 동의서가 맞습니다.

문: 혈액채취한 일시와 장소를 말하세요.
답: 2010. 10. 16. 03:13경 부산광역시 해운대구 좌동에 있는 백병원 응급실 내에서 채취를 하였습
   니다.

문: 혈액체취의 결과 수치를 알고 있나요.

(이때 국립과학수사연구소 남부분소에서 회보한 감정서를 피의자에게 보여주다)

답: 예, 경찰관이 어제 알려 주어 알고 있습니다.

문: 혈액채취로 측정한 음주 수치가 얼마인가.
답: 0.124퍼센트입니다.

문: 혈액채취 결과인 혈중알콜농도 0.124퍼센트에 이의가 있나요.
답: 이의가 없습니다.

문: 혈액채취결과가 최종 음주수치로 적용된다는 것을 알고 있나요.
답: 예, 알고 있습니다.

문: 피의자가 음주 운전한 승용차량의 등록번호 및 소유주는 누구인가요
답: 제가 음주 운전한 차량은 87도9876호 투싼승용차량이고, 제 고객인 최우수의 차량입니다.

문: 음주운전한 거리 및 최종 목적지까지 거리는 어느 정도 되나요
답: 부산광역시 해운대구 우동에 있는 백사장카페 앞 도로상에서 같은 구 해운대해변로에 있는 해강초등학교 앞 도로상까지 1.5킬로미터 가량을 운행하였고, 단속지에서 최종목적지인 우동에 있는 센텀호텔까지 약 300미터가 남은 상태였습니다.

문: 이번 건 이외에 음주, 무면허 운전으로 적발된 사실은 있나요
답: 이번 건 외에는 단속 된 적이 없습니다.

문: 승용차량을 음주 운전하면 법에 의해 처벌받는 것은 알고 있나요
답: 예, 알고 있습니다.

문: 음주 운전으로 인하여 자동차운전면허가 취소되는데 그 사실을 알고 있나요.
답: 예, 자동차운전면허가 취소되는 것을 알고 있습니다.

문: 피의자에게 유리한 진술이나 증명은 있나요
답: 평소에는 음주운전을 절대로 하지 않겠으며, 음주 운전한 부분에 대해 깊이 반성하고 있으며, 법이 허용하는 한 선처를 해 주시면 앞으로는 절대로 음주 운전을 하지 않겠습니다.

문: 참고로 더 할 말 있나요
답: 정말 죄송합니다, 선처를 바랍니다.

문: 이상 진술이 사실인가요.
답

위의 조서를 11:00경 마치고 진술자에게 열람하게 하였던 바(읽어준 바) 진술한 대로 오기나 증감·변경할 것이 전혀 없다고 말하므로 간인한 후 서명 무인하게 하다.

진 술 자   홍 길 동 (무인 생략)

2010.   10.   24.

해 운 대 경 찰 서

사법경찰리 경장   이 조 사

사법경찰리 경사   안 감 독

수사 과정 확인서

구　분	내　용
1. 조사 장소 도착시각	2010. 10. 24. 10:20경
2. 조사 시작시각 및 종료시각	□ 시작시각: 10:30경 □ 종료시각: 11:00경
3. 조서열람 시작시각 및 종료시각	□ 시작시각: 11:00경 □ 종료시각: 11:10경
4. 그 밖에 조사과정 진행경과 　확인에 필요한 사항	
5. 조사과정 기재사항에 대한 이의 　제기나 의견진술 여부 및 그 내용	

2010.　　10.　　24.

사법경찰리 이조사는 홍길동을 조사한 후, 위와 같은 사항에 대해 홍길동으로부터 확인받음

확 인 자: 홍 길 동　㉑ (무인생략)

사법경찰리: 경 장　이 조 사　㉑ (날인생략)

위 반 사 고 점 수 제 조 회

2011. 01. 11.

인적 사항	면 허 번 호	부산 99−070456−80	면 허 상 태		취소
	성 명	홍 길 동	주 민 번 호		701122−1234567
	주 소	부산광역시 해운대구 해운대해변로 10			

점 수 기 본	1년누산점수	0	2년누산점수	0	3년누산점수	0
	누산 시작일	2005.10.18.	누적 최종일	2010. 10. 16.	최종위반일	2010. 10. 16
	미 통 보	0	공 적 일 자	. .	공적 처리일	. .
	공 적 사 항					

통 보 내 역	통 보 점 수	0	통 보 일 자	
	처 분 결 과	사면자료	통보경찰서	
	재통보일자		재통보사유	
	결 정 일 자		결정경찰서	

위 반 사 고 내 용					
통 보 번 호	1	스티커번호	99128045901	접 수 번 호	1656
면 허 종 류	1종보통	벌 점	0	범 칙 금	60 천원
법 령 코 드					
발생일자/시간	2000.03.06	발생지경찰서	해운대경찰서	주소지경찰서	해운대경찰서
차 량 번 호		차 량(용도)		혈중알콜농도	0.000
사 고 종 별		피 해 구 분		피 해 액	0 천원
조치 불이행	−	처 리 일 자	2000.04.23	처 분 종 별	벌금
인 적 피 해	사망 0 중상 0 경상 0 부상 0			입력자 ID	생략

스 티 커 번 호	2000-1-2007-001111		
접 수 번 호	2002-02222	단 속 관 서	해운대경찰서
발 부 유 형	운전자		
면 허 번 호	부산 99-070456-8	주 민 번 호	701122-1234567
위 반 자 성 명	홍길동	전 화 번 호	
주 소	부산광역시 해운대구 해운대해변로 10		
발 부 일	2002-12-05		
1 차 납 기	2002-12-15	2 차 납 기	2003-01-04
범 칙 금	30,000	가 산 금	36,000
법 조 항 조 회		면 허 벌 점	0
법 조 항 코 드	150 - 01	위 반 법 조 항	제48조의2제1항
상 세 내 용	좌석안전띠미착용 또는 착용의무자에 대한 조치불이행		
위 반 일 시	2002-12-05 17:25	위 반 장 소	좌동 백스코사거리
단 속 자 계 급	순경	단 속 자 성 명	정단송
차 량 번 호	부산33가5555	차 종	승용
용 도	비사업용	처리자주민번호	71111-2123456

위 사본은 원본과 상이없음

사본작성자 경사 **전 병 만**

스 티 커 번 호	2003-1-2007-008888		
접 수 번 호	2005-000333	단 속 관 서	해운대경찰서
발 부 유 형	무인단속	관련 문서 번호	F2498-2006-90007777
면 허 번 호	부산 99-070456-8	주 민 번 호	701122-1234567
위 반 자 성 명	홍길동	전 화 번 호	
주 소	부산광역시 해운대구 해운대해변로 10		
발 부 일	2005-02-11		
1 차 납 기	2005-02-22	2 차 납 기	2005-03-11
범 칙 금	30,000	가 산 금	36,000
법 조 항 조 회		면 허 벌 점	0
법 조 항 코 드	108 - 02	위 반 법 조 항	제15조3항
상 세 내 용	속도위반(20Km/H이하)		
위 반 일 시	2005-01-30 00:11	위 반 장 소	중동 해운대역 앞
단 속 자 계 급	경사	단 속 자 성 명	이벌점
차 량 번 호	부산33가5555	차 종	승용
용 도	비사업용	처리자주민번호	791111-2222222

위 사본은 원본과 상이없음
사본작성자 경사 **전 병 만**

스 티 커 번 호	2003-1-2007-009999		
접 수 번 호	2005-009999	단 속 관 서	동래경찰서
발 부 유 형	무인단속	관련 문서 번호	M1595-2001-90003333
면 허 번 호	부산　99-070456-80	주 민 번 호	701122-1234567
위 반 자 성 명	홍길동	전 화 번 호	
주　　　소	부산광역시 해운대구 해운대해변로 10		
발 부 일	2005-07-07		
1 차 납 기	2005-07-17	2 차 납 기	2005-08-07
범 칙 금	30,000	가 산 금	36,000
법조항조회		면 허 벌 점	0
법조항코드	108　□ 02	위 반 법 조 항	제15조3항
상 세 내 용	속도위반(20Km/H이하)		
위 반 일 시	2005-06-30 14:37	위 반 장 소	동래구 안락로터리 앞
단 속 자 계 급	경사	단 속 자 성 명	강역해
차 량 번 호	부산33가5555	차　　　종	승용
용　　　도	비사업용	처리자주민번호	611111-1666667

위 사본은 원본과 상이없음

사본작성자 경사 **전 병 만**

위 반 사 고 점 수 제 조 회

인적 사항	면 허 번 호	부산 99 − 070456 − 80		면 허 상 태	취소
	성 명	홍 길 동		주 민 번 호	701122 − 1234567
	주 소	부산광역시 해운대구 해운대해변로 10			

점 수 기 본	1년누산점수	0	2년누산점수	0	3년누산점수	0
	누산 시작일	2005.10.18	누적 최종일	2010.10.16	최종위반일	2010.10.16
	미 통 보	0	공 적 일 자	. .	공 적 처리일	. .
	공 적 사 항					

통 보 내 역	통 보 점 수	0	통 보 일 자	
	처 분 결 과	사면자료	통보경찰서	
	재통보일자		재통보사유	
	결 정 일 자		결정경찰서	

위 반 사 고 내 용					
통 보 번 호	2	스티커번호	02100001111	접 수 번 호	5718
면 허 종 류	1종보통	벌 점	0	범 칙 금	40 천원
법 령 코 드		132 − 01 안전운전의무위반			
발생일자/시간	2004.03.16	발생지경찰서	해운대경찰서	주소지경찰서	해운대경찰서
차 량 번 호	부산33가5555	차 량(용도)		혈중알콜농도	0.000
사 고 종 별		피 해 구 분		피 해 액	0 천원
조 치 불이행	−	처 리 일 자	2004.03.16	처 분 종 별	벌금
인 적 피 해	사망 0 중상 0 경상 0 부상 0			입력자 ID	생략

위 반 사 고 점 수 제 조 회

2011. 01. 11.

인적 사항	면 허 번 호	부산 99-070456-80	면 허 상 태	취소
	성 명	홍 길 동	주 민 번 호	701122-1234567
	주 소	부산광역시 해운대구 해운대해변로 10		

점 수 기 본	1년누산점수	0	2년누산점수	0	3년누산점수	0
	누산 시작일	2005.10.18	누적 최종일	2010.10.16	최종위반일	2010.10.16
	미 통 보	0	공 적 일 자	. .	공적 처리일	. .
	공 적 사 항					

통 보 내 역	통 보 점 수	0	통 보 일 자	2010.10.24
	처 분 결 과	취 소	통보경찰서	해운대경찰서
	재통보일자	2010.10.24	재통보사유	
	결 정 일 자		결정경찰서	

위 반 사 고 내 용					
통 보 번 호	3	스티커번호	02100001111	접 수 번 호	5708
면 허 종 류	1종보통	벌 점	0	범 칙 금	40 천원
법 령 코 드	301-01 음주만취운전(본면허: 혈중알콜농도 0.1%이상, 연습면허: 혈중알콜농도 0.05%이상)				
발생일자/시간	2010.10.16 03:13	발생지경찰서	해운대경찰서	주소지경찰서	해운대경찰서
차 량 번 호	87도9876	차 량(용도)		혈중알콜농도	0.124
사 고 종 별		피 해 구 분		피 해 액	0 천원
조 치 불이행	-	처 리 일 자	2010.10.24	처 분 종 별	취소
인 적 피 해	사망 0 중상 0 경상 0 부상 0			입력자 ID	생략

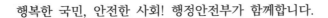

행복한 국민, 안전한 사회! 행정안전부가 함께합니다.

국립과학수사연구소 남부분소

수신자   해운대경찰서장

(경유)

제 목   감정 의뢰 회보 (2010-S-19234) 해운대경찰서 경비교통과

---

    1. 경비교통과-268호 (2010-109)(2010-S-19234 경사 황감정)와 관련임.

    2. 위 건에 대한 감정결과를 붙임과 같이 회보함.

    3. 문서처리자는 각 담당자에게 열람을 요청함.

붙   임   1. 감정서 1부. 끝.

국립과학수사연구소 남부분소장

수신자
10/22
공업연구사 **이연고** 공업연구관   **김공관** 과장   **문과정** 분소장   **김수장**
협조자
시행 법화학과-6695 (2010.10.22.)   접수 경비교통과-7598 (2010.10.23.)
우 606806 부산 영도구 상리길 10 국립과학수사연구소 법화학과
전화 051-403*-6661   전송 051-403*-6616 /1dk444*@mopas.go.kr   /비공개

감 정 서

국 과 수   법화학과 -   호   접수 2010-19234 호   (2010년 10월 17일)

의 뢰 관 서   해운대경찰서   경비교통과-268 호   (2010년 10월 16일)

1. 감 정 물   증1호: 무색플라스틱병에 든 혈액 약1g (2009-108). 이하여백

2. 감정사항   혈중알코올농도. 이하 여백

3. 시험방법   가스크로마토그라피-에틸알콜. 이하 여백

4. 분석결과

구분	증1호
혈중알콜농도	0.124 %

5. 감정결과   이상과 같은 시험결과 증1호에서 혈중알콜농도는 0.124%임. 이하 여백

※ 참고사항   1. 도로교통법 제44조의 규정에 의하면 '술에 취한 상태의 기준은 혈중알 코올농도가 0.05 %이상으로 한다'라고 함.

                 2. 혈중알코올농도는 각 개인의 체질, 섭취된 음식량, 술의 종류 등에 따라 크게 차이가 있으나, 음주 후 혈중 최고농도에 이른 후 시간당 약 0.008% -0.030%(평균 약 0.015%)씩 감소한다고 함. 이하 여백

6. 비   고   감정물 잔량은 감정서 발송일로부터 20일 이내에 반환 요구가 없을 경우 전 량 폐기 처분하겠음. 이하 여백

2010년   10월   20일

국 립 과 학 수 사 연 구 소

남부분소   법과학과

감정인: 이연고

운전면허 취소처분 내역

면허번호	부산 99-070456-8		면허종별		1보, 2보
성 명	홍 길 동		주민번호		701122-1234567
전화번호	010-3289-2000		소속,직업		
위반내용	위 사람은 2010년 10월 16일 03:13 경 앞 노상에서 혈중알콜농도 0.124 %의 주취 상태로 87도9876호 차량을 운전한 자임				
	발생일자	2010.10.16	상신지경찰서		2009
적용법조	음주만취운전(본면허: 혈중알콜농도 0.1%이상)				
사전통지	사전통지일		공고일		
의견진술	의견진술일	2010.10.24	일련번호		15329
취소결정 및 통 지	취소결정일	2010.10.29		취소개시일	2010.11.25
	1차통보일	2010.10.29	반송일	반송사유	
	1차통지주소	부산광역시 해운대구 해운대해변로 10			
	2차통보일	2010.11.05	반송일	반송사유	
	2차통지주소	부산광역시 해운대구 해운대해변로 10			
	공 고 일			등록일자	2010.10.29
	기타통보일		반송일	반송사유	
	기타통지주소				

2011.02.04   부산지방경찰청

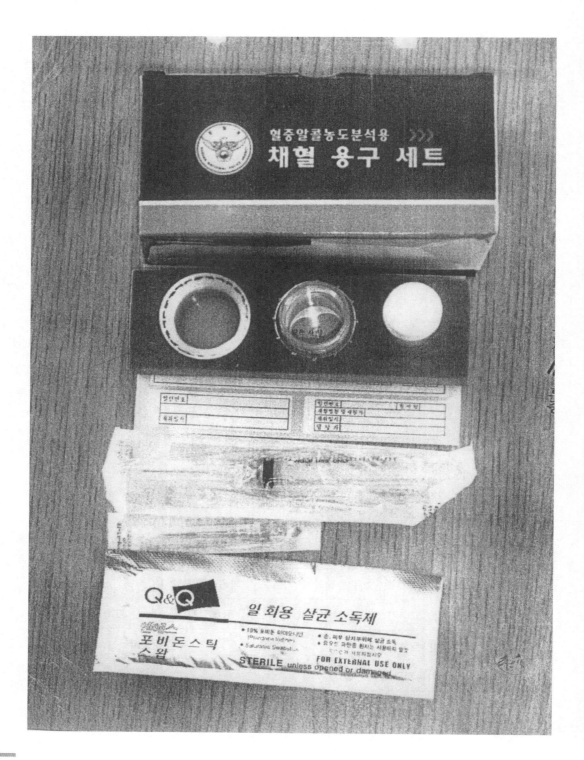

소송수행자지정서 (행정소송)

다음 소송에 있어서『국가를 당사자로 하는 소송에 관한 법률』제5조 및 제6조에 따라
『경정 전경찰, 경사 나형사』를 소송수행자로 지정함.

1. **상 대 자**: 홍   길   동

2. **사 건 명**: 자동차운전면허취소처분취소 청구

3. **법원 및 사건번호**: 부산지방법원   2010구단123호

2011 년   1월   15일

소송수행자 연락처: (051)234-8282, FAX(051)234-8281,
부산광역시 연제구 중앙대로 999

부 산 지 방 경 찰 청 장 [부산직방경찰청장인]

답변서 초안

소송요건

1) 취소소송의 대상   자동차운전면허취소처분 – 문제 없음.

2) 원고   홍길동 – 문제 없음.

3) 피고   부산지방경찰청장 – 문제 없음.

4) 협의의 소익   문제 없음.

5) 제소기간   안 날(2010. 11. 7. 수령 – 법률상담일지 진술)로부터 90일
처분이 있는 날(2010. 11. 5. 취소결정통지서로 추정)로부터 1년
– 문제 없음.

6) 필요적 행정심판전치주의   도로교통법 142조, 항변 가능.

7) 관할 (기타)   부산지방법원 – 문제 없음.
취소소송 – 소송 형태에 문제 없음.

본 안

1. 법률효과 해석의 오류 주장에 대하여
   운전자가 소지하고 있는 모든 운전면허를 취소함이 정당한 해석임.

2. 혈중알콜농도가 0.058%임을 전제로 평등의 원칙 위반을 주장에 대하여
   가. 혈중알콜농도가 0.124%임.
   나. 가사 혈중알콜농도가 0.058%이라도 재량행위이기 때문에 취소 가능함을 주장

3. 혈중알콜농도가 0.124%임을 전제로 비례의 원칙 위반 주장에 대하여 취소로 보호되는 공익이
   월등하게 큼

4. 혈중알콜농도가 0.124%임을 전제로 신뢰보호의 원칙 위반 주장에 대하여 정지처분 사전통지
   사안에서 신뢰보호의 원칙이 적용되지 않음.

답 변 서

사　건　　2010구단123호 자동차운전면허취소처분
원　고　　홍길동
피　고　　부산지방경찰청장

위 당사자 사이 귀원 위 사건에 대하여 피고 소송수행자는 아래와 같이 답변합니다.

청구취지에 대한 답변

1. 원고의 청구를 각하한다. 또는 원고의 청구를 기각한다.
2. 소송비용은 원고의 부담으로 한다.
라는 판결을 구합니다.

청구원인에 대한 답변

1. 인정사실
　　피고는 원고가 주장하는 청구내용 중 '피고가 원고의 자동차운전면허를 취소한 사실'을 인정하나, 그 외의 내용에 대하여 모두 부인합니다.

2. 본안 전 항변
　　우선 본건 소송은 소송요건이 결여되어 있기 때문에 각하되어야 합니다.
　　도로교통법 제142조에 '이 법에 의한 처분으로서 해당 처분에 대한 행정소송은 행정심판의 재결을 거치지 아니하면 이를 제기할 수 없다'고 규정되어 있습니다. 위 규정에 따라 본건 운전면허 취소처분에 대한 행정소송을 제기하기 위해서는 반드시 행정소송 제기 전에 행정심판을 제기해서 재결을 받아야 합니다. 현재 원고는 도로교통법 제94조 규정에 따른 이의신청이나 행정심판법에 따른 행정소송을 제기한 바가 전혀 없습니다.

3. 본안에 대한 항변
　　가사 소송요건이 갖추어졌더라도 원고 청구는 이유가 없기 때문에 기각되어야 합니다.

가. 혈중알콜농도가 0.124%이기 때문에 본건 취소처분은 적법합니다.

　1) 혈중알콜농도가 0.124%입니다(사실상 주장).

　　호흡조사에 의한 혈중알콜농도는 0.058%이지만, 채혈조사에 의한 혈중알콜농도는 0.124% 입니다. 이와 같은 차이에 대하여 원고는 채혈과정에서 알코올 솜을 사용하였기 때문이라고 주장하고 있습니다.

　　채혈하는 경우 혈중알코올농도분석용 채혈용구세트에 들어 있는 주사기, 주사바늘, 일회용 살균 소독제(무알코올-10% 포비돈 아이오다인)을 사용하기 때문에 채혈과정에서 알코올 솜을 사용하는 것은 사실이 아닙니다(을제10호증).

　　호흡측정기에 의한 음주측정치와 혈액조사에 의한 음주측정치가 불일치한 경우 증거취사 선택의 방법에 대하여 대법원은 '호흡측정기에 의한 측정의 경우 그 측정기의 상태, 측정방법, 상대방의 협조 등에 의하여 그 측정결과의 정확성과 신뢰성에 문제가 있을 수 있다는 사정을 고려하면, 혈액의 채취 또는 검사과정에서 인위적 조작이나 관계자의 잘못이 개입되는 등 혈액채취에 의한 검사결과를 믿지 못할 특별한 사정이 없는 한 혈액검사의 의한 음주측정치가 호흡측정기에 의한 음주측정치보다 측정 당시의 혈중알코올농도에 더 근접한 음주측정치라고 보는 것이 경험칙에 부합한다'고 판시하고 있습니다.

　2) 혈중알콜농도 0.1%를 초과한 상태에서 운전한 경우 운전면허를 반드시 취소해야 하기 때문에 본건 취소처분은 적법합니다(법률상 주장).

　　이처럼 혈중알콜농도가 0.124%인 경우 피고는 '도로교통법 제44조 제1항, 제93조 제1항 제1호, 같은 법 시행규칙 제91조 제1항 [별표 28] 운전면허 행정처분기준 2. 취소처분 개별기준 일련번호 2. 술에 만취한 상태(혈중알콜농도 0.1퍼센트 이상)에서 운전한 때'에 따라 반드시 자동차운전면허를 취소해야 됩니다. 즉, 혈중알콜농도가 0.1%를 초과하는 경우 법령에 따라 반드시 운전면허를 취소해야 되기 때문에 본건 취소처분은 적법합니다.

나. 혈중알콜농도 0.1%를 초과한 상태에서 운전한 경우라도 운전면허 취소처분 대신 정지처분할 수 있음을 전제로 본건 처분이 위법하다는 원고의 주장은 배척되어야 합니다.

　1) 본건 처분이 신뢰보호의 원칙 위반으로 위법하다는 주장에 대하여

(생략)

　2) 기타 위법 주장에 대하여

　　원고는 영업수행을 위하여 운전면허가 필요하므로 본건 취소처분이 가혹하다고 주장하지만, 원고가 운전면허취소기준치를 훨씬 넘어 술에 취한 상태에서 자동차를 운전한 사실이 인정되므로 업무상 운전면허가 필요하다는 등의 개인적인 사정만으로 본건 처분이 위법·

부당하다고 할 수 없습니다. 특히 오늘날 자동차가 급증하고 자동차운전면허도 대량으로 발급되어 교통상황이 날로 혼잡하여 짐에 따라 교통법규를 엄격히 지켜야 할 필요성은 더욱 커지고, 음주운전으로 인한 교통사고 역시 빈번하고 그 결과가 참혹한 경우가 많아 음주운전을 엄격하게 단속하여야 할 필요가 절실하다는 점에 비추어 볼 때 자동차운전면허취소처분으로 교통사고를 야기하지 않은 음주운전자가 입게 되는 불이익보다는 공익목적의 실현이라는 필요가 더욱 크다고 할 것입니다. 따라서 운전면허 취소처분으로 달성하려는 공익이 운전면허 취소처분으로 잃게 되는 원고의 손실보다 현저히 크기 때문에 본건 취소처분은 적법하다 할 것입니다.

다. 한편, 혈중알콜농도가 0.058%이기 때문에 본건 취소처분이 위법하다는 원고의 주장은 배척되어야 합니다.

원고의 주장처럼 혈중알콜농도를 0.058%로 보더라도 피고에게 운전면허를 취소시킬 권한이 있기 때문에 취소처분이 적법합니다. (이하 생략)

라. 1종 보통 운전면허에 대한 본건 취소처분이 위법하다는 원고의 주장은 배척되어야 합니다.

원고가 음주운전 당시 2종 보통 운전면허를 소지하고, 2종 보통 운전면허로 운전할 수 있는 승용차를 운전하였다는 이유만으로 만약 2종 보통 운전면허만 취소하면 다시 1종 보통 운전면허로 다시 음주 운전할 수 있기 때문에 1종 보통 운전면허까지 취소해야 됩니다. 만약 취소할 수 없다면 음주운전을 예방할 목적으로 제정된 면허취소 제도는 실효성을 잃을 것입니다. 따라서 1종 보통 운전면허에 대한 취소처분도 적법합니다.

3. 결론

존경하는 재판장님!

이상의 이유로 본건 자동차운전면허 취소처분은 적법하고, 원고의 주장은 이유가 없습니다. 청구를 각하하거나 기각하여 주시기 바랍니다.

입 증 방 법

1. 운전면허취소처분결정서 (을제1호증)
2. 자동차운전면허대장 (을제2호증)
3. 진술서 (을제3호증)
4. 주취운전자 적발보고서 (을제4호증의 1, 2)
5. 주취운전자 정황 진술보고서 (을제5호증)
6. 피의자신문조서 (을제6호증)
7. 위반사고점수제조회 (을제7호증의 1-6)

8. 감정의뢰 회보 (을제8호증)

9. 운전면허 취소처분 내역 (을제9호증)

10. 채혈용구세트 (을제10호증)

첨 부 서 류

1. 위 입증서류 사본 2부

2. 소송수행자 지정서 1부

3. 답변서 부본 1부 (생략)

2011.   1.   15.

피고의 소송수행자   나형사   ㉑

부산지방법원 귀중

판 결

【문제 3】

1. 부산지방법원 2010구단123호 자동차운전면허취소처분취소사건에 대하여 소장, 답변서 및 재판기록을 참고로 판결을 작성하시오.

   - 제시된 법령과 문제1 답안(소장), 문제2 답안(답변서)를 참고할 것.

부 산 지 방 법 원
재 정 단 독 결 정

사건번호   2010구단 123   자동차운전면허취소처분취소

주   문

위 사건을 단독판사가 심판하기로 결정한다.

2011.   1.   .

재판장 판 사   명 부 장

        판 사   전 수 석

        판 사   나 배 석

부 산 지 방 법 원
변 론 조 서

1차

사　　　　건　　2010구단123　자동차운전면허취소처분취소

판　　　　사　　명　판　정　　　　　　기　　　일: 2011. 6. 23. 14:30

법 원 주 사　　최　기　록　　　　　　장　　　소: 법정325

　　　　　　　　　　　　　　　　　　　공개 여부: 공　　개

　　　　　　　　　　　　　　　　　　　고지된

　　　　　　　　　　　　　　　　　　　선고 기일: 2011. 7. 21. 10:00

　　사건과 당사자의 이름을 부름

　　원고　홍길동　　　　　　　　　　　　　　　　　　　　출석

　　원고　소송대리인 유명한　　　　　　　　　　　　　　출석

　　피고　소송수행자 나형사　　　　　　　　　　　　　　출석

　　원 고　소송대리인

　　　　소장 진술

　　피 고　소송수행자

　　　2011. 1. 15.자 답변서 진술

　판 사

　　　원고 소송대리인에게

　　　본 소송 제기 전 행정심판이나 이의신청을 제기한 사실이 있는지 여부를

　　　질문함.

　원 고　소송대리인

　　　행정심판 재결서를 제출하면서

　　　행정소송 제기 후 행정심판을 제기하였다고 답변함

증거관계 별지와 같은 (쌍방 서증)

변론 종결

　　　　　　　　　법 원 주 사　　최 기 록 (날인생략)

　　　　　　　　　　판　　사　　명 판 정 (날인생략)

중앙행정심판위원회
재 결

사 건   11-0345 자동차운전면허취소처분 취소청구

청 구 인   홍 길 동
          부산광역시 해운대구 해운대해변로 10

피청구인   부산지방경찰청장

청구인이 2011. 1. 29. 제기한 심판청구에 대하여 2011년도 제01회 중앙행정심판위원회는 주문과 같이 재결한다.

주 문   청구인의 청구를 기각한다.

청구취지   피청구인이 2010. 11. 7. 청구인에게 한 2010. 11. 25.자 제1종 보통, 제2종 보통 운전면허취소처분을 취소한다.

이 유   1. 사건개요
          청구인이 2010. 10. 16. 혈중알코올농도 0.124%의 술에 취한 상태에서 운전했다는 이유로 피청구인이 2010. 11. 7. 청구인의 운전면허를 취소하였다.

2. 관계법령
  도로교통법 제93조 제1항 제1호
  도로교통법 시행규칙 별표28중 2. 취소처분 개별기준의 일련번호란 2

3. 인정사실
  청구인과 피청구인이 제출한 자료에 의하면 다음과 같은 사실을 인정할 수 있다.
  가. 청구인은 이 사건 당시 보험설계사이던 자로서, 1999. 10. 31. 제2종 보통운전면허를 취득하였다.
  나. 청구인은 2010. 10. 16. 02:20경 술에 취한 상태에서 승용차를 운전하다가 부산광역시 해운

대구 해운대해변로에 있는 해강초등학교 앞길에서 단속경찰관에게 적발되어 음주측정을 한 결과 혈중알코올농도가 0.058%로 측정된 사실, 청구인이 이에 불복하고 채혈측청을 요구하여 2010. 10. 16. 03:13경 혈액을 채취하여 국립과학수사연구소에 감정을 의뢰한 결과 혈중알코올농도가 0.124%로 측정된 사실을 각각 인정할 수 있다.

다. 청구인이 서명한 피의자신문조서에 따르면, 청구인은 채혈측정에 의한 혈중알코올농도에 이의가 없다는 취지로 기재되어 있다.

4. 이 사건 처분의 위법·부당 여부

청구인은 채혈측정에 의한 혈중알코올농도가 호흡측정에 의한 혈중알코올농도에 비해 높게 나온 것은 피청구인이 채혈측정 시 알코올 솜을 사용했기 때문이라고 주장하나, 청구인은 피의자신문 당시 채혈측정에 의한 알코올농도에 이의가 없다는 취지로 진술한 바 있고, 청구인의 주장을 뒷받침할 만한 객관적인 자료가 없는 점을 고려해 볼 때, 위와 같은 청구인의 주장을 받아들일 수 없다.

한편, 청구인은 영업수행을 위하여 운전면허가 필요하므로 이 사건 처분은 가혹하다고 주장하나, 위 인정사실에 의하면 청구인은 운전면허취소기준치를 훨씬 넘어 술에 취한 상태에서 자동차를 운전한 사실이 인정되므로, 업무상 운전면허가 필요하다는 등의 개인적인 사정만으로 이 사건 처분이 위법·부당하다고 할 수 없다.

5. 결   론

그렇다면 청구인의 주장을 인정할 수 없으므로 청구인의 청구를 받아들이지 않기로 하여 주문과 같이 재결한다.

2011.   03.   10.

중앙행정심판위원회 (관인생략)

부 산 지 방 법 원
판결선고조서

1차

사　　　건　　2010구단123　자동차운전면허취소처분취소

판　　　사　　명 판 정　　　　　기　　일: 2011. 7. 21. 10:00

법 원 주 사　　최 기 록　　　　　장　　소: 법정325

　　　　　　　　　　　　　　　　　공개 여부: 공　　개

⋯⋯⋯⋯⋯⋯⋯⋯⋯⋯⋯⋯⋯⋯⋯⋯⋯⋯⋯⋯⋯⋯⋯⋯⋯⋯⋯⋯⋯⋯⋯⋯⋯⋯⋯

사건과 당사자의 이름을 부름

원고　홍 길 동　　　　　　　　　　　　　　　　불출석

원고　소송대리인 변호사 유명한　　　　　　　　불출석

피고　소송수행자 전경찰, 나형사　　　　　　　각 불출석

판 사

　　판결원본에 의하여 판결선고

법 원 주 사　　최 기 록 (날인생략)

판　　　사　　명 판 정 (날인생략)

판결 초안

소송요건 (본안전 항변)

필요적 행정심판전치주의   중앙행정심판위원회 재결 — 배척

행정심판전치주의 관련:

필요적 전치주의가 적용되는 사건에서 행정심판절차 경우는 소송요건으로 사실심 변론종결 시까지 구비해야 된다.

대판 87누176 '산업재해보상보험법상의 보험급여처분에 대한 행정소송은 심사 및 재심사의 2단계 전심절차를 거친 연후에 제기하도록 되어 있으나 행정심판전치주의의 근본취지가 행정청에게 반성의 기회를 부여하고 행정청의 전문지식을 활용하는데 있는 것이므로 제소당시에 비록 전치요건을 구비하지 못한 위법이 있다 하여도 사실심 변론종결당시까지 그 전치요건을 갖추었다면 그 흠결의 하자는 치유되었다고 볼 것이다.'

대판 86누29 '전심절차를 밟지 아니한 채 증여세부과처분취소소송을 제기하였다면 제소당시로 보면 전치요건을 구비하지 못한 위법이 있다 할 것이지만, 소송계속 중 심사청구 및 심판청구를 하여 각 기각결정을 받았다면 원심변론종결일 당시에는 위와 같은 전치요건흠결의 하자는 치유되었다고 볼 것이다.'

본안 (처분의 위법 여부)

인용 판결

- 원고 주장하는 위법사유 중 일부라도 인정되면 인용 가능. 나머지 위법사유 주장[29]에 대하여 판단하지 않아도 됨.

가. 혈중알콜농도가 0.058%(사실 확정), 따라서 평등의 원칙 위반(법률 판단)

나. 가사 혈중알콜농도가 0.124%이라도 비례의 원칙 위반(가정 판단)

---

29 1. 법률효과 해석의 오류 주장 및 2. 혈중알콜농도가 0.124%임을 전제로 신뢰보호의 원칙 위반 주장.

재량행위·기속행위 관련:

판례는 제재적 행정처분의 기준을 정한 도로교통법 시행규칙을 법규성이 없는 행정규칙으로 보기 때문에 음주운전으로 인한 면허취소를 도로교통법의 규정 '취소 또는 정지할 수 있다'는 문언에 따라 재량행위로 보고 있다.

대판 97누20236 '도로교통법시행규칙 제53조 제1항이 정한 [별표 16]의 운전면허행정처분기준은 관할 행정청이 운전면허의 취소 및 운전면허의 효력정지 등의 사무처리를 함에 있어서 처리기준과 방법 등의 세부사항을 규정한 행정기관 내부의 처리지침에 불과한 것으로서 대외적으로 국민이나 법원을 기속하는 효력이 없으므로, 자동차운전면허취소처분의 적법 여부는 위 운전면허행정처분기준만에 의하여 판단할 것이 아니라 도로교통법의 규정 내용과 취지에 따라 판단되어야 하며, 위 운전면허행정처분기준의 하나로 삼고 있는 벌점이란 자동차운전면허의 취소·정지처분의 기초자료로 활용하기 위하여 법규 위반 또는 사고야기에 대하여 그 위반의 경중, 피해의 정도 등에 따라 배점되는 점수를 말하는 것으로서, 이러한 벌점의 누산에 따른 처분기준 역시 행정청 내의 사무처리에 관한 재량준칙에 지나지 아니할 뿐 법규적 효력을 가지는 것은 아니다.'

대판 92누15253(동지, 대판 90누7630 등) [1] 도로교통법시행규칙 제53조 제1항이 정한 [별표 16]의 운전면허 행정처분 기준은 부령의 형식으로 되어 있으나, 규정의 성질과 내용이 운전면허의 취소처분 등에 관한 사무처리 기준과 처분절차 등 행정청 내부의 사무처리준칙을 규정한 것에 지나지 아니하므로 대외적으로 국민이나 법원을 기속하는 효력이 없다. [2] 지방경찰청장이 운전면허를 받은 사람이 술에 취한 상태에서 자동차 등을 운전을 한 것 등을 이유로 도로교통법 제78조 제8호에 따라서 운전면허를 취소하는 것은 기속행위가 아니다.

행정의 자기구속의 원칙 관련:

대판 2001두8414 '여객자동차운수사업법에 따른 개인택시운송사업 면허는 특정인에게 권리나 이익을 부여하는 재량행위이고, 행정청이 면허 발급 여부를 심사함에 있어 이미 설정된 면허기준의 해석상 당해 신청이 면허발급의 우선순위에 해당함이 명백함에도 불구하고 이를 제외시켜 면허거부처분을 하였다면 특별한 사정이 없는 한 그 거부처분은 재량권을 남용한 위법한 처분이다.'

기각 판결

– 원고 주장하는 모든 위법사유를 판단한 후 청구를 배척해야 됨.

가. 혈중알콜농도가 0.058%가 아니기 때문에 평등의 원칙 위반에 해당되지 않음.

증거의 취사 선택 관련:

대판 2003도6905 '도로교통법 제41조 제2항에서 말하는 '측정'이란, 측정결과에 불복하는 운전자에 대하여 그의 동의를 얻어 혈액채취 등의 방법으로 다시 측정할 수 있음을 규정하고 있는 같은 조 제3항과의 체계적 해석상, 호흡을 채취하여 그로부터 주취의 정도를 객관적으로 환산하는 측정방법, 즉 호흡측정기에 의한 측정이라고 이해하여야 할 것이고, 호흡측정기에 의한 음주측정치와 혈액검사에 의한 음주측정치가 다른 경우에 어느 음주측정치를 신뢰할 것인지는 법관의 자유심증에 의한 증거취사선택의 문제라고 할 것이나, 호흡측정기에 의한 측정의 경우 그 측정기의 상태, 측정방법, 상대방의 협조정도 등에 의하여 그 측정결과의 정확성과 신뢰성에 문제가 있을 수 있다는 사정을 고려하면, 혈액의 채취 또는 검사과정에서 인위적인 조작이나 관계자의 잘못이 개입되는 등 혈액채취에 의한 검사결과를 믿지 못할 특별한 사정이 없는 한, 혈액검사에 의한 음주측정치가 호흡측정기에 의한 음주측정치보다 측정 당시의 혈중알콜농도에 더 근접한 음주측정치라고 보는 것이 경험칙에 부합한다.'

나. 혈중알콜농도가 0.124%(사실 확정)임을 전제로 비례의 원칙 위반에 해당되지 않음.

비례의 원칙 관련: 통상 협의의 비례의 원칙, 법익 균형성이 문제된다.

대판 95누9686 가구점 운전기사가 자신의 집에 도착하여 주차할 장소를 찾기 위하여 돌아다니다가 경찰관에게 적발되었고 음주운전으로 인하여 아무런 사고를 일으키지 아니한 경우, 자동차운전면허가 취소되면 그의 생계에 막대한 지장을 입게 되는데 주취운전이 운전면허행정처분의 기준에 해당한다는 점만을 내세워 그 운전면허를 취소까지 한 것은 도로교통법에 의하여 달성하고자 하는 공익목적의 실현보다는 그로 인하여 운전기사가 입게 될 불이익이 너무 커서 이익교량의 원칙에 위배된다 할 것이므로 위 처분은 재량권을 남용하거나 그 한계를 넘은 위법한 처분에 해당한다고 한 사례.

다. 혈중알콜농도가 0.124%임을 전제로 신뢰보호의 원칙 위반에 해당되지 않음.

신뢰보호의 원칙 관련: 본건에서 신뢰보호의 원칙이 적용되기 위해 필요한 선행조치와 선행조치에 터 잡은 행위가 없음.

대판 99두10520 [1] 행정청이 일단 행정처분을 한 경우에는 행정처분을 한 행정청이라도 법령에 규정이 있는 때, 행정처분에 하자가 있는 때, 행정처분의 존속이 공익에 위반되는 때, 또는 상대방의 동의가 있는 때 등의 특별한 사유가 있는 경우를 제외하고는 행정처분을 자의로 취소(철회의 의미를 포함한다)할 수 없다. [2] 운전면허 취소사유에 해당하는 음주운전을 적발한 경찰관의 소속 경찰서장이 사무착오로 위반자에게 운전면허정지처분을 한 상태에서 위반자의 주소지 관할 지방경찰청장이 위반자에게 운전면허취소처분을 한 것은 선행처분에 대한 당사자의 신뢰 및 법적 안정성을 저해하는 것으로서 허용될 수 없다고 한 사례. [선행조치가 현행 도로교통법시행규칙 [별표 28]에서 정한 행정처분기준에 위배하여 이루어졌지만, 그와 같은 사실만으로 곧바로 당해 처분이 위법하게 되는 것이 아니기 때문에 면허정지처분이 효력을 발생함으로써 처분의 존속에 대한 신뢰가 이미 형성되었다고 본 사례임.]

라. 법리오해 주장에 대하여

운전자가 소지하고 있는 모든 운전면허를 취소함이 정당한 해석임.

수개의 운전면허 관련:
대판 95누8850(전원) '[1] 한 사람이 여러 종류의 자동차 운전면허를 취득하는 경우뿐 아니라 이를 취소 또는 정지함에 있어서도 서로 별개의 것으로 취급하는 것이 원칙이고, 한 사람이 여러 종류의 자동차 운전면허를 취득하는 경우 1개의 운전면허증을 발급하고 그 운전면허증의 면허번호는 최초로 부여한 면허번호로 하여 이를 통합관리하고 있다고 하더라도, 이는 자동차 운전면허증 및 그 면허번호 관리상의 편의를 위한 것에 불과할 뿐 그렇다고 하여 여러 종류의 면허를 서로 별개의 것으로 취급할 수 없다거나 각 면허의 개별적인 취소 또는 정지를 분리하여 집행할 수 없는 것은 아니다. [2] 외형상 하나의 행정처분이라 하더라도 가분성이 있거나 그 처분대상의 일부가 특정될 수 있다면 그 일부만의 취소도 가능하고 그 일부의 취소는 당해 취소부분에 관하여 효력이 생긴다고 할 것인바, 이는 한 사람이 여러 종류의 자동차 운전면허를 취득한 경우 그 각 운전면허를 취소하거나 그 운전면허의 효력을 정지함에 있어서도 마찬가지이다. [3] 제1종 보통, 대형 및 특수 면허를 가지고 있는 자가 레이카크레인을 음주운전한 행위는 제1종 특수면허의 취소사유에 해당될 뿐 제1종 보통 및 대형 면허의 취소사유는 아니므로, 3종의 면허를 모두 취소한 처분 중 제1종 보통 및 대형 면허에 대한 부분은 이를 이유로 취소하면 될 것이나, 제1종 특수면허에 대한 부분은 원고가 재량권의 일탈·남용하여 위법하다는 주장을 하고 있음에도, 원심이 그 점에 대하여 심리·판단하지 아니한 채 처분 전체를 취소한 조치는 위법하다고 하여 원심판결 중 제1종 특수면허에 대한 부분을 파기환송한 사례.'
대판 96누4992 '한 사람이 여러 종류의 자동차운전면허를 취득하는 경우뿐 아니라 이를 취소 또는 정지함에 있어서도 서로 별개의 것으로 취급하는 것이 원칙이나, 그 취소나 정지의 사유가 특정의 면허에 관한 것이 아니고 다른 면허와 공통된 것이거나 운전면허를 받은 사람에 관한 경우에는 여러 운전면허 전부를 취소 또는 정지할 수도 있다.'
대판 96누17578 '한 사람이 여러 종류의 자동차운전면허를 취득하는 경우뿐 아니라 이를 취소 또는 정지하는 경우에 있어서도 서로 별개의 것으로 취급하는 것이 원칙이고, 제1종 대형면허를 가진 사람만이 운전할 수 있는 대형승합자동차는 제1종 보통면허를 가지고 운전할 수 없는 것이기는 하지만, 자동차운전면허는 그 성질이 대인적 면허일 뿐만 아니라 도로교통법시행규칙 제26조 [별표 14]에 의하면, 제1종 대형면허 소지자는 제1종 보통면허 소지자가 운전할 수 있는 차량을 모두 운전할 수 있는 것으로 규정하고 있어, 제1종 대형면허의 취소에는 당연히 제1종 보통면허 소지자가 운전할 수 있는 차량의 운전까지 금지하는 취지가 포함된 것이어서 이들 차량의 운전면허는 서로 관련된 것이라고 할 것이므로, 제1종 대형면허로 운전할 수 있는 차량을 음주운전하거나 그 제재를 위한 음주측정의 요구를 거부한 경우에는 그와 관련된 제1종 보통면허까지 취소할 수 있다.'

대판 96누15176 '제1종 보통 운전면허와 제1종 대형 운전면허의 소지자가 제1종 보통 운전면허로 운전할 수 있는 승합차를 음주운전하다가 적발되어 두 종류의 운전면허를 모두 취소당한 사안에서, 그 취소처분으로 생업에 막대한 지장을 초래하게 되어 가족의 생계조차도 어려워질 수 있다는 당사자의 불이익보다는 교통법규의 준수 또는 주취운전으로 인한 사고의 예방이라는 공익목적 실현의 필요성이 더욱 크고, 당해 처분 중 제1종 대형 운전면허의 취소가 재량권을 일탈한 것으로 본다면 상대방은 그 운전면허로 다시 승용 및 승합자동차를 운전할 수 있게 되어 주취운전에도 불구하고 아무런 불이익을 받지 않게 되어 현저히 형평을 잃은 결과가 초래된다는 이유로, 이와 달리 제1종 대형 운전면허 부분에 대한 운전면허취소처분이 재량권의 한계를 넘는 위법한 처분이라고 본 원심판결을 파기한 사례.'

부 산 지 방 법 원
판   결

사　　　건　　　2010구단123 자동차운전면허취소처분취소

원　　　고　　　홍길동 (701122-1234567)
　　　　　　　　부산 해운대구 해운대해변로 10
　　　　　　　　소송대리인 변호사 유명한

피　　　고　　　부산지방경찰청장
　　　　　　　　소송수행자 전경찰, 나형사

변 론 종 결　　　2011. 6. 23.

판 결 선 고　　　2011. 7. 21.

주   문

1. 피고가 2010. 10. 29. 원고에게 한 자동차운전면허취소처분을 취소한다.[30]
2. 소송비용은 피고가 부담한다.
3. 제1항 기재 처분은 이 사건 판결 확정시까지 그 집행을 정지한다.

청 구 취 지

주문과 같다.

이   유

1. 처분의 경위

　　피고는 2010. 10. 29. 원고에게, '원고가 2010 . 10. 16. 02:20경 혈중알콜농도 0.124%의 술에 취한 상태로 87도9876호 투싼 승용차를 운전하였다.'라는 이유로, 2010. 11. 25.부터 원고의 제1

---

[30] 소장에는 처분일자를 2010. 11. 5.로 자동차운전면허취소결정통지서를 기준으로 작성하였지만, 운전면허취소처분결정서에 2010. 10. 29.로 기재되어 있음. "피고가 2010. 10. 29. 원고에게 한 2010. 11. 25.자 제1종 보통, 제2종 보통 자동차운전면허(부산 99-070456-80)취소처분을 취소한다."

종 보통 및 제2종 보통 운전면허를 취소하는 처분(이하 '이 사건 처분'이라 한다)을 하였다.
[인정 근거] 다툼 없는 사실, 갑제1호증, 을제1호증의 각 기재

2. 이 사건 소의 적법 여부

피고는 본건 소송이 도로교통법 제120조에 의한 행정심판전치주의 요건을 결여하였기 때문에 부적하다고 항변한다. 원고가 본건 소 제기 전 행정심판이나 이의신청을 제기한 사실이 없지만, 본건 소제기 후 2011. 1. 29. 중앙행정심판위원에 본건 자동차운전면허취소처분의 취소를 구하는 행정심판을 청구하였고, 같은 해 3. 10. 중앙행정심판위원회가 행정심판을 기각하는 재결한 사실이 인정된다. 행정심판전치주의의 근본취지가 행정청에게 반성의 기회를 부여하고 행정청의 전문지식을 활용하는데 있는 것이므로 제소당시에 비록 전치요건을 구비하지 못한 위법이 있다 하여도 사실심 변론종결당시까지 그 전치요건을 갖추었다면 그 흠결의 하자는 치유되었다고 볼 것이다. 따라서 피고의 본안 전 항변은 이유 없다.
[인정 근거] 을제11호증의 기재

3. 이 사건 처분의 적법 여부

피고는 법령이 혈중알콜농도 0.1% 이상 운전한 때 반드시 운전면허를 취소하도록 기속행위로서 규정하고 있기 때문에 본건 취소처분이 적법하다고 주장한다. 살피건대, 도로교통법 시행규칙 제91조 제1항 [별표 28] 운전면허 행정처분기준 2. 취소처분 개별기준(일련번호 2)은 도로교통법 제93조 제1항 제1호의 처분기준을 구체화하여 '술에 만취한 상태(혈중알콜농도 0.1% 이상)에서 운전한 때'에 자동차운전면허를 취소하도록 규정하고 있으나, 위 [별표 28]의 운전면허 행정처분기준은 관할 행정청이 운전면허의 취소 및 운전면허의 효력정지 등의 사무처리를 함에 있어서 처리기준과 방법 등의 세부사항을 규정한 행정기관 내부의 처리지침에 불과한 것으로서 대외적으로 국민이나 법원을 기속하는 효력이 없으므로, 자동차운전면허취소처분의 적법 여부는 위 운전면허 행정처분기준만에 의하여 판단할 것이 아니라 도로교통법의 규정 내용과 취지에 따라 판단되어야 할 것이다. 따라서 본건 취소처분은 재량행위로 보아야 하기 때문에 피고의 주장은 이유 없다.

증거에 의하면 ① 원고에 대한 호흡 및 채혈에 의한 음주측정은 최종음주시점으로부터 각각 57분, 1시간 13분이 경과한 후에 이루어졌는바, '음주로 인한 혈중알콜농도는 개인의 체질, 섭취된 음식류, 술의 종류 등에 따라 크게 차이가 있으나 통상 음주 후 30~90분 사이에 최고치에 이르렀다가 그 후로는 시간당 약 0.008~0.03%(평균 약 0.015%)씩 점차 감소한다'는 일반적인 의학적 견해에 의할 때, 위 각 측정 당시 원고의 혈중알콜농도가 상승기에 있었던 점, ② 따라서 단속시점으로부터 약 37분이 경과하여 호흡조사에 의한 음주측정이 이루어진 사정을 고려할 때, 호흡조사에 의한 혈중알콜농도가 다소 높게 측정되었을 가능성을 배제할 수 없는

점, ③ 마찬가지로 단속시점으로부터 약 53분이 경과하여 채혈에 의한 음주측정이 이루어진 사정을 고려할 때, 채혈에 의한 혈중알콜농도 역시 상당한 정도로 높게 측정되었을 가능성을 배제할 수 없는 점, ④ 더욱이 호흡조사에 의한 혈중알콜농도 0.058%와 채혈에 의한 혈중알콜농도 0.124%는 약 0.066%의 차이가 있고, 이러한 측정결과의 차이는 매우 이례적인 것으로 보이는바, 측정과정에서 원고의 체질적 원인에 의한 혈중알콜농도의 변화가 상당한 정도로 작용하였을 가능성이 있는 점 등에 비추어 음주운전 당시 혈중알콜농도가 0.058%이었을 가능성을 배제할 수 없고, 그렇다면 시행규칙에 반하는 본건 취소처분은 행정의 자기구속의 원칙 또는 평등의 원칙에 위반되기 때문에 재량권의 일탈·남용으로서 위법하다.

⑤ 원고는 2006년 운전면허를 취득한 후 본건 음주운전 외에는 음주운전을 하거나 교통사고를 야기하지 아니하였고, 그밖에 속도위반, 안전띠미착용 외에는 특별히 교통법규를 위반한 전력이 없는 점, ⑥ 원고는 보험회사의 영업직 직원으로 근무하면서 가족들을 부양하고 있어 운전면허가 필수적이고 만일 운전면허가 취소되면 정상적인 업무가 현저히 곤란할 것으로 보이는바, 본건 취소처분으로 원고 및 그 가족들이 입게 될 불이익이 매우 큰 것으로 보이는 점 등을 종합하여 보면, 음주운전으로 인한 교통사고 등의 폐해방지를 위한 공익상의 필요가 절실한 점을 감안하더라도, 피고가 이러한 사정들에 대한 고려 없이 본건 음주운전 행위에 대하여 운전면허 행정처분기준을 그대로 적용한 본건 취소처분은 행위 및 결과에 비해 원고에게 지나치게 가혹하여 재량권을 일탈·남용한 위법한 처분이라고 할 것이다.

[인정 근거] (생략)

4. 집행정지

이 사건 기록에 나타난 자료를 종합하면, 이 사건 처분의 집행으로 인하여 원고에게 생길 회복하기 어려운 손해를 예방하기 위한 긴급한 필요가 있다고 인정되고, 달리 그 집행정지로 인하여 공공복리에 중대한 영향을 미칠 우려가 있다고 인정할 만한 자료도 없으므로, 이 사건 처분은 이 사건 판결 확정시까지 직권으로 그 집행을 정지한다.

5. 결론

그렇다면 원고의 이 사건 청구는 이유 있으므로 이를 인용하고, 직권으로 이 사건 처분의 집행정지를 명한다.

판사   명판정 _____

부 산 지 방 법 원
판   결

사   건   2010구단123   자동차운전면허취소처분취소

원   고   홍길동 (701122 – 1234567)
                     부산 해운대구 해운대해변로 10
                     소송대리인 변호사 유명한

피   고   부산지방경찰청장
                     소송수행자 전경찰, 나형사

변 론 종 결   2011. 6. 23.

판 결 선 고   2011. 7. 21.

주   문
1. 원고의 청구를 기각한다.
2. 소송비용은 원고가 부담한다.

청 구 취 지
(생략)

이   유

1. 처분의 경위
   (생략)
   [인정 근거] 다툼 없는 사실, 갑제1호증, 을제1호증의 각 기재

2. 이 사건 소의 적법 여부
   (생략)
   [인정 근거] 을제11호증의 기재

3. 이 사건 처분의 적법 여부

원고는 채혈측정에 의한 혈중알코올농도가 호흡측정에 의한 혈중알코올농도에 비해 높게 나온 것은 피고가 채혈측정 시 알코올 솜을 사용했기 때문이라고 주장하나, 원고가 피의자신문 당시 채혈측정에 의한 알코올농도에 이의가 없다는 취지로 진술한 바 있고, 원고의 주장을 뒷받침할 만한 객관적인 자료가 없는 점을 고려해 볼 때 원고의 주장은 이유 없다.

증거에 의하면 원고에 대한 호흡 및 채혈에 의한 음주측정은 최종음주시점으로부터 각각 97분, 113분이 경과한 후에 이루어졌는바, '음주로 인한 혈중알콜농도는 개인의 체질, 섭취된 음식류, 술의 종류 등에 따라 크게 차이가 있으나 통상 음주 후 30~90분 사이에 최고치에 이르렀다가 그 후로는 시간당 약 0.008~0.03%(평균 약 0.015%)씩 점차 감소한다'는 일반적인 의학적 견해에 의할 때, 위 각 측정 당시 원고의 혈중알콜농도가 하강기에 있었던 점 및 호흡측정기에 의한 측정의 경우 그 측정기의 상태, 측정방법, 상대방의 협조정도 등에 의하여 그 측정결과의 정확성과 신뢰성에 문제가 있을 수 있다는 사정을 고려하면, 혈액의 채취 또는 검사과정에서 인위적인 조작이나 관계자의 잘못이 개입되는 등 혈액채취에 의한 검사결과를 믿지 못할 특별한 사정이 없는 한, 혈액검사에 의한 음주측정치가 호흡측정기에 의한 음주측정치보다 측정 당시의 혈중알콜농도에 더 근접한 음주측정치라고 보는 것이 경험칙에 부합한다는 점 등에 비추어 혈중알콜농도 0.124%에 터 잡은 본건 처분이 위법하다고 단정할 수 없다.

살피건대, 도로교통법 시행규칙 제91조 제1항 [별표 28] 운전면허 행정처분기준 2. 취소처분 개별기준(일련번호 2)은 도로교통법 제93조 제1항 제1호의 처분기준을 구체화하여 '술에 만취한 상태(혈중알콜농도 0.1% 이상)에서 운전한 때'에 자동차운전면허를 취소하도록 규정하고 있으나, 위 [별표 28]의 운전면허 행정처분기준은 관할 행정청이 운전면허의 취소 및 운전면허의 효력정지 등의 사무처리를 함에 있어서 처리기준과 방법 등의 세부사항을 규정한 행정기관 내부의 처리지침에 불과한 것으로서 대외적으로 국민이나 법원을 기속하는 효력이 없으므로, 자동차운전면허취소처분의 적법 여부는 위 운전면허 행정처분기준만에 의하여 판단할 것이 아니라 도로교통법의 규정 내용과 취지에 따라 판단되어야 할 것이다.

원고는 본건 취소처분이 운전면허 정지처분사전통지에 반하여 신뢰보호의 원칙에 위반되기 때문에 재량권을 일탈·남용한 처분으로서 위법하다고 주장한다. 그러나 운전면허 정지처분 사전통지는 면허정지의 효력이 아직 발생하지 않았기 때문에 사전조치라 할 수 없고, 나아가 사전통지 후 불이익 처분을 하려면 도로교통법이나 행정절차법 등에 의해 청문절차를 거쳐야 되는데 원고가 피의자신문시 운전면허 취소처분에 이의가 없다는 취지로 진술한 점 등에 비추어 신뢰가 훼손되었다고 볼 수 없다. 따라서 사전통지에 반하는 취소처분이 신뢰보호의 원칙 위반이라는 주장은 이유 없다.

나아가 원고는 영업수행을 위하여 운전면허가 필요하기 때문에 본건 취소처분이 비례의 원칙 위반으로 위법하다고 주장한다. 그러나 원고가 운전면허취소기준치를 훨씬 넘어 술에 취한 상태에서 자동차를 운전한 사실이 인정되고, 자동차운전면허취소처분으로 교통사고를 야기하지 않은 음주운전자가 입게 되는 불이익보다는 공익목적의 실현이라는 필요가 더욱 크기 때문에 업무상 운전면허가 필요하다는 등의 개인적인 사정만으로 본건 취소처분이 위법·부당하다고 할 수 없다. 따라서 원고의 주장은 이유 없다.

마지막으로 원고는 본건 음주운전으로 2종 보통면허를 취소할 수 있지만 1종 보통 운전면허를 취소할 수 없기 때문에 본건 취소처분 중 1종 보통 운전면허 취소부분이 위법하다고 주장한다. 그러나 운전면허 취소나 정지의 사유가 특정의 면허에 관한 것이 아니고 다른 면허와 공통된 것이거나 운전면허를 받은 사람에 관한 경우에는 여러 운전면허 전부를 취소 또는 정지할 수 있고, 음주운전 당시 차량을 기준으로 2종 보통 운전면허뿐만 아니라 1종 보통 운전면허로 운전할 수 있으면 음주운전으로 인한 운전면허 취소처분이 운전면허받은 사람에 관한 사유이기 때문에 양장 모두를 취소할 수 있는바, 본건에서 2종 보통 운전면허뿐만 아니라 1종 보통 운전면허로도 운전 가능한 투싼 승용차를 운전한 사실이 인정되기 때문에 피고는 2종 보통 운전면허뿐만 아니라 종 보통 운전면허도 취소할 수 있다. 따라서 원고의 주장은 이유 없다.

4. 결론

그렇다면 원고의 이 사건 청구가 이유 없으므로 청구를 기각한다.

판사   명판정 _____

PART
02

집행정지

> 제1강
집행정지의 이론

1. 집행부정지의 원칙

행정소송법 제23조 제1항에 따라 행정처분이 위법한 것임을 전제로 취소소송이 제기되었다 하더라도 권한있는 기관에 의하여 취소되지 않는 한 처분 등의 효력이나 그 집행 또는 절차의 속행에 영향을 주지 않는다. 이러한 집행부정지의 원칙에 대해 행정행위의 공정력 또는 자력집행성에서 근거를 찾는 견해도 있지만, 다수설은 입법정책의 문제라는 입장이다. 처분의 효력이란 처분이 갖는 행정법상 효력으로서 형성력 외에 행정청, 상대방 기타 관계인을 처분의 내용에 따라 구속하는 구속력 또는 기속력을 포함한다. 처분의 집행이란 처분내용을 강제로 실현하는 집행력의 행사이며, 절차의 속행이란 처분의 유효함을 전제로 법률관계를 진전시키고 후속처분을 행하는 것이다.

2. 예외적 집행정지

행정소송을 제기한 원고가 후일 승소하는 경우에 이미 집행이 종료되어 회복할 수 없는 손해를 입게 되는 부당한 결과를 초래하는 경우가 있을 수 있으므로, 행정소송법은 취소소송과 무효등확인소송이 제기된 경우 예외적으로 집행정지를 허용하고 있다.[1]

---

1 전게서 439–440면.

3. 구조

집행정지의 관할법원은 본안사건이 계속중인 법원으로 전속관할이고, 집행정지는 본안소송이 계속되어 있는 법원이 당사자의 신청 또는 직권에 의하여 집행정지 요건(형식적 요건과 실체적 요건)을 심리한 후 후 집행정지신청을 기각 또는 집행정지 결정한다.

[집행정지의 구조]

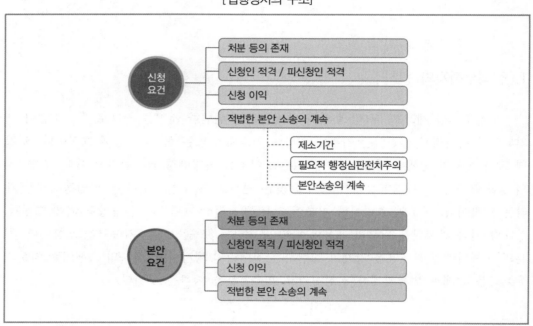

4. 실체적 요건[2]

1) 회복하기 어려운 손해를 예방하기 위하여 긴급한 필요가 있을것

'회복하기 어려운 손해'란 사회통념상 그 원상회복이나 금전배상이 불가능하다고 인정되는 손해를 의미한다. 판례는 특별한 사정이 없는 한 금전으로 보상할 수 없는 손해를 의미하고, 이는 금전보상이 불가능한 경우뿐만 아니라 금전보상으로는 사회관념상 행

---

2 전게서면 444~447면.

정처분을 받은 당사자가 참고견딜 수 없거나 또는 참고 견디기가 현저히 곤란한 경우의 유형·무형의 손해로서 당해 행정처분과 상당인과관계 있는 손해를 일컫는다고 판시하고 있다. 그리고 손해는 현재 발생을 요하지 않고 발생의 가능성이 있으면 족하지만, 추상적 손해가 아니라 현실적·구체적 손해이어야 하고 반드시 현저할 필요는 없다 손해는 개인적(자연인, 법인, 단체 등) 손해를 의미하고 공익상 손해 또는 제3자의 손해는 포함되지 않는다. '긴급한 필요가 있을 것'이란 회복곤란한 손해의 발생이 시간적으로 절박하여 손해를 회피하기 위하여 본안 판결을 기다릴 여유가 없는 경우를 의미한다.

2) 공공의 복리에 중대한 영향을 미칠 우려가 없을 것

처분의 집행정지가 공공복리에 중대한 영향을 미칠우려가 있고, 추후 신청인이 입을 손해를 희생시키더라도 보호할 가치가 있는 경우에는 집행정지 결정을 할 수 없다. 즉, 처분의 집행으로 인한 보호되는 공익과 신청인의 손해를 개별적·구체적으로 비교형량하여 결정해야 한다.

3) 본안 청구가 이유 없음이 명백하지 않을 것

판례는 본안 청구가 이유 없음이 명백하지 않을 것을 집행정지의 소극적 요건으로 판시하고 있다. 학설상 견해의 대립이 있지만, 다수설에 따르면 행정소송법은 집행정지신청의 요건으로서 본안에 대한 승소개연성을 요구하고 있지 않지만, 집행정지제도가 승소판결을 받을 때까지 신청인의 지위를 보호함과 동시에 후에 받을 승소판결이 무의미하게 되는 것을 방지하려는 제도이므로 본안소송의 승소가능성이 해석상 당연하다는 입장이다. 일반적으로 신청인은 처분의 위법을 주장하면 족하고 소명할 필요가 없지만, 신청인의 주장 자체에 의하더라도 위법하다고 볼 수 없거나 행정청의 적극적 소명으로 처분의 적법성이 명백히 밝혀진 경우에는 집행정지 신청을 기각해야 한다. 다만, 본 요건으로 인하여 집행정지절차의 본안화가 초래되어 집행정지제도의 취지가 몰각될 우려가 있으므로 심리·결정시 신중할 필요가 있다. 결국 처분의 성질·태양 및 본안에서 승소할 가능성과 집행의 부정지로 인하여 신청인이 입을 손해, 집행정지로 인한 공익침해의 정도, 집행정지 후 본안패소판결이 확정될 경우 발생할 문제점 등을 비교형량해서 결정해야한다.

5. 집행정지 신청서 작성

집행정지의 요건에 관하여는 증명이 아닌 소명으로 족하고, 변론 여부는 법원의 재량에 속하지만, 통상 집행정지절차의 긴급성에 비추어 서면심리로 그치거나 심문을 하는 정도가 관례다.[3] 따라서 집행정지신청서는 서면심리로 족할 수 있을 정도로 형식적 요건과 실체적 요건에 의문이 없도록 작성해야 한다.

---

3 전게서 448면 11줄 이하.

> 제2강

기록형 문제 연습

1. 과제

운전면허취소처분을 중심으로 법원에 제출할 취소소송에 관한 '소장'과 '집행정지신청서' 2가지 형태의 문서를 작성하고자 한다. 각 문서 작성에 필요한 부분에서 '문제'가 제출되어 있다.
1) 소장은 원고의 권리 구제를 위해 행정법상 주장할 수 있는 내용으로 작성해야 한다.
2) 집행정지신청서는 집행정지의 형식적 요건과 실체적 요건이 충족되었다는 내용으로 작성해야 한다.

2. 참고자료

처분의 근거 법령(도로교통법 등)에 관한 참고자료는 제1강에 있는 자료와 동일하기 때문에 별도로 제시하지 않았다.

3. 학습목표

1) 집행정지의 기본 구조 이해
2) 소장 작성 방법 습득
3) 집행정지신청서 작성 방법 습득

4. 실전문제

소 장

【문제 1】 [4]

1. 이윤호 변호사는 취소된 강준수의 운전면허를 회복할 수 있는 쟁송방법으로서 자동차 운전면허취소 처분의 취소를 구하는 소장을 작성하시오.

   소의 적법 여부를 포함해서 작성하되, 법령의 위헌 여부는 제외할 것.

   - 제1강에 제시된 법령을 참고할 것.
   - 작성일은 2010. 1. 19.이고, 같은 날 접수한 것으로 함.
   - 소장에 입증서류인 서면의 종류를 기재할 것.
   - 처분의 위법사유로서 사실관계와 현행법 및 기본의 판례 입장에 비추어 볼 때 받아들여질 수 있는 주장만 할 것.

---

4 2010. 3. 법무부에서 실시한 제1회 변호사시험 모의고사 문제를 그대로 사용하였는데, 다만 교육과 학습 목적을 위해 일부 수정·삭제·편집하였음.

법무법인 동방
진주시 상대동 200-2
☎ 055-752-0075

상 담 일 지

2010. 1. 18.

○ 의뢰인 강준수 사무실 내왕
○ 자신의 1종 대형 및 보통 운전면허가 취소되었다며 이를 회복할 수 있는 법적조치를 취해달라
  고 요청
○ 2009. 10. 21. 의뢰인은 경남지방경찰청에 진정서(기록 5번, 9쪽)를 제출한 바 있는데, 이에 대해
  서는 아직까지 행정청으로부터 어떠한 답변도 듣지 못하였고 서류 등을 받은 적도 없다고 함
○ 형사사건은 약식명령에 대해 정식재판을 청구하여 현재 1심 계류 중임

보내는 사람

경남지방경찰청장

창원시 사림동 1

641 − 797

행정우편

받는 사람

강준수 귀하

경남 진주시 상대동 28

660 − 321

제 1110 − 2003 − 42348 호   [1차]

자동차운전면허(□ 정지 · ■ 취소) 결정통지서

①성　명	강준수	②주민등록번호	******* − *******
③주　소	경남 진주시 상대동 28		
④면허번호	경남 01 − 184231 − 81 [1종 대형], 경남 96 − 177582 − 28 [1종 보통]		
⑤차량번호	경남 37바4020		
⑥행정처분 결정내용	□ 정지기간		
	□ 취소일자	2009. 8. 31. 　(결격기간 2009. 8. 31 ~ 2010. 8. 30. 까지)	
⑦사　유	**도로교통법 제93조 1항 1호** **음주만취운전(혈중알코올농도 0.1%이상)**		

도로교통법 제93조 규정에 의하여 위와 같이 행정처분(취소)이 결정되어 법 시행규칙 제93조의 규정에 의하여 통지하오니, 같은 법 제95조의 규정에 의하여 2009. 8. 10 까지 부산지방경찰청 진주경찰서 교통(면허)계에 출석하여 운전면허증을 반납하시기 바랍니다. (이미 반납한 사람은 제외) 　　　　　안내전화: 1566 − 0112 　담당자: 정수정

2009년 　8월 　3일

경남지방경찰청장 　경남지방경찰청장인

※ 알려드립니다.

1. 운전면허 행정처분에 대하여 이의가 있는 사람은 행정처분이 있음을 안 날로부터 90일안에 행정심판을 청구할 수 있으며, 행정소송은 행정심판의 재결을 거치지 아니하면 제기할 수 없습니다.

2. 운전면허 취소의 처분을 받은 사람이 다시 운전면허를 받고자 할 경우에는 도로교통안전관리공단에서 실시하는 특별한 교통안전교육(6시간)을 의무적으로 받아야 합니다.

창 원 지 방 법 원 진 주 지 원
약 식 명 령

사   건   2009고약2238 도로교통법위반(음주운전)
          (2009형제12938)

피 고 인   강 준 수(******－******), 무직
          주거 및 등록기준지 진주시 상대동 28

주 형 과   피고인을 벌금 2,000,000(이백만)원에 처한다.
부수처분   위 벌금을 납입하지 아니하는 경우 금 50,000(오만)원을 1일로 환산한 기간 노역장
          에 유치한다.
          피고인에게 위 벌금에 상당한 금액의 가납을 명한다.

범죄사실   별지기재와 같다(단 피의자는 피고인으로 한다).

적용법령   도로교통법(2009. 4. 1. 법률 제9580호로 개정되기 전의 것) 제150조 제1호, 제44조
          제1항, 형법 제70조, 제69조 제2항, 형법 제57조, 형사소송법 제334조 제1항

검사 또는 피고인은 이 명령등본을 송달받은 날로부터 7일 이내에 정식재판을 청구할 수 있습니다.

2009.   10.   24.

판 사 공 민 호 ㊞

범 죄 사 실

피의자는 경남 37바4020호 뉴이에프 쏘나타 승용자동차를 운전한 자인바, 2009. 5. 29. 22:30경 진주시 가좌동 생활까스 앞 노상에서 혈중알코올농도 0.21%의 주취 상태로 위 차량을 운전하여 같은 동 550 앞 노상까지 약 200미터 가량을 운행한 것이다.

본 사이트에서 제공된 사건정보는 법적인 효력이 없으니 참고자료로만 활용하시기 바랍니다. 보다 상세한 내용은 해당 법원에 문의하시기 바랍니다.

| 사건일반내역 | 사건진행내역 | | » 인쇄하기 | » 나의 사건 검색하기 |

▸사건번호 : 창원지방법원 진주지원 2009고정223

○ 기본내역 » 청사배치

사건번호	2009고정223		
원고	강준수	재판부	형사3단독
접수일	2009.10.29	종국결과	
형제번호	2009형제12938		
수리구분	제소	병합구분	없음
상소제기내역			

○ 최근기일내역 » 상세보기

일 자	시 각	기일구분	기일장소	결 과
2009.12.17	10:30	공판기일	102호법정	속행
2010.01.21	16:20	공판기일	102호법정	

최근 기일 순으로 일부만 보입니다. 반드시 상세보기로 확인하시기 바랍니다.

○ 최근 제출서류 접수내역 » 상세보기

일 자	내 용
2009.12.10	피고인 강준수 진술서 제출

최근 제출서류 순으로 일부만 보입니다. 반드시 상세보기로 확인하시기 바랍니다.

○ 관련사건내역

법 원	사건번호	구분
창원지방법원 진주지원	2009고약2238	약식사건

– 이하 생략 –

진 정 서

수 신: 경남지방경찰청장님(창원시 사림동 1)
발 신: 강준수(경남 진주시 상대동 28)

안녕하십니까?

저는 진주시에 살고 있는 강준수라고 합니다.

2009. 8. 5. 경남지방경찰서에서 발송한 우편물이 저희 집에 배달되어 와 깜짝 놀란 마음에 살펴보니 자동차운전면허 취소결정통지서라는 것이었습니다. 제가 2009. 5. 29. 밤에 음주운전을 하여 저의 운전면허를 취소한다는 내용인 듯 하였습니다. 너무나 어이가 없고 기가 막히는데 법에 문외한 저로서는 당황한 나머지 무엇을 어떻게 해야 할지 몰랐습니다. 현재 저는 (주)경남운수에서 시내버스 운전기사로 근무하고 있기 때문에 저에게 자동차운전면허는 생명줄이나 다름없는데, 운전면허취소라니요? 청천벽력이 따로 없습니다.

사정을 알고 보니 제 쌍둥이 동생이 음주운전으로 적발되자 제 운전면허증을 제시하는 바람에 제가 운전한 것으로 되었다고 합니다. 단속된 그 시간에는 저는 (주)경남운수의 133번 시내버스를 운행하며 근무중이었습니다. 시내버스를 운전하고 있는 사람이 어떻게 같은 시간에 술에 취해 승용차를 운전할 수 있었겠습니까? 이 점은 첨부된 자료를 보시면 명백히 아실 수 있을 것으로 생각됩니다.

저는 80세에 다다른 노부모와 4인 가족의 생계를 책임지고 있습니다. 만약 저의 운전면허가 취소되어 직장을 잃게 된다면 저희 가족은 살아갈 수 없습니다.

이러한 점을 두루 살피셔서 부디 저에 대한 운전면허 취소를 없었던 것으로 해 주시길 간절히 부탁드립니다. 저에게 잘못이 있다면 제 운전면허증을 동생에게 맡긴 죄뿐입니다. 경찰청장님의 높은 혜안으로 잘못된 행정을 바로 잡아주시리라 굳게 믿습니다.

2009.   10.   21.
강 준 수 드림

제 2009-0021 호

在 職 證 明 書

본   적: 서울 구로구 오류동 산 8

현 주 소: 진주시 상대동 28

재직기간: 2005년 4월 1일 ~ 2009년 10월 20일 (현재)

직   위: 주임(기사)

성   명: 강 준 수

생년월일: 1968년 7월 17일

용   도: 경찰서 제출용

상기와 같이 證明함.

서기 2009년 10월 20일

주식회사 경남운수   (주)경남
대표이사 국민호   운수대표
                     이사의인

운 행 일 지

■ 2009. 5. 29.

차량번호: 9971(133번)

순번	출발일시	복귀일시	담당 기사
이상 생략			
22	21 : 55	23 : 03	김갑동
23	22 : 10	23 : 25	강준수
24	22 : 25	23 : 37	조기현
이하 생략			

위 내용은 원본과 동일함을 증명함

서기 2009년   10월   20일

주식회사 경남운수
대표이사 국민호   (주)경남
운수대표
이사의인

가	족

가 족 관 계 증 명 서

등록기준지	진주시 상대동 28

구분	성 명	출생연월일	주민등록번호	성별	본
본인	강준수(姜俊洙)	19**년 7월 17일	****** ─ ******	남	

가족사항

구분	성 명	출생연월일	주민등록번호	성별	본
부	강배산				
모	박옥란				
배우자	전경숙(全京淑)	19**년 03월 15일	****** ─ ******	여	羅州
자녀	강길동(姜吉童)	19**년 04월 20일	****** ─ ******	남	晉州
자녀	강수현(姜殊賢)	20**년 10월 22일	****** ─ ******	여	晉州

위 가족관계증명서는 가족관계등록부의 기록사항과 틀림없음을 증명합니다.

2009년   10월   19일

경상남도 진주시장 홍인표

발급시각: 14시 02분
발급담당자: 김영규
☎: 055 ─ *** ─ ****
신청자: 전경숙

경 상 남 도 진 주 시 장 (직인)

가	족

가 족 관 계 증 명 서

등록기준지	진주시 가좌동 550

구분	성 명	출생연월일	주민등록번호	성별	본
본인	강천수(姜千洙)	19**년 7월 17일	****** — ******	남	晉州

가족사항

구분	성 명	출생연월일	주민등록번호	성별	본
부	강배산				
모	박옥란				
배우자	임소희(林素姬)	19**년 05월 09일	****** — ******	여	醴泉
자녀	강동우(姜東宇)	19**년 11월 19일	****** — ******	남	晉州

위 가족관계증명서는 가족관계등록부의 기록사항과 틀림없음을 증명합니다.

2009년   10월   19일

경상남도 진주시장 홍인표

발급시각: 14시 03분
발급담당자: 김영규
☎: 055 — *** — ****
신청자: 전경숙

경 상 남 도 진 주 시 장 (직인)

주 민 등 록 표
(등   본)

위 용지는 위조식별 표시가 되어있음   **경남 진주시 상대동장**

세 대 주 호주 및 관계	강 준 수 강 준 수 의 본인		세 대 구 성 사유 및 일자	전입세대구성 2002. 10.21.	
번호	주	소(통/반)		전 입 일 변 동	변 동 일 사 유
1	경남 진주시 상대동 28			-----	

번호	세대주 관계	성 명 주민등록번호	전 입 일 변 동	변 동 일 사 유	호 주 성 명
1	본인	강준수 (姜俊洙) ****** - ******			
2	처	전경숙 (全京淑) ****** - ******			
3	부	강배산 (姜培傘) ****** - ******			
4	모	박옥란 (朴鈺蘭) ****** - ******			
3	자	강길동 (姜吉童) ****** - ******			
4	자	강수현 (姜殊賢) ****** - ******			
6		== 이 하 여 백 ==			

수입 증지
350원
부산 해운대구

서기 2009년 10월 19일
경남 진주시 상대동장
(수입증지가 인영(첨부)되지 아니한
증명은 그 효력을 보증할 수 없습니다)

상대동
장의인
민원용

진 술 서

저는 강준수의 쌍둥이 동생인 강천수입니다. 얼마 전에 형으로부터 운전면허가 취소되었다고 경찰서에서 연락이 왔는데 어찌된 일이냐고 물어와 형의 운전면허가 모두 취소된 사실을 알게 되었습니다.

이 모든 것은 저의 잘못에 비롯된 것입니다. 사건 당일 저는 근무를 마치고 저녁에 고등학교 동창회에 참석하여 술을 마시게 되었습니다. 물론 승용차를 가지고 갔기 때문에 대리운전을 할 생각이었고, 그런 생각이었기에 별 부담 없이 많은 술을 마시게 되었다.

자리를 끝내고 원래 계획대로 대리운전 기사를 불러 대리운전을 하도록 하였는데, 집 근처에 오게 되자 갑자기 대리운전 기사가 이미 받은 돈 외에 추가로 돈을 더 달라고 요구했습니다. 만취한 상태여서 그때 대리운전 기사가 왜 돈을 더 달라고 하였는지는 정확히 기억나지 않습니다. 하여튼 그로 인해 대리운전 기사와 말다툼을 하게 되었고 대리운전 기사는 집 근처 도로가에 승용차를 세워두고는 그냥 가버렸습니다.

저도 그 때 차를 그대로 세워 두고 집까지 걸어갔으면 아무 문제가 없었습니다. 순전히 술 때문이겠지요. 갑자기 주차위반 딱지를 떼일 것도 생각나고 이러다가 견인되면 내일 아침 출근은 어떡하나 하는 생각도 났습니다. 집까지 거리도 불과 200여 미터 정도밖에 떨어지지 않았습니다. 그런데 대리운전 기사가 앙심을 품고 저를 지켜보고 있었던 모양입니다. 제가 집 앞에 차를 주차시키자마자 경찰이 와서 저에게 음주측정을 요구했습니다. 나중에 생각해 보면, 대리운전 기사와 경찰이 짜고 한 일이 아닌가 할 정도로 의심스러운 상황이었습니다. 몇 번이고 사정을 했는데도 경찰은 계속 음주측정을 요구하면서 측정에 불응하면 더 엄한 죄로 처벌된다고 하였습니다. 결국 음주측정에 응할 수밖에 없었습니다.

정말 형의 운전면허증을 제시할 생각은 꿈에도 없었습니다. 그런데 수치가 너무 높게 나왔던 것입니다. 순간 공무원인 제가 면직될 거라는 두려움이 너무 컸습니다. 제가 근무하는 동사무소의 동장님이나 동료직원을 볼 수도 없다는 생각도 들었습니다. 그때 왜 형의 운전면허증을 가지고 있다는 생각이 들었을까요.

형의 운전면허증은 당첨받은 아파트의 중도금을 납부하기 위해 대출을 받으면서 형이 연대보증을 서 주기로 해 가지고 있었던 것입니다. 정말 모든 것이 짜여진 각본 같습니다.

경찰서로 가서 조사를 받는데 제가 형의 운전면허증을 사용한 것이 생각났습니다.

겁이 덜컥 나서 어떻게든 수습을 하려 했는데 용기가 없었습니다.

그 때 만약 조사하던 경찰관이 대형면허까지 취소된다고 하였으면 당연히 사실대로 말했을 것입니다. 그런데 그 경찰관이 초범이고 운전거리도 얼마 안 되니까(대리운전을 하였다는 사실은 음식점 주인이 증언해 주었습니다) 1종 보통면허는 몰라도 대형면허까지 취소되지는 않을 거라고 하여 그런 줄로만 알았습니다. 형은 버스회사의 기사니까 대형면허만 취소되지 않으면 1종 보통이 취소되더라도 큰 문제가 없고 해서 괜찮겠다 싶었습니다. 물론 제 욕심이지만요.

그런데 형의 대형면허까지 취소되었다는 말을 들었습니다. 이렇게 국민의 신뢰를 저버릴 수 있는 것인가요. 그 때 경찰관의 말을 믿은 제가 한스러울 뿐입니다.

그 날 운전한 사람이 저라는 사실은 하늘에 맹세코 분명합니다. 그리고 경찰관으로부터 대형면허까지는 취소되지 않을 거라는 말도 분명히 들었습니다. 그러니 형의 운전면허를 취소한 것은 무조건 잘못된 것이며 적어도 대형면허만큼은 반드시 회복시켜주어야 마땅하다고 생각합니다.

저는 어떠한 처벌도 달게 받을 각오가 되어 있습니다. 그리고 지금까지의 제 말은 공무원으로서 한 치의 거짓도 없음을 맹세할 수 있습니다. 부디 선처를 부탁드립니다.

2009.   10.   20.

강 천 수 드림 (姜千洙印)

인감증명발급사실 확인용 발급번호	(생략)

※ 이 용지는 위조식별표시가 되어 있음.

주민등록 번호	*	*	*	*	*	*	*	–	인 감 증 명 서	본인	대리
	*	*	*	*	*	*	*			○	

성명 (한자)	강 천 수(姜 千 洙)				인감	姜 千 印 洙 (인영)

주소 이동 사항	순서	주 소	(통/반)	전 입	
	1	진주시 가좌동 550	3/4	1996. 03. 07.	확인
	2		/	. .	
	3		/	. .	
	4		/	. .	
	5		/	. .	

여행중의 주소		국적(외국인)	
국외주소지			

부동산 매수자	성별 (법인명)		주민등록번호	
	주소			

비고	

1. 인감증명서를 발급할 때 주소이동사항은 "최종주소"로 발급하며 민원인의 요청이 있는 경우에는 전 주소지를 기재하여 발급합니다.
2. 부동산매수자란에는 부동산매도용으로 인감증명을 발급받고자 하는 경우에 한하여 이를 기재하고, 부동산매도용외의 경우에는 "빈란"임을 표시하여야 합니다.
3. 금치산자 또는 한정치산자의 표시와 법정대리인의 성명 및 주민등록번호는 비고란에 기재합니다.
4. 재외국민의 경우에는 여권번호, 국내거소신고자의 경우에는 국내거소신고번호를 외국인의 경우에는 외국인등록번호를 주민등록번호란에 기재하고, 대한민국국민의 경우에 한하여 그 아래의 여백에 주민등록번호를 ( )로 표기하여 발급할 수 있습니다.
5. 인감보호신청제도는 본인의 인감을 보호하기 위하여 인감증명의 발급대상을 본인 또는 본인이 지정하는 대상으로 제한하거나 온라인 발급 등을 금지시킬 수 있는 제도입니다.
   이러한 인감보호신청은 전국의 모든 시·군·구청이나 읍·면·동사무소에 신청할 수 있습니다.
6. 인감증명서의 발급사실을 확인하고자 하는 경우에는 전자민원창구를(www.egov.go.kr) 통하여 「발급일자·인감증명발급사실확인용발급번호·주민등록번호·발급기관」으로 확인할 수 있습니다.

발급번호	5248	위 인감은 신고되어 있는 인감임을 증명합니다.

2009 년 10 월 19 일

경남 진주시 가좌동장 (직인)

사용용도	경찰서 제출용

※ 사용용도란은 수요처에서 요청하는 내용을 민원인이 직접 기재하여 제출하면 됩니다.
 [예시 : 근저당설정용, 자동차매도용(매수인의 성명·주민등록번호), 대출보증용 등으로 기재]

제 2009-0088 호

在 職 證 明 書

본   적: 서울 구로구 오류동 산 8

현 주 소: 진주시 가좌동 550

재직기간: 1996년 3월 1일 ~ 2009년 10월 20일 (현재)

직   위: 7급 일반직 공무원

근 무 지: 진주시 봉곡동 동사무소

성   명: 강 천 수

생년월일: 1968년 7월 17일

용   도: 경찰서 제출용

상기와 같이 證明함.

서기 2009년   10월   20일

전주시장 홍인표

경남진
주시장
의인

■ 2009년 1월~ 2010년 6월

2009년 1월

일	월	화	수	목	금	토
				1	2	3
4	5	6	7	8	9	10
11	12	13	14	15	16	17
18	19	20	21	22	23	24
25	26	27	28	29	30	31

2009년 2월

일	월	화	수	목	금	토
1	2	3	4	5	6	7
8	9	10	11	12	13	14
15	16	17	18	19	20	21
22	23	24	25	26	27	28

2009년 3월

일	월	화	수	목	금	토
1	2	3	4	5	6	7
8	9	10	11	12	13	14
15	16	17	18	19	20	21
22	23	24	25	26	27	28
29	30	31				

2009년 4월

일	월	화	수	목	금	토
			1	2	3	4
5	6	7	8	9	10	11
12	13	14	15	16	17	18
19	20	21	22	23	24	25
26	27	28	29	30		

2009년 5월

일	월	화	수	목	금	토
					1	2
3	4	5	6	7	8	9
10	11	12	13	14	15	16
17	18	19	20	21	22	23
24/31	25	26	27	28	29	30

2009년 6월

일	월	화	수	목	금	토
	1	2	3	4	5	6
7	8	9	10	11	12	13
14	15	16	17	18	19	20
21	22	23	24	25	26	27
28	29	30				

2009년 7월

일	월	화	수	목	금	토
			1	2	3	4
5	6	7	8	9	10	11
12	13	14	15	16	17	18
19	20	21	22	23	24	25
26	27	28	29	30	31	

2009년 8월

일	월	화	수	목	금	토
						1
2	3	4	5	6	7	8
9	10	11	12	13	14	15
16	17	18	19	20	21	22
23/30	24/31	25	26	27	28	29

2009년 9월

일	월	화	수	목	금	토
		1	2	3	4	5
6	7	8	9	10	11	12
13	14	15	16	17	18	19
20	21	22	23	24	25	26
27	28	29	30			

2009년 10월

일	월	화	수	목	금	토
				1	2	3
4	5	6	7	8	9	10
11	12	13	14	15	16	17
18	19	20	21	22	23	24
25	26	27	28	29	30	31

2009년 11월

일	월	화	수	목	금	토
1	2	3	4	5	6	7
8	9	10	11	12	13	14
15	16	17	18	19	20	21
22	23	24	25	26	27	28
29	30					

2009년 12월

일	월	화	수	목	금	토
		1	2	3	4	5
6	7	8	9	10	11	12
13	14	15	16	17	18	19
20	21	22	23	24	25	26
27	28	29	30	31		

2010년 1월

일	월	화	수	목	금	토
					1	2
3	4	5	6	7	8	9
10	11	12	13	14	15	16
17	18	19	20	21	22	23
24/31	25	26	27	28	29	30

2010년 2월

일	월	화	수	목	금	토
	1	2	3	4	5	6
7	8	9	10	11	12	13
14	15	16	17	18	19	20
21	22	23	24	25	26	27
28						

2010년 3월

일	월	화	수	목	금	토
	1	2	3	4	5	6
7	8	9	10	11	12	13
14	15	16	17	18	19	20
21	22	23	24	25	26	27
28	29	30	31			

2010년 4월

일	월	화	수	목	금	토
				1	2	3
4	5	6	7	8	9	10
11	12	13	14	15	16	17
18	19	20	21	22	23	24
25	26	27	28	29	30	

2010년 5월

일	월	화	수	목	금	토
						1
2	3	4	5	6	7	8
9	10	11	12	13	14	15
16	17	18	19	20	21	22
23/30	24/31	25	26	27	28	29

2010년 6월

일	월	화	수	목	금	토
		1	2	3	4	5
6	7	8	9	10	11	12
13	14	15	16	17	18	19
20	21	22	23	24	25	26
27	28	29	30			

소장 초안

소송요건

1) 취소소송의 대상   자동차운전면허취소처분 ─ 취소결정통지서(2009. 8. 3. 문서)

2) 원고   강준수

3) 피고   경남지방경찰청장 ─ 취소결정통지서

4) 협의의 소익   고려할 사정 없음.

5) 제소기간   2010. 1. 9.작성일, 소제기일
　　　　　　　안 날(2009. 8. 5. 수령 ─ 진정서)로부터 90일
　　　　　　　처분이 있는 날(2009. 8. 3. 취소결정통지서로 추정)로부터 1년
　　　　　　　⇨ 안 날로부터 90일 도과하였으므로 '각하'
　　　　　　　'진정서를 행정심판 청구로' 볼 수 있는지 여부 쟁점
　　　　　　　재결이 있기 전까지 언제든지 취소소송을 제기 가능

대판 1995. 9. 5. 선고 94누16250 [일반목욕장업허가처분취소]

[1] 행정소송의 전치요건인 행정심판청구는 엄격한 형식을 요하지 아니하는 서면행위로 해석
되므로, 위법·부당한 행정처분으로 인하여 권리나 이익을 침해당한 자로부터 그 처분의
취소나 변경을 구하는 서면이 제출되었을 때에는 그 표제와 제출기관의 여하를 불문하고,
이를 행정소송법 제18조 소정의 행정심판청구로 보고, 불비된 사항이 보정 가능한 때에는
보정을 명하고 보정이 불가능하거나 보정명령에 따르지 아니한 때에 비로소 부적법 각하

를 하여야 할 것이며, 더욱 심판청구인은 일반적으로 전문적 법률지식을 갖고 있지 못하여 제출된 서면의 취지가 불명확한 경우도 적지 않으나, 이러한 경우에도 행정청으로서는 그 서면을 가능한 한 제출자의 이익이 되도록 해석하고 처리하여야 하는 것이다.

[2] 진정서에는 처분청과 청구인의 이름 및 주소가 기재되어 있고, 청구인의 기명날인이 되어 있으며 그 진정서의 기재내용에 의하여 심판청구의 대상이 되는 행정처분의 내용과 심판 청구의 취지 및 이유를 알 수 있고, 거기에 기재되어 있지 않은 재결청, 처분이 있는 것을 안 날, 처분을 한 행정청의 고지의 유무 및 그 내용 등의 불비한 점은 어느 것이나 그 보정 이 가능한 것이므로, 처분청에 제출한 처분의 취소를 구하는 취지의 진정서를 행정심판청 구로 보아야 한다고 판시한 사례

대판 2000. 6. 9. 선고 98두2621 [건축불허가처분취소]

비록 제목이 '진정서'로 되어 있고, 재결청의 표시, 심판청구의 취지 및 이유, 처분을 한 행정청 의 고지의 유무 및 그 내용 등 행정심판법 제19조 제2항 소정의 사항들을 구분하여 기재하고 있지 아니하여 행정심판청구서로서의 형식을 다 갖추고 있다고 볼 수는 없으나, 피청구인인 처분청과 청구인의 이름과 주소가 기재되어 있고, 청구인의 기명이 되어 있으며, 문서의 기재 내용에 의하여 심판청구의 대상이 되는 행정처분의 내용과 심판청구의 취지 및 이유, 처분이 있은 것을 안 날을 알 수 있는 경우, 위 문서에 기재되어 있지 않은 재결청, 처분을 한 행정청 의 고지의 유무 등의 내용과 날인 등의 불비한 점은 보정이 가능하므로 위 문서를 행정처분에 대한 행정심판청구로 보는 것이 옳다고 한 사례

대판 2012. 3. 29. 선고 2011두26886 [도로점용료부과처분취소]

[1] 지방자치법 제140조 제3항에서 정한 이의신청은 행정청의 위법·부당한 처분에 대하여 행정 기관이 심판하는 행정심판과는 구별되는 별개의 제도이나, 이의신청과 행정심판은 모두 본 질에 있어 행정처분으로 인하여 권리나 이익을 침해당한 상대방의 권리구제에 목적이 있고, 행정소송에 앞서 먼저 행정기관의 판단을 받는 데에 목적을 둔 엄격한 형식을 요하지 않는 서면행위이므로, 이의신청을 제기해야 할 사람이 처분청에 표제를 '행정심판청구서'로 한 서 류를 제출한 경우라 할지라도 서류의 내용에 이의신청 요건에 맞는 불복취지와 사유가 충 분히 기재되어 있다면 표제에도 불구하고 이를 처분에 대한 이의신청으로 볼 수 있다.

[2] 갑 주식회사가 관할 구청장의 도로점용료 부과처분에 대하여 지방자치법이 정한 이의신청 을 제기하여야 함에도 '행정심판청구서'라는 제목으로 불복신청서를 제출하였다가 행정심 판위원회에서 행정심판 대상이 아니라는 이유로 각하결정을 받은 뒤 위 처분에 대한 취소 소송을 제기한 사안에서, 비록 표제가 '행정심판청구서'라고 되어 있다 하더라도 갑 회사가 위 서면을 어느 행정청에 접수하였는지, 그리고 서면의 기재 내용이 이의신청 시 기재하여

야 할 내용을 포함하고 있는지에 관하여 심리하여 위 서면의 제출을 이의신청으로 선해할 수 있는지 판단하지 아니한 채 행정심판청구가 위법하여 각하된 이상 제소기간은 원처분을 안 날부터 기산하는 것이 타당하다는 이유로 소를 각하한 제1심판결을 유지한 원심판결에 법리오해의 위법이 있다고 한 사례

6) 필요적 행정심판전치주의 필요, '진정서를 행정심판 청구로' 볼 수 있는지 여부 쟁점

7) 관할 (기타) 　　　　　　　창원지방법원 – 행정사건은 지방법원 본원 관할

본 안

1. 법령 검토
　가. 근거 법령

> **도로교통법**
> **제93조(운전면허의 취소·정지)** ① 지방경찰청장은 운전면허를 받은 사람이 다음 각 호의 어느 하나에 해당하는 때에는 행정안전부령이 정하는 기준에 의하여 운전면허를 취소하거나 1년 이내의 범위에서 운전면허의 효력을 정지시킬 수 있다.
> 　1. 제44조 제1항의 규정을 위반하여 술에 취한 상태에서 자동차등의 운전을 한 때
>
> **제44조(술에 취한 상태에서의 운전금지)** ① 누구든지 술에 취한 상태에서 자동차등을 운전하여서는 아니된다.
> 　② 경찰공무원은 교통의 안전과 위험방지를 위하여 필요하다고 인정하거나 제1항의 규정을 위반하여 술에 취한 상태에서 자동차등을 운전하였다고 인정할 만한 상당한 이유가 있는 때에는 운전자가 술에 취하였는지의 여부를 호흡조사에 의하여 측정할 수 있다. 이 경우 운전자는 경찰공무원의 측정에 응하여야 한다.
> 　③ 제2항의 규정에 의하여 술에 취하였는지의 여부를 측정한 결과에 불복하는 운전자에 대하여는 그 운전자의 동의를 얻어 혈액채취 등의 방법으로 다시 측정할 수 있다.
> 　④ 제1항의 규정에 따라 운전이 금지되는 술에 취한 상태의 기준은 혈중알코올농도가 0.05퍼센트 이상으로 한다.

나. 처분 요건(법률요건 검토)

    자동차 운전면허를 받은 사람이 혈중알코올농도 0.05% 이상에서 자동차를 운전한 때

    [해석상 다툼이 없음]

다. 처분 내용(법률효과 검토)

    '행정안전부령이 정하는 기준'에 의하여

    운전면허 취소 또는 1년 이내의 범위에서 운전면허의 효력 정지

    [행정안전부령이 정하는 기준 및 운전면허에 관한 해석상 다툼이 있음]

2. 법률요건 측면에서 주장할 수 있는 위법

  가. 처분 문서에 기재된 처분사유

    음주만취운전(혈중알코올농도 0.01% 이상)

  나. 사실오인 여부

    원고가 승용차를 운전한 사실이 없음 (쟁점)

  다. 법리오해 및 법률요건 포섭 여부

    위 사실은 '자동차 운전면허를 받은 사람이 혈중알코올농도 0.05% 이상에서 자동차를 운전한 때'에 해당됨 (법적 문제 없음)

  라. 검토 결과

    법률요건 측면에서 사실의 오인을 처분의 위법을 주장할 수 있음.

3. 법률효과 측면에서 주장할 수 있는 위법

  가. 법률 해석 검토

    취소 또는 효력정지 대상인 '운전면허'의 범위에 관하여 해석상 다툼의 여지가 있음.

    (2종 보통 운전면허로 운전 가능한 승용차를 운전하였기 때문에 2종 보통 운전면허만 취소되어야 함)

도로교통법

제80조(운전면허) ② 지방경찰청장은 운전을 할 수 있는 차의 종류를 기준으로 다음과 같이 운전면허의 범위를 구분하고 이를 관리하여야 한다. 이 경우 운전면허의 범위에 따른 운전할 수 있는 차의 종류는 행정안전부령으로 정한다.

  1. 제1종 운전면허

    가. 대형면허

    나. 보통면허

    다. 소형면허

라. 특수면허

도로교통법시행규칙

제53조(운전면허에 따라 운전할 수 있는 자동차 등의 종류) 법 제80조 제2항에 따라 운전면허를 받은 사람이 운전할 수 있는 자동차등의 종류는 별표 18과 같다.

[별표 18]

[운전할 수 있는 차의 종류(제53조관련)]

운전면허		운전할 수 있는 차량
종별	구분	
제1종	대형면허	○승용자동차　○승합자동차　○화물자동차　○긴급자동차 ○건설기계 　– 덤프트럭, 아스팔트살포기, 노상안정기 　– 콘크리트믹서트럭, 콘크리트펌프, 천공기(트럭적재식) 　– 도로를 운행하는 3톤 미만의 지게차 ○특수자동차(트레일러 및 레커를 제외한다) ○원동기장치자전거
	보통면허	○승용자동차 ○승차정원 15인 이하의 승합자동차 ○승차정원 12인 이하의 긴급자동차(승용 및 승합자동차에 한한다) ○적재중량 12톤 미만의 화물자동차 ○건설기계(도로를 운행하는 3톤 미만의 지게차에 한한다) ○원동기장치자전거
	소형면허	○3륜화물자동차　○3륜승용자동차　○원동기장치자전거
	특수면허	○트레일러　○레커　○제2종보통면허로 운전할 수 있는 차량

나. 재량행위 및 재량권 일탈·남용 여부

　1) 판례 검토: '행정안전부령이 정하는 기준'이란 판례에서 나타난 제재적 행정처분의 기준을 정하고 있는 부령으로서 행정규칙(참고자료)에 불과함.

　2) 선택 재량: 행정청에 '취소 또는 면허 정지'라는 선택권한이 부여되어 있기 때문에 본건 운전면허 취소는 선택권한의 행사로 이루어진 재량행위임.

3) 재량권 일탈·남용

　　　비례의 원칙 위반 여부를 다툴 수 있음.

　　　운전면허 취소로 보호되는 공익: 교통질서 유지, 타인의 생명·신체·재산의 위험 발생

　　　방지 등

　　　운전면허 취소로 침해되는 사익: 경제적 손실, 위반의 경위, 법익 침해의 정도 등

　다. 검토 결과

　　행정처분 대상의 운전면허의 종류의 범위에 관한 위법 주장

　　비례의 원칙 위반을 주장

4. 절차와 형식 측면에서 주장할 수 있는 위법

　가. 행정절차법

　　운전면허취소는 불이익처분이기 때문에 행정절차법상 절차 위반 주장 가능

　　사전통지절차, 청문절차, 문서주의와 이유부기, 송달 등 고려

　　이유부기에 대하여 다툴 여지가 있음.

　나. 도로교통법상 절차

　　문제 없음

5. 처분의 위법에 관한 주장

　가. 사실오인 주장

　나. 법률효과 해석의 오류　　　　　처분대상 운전면허의 범위

　다. 재량권 일탈·남용　　　　　　　비례의 원칙 위반

　라. 절차·형식의 위법　　　　　　　행정절차법상 이유부기 규정 위반

소 장

원 고   강 준 수 (******−******)
       진주시 상대동 28
       소송대리인 법무법인 동방
       담당변호사 이윤호

피 고   경남지방경찰청장

자동차운전면허취소처분취소 청구의 소

청 구 취 지

1. 피고가 2009. 8. 3. 원고에 대하여 한 2009. 8. 31.자 자동차운전면허(경남 01−184231−81 1종 대형, 경남 96−177582−28 1종 보통)취소처분을 취소한다.
2. 소송비용은 피고의 부담으로 한다.
라는 판결을 구합니다.

청 구 원 인

1. 처분의 경위
   가. 원고는 2009. 5. 29. 22:30경 진주시 가좌동 생활까스 앞 노상에서 혈중알코올 농도 0.21%의 주취상태에서 경남 37바4020 뉴이에프 쏘나타 승용차를 운전하여 약 200미터 가량 운행하였다는 이유로 경남지방경찰청장으로부터 2009. 8. 31.자 자동차운전면허(경남 01−184231− 81 1종 대형, 경남 96−177582−28 1종 보통)를 취소한다는 통지를 받았습니다. (수령일자: 2009. 8. 5.)
   나. 사실은 원고의 일란성 쌍둥이 동생인 소외 강천수가 공무원 신분으로서 음주운전 사실이 알려지면 면직될 수도 있다는 위기감에 원고의 운전면허증을 본인의 것인 양 대신 경찰에게 제시하였습니다. 따라서 음주운전한 사람은 원고가 아니라 소외 강천수입니다.

2. 소의 적법 여부
   행정심판청구는 원칙적으로 처분이 있음을 안 날로부터 90일 이내에 제기하여야 하고(행정심판법 제18조 제1항), 취소소송은 이와 같이 행정심판청구를 거친 경우에는 행정심판 청구 자체가 그 청구기간을 도과하여 청구되는 등 부적법한 사유 없이 적법한 행정심판 재결서 정본을 송달받은 날부터 90일 이내에 제기하여야 한다(행정소송법 제20조 제1항)고 규정하고 있습니다.

취소소송의 제소기간과 관련하여 대법원은 "행정소송의 전치요건인 행정심판청구는 엄격한 형식을 요하지 아니하는 서면행위로 해석되므로, 위법·부당한 행정처분으로 인하여 권리나 이익을 침해당한 자로부터 그 처분의 취소나 변경을 구하는 서면이 제출되었을 때에는 그 표제와 제출기관의 여하를 불문하고, 이를 행정소송법 제18조 소정의 행정심판청구로 보고, 불비된 사항이 보정 가능한 때에는 보정을 명하고 보정이 불가능하거나 보정명령에 따르지 아니한 때에 비로소 부적법 각하를 하여야 할 것이며, 더욱 심판청구인은 일반적으로 전문적 법률지식을 갖고 있지 못하여 제출된 서면의 취지가 불명확한 경우도 적지 않으나, 이러한 경우에도 행정청으로서는 그 서면을 가능한 한 제출자의 이익이 되도록 해석하고 처리하여야 하는 것이다."(대법원 1995.9.5. 선고 94누16250 판결)라고 판시하고 있습니다.

원고가 2009. 10. 21. 이 사건 처분을 취소해달라는 취지의 '진정서'를 처분청인 경남지방경찰청장에게 제출하였는데, 그 진정서에는 처분청인 피고와 원고의 이름, 주소 및 서명이 되어 있으며 행정처분의 내용과 청구 취지 및 이유, 이 사건 처분이 있음을 안 날을 알 수 있을 정도의 내용이 기재되어 있습니다. 따라서 원고의 진정서는 행정쟁송법상 행정심판청구로 볼 수 있고, 원고가 진정서를 통해 행정심판 청구를 그 청구기간 도과 전에 제기한 이상 본 취소소송은 적법한 제소기한 내 제기된 소송이라 할 것입니다.

3. 운전면허취소처분의 위법 여부

    가. 처분사유의 존재 여부(사실오인 부분)

        이 사건 처분의 원인행위인 음주운전은 원고가 아니라 소외 강천수가 하였습니다. 갑제1호증(가족관계증명서), 갑제2호증(주민등록등본), 갑제4호증(진술서), 갑제6호증(진정서) 등을 종합하면 그 사실이 분명합니다. 더욱이 이 사건 음주운전 측정이 이루어진 곳은 원고가 아닌 소외 강천수의 집 바로 앞이었던 점과(갑제7호증, 약식명령), 이 사건 음주운전 적발 시점인 2009. 5. 29. 22:30경 원고는 버스 운전을 하고 있었던 사실(갑제8호증, 운행일지) 등은 그 사실을 더욱 명백히 입증하고 있습니다.

        따라서 이 사건 취소처분은 사실의 오인에 기한 처분사유 없는 위법한 처분으로서 도로교통법 제93조 제1항 제1호를 위반하였습니다.

    나. 비례의 원칙 위반 여부

        행정법의 일반원칙인 비례의 원칙이란 행정의 목적과 그 목적을 실현하기 위한 수단의 관계에서 그 수단은 목적을 실현하는 데에 적합하고 또한 최소침해를 가져오는 것이어야 할 뿐 아니라, 아울러 그 수단의 도입으로 인해 생겨나는 침해가 의도하는 이익이나 효과를 능가해서는 안된다는 원칙을 말합니다.

그런데 갑제2호증(주민등록등본), 갑제3호증의 1(재직증명서), 갑제6호증(진정서) 등에 기재된 사실에 의하면 원고는 버스운전사로서 부모님과 처자식의 생계를 부양하고 있습니다. 이 사건 처분으로 인하여 원고는 생업을 잃게 되고 그 영향은 원고 가족들의 생계를 직접적이고도 즉각적으로 위협하는 바, 이 사건 취소처분은 비례의 원칙 중 법익의 균형성을 위반하고 있습니다.

다. 이유 부기의 하자 여부

대법원 판례는, 자동차운전면허 취소처분의 이유 부기를 규정하는 도로교통법 제93조 제4항에 대하여, 운전면허취소처분은 그 근거가 되는 법령이나 취소권유보부부관 등을 명시하여야 함은 물론 처분을 받은 자가 어떠한 위반 사실로 인하여 처분이 있었는지를 알 수 있을 정도의 사실의 적시를 요함을 분명히 하고 있습니다.

그런데 이 사건 처분문서(갑제5호증, 자동차운전면허취소처분통지서)에는 이 사건 처분의 법적근거만이 제시되어 있을 뿐 그 원인이 된 사실관계의 구체적 일자, 시간, 장소 등이 전혀 기재되어 있지 않습니다.

따라서 이 사건 처분은 도로교통법 제93조 제4항을 위반하여 위법합니다.

4. 결 론

이상에서 살펴본 바와 같이 이 사건 취소처분은 위법함이 분명합니다. 원고는 이러한 위법한 처분으로 인하여 생계유지의 수단인 직장을 잃는 등 큰 피해를 보고 있습니다.

원고의 위와 같은 사정을 참작하여 조속한 판결을 내려주시기 바랍니다.

입 증 방 법

1. 자동차운전면허취소결정통지서 (갑제1호증)
2. 약식명령(갑제2호증)
3. 진정서(갑제3호증)
4. 재직증명서(갑제4호증)
5. 운행일지(갑제5호증)
6. 가족관계증명서(갑제6호증의 1,2)
7. 주민등록등본(갑제7호증)
8. 진술서(갑제8호증)

첨 부 서 류

1. 위 각 입증방법   각 2통
2. 송달료 납부서   1통
3. 소장부본   1통
4. 소송위임장   1통
5. 담당변호사 지정서   1통.

2009.   1.   19.

원고 소송대리인
법무법인 동방
담당변호사 이윤호

창원지방법원 귀중

집행정지신청

【문제 2】

1. 이윤호 변호사는 취소된 강준수에 대한 자동차운전면허취소처분 취소소송을 제기함과 동시에
   집행정지 신청을 하고자 한다. 집행정지 신청서를 작성하시오.

   - 제1강에 제시된 법령을 참고할 것.
   - 작성일은 2010. 1. 19.이고, 같은 날 접수한 것으로 함.
   - 신청서에 소명자료인 서면의 종류를 기재하지 말 것.

집행정지신청 초안

신청요건

1) 집행정지의 대상   처분 등의 존재: 자동차운전면허취소처분

2) 신청인   강준수

3) 피신청인   경남지방경찰청장

4) 신청의 이익   문제없음

5) 적법한 본안 소송의 계속   본안 소송 제기, 제소기간 등은 문제없지만 필요적 행정심판전치주의와 관련해서 '진정서를 행정심판 청구로' 볼 수 있는지 여부 쟁점(진정서가 행정심판청구서로 볼 수 없으며 부적법한 본안소송이 됨)

6) 필요적 행정심판전치주의   결여로 부적한 소인지 여부

7) 관할 (기타)   본안소송 계속 중인 법원 전속관할
                    본안소송: 창원지방법원 － 행정사건은 지방법원 본원 관할

신청본안

1. 회복하기 어려운 손해를 예방하기 위하여 긴급한 필요가 있을 것(적극적 요건)
   이미 발생한 손해 또는 발생이 예견되는 손해를 구체적으로 적시
   예방의 긴급성을 구체적으로 적시

대결 2011.4.21. 자 2010무111(전원) [집행정지]

[1] 행정소송법 제23조 제2항에서 정하고 있는 효력정지 요건인 '회복하기 어려운 손해'란, 특별한 사정이 없는 한 금전으로 보상할 수 없는 손해로서 금전보상이 불가능한 경우 내지는 금전보상으로는 사회관념상 행정처분을 받은 당사자가 참고 견딜 수 없거나 참고 견디기가 현저히 곤란한 경우의 유형, 무형의 손해를 일컫는다. 그리고 '처분 등이나 그 집행 또는 절차의 속행으로 인하여 생길 회복하기 어려운 손해를 예방하기 위하여 긴급한 필요'가 있는지는 처분의 성질과 태양 및 내용, 처분상대방이 입는 손해의 성질·내용 및 정도, 원상회복·금전배상의 방법 및 난이 등은 물론 본안청구의 승소가능성 정도 등을 종합적으로 고려하여 구체적·개별적으로 판단하여야 한다['회복하기 어려운 손해'의 의미 및 '처분 등이나 그 집행 또는 절차의 속행으로 인하여 생길 회복하기 어려운 손해를 예방하기 위하여 긴급한 필요'가 있는지의 판단 기준].

[2] 국토해양부 등에서 발표한 '4대강 살리기 마스터플랜'에 따른 '한강 살리기 사업' 구간 인근에 거주하는 주민들이 각 공구별 사업실시계획승인처분에 대한 효력정지를 신청한 사안에서, 위 사업구간에 편입되는 팔당지역 농지 대부분이 국가 소유의 하천부지이고, 유기농업에 종사하는 주민들 대부분은 국가로부터 하천점용허가를 받아 경작을 해온 점, 위 점용허가의 부관에 따라 허가를 한 행정청은 공익상 또는 법령이 정하는 것에 따르거나 하천정비사업을 시행하는 경우 허가변경·취소 등을 할 수 있는 점 등에 비추어, 주민들 중 환경영향평가대상지역 및 근접 지역에 거주하거나 소유권 기타 권리를 가지고 있는 사람들이 위 사업으로 인하여 토지소유권 기타 권리를 수용당하고 이로 인하여 정착지를 떠나 타지로 이주를 해야 하며 더 이상 농사를 지을 수 없게 되고 팔당지역의 유기농업이 사실상 해체될 위기에 처하게 된다고 하더라도, 그러한 손해는 행정소송법 제23조 제2항에서 정하고 있는 효력정지 요건인 금전으로 보상할 수 없거나 사회관념상 금전보상으로는 참고 견디기 어렵거나 현저히 곤란한 경우의 유·무형 손해에 해당하지 않는다고 본 원심판단을 수긍한 사례[토지 소유권 수용 등으로 인한 손해가 해당되는지 여부(소극)].

[3] [다수의견] 행정처분의 효력정지나 집행정지를 구하는 신청사건에서는 행정처분 자체의 적법여부를 판단할 것이 아니고 행정처분의 효력이나 집행 등을 정지시킬 필요가 있는지 여부, 즉 행정소송법 제23조 제2항에서 정한 요건의 존부만이 판단대상이 된다. 나아가 '처분 등이나 그 집행 또는 절차의 속행으로 인한 손해발생의 우려' 등 적극적 요건에 관한 주장·소명 책임은 원칙적으로 신청인 측에 있으며, 이러한 요건을 결여하였다는 이유로 효력정지 신청을 기각한 결정에 대하여 행정처분 자체의 적법 여부를 가지고 불복사유로 삼을 수 없다[행정처분 자체의 적법 여부를 가지고 불복사유로 삼을 수 있는지 여부(소극)].

대결 2003. 10. 9. 자 2003무23 [집행정지]

행정소송법 제23조 제2항에 정하고 있는 행정처분 등의 집행정지 요건인 '회복하기 어려운 손해'라 함은 특별한 사정이 없는 한 금전으로 보상할 수 없는 손해로서 이는 금전보상이 불능인 경우 내지는 금전보상으로는 사회관념상 행정처분을 받은 당사자가 참고 견딜 수 없거나 또는 참고 견디기가 현저히 곤란한 경우의 유형, 무형의 손해를 일컫는다 할 것인바, 당사자가 처분 등이나 그 집행 또는 절차의 속행으로 인하여 재산상의 손해를 입거나 기업 이미지 및 신용이 훼손당하였다고 주장하는 경우에 그 손해가 금전으로 보상될 수 없어 '회복하기 어려운 손해'에 해당한다고 하기 위해서는 그 경제적 손실이나 기업 이미지 및 신용의 훼손으로 인하여 사업자의 자금사정이나 경영전반에 미치는 파급효과가 매우 중대하여 사업자체를 계속할 수 없거나 중대한 경영상의 위기를 맞게 될 것으로 보이는 등의 사정이 존재하여야 한다. 제약회사의 경제적 손실, 기업 이미지 및 신용의 훼손은 행정소송법 제23조 제2항 소정의 집행정지의 요건인 '회복하기 어려운 손해'에 해당하지 않는다고 한 사례

대결 2001. 10. 10. 자 2001무29 [효력정지]

사업여건의 악화 및 막대한 부채비율로 인하여 외부자금의 신규차입이 사실상 중단된 상황에서 285억 원 규모의 과징금을 납부하기 위하여 무리하게 외부자금을 신규차입하게 되면 주거래은행과의 재무구조개선약정을 지키지 못하게 되어 사업자가 중대한 경영상의 위기를 맞게 될 것으로 보이는 경우, 그 과징금납부명령의 처분으로 인한 손해는 효력정지 내지 집행정지의 적극적 요건인 '회복하기 어려운 손해'에 해당한다고 한 사례

2. 공공의 복리에 중대한 영향을 미칠 우려가 없을 것(소극적 요건)

　　운전면허취소처분의 집행을 정지한다고 하여 공공복리에 중대한 영향이 미칠 우려가 전혀 없음.

3. 본안청구가 이유없음이 명백하지 아니할 것(판례상 소극적 요건)

　　처분의 위법 여부는 본안 심리를 통하여 밝혀 질 수 있음.

대결 1992. 6. 8. 자 92두14 [건물철거대집행계고처분효력정지]

[1] 행정처분의 효력정지나 집행정지를 구하는 신청사건에 있어서는 행정처분 자체의 적법 여부는 궁극적으로 본안재판에서 심리를 거쳐 판단할 성질의 것이므로 원칙적으로는 판단할 것이 아니고 그 행정처분의 효력이나 집행을 정지할 것인가에 대한 행정소송법 제23조 제2항 소정의 요건의 존부만이 판단의 대상이 된다고 할 것이다.

[2] 위 '가'항의 집행정지는 공공복리에 중대한 영향을 미칠 우려가 없어야 허용되고, 이 제도

는 신청인이 본안소송에서 승소판결을 받을 때까지 그 지위를 보호함과 동시에 후에 받을 승소판결을 무의미하게 하는 것을 방지하려는 것이어서 본안소송에서의 처분의 취소가능성이 없음에도 처분의 효력이나 집행의 정지를 인정한다는 것은 제도의 취지에 반하므로 집행정지사건 자체에 의하여도 신청인의 본안청구가 이유 없음이 명백하지 않아야 한다는 것도 집행정지의 요건에 포함시켜야 할 것이다.

대결 1999. 11. 26. 자 99부3 [집행정지]
행정처분의 효력정지나 집행정지를 구하는 신청사건에 있어서는 행정처분 자체의 적법 여부는 궁극적으로 본안재판에서 심리를 거쳐 판단할 성질의 것이므로 원칙적으로 판단할 것이 아니고, 그 행정처분의 효력이나 집행을 정지할 것인가에 관한 행정소송법 제23조 제2항 소정의 요건의 존부만이 판단의 대상이 된다고 할 것이지만, 나아가 집행정지는 행정처분의 집행부정지원칙의 예외로서 인정되는 것이고 또 본안에서 원고가 승소할 수 있는 가능성을 전제로 한 권리보호수단이라는 점에 비추어 보면 집행정지사건 자체에 의하여도 신청인의 본안청구가 적법한 것이어야 한다는 것을 집행정지의 요건에 포함시켜야 한다.

집 행 정 지 신 청

신 청 인   강 준 수 (******－******)
               진주시 상대동 28
               소송대리인 법무법인 동방
               담당변호사 이윤호

피신청인   경남지방경찰청장

신 청 취 지

피신청인이 2009. 8. 3. 신청인에 대하여 한 2009. 8. 31.자 자동차운전면허(경남 01－184231－81 1종 대형, 경남 96－177582－28 1종 보통)취소처분의 집행을 정지한다.

신 청 원 인

1. 처분의 경위
   가. 신청인은 2009. 5. 29. 22:30경 진주시 가좌동 생활까스 앞 노상에서 혈중알코올 농도 0.21%의 주취상태에서 경남 37바4020 뉴이에프 쏘나타 승용차를 운전하여 약 200미터 가량 운행하였다는 이유로 경남지방경찰청장으로부터 2009. 8. 31.자 자동차운전면허(경남 01－184231－81 1종 대형, 경남 96－177582－28 1종 보통)를 취소한다는 통지를 받았습니다. (수령일자: 2009. 8. 5.)
   나. 사실은 신청인의 일란성 쌍둥이 동생인 신청외 강천수가 공무원 신분으로서 음주운전 사실이 알려지면 면직될 수도 있다는 위기감에 신청인의 운전면허증을 본인의 것인 양 대신 경찰에게 제시하였습니다. 따라서 음주운전한 사람은 신청인이 아니라 소외 강천수입니다.

2. 신청의 적법 여부
   1) 필요적 행정심판전치주의 준수 여부
      이 사건 취소처분에 대한 취소소송은 도로교통법 제142조에 따라 행정심판을 거치지 않고는 제기할 수 없습니다. 대법원 판례는, 행정심판제도의 목적과 행정심판법 제23조의 규정

취지 등에 비추어 보면, 행정심판청구는 엄격한 형식을 요하지 않는 서면행위로 해석되므로 위법하거나 부당한 행정처분으로 인하여 법익의 침해를 받은 자로부터 그 처분의 취소나 변경을 구하는 서면이 제출되었을 경우에는 그 표제와 제출 대상기관의 여하를 불문하고 이를 행정소송법 제18조 소정의 행정심판청구로 보아야 하며 이러한 경우 행정청은 그 서면을 가능한 한 제출자에게 이익이 되도록 해석하고 처리하여야 한다고, 설시하고 있습니다.

신청인이 2009. 10. 21. 피신청인에게 이 사건 취소처분을 취소해 달라는 취지로 제출한 진정서에는 처분청인 피신청인과 신청인의 명칭과 이름, 주소, 행정처분의 내용 및 청구 취지와 이유, 이 사건 취소처분이 있은 것을 안 날을 알 수 있을 정도의 내용 등이 기재되어 있습니다(갑제6호증, 진정서). 따라서 대법원 판례에 따르면, 신청인은 위 진정서를 통하여 적법하게 행정심판을 청구하였습니다.

또한 2009. 10. 21. 신청인이 진정서의 제출로써 한 행정심판 청구는 처분이 있었던 날, 즉 신청인에게 이 사건 처분이 도달되어 효력을 발생한 2009. 8. 31.로부터 역수 상 180일을 지나지 않았음이 명백하고(행정심판법 제28조 제3항), 신청인의 위 진정서 상 진술 내용으로 알 수 있는 처분이 있음을 현실적으로 알게 된 날로 보이는 2009. 8. 5.(취소결정통지서 발행일은 2009. 8. 3,임)로부터 역수상 90일을 지나지 않았음도 역시 분명합니다.

2) 제소기간 준수 여부

이 사건의 경우는 행정심판을 거쳐야 하는 경우이기에 그 제소기간은 재결서의 정본을 송달받은 날부터 90일(행정소송법 제20조 제1항 단서), 그리고 재결이 있은 날부터 역시 1년입니다(행정소송법 제20조 제2항).

그런데 이 사건의 경우 행정심판청구가 있은 날인 2009. 10. 21.로부터 60일이 지났음이 분명한데도 재결이 없는 바, 신청인의 이 사건 소 제기는 행정소송법 제18조 제2항 제1호에 해당되어 제소기간을 준수한 적법한 것입니다.

3) 기타 신청요건 준수 여부

신청인은 동일자로 피신청인을 상대로 2009. 8. 31.자 자동차운전면허(경남 01 – 184231 – 81 1종 대형, 경남 96 – 177582 – 28 1종 보통)취소처분취소를 구하는 소송을 제기하였습니다.

3. 집행정지의 필요 여부

가. 회복하기 어려운 손해를 예방하기 위하여 긴급한 필요가 있을 것(적극적 요건)

신청인의 직업은 버스운전기사로서 본 처분으로 직장을 퇴직할 위험에 처해 있음.

퇴직으로 인한 손해는 향후 운전면허취소 승소판결 확정 후에 회복할 수 없음.

현재 운전면허취소처분의 집행을 정지해야 퇴직을 막을 수 있음.

나. 공공의 복리에 중대한 영향을 미칠 우려가 없을 것(소극적 요건)

운전면허취소처분의 집행을 정지한다고 하여 공공복리에 중대한 영향이 미칠 우려가 전혀 없음.

다. 본안청구가 이유없음이 명백하지 아니할 것(판례상 소극적 요건)

본건 자동차운전면허취소처분은 사실오인으로 처분사유에 기재된 사실이 존재하지 않기 때문에 처분이 위법함.

비록 처분사유에 기재된 사실이 존재하더라도 취소처분은 비례의 원칙 위반으로 재량권 일탈남용으로 위법함.

나아가 처분문서에 이유가 기재되어 있지 않기 때문에 위법함.

본안 심리를 통하여 밝혀 질 수 있는 사안임.

4. 결 론

이상의 이유로 집행 정지 결정이 필요함.

입 증 방 법

1. 자동차운전면허취소결정통지서(소갑 제1호증)
2. 약식명령(소갑 제2호증)
3. 진정서(소갑 제3호증)
4. 재직증명서(소갑 제4호증)
5. 운행일지(소갑 제5호증)
6. 가족관계증명서(소갑 제6호증의 1, 2)
7. 주민등록등본(소갑 제7호증)
8. 진술서(소갑 제8호증)

첨 부 서 류

1. 위 각 입증방법   각 1통
2. 송달료 납부서   1통
3. 신청서부본   1통
4. 소송위임장   1통

5. 담당변호사 지정서   1통.

2009.   1.   19.

                              신청인 소송대리인
                              법무법인 동방
                              담당변호사 이윤호

창원지방법원 귀중.

문 1) 강준수가 운전하지 않았다는 이유로 취소 판결이 확정되었는데, 이후 경남지방경찰청장이 강준수가 운전면허증을 대여하였다는 이유로 다시 운전면허를 취소하자 이에 대하여 취소소송을 제기한 경우 그 결과는 어떻게 되는가?

도로교통법

제93조(운전면허의 취소·정지) ① 지방경찰청장은 운전면허(연습운전면허는 제외한다. 이하 이 조에서 같다)를 받은 사람이 다음 각 호의 어느 하나에 해당하면 행정자치부령으로 정하는 기준에 따라 운전면허(운전자가 받은 모든 범위의 운전면허를 포함한다. 이하 이 조에서 같다)를 취소하거나 1년 이내의 범위에서 운전면허의 효력을 정지시킬 수 있다. 다만, 제2호, 제3호, 제7호부터 제9호까지(정기 적성검사기간이 지난 경우는 제외한다), 제12호, 제14호, 제16호부터 제18호까지, 제20호의 규정에 해당하는 경우에는 운전면허를 취소하여야 한다.

15. 운전면허증을 다른 사람에게 빌려주어 운전하게 하거나 다른 사람의 운전면허증을 빌려 이를 행사한 때

도로교통법 시행규칙

제91조(운전면허의 취소·정지처분 기준 등) ① 법 제93조에 따라 운전면허를 취소 또는 정지시킬 수 있는 기준(교통법규를 위반하거나 교통사고를 일으킨 경우 그 위반 및 피해의 정도 등에 따라 부과하는 벌점의 기준을 포함한다)과 법 제97조 제1항에 따라 자동차등의 운전을 금지시킬 수 있는 기준은 별표 28과 같다.

[별표 28]

[운전면허 취소·정지처분 기준(제91조 제1항 관련)]

2. 취소처분 개별기준

4	다른 사람에게 운전면허증 대여(도난, 분실 제외)	제93조	○면허증 소지자가 다른 사람에게 면허증을 대여하여 운전하게 한 때 ○면허 취득자가 다른 사람의 면허증을 대여 받거나 그 밖에 부정한 방법으로 입수한 면허증으로 운전한 때

문 2) 1심에서 이유부기의 불실을 이유로 취소판결이 선고되는데, 항소심 진행 중에 피고가 원고에게 의견제출 기회를 부여한 후 이유를 보완하여 다시 운전면허를 취소한 경우 항소심 법원의 판결은 어떻게 되는가?

문 3) 절차나 형식의 하자를 이유로 취소판결이 확정되는데, 이후 처분청이 이를 보완하여 다시 재처분한 경우 이에 대하여 취소소송을 제기하면 그 결과는 어떻게 되는가?

문 1) 강준수가 운전하지 않았다는 이유로 취소 판결이 확정되었으나, 경찰청이 강준수가 운전면허증을 대여하였다는 이유로 다시 운전면허를 취소한 경우의 결과

쟁점: 처분의 위법성

가. 취소판결의 기속력 위배 여부

1) 취소판결의 기속력

취소판결의 기속력이란 소송당사자인 행정청과 관계행정청에게 확정판결의 취지에 따라 행동하여야 할 의무를 지우는 효력을 말한다(행정소송법 제30조).

2) 기속력의 범위

기속력은 당사자인 행정청과 그 밖에 관계행정청을 기속하며(주관적 범위), 기속력은 판결주문 및 그 전제가 되는 요건사실의 인정과 판단에 미치고, 판결의 결론과 직접 관계없는 방론이나 간접사실의 판단에는 미치지 않는다(객관적 범위). 또한 기속력은 처분 당시까지 존재하던 사유에 대해서만 미치고 그 이후에 생긴 사유에는 미치지 않는다.(시적범위)

3) 기속력의 내용

취소 판결의 기속력의 내용으로서 반복금지효, 재처분의무, 원상회복의무 등이 논의되나, 이 사건의 경우에는 취소판결이 확정되면 처분청 및 관계행정청은 판결의 취지에 저촉되는 처분을 하여서는 안된다는 반복금지효의 위반여부가 문제된다.

4) 사안의 경우

피고의 새로운 운전면허 취소처분의 처분사유는 '원고가 소외 동생 강천수에게 운전면허를 대여하였다'는 사실인데 반하여, 최초의 처분사유는 '원고 자신이 음주운전을 하였다'는 사실이므로 양 처분의 사유들 사이에 기본적 사실관계의 동일성이 인정되지 않는다. 따라서 피고가 취소판결이 확정된 이후에 동일성이 없는 다른 처분사유를 들어 다시 취소처분을 하였더라도, 판결의 취지에 반하는 재처분이라 할 수 없으므로 취소판결의 기속력에 반하지 않는다.

대법원은 광업권출원각하의 취소를 구하는 사안에서 '원고의 승소로 확정된 판결은 원고출원의 광구내에서의 불석채굴이 공익을 해한다는 이유로 한 피고의 불허가처분에 대하여 그것이 공익을 해한다고는 보기 어렵다는 이유로 이를 취소한 내용으로서 이 소송과정에서 피고가 원고출원

의 이 사건 불석광은 광업권이 기히 설정된 고령토광과 동일광상에 부존하고 있어 불허가대상이라는 주장도 하였으나 이 주장부분은 처분사유로 볼 수 없다는 점이 확정되어 판결의 판단대상에서 제외되었음을 알 수 있으므로 피고가 그 후 새로이 행한 이 사건 처분의 적법성과 관련하여 다시 위 주장을 하더라도 이것이 위 확정판결의 기판력에 저촉된다고 할 수 없을 것이다.'(대법원 1991. 8. 9. 선고 90누7326 판결)라고 판시한 바 있다.

나. 사실오인 여부

피고가 적용한 도로교통법 제93조 제1항 제15호의 사유는 '운전면허증을 다른 사람에게 빌려주어 운전하게 하거나 다른 사람의 운전면허증을 빌려 이를 행사한 때'인데, 원고는 단지 소외 강천수에게 아파트 담보 대출을 위하여 신분증으로서 운전면허증을 빌려준 것이지, 이를 빌려주어 운전하게 하려는 것이 아니어서, 이 사건에 적용할 수 없다.

다. 재량권 일탈·남용 여부

운전면허대여를 이유로 한 운전면허취소처분의 경우에는 교통질서유지 및 시민의 생명·재산 보호라는 목적의 달성하기 위하여 적합한 수단이며, 행위자의 사익을 과하게 침해하는 것이라 볼 수 없다. 또한 당해 처분을 통해 보호하려는 공익이 침해되는 사익보다 크다고 보이므로 비례의 원칙을 위반하였다고 볼 수 없으며, 신뢰보호원칙 및 평등원칙을 적용할만한 사안은 보이지 않는다. 따라서 재량권 일탈·남용의 위법이 있다고 할 수 없다.

문 2) 이유부기의 불실을 이유로 취소판결이 선고되고, 항소심 진행 중에 피고가 원고에게 의견제출기회를 부여한 후 이유를 보완하여 다시 운전면허를 취소한 경우 항소심 법원의 판단

쟁점: 하자의 치유

항소심 계속 중에 원고에게 의견제출 기회를 부여한 후 이유를 보완하여 다시 내린 운전면허취소처분이 하자의 치유로서 인정되는지가 문제된다.

하자의 치유에 대하여 판례는 법치주의 법률적합성의 관점에서 원칙적으로 허용할 수 없는 것이나 예외적으로 불필요한 행정행위의 반복을 방지하고 법적 안정성을 고려하여 인정한다. 제한적 긍정설의 입장에서 하자의 치유가 가능한 시점 특히, 이유의 사후제시가 어느 시점까지 가능한지 여부 등에 대하여 행정심판 제기 전까지 가능하다는 견해와 행정소송 제기 전까지 가능하다

는 견해, 행정쟁송 제기 전까지 가능하다는 견해 행정쟁송 종결 시까지 가능하다는 견해 등이 대립되어 있지만 판례는 행정쟁송제기 전까지 보완되어야 하자가 치유된다는 입장이다. 즉, '법치주의, 법률적합성의 관점에서 원칙적으로 허용될 수 없는 것이나 예외적으로 불필요한 행정행위의 반복을 방지하고 법적안정성을 고려하여 인정된다.'(대법원 1983. 7. 26. 선고 82누420 판결)라고 판시하여 제한적으로 하자의 치유를 인정하는 견해를 취한다.

또한 하자 치유가 가능한 시점에 관하여 판례는 '행정쟁송제기 전까지 보완되어야 하자가 치유된다.'(대법원 1998. 10. 27. 선고 98두4535 판결)라고 판시하고 있다. 결국 하자의 치유를 무한정 인정하게 되면 국민의 방어권 보장에 중대한 영향을 미치게 되는데, 이러한 점을 고려하여 제한적으로 하자의 치유를 인정하고, 그 시점도 원고가 처분의 위법성을 본격적으로 다투기 전까지 제한하고 있다.

사안의 경우 피고는 항소심 계속 중에 절차적 하자를 보완하여 재처분을 내린 것으로서, 이는 원고가 행정쟁송을 제기한 후에야 행정청이 그 하자를 치유한 경우로서 원고의 방어권 보장에 악영향을 미치게 된다. 따라서 특별한 사정이 없는 한 항소심 법원은 1심 취소판결을 그대로 인용하여 항소기각 판결을 내려야 할 것이다.

문 3) 절차나 형식의 하자를 이유로 취소판결이 확정되고 이후 처분청이 이를 보완하여 재처분을 한 경우 이에 대한 취소소송의 결과

가. 절차나 형식의 위법이 있는 경우 기속력의 객관적 범위

대법원은 '행정처분의 절차 또는 형식에 위법이 있어 행정처분을 취소하는 판결이 확정된 후 행정관청이 그 위법사유를 보완하여 다시 새로운 행정처분을 하였다면 이는 취소된 종전의 행정처분과 중복된 행정처분이 아닌 별개의 처분이라 할 것이라 할 것이므로 종전의 처분과 중복된 행정처분이 아니다.'라고 판시하고 있다(91누5242). 따라서 판례에 따라 이 사안에서 피고가 한 재처분은 확정판결의 기속력에 저촉되지 않아, 적법한 것으로 볼 수 있다.

나. 처분의 위법성

사안에 의견제출기회 불비 및 이유부기의 흠결은 절차의 위법에 해당하는데 처분청이 이를 보완하여 다시 한 취소처분은 종전의 행정처분과는 별개의 처분으로서 확정판결의 기속력에 반하지 않는다. 따라서 다시 운전면허를 취소한 처분은 적법하여 청구가 기각될 것이다.

PART
03

취소소송과 위헌심사형
헌법소원

PUBLIC LAW PROCEDURE PRACTICUM&LEGAL WRITING

> 제1강
위헌심사형 헌법소원의 이론

1. 소송의 흐름

헌법 제107조 제1항 '법률이 헌법에 위반되는 여부가 재판의 전제가 된 경우에는 법원은 헌법재판소에 제청하여 그 심판에 의하여 재판한다.', 제2항 '명령·규칙 또는 처분이 헌법이나 법률에 위반되는 여부가 재판의 전제가 된 경우에는 대법원은 이를 최종적으로 심사할 권한을 가진다.' 및 111조 제1항 '헌법재판소는 다음 사항을 관장한다. 1. 법원의 제청에 의한 법률의 위헌여부 심판' 등의 규정에 따라 취소소송에서 처분의 위법 판단과 관련하여 법률의 위헌 여부가 쟁점이 된 경우에는 헌법재판소의 위헌법률심판절차를 거쳐야 한다. 취소소송 계속 중 원고가 처분의 위법과 관련해 법률의 위헌을 주장한 경우 법원이 원고의 주장을 배척한 후 법률이 합헌임을 전제로 최종 판결할 수 있지만, 법원이 법률이 위헌이라고 판단하면 반드시 헌법재판소의 결정을 기다려 최종 판결을 해야 한다. 이때 법원은 원고의 위헌법률제청신청에 의하거나 또는 직권으로 헌법재판소에 법률의 위헌 여부 판단을 제청할 수 있고, 원고도 법원에 위헌법률제청신청을 한 후 법원의 기각결정을 기다려 헌법재판소에 법률의 위헌 여부 판단을 구하는 헌법소원을 제기할 수 있다.

[법령 심사의 구조]

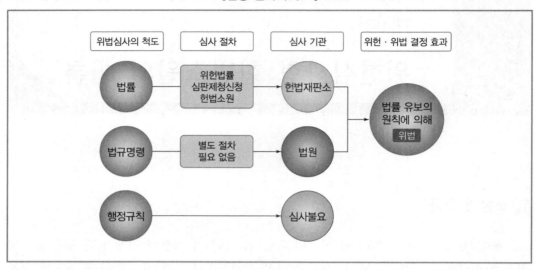

[취소소송과 위헌법률심판절차]

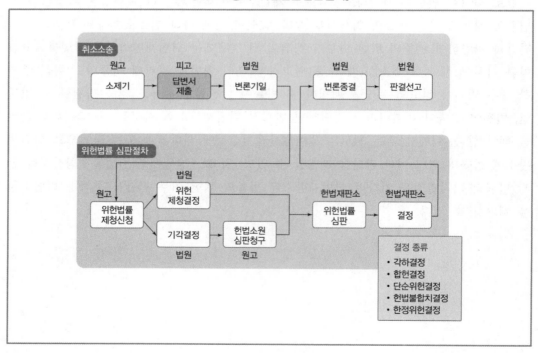

2. 위헌법률제청신청

　　법원은 취소소송 계속 중 법률의 위헌성에 의심이 있으면 직권으로 또는 당사자의 신청을 인용하는 방식으로 헌법재판소에 위헌법률제청결정을 할 수 있고, 이 때 법원에는 대법원 이외 법원도 포함된다.[1] 다만, 헌법이 구체적 규범통제방식을 채택하고 있기 때문에 법원의 위헌법률제청결정은 반드시 재판의 전제성을 갖추어야 하는데, 재판의 전제성은 ① 구체적 사건이 법원에 계속 중, ② 위헌 여부가 문제되는 법률이 당해 소송사건의 재판에 적용되는 것, ③ 법률이 헌법에 위반되는지 여부에 따라 당해 사건을 담당하는 법원이 다른 내용의 재판을 하게 되는 경우(다른 재판이란 원칙적으로 법원이 심리 중인 당해 사건의 재판의 주문을 달리하게 되는 경우 및 재판의 내용이나 효력에 관한 법률적 의미가 달라지는 경우)에 인정된다. 따라서 처분의 위법과 관련해 법률의 위헌을 주장하는 당사자는 법원의 위헌법률제청결정을 받기 위해 법원에 위헌법률제청신청할 수 있고, 이때 위헌제청신청서에 '사건 및 당사자의 표시, 위헌이라고 해석되는 법률 또는 법률의 조항, 위헌이라고 해석되는 이유, 그 밖에 필요한 사항'을 기재해야 한다.[2]

1　헌법재판소법 제41조(위헌 여부 심판의 제청) ① 법률이 헌법에 위반되는지 여부가 재판의 전제가 된 경우에는 당해 사건을 담당하는 법원(군사법원을 포함한다. 이하 같다)은 직권 또는 당사자의 신청에 의한 결정으로 헌법재판소에 위헌 여부 심판을 제청한다. ④ 위헌 여부 심판의 제청에 관한 결정에 대하여는 항고할 수 없다. ⑤ 대법원 외의 법원이 제1항의 제청을 할 때에는 대법원을 거쳐야 한다.
2　헌법재판소법 제41조 ② 제1항의 당사자의 신청은 제43조 제2호부터 제4호까지의 사항을 적은 서면으로 한다. 제43조(제청서의 기재사항) 법원이 법률의 위헌 여부 심판을 헌법재판소에 제청할 때에는 제청서에 다음 각 호의 사항을 적어야 한다. 1. 제청법원의 표시 2. 사건 및 당사자의 표시 3. 위헌이라고 해석되는 법률 또는 법률의 조항 4. 위헌이라고 해석되는 이유 5. 그 밖에 필요한 사항

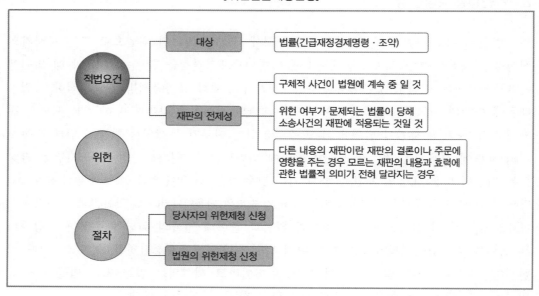

[위헌법률제청신청]

3. 헌법소원심판청구

    헌법재판소법 제68조 제2항 '제41조 제1항에 따른 법률의 위헌 여부 심판의 제청신청이 기각된 때에는 그 신청을 한 당사자는 헌법재판소에 헌법소원심판을 청구할 수 있다. 이 경우 그 당사자는 당해 사건의 소송절차에서 동일한 사유를 이유로 다시 위헌 여부 심판의 제청을 신청할 수 없다.' 등의 규정[3]에 따라 당사자도 헌법재판소에 법률의 위헌 여부에 대한 심판을 청구할 수 있다. 즉, 처분의 위법과 관련해 법률의 위헌을 주장하는 당사자가 법원에 위헌법률제청신청하였으나 법원으로부터 기각 결정받은 경우 기각 결정을 통지받은 날로부터 30일 이내 헌법재판소에 직접 헌법소원을 제기할 수 있다.[4] 헌법소원심판청구서에 '청구인 및 대리인의 표시, 사건 및 당사자의 표시, 위헌이라고 해석되는 법률 또는 법률의 조항, 위헌이라고 해석되는 이유, 그 밖에 필요한 사항'을 기재해야 한다.[5]

---

3 대한민국 헌법 제111조 ①헌법재판소는 다음 사항을 관장한다. 1. 법원의 제청에 의한 법률의 위헌여부 심판 ─생략─ 5. 법률이 정하는 헌법소원에 관한 심판

4 헌법재판소법 제69조(청구기간) ② 제68조 제2항에 따른 헌법소원심판은 위헌 여부 심판의 제청신청을 기각하는 결정을 통지받은 날부터 30일 이내에 청구하여야 한다.

5 헌법재판소법 제71조(청구서의 기재사항) ② 제68조 제2항에 따른 헌법소원의 심판청구서의 기재사항

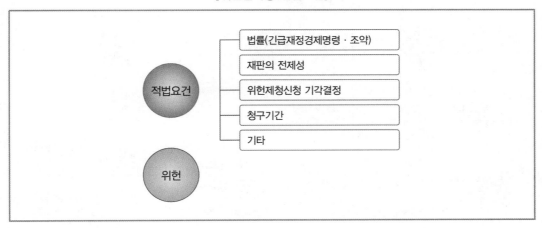

[위헌심사형 헌법소원]

- 적법요건
  - 법률(긴급재정경제명령·조약)
  - 재판의 전제성
  - 위헌제청신청 기각결정
  - 청구기간
  - 기타
- 위헌

4. 위헌심사형 헌법소원의 쟁점

제출된 헌법소원 심판청구서, 의견서[6] 등을 종합해보면 쟁점은 적법요건(심판청구의 적법 여부)과 본안(법률의 위법 여부)으로 구성된다. 위헌심사형 헌법소원의 경우 통상 적법요건에서 심판의 대상인 법률, 재판의 전제성, 위헌법률제청신청과 법원의 기각결정, 청구기간 등[7]이 주된 쟁점이 되고, 본안에서 객관적 헌법규범 위반, 과잉금지의 원칙 위반, 자의금지의 원칙 위반 및 법률유보의 원칙 위반과 포괄위임금지의 원칙 위반, 명확성의 원칙 위반 등이 주된 쟁점이 된다. 쟁점에 대한 주장과 증거조사가 마무리되면 헌법재판소는 적법요건을 먼저 심리한 후 적법요건이 흠결되었다고 판단되면 각하결정을, 적법요건이 구비되었지만 법률이 합헌이라고 판단되면 합헌결정을, 법률이 위헌이라고 판단되면 단순위헌결정, 헌법불합치결정 및 한정위헌결정 등을 선고해야 한다.

에 관하여는 제43조를 준용한다. 이 경우 제43조 제1호 중 "제청법원의 표시"는 "청구인 및 대리인의 표시"로 본다. ③ 헌법소원의 심판청구서에는 대리인의 선임을 증명하는 서류 또는 국선대리인 선임통지서를 첨부하여야 한다.

6 헌법재판소법 제27조(청구서의 송달) ② 위헌법률심판의 제청이 있으면 법무부장관 및 당해 소송사건의 당사자에게 그 제청서의 등본을 송달한다. 제44조(소송사건 당사자 등의 의견) 당해 소송사건의 당사자 및 법무부장관은 헌법재판소에 법률의 위헌 여부에 대한 의견서를 제출할 수 있다. 제74조(이해관계기관 등의 의견 제출) ② 제68조 제2항에 따른 헌법소원이 재판부에 심판 회부된 경우에는 제27조 제2항 및 제44조를 준용한다.

7 같은 소송절차에서 1회 허용, 변호사강제주의 등.

[위법·위헌 심사의 구조]

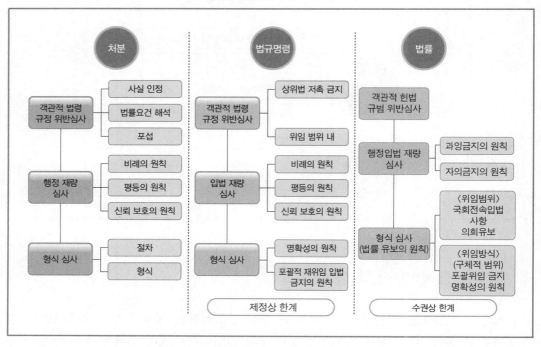

> 제2강
기록형 문제 연습

1. 과제

운전면허취소처분을 중심으로 법원에 제출할 취소소송에 관한 '소장, 답변서' 2가지 형태의 문서를 작성하고, 나아가 처분의 근거 법률에 대한 위헌 여부가 소송의 쟁점이기 때문에 헌법재판소에 법률의 위헌 심판을 요구하기 위해 필요한 '위헌법률제청신청서 및 헌법소원심판청구서' 2가지 형태의 문서를 작성하고자 한다.

각 문서 작성에 필요한 부분에서 '문제'가 제출되어 있다.

1) 소장은 원고의 권리 구제를 위해 행정법상 주장할 수 있는 내용으로 작성해야 한다.
2) 답변서는 피고의 입장에서 소의 부적법함과 원고 주장에 대한 반박으로서의 처분의 적법함을 내용으로 작성해야 한다.
3) 위헌법률제청신청서는 법률의 위헌성에 관한 주장 등을 포함해서 작성해야 한다.
4) 헌법소원심판청구서는 헌법소원의 적법성과 법률의 위헌성에 관한 주장 등을 포함해서 작성해야 한다. 법률의 위헌성에 관한 내용은 위헌법률제청신청서와 동일하다.
5) 마지막에 헌법재판소의 결정에 따른 취소소송 판결을 추론해 본다.

2. 참고자료

처분의 근거 법령(도로교통법 등)에 관한 참고자료는 제1강에 있는 자료와 동일하기 때문에 별도로 제시하지 않았다.

3. 학습목표

1) 취소소송의 기본 구조 이해
2) 소장 작성 방법 습득
3) 답변서 작성 방법 습득
4) 위헌법률제청신청서 작성 방법 습득
5) 헌법소원심판청구서 작성 방법 습득
6) 헌법재판소 결정에 따른 판결 결과 이해

4. 실전문제

소　장

【문제 1】

1. 의뢰인 박양산을 위하여 전율사 변호사의 입장에서 자동차운전면허취소 처분의 취소를 구하는 소장을 작성하시오.

　　─ 제1강에 제시된 법령 및 아래 법률상담일지를 참고할 것.

수임번호 2012-501	법률상담일지		2012. 12. 10.
의 뢰 인	박양산	의뢰인 전화	***-****-****
의로인 사업장 주소	부산광역시 연제구 연산동 400 양산정 주유소	의뢰인 전송	

상 담 내 용

1. 의뢰인은 양산정 주유소를 운영하고 있는데, 2007. 5. 21. 자동차운전면허 보통 1종을 취득하였고, 2012. 4. 27. 자동차운전면허 대형 1종을 취득하였습니다.

2. 의뢰인은 2012. 8. 27. 야간에 혈중알코올농도 0.052%의 술에 취한 상태에서 승용차를 운전하였다는 이유로 2012. 9. 7. 무렵 자동차운전면허를 취소당하였다.

3. 의뢰인은 2012. 9. 26.경 행정심판을 제기하였고, 중앙행정심판위원회로부터 2012. 11. 9. 행정심판 기각재결을 송달받았다.

4. 사고 당일인 2012. 8. 27. 저녁 태풍 '볼라벤'의 상륙으로 인하여 손님이 일찍 끊겨 집에 들어와 휴식을 취하던 중 의뢰인의 업체에 기름납품을 담당하던 후배로부터 전화가 와서 집 근처에 있는 치킨집에서 만나, 납품단가와 업계의 불황 등에 대해 이야기를 나누면서 생맥주를 소량 마셨다. 그러던 중 집사람으로부터 '태풍이 강해 불안하다'는 연락을 받고, 태풍의 위력이 강하다는 보도와 집이 바닷가에 인접해 있다는 사실로 인해 바로 후배를 보내고 대리 기사를 불렀다. 그러나 당일 태풍으로 인해 대리기사가 없다는 이야기를 듣고, 당시 생맥주를 조금밖에 마시지 않았다는 점, 집이 근처라는 점, 태풍으로 인하여 도로에 차가 없다는 점, 가족들이 불안해하고 있다는 점 등에 마음이 급해 운전에 이르게 되었다.

5. 현재 의뢰인은 집안의 가장으로 유일한 수입원이고, 투병 중인 부모님을 부양해야 한다. 보증금 5천만원, 월세 770만원의 임대 주유소를 운영하고 있으며, 의뢰인의 수입으로 8세, 5세의 어린 자녀와 전업주부를 부양하고 있고, 2010년경부터 신장암으로 투병하고 계신 아버지를 사실상 장남으로서 부양하고 있다. 의뢰인의 아버지는 지체5급 장애인으로 거동이 불편하기 때문에 거의 의뢰인이 전담하다시피 치료를 담당하고 있다.

6. 현재 주유소업계는 고유가와 과당경쟁 등 불황으로 폐업이 속출하고 있다. 의뢰인은 보증금 5천만원, 월세 770만원의 임대 주유소를 운영하는데, 기사 1명과 의뢰인이 직접 운전해서 주유소를 겨우 운영하고 있다. 본건 제네시스 자동차도 사업상 부득이 리스해서 사용하고 있다. 매출액의 90%가 인건비와 세금으로 지출되고, 실제 수입은 150만원 정도에 불과한 실정이다. 그러다보니 주유소를 운영하면서 각종 대출과 신용보증기금으로부터 빌린 자금이 약 4억5천만원에 이르고 있다. 이러한 어려움을 타파하기 위해 직접 운전해서 기름을 배달하는 '홈로리 서비스'를 실시하고 있는데, 의뢰인이 직접 부산과 인근 김해, 양산 등지에 배달차를 운전해 납품하고 있는 실정이다.

7. 의뢰인 희망사항

0.052%는 운전면허 정지처분 기준임에도 불구하고 면허를 취소당하였고, 더구나 1종 대형 면허까지 취소되는 것은 억울하다며 면허취소처분에 대한 취소소송을 제기하여 줄 것을 희망하고 있다.

법무법인 동부산

부산 연제구 거제동 123 법조빌딩 3층

전화 051-123-45**, 전송 051-123-56**

담당 변호사 전율사

제 2001－2012－12345 호　[1차]

보내는 사람

부산광역시 연제구 중앙대로 999
　　부산지방경찰청 교통과(면허계)
611－737

　　　　　　　　　　　받는 사람

　　　　　　　　　　　부산광역시 수영구 광안해변로 300
　　　　　　　　　　　　　　　103동 1003호 (민락동, 롯데캐슬)
　　　　　　　　　　　박양산 귀하
　　　　　　　　　　　609－735

제 2001－2012－12345 호　　　　　　　　　　　　　　　　　[1차]

자동차운전면허(□ 정지 · ☑ 취소) 결정통지서

①성　　명	박양산	②주민등록번호	730415－*******
③주　　소	부산광역시 수영구 광안해변로 300		
④면허번호	부산 07－613551－50 (1대, 1보)		
⑤차량번호	25구8557		
⑥행정처분 결정내용	□ 정지기간		
	☑ 취소일자	2012. 10. 10. (결격기간 2012. 10. 10 ~ 2014. 10. 09 까지)	
⑦사　　유	**도로교통법 제93조 1항 2호** **3회 이상 음주운전 또는 음주측정불응**		

도로교통법 제93조 규정에 의하여 위와 같이 행정처분(취소)이 결정되어 통지하오니, 2012. 09. 14. 까지 부산지방경찰청 (경찰서) 교통(면허)계에 출석하여 운전면허증을 반납하시기 바랍니다. (이미 반납한 사람은 제외)

안내전화: 051－784*－3939　　담당자: 면허행정취소업무담당

　　　　　　　　2012년　　09월　　07일

　　　　　　　　부산지방경찰청장　　부산지
　　　　　　　　　　　　　　　　　　방경찰
　　　　　　　　　　　　　　　　　　청장인

※ 알려드립니다.
1. 위 운전면허 행정처분에 대하여 이의가 있는 사람은 처분 결정통지서를 받은 날로부터 60일 이내에 별지 제87호 서식의 이의신청에 처분결과통지서를 첨부하여 해당 지방경찰청(경찰서)에 이의를 신청할 수 있습니다.
2. 위 이의 신청에 관계 없이 행정심판법에 따라 행정처분이 있음을 안 날로부터 90일(위 이의신청을 한 경우에는 이의신청 결과를 통보받은 날로부터 90일) 이내에 해당 지방경찰청(경찰서)을 경유하여 행정 심판을 청구할 수 있습니다.
3. 다만, 위 운전면허 행정처분에 대한 행정소송은 행정심판의 재결을 거치지 아니하면 제기할 수 없습니다.

제 1213－2012－001186 호

운 전 경 력 증 명 서

성　　명	박 양 산						생년월일	1973.04.15	
주　　소	부산광역시 수영구 광안해변로 300, 103동 1003호 (민락동, 롯데캐슬)								
보유중인 운전면허의 번호	부산 07－613551－50						누산점수	0	

운전면허 경력 (최근 07년)	종별	제1종					제2종		
		대형	보통	소형	특수 (트레일러)	특수 (레커)	보통	소형	원동기장치 자전거
발급일자 (취소·정지)	발급	2012.04.27	발급 2007.05.21						
	취소	2012.10.10	취소 2012.10.10						

교통사고 (최근 15년간)							교통위반 (최근 01년간)		
사고 일자	발생지 경찰서	피해 구분	인적피해				발생일자	단속지 경찰서	위반내용(법조항)
			사망	중상	경상	부상			
		자료 없음					2012.08.27	부산남부경찰서	음주운전(혈중알코올농도0.05%이상 0.1%미만)(제44조1항)

용도	

　　　　도로교통법 시행규칙 제129조의2제2항에 따라 위와 같이 확인합니다.

　　　　　　　　　　　　2012년 09월 13일

　　　　　　　　　　　　　　　　　　　　　　부산연제경찰서장

1. 이 증명서는 발급일로부터 운전면허경력은 최근(07)년, 교통사고는 최근(15)년, 법규위반은 최근(01)년간을 기준으로 작성된 것임.
2. 법규위반(통고처분)의 경우 2000년 이후로 한정되며, 범칙금 납부 후 5년이 경과한 자료는 파기되어 확인할 수 없음을 알려드립니다.(2011.7.1.부터적용)
3. 운전경력증명서는 민원24 인터넷 홈페이지(www.minwon.go.kr)를 통해서도 발급받을 수 있습니다.

　　　　　　　　　　　　　　　　　　　　　　　　　　　　　　　(1쪽 중 1)

• 보험종목:	프로미카개인용자동차보험 (베이직형)			
• 증권번호:	011 – 11 – 2185561 – 000	• 계약일자:	2011년 9월 14일	
• 피보험자:	박양산 (730415 – 1******)	• 계약자:	박양산 (730415 – 1******)	

• 기명운전자: 성춘향 (751228 – 2******)

• **보험기간**

대인 배상	2011년 9월 15일 24:00부터	2012년 9월 15일 24:00까지
임의보험기간	2011년 9월 15일 24:00부터	2012년 9월 15일 24:00까지

• **가입자동차사항**

차량번호:	25구8557 승용대형세단C	배기량:	3,342cc	연식:	2010
차 명:	제네시스 330				
차량가액:	4,152만원(부속품 130만원 포함)		네비 외 기타		

• **가입담보/보상한도** (물적사고 할증기준: 200 만원)

대인배상 I (책임보험)		자배법 시행령에서 정한 금액
임 의 보 험	대인배상 II	무 한
	대물배상	1사고당 1억원 한도 (의무1천＋임의9천)
	자기신체사고	(1인당)사망/장해 1억원, 부상5천만원한도
	무보험차상해	(1인당)최고 5억원 한도/타자운전 가입
	자기차량손해	4,152만원
	(자기부담금)	손해액의 20%(최저 20만원~최고 50만원)

• **보험료 내용**

총보험료	997,370원
내신보험료	997,370원

• **분납보험료 내용**

회차	분납보험료	분납(이체)일

▶ **반드시 알아두실 사항**

1. 가입하신 담보종목의 보상내용, 보험가입금액, 보상받을 수 있는 경우와 보상받을 수 없는 경우를 반드시 확인하시기 바랍니다.
2. 「운전자연령 만 21, 22, 24, 26, 30, 35, 43, 48세이상 한정 운전특약」에 가입하신 경우에는 해당 연령 미만의 사람이 운전 중 발생한 사고에 대하여는 보상을 받을 수 없습니다.
(운전자의 연령은 주민등록상의 생년월일을 기준으로 한 나이입니다.)
3. 「가족운전자 한정운전특약」에 가입하신 경우에는 기명피보험자 및 그 배우자만 운전가능하며 그 이외의 사람이 운전 중 발생한 사고는 보상받을 수 없습니다.
4. 「부부운전자 한정운전특약」에 가입하신 경우에는 기명피보험자 및 그 배우자만 운전가능하며 그 이외의 사람이 운전 중 발생한 사고는 보상을 받을 수 없습니다.
5. 「기명피보험자 1인 한정운전특약」에 가입하신 경우에는 기명 피보험자 1인, 「지정운전자 1인 한정운전특약」에 가입하신 경우에는 지정운전자 1인 외의 사람이 운전 중 발생한 사고는 보상을 받을 수 없습니다.
6. 유상운송을 하는 승합자동차(버스), 다인승승용차(승차정원 7인이상 10인이하)가 「유상운송 위험담보 특약」에 가입하지 않으면 유상운송 중 발생한 사고에 대하여는 보상을 받을 수 없습니다.
7. 보험계약을 맺은 후 보험계약자 또는 피보험자의 주소나 연락처가 변경된 경우에는 지체없이 변경 사실을 회사에 알려야 합니다. 이 때 주소변경을 통보하지 않는 한 보험증권에 기재된 보험계약자 또는 기명피보험자의 주소를 회사의 의사표시를 수령할 지정장소로 합니다.
8. 「대물배상」 또는 「자기차량손해」에 가입하신 경우「친환경 부품사용 특별약관」에 자동 가입되며, 차량 수리 시 이 특약에 의해 약관에서 정한 방법으로 중고부품을 사용한 경우에는 새 부품가격의 20%를 대물배상 대상차량의 소유자 또는 기명피보험자(자기차량 손해의 경우)에게 지급하여 드립니다.

• **특별약관 및 용도**

만 35세이상 한정	부부한정	출퇴근 및 가정용
에어백장착 (2개) 특별요율	ABS장착특별요율	차량안전장치장착특별요율
자동변속기장치장착특별요율	SOS특약	분할납입특약 (일시납)

품질보증 담당자	(주)인슈플러 보험대리점 (051 – 867 – 7078) 박창일 고객콜센터 (1588 – 0100)	1.발 행 일: 2011년 09월 15일 2.발 행 지: 본사 (서울) 3.발행구분:

동부화재

사 업 자 등 록 증
(일반과세자)

등록번호: 607 – 17 – 18861

상　　　　호: 양산정 주유소
성　　　　명: 박 양 산　　　　　생 년 월 일: 1973년 04월 15일
개업 년월일: 2010년 04월 30일
사업장소재지: 부산광역시 연제구 연산동 400
사업의 종류: (업태) 소매업　　　　　　(종목) 주유소

교 부 사 유: 신규
공동 사업자:

사업자단위과세 적용사업자 여부: 여 (　　　) 부 (　∨　)

2010년　　04월　　07일

동래 세무서장 　동 래 세
　　　　　　　　무서장인

국세청

[별지 제1호 서식]

자 동 차 등 록 증

제 201009－014001 호 　　　　　　　　　　　　　　　최초등록일:　　2010년　09월　16일

①자동차등록번호	25구8557	②차　　종	대형 승용	③용도	자가용
④차　　　명	제네시스(GENESIS)	⑤형식및연식	BH－G33T2A－0901		2010
⑥차 대 번 호	KMHGE41ABAU107141	⑦원동기형식	G6DB		
⑧사 용 본 거 지	경상남도 창원시 성산구 중앙동 93번지 2호				

소유자	⑨성명(명칭)	현대캐피탈주식회사	⑩주민(법인)등 록 번 호	110－111－0995378
	⑪주　　　소	서울특별시 영등포구 여의도동　15번지 21호		

「자동차관리법」제8조에 따라 위와 같이 등록하였음을 증명합니다.　　　　　　　　신조

－ 위반하기 쉬운 사항 (뒷면기재참조) －
- 성명, 상호 및 사업장 소재지 변경 15일 이내(30만원 이하 과태료)
- 정기검사 만료일 전－후 31일이내(30만원 이하 과태료)
- 책임보험 가입 만료일 이내 가입(100만원 이하 과태료)
- 말소등록, 폐차일로부터 1월 이내(50만원 이하 과태료)

2010 년　　09 월　　16 일

창　　원　　시　　장

1. 제 원

⑫ 제원관리번호 (형식승인번호)	A08－1－00077－0029－1309		
⑬ 길이	4975mm	⑭ 너비	1890mm
⑮ 높이	1480mm	⑯ 총중량	2055kg
⑰ 배기량	3342cc	⑱ 정격출력	262/6200Ps/rpm
⑲ 승차정원	5명	⑳ 최대적재량	0kg
기통수	6기통	연료의종류	휘발유 (연비:10.0 km/L)

2. 등록번호판 발급 및 봉인

구 분	번호판발급일	봉 인 일	번호대행자확인 번호판및봉인교부

3. 저당권등록사실

구분(설정또는말소)	일　　자

※ 기타 저당권등록의 내용은 자동차등록원부(을)를 열람·확인하시기 바랍니다.

4. 검사유효기간

연월일 부 터	연월일 까 지	검사 시행장소	주행 거리	검사책임 자확인	검사 구분
2010－09－16	2014－09－15				

※ 주의사항: 항 첫째 난에는 신규등록일을 적습니다.

비고

자동차 출고(취득)가격(부가세제외):　　43,410,909원

210mm ×297mm

<table>
<tr><td colspan="2">전세 ∨
No,   월세</td><td>부 동 산 임 대 차 계 약 서</td><td colspan="2">세무서
검 인</td></tr>
</table>

근 거: 부동산 중개업자(복덕방)에 대한 과세자료 수집사무취급 규정

1. 부동산의 표시

소 재 지	부산시 연제구 연산3동 400번지				
평 수	건 물 30평	대 지	136평	기 타	평
전세/월세	보증금 오 천 만 원정				

2. 계약조건

제 1 조 위 부동산에 대한 임대인과 임차인 쌍방 합의 하에 아래와 같이 계약한다.

제 2 조 위 부동산을 임차함에 있어 임차인은 임대인에게 다음과 같이 전세(보증)금을 지불하기로 한다.

계 약 금	원정은 계약시의 임대인에게 지불하고	
중 도 금	원정은 년 월 일 지불하고	
잔 금	오 천 만 원정은 2010 년 3 월 11일	중개인 입회하에 지불키로 함

제 3 조 부동산 명도는 2010년 3월 15일로 명도하기로 한다.

제 4 조 전(월)세 기한을 임차인에게 부동산을 명도한 날로부터 24개월로 정한다.

제 5 조 임차인은 임대인의 승인 하에 개축 또는 변조할 수 있으나 부동산의 반환기일 전에 임차인의 부담으로 원상 복구키로 한다.

제 6 조 임대자가 본 계약을 어겼을 때에는 계약금으로 받은 금액의 2배를 임차인에게 주기로 하고 임차인이 본 계약을 어겼을 때에는 계약금은 무효가 되고 돌려달라는 청구를 할 수 없다.

제 7 조 본 계약서 부본을 관할세무서에 제출함에 있어 계약 쌍방은 중개인에게 이의를 제기할 수 없다.

서기 2010년   3월   15일

임 대 인	김 ○ ○	주민등록번호	471107 - 2******	주 소	해운대구 우동 포스코아파트 101 - 501
임 차 인	박 양 산	주민등록번호	730415 - 1******	주 소	해운대구 우동 삼한아파트 103 - 301
중 개 인		사 업 자 등록번호		상호	사업장

중앙행정심판위원회
재 결

사　　　건　　　2012-19345 자동차운전면허취소처분 취소청구

청 구 인　　　양　산　박
　　　　　　　　부산광역시 수영구 광안해변로 300, 103동 1003호 (민락동, 롯데캐슬)

피 청 구 인　　　부산광역시지방경찰청장

심판청구일　　　2013. 9. 26.

주　문
청구인의 청구를 기각한다.

청구취지
피청구인이 2012. 9. 7. 청구인에게 한 2012. 10. 10.자 제1종 대형, 제1종 보통 운전면허취소처분을 취소한다.

이　유
1. 사건개요

　　청구인은 2012. 8. 27. 혈중알코올농도 0.052%의 술에 취한 상태에서 운전하다 적발되어 3회 이상 음주운전을 했다는 이유로 피청구인이 2012. 9. 7. 청구인의 운전면허를 취소하였다.

2. 관계법령

　　도로교통법 제93조 제1항 제2호
　　도로교통법 시행규칙 별표28중 2. 취소처분 개별기준의 일련번호란 2

3. 인정사실

　　청구인과 피청구인이 제출한 자료에 의하면 다음과 같은 사실을 인정할 수 있다.

가. 청구인은 이 사건 당시 주유소를 운영하던 자로서, 1993. 8. 31. 제1종 보통운전면허를 취득하여 2005. 5. 2. 운전면허 행정처분 기간 중 운전으로 운전면허가 취소된 후 2007. 5. 21. 제1종 보통운전면허를 다시 취득했는데, 최초로 운전면허를 취득한 이래 1회 교통사고 전력(1997. 7. 25. 경상 1명, 물적피해)와 3회 교통법규위반전력(2004. 12. 31. 음주운전 등)이 있다.

나. 청구인은 2012. 8. 27. 23:00경 술에 취한 상태에서 25구8557호 제네시스 승용차를 운전하다가 부산 수영구 수영로타리에서 같은 구 민락동 대우푸르지오 아파트 앞 길에서 단속경찰관에 적발되어 음주측정한 결과 혈중알코올농도가 0.052%로 측정되었고, 이 사건 적발 전인 2003. 5. 15. 음주운전(혈중알코올농도 0.050%)으로 적발되어 운전면허 정지처분을 받았으며, 2004. 12. 31. 음주운전(혈중알코올농도 0.082%)으로 적발되어 운전면허 정지처분을 받았다.

4. 이 사건 처분의 위법·부당 여부

도로교통법 제93조 제1항 제2호에 따르면 법 제44조 제1항 또는 제2항 후단을 2회 이상 위반한 사람이 다시 제44조 제1항을 위반하여 운전면허 정지사유에 해당되는 때에는 반드시 운전면허를 취소하도록 되어 있다.

청구인은 영업수행을 위하여 운전면허가 필요하므로 이 사건 처분은 가혹하다고 주장하나, 위 인정사실에 의하면 과거 두 차례 음주운전으로 운전면허 정지처분을 받은 사실이 있음에도 불구하고 또다시 술에 취한 상태에서 자동차를 운전한 사실이 인정되므로, 업무상 운전면허가 필요하다는 등의 개인적인 사정만으로 이 사건 처분이 위법·부당하다고 할 수 없다.

5. 결 론

그렇다면 청구인의 주장을 인정할 수 없으므로 청구인의 청구를 받아들이지 않기로 하여 주문과 같이 재결한다.

2012. 11. 06.

중앙행정심판위원회   중 앙 행
정 심 판
위원회인

소 송 위 임 장

사 건	자동차운전면허취소처분 취소
원 고	박양산
피 고	○○○○

위 사건에 관하여 다음 표시 수임인을 소송대리인으로 선임하고, 다음 표시에서 정한 권한을 수여합니다.

수임인	변호사 법무법인 동부산 부산 연제구 거제동 123 법조빌딩 3층 전화 051−123−45**, 전송 051−123−56**

수권사항	1. 일체의 소송행위
	1. 반소의 제기 및 응소, 상소의 제기, 동 취하
	1. 소의 취하, 화해, 청구의 포기 및 인낙, 참가에 의한 탈퇴
	1. 복대리인의 선임
	1. 목적물의 수령
	1. 공탁물의 납부, 공탁물 및 이자의 반환청구와 수령
	1. 담보권의 행사 최고 신청, 담보 취소신청, 동 신청에 대한 동의, 담보 취소결정
	   정본의 수령, 동 취소 결정에 대한 항고권 포기
	1. 강제집행신청, 대체집행신청, 가처분, 가압류등 보전처분과 관련한 모든 소송
	   행위
	1. 인지환급금의 수령에 관한 행위, 소송비용액확정결정신청 등
	1. 등록사항별 증명서, 주민등록등·초본, 기타 첨부서류 발급에 관한 행위

2012.   12.   10.

위임인	박양산 (인) 부산광역지 연제구 연산동 400 양산박 주유소

○○○○법원 귀중

담 당 변 호 사 지 정 서

사 건	
원 고	박양산
피 고	○ ○ ○ ○

위 사건에 관하여 당 법인은 원고의 소송대리인으로서 변호사법 제50조 제1항에 의하여 그 업무를 담당할 변호사를 다음과 같이 지정합니다.

담당변호사	변호사 전율사

2012.   12.   10.

법무법인   동부산
대표변호사 박승윤   [법무법인 동부산]
부산 연제구 거제동 123 법조빌딩 3층
전화 051 − 123 − 45**   전송 051 − 123 − 56**

○○○○ 법원 귀중

소장 초안

소송요건

1) 취소소송의 대상   자동차운전면허취소처분 − 취소결정통지서(2012. 9. 7. 문서)

2) 원고   박양산

3) 피고   부산지방경찰청장 − 취소결정통지서

4) 협의의 소익   문제 없음.

5) 제소기간   안 날(2012. 9. 7. 수령 − 법률상담일지 진술)로부터 90일
                        처분이 있는 날(2012. 9. 7. 취소결정통지서)로부터 1년
                        재결서 송달일(2012. 11. 9. − 법률상담일지 진술)로부터 90일
                        재결서 있는 날(2012. 11. 6. − 재결서)로부터 1년

6) 필요적 행정심판전치주의   요건충족(재결서 참조)

7) 관할 (기타)   부산지방법원 − 행정사건은 지방법원 본원 관할

본 안

1. 법령 검토

　가. 근거 법령

도로교통법

제93조(운전면허의 취소·정지) ① 지방경찰청장은 운전면허를 받은 사람이 다음 각 호의 어느 하나에 해당하는 때에는 행정안전부령이 정하는 기준에 의하여 운전면허를 취소하거나 1년 이내의 범위에서 운전면허의 효력을 정지시킬 수 있다. 다만, 제2호·제3호, 제6호 내지 제8호(정기적성검사기간이 경과된 때를 제외한다), 제11호, 제13호, 제15호, 제16호 또는 제17호에 해당하는 때에는 운전면허를 취소하여야 한다.

　2. 제44조 제1항 또는 제2항 후단의 규정을 2회 이상 위반한 사람이 다시 동조 제1항의 규정을 위반하여 운전면허 정지사유에 해당된 때

제44조(술에 취한 상태에서의 운전금지) ① 누구든지 술에 취한 상태에서 자동차등을 운전하여서는 아니된다.

　② 경찰공무원은 교통의 안전과 위험방지를 위하여 필요하다고 인정하거나 제1항의 규정을 위반하여 술에 취한 상태에서 자동차등을 운전하였다고 인정할 만한 상당한 이유가 있는 때에는 운전자가 술에 취하였는지의 여부를 호흡조사에 의하여 측정할 수 있다. 이 경우 운전자는 경찰공무원의 측정에 응하여야 한다.

　③ 제2항의 규정에 의하여 술에 취하였는지의 여부를 측정한 결과에 불복하는 운전자에 대하여는 그 운전자의 동의를 얻어 혈액채취 등의 방법으로 다시 측정할 수 있다.

　④ 제1항의 규정에 따라 운전이 금지되는 술에 취한 상태의 기준은 혈중알코올농도가 0.05퍼센트 이상으로 한다.

　나. 처분 요건(법률요건 검토)

　　① 자동차 운전면허를 받은 사람

　　② 2회 이상 음주운전 또는 음주측정거부한 전력

　　③ 혈중알코올농도 0.05% 이상의 상태[8]에서 자동차를 운전한 때

---

8 다시 동조 제1항의 규정을 위반하여 '운전면허 정지사유에 해당된 때'의 해석과 관련해서 시행규칙에서 혈중알코올농도가 0.05% 이상 0.10% 미만을 정지처분 기준으로 정하고 있기 때문에 혈중알코올농도가 0.05% 이상 0.10% 미만인 경우만을 의미한다고 해석할 수도 있다. 그러나 이렇게 해석하면 혈중알코올농도가 0.10% 이상이 되면 도로교통법 제93조 제1항 제1호가 적용되어 면허취소가 재량행위가 되기 때문에 소송에서 재량권 일탈·남용 여부를 주장할 수 있는 반면 혈중알코올농도가 0.05% 이상 0.10% 미

[법률해석에 다툼이 없음]

다. 처분 내용(법률효과 검토)

운전면허를 취소한다.(단서)

2. 법률요건 측면에서 주장할 수 있는 위법

가. 처분문서에 기재된 처분 사유

3회 이상 음주운전 또는 음주측정거부

나. 사실오인 여부

① 1종 대형, 1종 보통 운전면허 소유자

② '2003. 5. 15. 혈중알코올농도 0.05%의 술에 취한 상태에서 음주운전하였다는 이유로 운전면허 정지처분을 받은 사실', '2004. 12. 31. 혈중알코올농도 0.082%의 술에 취한 상태에서 음주운전하였다는 이유로 운전면허 정지처분을 받은 사실'

③ 원고가 2012. 8. 27. 23:00경 혈중알코올농도 0.052%의 술에 취한 상태에서 25구8557호 제네시스 승용를 운전한 사실

[사실에서 다툼이 없음]

다. 법리오해 및 법률요건 포섭 오류 여부

위 사실은 '자동차 운전면허를 받은 사람이 2회 이상 음주운전 전력이 있음에도 다시 이번에 혈중알코올농도 0.05% 이상의 주취 상태에서 자동차를 운전한 때'에 해당됨

[법적 포섭에 다툼이 없음]

라. 검토 결과

법률요건 측면에서 사실의 오인, 법률해석의 오류, 포섭의 오류 등 처분의 위법을 주장할 수 있는 내용이 없음.

3. 법률효과 측면에서 주장할 수 있는 위법

가. 법률 해석 검토

취소 대상인 '운전면허'의 범위에 관하여 해석상 다툼의 여지가 있음.

(1종 보통 운전면허로 운전 가능한 승용차를 운전하였을 뿐만 아니라 3회 연속 음주운전은 1종 보통 운전면허에만 해당되기 때문에 1종 보통 운전면허만 취소되어야 하고, 1종 대형까지 취소함은 위법함)

만이 되면 도로교통법 제93조 제1항 단서 제2호가 적용되어 면허취소가 기속행위가 되기 때문에 소송에서 재량권 일탈·남용 여부를 주장할 수 없는 부정의가 발생한다. 따라서 '운전면허 정지사유에 해당된 때'의 의미는 제1호와 동일하게 '술에 취한 상태에서 자동차등의 운전을 한 때'로 해석된다.

도로교통법

제80조(운전면허) ② 지방경찰청장은 운전을 할 수 있는 차의 종류를 기준으로 다음과 같이 운전면허의 범위를 구분하고 이를 관리하여야 한다. 이 경우 운전면허의 범위에 따른 운전할 수 있는 차의 종류는 행정안전부령으로 정한다.

1. 제1종 운전면허
   가. 대형면허
   나. 보통면허
   다. 소형면허
   라. 특수면허

도로교통법시행규칙

제53조(운전면허에 따라 운전할 수 있는 자동차 등의 종류) 법 제80조 제2항에 따라 운전면허를 받은 사람이 운전할 수 있는 자동차등의 종류는 별표 18과 같다.

[별표 18]

[운전할 수 있는 차의 종류(제53조관련)]

운전면허		운전할 수 있는 차량
종별	구분	
제1종	대형면허	○승용자동차　○승합자동차　○화물자동차　○긴급자동차 ○건설기계 　－ 덤프트럭, 아스팔트살포기, 노상안정기 　－ 콘크리트믹서트럭, 콘크리트펌프, 천공기(트럭적재식) 　－ 도로를 운행하는 3톤 미만의 지게차 ○특수자동차(트레일러 및 레커를 제외한다) ○원동기장치자전거
	보통면허	○승용자동차 ○승차정원 15인 이하의 승합자동차 ○승차정원 12인 이하의 긴급자동차(승용 및 승합자동차에 한한다) ○적재중량 12톤 미만의 화물자동차 ○건설기계(도로를 운행하는 3톤 미만의 지게차에 한한다) ○원동기장치자전거
	소형면허	○3륜화물자동차　○3륜승용자동차　○원동기장치자전거
	특수면허	○트레일러　○레커　○제2종보통면허로 운전할 수 있는 차량

나. 재량행위 및 재량권 일탈·남용 여부

　　도로교통법 제93조 제1항 단서에서 '취소한다'고 일의적으로 규정함.

　　따라서 본건 운전면허취소는 기속행위이기 때문에 재량권 일탈·남용 여부가 심판의 대상이 되지 않음.[9]

4. 절차와 형식 측면에서 주장할 수 있는 위법

　가. 행정절차법

　　운전면허취소는 불이익처분이기 때문에 행정절차법상 절차 위반 주장 가능

　　사전통지절차, 청문절차, 문서주의와 이유부기, 송달 등 검토 결과 문제 없음.

　나. 도로교통법상 절차

　　문제 없음

5. 법령 측면에서 주장할 수 있는 위법

　가. 대상

　　① 법규명령: 시행규칙 – 해당 없음(법규 효력이 없음)

　　② 법률: 도로교통법 제93조 제1항 단서 제2호, 제44조 제1항, 제4항 중 '제2호'

　나. 위헌성

　　① 관련 헌법조항: 직업의 자유 및 일반적 행동의 자유, 평등권, 이중처벌금지의 원칙

　　② 과잉금지의 원칙 위반 여부: 직업의 자유 및 일반적 행동의 자유

　　③ 자의금지의 원칙 위반 여부: 비교집단 설정(운전면허 정지 사유에 해당하는 음주운전만을 3회 한 자와 운전면허 취소 사유에 해당하는 음주운전 또는 음주측정 거부를 1회 이상 하고 총 3회 이상의 음주운전을 한 자를 동일하게 취급하는 점, 다른 위반행위와 달리 필요적으로 운전면허를 취소하는 점, 누범기간을 3년으로 제한하고 있는 형법 제35조 누범조항과 달리, 운전행위 사이의 기간제한 없이 운전면허를 취소하는 점)

　　④ 이중처벌금지의 원칙 위반 여부: 과거 처벌을 가중요건으로 필요적으로 운전면허 취소함은 이중처벌로 볼 수 있는지 여부

6. 결론

　가. 사실오인, 법리오해, 포섭의 오류　　　해당사항 없음

　나. 법률효과 해석의 오류　　　　　　　　처분대상 운전면허의 범위

　다. 재량권 일탈·남용　　　　　　　　　　해당없음

　라. 법률의 위헌　　　　　　　　　　　　　과잉금지의 원칙 위반, 자의금지의 원칙 위반, 이중처벌금의 원칙 위반

---

9 소장에서 재량권 일탈·남용을 주장할 수 있지만, 이는 법적으로 인용될 수 없는 가정 주장에 불과하다.

소 장

원 고   박 양 산 (730415-********)
          부산 연제구 연산동 400   양산정 주유소[10]
          (전화 010-4600-****, 팩스 000-000)
          소송대리인 법무법인 동부산
          부산 연제구 거제동 123 법조빌딩 3층
          전화 051-124-45**, 전송 051-123-56**
          담당변호사 전율사

피 고   부산 지방경찰청장
          자동차운전면허취소처분취소 청구의 소

청 구 취 지

1. 피고가 2012. 9. 7. 원고에 대하여 한 2012. 10. 10.자 자동차운전면허(1종 대형, 1종 보통)취소
   처분을 취소한다.
2. 소송비용은 피고의 부담으로 한다.
라는 판결을 구합니다.

청 구 원 인

1. 처분의 경위
   가. 원고는 2007. 5. 21. 자동차운전면허 보통 1종을 취득하였고, 2012. 4. 27. 자동차운전면허
       대형 1종을 취득하였습니다.
   나. 원고는 2012. 8. 27. 23:00경 혈중알코올농도 0.052%의 술에 취한 상태에서 25구8557호 제
       네시스 승용차를 부산 수영구 수영로타리에서 같은 구 민락동 대우푸르지오 아파트 앞 길
       까지 약 1킬로미터를 운전하였다는 이유로 피고로부터 2012. 9. 7. 무렵 '2012. 10. 10.자로
       원고의 자동차운전면허 1종 보통, 1종 대형 면허를 취소한다'는 통지를 받았습니다. 취소사
       유는 도로교통법 제93조 제1항 단서, 제2호 '2회 이상 음주운전한 사람이 다시 음주운전 정
       지 사유에 해당하는 경우'에 해당된다는 이유 입니다. 즉, 원고가 '2003. 5. 15. 혈중알코올
       농도 0.05%의 술에 취한 상태에서 음주운전하였다는 이유로 운전면허 정지처분을 받은 사

---

10 영업지 아닌 주소지로 가능: 부산광역시 수영구 광안해변로 300, 103동 1003호(민락동, 롯데캐슬).

실' 및 '2004. 12. 31. 혈중알코올농도 0.082%의 술에 취한 상태에서 음주운전하였다는 이유로 운전면허 정지처분을 받은 사실'이 있다는 이유로 '이번 혈중알코올농도 0.052%의 술에 취한 상태에서 승용차를 운전한 사실'이 정지처분의 기준에 해당됨에도 불구하고 취소한다는 것입니다.

다. 이에 원고는 2012. 9. 26.경 행정심판을 제기하였고, 중앙행정심판위원회로부터 2012. 11. 6. 무렵 '행정심판을 기각한다'는 재결을 받았습니다.

2. 처분의 위법성

가. 본건 취소 처분은 지나치게 가혹하기 때문에 위법합니다.

원고는 현재 부산 연제구 연산9동 소재 '양산정 주유소'를 운영하고 있습니다. 본건 당일인 2012. 8. 27. 저녁 태풍 '볼라벤'의 상륙으로 인하여 손님이 일찍 끊겨 집에 들어와 휴식을 취하던 중 원고의 업체에 기름납품을 담당하던 후배로부터 전화가 와서 집 근처에 있는 치킨집에서 만나, 납품단가와 업계의 불황 등에 대해 이야기를 나누면서 생맥주를 소량 마셨습니다. 그러던 중 집사람으로부터 '태풍이 강해 불안하다'는 연락을 받고, 태풍의 위력이 강하다는 보도와 집이 바닷가에 인접해 있다는 사실로 인해 바로 후배를 보내고 대리 기사를 불렀습니다. 그러나 당일 태풍으로 인해 대리기사가 없다는 이야기를 듣고, 당시 생맥주를 조금밖에 마시지 않았다는 점, 집이 근처라는 점, 태풍으로 인하여 도로에 차가 없다는 점, 가족들이 불안해하고 있다는 점 등에 마음이 급해 운전에 이르게 되었습니다.

현재 원고는 집안의 가장으로 유일한 수입원이고, 투병 중인 부모님을 부양해야 합니다. 원고는 보증금 5천만원, 월세 770만원의 임대 주유소를 운영하고 있습니다. 원고의 수입으로 8세, 5세의 어린 자녀와 전업주부를 부양하고 있고, 2010년경부터 신장암으로 투병하고 계신 아버지를 사실상 장남으로서 부양하고 있습니다. 원고의 아버지는 지체5급 장애인으로 거동이 불편하기 때문에 거의 원고가 전담하다시피 치료를 담당하고 있습니다.

현재 주유소업계는 고유가와 과당경쟁 등 불황으로 폐업이 속출하고 있습니다. 원고는 보증금 5천만원, 월세 770만원의 임대 주유소를 운영하는데, 기사 1명과 원고가 직접 운전해서 주유소를 겨우 운영하고 있습니다. 본건 제네시스 자동차도 사업상 부득이 리스해서 사용하고 있습니다. 매출액의 90%가 인건비와 세금으로 지출되고, 실제 수입은 150만원 정도에 불과한 실정입니다. 그러다보니 주유소를 운영하면서 각종 대출과 신용보증기금으로부터 빌린 자금이 약 4억5천만원에 이르고 있습니다. 이러한 어려움을 타파하기 위해 직접 운전해서 기름을 배달하는 '홈로리 서비스'를 실시하고 있는데, 원고가 직접 부산과 인근 김해, 양산 등지에 배달차를 운전해 납품하고 있는 실정입니다.

원고는 과거의 음주전력이 있음에도 불구하고 음주운전한 행위에 대하여 깊이 깊이 반성하고 있습니다. 현재 배달을 할 수 없어 경영상의 어려움에 처해 있을 뿐만 아니라 가족들의 생계마저 어려운 실정입니다. 이 상태가 지속된다면 저희 가족들은 파산으로 몰락할 수밖에 없습니다.

나. 본건 처분 규정은 위헌입니다.

도로교통법 제93조 제1항 단서와 제2호는 '제44조 제1항 또는 제2항 후단을 2회 이상 위반한 사람이 다시 같은 조 제1항을 위반하여 운전면허 정지 사유에 해당된 경우' 반드시 운전면허를 취소하도록 규정하고 있습니다. 이처럼 운전면허를 취소하도록 규정한 단서는 다음과 같은 이유로 위헌입니다.

첫째, 조문에 따른다면 '음주운전 2회 전력이 있으면 이유와 정도를 불문하고 취소하도록 규정'하고 있는데, 이는 헌법상 과잉금지의 원칙에 위반된다고 할 것입니다. 예컨대, 운전면허를 취득할 수 있는 시점(대형, 트레일러 – 만 19세 (1.2종 보통 운전경력 1년 이상의 자 이상, 1.2종보통 – 만 18세이상, 2종 원동기 – 만 16세이상)부터 평균 사망시점(평균수명 약 76세)까지 약 56년에 이르는데, 그 사이 기간에 상관없이 2회 이상의 전력이 있다는 이유만으로 최종 음주운전에 대하여 반드시 운전면허를 취소하는 것은 거주이전의 자유, 행복추구권, 직업 선택의 자유를 침해하는 것입니다. 특히, 형사처벌에 있어서도 형의 시효, 공소 시효, 집행유예 기간의 경과, 누범 기간 등의 규정을 통해 지나치게 경과된 과거의 사실이 현재 처벌에 법적 영향을 미치지 못하도록 규정하고 있는데, 반하여 형벌보다 경미한 제재 수단인 행정처분이 형벌보다 가혹하게 처분하도록 규정하고 있습니다. 이는 최소 침해의 원칙 위반입니다. 음주운전 행정처분에 대한 사면 등이 단행된 경우에도 사면 여부에 상관없이 평생 주홍글씨라는 낙인을 찍는 것은 잔혹한 형벌과 다름 없습니다.

본건에서도 원고가 2003년, 2004년에 음주운전한 이후 8년만에 음주운전하였음에도 불구하고 기간의 경과 여부를 고려하지 않고 취소하였습니다.

둘째, 음주운전의 경위, 처분의 정도 등을 고려하지 않고 오로지 음주운전 전력 2회를 기준으로 일률적인 취소처분은 평등의 원칙 및 과잉금지의 원칙 위반으로 위헌입니다. 제44조 제1항 또는 제2항 후단을 2회 이상 위반한 사람 중에는 위반의 경위 및 처분의 정도가 다름에도, 예컨대, 기소유예 처분을 받았을지라도, 면허정지 처분을 받지 않았을지라도, 오히려 음주운전 사망에 도주한 경우일지라도 동일한 기준이 적용된다는 것은 평등의 원칙에 위반됩니다. 조문 중 '제44조 제1항 제2항 후단을 2회 위반한 경우'라면 이는 도로교통법 제93조 제1항 단서와 제3호에 따라 반드시 운전면허가 취소되기 때문에 위반의 정도와 처분의 정도에서 매우 중한 경우에 해당됩니다. 그러나 '제44조 제1항 제1항을 2회 위반한 경우'라면 그 중에는 도로교통법 제93조 제1항 제1호 및 도로교통법 시행규칙 별표28 등에 따라 2회 모두 취소처분의 기준에 해당되는 경우, 1회의 취소기준과 1회의 정지기준에 해당되는 경우, 2회 모두 정지처분의 기준에 해당되는 경우 등 위반의 정도와 처분의 정도가 매우 상이합니다. 그럼에도 불구하고 경한 경우를 중한 경우와 동일하게 처분함은 평등의 원칙 및 과잉금지의 원칙 위반으로 위헌입니다.

본건에서 원고는 '2003년 혈중알코올농도 0.05%로 정지처분을 받았고, 2004년 혈중알코올농도 0.082%로 정지처분'을 받았습니다.

나아가, 음주운전죄가 아닌 다른 범죄에 관하여 형법상 누범가중을 함에 있어서는 형의 집행종료 후 3년이 경과하면 가중처벌을 하지 않음에 반하여, 음주운전의 경우에는 이 사건 법률조항에 의해 2회의 면허정지에 해당하는 전력만 있으면 이미 면허취소처분을 받았는지 여부와 상관없이 그 후 1회라도 음주운전사실이 적발될 경우 수년이 흘러도 운전면허를 반드시 취소하도록 되어 있습니다. 이처럼 음주운전자의 반사회성이 저감되었는지 여부와 상관없이 무조건 면허취소를 하도록 가중요건을 강하게 적용하는 것은 음주운전 이외의 다른 범죄의 누범규정과 비교할 때 불합리한 차별에 해당하므로 헌법상 평등원칙에 위반됩니다.

셋째, 이중처벌금지원칙 및 일사부재리원칙 위반으로 위헌입니다. 이 사건 법률조항은 이미 2회 이상의 음주운전으로 면허취소처분을 받은 후, 도로교통법 제82조 제2항 제5호에 따라 신규면허를 취득한 후에는 음주운전으로 1회만 적발되더라도 이미 처벌받은 2회의 음주운전 전력에 근거해 운전면허를 재차 취소하도록 규정하고 있는바, 이는 음주운전에 대한 이중처벌로서 헌법 제13조 제1항의 이중처벌금지원칙 및 일사부재리원칙에 위배됩니다.

다. 1종 대형과 1종 보통 운전면허에 대한 일률적 취소는 위법합니다.

도로교통법 제93조 제1항 단서와 제3호는 '3회 음주운전'을 법률요건으로 규정하고 있을 뿐 행정처분의 대상인 면허의 종류를 명확하게 규정하고 있지 않습니다. 처분청은 이전의 음주운전으로 인한 행정처분의 대상인 면허의 종류에 상관없이 모든 운전면허를 취소하고 있습니다. 그러나 처분의 대상은 위반 행위와 관련성을 지녀야 하는 것이 행정법의 일반원칙입니다. 예컨대, 미성년자 시절 원동기장치자전거를 2회 음주운전하였다는 이유로 2회 정지처분받은 후 결혼 후 사업상 취득한 대형·특수면허를 음주운전으로 취함은 부당결부금지의 원칙 위반으로 위법입니다. 즉, 제3호가 적용되기 위해서는 2회의 음주운전과 마지막 음주운전 사이에 이루어진 운전면허의 종류, 운전 대상인 자동차 등이 견련성이 있어야 하고, 견련성이 없는 운전면허에 대한 취소처분은 위법입니다. 만약, 견련성이 요구되지 않는다고 해석된다면 제3호는 과잉금지의 원칙 위반으로 위헌입니다.

본건에서 원고는 '2003년 1종 보통에 대한 정지처분을 받았고, 2004년 1종 보통 면허에 대한 정지처분'을 각 받았고, 2012. 4. 27. 비로소 자동차운전면허 대형1종을 취득하였습니다.

3. 결론

이상에서 살펴본 바와 같이 본건 처분사유와 처분 규정은 위헌, 위법입니다. 그리고 본건 처분은 사실상 원고에 대한 사형 선고나 다름없습니다. 비록 원고가 이전 음주운전으로 인하여 행정처분을 받은 전력이 있지만, 본건으로 인하여 깊이 반성하고 있습니다. 최근 '레미제라블'이라는 영화에서 '장발장이 빵 한 조각으로 19년의 구금이라는 가혹한 형벌을 받은 장면'이 있었습니다. 원고의 음주운전 경력을 살펴보면 '최초 음주운전은 2003년 빗속에서 창원에서 부산으로 귀가하던 중 창원터널 부근에서 혈중알코올농도 0.05%로 단속되었고, 단속 후 경찰관은 자동차 키를 주면서 조심해 운전하라고 해서 운전해서 귀가하였습니다.' 당시 소주 1잔을 마셨기 때문에 음주운전에 해당될 줄 몰라 실수하였는데, 이처럼 경미한 실수가 10년째 원고를 고통의 지옥으로 몰아 넣고 있습니다.

존경하신 판사님, 하루 벌어 하루 먹고 사는 불상한 어린 민초를 어여삐 생각하시어, 이 지옥의 고통에서 구원하여 주시길 앙망합니다.

입 증 방 법

1. 갑 제1호증 운전면허취소처분 통지서
2. 갑 제3호증 약식명령
3. 갑 제4호증 운전경력증명
4. 갑 제5호증 자동차보험가입증명
5. 갑 제7호증 사업자등록증
6. 갑 제8호증 자동차등록증
7. 갑 제9호증 부동산 임대차계약서
8. 갑 제2호증 중앙행정심판위원회 재결서

첨 부 서 류

1. 위 각 입증방법 각   2부.
1. 송달료 납부서   1부.
1. 소장 부본   1부.
1. 소송위임장   1부.
1. 담당변호사지정서   1부.

2013. 1. 15.

원고 소송대리인 법무법인 동부산
담당변호사 전율사 (서명 또는 날인)

부산지방법원   귀중

답 변 서

【문제 2】

1. 부산지방법원으로부터 2013구단158호 자동차운전면허취소처분취소의 소장을 송달받은 부산지방경찰청장은 부산지방경찰청 소속 경위 박재우를 소송수행자로 지정하였다. 이에 박재우의 입장에서 답변서를 작성하시오.

   – 제시된 법령과 소장(문제1의 해답)을 참고할 것.

운전면허취소처분결정서

<table>
<tr><td rowspan="5">운전자인적사항</td><td>성 명</td><td colspan="2">박양산</td><td>주민등록번호</td><td>730415-1******</td></tr>
<tr><td>주 소</td><td colspan="4">부산광역시 수영구 광안해변로 300, 103동 1003호(민락동, 롯데캐슬)</td></tr>
<tr><td rowspan="2">면허종별
및 번호</td><td>종 별</td><td colspan="3">1종대형, 1종보통</td></tr>
<tr><td>번 호</td><td colspan="3">부산 07-613551-50</td></tr>
<tr><td>소속 또는 직업</td><td colspan="4">연락처 0104600****</td></tr>
<tr><td rowspan="2">처 분 내 용</td><td>적용법조</td><td colspan="4">도로교통법 제93조 1항 2호</td></tr>
<tr><td>취소처분</td><td colspan="4">2012년 10월 10일</td></tr>
<tr><td>위 반 내 용</td><td colspan="5">위 사람은 2012년 08월 27일 23:00경 수영구 민락동 푸르지오아파트 앞 노상에서 혈중알코올농도 0.052 % 의 주취 상태로 25구8557호 차량으로 세 번째 음주 운전한 자임(회수)</td></tr>
</table>

취소번호: 2012-045339

위와 같이 운전면허의 취소처분을 결정함.

2012 년　　09 월　　07 일

부산지방경찰청장　부산지
방경찰
청장인

자 동 차 운 전 면 허 대 장

면허번호: 부산93-655029-40

① 성 명	박양산				② 주민등록번호	730415-1******		
					③ 자 료 구 분	취소		
④ 주 소	부산광역시 수영구 광안해변로 300, 103동 1003호 (민락동, 롯데캐슬)							
⑤ 국 적	대한민국				⑥ 적검(갱신)기간	2011.09.16. - 2011.12.15		
⑦ 1 종	⑧ 교부 일자	⑨ 교부 지역	⑩ 교부 번호	⑪ 2 종	⑫ 교부 일자	⑬ 교부 지역	⑭ 교부 번호	
대 형				보 통	1993.08.31	부산	635997	
보 통	2004.09.16	부산	630484	소 형				
소 형				원 자				
특 수								
면허조건	없음 (00)							

⑮ 변 동 내 역 기 록 사 항			
번호	연 월 일	내 용	비 고
1	1997.12.29	국제면허:국제면허번호(002797007342: 유효) 발급지(부)	부산남부시험장 (19971229, 신○○)
2	2002.12.10	정기적검(갱신): 부산남부	부산남부시험장 (20021210, YY1478)
3	2003.05.15	임시증명:창원중부, 행정처분	창원중부경찰서 (20030515, TCSROHHH)
4	2004.08.02	주소변경: 부산 해운대 우동 751-2 32/1 삼영일리아 250	경찰청 (20040803, 김○○)
5	2004.09.16	통합적검: 부산남부	부산남부시험장 (20040916, 김○○)
6	2005.01.03	임시증명: 부산연제,행정처분	부산연제경찰서 (20050103, TCS50400)
7	2004.08.02	주소변경: 부산 해운대 우동 751-2 32/6 삼영일리아 250	경찰청 (20050301, 김○○)
8	2005.03.23	임시증명: 부산진, 행정처분	부산진경찰서 (20050324, TCS50400)
9	2005.05.02	취소: 위반코드(30801),공문번호(40-****)	부산지방경찰청 (20050330, TCSDUDDO)
		총9건	

2012.09.26. 문○○ 부산지방경찰청

교통법규 · 교통사고야기 이력

발생일자	구분	단속지경찰서	위반법조항	피해금액	인 적 피 해 사 항			
					사망	중상	경상	부상
1997.07.25	사고	김포	제44조	347			1	
2003.05.15	위반	창원중부	제41조 1항					
2004.12.31	위반	부산연제	제41조 1항					
2005.03.23	위반	부산진	제78조 1항 17호					
			총4건					

운전면허 행정처분 사항

구 분	처분일자	처분관서	처분기간	처분일수	비 고
정지	2003.06.24	창원중부	2003.06.24.~ 2003.09.11	80	경찰청경찰서 (20030603, 본청처리)
정지	2005.01.20	부산연제	2005.01.20.~ 2005.04.09	80	경찰청경찰서 (20050107, 본청처리)
취소	2005.05.02.	부산지방경찰청		0	제78조 1항 17호
		총3건			

2012.09.26. 문○○ 부산지방경찰청

위 반 사 고 점 수 제 조 회

2012.09.26.

인 적 사 항	면 허 번 호	부산93 – 655029 – 40	면 허 상 태	취소
	성　　　명	박양산	주 민 번 호	730415 – 1******
	주　　　소	부산광역시 수영구 광안해변로 300, 103동 1003호 (민락동, 롯데캐슬)		

점 수 기 본	1년누산점수		2년누산점수		3년누산점수	
	누산 시작일	2009.09.27. ～ 2012.09.26.		최종 위반일	2005.03.23.
	미 통 보		공 적 일 자		공적 처리일	
	공 적 사 항					

통 보 내 역	통 보 점 수	0	통 보 일 자	
	처 분 결 과	사면자료	통 보 경찰서	
	재통보 일자		재통보 사유	
	결 정 일 자		결정 경찰서	

위 반 사 고 내 용					
통 보 번 호	0	사 건 번 호	1318 – 000868	접 수 번 호	
면 허 종 류	1종보통	벌　　　점	0	범 칙 금	0 천원
법 령 코 드	132 – 01	안전운전의무위반			
발 생 일 시	1997.07.25. 14:00	발생지경찰서	김포경찰서	주소지경찰서	
차 량 번 호	000000000000	차량(용도)	승용(비사업용)	혈중알코올농도	0
사 고 종 류	차대차	피 해 구 분	물적인적	피 해 액	347
조 치 불이행	000	처 리 일 자	1997.08.15.	처 분 종 별	벌금
인 적 피 해	사망 0 명　중상 0 명　경상 0 명　부상 0 명			입력자 ID	

부산지방경찰청(문○○(10.14.11.69)　　　　　　Page 1/1　　　　　　2012.09.26. 14:09

위 반 사 고 점 수 제 조 회

2012.09.26.

인 적 사 항	면 허 번 호	부산93-655029-40	면 허 상 태	취소
	성 명	박양산	주 민 번 호	730415-1******
	주 소	부산광역시 수영구 광안해변로 300, 103동 1003호 (민락동, 롯데캐슬)		

점 수 기 본	1년누산점수		2년누산점수		3년누산점수	
	누산 시작일	2009.09.27. ~ 2012.09.26.			최종 위반일	2005.03.23.
	미 통 보		공 적 일 자		공적 처리일	
	공 적 사 항					

통 보 내 역	통 보 점 수	0	통 보 일 자	2003.05.15
	처 분 결 과	사면자료	통 보 경찰서	창원중부경찰서
	재통보 일자	2003.05.15.	재통보 사유	
	결 정 일 자	2003.05.16.	결 정 경찰서	창원중부경찰서

위 반 사 고 내 용					
통 보 번 호	1	사 건 번 호	02-6-00004548	접 수 번 호	001412
면 허 종 류	1종보통	벌 점	0	범 칙 금	0 천원
법 령 코 드	202-01	음주운전 (혈중알코올농도 0.05%이상 0.1%미만)			
발 생 일 시	2003.05.15.00:35	발생지경찰서	창원중부경찰서	주소지경찰서	부산동래경찰서
차 량 번 호	부산30무9250	차량(용도)	승용(비사업용)	혈중알코올농도	0.05
사 고 종 류		피 해 구 분		피 해 액	0
조치 불이행		처 리 일 자	2003.05.15.	처 분 종 별	정지
인 적 피 해	사망 0 명 중상 0 명 경상 0 명 부상 0 명		입력자 ID	TCSRO***	

위 반 사 고 점 수 제 조 회

2012.09.26.

인 적 사 항	면 허 번 호	부산93 – 655029 – 40	면 허 상 태	취소
	성 명	박양산	주 민 번 호	730415 – 1******
	주 소	부산광역시 수영구 광안해변로 300, 103동 1003호 (민락동, 롯데캐슬)		

점 수 기 본	1년누산점수		2년누산점수		3년누산점수	
	누산 시작일	2009.09.27. ~ 2012.09.26.			최종 위반일	2005.03.23.
	미 통 보		공 적 일 자		공 적 처리일	
	공 적 사 항					

통 보 내 역	통 보 점 수	0	통 보 일 자	2005.01.03.
	처 분 결 과	사면자료	통 보 경찰서	부산연제경찰서
	재통보 일자	2005.01.03.	재통보 사유	
	결 정 일 자	2004.12.31.	결 정 경찰서	부산연제경찰서

위 반 사 고 내 용					
통 보 번 호	2	사 건 번 호	01 – 6 – 00005762	접 수 번 호	003079
면 허 종 류	1종보통	벌 점	0	범 칙 금	0 천원
법 령 코 드	202 – 01	음주운전 (혈중알코올농도 0.05%이상 0.1%미만)			
발 생 일 시	2004.12.31.00:39	발생지경찰서	부산연제경찰서	주소지경찰서	부산연제경찰서
차 량 번 호	부산31러6739	차량(용도)	승용(비사업용)	혈중알코올농도	0.082
사 고 종 류		피 해 구 분		피 해 액	0
조 치 불이행	00000	처 리 일 자	2005.01.03.	처 분 종 별	정지
인 적 피 해	사망 0 명 중상 0 명 경상 0 명 부상 0 명			입력자 ID	TCSTE***

위 반 사 고 점 수 제 조 회

2012.09.26.

인적사항	면 허 번 호	부산93-655029-40	면 허 상 태	취소
	성 명	박양산	주 민 번 호	730415-1******
	주 소	부산광역시 수영구 광안해변로 300, 103동 1003호 (민락동, 롯데캐슬)		

점수기본	1년누산점수		2년누산점수		3년누산점수	
	누산 시작일	2009.09.27. ~ 2012.09.26.			최종 위반일	2005.03.23.
	미 통 보		공 적 일 자		공 적 처 리 일	
	공 적 사 항					

통보내역	통 보 점 수	0	통 보 일 자	2003.03.24.
	처 분 결 과	사면자료	통 보 경 찰 서	부산진경찰서
	재통보 일자	2005.03.24.	재통보 사유	
	결 정 일 자		결 정 경 찰 서	

위 반 사 고 내 용					
통 보 번 호	3	사 건 번 호	05-8-00000026	접 수 번 호	000026
면 허 종 류	1종보통	벌 점	0	범 칙 금	0 천원
법 령 코 드	308-01	운전면허 행정처분 기간중 운전행위			
발 생 일 시	2005.03.23.11:40	발생지경찰서	부산진경찰서	주소지경찰서	부산해운대경찰서
차 량 번 호	부산31러6739	차량(용도)	승용(비사업용)	혈중알코올농도	0
사 고 종 류		피 해 구 분		피 해 액	0
조 치 불이행		처 리 일 자	2005.03.24.	처 분 종 별	취소
인 적 피 해	사망 0 명 중상 0 명 경상 0 명 부상 0 명			입력자 ID	TCSJK***

자 동 차 운 전 면 허 대 장

면허번호: 부산07 – 613551 – 50

① 성 명	박양산		② 주민등록번호	730415 – 1******
			③ 자 료 구 분	유효
④ 주 소	부산광역시 수영구 광안해변로 300, 103동 1003호 (민락동, 롯데캐슬)			
⑤ 국 적	대한민국		⑥ 적검(갱신)기간	2022.01.01. – 2022.12.31.

⑦ 1 종	⑧ 교부 일자	⑨ 교부 지역	⑩ 교부 번호	⑪ 2 종	⑫ 교부 일자	⑬ 교부 지역	⑭ 교부 번호
대 형	2012.04.27	부산	600718	보 통			
보 통	2007.05.21	부산	613931	소 형			
소 형				원 자			
특 수							
면허조건	없음 (00)						

⑮ 변 동 내 역 기 록 사 항

번호	연 월 일	내 용	비 고
1	2006.02.07	주소변경: 부산 해운대 우동 2211 17/8 센텀삼환@ 217 – 4	경찰청 (20090202, tas***)
2	2011.07.25	주소변경: 부산 수영 민락 300 27/5 롯데캐슬	경찰청 (20110726, tas***)
3	2011.11.01	국제면허: 국제면허번호(002711009809:유효) 발급지(부)	부산남부시험장 (20111101, 정○○)
4	2012.04.27	통합적검: 부산남부	부산남부시험장 (20120427, 조○○)
5	2012.08.31	임시증명: 부산지방경찰청, 행정처분	부산남부경찰서 (20120831, TCS09***)
6	2012.10.10	취소: 위반코드(32902), 공문번호(40 – ***)	부산지방경찰청 (20120907, TCSKB***)
		총6건	

2쪽 중 1 쪽   2012.09.26. 문○○ 부산지방경찰청

교통법규 · 교통사고야기 이력

발생일자	구분	단속지경찰서	위반법조항	피해금액	인 적 피 해 사 항			
					사망	중상	경상	부상
2012.08.27.	위반	부산남부	제44조 1항					
			총1건					

운전면허 행정처분 사항

구 분	처분일자	처분관서	처분기간	처분일수	비 고
취소	2012.10.10.	부산지방경찰청		0	제93조 1항 2호
		총1건			

2쪽 중 2 쪽   2012.09.26. 문○○ 부산지방경찰청

위 반 사 고 점 수 제 조 회

2012.09.26.

인적사항	면 허 번 호	부산93－655029－50	면 허 상 태	취소
	성 명	박양산	주 민 번 호	730415－1******
	주 소	부산광역시 수영구 광안해변로 300, 103동 1003호 (민락동, 롯데캐슬)		

점수기본	1년누산점수		2년누산점수		3년누산점수	
	누산 시작일	2009.09.27. ～ 2012.09.26.			최종 위반일	2012.08.27.
	미 통 보		공 적 일 자		공 적 처 리 일	0000.00.00
	공 적 사 항					

통보내역	통 보 점 수	0	통 보 일 자	2012.08.27.
	처 분 결 과	취소	통 보 경 찰 서	부산남부경찰서
	재통보 일자	2012.08.27.	재통보 사유	
	결 정 일 자		결 정 경 찰 서	

위 반 사 고 내 용					
통 보 번 호	1	사 건 번 호	12－6－00500410	접 수 번 호	000000
면 허 종 류	1종대형	벌 점	0	범 칙 금	0 천원
법 령 코 드	329－02	운전면허 행정처분 기간중 운전행위			
발 생 일 시	2012.08.27.23:00	발생지경찰서	부산남부경찰서	주소지경찰서	부산남부경찰서
차 량 번 호	25구 8557	차량(용도)	승용(비사업용)	혈중알코올농도	0.052
사 고 종 류		피 해 구 분		피 해 액	0
조 치 불이행		처 리 일 자	2012.08.27.	처 분 종 별	취소
인 적 피 해	사망 0 명 중상 0 명 경상 0 명 부상 0 명			입력자 ID	TCSN***

부산지방경찰청(문○○(10.14.11.69)   Page 1/1   2012.09.26. 14:09

본 청 결 격 조 회

[부산지방경찰청]

성 명	박양산
주 민 번 호	730415－1＊＊＊＊＊＊
국 적	대한민국
주 소	부산광역시 수영구 광안해변로 300, 103동 1003호 (민락동, 롯데캐슬)

결 격 상 태	결 격 기 간	처리일자	발생경찰서	면허번호	구 분
결격기간중	2012.10.10. ~ 2014.10.09.	2012.09.07.	부산남부경찰서	부산－07－ 613551－50	3회 이상 음주운전 또는 음주측정 불응
사 건 개 요	사건개요가 없습니다.				

결 격 상 태	결 격 기 간	처리일자	발생경찰서	면허번호	구 분
결격기간종료	2005.05.02. ~ 2007.05.01	2005.03.30.	부산진경찰서	부산－93－ 655029－40	기간중운전
사 건 개 요	사건개요가 없습니다.				

제 1213-2012-001186 호

운 전 경 력 증 명 서

성 명	박양산		생년월일	1973.04.15
주 소	부산광역시 수영구 광안해변로 300, 103동 1003호 (민락동, 롯데캐슬)			
보유중인 운전면허의 번호	부산 07-613551-50		누산점수	0

운전면허 경력 (최근 07년)	종별	제1종					제2종		
		대형	보통	소형	특수 (트레일러)	특수 (레커)	보통	소형	원동기장치 자전거
발급일자 (취소·정지)	발급	2012.04.27	발급 2007.05.21						
	취소	2012.10.10	취소 2012.10.10						

교통사고 (최근 15년간)							교통위반 (최근 01년간)		
사고 일자	발생지 경찰서	피해 구분	인적피해				발생일자	단속지경찰서	위반내용(법조항)
			사망	중상	경상	부상			

다음 장에 계속

1. 이 증명서는 발급일로부터 운전면허경력은 최근(07)년, 교통사고는 최근(15)년, 법규위반은최근(01)
년간을 기준으로 작성된 것임.
2. 법규위반(통고처분)의 경우 2000년 이후로 한정되며, 범칙금 납부 후 5년이 경과한 자료는 파기되
어 확인할 수 없음을 알려드립니다.(2011.7.1.부터적용)
3. 운전경력증명서는 민원24 인터넷 홈페이지(www.minwon.go.kr)를 통해서도 발급받을 수 있습니다.

(2쪽 중 1)

교통사고 (전체경력)							교통위반 (전체경력)		
사고 일자	발생지 경찰서	피해 구분	인적피해				발생일자	단속지 경찰서	위반내용(법조항)
			사망	중상	경상	부상			
1997.07.25	김포경찰서	물적 인적	0	0	1	0	2003.05.15	창원 중부경찰서	음주운전(혈중알코올농도0.05% 이상 0.1%미만)(구)제41조1항
							2004.12.31	부산 연제경찰서	음주운전(혈중알코올농도0.05% 이상 0.1%미만)(구)제41조1항
							2005.03.23	부산 진경찰서	운전면허 행정처분 기간중 운전 행위(구)제78조1항17호
							2012.08.27	부산 남부경찰서	음주운전(혈중알코올농도0.05% 이상 0.1%미만)제44조1항

용도	

도로교통법 시행규칙 제129조의2제2항에 따라 위와 같이 확인합니다.

2012년   09월   13일

부산연제경찰서장

1. 이 증명서는 발급일로부터 운전면허경력은 최근(07)년, 교통사고는 최근(15)년, 법규위반은최근(01)
   년간을 기준으로 작성된 것임.
2. 법규위반(통고처분)의 경우 2000년 이후로 한정되며, 범칙금 납부 후 5년이 경과한 자료는 파기되어
   확인할 수 없음을 알려드립니다.(2011.7.1.부터적용)
3. 운전경력증명서는 민원24 인터넷 홈페이지(www.minwon.go.kr)를 통해서도 발급받을 수 있습니다.

(2쪽 중 2)

"전기절약, 대한민국을 뛰게 합니다"

부산남부경찰서

수신   부산지방경찰청장(교통과장)

(경유)

제목   자동차 운전면허 취소상신

---

1. 관련근거
   도로교통법 제93조(면허의 취소·정지)
2. 위 관련근거에 의거 다음 사람에 대한 면허취소를 상신합니다.
   ○ 대상자인적사항(4명)

성 명				박 양 산
주민번호				730415 - 1******
주 소				부산수영광안해변로 300, 103동 1003호(민락동, 롯데캐슬)
전화번호				010 - 4600 - 0008
				12. 08. 31.
취소사유일				12. 08. 27.
				12. 08. 31.
면허번호				부산07 - 613551 - 50
운전증명서				2012.08.31. - 2012.10.09.
조 사				음주 3회 이상
직 업				회사원
				12. 08. 27

붙임(별도송부) 1. 사전통지서, 취소진술서 각1부.
                    2. 면허증, 임시운전증명서발급확인서 사본 각1부.
                    3. 주취운전자정황진술보고서,
                    4. 피의자신문조서 및 인지보고사본 각1부
                    5. 기타 수사서류 각1부. 끝.

부산남부경찰서장

행정관   최덕순   경사   이욱현   교통과 교통과장 2012. 9. 5.
                                                    강태희

협조자
시행 교통과-8823   접수
우 606-702 부산 남구 황령대로 319번가길 81 (대연동) 남부경찰서 / http://www.bspolice.go.kr/nambu
         교통과 교통관리계
전화번호 051-610-8126   팩스번호 051-628-2291   / deardeog@hanmail.net   /비공개(6)
"시민이 공감하는 스마트 부산경찰"

진 술 서

본인은 운전면허 취소처분 대상자로서 다음과 같이 임의로 허위없이 진술합니다.

취소대상자	성 명	박 양 산	주민등록번호	730415 − 1******
	주 소	부산 수영구 민락동 300 롯데캐슬 103 − 1003	소속 또는 직업	회사원
	면허번호	부산07 − 613551 − 50	연 락 처	010 − 4600 − ****

취소사유고지	피의자는 25구8557호 제네시스 승용차량을 운전한 사람이다. 2012. 8. 27. 22:50경 혈중알코올농도 0.052%의 술에 취한 상태로 위 승용차를 부산 수영구 수영교차로 인근에서 출발하여 단속장소인 수영구 민락동 푸르지오 아파트까지 약 1킬로미터의 거리를 운전하여 음주운전전력 2회 있어 3회 음주운전에 해당되어 면허취소 대상자임 (결격2년)을 고지함.

진술	일 시	2012. 8. 31. 13:43	장 소	부산남부경찰서 교통조사계 내
	내 용	진술인 박양산 기일시장소에서 운전면허취소 처분사전통지서 및 교통소양교육통지서를 교부받고, 2012년 10월 10일부터 운전면허 취소처분을 받음에 이의가 없음을 확인함.		

위 진술내용이 틀림없음을 확인합니다.

2012년   08월   31일

진 술 자   박 양 산
입 회 자

소속: 부산남부경찰서   담당자: 경사 이** (인)

부산남부경찰서장 귀하

(제46조 제3항)

음 주 운 전 단 속 사 실 결 과 조 회

No: 2012－6－1205－500410

<table>
<tr><td rowspan="6">음 주
운 전
측 정</td><td>일 시</td><td colspan="4">2012.08.27. 23:00</td></tr>
<tr><td>장 소</td><td colspan="4">부산 수영 민락 대우푸르지오</td></tr>
<tr><td>유 형</td><td colspan="2">■단순음주</td><td colspan="2">□음주사고</td></tr>
<tr><td>방 법</td><td colspan="2">■음주측정기　　기기번호: 005331F</td><td>□채혈검사</td><td>□기타</td></tr>
<tr><td>결 과</td><td colspan="4">혈중알코올농도: 영점영오이 (0.052%)</td></tr>
</table>

<table>
<tr><td>최종음주일시</td><td>2012.08.27. 22:00</td><td>음주후20분경과여부</td><td>■경과 □미경과</td></tr>
<tr><td>최종음주장소</td><td colspan="3">수영교차로</td></tr>
<tr><td>구강청정제
사용여부</td><td>□사용　■미사용</td><td>입헹굼 여부</td><td>■헹굼 □안헹굼</td></tr>
</table>

<table>
<tr><td rowspan="3">음 주
운 전 자</td><td>성 명</td><td>박 양 산</td><td>주민등록번호</td><td>730415－1＊＊＊＊＊＊</td></tr>
<tr><td>주 소</td><td>부산광역시 수영구 광안해변
로 300, 103동 1003호 (민락
동, 롯데캐슬)</td><td>전 화</td><td>0104600＊＊＊＊</td></tr>
<tr><td>차량번호</td><td>25구　8557</td><td>운전면허번호</td><td>부산 07－613551－50</td></tr>
</table>

위 사실이 틀림없음을 확인하고 서명함.

2012.08.27.

　　　　　　　운전자　박 양 산

<table>
<tr><td rowspan="2">단 속 자</td><td>소 속</td><td colspan="2">부산남부　　교통</td><td></td><td></td></tr>
<tr><td>계 급</td><td colspan="2">경사</td><td>성 명</td><td>노○○</td></tr>
<tr><td rowspan="2">측 정 기
교정상태</td><td>제조사</td><td colspan="2">삼안전자</td><td>모 델</td><td>SA－2000F</td><td>기기번호</td><td>005331F</td></tr>
<tr><td>교정일</td><td colspan="2">20120602</td><td>교정번호</td><td>1205－1206
07826A</td><td>교정기관</td><td>도로교통공단</td></tr>
</table>

위와 같이 음주운전단속사실을 증명함.

2012.09.04.

　　　　　　　　　　　　조회자:　행정사무관　　　　최＊＊

부산남부경찰서　　(인)

주취운전자 정황진술보고서		적발보고서(NO): 500410	
성 명	박 양 산	주민등록번호	730415 − 1******
적발일시 장 소	2012. 8. 27 22:50경 수영구 민락동 소재 푸르지오 앞 노상	측정일시 장 소	2012. 8. 27 23:00경 좌동

측정결과	0.052%	측정전 조 치	구강청정제 등 섭취여부 및 조치	음주후20분경과여부 및 조치
			■해당무 □물로 입행굼 □구강청정제 사용하였으나 물로 입행굼	■자택 등 귀가 □기타( )

음주경위	음 주 동 기		술의 종류 및 음주량	운 전 동 기
	□회식 및 회사동료 □지인모임 □가족모임 ■친구모임 □기타( )		맥주: 500cc	■자택 등 귀가 □기타( )

음주운전 거 리	출발지점	적발지점	적발지점까지의 거리	목적지점
	수영구 수영교차로	수영구 민락동 푸르지오앞	약 1 Km	수영구 민락동 롯데캐슬

적발당시 정 황	언 행 상 태	보 행 상 태	운전자 혈색
	□양호 ■발음부정확 □횡설수설 □입에서 술 냄새 남 □기타( )	□양호 ■약간비틀거림 □비틀거림 □기타( )	□양호 ■얼굴약간붉음 □얼굴붉음 □눈동자 충혈 □기타( )

측 정 및 날 인 거부이유	

임시운전증명서 발급여부		운전면허증 소지 여부		
발급(유효기간)	미발급	소 지	미소지	분 실
		○		

면허정지.취소 사유고지	운전자 의견 진술
귀하는 혈중알코올농도 0.052% 상태로 음주운전 하였음으로 운전면허가 (취소, **정지**) 되었음을 고 지합니다.	

작 성 자	운 전 자
부산남부경찰서 교통과 교통안전계 2012. 8. 27 계급: 경 사 성명: 노 * *	본인은 면허(취소, **정지**) 대상자로서 위 기재내용이 사 실과 같음을 확인하였으며, 측정결과에 인정하고 부당 할 경우 혈액채취할 수 있음을 고지받았으나 (원함, 원 하지 않음)을 서명합니다. 2012. 8. 27. 성명: 박 양 산 (인)

지방경찰청장(경찰서장) 귀하

피 의 자 신 문 조 서

피 의 자: 박 양 산*

위의 사람에 대한 도로교통법위반(음주운전) 피의사건에 관하여 2012. 8. 31. 13:50 부산남부경찰서 교통과 교통조사팀사무실에서 사법경찰관 경사 이**은 사법경찰리 경사 김**를 참여하게 하고, 아래와 같이 피의자임에 틀림없음을 확인하다.

문: 피의자의 성명, 주민등록번호, 직업, 주거, 등록기준지 등을 말하십시오.

답: 성명은 박양산 (朴陽山)
    주민등록번호는 730415－1******
    직업은 일반회사원
    주거는 부산광역시 수영구 민락동 3005 롯데캐슬 103 1003
    등록기준지는 부산광역시 해운대구 좌동 2211
    직장주소는 부산 연제구 양산정주유소
    연락처는 자택전화 051－921－****   휴대전화 010－4600－****
            직장전화   전자우편(e－mail)
    입니다.

사법경찰관은 피의사건의 요지를 설명하고 사법경찰관의 신문에 대하여 형사소송법 제 244조의3의 규정에 의하여 진술을 거부할 수 있는 권리 및 변호인의 참여 등 조력을 받을 권리가 있음을 피의자에게 알려주고 이를 행사할 것인지 그 의사를 확인한다.

진술거부권 및 변호인 조력권 고지 등 확인

1. 귀하는 일체의 진술을 하지 아니하거나 개개의 질문에 대하여 진술을 하지 아니할 수 있습니다.
1. 귀하가 진술을 하지 아니하더라도 불이익을 받지 아니합니다.
1. 귀하가 진술을 거부할 권리를 포기하고 행한 진술은 법정에서 유죄의 증거로 사용될 수 있습니다.
1. 귀하가 신문을 받을 때에는 변호인을 참여하게 하는 등 변호인의 조력을 받을 수 있습니다.

문: 피의자는 위와 같은 권리들이 있음을 고지받았는가요
답: 예

문: 피의자는 진술거부권을 행사할 것인가요
답: 아니오

문: 피의자는 변호인의 조력을 받을 권리를 행사할 것인가요
답: 아니오

이에 사법경찰관은 피의사실에 관하여 다음과 같이 피의자를 신문하다.

문: 피의자가 박양산인가요
답: 예 제가 연제구 토곡에서 양산정주유소에서 일하고 있는 박양산입니다.

문: 가족관계와 학력과 종교 월수입을 진술하세요
답: 처와 아들 2명이 있고 대중퇴하였고 종교는 없고, 월수입은 약 250만원입니다.

문: 음주단속이 된 사실이 있지요
답: 예

문: 그 일시와 장소 경위를 진술하세요
답: 2012. 08. 27. 23:00경에 부산 수영구 민락동 푸르지오 아파트 앞 노상에서 경찰관의 검문을 받고 적발이 된 사실이 있습니다. 당시 집으로 귀가를 하던중이었습니다.

문: 현장에서 음주측정을 하였나요
답: 예

문: 그 측정 혈중알코올농도 수치가 얼마였나요
답: 0.052%입니다.

이때 당시 음주측정을 하고 작성한 주취운전자정황진술보고서를 보여 주면서 문답을 계속하다.

문: 피의자가 서명한 것이 맞나요
답: 예 맞습니다.

문: 측정전에 입을 물로 헹구고 측정을 하였나요
답: 예

문: 측정수치에 대하여 인정하였나요
답: 예

문: 불복시 채혈을 할 수 있음을 고지 받았나요
답: 예

문: 술은 언제 어디서 누구와 먹었나요
답: 2012. 08. 27. 21:00경 부산 수영구 판코리아근처 호프집에서 친구랑 같이 먹었습니다.

문: 어떤술을 얼마나 먹었나요
답: 생맥주를 약 1,000cc 정도를 먹었습니다.

문: 다른 술을 먹지 않았나요
답: 예

문: 평소 주량은 어느 정도인가요
답: 소주 1병 정도입니다.

문: 술을 자주 먹는 편인가요
답: 일주일에 1번 정도입니다.

문: 운전한 차량에 대하여 진술하세요
답: 현대캐피탈소유 리스차량으로 25구8557호 제네시스 검정색입니다.

문: 당시 어디서 출발을 하였나요
답: 수영교차로 근처에서 출발을 하였습니다

문: 출발장소에서 단속장소까지 운행거리는 얼마나 되나요
답: 약 1킬로미터입니다.

문: 동승자가 있었나요
답: 친구 1명이 타고 있었습니다.

문: 술을 먹었는데 운전을 하게 된 이유를 진술하세요
답: 많이 먹지 않았다고 판단을 하고 운전을 하였습니다.

문: 과거에 음주운전으로 처분을 받은 사실이 있나요
답: 예 2번이 있습니다.

문: 음주운전을 하면 처분을 받는다는 사실을 알고 있나요
답: 예

문: 본 건 피의자가 술을 먹고 집으로 귀가 중 검문을 받고 음주단속이 된 사실에 대하여 시인하
   는가요
답: 예

문: 이상진술이 사실 인가요

답: 예

문: 참고로 하고 싶은 말이 있다면 해주세요

답: 저는 면허증을 재취득을 하여 삼진아웃이 적용이 되는 줄 몰랐습니다.

위의 조서를 진술자에게 열람하게 하였던바(읽어준바) 진술한 대로 오기나 증감 · 변경할
것이 없다고 말하므로 간인한 후 서명(기명무인)하게 하다.

                    진 술 자   박 양 산   ㉘

                    2012.   8.   31.

                    사법경찰관   경사   이**   ㉘

                    사법경찰리   경사   김**   ㉘

소송수행자지정서 (행정소송)

    다음 소송에 있어서『국가를 당사자로 하는 소송에 관한 법률』제5조 및 제6조에 의하여『경위 박재우, 경사 나세인』을 소송수행자로 지정함.

1. 상 대 자: 박　　양　　산

2. 사 건 명:　자동차운전면허취소처분취소 청구

3. 법원 및 사건번호:　부산지방법원　2015구단158호

2011 년　　1월　　15일

소송수행자 연락처: (051)234-8282, FAX(051)234-8281,

부산광역시 연제구 중앙대로 999

부 산 지 방 경 찰 청 장　　[부산직방경찰청장인]

답변서 초안

소송요건

1) 취소소송의 대상   자동차운전면허취소처분 – 문제 없음.

2) 원고   박양산 – 문제 없음.

3) 피고   부산지방경찰청장 – 문제 없음.

4) 협의의 소익   문제 없음.

5) 제소기간   안 날(2012. 9. 7. 수령 – 법률상담일지 진술)로부터 90일
                       처분이 있는 날(2012. 9. 7. 취소결정통지서)로부터 1년
                       재결서 송달일(2012. 11. 9. – 법률상담일지 진술)로부터 90일
                       재결서 있는 날(2012. 11. 6. – 재결서)로부터 1년
                       – 문제 없음.

6) 필요적 행정심판전치주의   문제없음(재결서).

7) 관할 (기타)   부산지방법원 – 문제 없음.
                     취소소송 – 소송 형태에 문제 없음.

본 안

1. 법률요건 관련: 사실오인, 법률요건 해석의 오류, 포섭의 오류   해당사항 없음

2. 법률효과 관련:
   가. 해석의 오류   처분대상 운전면허의 범위(답변 필요)
   나. 재량권 일탈·남용   해당없음(기속행위 – 답변 불필요)

4. 처분의 근거 법령의 위헌성에 관한 주장
   가. 대상: 법률: 도로교통법 제93조 제1항 단서 제2호, 제44조 제1항, 제4항 중 '제2호'
   나. 위헌성: 심판권한이 헌법재판소에 있다는 점을 고려, 합헌 답변으로 족함.
      ① 직업의 자유 및 일반적 행동의 자유: 과잉금지의 원칙 위반 아님
      ② 평등권: 자의금지의 원칙 위반 아님
      ③ 이중처벌금지의 원칙: 적용 대상이 아님.

답 변 서

사　건　　　2013구단158호　자동차운전면허취소처분 취소
원　고　　　박양산
피　고　　　부산지방경찰청장

　위 당사자 사이 귀원 위 사건에 대하여 피고 소송수행자는 아래와 같이 답변합니다.

청구취지에 대한 답변

1. 원고의 청구를 기각한다.
2. 소송비용은 원고의 부담으로 한다.
라는 판결을 구합니다.

청구원인에 대한 답변

1. 다툼 없는 사실 (처분 경위)

　　원고는 2012. 08. 27. 23:00경 혈중알코올농도 0.052%의 주취 상태로 부산 수영구 민락동 소재 푸르지오아파트 앞 노상에서 25구 8557호 차량을 운전하다 단속되었고, 이에 피고는 2012. 09. 07.자로 원고의 제1종 대형, 제1종 보통 자동차운전면허를 취소처분(취소일자: 2012. 10. 10.) 결정하였습니다.(을 제1호증 참조)

2. 이 사건 처분의 적법성

　　가. 원고의 도로교통법 위반 전력

　　1997. 07. 25.　　　도로교통법 제44조(안전운전의무)위반

　　2003. 05. 15.　　　도로교통법 제41조1항(혈중알코올농도 0.050%)위반

　　2004. 12. 31.　　　도로교통법 제41조1항(혈중알코올농도 0.082%)위반

　　2005. 03. 23.　　　도로교통법 제78조1항17호(운전면허 행정처분 기간 중 운전행위)위반　(을 제 2호증의 1 내지 5 참조)

　　나. 취소처분의 적법성

　　　　1) 원고가 2007. 05. 21. 제1종 보통(부산07-613551-50), 2012. 04. 27. 제1종 대형 자동차 운전면허를 부산지방경찰청장으로부터 취득 교부받았고,

　　　　2) 원고는 「누구든지 술에 취한 상태에서 자동차 등을 운전하여서는 아니 된다.」라고 규정 되어 있는 도로교통법 제44조 제1항의 법규정을 명백히 위반하였고,

3) 이미 2회 음주운전 전력이 있습니다.

4) 이런 원고의 행위는 '도로교통법 제93조 제1항 제2호, 도로교통법 시행규칙 제91조 제1항 별표28 중 2. 취소처분 개별기준 일련번호란 2'에 해당됨이 명백합니다.

5) 따라서 도로교통법에서 원고의 행위에 해당되면 반드시 운전면허를 취소하도록 규정하고 있으므로, 본건 운전면허 취소는 적법합니다.

3. 원고의 주장

원고는 보증금 5천만원, 월세 770만원의 임대 주유소를 운영하고 있으며, 원고가 직접 부산과 인근 김해, 양산 등지에 배달차를 운전해서 납품을 해야 하기 때문에 운전면허가 반드시 필요한 점, 음주운전 전력 2회를 기준으로 일률적인 취소처분은 평등의 원칙과 과잉금지의 원칙 위반으로 위헌이라는 점, 제1종 대형, 1종 보통 운전면허를 모두 취소하는 것은 위법하다고 주장합니다.

4. 1종 대형 면허 취소의 위법 주장에 대한 답변

가. 원고는 제1종 대형, 1종 보통 운전면허를 모두 취소하는 것은 위법하다고 주장합니다.

나. 자동차운전면허는 항상 교통사고의 위험을 수반하여 일반적으로 금지된 자동차등의 운전행위를 '운전기능성, 법규준수성, 안전운전의식 등의 일정한 자격을 갖추어 교통상의 위험성이 낮다고 인정되는 사람'에 대해 국가가 예외적으로 허용하는 '대인적 허가'로 이에 따라 운전면허를 받고자 하는 사람에 대해서는 법 제83조에 따라 차량운전능력, 도로교통법규의 이해 여부 등에 대해 시험을 실시하여 사전에 '도로교통상 위험성' 여부를 확인하고, 운전면허를 받은 사람에 대해서는 사후적으로 법 제87조 등에 따라 정기 또는 수시적성검사를 실시하거나, 법 제93조에 따라 법규준수도 또는 교통사고의 피해 정도 등을 확인해 '위험성'이 인정되는 경우에는 운전면허를 취소 또는 정지하여 다시 운전을 금지시키고 있습니다.

이 때, 운전면허 행정처분은 교통법규위반 또는 교통사고 야기에 대한 형사적 제재와 별도로, 운전자에게 위험성이 인정되면 그의 운전행위를 금지하여 도로에서 배제하려는데 목적이 있는 것으로서, 운전자의 위험성 요소가 '특정 차종에 한정하여 나타나는 것'이라면 '특정 차종'에 한하여 운전을 금지 해야겠으나, 법령 등에서 운전자에게 공통적이고 일반적으로 요구하는 성질의 것이라면 '특정 차종'이 아닌 '운전면허가 필요한 모든 차종'의 운전행위를 금지할 필요가 있다 할 것입니다.

다. 구체적인 법령 규정을 살펴보면, 법 제93조 제1항에서 지방경찰청장은 '운전면허를 받은 사람'이 각 호에서 정한 법규위반 또는 교통사고 등 '행정처분사유에 해당하는 때'에는 그의 운전면허를 취소 또는 정지시킬 수 있다고 규정하고 있는데, 여기서 처분의 대상을 '특정 면허'가 아닌 '운전면허'를 받은 사람으로, 각각의 처분사유에 있어서도 '특정 차종'이 아니라 대부분 '자동차등'을 운전하면서 위반한 경우로 각각 포괄적으로 규정함으로써, 보유한 운전면허의 종류나 운전한 차종에 관계없이 도로교통법령에서 자동차등 운전자에게 공통적으로 요구하는 '법규준수도' 등을 판단하여 '위험성'이 인정되는 경우 전반적으로 운전을 금지할 수 있게 하고 있습니다.

라. 위와 같이 '위험성이 인정되는 운전자의 자동차등 운전을 금지하여 도로교통의 안전을 확보'하려는 운전면허 행정처분의 목적과 실효성을 확보하기 위해서는, 처분사유가 '특정 차종'에 한정된 경우가 아니라 '공통적인 경우'에 해당하는 한 운전자가 보유한 모든 면허범위에 대해 행정처분의 효력이 발생하도록 하는 것이 타당하다 할 것이므로 일괄 취소처분은 정당하다 할 것입니다.

5. 법률의 위헌 주장에 대한 답변

가. 음주운전을 금지하는 것은 도로에서 일어나는 교통상의 위험과 장해를 방지·제거하여 안전하고 원활한 교통을 확보하는데 그 목적이 있다 할 것입니다.

나. 음주운전 전력 2회를 기준으로 일률적인 취소처분은 평등의 원칙과 과잉금지의 원칙 위반 및 이중처벌금의 원칙 위반이라고 주장하나, 구 도로교통법 제93조 제1항 단서 및 같은 항 제2호에 따르면, 2회 이상 음주운전을 한 사람이 다시 음주운전을 하여 운전면허 정지사유에 해당된 경우 지방경찰청장은 반드시 운전면허를 취소하도록 규정하고 있으며, 증가하는 교통사고에 대응하여 교통질서를 확립하고자 필요적 면허취소 규정을 두고 이를 계속 확대하는 과정에서 위 법률 조항이 신설된 점, 음주운전을 방지하고 이를 규제함으로써 도로교통에서 일어나는 국민의 생명 또는 신체에 대한 위험과 장해를 방지·제거하여 안전하고 원활한 교통질서를 확립하고자 하는 입법목적, 위 법률조항에 해당하여 운전면허가 취소되는 경우 운전면허 결격기간이 법이 정한 기간 중 비교적 단기간인 2년인 점, 음주단속에 있어서의 시간적·공간적 한계를 고려할 때 음주운전으로 3회 이상 단속되었을 경우에는 음주운전 행위 사이의 기간에 관계없이 운전자에게 교통법규에 대한 준법정신이나 안전의식이 현저히 결여되어 있음을 충분히 인정할 수 있는 점 등에 비추어 보면, 위 법률조항은 직업의 자유를 제한함에 있어 필요 최소한의 범위를 넘었다고 볼 수는 없고 음주운전으로 인하여 발생할 국민의 생명, 신체에 대한 위험을 예방하고 교통질서를 확립하려는 공익과 자동차 등을 운전하고자 하는 사람의 기본권이라는 사익 간의 균형성을 도외시한 것이라고 보기 어려우므로 법익 균형성의 원칙에 반하지 아니하므로 위 법률조항은 과잉금지원칙 내지 비례원칙을 위반하여 직업의 자유 내지 일반적 행동의 자유를 침해하지 아니할 뿐만 아니라 이중처벌금의 원칙 위반이 아니다(헌법재판소 2010. 03. 25. 선고 2009헌바83 전원재판부 결정 참고)고 할 것입니다.

따라서 원고는 10년 내 음주운전 전력이 2회 있는 상태에서 다시 운전면허 정지 사유에 해당하는 이 사건 음주운전을 하였는바, 위와 같은 원고에게는 교로교통법 제93조 제1항 단서, 제2호에 따라 운전면허를 필요적으로 취소할 수밖에 없으므로 이사건 처분은 적법한 처분이므로 원고의 주장에는 이유 없다 할 것입니다.

6. 결 론

이상에서 살펴본 바와 같이 본건 자동차운전면허취소처분은 적법함으로 원고의 청구는 기각되어야 할 것입니다.

입 증 방 법

1. 운전면허취소처분결정서 (을 제1호증)
2. 자동차운전면허대장 (을 제2호증)
3. 위반사고점수제조회 (을 제3호증의1, 2, 3, 4)
4. 자동차운전면허대장 (을 제4호증)
5. 위반사고점수제조회 (을 제5호증)
6. 본청결격조회 (을 제6호증)
7. 운전경력증명서 (을 제7호증)
8. 자동차운전면허 취소상신 (을 제8호증)
9. 진술서 (을 제9호증)
10. 음주운전단속사실 결과조회 (을 제10호증)
11. 주취운전자 정황 진술보고서 (을 제11호증)
12. 피의자신문조서 (을 제12호증)

첨 부 서 류

1. 위 입증서류 사본 2부
2. 소송수행자 지정서 1부
3. 답변서 부본 1부 (생략)

2013.   1.   13.

피고 부산광역시지방경찰청장
소송수행자 경위 박 재 우   ㉑

부산지방법원 행정단독 귀중

위헌법률제청신청

【문제 3】

1. 부산지방법원 2013구단158호 자동차운전면허취소처분 취소소송 계속 중 원고 소송대리인은 위헌법률제청신청을 하려고 한다. 의뢰인 박양산을 위하여 전율사 변호사의 입장에 위헌법률제청신청서를 작성하시오.

   － 제시된 법령과 소장(문제1의 해답), 답변서(문제2의 해답)을 참고할 것.

위헌법률제청신청서 초안

신청요건

1) 대상   도로교통법 제93조 제1항 제2호 (형식적 의미의 법률)

2) 재판의 전제성   ① 구체적 사건이 법원에 계속 중 [부산지방법원 2013구단158]
                ② 위헌 여부가 문제되는 법률이 당해 소송사건의 재판에 적용되는 것
                   [처분의 근거법률]
                ③ 법률이 헌법에 위반되는지 여부에 따라 당해 사건을 담당하는 법원이
                   다른 내용의 재판을 하게 되는 경우(다른 재판이란 원칙적으로 법원
                   이 심리 중인 당해 사건의 재판의 주문을 달리하게 되는 경우 및 재
                   판의 내용이나 효력에 관한 법률적 의미가 달라지는 경우) [위헌이면
                   승소 가능]

위 헌

1. 직업의 자유 및 일반적 행동의 자유: 과잉금지의 원칙 위반 여부

2. 평등권: 비교집단 설정(운전면허 정지 사유에 해당하는 음주운전만을 3회 한 자와 운전면허 취
   소 사유에 해당하는 음주운전 또는 음주측정 거부를 1회 이상 하고 총 3회 이상의 음주운전을
   한 자를 동일하게 취급하는 점, 다른 위반행위와 달리 필요적으로 운전면허를 취소하는 점, 누
   범기간을 3년으로 제한하고 있는 형법 제35조 누범조항과 달리, 운전행위 사이의 기간제한 없
   이 운전면허를 취소하는 점)

3. 이중처벌금지의 원칙: 과거 처벌을 가중요건으로 필요적으로 운전면허 취소함은 이중처벌로
   볼 수 있는지 여부

위헌법률심판제청신청

사　건　　　2013구단158 자동차운전면허취소처분취소
원　고　　　박양산
피　고　　　부산지방경찰청장
신청인　　　원고

신 청 취 지
"도로교통법 제93조 1항 2호의 위헌여부의 심판을 헌법재판소에 제청한다."
라는 결정을 구합니다.

신 청 이 유

1. 사건의 개요

원고는 제1종 대형자동차운전면허 및 제1종 보통자동차운전면허를 취득한 자로서, '2003. 5. 15. 혈중알코올농도 0.05%의 술에 취한 상태에서 운전하였다는 이유로 도로교통법 제93조 제1항 제1호에 의해 6. 24. 운전면허정지처분을 1회 받았은 사실'과 '2004. 12. 31. 혈중알코올농도 0.082%의 술에 취한 상태에서 운전하였다는 이유로 도로교통법 제93조 제1항 제1호에 의해 2005. 1. 20. 면허정지처분을 받은 사실' 및 본건 '2012. 8. 27. 혈중알코올농도 0.052%의 술에 취한 상태에서 운전하였다는 이유로 도로교통법 제93조 제1항 제2호에 의해 11. 10. 면허취소처분을 받은 사실'이 있습니다.

그리고 본건으로 인하여 취소되는 운전면허는 2007. 5. 21. 취득한 제1종 보통자동차운전면허와 2012. 10. 10. 취득한 제1종 대형자동차운전면허입니다.

2. 재판의 전제성

도로교통법 제93조 1항은 2호의 규정에 해당하는 경우에는 운전면허를 취소하여야 한다고 규정하고 있습니다. 그런데 이 사건 위헌법률심판제청의 대상인 도로교통법 제93조 1항 2호가 위헌임이 확인된다면, 행정청으로서는 원고에게 동법 제93조 1항에 의해 행정안전부령으로 정하는 기준에 따라 운전면허를 취소하거나, 1년 이내의 범위에서 운전면허의 효력을 정지 시킬 수 있게 됩니다. 따라서 원고로서는 운전면허 정지처분을 받을 가능성이 생기게 되어 이 사건 법률조항의 위헌 여부는 위 행정소송의 재판의 전제가 됩니다.

3. 이 사건 법률조항의 위헌성에 관하여

가. 과잉금지원칙 위반

자동차운전면허란 일반적으로 금지된 도로에서의 자동차 운전에 대하여 행정청이 도로교통에 위험과 장해를 줄 염려가 없다고 인정되는 자에게 그 금지를 해제하여 자동차를 운전할 수 있게 허가하는 자격입니다. 이러한 자동차운전면허는 운전자가 자동차운전으로 인하여 인적, 물적 침해를 가할 위험성이 있다고 여겨지는 경우에는 일정한 절차를 밟아 취소할 수 있는 것이나, 취소하는 경우라도 그 취소가 국민의 기본권을 지나치게 제한하지 않도록 해야 합니다.

이 사건 법률조항에 해당하는 사유가 발생하면 운전면허가 필요적으로 취소되는 바, 이는 도로에서 운전을 하려고 하는 자의 일반적 행동의 자유를 제한하는 조항입니다. 뿐만 아니라 자동차의 운전을 필수불가결한 요건으로 하고 있는 직업군의 자에 대하여는 종래에 유지하던 직업을 계속 유지하는 것을 불가능하게 하고, 자동차 운행이 필요한 직업을 가진 사람들에 대하여는 직업을 수행하는 방법에 제한을 가하게 됩니다. 즉, 이 사건 법률조항은 국민의 일반적 행동의 자유 내지 직업선택의 자유, 직업수행의 자유를 제한하는 규정인바, 그 제한이 과잉금지의 원칙에 반하지 않는지 검토가 요구됩니다.

1) 목적의 정당성 및 수단의 적절성

도로교통법 제93조 제1항 제2호에 따르면 '제44조 제1항 또는 제2항 후단의 규정을 2회 이상 위반한 사람이 다시 동조 제1항의 규정을 위반하여 운전면허 정지사유에 해당된 때'에는 필요적으로 운전면허를 취소하도록 규정되어 있습니다. 이는 결국 상습적인 음주운전을 사전에 예방하여 일반적으로 국민의 생명, 신체 및 재산을 보호하고 도로교통과 관련된 안전을 확보하고자 하는데 그 입법목적이 있는바, 이러한 입법목적의 정당성은 인정될 수 있습니다. 또한 이러한 입법목적을 달성하기 위하여 주취 중 운전금지 규정을 3회 이상 위반한 자에 대하여 운전면허를 취소하는 것은 적합한 수단이라 하겠습니다.

2) 침해의 최소성

법률에 의해 기본권을 제한하는 경우 입법자는 보다 기본권을 덜 제한할 수 있는 수단이 있는지 다양하게 검토해보아야 합니다. 이 사건 법률조항은 음주운전 반복기간의 차이, 음주운전으로 인한 피해발생 여부, 음주량 등을 고려하지 아니하고 3회 이상 음주운전 전력이 있기만 하면 무조건 운전면허를 취소하도록 하고 있습니다. 이 사건 법률조항은 행위자의 상습적인 법률위반을 하는 운전자는 위험성이 높다는 이유로 인하여 제재의 정도를 가중하는 규정이므로, 행위자의 위험성을 판단함에 있어서 음주운전 반복기간의 차이에 따라 그 위험성을 달리 평가할 필요가 있습니다.

외국의 예를 살펴보면 독일, 프랑스, 영국의 도로교통 관련 법률에서는 음주운전 위반

횟수에 따라서 행정적 제재를 특별히 가중하는 규정을 두고 있지 아니합니다. 미국의 대다수의 주에서는 3회 이상의 음주운전 전력이 있을 때에는 가중처벌하고 있기는 하지만, 그 적용에는 7년 이내의 기간 동안 3회의 음주운전을 할 것을 요합니다. 호주의 경우에는 도로교통관련법을 5년의 기간 동안 3회 위반하여 유죄판결을 받을 경우 상습위반자로 선고받게 되고, 이러한 상습위반자로 선고받게 되면 운전면허가 5년간 정지되며, 차후 재위반시 운전면허가 취소되게 됩니다.

이 사건 법률조항은 음주운전 반복기간에 따라 운전자의 위험성을 달리 평가하여 차등적으로 제한을 할 수도 있음에도, 이를 고려하지 않고 일률적으로 3회 이상 음주운전자에 대하여 필요적으로 운전면허를 취소하게 한 것으로서 침해의 최소성에 반합니다. 또한 2종보통면허가 취소되는 경우 취소의 원인이 공통되는 1종 보통 및 1종 대형면허는 함께 취소되는 것이 일반적인데, 위 법률에 따르면 주취 중 운전금지 규정을 2회 위반한 후 비로소 상위면허를 획득하였다 하더라도 만약 다시 한 번 주취 중 운전금지 규정을 위반한다면 상위면허까지 필요적으로 취소될 수밖에 없습니다. 다시 말해 상위면허에 대해서는 주취 중 운전행위의 불법성 누적효과가 전혀 미치지 않음에도 불구하고, 주취 중 운전금지규정을 2회 위반한 후 새롭게 면허를 획득하였다는 우연한 사정으로 인하여 상위면허는 취소되게 되는데 이는 부당한 조치라 할 것입니다. 즉, 주취 중 운전금지규정을 2회 위반한 후 새롭게 획득한 면허에 대해서는 별도의 위반 횟수를 기산하는 등의 수단을 강구할 수 있음에도 불구하고 이러한 조치를 취하지 않은 것은 침해의 최소성 원칙에 위반된다 할 것입니다.

3) 법익의 균형성

인구 3명당 1대의 자동차를 보유하고 있는 현대사회에 있어 자동차운전면허는 국민의 일상생활에 매우 밀접한 자격이라 할 것입니다. 특히 자동차운전이 필수불가결한 직업군을 가진 사람들에게 자동차운전면허는 직업선택의 자유의 전제가 됩니다. 만약 운전면허취소처분을 받게 된다면 자동차운전을 요하는 직업을 선택할 수 없게 됩니다. 또한 위반기간의 제한 없이 반복 음주운전에 대하여 제재를 하게 되는 경우, 음주운전자의 음주운전의 잘못은 아무리 시간이 지나도 희석되지 아니하고 평생 동안 그를 따라다니게 되어 행위자의 법적안정성에 심대한 타격을 주게 됩니다. 따라서 이 사건 법률조항으로 인해 제한되는 청구인의 기본권은 이 사건 법률조항이 추구하는 입법목적보다 중대하여 법익의 균형성에 반합니다.

나. 평등의 원칙 위반

1) 차별의 존재

이 사건 법률조항은 단지 면허정지사유에 해당하는 음주운전을 3회 이상 한 자 와, 면허취소에 해당하는 음주운전 또는 음주측정 거부를 1회 이상하고 총 3회 이상의 음주운전 또는 음주측정거부를 한 자를 구분하지 않고 일괄적으로 면허취소처분을 하게끔 되어있습니다. 이는 합리적인 차별이라고 볼 수 없어 헌법 제11조 1항의 평등의 원칙에 위배되는지가 문제됩니다.

2) 심사 기준

이 사건 법률조항이 본질적으로 동일한 것을 다르게 취급하거나 본질적으로 다른 것을 동일하게 취급하고 있다면, 이러한 차별을 정당화하는 객관적이고 합리적인 이유가 없는 한 입법자의 자의성에 의해 불합리한 차별이 발생하는 것으로 평등의 원칙에 위반된다고 할 수 있습니다.

3) 자의금지원칙 위반 여부

도로교통법위반으로 운전면허가 정지된 자는 그 기간 동안 운전면허의 효력이 정지될 뿐 이후에는 다시 운전면허가 유효한 반면, 운전면허가 취소된 자는 다시 도로교통법 제85조에 따라 신규면허를 취득해야 하므로 정지처분과 취소처분은 일반국민에 미치는 영향력에 큰 차이가 있습니다. 이에 도로교통법은 개별적인 위반 사유 및 피해의 정도에 따라 각 면허정지 및 면허취소 사유를 구분해놓고 있는바, 이 사건 법률조항은 이러한 차이에도 불구하고 단지 면허정지사유에 해당하는 음주운전을 3회 이상 한 자와, 면허취소에 해당하는 음주운전 또는 음주측정 거부를 1회 이상하고 총 3회 이상의 음주운전 또는 음주측정거부를 한 자를 구분하지 않고 일괄적으로 면허취소처분을 하게끔 되어있습니다. 이는 본질적으로 다른 것을 입법자가 자의로 동일하게 취급하는 것으로써 헌법 제11조 1항의 평등의 원칙에 위배됩니다.

4) 기타 차별의 존재 및 자의금지원칙 위반 여부

도로교통법 제93조 제1항 4호의 사유는 약물의 영향으로 인한 영향으로 운전을 정상적으로 하지 못하는 경우로서, 국민의 생명·신체·재산 및 도로교통에 관련된 공공의 안전에 심각한 위험을 초래할 가능성이라는 도로교통법의 목적을 살펴볼 때에 이 사건 법률조항과 다르지 않거나 반사회성이 더 강하다고 보아야 할 것입니다. 그럼에도 불구하고 이 사건 법률조항의 경우에만 2회의 음전운전의 전적이 있는 경우에는 가중처벌을 하도록 하고 있습니다.

법 제93조 제1항 제6호의 교통사고로 사람을 사상한 후 제54조 제1항 또는 제2항에 따른 필요한 조치 또는 신고를 하지 아니하여 교통사고처리특례법에 의한 형사처벌까지 받는 경우에도 이를 임의적 운전면허 취소사유로 규정하고 있으면서, 이보다 가벌성이 현저하게 약하다고 볼 수 있는 아무런 교통사고도 발생하지 아니한 단순 주취 중 음주운전 금지 규정 위반의 경우에도 그 전력이 2회라는 이유 만으로 필요적 운전면허 취소사유로 규정하는 것은 체계정당성의 원칙에 위배됩니다.

음악산업진흥에 관한 법률 제27조 제3항 및 이에 따른 동법 시행규칙 제15조 별표2의 1

항 가호는 '위반행위의 횟수에 따른 행정처분의 기준은 최근 1년간 같은 위반행위로 행정처분을 받은 경우에 적용한다.' 라고 하여 법을 위반한 경우라 할지라도 일정기간의 시간이 지나면 이를 가중처벌의 대상에서 제외하는 방식을 취하고 있음에도 불구하고, 도로교통법의 경우 이러한 기준을 두지 않아서 과거에 법령을 위반한 경우, 얼마만큼의 시간이 지났는지와 상관 없이 이전 위반 전력을 이유로 계속 가중처벌을 받게 되므로 이는 평등의 원칙에 위배된다고 할 것입니다.

나아가, 음주운전죄가 아닌 다른 범죄에 관하여 형법상 누범가중을 함에 있어서는 형의 집행종료 후 3년이 경과하면 가중처벌을 하지 않음에 반하여, 음주운전의 경우에는 이 사건 법률조항에 의해 2회의 면허정지에 해당하는 전력만 있으면 이미 면허취소처분을 받았는지 여부와 상관없이 그 후 1회라도 음주운전사실이 적발될 경우 수년이 흘러도 운전면허를 반드시 취소하도록 되어 있습니다. 이처럼 음주운전자의 반사회성이 저감되었는지 여부와 상관없이 무조건 면허취소를 하도록 가중요건을 강하게 적용하는 것은 음주운전 이외의 다른 범죄의 누범규정과 비교할 때 불합리한 차별에 해당하므로 헌법상 평등원칙에 위반됩니다.

다. 이중처벌금지원칙 및 일사부재리원칙 위반

이중처벌금지원칙 및 일사부재리원칙 위반으로 위헌입니다. 이 사건 법률조항은 이미 2회 이상의 음주운전으로 면허취소처분을 받은 후, 도로교통법 제82조 제2항 제5호에 따라 신규면허를 취득한 후에는 음주운전으로 1회만 적발되더라도 이미 처벌받은 2회의 음주운전 전력에 근거해 운전면허를 재차 취소하도록 규정하고 있는바, 이는 음주운전에 대한 이중처벌로서 헌법 제13조 제1항의 이중처벌금지원칙 및 일사부재리원칙에 위배됩니다.

라. 헌법재판소 2005헌바91, 2009헌바83 결정의 문제점

1) 헌재 결정 사안과 본건의 차이

헌법재판소 2005헌바91 결정, 2009헌바83 결정(이하, 헌재 결정)은 3회 음주운전의 시점이 1회-2회 음주운전일로부터 5년 이내에 있습니다. 그러나 본건은 3회 음주운전의 시점은 1회-2회 음주운전일로부터 9-8년이 지난 시점입니다. 따라서 단순히 헌재결정이 이루어진 사안을 본건에 형식적으로 적용할 수 없고, 새롭게 본건의 위헌 여부를 평가함이 상당합니다.

2) 헌재 결정 요지와 본건의 차이

헌재 결정 요지는 이 사건 법률조항이 상습음주운전자에 대하여 면허 취소를 통하여 공익을 보호하기 때문에 침해 최소성과 법익 균형성을 위반하고 있지 않다는 것입니다. 헌재 결정의 정당성은 이 사건 법률조항이 상습음주운전자에게 적용된다는 전제가 충족되는 경우에 한정됩니다.

헌재 결정에 이루어진 사안처럼 3회 음주운전이 단기간에 이루어진 경우라면 음주운전

의 습벽이 있다고 추정할 수 있을 것 입니다. 그러나 본건처럼 3회째 음주운전이 1회−2회 음주운전일로부터 9−8년이 지난 시점이라는 음주운전의 습벽이 있다고 보기 어렵습니다. 상습범에 관한 형사 판결도 상습성은 행위의 반복성, 태양, 동기 등을 여러 측면을 고려해서 행위가 습벽의 발현에 의한 것이라고 판단될 수 있어야 인정됩니다. 그런데 본건에서 음주운전의 경위, 음주량, 음주운전의 반복되는 기간 등을 고려하면 원고에게 상습음전의 습벽이 있다고 보기에는 어려운 점이 있습니다.

또한, 헌재 결정 요지는 이 사건 법률조항이 상습 법률위반자에 대하여 면허 취소를 통하여 공익을 보호하기 때문에 침해 최소성과 법익 균형성을 위반하고 있지 않다는 것입니다. 역시 헌재 결정의 정당성은 이 사건 법률조항이 상습 법률위반자에게 적용된다는 전제가 충족되는 경우에 한정됩니다.

그러나 위에 살펴본 바와 같이 원고는 상습 법률위반자가 아닐 뿐만 아니라 운전면허 취소를 통해 법령 준수라는 목적 달성은 수단의 적정성을 위반하는 결과를 초래합니다. 준법정신은 법치주의 유지의 중요한 전제 조건이지만 이러한 준법정신을 함양시키기 위해서 상습 법령위반자의 운전면허를 취소하는 방식은 운전 면허만이 수단으로서 허용된다는 점을 합리적으로 설명할 수 없습니다. 즉 상습 성추행, 상습 폭행, 상습 절도를 방지하기 위해서 운전면허를 취소할 수 없듯이, 상습 도로교통법 위반을 방지하기 운전면허를 취소한다면 이는 부당결부금지 원칙에 위반될 것입니다.

결국 헌재 결정에 따라 음주운전 3진 아웃제를 기간의 고려 없이, 위반행위의 행태에 대한 고려 없이 획일적으로 적용하면, 극단적으로 고등학생일 때 술 마시고 오토바이를 2회 운전한 경력이 있는 사람의 경우 이후 1번이라도 음주운전을 하게 되면 10년 지나도 20년이 지나도 50년이 지나도, 자동차를 운전해도 버스를 운전해도 트레일러를 운전해도 모든 운전면허가 취소되는 운전과 관련되는 모든 직업이 박탈되는 결과가 초래됩니다.

'이러한 결과가 반인권적'이라고 점을 문명사회의 시민이라면 누구라도 동의할 것입니다.

4. 결 론

　　이상에서 보는 바와 같이 도로교통법 제93조 제1항 2호는 직업선택의 자유, 일반적 행동의 자유와 관련된 기본권을 제11조 1항의 평등의 원칙, 제37조 제2항의 과잉금지원칙에 위반해서 침해하고 있습니다. 이에 이사건 법률조항에 대하여 위헌법률심판을 제청해 주시기 바랍니다.

2013.　　5.　　15.

원고 박양산 소송대리인 동부산
담당변호사 전 율 사 (인)

부산지방법원 행정단독 귀중

헌법소원심판청구서

【문제 4】

1. 부산지방법원 2013구단158호 자동차운전면허취소처분 취소소송 계속 중 원고 소송대리인은 위헌법률제청신청을 하였지만, 법원은 위헌법률제청신청을 기각하였다. 의뢰인 박양산을 위하여 전율사 변호사의 입장에 헌법소원심판청구서를 작성하시오.

   − 제시된 법령과 소장(문제1의 해답), 답변서(문제2의 해답) 및 위헌법률제청신청 기각 결정문을 참고할 것.

부산 연제구 연산9동
400
신청인1   박양산
611-089
2 0 6 0 1 2 7 - 5 1 1 2 9 4
(민사합의과 행정단독)
2013-127-231-742

이 사건의 사건번호는 부산지방법원

2013아 231   **위헌법률심판제청**

예정 기일:
담당재판부: 행정단독   법원주사 이○○
직통 전화: 590-1609
팩   스: 590-1600
e-mail:
재판부 이메일 주소는 문의사항을 연락하기 위한 연락처이므로 재판부 이메일 주소로 전자문서를 전송하는 경우에는 서면을 제출한 효력이 발생하지 아니함을 유의하시기 바랍니다.

7/17 10시 선고

부 산 지 방 법 원
위헌제청결정

사 건 2013아231 위헌법률심판제청

신 청 인 박양산 (730415 – 1000000)

부산 연제구 연산9동 400

당 해 사 건 부산지방법원 2013구단158 자동차운전면허취소처분취소

주 문

이 사건 위헌법률심판제청신청을 기각한다.

신 청 취 지

도로교통법 제93조 제1항 제2호의 위헌여부의 심판을 헌법재판소에 제청한다.

이 유

1. 이 사건 신청의 경위

  기록에 의하면, 다음과 같은 사실을 인정할 수 있다.

  가. 신청인은 2012. 8. 27. 혈중알코올농도 0.052%의 술에 취한 상태에서 운전하다 적발되어 3
      회 이상 음주운전을 했다는 이유로 2012. 9. 7. 자동차운전면허(제1종 보통, 제1종 대형) 취
      소처분(이하 '이 사건 처분'이라 한다)을 받게 되었다.

  나. 신청인은 이 사건 처분의 근거가 되는 구 도로교통법(2013. 3. 23. **법률 제 11690호로 개정
      되기 전의 것, 이하 '도로교통법'이라고 한다**) 제93조 제1항 제2호(이하 '이 사건 법률조항'이
      라고 한다)가 위헌이어서 위 처분도 위법하며, 가시 그렇지 않더라도 이 사건 처분은 재량
      권을 일탈, 남용한 것으로서 위법하다는 등의 이유로 이 법원 2013구단158호로써 부산지방
      경찰청장을 상대로 이 사건 처분의 취소를 구하는 소를 제기하였고, 위 소송 계속 중 신청
      취지와 같은 이 사건 위헌법률심판제청신청을 하였다.

2. 대상 법률조항

> **도로교통법**
> **제93조(운전면허의 취소·정지)** ① 지방경찰청장은 운전면허(연습운전면허는 제외한다. 이하 이 조에서 같다)를 받은 사람이 다음 각 호의 어느 하나에 해당하면 안전행정부령으로 정하는 기준에 따라 운전면허를 취소하거나 1년 이낸의 범위에서 운전면허의 효력을 정지시킬 수 있다. 다만, 제2호, 제3호, 제7호부터 제9호까지(정기 적성검사 기간이 지난 경우에는 제외한다), 제12호, 제14호, 제16호부터 제18호까지의 규정에 해당하는 경우에는 운전면허를 취소하여야 한다.
> 2. 제44조 제1항 또는 제2항 후단을 2회 이상 위반한 사람이 다시 같은 조 제1항을 위반하여 운전면허 정지사유에 해당된 경우

3. 신청인 주장의 요지

신청인은, 이 사건 법률조항은 일반적 행동의 자유 및 직업선택의 자유와 관련된 기본권을 헌법 제11조 제1항의 평등의 원칙과 제37조 제2항의 과잉금지의 원칙에 위반하여 침해하고 있어서 헌법에 위반된다고 주장한다.

4. 재판의 전제성에 관한 판단

이 사건 법률조항이 위헌인 경우 그에 근거한 이 사건 처분도 위법한 것이 되어 이 사건 법률조항의 위헌여부에 따라 당해 사건 재판의 결론이 달라지므로, 이 사건 법률 조항의 위헌 여부는 당해 사건 재판의 전제가 된다.

5. 본안에 관한 판단

가. 과잉금지 원칙의 위배 여부

이 사건 법률조항은 증가하는 교통사고에 대응하여 교통질서를 확립하고자 필요적 면허취소 규정을 두고 이를 계속 확대하는 과정에서 신설된 점, 음주운전을 방지하고 이를 규제함으로써 도로교통에서 일어나는 국민의 생명 또는 신체에 대한 위험과 장해를 방지·제거하여 안전하고 원활한 교통질서를 확립하고자 하는 도로교통법의 입법목적, 이 사건 법률조항에 해당하여 운전면허가 취소되는 경우 운전면허 결격기간이 법이 정한 기간 중 비교적 단기간인 2년인 점, 음주단속에 있어서의 시간적·공간적 한계를 고려할 때 음주운전으로 3회 이상 단속되었을 경우에는 음주운전행위 사이의 기간과 관계없이 운전자에게 교통법규에 대한 준법정신이나 안전의식이 현저히 결여되어 있음을 충분히 인정할 수 있는 점 등에 비추어 보면, 이 사건 법률조항은 직업의 자유를 제한함에 있어 필요 최소한의 범위를 넘었다고 볼 수는 없고 음주운전으로 인하여 발생할 국민의 생명, 신체에 대

한 위험을 예방하고 교통질서를 확립하려는 공익과 자동차 등을 운전하고자 하는 사람의 기본권이라는 사익 간의 균형성을 도외시한 것이라고 보기 어려우므로 과잉금지의 원칙에 위배되지 아니한다(헌법재판소 2010. 3. 25. 선고 2009헌바83 전원재판부 결정 참조). 따라서 이 사건 법률조항이 과잉금지의 원칙을 위반하여 직업선택의 자유 및 일반적 행동의 자유를 침해한다는 신청인의 이 부분 주장은 이유 없다.

나. 평등원칙의 위배 여부

신청인은 첫째, 이 사건 법률조항이 면허정지사유에 해당하는 음주운전을 3회 이상한 자와 면허취소에 해당하는 음주운전 또는 음주측정 거부를 1회 이상 하고 총 3회 이상의 음주운전 또는 음주측정거부를 한 자를 구분하지 않고 일괄적으로 면허취소처분을 하게끔 한 것은 합리적인 차별이라고 볼 수 없고, 둘째, 도로교통법 제93조 제1항 제4호의 경우 이 사건 법률조항에 비하여 반사회성이 더 강하다고 보아야 함에도 2회의 음주운전의 전력이 있는 경우에만 가중처벌을 하도록 규정하고, 도로교통법 제93조 제1항 제6호는 이 사건 법률조항에 비하여 가벌성이 크다고 할 것임에도 임의적 운전면허 취소사유로 규정하면서 음주운전 전력이 2회라는 이유만으로 필요적 운전면허 취소 사유로 규정한 것도 체계정당성의 원칙에 위반되므로, 결국 이 사건 법률조항은 헌법상 평등원칙에 위반된다고 주장한다.

살피건대, 이 사건 법률조항은 운전면허 취소라는 행정처분의 처분요건과 관련된 것으로 입법자의 광범위한 재량이 인정되는 영역이라 할 것인바, 차별기준 내지 방법의 자의성 여부가 심사기준이 된다고 할 것이다. 그 경우 입법자의 자의적 취급 여부에 대한 심사기준은 ① 본질적으로 동일한 것을 다르게 취급하고 있는가 하는 차별취급의 존재 여부와 ② 그러한 차별취급이 자의적인가의 여부에 달려 있다(헌법재판소 1996. 12. 26. 선고 96헌가18 전원재판부 결정 참조).

주취 중 운전금지 규정을 3회 위반한 자에 대하여 운전면허의 필요적 취소라는 강력한 제재수단을 택함으로써 주취 중 운전금지 규정의 실효성을 확보하고 궁극적으로 음주운전을 근절시켜 음주운전으로 인한 교통사고에 기한 국민의 생명, 신체 등의 훼손을 방지하고자 하는 이 사건 법률조항의 입법목적이나 불법 앞에서는 평등의 원칙이 적용되지 않는다는 법리 등에 비추어 보면, 면허정지사유에 해당하는 음주운전과 면허취소사유에 해당하는 음주운전 또는 음주측정 거부를 구분하지 않고 2회에 걸쳐 도로교통법 제44조 제1항 또는 제2항 후단을 위반한 사람이 같은 조 제1항을 위반하여 운전면허 정지사유에 해당하는 경우 운전면허를 취소하도록 규정한 것을 합리적 이유 없는 자유적 차별취급이라고 보기 어렵다.

아울러 이 사건 법률조항이 음주운전에 대해서 도로교통법 제93조 제1항 제4호 및 같은 법 제93조 제1항 제6호와 다르게 규정한다고 하더라도 그 규율대상이 다르기 때문에 본질적으로 동일한 것으로 다르게 취급하는 것으로 볼 수 없다.

따라서 이 사건 법률조항이 헌법상 평등원칙에 위반된다는 신청인의 이 부분 주장도 이유 없고, 결국 이 사건 법률조항은 헌법에 위반되지 않는다고 판단된다.

6. 결론

그렇다면 신청인의 이 사건 위헌법률심판제청신청은 이유 없으므로, 이를 기각하기로하여 주문과 같이 결정한다.

2013.   6.   19.

판사   백   ○   ○

정본입니다.

2013.   6.   19.

부산지방법원

법원주사   이   ○   ○

※ 각 법원 민원실에 설치된 사건검색 컴퓨터의 발급번호조회 메뉴를 이용하거나, 담당 재판부에 대한 문의를 통하여 이 문서 하단에 표시된 발급번호를 조회하시면, 문서의 위·변조 여부를 확인하실 수 있습니다.

송달증명원

사　　건	2014초기173 위헌제청신청
신 청 인	홍길동
피신청인	

위 사건에 관하여 (판결, (결정), 명령, 화해조서, 인낙조서, 조정조서, 기타:)에 대한 아래의 신청에 따른 제 증명을 발급하여 주시기 바랍니다.

2014.　9.　30.

신청인 소송대리인 홍 길 동 (인)

신청할 제 증명 사항을 신청번호에 ◯표 하시고,
필요한 통수와 발급 대상자의 성명을 기재합니다.

신청 번호	발급 통수	신청의 종류	비　고
1		집행문부여	
②	1	송달증명	**2014. 9. 26. 송달**
3		확정증명	
4		승계증명	
5		재판서·조서의 정본·등본·초본	

서울행정법원 귀중

위 증명문서를 틀림없이 수령하였습니다.	2014. 9. 30.	수령인 **홍 길 동** (인)

대 리 인 선 임 서

사 건	위헌법률심판제청신청 및 헌법소원
원 고	홍길동
피 고	○○○

위 사건에 관하여 다음 표시 수임인을 소송대리인으로 선임하고, 다음 표시에서 정한 권한을 수여합니다

수임인	법무법인 희망 서울 서초구 서초중앙로 30길 10 희망빌딩 2층 전화 02-555-1234 전송 02-555-5678
수권사항	1. 일체의 소송행위 1. 반소의 제기 및 용소, 상소의 제기, 동 취하 1. 소의 취하, 화해, 청구의 포기 및 인낙, 참가에 의한 탈퇴 1. 복대리인의 선임 1. 목적물의 수령 1. 공탁물의 납부, 공탁물 및 이자의 반환청구와 수령 1. 담보권의 행사 최고 신청, 담보 취소 신청, 동 신청에 대한 동의, 담보 취소결정 정본의 수령, 동 취소결정에 대한 항고권 포기 1. 강제집행신청, 대체집행신청, 가처분, 가압류 등 보전처분과 관련한 모든 소송행위 1. 인지환급금의 수령에 관한 행위, 소송비용액확정결정신청 등 1. 등록사항별 증명서, 주민등록등·초본, 기타 첨부서류 발급에 관한 행위 1. 위헌법률심판제청신청 및 헌법소원심판청구와 관련된 모든 소송행위

2014.　6.　9.

위임인	홍 길 동 (인)

○ ○ ○ ○ 귀중

담 당 변 호 사 지 정 서

사 건	위헌법률심판제청신청 및 헌법소원
원 고	홍길동
피 고	○○○

위 사건에 관하여 당 법인은 원고의 소송대리인으로서 변호사법 제50조 제1항에 따라 그 업무를 담당할 변호사를 다음과 같이 지정합니다.

담당변호사	변호사 정 환 수

2014.   6.   9.

법무법인 진 리
대표변호사 송평화 　법무법인
　　　　　　　　　　　 희 망

서울 서초구 서초중앙로 200 진리빌딩 2층
전화 02-555-6789 전송 02-555-6790

서울행정법원 귀중

헌 법 재 판 소
접 수 증

법무법인 동부산 귀 하

다음과 같이 심판(민원)에 관한 문서를 접수하였습니다.

청 구 인: 박양산

접 수 번 호: 2013헌바197

접 수 일 시: 2013. 7. 11. 17:30

접 수 장 소: 심판사무국 심판행정과

서류의 명칭 및 부수:

          1. 헌법소원심판청구서 1부 (부본 11부)

          2. 기타:

2013.   7.   11.

접수담당공무원

행정사무관 김 ○ ○

헌법소원심판청구서 초안

적법요건

1) 대상   도로교통법 제93조 제1항 제2호 (형식적 의미의 법률)

2) 재판의 전제성   ① 구체적 사건이 법원에 계속 중 [부산지방법원 2013구단158]
② 위헌 여부가 문제되는 법률이 당해 소송사건의 재판에 적용되는 것 [처분의 근거법률]
③ 법률이 헌법에 위반되는지 여부에 따라 당해 사건을 담당하는 법원이 다른 내용의 재판을 하게 되는 경우(다른 재판이란 원칙적으로 법원이 심리 중인 당해 사건의 재판의 주문을 달리하게 되는 경우 및 재판의 내용이나 효력에 관한 법률적 의미가 달라지는 경우) [위헌이면 승소 가능]

3) 청구기간   기각 통지일로부터 30일 이내 [송달증명원]

4) 기타   변호사 강제주의

위 헌

1. 직업의 자유 및 일반적 행동의 자유: 과잉금지의 원칙 위반 여부
2. 평등권: 비교집단 설정(운전면허 정지 사유에 해당하는 음주운전만을 3회 한 자와 운전면허 취소 사유에 해당하는 음주운전 또는 음주측정 거부를 1회 이상 하고 총 3회 이상의 음주운전을 한 자를 동일하게 취급, 누범기간을 3년으로 제한하고 있는 형법 제35조 누범조항과 달리, 운전행위 사이의 기간제한 없이 운전면허를 취소)
3. 이중처벌금지의 원칙: 과거 처벌을 가중요건으로 필요적으로 운전면허 취소함은 이중처벌로 볼 수 있는지 여부

헌법소원심판청구서

청 구 인　　　박양산
　　　　　　　부산 연제구 연산동 400
　　　　　　　대리인 법무법인 동부산
　　　　　　　담당변호사 전율사
　　　　　　　부산 연제구 거제동 123 법조빌딩 3층

청 구 취 지

"도로교통법 (2011. 12. 9. 법률 제10790호로 개정된 것) 제93조 1항 2호는 헌법에 위반된다."라는
결정을 구합니다.

당 해 사 건

부산지방법원 2013구단158 자동차운전면허취소처분취소
원고 박양산,　　피고 부산지방경찰청장

위헌이라고 해석되는 법률조항

도로교통법 (2011. 12. 9. 법률 제10790호로 개정된 것.) 제93조 1항 2호

청 구 이 유

1. 사건의 개요

　원고는 제1종 대형자동차운전면허 및 제1종 보통자동차운전면허를 취득한 자로서, '2003. 5.
15. 혈중알코올농도 0.05%의 술에 취한 상태에서 운전하였다는 이유로 도로교통법 제93조 제1
항 제1호에 의해 6. 24. 운전면허정지처분을 1회 받은 사실'과 '2004. 12. 31. 혈중알코올농도
0.082%의 술에 취한 상태에서 운전하였다는 이유로 도로교통법 제93조 제1항 제1호에 의해
2005. 1. 20. 면허정지처분을 받은 사실' 및 본건 '2012. 8. 27. 혈중알코올농도 0.052%의 술에
취한 상태에서 운전하였다는 이유로 도로교통법 제93조 제1항 제2호에 의해 10. 10. 자 면허취
소처분을 받은 사실'이 있습니다.

　그리고 본 건으로 인하여 취소되는 운전면허는 2007. 5. 21. 취득한 제1종 보통자동차운전면허

와 2012. 4. 27. 취득한 제1종 대형자동차운전면허입니다.

2. 재판의 전제성

도로교통법 제93조 1항은 2호의 규정에 해당하는 경우에는 운전면허를 취소하여야 한다고 규정하고 있습니다. 그런데 이 사건 위헌법률심판제청의 대상인 도로교통법 제93조 1항 2호가 위헌임이 확인된다면, 행정청으로서는 원고에게 동법 제93조 1항에 의해 행정안전부령으로 정하는 기준에 따라 운전면허를 취소하거나, 1년 이내의 범위에서 운전면허의 효력을 정지 시킬수 있게 됩니다. 따라서 원고로서는 운전면허 정지처분을 받을 가능성이 생기게 되어 이 사건 법률조항의 위헌 여부는 위 행정소송의 재판의 전제가 됩니다.

3. 이 사건 법률조항의 위헌성에 관하여

가. 과잉금지원칙 위반

자동차운전면허란 일반적으로 금지된 도로에서의 자동차 운전에 대하여 행정청이 도로교통에 위험과 장해를 줄 염려가 없다고 인정되는 자에게 그 금지를 해제하여 자동차를 운전할 수 있게 허가하는 자격입니다. 이러한 자동차운전면허는 운전자가 자동차운전으로 인하여 인적, 물적 침해를 가할 위험성이 있다고 여겨지는 경우에는 일정한 절차를 밟아 취소할 수 있는 것이나, 취소하는 경우라도 그 취소가 국민의 기본권을 지나치게 제한하지 않도록 해야 합니다.

이 사건 법률조항에 해당하는 사유가 발생하면 운전면허가 필요적으로 취소되는 바, 이는 도로에서 운전을 하려고 하는 자의 일반적 행동의 자유를 제한하는 조항입니다. 뿐만 아니라 자동차의 운전을 필수불가결한 요건으로 하고 있는 직업군의 자에 대하여는 종래에 유지하던 직업을 계속 유지하는 것을 불가능하게 하고, 자동차 운행이 필요한 직업을 가진 사람들에 대하여는 직업을 수행하는 방법에 제한을 가하게 됩니다. 즉, 이 사건 법률조항은 국민의 일반적 행동의 자유 내지 직업선택의 자유, 직업수행의 자유를 제한하는 규정인바, 그 제한이 과잉금지의 원칙에 반하지 않는지 검토가 요구됩니다.

1) 목적의 정당성 및 수단의 적절성

도로교통법 제93조 제1항 제2호에 따르면 '제44조 제1항 또는 제2항 후단의 규정을 2회 이상 위반한 사람이 다시 동조 제1항의 규정을 위반하여 운전면허 정지사유에 해당된 때'에는 필요적으로 운전면허를 취소하도록 규정되어 있습니다. 이는 결국 상습적인 음주운전을 사전에 예방하여 일반적으로 국민의 생명, 신체 및 재산을 보호하고 도로교통과 관련된 안전을 확보하고자 하는데 그 입법목적이 있는바, 이러한 입법목적의 정당성은 인정될 수 있습니다. 또한 이러한 입법목적을 달성하기 위하여 주취 중 운전금지 규정을 3회 이상 위반한 자에 대하여 운전면허를 취소하는 것은 적합한 수단이라 하겠습니다.

2) 침해의 최소성

법률에 의해 기본권을 제한하는 경우 입법자는 보다 기본권을 덜 제한할 수 있는 수단이 있는지 다양하게 검토해보아야 합니다. 이 사건 법률조항은 음주운전 반복기간의 차이, 음주운전으로 인한 피해발생 여부, 음주량 등을 고려하지 아니하고 3회 이상 음주운전 전력이 있기만 하면 무조건 운전면허를 취소하도록 하고 있습니다. 이 사건 법률조항은 행위자의 상습적인 법률위반을 하는 운전자는 위험성이 높다는 이유로 인하여 제재의 정도를 가중하는 규정이므로, 행위자의 위험성을 판단함에 있어서 음주운전 반복기간의 차이에 따라 그 위험성을 달리 평가할 필요가 있습니다.

외국의 예를 살펴보면 독일, 프랑스, 영국의 도로교통 관련 법률에서는 음주운전 위반 횟수에 따라서 행정적 제재를 특별히 가중하는 규정을 두고 있지 아니합니다. 미국의 대다수의 주에서는 3회 이상의 음주운전 전력이 있을 때에는 가중처벌하고 있기는 하지만, 그 적용에는 7년 이내의 기간 동안 3회의 음주운전을 할 것을 요합니다. 호주의 경우에는 도로교통관련법을 5년의 기간 동안 3회 위반하여 유죄판결을 받을 경우 상습위반자로 선고받게 되고, 이러한 상습위반자로 선고받게 되면 운전면허가 5년간 정지되며, 차후 재위반시 운전면허가 취소되게 됩니다.

이 사건 법률조항은 음주운전 반복기간에 따라 운전자의 위험성을 달리 평가하여 차등적으로 제한을 할 수도 있음에도, 이를 고려하지 않고 일률적으로 3회 이상 음주운전 자에 대하여 필요적으로 운전면허를 취소하게 한 것으로서 침해의 최소성에 반합니다.

또한 2종 보통면허가 취소되는 경우 취소의 원인이 공통되는 1종보통 및 1종대형면허는 함께 취소되는 것이 일반적인데, 위 법률에 따르면 주취 중 운전금지 규정을 2회 위반한 후 비로소 상위면허를 획득하였다 하더라도 만약 다시 한 번 주취 중 운전금지 규정을 위반한다면 상위면허까지 필요적으로 취소될 수밖에 없습니다. 다시 말해 상위면허에 대해서는 주취 중 운전행위의 불법성 누적효과가 전혀 미치지 않음에도 불구하고, 주취 중 운전금지규정을 2회 위반한 후 새롭게 면허를 획득하였다는 우연한 사정으로 인하여 상위면허는 취소되게 되는데 이는 부당한 조치라 할 것입니다. 즉, 주취 중 운전금지규정을 2회 위반한 후 새롭게 획득한 면허에 대해서는 별도의 위반 횟수를 기산하는 등의 수단을 강구할 수 있음에도 불구하고 이러한 조치를 취하지 않은 것은 침해의 최소성 원칙에 위반된다 할 것입니다.

3) 법익의 균형성

인구 3명당 1대의 자동차를 보유하고 있는 현대사회에 있어 자동차운전면허는 국민의 일상생활에 매우 밀접한 자격이라 할 것입니다. 특히 자동차운전이 필수불가결한 직업군을 가진 사람들에게 자동차운전면허는 직업선택의 자유의 전제가 됩니다. 만약 운전면허취소처분을 받게 된다면 자동차운전을 요하는 직업을 선택할 수 없게 됩니다. 또한 위반기간의 제한 없이 반복 음주운전에 대하여 제재를 하게 되는 경우, 음주운전자의 음주운전의 잘못은 아무리 시간이 지나도 희석되지 아니하고 평생 동안 그를 따라다니게 되어 행위자의 법적안정성에 심대한 타격을 주게 됩니다. 따라서 이 사건 법률조항으로 인해 제한되는 청구인의 기본권은 이 사건 법률조항이 추구하는 입법목적보다 중대하여 법익의 균형성에 반합니다.

나. 평등의 원칙 위반

1) 차별의 존재

이 사건 법률조항은 단지 면허정지사유에 해당하는 음주운전을 3회 이상 한 자와, 면허취소에 해당하는 음주운전 또는 음주측정 거부를 1회 이상하고 총 3회 이상의 음주운전 또는 음주측정거부를 한 자를 구분하지 않고 일괄적으로 면허취소처분을 하게끔 되어있습니다. 이는 합리적인 차별이라고 볼 수 없어 헌법 제11조 1항의 평등의 원칙에 위배되는지가 문제됩니다.

2) 심사 기준

이 사건 법률조항이 본질적으로 동일한 것을 다르게 취급하거나 본질적으로 다른 것을 동일하게 취급하고 있다면, 이러한 차별을 정당화하는 객관적이고 합리적인 이유가 없는 한 입법자의 자의성에 의해 불합리한 차별이 발생하는 것으로 평등의 원칙에 위반된다고 할 수 있습니다.

3) 자의금지원칙 위반 여부

도로교통법위반으로 운전면허가 정지된 자는 그 기간 동안 운전면허의 효력이 정지될 뿐 이후에는 다시 운전면허가 유효한 반면, 운전면허가 취소된 자는 다시 도로교통법 제85조에 따라 신규면허를 취득해야 하므로 정지처분과 취소처분은 일반국민에 미치는 영향력에 큰 차이가 있습니다. 이에 도로교통법은 개별적인 위반 사유 및 피해의 정도에 따라 각 면허정지 및 면허취소 사유를 구분해놓고 있는바, 이 사건 법률조항은 이러한 차이에도 불구하고 단지 면허정지사유에 해당하는 음주운전을 3회 이상 한 자와, 면허취소에 해당하는 음주운전 또는 음주측정 거부를 1회 이상하고 총 3회 이상의 음주운전 또는 음주측정거부를 한 자를 구분하지 않고 일괄적으로 면허취소처분을 하게끔 되어있습니다. 이는 본질적으로 다른 것을 입법자가 자의로 동일하게 취급하는 것으로써 헌법 제11조 1항의 평등의 원칙에 위배됩니다.

4) 기타 차별의 존재 및 자의금지원칙 위반 여부

도로교통법 제93조 제1항 4호의 사유는 약물의 영향으로 인한 영향으로 운전을 정상적으로 하지 못하는 경우로서, 국민의 생명·신체·재산 및 도로교통에 관련된 공공의 안전에 심각한 위험을 초래할 가능성이라는 도로교통법의 목적을 살펴볼 때에 이 사건 법률조항과 다르지 않거나 반사회성이 더 강하다고 보아야 할 것입니다. 그럼에도 불구하고

이 사건 법률조항의 경우에만 2회의 음주운전의 전적이 있는 경우에는 가중처벌을 하도록 하고 있습니다.

법 제93조 제1항 제6호의 교통사고로 사람을 사상한 후 제54조 제1항 또는 제2항에 따른 필요한 조치 또는 신고를 하지 아니하여 교통사고처리특례법에 의한 형사처벌까지 받는 경우에도 이를 임의적 운전면허 취소사유로 규정하고 있으면서, 이보다 가벌성이 현저하게 약하다고 볼 수 있는 아무런 교통사고도 발생하지 아니한 단순 주취 중 음주운전 금지 규정 위반의 경우에도 그 전력이 2회라는 이유만으로 필요적 운전면허 취소사유로 규정하는 것은 체계정당성의 원칙에 위배됩니다.

음악산업진흥에 관한 법률 제27조 제3항 및 이에 따른 동법 시행규칙 제15조 별표 2의 1항 가호는 '위반행위의 횟수에 따른 행정처분의 기준은 최근 1년간 같은 위반행위로 행정처분을 받은 경우에 적용한다.'라고 하여 법을 위반한 경우라 할지라도 일정기간의 시간이 지나면 이를 가중처벌의 대상에서 제외하는 방식을 취하고 있음에도 불구하고, 도로교통법의 경우 이러한 기준을 두지 않아서 과거에 법령을 위반한 경우, 얼마만큼의 시간이 지났는 지와 상관없이 이전 위반 전력을 이유로 계속 가중처벌을 받게 되므로 이는 평등의 원칙에 위배된다고 할 것입니다.

나아가, 음주운전죄가 아닌 다른 범죄에 관하여 형법상 누범가중을 함에 있어서는 형의 집행종료 후 3년이 경과하면 가중처벌을 하지 않음에 반하여, 음주운전의 경우에는 이 사건 법률조항에 의해 2회의 면허정지에 해당하는 전력만 있으면 이미 면허취소처분을 받았는지 여부와 상관없이 그 후 1회라도 음주운전사실이 적발될 경우 수년이 흘러도 운전면허를 반드시 취소하도록 되어 있습니다. 이처럼 음주운전자의 반사회성이 저감되었는지 여부와 상관없이 무조건 면허취소를 하도록 가중요건을 강하게 적용하는 것은 음주운전 이외의 다른 범죄의 누범규정과 비교할 때 불합리한 차별에 해당하므로 헌법상 평등원칙에 위반됩니다.

다. 이중처벌금지원칙 및 일사부재리원칙 위반

이중처벌금지원칙 및 일사부재리원칙 위반으로 위헌입니다. 이 사건 법률조항은 이미 2회 이상의 음주운전으로 면허취소처분을 받은 후, 도로교통법 제82조 제2항 제5호에 따라 신규면허를 취득한 후에는 음주운전으로 1회만 적발되더라도 이미 처벌받은 2회의 음주운전 전력에 근거해 운전면허를 재차 취소하도록 규정하고 있는바, 이는 음주운전에 대한 이중처벌로서 헌법 제13조 제1항의 이중처벌금지원칙 및 일사부재리원칙에 위배됩니다.

라. 헌법재판소 2005헌바91, 2009헌바83 결정의 문제점

1) 헌재 결정 사안과 본 건의 차이

헌법재판소 2005헌바91 결정, 2009헌바83 결정(이하, 헌재 결정)은 3회 음주운전의 시점이 1회−2회 음주운전일로부터 5년 이내에 있습니다. 그러나 본 건은 3회 음주운전의

시점은 1회-2회 음주운전일로부터 9-8년이 지난 시점입니다. 따라서 단순히 헌재결정이 이루어진 사안을 본 건에 형식적으로 적용할 수 없고, 새롭게 본 건의 위헌 여부를 평가함이 상당합니다.

2) 헌재 결정 요지와 본 건의 차이

헌재 결정 요지는 이 사건 법률조항이 상습음주운전자에 대하여 면허 취소를 통하여 공익을 보호하기 때문에 침해 최소성과 법익 균형성을 위반하고 있지 않다는 것입니다. 헌재 결정의 정당성은 이 사건 법률조항이 상습음주운전자에게 적용된다는 전제가 충족되는 경우에 한정됩니다.

헌재 결정에 이루어진 사안처럼 3회 음주운전이 단기간에 이루어진 경우라면 음주운전의 습벽이 있다고 추정할 수 있을 것 입니다. 그러나 본 건처럼 3회째 음주운전이 1회-2회 음주운전일로부터 9-8년이 지난 시점이라는 음주운전의 습벽이 있다고 보기 어렵습니다. 상습범에 관한 형사 판결도 상습성은 행위의 반복성, 태양, 동기 등 여러 측면을 고려해서 행위가 습벽의 발현에 의한 것이라고 판단될 수 있어야 인정됩니다. 그런데 본 건에서 음주운전의 경위, 음주량, 음주운전의 반복되는 기간 등을 고려하면 원고에게 상습음주운전의 습벽이 있다고 보기에는 어려운 점이 있습니다.

또한, 헌재 결정 요지는 이 사건 법률조항이 상습 법률위반자에 대하여 면허 취소를 통하여 공익을 보호하기 때문에 침해 최소성과 법익 균형성을 위반하고 있지 않다는 것입니다. 역시 헌재 결정의 정당성은 이 사건 법률조항이 상습 법률위반자에게 적용된다는 전제가 충족되는 경우에 한정됩니다.

그러나 위에 살펴본 바와 같이 원고는 상습 법률위반자가 아닐 뿐만 아니라 운전면허 취소를 통해 법령 준수라는 목적 달성은 수단의 적정성을 위반하는 결과를 초래합니다. 준법정신은 법치주의 유지의 중요한 전제 조건이지만 이러한 준법정신을 함양시키기 위해서 상습 법령위반자의 운전면허를 취소하는 방식은 운전면허만이 수단으로서 허용된다는 점을 합리적으로 설명할 수 없습니다. 즉 상습 성추행, 상습 폭행, 상습 절도를 방지하기 위해서 운전면허를 취소할 수 없듯이, 상습 도로교통법 위반을 방지하기 운전면허를 취소한다면 이는 부당결부금지 원칙에 위반될 것입니다.

결국 헌재 결정에 따라 음주운전 3진 아웃제를 기간의 고려 없이, 위반행위의 행태에 대한 고려 없이 획일적으로 적용하면, 극단적으로 고등학생일 때 술 마시고 오토바이를 2회 운전한 경력이 있는 사람의 경우 이후 1번이라도 음주운전을 하게 되면 10년 지나도 20년이 지나도 50년이 지나도, 자동차를 운전해도 버스를 운전해도 트레일러를 운전해도 모든 운전면허가 취소되는 운전과 관련되는 모든 직업이 박탈되는 결과가 초래됩니다.

'이러한 결과가 반인권적'이라는 점을 문명사회의 시민이라면 누구라도 동의할 것입니다.

4. 심판청구에 이르게 된 경위

원고는 위 법률규정에 대하여 원고사건인 위 2013구단158 사건이 계류 중인 부산지방법원 행정단독에 2013. 5. 15. 위헌법률심판제청신청을 하였으나 위 법원으로부터 2013. 6. 17. 기각결정의 고지가 있어 이에 귀 원에 헌법소원심판청구를 하게 되었습니다.

5. 결 론

이상에서 보는 바와 같이 도로교통법 제93조 제1항 2호는 직업선택의 자유, 일반적 행동의 자유와 관련된 기본권을 제11조 1항의 평등의 원칙, 제37조 제2항의 과잉금지원칙에 위반해서 침해하고 있습니다. 이에 이사건 법률조항에 대하여 헌법소원심판을 청구하는 바입니다.

첨 부 서 류

1. 위헌법률제청신청서
2. 위헌법률제청신청기각 결정문 및 동 결정의 송달증명서
3. 당해 사건의 소장, 답변서, 행정심판재결서
4. 대리인선임서 및 담당변호사 지정서(소속변호사회 경유)

2013.   7.   10 .

청구인의 대리인 법무법인 동부산

담당변호사 전율사 (인)

헌법재판소   귀중

생각해 볼 문제들

[헌법소원심판청구 재판결과]

1. 헌법소원 2013헌바197[11][도로교통법 제93조 제1항 제2호 위헌소원] [합헌]

가. 과잉금지원칙 위반 여부

[주장]

음주운전의 반복기간, 음주운전으로 인한 피해의 발생 여부, 음주량 등의 차이에 따라 운전자의 위험성을 달리 평가하여 차등적으로 제한을 가하는 방법이 있음에도 이를 고려하지 않고, 2회 음주운전을 한 후 상위면허를 취득하고 다시 1회 음주운전을 한 경우 상위면허에 대해서는 음주운전이라는 불법성 누적효과가 미치지 않으므로 새롭게 획득한 상위면허에 대해서는 별도의 위반횟수를 기산하는 등의 수단을 취하였어야 함에도 이를 고려하지 아니한 채 일률적으로 3회 이상 음주운전을 한 자에 대하여 필요적으로 운전면허를 취소하도록 한 점에서 이 사건 법률조항은 침해의 최소성에 반하고, 법익균형성의 원칙에도 위배된다.

[판단]

이 사건 법률조항은 주취 중 운전금지 규정을 상습적으로 위반한 자에 대하여는 그 면허를 취소함으로써 국민의 생명, 신체 및 재산을 보호하고 도로교통과 관련된 안전을 확보하고자 하는데 그 입법목적이 있고, 이는 헌법 제37조 제2항이 정한 질서유지 내지 공공복리를 위한 것으로서 정당성이 인정된다.

주취 중 운전금지 규정을 3회 이상 위반한 자는 교통법규준수에 관한 책임의식, 교통관여자로서의 안전의식 등이 현저히 결여되어 있다고 볼 수 있는데, 이와 같은 사람에게 운전을 계속하도록 한다면 국민의 생명·신체·재산 및 도로교통에 관련된 공공의 안전에 심각한 위험을 초래할 가능성이 높다고 할 것이므로 그러한 자에 대하여 운전면허를 취소하도록 한 것은 위와 같은 입법목적의 달성에 적절한 수단이다.

상습음주운전자에 대한 제재라는 입법목적, 음주단속에 있어서의 시간적·공간적 한계, 음주운전으로 인한 막대한 사회적·경제적 폐해와 그에 대한 행정적 제재의 필요성에 비추어 볼 때 음주운전으로 3회 이상 단속되었을 경우에는 음주운전행위 사이의 기간 혹은 음주운전의 구체적인 행위태양에 관계없이 운전자에게 교통법규에 대한 준법정신이나 안전의식이 현저히 결여되어 있음을 충분히 인정할 수 있으므로 이 사건 법률조항이 3회를 한정할 수 있는 기간에 제한을 두고

---

11 본건 결정과 헌재 2015헌바204 결정이 거의 동일한 내용이다.

있지 않다거나 이전의 음주운전이 운전면허 정지 사유에 해당하였는지 운전면허 취소 사유에 해당하였는지 등의 구체적인 행위태양을 구별하지 않고 있다고 하여 피해최소성의 원칙에 반한다고 볼 수 없다. 또한, 이 사건 법률조항은 이전에 2회 위반에 따른 제재를 받았음에도 다시 동일한 위반행위를 하여 그 고유의 불법성이 크다는 이유에서 3회 이상 단속되었을 경우 필요적으로 운전면허를 취소하도록 하는 것이므로[12] 2회 위반 후 새로 취득한 운전면허에 대하여 별도의 위반횟수를 기산하지 않는다고 하여 피해최소성의 원칙에 반한다고 볼 수도 없다.

이 사건 법률조항이 음주운전으로 인하여 발생할 국민의 생명, 신체에 대한 위험을 예방하고 교통질서를 확립하려는 공익과 자동차 등을 운전하고자 하는 사람의 기본권이라는 사익 간의 균형성을 도외시한 것이라고 보기 어려우므로 법익균형성의 원칙에도 반하지 아니한다.

따라서 이 사건 법률조항은 기본권 제한의 입법한계인 과잉금지의 원칙을 준수하였다고 할 것이므로 직업의 자유 내지 일반적 행동의 자유를 침해하지 아니한다.[13]

나. 평등원칙 위반 여부

[주장]

(1) 이 사건 법률조항은 운전면허 정지 사유에 해당하는 음주운전만을 3회 한 자와 운전면허 취소 사유에 해당하는 음주운전 또는 음주측정 거부를 1회 이상 하고 총 3회 이상의 음주운전을 한 자를 동일하게 취급하여 평등원칙에 위배된다.

(2) 교통사고로 사람을 사상한 후 필요한 조치 또는 신고를 하지 아니한 경우(도로교통법 제93조 제1항 제6호)나 약물의 영향으로 운전을 정상적으로 하지 못하는 경우(도로교통법 제93조 제1항 제4호)에는 이 사건 법률조항에 비하여 반사회성 혹은 가벌성이 더 강함에도 불구하고 운전면허의 임의적 취소 사유로 규정하고 있는 점에 비추어 보면 필요적 운전면허 취소 사유로 규정한 이 사건 법률조항은 평등원칙에 위배된다.

(3) 음주운전죄가 아닌 다른 범죄에 관하여 형법상 누범가중을 함에 있어서는 형의 집행종료 후 3년이 경과하면 가중처벌을 하지 않음에 반하여, 음주운전의 경우에는 이 사건 법률조항에 의해 2회의 면허정지에 해당하는 전력만 있으면 이미 면허취소처분을 받았는지 여부와 상관없이 그 후 1회라도 음주운전사실이 적발될 경우 수년이 흘러도 운전면허를 반드시 취소하도록 되어 있다. 이처럼 음주운전자의 반사회성이 저감되었는지 여부와 상관없이 무조건 면허취소를 하도록 가중요건을 강하게 적용하는 것은 음주운전 이외의 다른 범죄의 누범규정과 비교할 때 불합리한 차별에 해당하므로 헌법상 평등원칙에 위배된다.[14]

---

12 헌재 2006. 5. 25. 2005헌바91 참조.

13 헌재 2006. 5. 25. 2005헌바91; 헌재 2010. 3. 25. 2009헌바83 참조.

14 헌법재판소 2009헌바83 결정에서 판시된 내용이고, 2013헌바197 결정에 판시된 바가 없지만 통합 설명하기 위해 함께 편집하였다.

[판단]

(1) 앞서 본 것처럼 이 사건 법률조항의 입법목적 및 음주단속에 있어서의 시간적·공간적 한계, 음주운전으로 인한 막대한 사회적·경제적 폐해와 그에 대한 행정적 제재의 필요성 등에 비추어 볼 때 3회 이상 음주운전을 하였으나 이전의 음주운전이 운전면허 정지 사유에 해당하였던 경우와 이전의 음주운전이 운전면허 취소 사유에 해당하였던 경우는 <u>본질적으로 다른 사실관계라고 보기 어려우므로</u> 이 사건 법률조항이 이를 동일하게 취급하였다고 하여 평등원칙에 반한다고 볼 수 없다.

(2-1) 운전 중 고의 또는 과실로 교통사고를 일으킨 운전자에 대하여 행정적 제재를 가할 경우에는 사고의 경위와 내용, 피해자의 상해의 부위와 정도, 사고운전자의 과실 정도, 사고운전자와 피해자의 나이와 성별, 사고 후의 정황 등 사안의 개별성과 구체적 사정을 종합적으로 고려하여 운전면허의 정지 또는 취소 여부를 결정하는 것이 합리적이라고 할 것이고, 교통사고로 사람을 사상한 후 필요한 조치 또는 신고를 하지 아니한 자에 대해서 운전면허를 취소하거나 정지할 수 있도록 한 것은 교통사고로 사람을 사상한 경우에는 가해자를 밝혀 피해배상이 이루어지도록 하는 등 피해자에 대한 실질적 구제가 중요하므로 행정제재에 재량의 여지를 두어 사고 운전자의 자진신고를 유도함으로써 피해자에 대한 배상이 원활히 이루어지도록 하기 위한 고려가 반영되어 있는 점 등에 비추어 보면, 도로교통법이 운전 중 고의 또는 과실로 교통사고를 일으킨 자 및 교통사고로 사람을 사상한 후 필요한 조치 또는 신고를 하지 아니한 자에 대하여 운전면허를 취소 또는 정지할 수 있도록 규정하고 있다고 하여 <u>이 사건 법률조항이 법상 운전면허 취소·정지 사유 간의 체계를 파괴할 만큼 형평성에서 벗어나</u> 평등원칙에 반한다고 볼 수 없다.[15]

(2-2) 약물은 단일품목인 알코올과 달리 그 종류가 다양할 뿐 아니라 종류별로 복용 경위, 복용자의 건강 상태 등에 따라 그 복용이 신체에 미치는 영향 또한 일률적으로 판단할 수 없으므로 그러한 약물의 복용이 운전능력에 미치는 영향이 어떠한지에 대해서도 구체적 사정을 종합하여 개별적인 판단을 할 필요가 있다. 사안에 따라서는 음주의 경우보다 그 위험성이나 불법의 정도가 중대하여 1회의 위반만으로도 운전면허를 취소토록 하는 것이 타당한 경우도 있을 수 있고, 위험성이나 불법의 정도가 약한 경우에는 위반 횟수와 상관없이 운전면허를 정지하는 정도의 제재를 가하면 충분한 경우도 있다. 그러므로 도로교통법 제93조 제1항 제4호가 약물의 영향으로 인하여 정상적으로 운전하지 못할 우려가 있는 상태에서 자동차등을 운전하는 경우 운전면허를 취소 또는 정지할 수 있도록 규정하고 있다고 하여 <u>이 사건 법률조항이 법상 운전면허 취소·정지 사유 간의 체계를 파괴할 만큼 형평성에서 벗어나</u> 평등원칙에 반한다고 볼 수 없다.

---

15 헌재 2006. 5. 25. 2005헌바91.

(3) 이 사건 법률조항은 운전면허 취소라는 행정처분의 처분요건과 관련된 것으로 입법자의 광범위한 재량이 인정되는 영역이라 할 것인바, 차별기준 내지 방법의 자의성 여부가 심사기준이 된다고 할 것이다. 그 경우 입법자의 자의적 취급 여부에 대한 심사기준은 ① 본질적으로 동일한 것을 다르게 취급하고 있는가 하는 차별취급의 존재 여부와 ② 그러한 차별취급이 자의적인가의 여부에 달려 있다.[16] 즉, 헌법상 규정된 평등원칙에 위반된 차별취급이 존재하기 위해서는 우선 동질적인 비교집단이 존재해야 하고, 그 비교집단에 대한 차별취급이 존재해야 하는 것이다.

청구인의 주장처럼 형법 제35조의 누범조항은 3년이라는 한정된 기간을 누범기간으로 하여, 그 기간 내에 금고 이상에 해당하는 죄를 범한 경우에만 가중처벌하고 있음에 반해, 이 사건 법률조항은 누범기간과 같은 특별한 기간 제한이 없어, 주취 중 운전행위의 총 횟수가 3회 이상이면 운전행위 사이의 기간이 얼마인지를 불문하고 항상 운전면허 취소처분을 하도록 되어 있다. 그러나 누범가중 조항은 형벌에만 적용되는 것으로서 이 사건 면허취소처분과 같은 행정처분과는 목적과 성질이 다르므로 본질적으로 동일한 집단이라고 볼 수 없다. 나아가 음주운전의 경우에도 도로교통법 제148조의2 제1호의 형사처벌을 받는 경우에는 형법 제35조의 누범조항의 적용이 배제된다고 볼 수 없으므로, 형사처벌상 누범기간 제한의 측면에 있어서는 음주운전 외의 범죄행위자와 달리 취급된다고 볼 수 없다. 따라서 이 사건 법률조항은 평등원칙에 위배되지 아니한다.

다. 이중처벌금지원칙 및 일사부재리원칙 위배 여부[17]

[주장]

이 사건 법률조항은 이미 3회 이상의 음주운전으로 면허취소처분을 받은 후, 도로교통법 제82조 제2항 제5호에 따라 신규면허를 취득한 후에는 음주운전으로 1회만 적발되더라도 이미 처벌받은 3회의 음주운전 전력에 근거해 운전면허를 재차 취소하도록 규정하고 있는바, 이는 음주운전에 대한 이중처벌로서 헌법 제13조 제1항의 이중처벌금지원칙 및 일사부재리원칙에 위배된다.

[판단]

헌법 제13조 제1항은 "모든 국민은 … 동일한 범죄에 대하여 거듭 처벌받지 아니한다."고 하여 이중처벌금지의 원칙을 규정하고 있다. 이 원칙은 한번 판결이 확정되면 동일한 사건에 대해서는 다시 심판할 수 없다는 '일사부재리의 원칙'이 국가형벌권의 기속원리로 헌법상 선언된 것으로서, 동일한 범죄행위에 대하여 국가가 형벌권을 거듭 행사할 수 없도록 함으로써 국민의 기본권 특히 신체의 자유를 보장하기 위한 것이다. 그런데 헌법 제13조 제1항에서 말하는 "처벌"은 원칙적으

---

16 헌재 1996. 12. 26. 96헌가18, 판례집 8-2, 680, 701 참조.

17 헌법재판소 2005헌바91, 2009헌바83 결정에서 판시된 내용이고, 2013헌바197 결정에 판시된 바가 없지만 통합 설명하기 위해 함께 편집하였다.

로 범죄에 대한 국가의 형벌권 실행으로서의 과벌을 의미하는 것이고, 국가가 행하는 일체의 제재나 불이익처분을 모두 그 "처벌"에 포함시킬 수는 없는 것이다.[18]

살피건대, 이 사건 운전면허 취소처분은 형법상에 규정된 형(刑)이 아니고, 그 절차도 일반 형사소송절차와는 다를 뿐만 아니라, 주취 중 운전금지라는 행정상 의무의 존재를 전제하면서 그 이행을 확보하기 위해 마련된 수단이라는 점에서 형벌과는 다른 목적과 기능을 가지고 있다고 할 것이다. 따라서 운전면허 취소처분을 이중처벌금지원칙에서 말하는 "처벌"로 보기 힘들다고 할 것이므로, 이중처벌금지원칙에 위반된다는 주장은 받아들이지 아니한다.

2. 취소소송 재판결과

부산지방법원 2013구단158 [청구기각]

가. 처분의 근거가 된 도로교통법 제93조 제1항 제2호가 헌법에 위반되지 않기 때문에 본건 운전면허 취소처분이 적법하다.

나. 운전면허는 대인적 성격의 처분이기 때문에 3회 음주운전과 관련된 1종 보통 운전면허 이외 1종 대형 운전면허까지 취소한 처분이 적법하다.

3. 기타 생각해 볼 문제

가. 만약 헌법재판소에서 당해 조문을 위헌으로 결정한 경우 취소소송의 결과는 어떻게 되는가?

나. 만약 헌법재판소에서 당해 조문이 위헌으로 결정되었음에도 불구하고 이미 1심 취소소송에서 패소 판결로 확정된 경우 구제방법은 어떻게 되는가?

다. 만약 헌법재판소에서 당해 조문을 위헌으로 결정됨으로서 취소소송에서 운전면허 취소처분이 취소된 경우 행정청은 원고에게 다시 운전면허 정지처분을 할 수 있는가?

라. 만약 당해 조문이 위헌으로 결정된 경우 위헌 결정 전에 운전면허취소처분을 받은 사람이 위헌 결정 후에 항고소송을 제기한 경우 그 결과는 어떻게 되는가?

마. 아래 헌법재판소 2013헌가6 위헌결정 이후 시행되고 있는 도로교통법 시행규칙에 규정된 범죄중 강제추행 부분에 관하여 위헌 여부를 다투고자 하는데, 어떤 방법이 있는가?

> **도로교통법 시행규칙**
> 제92조(자동차등을 이용한 범죄의 종류 등) 법 제93조 제1항 제11호에서 운전면허 취소사유로서 행정자치부령이 정하는 범죄행위라 함은 자동차등을 범죄의 도구나 장소로 이용하여 다음 각

---

18 헌재 2003. 6. 26. 2002헌가14, 판례집 15−1, 624, 640.

호의 어느 하나의 범죄를 범한 때를 말한다.

1. 「국가보안법」을 위반한 범죄
2. 「형법」 등을 위반한 다음 각 목의 어느 하나의 범죄
    가. 살인·사체유기 또는 방화
    나. 강도·강간 또는 강제추행
    다. 약취·유인 또는 감금
    라. 상습절도(절취한 물건을 운반한 경우에 한한다)
    마. 교통방해(단체에 소속되거나 다수인에 포함되어 교통을 방해한 경우에 한한다)
    바. 헌결 2013헌가6 위헌 결정 이후 시행되고 있는 도로교통법 시행규칙 규정 중 92조 라.
       호. '상습절도(절취한 물건을 운반한 경우에 한한다)' 부분에 관하여 위헌 여부를 다투
       고자 할 때 어떤 방법이 있는가?

도로교통법

제93조(운전면허의 취소·정지) ① 지방경찰청장은 운전면허(연습운전면허는 제외한다. 이하 이
   조에서 같다)를 받은 사람이 다음 각 호의 어느 하나에 해당하면 행정자치부령으로 정하는
   기준에 따라 운전면허(운전자가 받은 모든 범위의 운전면허를 포함한다. 이하 이 조에서 같
   다)를 취소하거나 1년 이내의 범위에서 운전면허의 효력을 정지시킬 수 있다. 다만, 제2호, 제
   3호, 제7호부터 제9호까지(정기 적성검사 기간이 지난 경우는 제외한다), 제12호, 제14호, 제
   16호부터 제18호까지, 제20호의 규정에 해당하는 경우에는 운전면허를 취소하여야 한다.

11. 운전면허를 받은 사람이 자동차등을 이용하여 살인 또는 강간 등 <u>행정자치부령으로 정하</u>
    <u>는</u> 범죄행위를 한 경우

도로교통법 시행규칙

제92조(자동차등을 이용한 범죄의 종류 등) 법 제93조 제1항 제11호에서 운전면허 취소사유로서
   행정자치부령이 정하는 범죄행위라 함은 자동차등을 범죄의 도구나 장소로 이용하여 다음 각
   호의 어느 하나의 범죄를 범한 때를 말한다.

1. 「국가보안법」을 위반한 범죄
2. 「형법」 등을 위반한 다음 각 목의 어느 하나의 범죄
    가. 살인·사체유기 또는 방화
    나. 강도·강간 또는 강제추행
    다. 약취·유인 또는 감금
    라. 상습절도(절취한 물건을 운반한 경우에 한한다)
    마. 교통방해(단체에 소속되거나 다수인에 포함되어 교통을 방해한 경우에 한한다)

4. 도로교통법 관련 중요 판례

자동차 이용 범죄행위자에 대한 운전면허 취소

헌결 2015. 5. 28. 2013헌가6 [구 도로교통법 제93조 제1항 단서 제11호 위헌제청]

【심판대상조문】

구 도로교통법(2008. 2. 29. 법률 제8852호로 개정되고, 2011. 6. 8. 법률 제10790호로 개정되기 전의것) 제93조 (운전면허의 취소·정지) ① 지방경찰청장은 운전면허(연습운전면허를 제외한다. 이하 이 조에서 같다)를 받은 사람이 다음 각 호의 어느 하나에 해당하는 때에는 행정안전부령이 정하는 기준에 의하여 운전면허를 취소하거나 1년 이내의 범위에서 운전면허의 효력을 정지시킬 수 있다. 다만, 제2호·제3호, 제6호 내지 제8호(정기적성검사기간이 경과된 때를 제외한다), 제11호, 제13호, 제15호, 제16호 또는 제17호에 해당하는 때에는 운전면허를 취소하여야 한다.

1.~10. 생략

11. 운전면허를 받은 사람이 자동차등을 이용하여 살인 또는 강간 등 행정안전부령이 정하는 범죄행위를 한 때

【결정요지】

1. 자동차등을 이용한 범죄행위의 모든 유형이 기본권 제한의 본질적인 사항으로서 입법자가 반드시 법률로써 규율하여야 하는 사항이라고 볼 수 없고, 법률에서 운전면허의 필요적 취소 사유인 살인, 강간 등 자동차등을 이용한 범죄행위에 대한 예측가능한 기준을 제시한 이상, 심판대상조항은 법률유보원칙에 위배되지 아니한다[법률유보원칙에 위배되는지 여부(소극)].

2. 안전하고 원활한 교통의 확보와 자동차 이용 범죄의 예방이라는 심판대상조항의 입법목적, 필요적 운전면허취소 대상범죄를 자동차등을 이용하여 살인·강간 및 이에 준하는 정도의 흉악 범죄나 법익에 중대한 침해를 야기하는 범죄로 한정하고 있는 점, 자동차 운행으로 인한 범죄에 대한 처벌의 특례를 규정한 관련 법조항 등을 유기적·체계적으로 종합하여 보면, 결국 심판대상조항에 의하여 하위법령에 규정될 자동차등을 이용한 범죄행위의 유형은 '범죄의 실행행위 수단으로 자동차등을 이용하여 살인 또는 강간 등과 같이 고의로 국민의 생명과 재산에 큰 위협을 초래할 수 있는 중대한 범죄'가 될 것임을 충분히 예측할 수 있으므로, 심판대상조항은 포괄위임금지원칙에 위배되지 아니한다[포괄위임금지원칙에 위배되는지 여부(소극)].

3. 자동차등을 범죄를 위한 수단으로 이용하여 교통상의 위험과 장해를 유발하고 국민의 생명과 재산에 심각한 위협을 초래하는 것을 방지하여 안전하고 원활한 교통을 확보함과 동시에 차량을 이용한 범죄의 발생을 막고자 하는 심판대상조항은 그 입법목적이 정당하고, 운전면

허를 필요적으로 취소하도록 하는 것은 자동차등을 이용한 범죄행위의 재발을 일정 기간 방지하는 데 기여할 수 있으므로 이는 입법목적을 달성하기 위한 적정한 수단이다. 그러나 자동차등을 이용한 범죄를 근절하기 위하여 그에 대한 행정적 제재를 강화할 필요가 있다 하더라도 이를 임의적 운전면허 취소 또는 정지사유로 규정함으로 써 불법의 정도에 상응하는 제재수단을 선택할 수 있도록 하여도 충분히 그 목적을 달성하는 것이 가능함에도, 심판대상조항은 이에 그치지 아니하고 필요적으로 운전면허를 취소하도록 하여 구체적 사안의 개별성과 특수성을 고려할 수 있는 여지를 일체 배제하고 있다. 나아가 심판대상조항 중 '자동차등을 이용하여'부분은 포섭될 수 있는 행위 태양이 지나치게 넓을 뿐만 아니라, 하위법령에서 규정될 대상범죄에 심판대상조항의 입법목적을 달성하기 위해 반드시 규제할 필요가 있는 범죄행위가 아닌 경우까지 포함될 우려가 있어 침해의 최소성 원칙에 위배된다. 심판대상조항은 운전을 생업으로 하는 자에 대하여는 생계에 지장을 초래할 만큼 중대한 직업의 자유의 제약을 초래하고, 운전을 업으로 하지 않는 자에 대하여도 일상생활에 심대한 불편을 초래하여 일반적 행동의 자유를 제약하므로 법익의 균형성원칙에도 위배된다. 따라서 심판대상조항은 직업의 자유 및 일반적 행동의 자유를 침해한다[직업의자유 및 일반적 행동의 자유를 침해하는지 여부(적극)].

재판관 김창종의 반대의견

자동차등을 이용하여 살인 또는 강간 등의 중대한 범죄행위를 한 운전자는 법규에 대한 준법정신이나 안전의식이 현저히 결여되어 있어 운전 적격이 없다고 볼 수 있으므로 그 운전면허를 반드시 취소하여 일정기간 운전을 하지 못하도록 할 필요성이 크고, 이러한 범죄행위를 한 경우에는 국민의 생명과 재산에 미치는 위험 및 그 위험을 방지할 필요성 등을 고려하여 운전면허를 필요적으로 취소하여야한다고 본 입법자의 선택이 입법형성권의 범위나 한계를 일탈하였다고 보기 어려운 점, 운전면허가 취소된 날부터 2년이 지나면 다시 운전면허를 받을 수 있도록 하여 도로교통법이 정한 운전면허 결격기간 중 비교적 단기간으로 정하고 있는 점 등에 비추어 보면, 심판대상조항이 자동차등을 이용하여 살인 또는 강간 등 중대한 범죄행위를 한 사람에 대하여 반드시 운전면허를 취소하도록 한 것은 침해의 최소성 원칙에 위반되지 아니한다. 나아가 자동차등을 이용한 살인 또는 강간 등의 중대한 범죄행위로 인하여 개인과 사회 그리고 국가가 입는 피해를 방지하여야 할 공익적 중대성은 아무리 강조하여도 지나치다고 할 수 없으므로 법익의 균형성 원칙에도 위반되지 아니한다. 따라서 심판대상조항은 직업의 자유 내지 일반적 행동의 자유를 침해하지 아니한다.

【주문】

구 도로교통법(2008. 2. 29. 법률 제8852호로 개정되고, 2011. 6. 8. 법률 제10790호로 개정되기 전의 것) 제93조 제1항 제11호는 헌법에 위반된다.

헌결 2005. 11. 24. 2004헌가28 [도로교통법 제78조 제1항 단서 제5호 위헌제청]

【심판대상조문】

도로교통법(2001. 12. 31. 법률 제6565호로 개정되고 2005. 5. 31. 법률 7545호로 전문 개정되기 전의 것) 제78조(면허의 취소·정지) ① 지방경찰청장은 운전면허(연습운전면허를 제외한다. 이하 이 조에서 같다)를 받은 사람이 다음 각 호의 1에 해당하는 때에는 행정자치부령이 정하는 기준에 의하여 운전면허를 취소하거나 1년의 범위 안에서 그 운전면허의 효력을 정지시킬 수 있다. 다만, 제1호·제2호, 제3호(정기적성검사기간이 경과된 때를 제외한다), 제5호 내지 제8호, 제10호·제11호·제13호 및 제14호에 해당하는 때에는 그 운전면허를 취소하여야 한다.

5. 운전면허를 받은 사람이 자동차등을 이용하여 범죄행위를 한 때

【결정요지】

[1] 이 사건 규정의 법문은 '운전면허를 받은 사람이 자동차등을 이용하여 범죄행위를 한 때'를 필요적 운전면허 취소사유로 규정하고 있는바, 일반적으로 '범죄행위'란 형벌법규에 의하여 형벌을 과하는 행위로서 사회적 유해성 내지 법익을 침해하는 반사회적 행위를 의미한다 할 것이므로 이 사건 규정에 의하면 자동차등을 살인죄의 범행 도구나 감금죄의 범행장소 등으로 이용하는 경우는 물론이고, 주된 범죄의 전후 범죄에 해당하는 예비나 음모, 도주 등에 이용하는 경우나 과실범죄에 이용하는 경우에도 운전면허가 취소될 것이다. 그러나 오늘날 자동차는 생업의 수단 또는 대중적인 교통수단으로서 일상생활에 없어서는 안될 필수품으로 자리잡고 있기 때문에 그 운행과 관련하여 교통관련 법규에서 여러가지 특례제도를 두고 있는 취지를 보면, 이 사건 규정의 범죄에 사소한 과실범죄가 포함된다고 볼 수는 없다. 그럼에도 불구하고 이 사건 규정이 범죄의 중함 정도나 고의성 여부 측면을 전혀 고려하지 않고 자동차 등을 범죄행위에 이용하기만 하면 운전면허를 취소하도록 하고 있는 것은 그 포섭범위가 지나치게 광범위한 것으로서 명확성원칙에 위반된다고 할 것이다[명확성원칙을 위반하고 있는지 여부(적극)].

[2] 도로교통법상 운전면허는 신체적 조건이나 도로교통과 관련된 법령 등에 대한 지식 및 자동차의 운전 능력 등을 종합적으로 평가하여 도로에서의 자동차 등의 운전행위를 허가해 주는 것인데, 만약 자동차 등을 운전면허 본래의 목적과 배치되는 범죄행위에 이용하게 되면 이는 국민의 생명과 재산에 큰 위협이 될 것이므로 자동차 등을 교통이라는 그 고유의

목적에 이용하지 않고 범죄를 위한 수단으로 이용하는 경우 운전면허를 취소하도록 하는 것은 원활한 교통을 확보함과 동시에 차량을 이용한 범죄의 발생을 막기 위한 것으로 그 목적이 정당하고 수단도 적합하다고 할 것이다. 그러나 이 사건 규정은 자동차 등을 이용하여 범죄행위를 하기만 하면 그 범죄행위가 얼마나 중한 것인지, 그러한 범죄행위를 행함에 있어 자동차 등이 당해 범죄 행위에 어느 정도로 기여했는지 등에 대한 아무런 고려 없이 무조건 운전면허를 취소하도록 하고 있으므로 이는 구체적 사안의 개별성과 특수성을 고려할 수 있는 여지를 일체 배제하고 그 위법의 정도나 비난의 정도가 극히 미약한 경우까지도 운전면허를 취소할 수밖에 없도록 하는 것으로 최소침해성의 원칙에 위반된다 할 것이다. 한편, 이 사건 규정에 의해 운전면허가 취소되면 2년 동안은 운전면허를 다시 발급받을 수 없게 되는바, 이는 지나치게 기본권을 제한하는 것으로서 법익균형성원칙에도 위반된다. 그러므로 이 사건 규정은 직업의 자유 내지 일반적 행동자유권을 침해하여 헌법에 위반된다[직업의 자유 등을 침해하는 것인지 여부(적극)].

재판관 조대현의 합헌의견

이 사건 규정 중 '자동차등을 이용하여 범죄행위를 한 때'란 자동차등을 직접 범죄 실행행위의 수단으로 이용한 경우를 의미한다고 해석될 수 있으므로 그 의미가 불명확하다고 보기 어렵고, 이 사건 규정으로 인해 운전면허가 취소되면 2년간 운전면허를 받을 수 없게 된다고 하더라도 자동차를 직접적인 범죄 실행 행위의 수단으로 이용하는 것은 위험성이 매우 크고 죄질도 지극히 불량하다고 볼 수 있기 때문에 이를 운전면허의 필요적 취소사유로 하였다고 하여 자동차를 직접적인 범죄 실행행위의 수단으로 이용한 사람의 기본권을 과도하게 제한하는 것이라고 보기 어렵다. 그러므로 이 사건 규정은 헌법에 위반되지 않는다.

【주 문】

도로교통법 제78조 제1항 제5호(2001. 12. 31. 법률 제6565호로 일부 개정되고 2005. 5. 31. 법률 7545호로 전문 개정되기 전의 것)는 헌법에 위반된다.

음주측정거부자에 대한 운전면허 취소

헌결 1997.3.27. 96헌가11 [도로교통법 제41조 제2항 등 위헌제청]

[1] 도로교통법 제41조 제2항에서 규정하고 있는 주취여부의 '측정'이라 함은 혈중알코올농도를 수치로 나타낼 수 있는 과학적 측정방법, 그 중에서도 호흡을 채취하여 그로부터 주취의 정도를 객관적으로 환산하는 측정방법, 즉 호흡측정기에 의한 음주측정을 뜻한다. [주취여부의 '측정'의 의미].

[2] 헌법 제12조 제2항은 진술거부권을 보장하고 있으나, 여기서 '진술'이라 함은 생각이나 지식, 경험사실을 정신작용의 일환인 언어를 통하여 표출하는 것을 의미하는데 반해, 도로교통법 제41조 제2항에 규정된 음주측정은 호흡측정기에 입을 대고 호흡을 불어 넣음으로써 신체의 물리적, 사실적 상태를 그대로 드러내는 행위에 불과하므로 이를 두고 '진술'이라 할 수 없고, 따라서 주취운전의 혐의자에게 호흡측정기에 의한 주취여부의 측정에 응할 것을 요구하고 이에 불응할 경우 처벌한다고 하여도 이는 형사상 불리한 '진술'을 강요하는 것에 해당한다고 할 수 없으므로 헌법 제12조 제2항의 진술거부권조항에 위배되지 아니한다[진술거부권을 침해하는 위헌조항인지 여부(소극)].

[3] 도로교통법 제41조 제2항에 규정된 음주측정은 성질상 강제될 수 있는 것이 아니며 궁극적으로 당사자의 자발적 협조가 필수적인 것이므로 이를 두고 법관의 영장을 필요로 하는 강제처분이라 할 수 없다. 따라서 이 사건 법률조항이 주취운전의 혐의자에게 영장없는 음주측정에 응할 의무를 지우고 이에 불응한 사람을 처벌한다고 하더라도 헌법 제12조 제3항에 규정된 영장주의에 위배되지 아니한다[영장주의에 위배되는지 여부].

[4] 가. 음주운전 방지와 그 규제는 절실한 공익상의 요청이며 이를 위해서는 음주측정이 필수적으로 요청되는바, 어떤 유형의 음주측정을 어떻게 관철시킬 것인가는 각 나라의 음주문화, 필요한 의료시설·법집행장치의 구비정도, 측정방법의 편역성 및 정확성, 국민의 정서 등 여러 가지 요소들을 고려하여 합리적으로 결정하여야 할 것이다.

나. 이 사건 법률조항은 위 여러 요소들을 고려한 것으로서 추구하는 목적의 중대성(음주운전 규제의 절실성), 음주측정의 불가피성(주취운전에 대한 증거확보의 유일한 방법), 국민에게 부과되는 부담의 정도(경미한 부담, 간편한 실시), 음주측정의 정확성문제에 대한 제도적 보완(혈액채취 등의 방법에 의한 재측정 보장), 처벌의 요건과 처벌의 정도(측정불응죄의 행위주체를 엄격히 제한) 등에 비추어 합리성과 정당성을 갖추고 있으므로 헌법 제12조 제1항의 적법절차원칙에 위배된다고 할 수 없다[적법절차원칙에 위배되는지 여부(소극)].

[5] 가. (양심의 자유에 대한 침해 여부) 헌법이 보호하려는 양심은 어떤 일의 옳고 그름을 판단함에 있어서 그렇게 행동하지 아니하고는 자신의 인격적인 존재가치가 허물어지고 말 것이라는 강력하고 진지한 마음의 소리이지, 막연하고 추상적인 개념으로서의 양심이 아니다. 음주측정요구에 처하여 이에 응하여야 할 것인지 거부해야 할 것인지 고민에 빠질 수는 있겠으나 그러한 고민은 선과 악의 범주에 관한 진지한 윤리적 결정을 위한 고민이라 할 수 없으므로 그 고민 끝에 어쩔 수 없이 음주측정에 응하였다 하여 내면적으로 구축된 인간양심이 왜곡·굴절된다고 할 수 없다. 따라서 이 사건 법률조항을 두고 헌법 제19조에서 보장하는 양심의 자유를 침해하는 것이라고 할 수 없다.

나. (인간의 존엄과 가치에 대한 침해 여부) 음주운전으로 야기될 생명·신체·재산에 대한

위험과 손해의 방지라는 절실한 공익목적을 위하여 더욱이 주취운전의 상당한 개연성이 있는 사람에게 부과되는 제약이라는 점을 생각하면 그 정도의 부담을 두고 인간으로서의 인격적 주체성을 박탈한다거나 인간의 존귀성을 짓밟는 것이라고는 할 수 없으므로, 이 사건 법률조항은 헌법 제10조에 규정된 인간의 존엄과 가치를 침해하는 것이 아니다.

다. (일반적 행동의 자유에 대한 침해 여부) 이 사건 법률조항에 의하여 일반적 행동이 자유가 제한될 수 있으나, 그 입법목적의 중대성, 음주측정의 불가피성, 국민에게 부과되는 부담의 정도, 처벌의 요건과 정도에 비추어 헌법 제37조 제2항의 과잉금지의 원칙에 어긋나는 것이라고 할 수 없으므로, 이 사건 법률조항은 헌법 제10조의 규정된 행복추구권에서 도출되는 일반적 행동의 자유를 침해하는 것이라고도 할 수 없다[양심의 자유, 인간의 존엄과 가치, 일반적 행동의 자유를 침해하는 것인지 여부(소극)].

【주 문】

도로교통법(1984. 8. 4. 법률 제3744호로 전문개정되고, 1995. 1. 5. 법률 제4872호로 최종개정된 것) 제41조 제2항 중 '경찰공무원은 제1항의 규정에 위반하여 술에 취한 상태에서 자동차 등을 운전하였다고 인정할 만한 상당한 이유가 있는 때에는 운전자가 술에 취하였는지의 여부를 측정할 수 있으며, 운전자는 이러한 경찰공무원의 측정에 응하여야 한다.'는 부분과 같은 법 제107조의2 제2호는 헌법에 위반되지 아니한다.

헌결 2004. 12. 16. 2003헌바87 [도로교통법 제78조 제1항 단서 위헌소원]

도로교통법 제41조 및 그 시행령 제31조는 혈중 알코올농도가 0.05% 이상의 경우를 음주운전으로 규정하고 있고 음주운전자에 대하여는 그 면허를 취소할 수 있도록 규정하고 있다. 그러므로 음주운전 여부를 가리기 위하여는 음주의 정도가 백분율(%)로 표시되는 방법의 측정을 할 수밖에 없고(必要的 前置) 만일 이를 거부 내지 회피하는 것을 용인하게 되면 음주운전, 즉 혈중 알코올농도의 수치 0.05% 이상임을 인정할 수 없게 되어 음주운전자는 면허의 취소라는 행정적 제재의 범주에서 원천적으로 벗어나게 된다. 그렇게 되면 많은 음주운전자들이 자연히 음주측정을 거부하게 되고 이렇게 되면 음주운전에 대한 효과적인 단속이 매우 어렵게 된다. 이러한 폐단을 방지하기 위하여 법은 음주측청 거부자에 대한 형사처벌의 법정형을 음주운전자에 대한 그것과 동일하게 규정하고 마찬가지 이유로 음주측청 거부자에 대한 행정제재를 음주운전자에 대한 그것의 상한(운전면허의 취소)과 동일하게 규정하고 있다. 그렇다면 음주측정 거부에 대한 행정상의 제재를 임의적 면허취소로 하지 않고 필요적 면허취소로 규정하는 것은 그 입법목적이 정당하고 입법목적의 달성에 효과적이고도 불가피한 수단이 된다. 나아가 음주운전으로 인하여 개인과 사회 그리고 국가가 입는 엄청난 피해를 방지하여야 할 공익적 중대성에서 필연적으로 파생되는 음주측정거부에 대한 제재의 공익적 중대성 또한 크다. 한편 음주측정 거부자가 운전면허를 필요적으로 취소당하여 입는 개인적인 불이익 내지 그로부터 파생되는 여타의 간접적 피해의 정도는 위에서 본 공익의 중대함에 결코 미치지 못한다. 또한 음주운전이 초래할 수 있는 잠재적인 사고 위험성의 심각도에 비추어 볼 때 음주운전행위 및 음주측정 거부행위의 심각한 위험성은 여러 가지 다른 이유에 의하여 현실로 발생하는 경미한 교통사고의 경우와는 비교할 수 없을 정도로 훨씬 더 크다. 따라서 음주측정 거부행위에 대한 제재로서 운전면허를 반드시 취소하도록 하는 것이 법익 간의 균형을 도외시한 것이라고 보기 어렵다. 또한 앞에서 본바에 의하면 음주측정은 음주운전을 단속하기 위한 불가피한 전치적 (前置的) 조치라고 인정되므로 경찰관의 음주측정요구에 응하는 것은 법률이 운전자에게 부과한 정당한 의무라고 할 것이고 법률이 부과한 이러한 정당한 의무의 불이행에 대하여 이 정도의 제재를 가하는 것은 양심의 자유나 행복추구권 등에 대한 침해가 될 수 없다[재산권, 직업선택의 자유, 행복추구권, 또는 양심의 자유 등에 대한 과도한 금지에 해당하는지 여부(소극)].

재판관 김효종의 반대의견

음주운전의 방지에 의한 교통질서의 확립과 국민의 생명, 신체의 보호가 긴요하여 행정적 제재를 강화할 필요가 있었다 하더라도 구 도로교통법(1999. 8. 31. 법률 제5999호로 개정된 것) 제78조 제1항 단서의 임의적 면허취소·정지조항이 규정하고 있는 규제권한의 범위 내에서도 충분히 그 목적을 달성하는 것이 가능하였다고 할 것이다. 왜냐하면, 음주측정거부의 경우에도 음주의 정도, 음주운전을 하게 된 경위, 운전거리 및 측정거부를 하게 된 경위 및 그 이후의 태도 등 제반 사정을 고려하여 위법의 정도에 상응하게 면허의 취소나 정지 등의 제재수단을 선택함으로써 입법목적을 효과적으로 달성하면서도 그에 필요한 범위내에서만 기본권을 제약하는 것이 가능하여 그 과정에서 발생할 수 있는 권리침해도 최소화할 수 있었기 때문이다. 그리고 이 사건 법률조항은 현대 사회·가정·경제생활에 있어서 필수적인 수단인 자동차를 운행하는데 필요한 면허를 취소하는 것으로 직업의 선택이나 수행 등 직업의 자유와 행복추구권과 같은 기본적인 인권에 대한 제한을 규정하는 것이다. 그리고 음주측정불응으로 인하여 운전면허가 취소되는 경우 그로부터 1년간 운전면허를 받을 수 없고, 청구인과 같이 개인택시운송사업에 종사하는 자의 경우에는 개인택시운송사업면허까지 취소될 뿐만 아니라 그 취소일로부터 2년간 여객자동차운송사업면허를 취득할 수도 없고 개인택시운송사업면허의 양도, 양수마저 제한된다. 이처럼 자동차의 운행을 직업의 직접적인 수단으로 이용하는 국민에게는 특히 생계에 지장을 초래하게 될 만큼 중대한 제약이 된다. 그럼에도 불구하고 이 사건 법률조항은 일체의 구체적·개별적 사정을 전혀 고려하지 아니하고 모두 필요적으로 면허를 취소하도록 규정함으로써, 공익침해의 정도가 현저히 낮은 경우에도 반드시 면허를 취소할 수밖에 없게 하고 있으니, 이는 보호하고자 하는 공익에 비하여 기본권침해의 정도가 과중하다고 하지 아니할 수 없고 따라서 법익균형성의 원칙에 위배된다 할 것이다. 또한 음주측정거부자에 대해서는 필요적 운전면허취소의 제재를 가하고 도주차량운전자에 대해서는 임의적 운전면허취소의 제재를 가함에 그치는 것은 형평의 관념에도 어긋난다고 하지 않을 수 없다.

헌결 2007. 12. 27. 2005헌바95 [도로교통법 제78조 제1항 단서 제8호 위헌소원]

[1] 이 사건 법률조항은 음주측정거부자에 대한 운전면허를 필요적으로 취소하도록 규정함으로써 교통안전과 위험예방을 위하여 음주운전을 방지하고 국민의 생명과 신체 등을 보호하며 도로교통과 관련한 안전을 확보하고자 하는 데 궁극적인 목적이 있으므로, 그 입법목적의 정당성이 인정되고, 나아가 음주운전을 효과적으로 단속·억제하기 위하여는 음주측정거부자에 대한 제재가 불가피한 점 등에 비추어 음주측정거부에 대한 제재로서 운전면허를 취소하도록 한 것은 입법목적의 달성에 적절한 방법이다. 한편, 음주측정거부자에 대하여 임의적 면허취소를 규정하는 데 그친다면 음주운전단속에 대한 실효성을 확보할 수 없게 될 뿐 아니라 음주운전을 방지함으로써 도로교통상의 안전과 위험방지를 기하려는 이 사건 법률조항의 행정목적을 달성할 수 없는 결과가 초래될 수 있는 점, 이 사건 법률조항에 해당하여 운전면허가 취소되더라도 그 면허취소 후 결격기간이 법이 정한 운전면허결격기간 중 가장 단기간인 1년에 불과하여 다른 면허취소에 비하여 상대적으로 불이익이 가볍다고 보이는 점 등에 비추어 보면, 이 사건 법률조항이 음주측정거부자에 대하여 반드시 면허를 취소하도록 규정하고 있다고 하여 피해최소성의 원칙에 반한다고 볼 수는 없다. 또한 음주측정거부자가 운전면허를 필요적으로 취소당하여 입는 불이익의 정도는 이 사건 법률조항이 추구하고 있는 공익에 비하여 결코 과중하다고 볼 수 없으므로 법익균형성의 원칙에 반하지 않는다. 따라서 이 사건 법률조항은 기본권 제한의 입법한계인 과잉금지의 원칙을 준수하였다고 할 것이므로, 직업의 자유를 본질적으로 침해하거나 일반적 행동의 자유를 침해한다고 볼 수 없다[직업의 자유 내지 일반적 행동의 자유를 침해하는지여부(소극)].

[2] 술에 취한 상태에서 운전한 자에 대한 행정제재의 경우 그 음주정도와 경위, 교통사고 유무 등 구체적·개별적 사정에 비추어 면허의 정지 또는 취소 여부를 결정할 필요가 상당하고, 또한 이미 교통사고로 사람을 사상한 도주차량운전자의 경우 그 불법에 상응하는 정도의 제재를 가할 필요성 못지않게 피해자에 대한 실질적 구제가 중요하므로 탄력적인 행정제재를 통하여 사고운전자의 자진신고를 유도하여 원활한 피해배상이 이루어지도록 행정제재에 재량의 여지를 둘 필요가 적지 않은 점 등에 비추어 보면, 음주음전자와 도주차량운전자에 대하여 임의적 면허취소를 규정하고 있다고 하여 음주측정거부자에 대해 필요적 면허취소를 규정한 이 사건 법률조항이 법상 면허취소·정지 사유 간의 체계를 파괴할 만큼 형평성에서 벗어나 평등권을 침해한다고 볼 수도 없다[평등권을 침해하는지 여부(소극)].

5. 2013년 제3회 변호사시험 사례형 기출문제

〈제2문〉

20년 무사고 운전 경력의 레커 차량 기사인 甲은 2013. 3. 2. 혈중알코올농도 0.05%의 주취 상태로 레커차량을 운전하다가 신호대기 중이던 乙의 승용차를 추돌하여 3중 연쇄추돌 교통사고를 일으켰다. 위 교통사고로 乙이 운전하던 승용차 등 3대의 승용차가 손괴되고, 승용차 운전자 2명이 약 10주의 치료가 필요한 상해를 입게 되었다.

서울지방경찰청장은 위 교통사고와 관련하여 甲이 음주운전 중에 자동차 등을 이용하여 범죄행위를 하였다는 이유로 1개의 운전면허 취소통지서를 도로교통법 제93조 제1항 제3호에 의하여 甲의 운전면허인 제1종 보통·대형·특수면허를 모두 취소하였다.

한편, 경찰조사 과정에서 乙이 위 교통사고가 발생하기 6년 전에 음주운전으로 이미 2회 운전면허 정지처분을 받았던 전력이 있는 사실과 乙이 위 교통사고 당시 혈중알코올농도 0.07% 주취상태에서 운전한 사실이 밝혀지자, 서울지방경찰청장은 도로교통법 제93조 제1항 제2호에 의하여 乙의 운전면허인 제2종 보통면허를 취소하였다.

※ 참고자료로 제시된 법규의 일부조항은 가상의 것으로, 이에 근거하여 답안을 작성할 것. 이와 다른 내용의 현행법령이 있다면 제시된 법령이 현행 법령에 우선하는 것으로 할 것.

1. 甲은 자신의 무사고 운전 경력 및 위 교통사고 당시의 혈중알코올농도 등에 비추어 보면 서울지방 경찰청장의 甲에 대한 위 운전면허 취소처분은 너무 가혹하다고 변호사 A에게 하소연하며 서울지방경찰청장의 甲에 대한 위 운전면허 취소처분의 취소소송을 의뢰하였다.

   (1) 甲이 서울지방경찰청장을 상대로 甲에 대한 위 운전면허 취소처분의 일부 취소를 구하는 행정소송을 제기하는 경우, 甲이 승소판결을 받을 가능성이 있는지 여부 및 그 이유를 검토하시오(다만, 제소요건을 다투는 내용을 제외할 것). (20점)

   (2) 甲이 서울지방경찰청장을 상대로 甲에 대한 위 운전면허 취소처분의 전부 취소를 구하는 행정소송을 제기하는 경우, 제1종 특수면허 취소 부분의 위법성을 주장할 수 있는 사유에 관하여 간략하게 검토하시오(다만, 처분의 근거가 된 법령의 위헌성·위법성을 다투는 내용을 제외할 것). (10점)

2. 甲이 서울지방경찰청장의 甲에 대한 위 운전면허 취소처분의 취소를 구하는 행정소송을 제기하자, 당해 사건을 담당하는 법원은 운전면허 취소처분의 근거규정인 도로교통법 제93조 제1항 제3호 규정이 위헌적이라고 판단하고 헌법재판소에 위헌법률심판을 제청하였다. 도로교통법 제93조 제1항 제3호의 위헌성에 대해서 판단하시오. (30점)

3. 乙은 본인에게 책임이 없는 위 교통사고로 인하여 서울지방경찰청장이 乙에 대하여 한 운전면허 취소처분의 취소를 구하는 행정소송을 제기함과 동시에 처분의 근거가 된 도로교통법 제93조 제1항 제2호가 헌법에 위반된다는 이유로 위헌법률심판 제청신청을 하였으나, 당해

사건을 담당한 법원은 위헌의 여지를 의심했음에도 불구하고 기각결정을 내렸다. 乙은 이 기각결정 통지를 받은 후, 도로교통법 제93조 제1항 제2호, 제148조의2 제1항 제1호가 이중처벌금지원칙, 일반적 행동의 자유, 평등의 원칙에 위반된다며 헌법소원심판을 청구하였다.

⑴ 위 사례에서 법원의 위헌법률심판제청 기각결정에 대하여 헌법적으로 판단하시오. (10점)

⑵ 乙의 헌법소원심판청구 사건에서 위헌심판의 대상을 확정하시오. (10점)

⑶ 심판대상 규정이 乙의 기본권을 침해하여 위헌인지에 대하여 판단하시오. (20점)

[참조조문]

「도로교통법」

제1조(목적) 이 법은 도로에서 일어나는 교통상의 모든 위험과 장해를 방지하고 제거하여 안전하고 원활한 교통을 확보함을 목적으로 한다.

제80조(운전면허) ① 자동차등을 운전하려는 사람은 지방경찰청장으로부터 운전면허를 받아야 한다. 다만, 제2조 제19호나목의 원동기를 단 차 중「교통약자의 이동편의 증진법」제2조 제1호에 따른 교통약자가 최고 속도 시속 20킬로미터 이하로만 운행될 수 있는 차를 운전하는 경우에는 그러하지 아니하다.

② 지방경찰청장은 운전을 할 수 있는 차의 종류를 기준으로 다음 각 호와 같이 운전면허의 범위를 구분하고 관리하여야 한다. 이 경우 운전면허의 범위에 따라 운전할 수 있는 차의 종류는 행정자치부령으로 정한다.

1. 제1종 운전면허
   가. 대형면허
   나. 보통면허
   다. 소형면허
   라. 특수면허
2. 제2종 운전면허
   가. 보통면허
   나. 소형면허
   다. 원동기장치자전거면허
   (이하 생략)

제44조(술에 취한 상태에서의 운전 금지) ① 누구든지 술에 취한 상태에서 자동차등(「건설기계관리법」제26조 제1항 단서에 따른 건설기계 외의 건설기계를 포함한다. 이하 이 조, 제45조, 제47조, 제93조 제1항 제1호부터 제4호까지 및 제148조의2에서 같다)을 운전하여서는 아니 된다.

제93조(운전면허의 취소·정지) ① 지방경찰청장은 운전면허(연습운전면허는 제외한다. 이하 이 조에서 같다)를 받은 사람이 다음 각 호의 어느 하나에 해당하면 행정자치부령으로 정하는 기준에 따라 운전면허(운전자가 받은 모든 범위의 운전면허를 포함한다. 이하 이 조에서 같다)를 취소하거나 1년 이내의 범위에서 운전면허의 효력을 정지시킬 수 있다. 다만, 제2호, 제3호, 제7호부터 제9호까지(정기 적성검사 기간이 지난 경우는 제외한다), 제12호, 제14호, 제16호부터 제18호까지, 제20호의 규정에 해당하는 경우에는 운전면허를 취소하여야 한다.

1. 제44조 제1항을 위반하여 술에 취한 상태에서 자동차등을 운전한 경우
2. 제44조 제1항 또는 제2항 후단을 2회 이상 위반한 사람이 다시 같은 조 제1항을 위반하여 운전면허 정지 사유에 해당된 경우
3. 운전면허를 받은 사람이 자동차등을 이용하여 범죄행위를 한 행위(이하 생략)

제148조의2(벌칙) ① 다음 각 호의 어느 하나에 해당하는 사람은 1년 이상 3년 이하의 징역이나 500만원 이상 1천만원 이하의 벌금에 처한다.

1. 제44조 제1항을 2회 이상 위반한 사람으로서 다시 같은 조 제1항을 위반하여 술에 취한 상태에서 자동차등을 운전한 사람(이하 생략)

「도로교통법 시행규칙」

제53조(운전면허에 따라 운전할 수 있는 자동차 등의 종류) 법 제80조 제2항에 따라 운전면허를 받은 사람이 운전할 수 있는 자동차등의 종류는 별표 18과 같다.

제91조(운전면허의 취소·정지처분 기준 등) ① 법 제93조에 따라 운전면허를 취소 또는 정지시킬 수 있는 기준(교통법규를 위반하거나 교통사고를 일으킨 경우 그 위반 및 피해의 정도 등에 따라 부과하는 벌점의 기준을 포함한다)과 법 제97조 제1항에 따라 자동차등의 운전을 금지시킬 수 있는 기준은 별표 28과 같다.

[별표 18]

[운전할 수 있는 차의 종류(제53조관련)]

운전면허		운전할 수 있는 차량
종별	구분	
제1종	대형면허	○승용자동차　○승합자동차　○화물자동차　○긴급자동차 ○건설기계 　－ 덤프트럭, 아스팔트살포기, 노상안정기 　－ 콘크리트믹서트럭, 콘크리트펌프, 천공기(트럭적재식) 　－ 도로를 운행하는 3톤 미만의 지게차 ○특수자동차(트레일러 및 레커를 제외한다) ○원동기장치자전거
	보통면허	○승용자동차 ○승차정원 15인 이하의 승합자동차 ○승차정원 12인 이하의 긴급자동차(승용 및 승합자동차에 한한다) ○적재중량 12톤 미만의 화물자동차 ○건설기계(도로를 운행하는 3톤 미만의 지게차에 한한다) ○원동기장치자전거
	소형면허	○3륜화물자동차　○3륜승용자동차　○원동기장치자전거
	특수면허	○트레일러　○레커　○제2종보통면허로 운전할 수 있는 차량

[별표 28]

[운전면허 취소·정지처분 기준(제91조 제1항 관련)]

2. 취소처분 개별기준

일련 번호	위반사항	적용법조 (도로교통법)	내용
2	술에 취한 상태에서 운전한 때	제93조	○ 술에 만취한 상태(혈중알코올농도 0.1퍼센트 이상)에서 운전한 때 ○ 2회 이상 술에 취한 상태의 기준을 넘어 운전하거나 술에 취한 상태의 측정에 불응한 사람이 다시 술에 취한 상태(혈중알코올농도 0.05퍼센트 이상)에서 운전한 때

PART
04

권리구제형 헌법소원

PUBLIC LAW PROCEDURE PRACTICUM&LEGAL WRITING

> 제1강
권리구제형 헌법소원의 이론

1. 헌법소원 심판청구의 흐름

헌법 제111조 제1항 '헌법재판소는 다음 사항을 관장한다. 5. 법률이 정하는 헌법소원에 관한 심판' 및 헌법재판소법 제68조 제1항 '공권력의 행사 또는 불행사(不行使)로 인하여 헌법상 보장된 기본권을 침해받은 자는 법원의 재판을 제외하고는 헌법재판소에 헌법소원심판을 청구할 수 있다. 다만, 다른 법률에 구제절차가 있는 경우에는 그 절차를 모두 거친 후에 청구할 수 있다.' 등의 규정에 따라 공권력 등의 기본권 침해 여부가 쟁점이 된 경우에는 국민은 헌법재판소에 헌법소원을 제기할 수 있다. 공법상 권리 구제의 측면에서 국민이 헌법재판소에 바로 헌법소원을 제기하고 헌법재판소에서 직접 심판을 담당한다는 점을 고려하면 취소소송과 구조가 유사하고, 이러한 점으로 인하여 헌법재판소법은 헌법소원 심판절차와 관련해서 행정소송을 준용하도록 규정하고 있다.[1] 따라서 헌법소원 심판 청구인이 헌법재판소에 헌법소원심판청구서를 제출하면, 피청구인의 답변서[2] 또는 이해관계 있는 기관의 의견서[3]를 제출하고, 헌법재판소가 증거조사 등 심리[4]

---

1 헌법재판소법 제40조(준용규정) ① 헌법재판소의 심판절차에 관하여는 이 법에 특별한 규정이 있는 경우를 제외하고는 헌법재판의 성질에 반하지 아니하는 한도에서 민사소송에 관한 법령을 준용한다. 이 경우 탄핵심판의 경우에는 형사소송에 관한 법령을 준용하고, 권한쟁의심판 및 헌법소원심판의 경우에는 「행정소송법」을 함께 준용한다. ② 제1항 후단의 경우에 형사소송에 관한 법령 또는 「행정소송법」이 민사소송에 관한 법령에 저촉될 때에는 민사소송에 관한 법령은 준용하지 아니한다.
2 헌법재판소법 제29조(답변서의 제출) ① 청구서 또는 보정 서면을 송달받은 피청구인은 헌법재판소에 답변서를 제출할 수 있다. ② 답변서에는 심판청구의 취지와 이유에 대응하는 답변을 적는다.
3 헌법재판소법 제74조(이해관계기관 등의 의견 제출) ① 헌법소원의 심판에 이해관계가 있는 국가기관 또는 공공단체와 법무부장관은 헌법재판소에 그 심판에 관한 의견서를 제출할 수 있다.
4 헌법재판소법 제30조(심리의 방식) ② 위헌법률의 심판과 헌법소원에 관한 심판은 서면심리에 의한다. 다만, 재판부는 필요하다고 인정하는 경우에는 변론을 열어 당사자, 이해관계인, 그 밖의 참고인의 진술을 들을 수 있다.

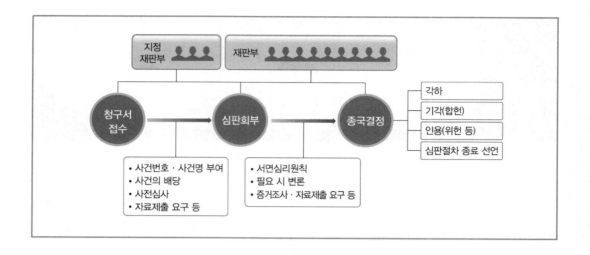

를 한 후 종국결정[5]함으로서 사건이 종결된다.

2. 헌법소원 심판청구서 및 답변서, 의견서의 작성

제68조 제1항에 따른 헌법소원의 심판청구서에는 '1. 청구인 및 대리인의 표시, 2. 침해된 권리, 3. 침해의 원인이 되는 공권력의 행사 또는 불행사, 4. 청구 이유, 5. 그 밖에 필요한 사항'을 기재해야 한다.[6] 심판청구서는 청구인가 헌법소원을 통해 이루고자 하는 결론을 기재한 청구취지(통상 침해된 권리와 침해의 원인이 되는 공권력의 행사 또는 불행사를 별로로 항목으로 기재) 및 결론의 정당성에 관한 주장을 기재한 청구원인 등으로 구성되고,[7] 답변서와 의견서는 적법요건의 흠결 주장과 청구의 부당성에 대한 반박 주장을 기재한 항변 등으로 구성된다.[8]

---

5 헌법재판소법 제36조(종국결정) ① 재판부가 심리를 마쳤을 때에는 종국결정을 한다.

6 헌법재판소법 제71조(청구서의 기재사항)

7 소장 기재사항. 민사소송법 제249조(소장의 기재사항) ① 소장에는 당사자와 법정대리인, 청구의 취지와 원인을 적어야 한다. ② 소장에는 준비서면에 관한 규정을 준용한다.

8 준비서면 기재사항. 민사소송법 제274조(준비서면의 기재사항) ① 준비서면에는 다음 각호의 사항을 적고, 당사자 또는 대리인이 기명날인 또는 서명한다. 1. 당사자의 성명·명칭 또는 상호와 주소 2. 대리인의 성명과 주소 3. 사건의 표시 4. 공격 또는 방어의 방법 5. 상대방의 청구와 공격 또는 방어의 방법에 대한 진술 6. 덧붙인 서류의 표시 7. 작성한 날짜 8. 법원의 표시 ② 제1항 제4호 및 제5호의 사항에 대하여는 사실상 주장을 증명하기 위한 증거방법과 상대방의 증거방법에 대한 의견을 함께 적어야 한다.

헌법소원심판청구서의 청구취지는 실무상 결정 주문과 동일한 형태로 작성되는데, 공권력의 행사를 취소할 수 있는 경우라면 취소소송의 형성결정과 유사하게 「피청구인이 20××. . . 청구인에 대하여 한 ○○행위(또는 피청구인의 ○○행위)는 청구인의 ○○기본권을 침해하므로 이를 취소한다.」고 표시한다. 공권력의 위헌 확인을 청구하는 경우라면 부작위위법확인소송과 유사하게 「피청구인이 20××. . . 청구인에 대하여 한 ○○행위(또는 피청구인의 ○○행위)는 청구인의 ○○기본권을 침해한 것으로 위험임을 확인한다.」 또는 「피청구인이 ○○하지 아니한 행위는 (청구인의 ○○기본권을 침해한 것으로) 위험임을 확인한다.」라고 표시한다. 법령소원의 경우에는 위헌법률제청신청과 동일하게 「법령 제○조 제○항 중 ○○부분은 헌법에 위반된다.」고 표시한다. 통상 권리구제형 헌법소원심판에서 나타나는 각종 주문은 별첨 표9에서 보는 바와 같다.

　헌법소원심판청구서의 청구원인에서는 공권력의 행사 또는 불행사의 기본권 침해로 인한 위헌 등이 기재되는데, 통상 위헌에는 내용상 위헌으로 객관적 헌법규범 위반, 과잉금지의 원칙 위반, 자의금지의 원칙 위반 등으로, 형식상 위헌으로 법률유보의 원칙과 포괄위임금지의 원칙 위반, 명확성 원칙 위반 등으로 나타난다. 이에 반하여 답변서 또는 의견서에는 청구인의 위헌 주장에 대한 반박과 더불어 헌법소원심판청구의 적법성, 공권력의 행사 또는 불행사, 청구인능력과 청구인적격(기본권 침해 가능성과 법적 관련성(자기, 현재, 직접)), 권리보호 이익과 심판 이익, 청구기간, 보충성의 원칙, 기타 등의 흠결에 관한 주장을 기재한다.

　제출된 헌법소원 심판청구서, 답변서 또는 의견서 등에서 나타나는 법적 쟁점에 대한 주장과 증거조사가 마무리되면 헌법재판소는 적법요건을 먼저 심리한 후 적법요건이 흠결되었다고 판단되면 각하결정을, 적법요건이 구비되었지만 기본권 침해의 위헌이 없다고 판단되면 기각결정을, 기본권 침해의 위헌이 있다고 판단되면 인용 결정을 하는데, 이때 법률이 위헌이라고 판단되면 단순위헌결정, 헌법불합치결정 및 한정위헌결정 등을 선고한다.

---

9 행정법원 제공 각종 서식자료 참조.

[권리구제형 헌법소원]

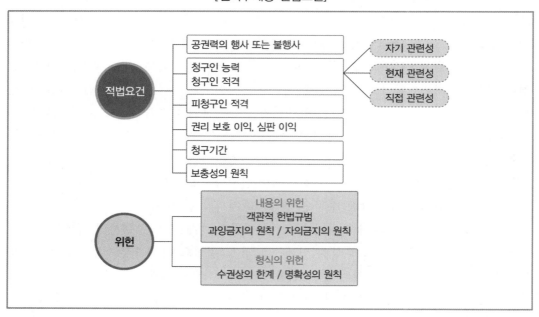

권리구제형 헌법소원 청구취지/주문 작성례[10]

[공권력 행사/취소]

피청구인이 2015. 6. 8. 부산지방검찰청 2015년 형제40406호 사건에서 청구인에 대하여 한 기소유예처분은 청구인의 평등권과 행복추구권을 침해한 것이므로 이를 취소한다.

피청구인이 2014. 6. 25. 서울서부지방검찰청 2014년 형제12344호 사건에서 피의자 박ㅇ락에 대하여 한 불기소처분은 청구인의 평등권과 재판절차진술권을 침해한 것이므로 이를 취소한다.

피청구인이 ㅇㅇ대학교 법학전문대학원에 대하여, 2015학년도 신입생 1명의 모집을 정지하도록 한 행위는 청구인의 대학의 자율권을 침해하므로 위헌임을 확인하고, 2016학년도 신입생 1명의 모집을 정지하도록 한 행위는 청구인의 대학의 자율권을 침해하므로 이를 취소한다.

1. 헌법재판소법 제68조 제1항 본문의 '법원의 재판'에 헌법재판소가 위헌으로 결정한 법령을 적용함으로써 국민의 기본권을 침해한 재판도 포함되는 것으로 해석하는 한도 내에서, 헌법재판소법 제68조 제1항은 헌법에 위반된다.
2. 대법원 1996. 4. 9. 선고, 95누11405 판결은 청구인의 재산권을 침해한 것이므로 이를 취소한다.
3. 피청구인 ㅇㅇ세무서장이 1992. 6. 16. 청구인에게 양도소득세 금 736,254,590원 및 방위세 금 147,250,910원을 부과한 처분은 청구인의 재산권을 침해한 것이므로 이를 취소한다.

[공권력 행사/위헌 확인]

1. 계호근무준칙(2000. 3. 29. 법무부훈령 제422호로 개정된 것) 제298조 제1호·제2호는 헌법에 위반된다.
2. 2003. 10. 24.경부터 같은 해 11. 6.까지 사이에 수회에 걸쳐 청구인이 서울지방검찰청 검사 조사실에서 피의자신문을 받는 동안 수갑과 포승으로 계속 청구인의 신체를 결박해 둔 피청구인 산하 교도관의 행위는 청구인의 신체의 자유를 침해한 것으로서 위헌임을 확인한다.

청구인 박ㅇ옥이 1992. 5. 26. 청구인 이ㅇ호에게 발송한 서신 및 청구인 이ㅇ호가 같은 해 6. 2. 청구인 박ㅇ옥에게 보내기 위하여 발송의뢰한 서신을 피청구인이 각 검열한 행위는 청구인들의 통신의 비밀을 침해받지 아니할 권리, 청구인 이ㅇ호의 변호인의 조력을 받을 권리를 침

---

10 헌법재판소 결정문 참조.

해한 것으로서 위헌임을 확인한다.

2012. 4. 16.부터 2012. 9. 19.까지의 기간 중, 4. 18.부터 4. 27.까지, 5. 4.부터 5. 20.까지, 5. 25.부터 6. 21.까지의 기간을 제외한 기간 동안 피청구인이 청구인에 대하여 교정시설 안에서 매주 화요일에 실시하는 종교집회 참석을 제한한 행위는 청구인의 종교의 자유를 침해하여 위헌임을 확인한다.

피청구인이 2012. 4. 24. 청구인에 대한 조사과정의 촬영을 허용한 행위는 청구인의 인격권을 침해하여 위헌임을 확인한다.

피청구인이 2011. 4. 20. 및 2011. 7. 19. 청구인과 변호사 김상훈과의 접견에 있어서 그 접견내용을 녹음, 기록한 행위는 청구인의 재판을 받을 권리를 침해한 것으로서 위헌임을 확인한다.

피청구인이 2010. 12. 20. 청구인으로부터 압수하여 보관하고 있던 플라스틱 생수병 1개, 과도 1개, 책가방 1개, 일회용라이터 1개를 폐기한 행위는 적법절차의 원칙에 반하고 청구인의 공정한 재판을 받을 권리를 침해한 것으로서 위헌임을 확인한다.

피청구인이 출정비용납부거부 또는 상계동의거부를 이유로 청구인의 행정소송 변론기일인 2010. 2. 26., 2010. 3. 26., 2010. 4. 20.에 청구인의 출정을 각 제한한 행위는 청구인의 재판청구권을 침해한 것으로서 위헌임을 확인한다.

피청구인이 2009. 6. 1.부터 2009. 10. 8.까지 대구구치소 내에서 실시하는 종교의식 또는 행사에 미결수용인 청구인의 참석을 금지한 행위는 청구인의 종교의 자유를 침해한 것으로서 위헌임을 확인한다.

피청구인이 2009. 6. 3. 서울특별시 서울광장을 경찰버스들로 둘러싸 청구인들의 통행을 제지한 행위는 청구인들의 일반적 행동자유권을 침해한 것으로서 위헌임을 확인한다.

[공권력 불행사(부작위)/위헌 확인]
재조선미국육군사령부군정청법령 제75호 조선철도의통일(1946. 5. 7. 제정)을 폐지한 조선철도의통일폐지법률(1961. 12. 30. 법률 제922호)이 시행되기 전에 같은 군정청법령 제2조에 의하여 수용된 ○○철도주식회사, □□철도주식회사 및 △△철도주식회사 재산의 재산관계권리자로서 같은 법령 제3조에 따라 같은 군정청 운수부장에게 보상청구서면을 제출하여 위 수용으로 인한 보상청구권을 포기하지 않은 것으로 확정된 자 또는 그 보상청구권을 승계취득한 자에 대하여 위 수용으로 인한 손실보상금을 지급하는 절차에 관한 법률을 제정하지 아니하는 입법부

작위는 위헌임을 확인한다.

피청구인이 산업재해보상보험법 제4조 제2호 단서와 근로기준법시행령 제4조의 위임에 의하여 평균임금을 정하여 고시하지 아니하는 행정입법 부작위는 위헌임을 확인한다.

피청구인이 구 군법무관임용법 제5조 제3항 및 군법무관임용등에관한법률 제6조의 위임에 따라 군법무관의 봉급과 그 밖의 보수를 법관 및 검사의 예에 준하여 지급하도록 하는 대통령령을 제정하지 아니하는 입법부작위는 위헌임을 확인한다.

피청구인들이 지방공무원법 제58조 제2항의 위임에 따라 사실상 노무에 종사하는 공무원의 범위를 정하는 조례를 제정하지 아니한 것은 위헌임을 확인한다.

피청구인 보건복지부장관이 의료법과 전문의의수련및자격인정등에관한규정의 위임에 따라 치과전문의자격시험제도를 실시할 수 있는 절차를 마련하지 아니하는 입법부작위는 위헌임을 확인한다.

[법령/위헌]
아동·청소년의 성보호에 관한 법률(2014. 1. 21. 법률 제12329호로 개정된 것) 제56조 제1항 중 '아동·청소년대상 성범죄로 형 또는 치료감호를 선고받아 확정된 자'에 관한 부분은 헌법에 위반된다.

'정보통신망 이용촉진 및 정보보호 등에 관한 법률'(2008. 6. 13. 법률 제9119호로 개정된 것) 제44조의5 제1항 제2호, '정보통신망 이용촉진 및 정보보호 등에 관한 법률 시행령'(2009. 1. 28. 대통령령 제21278호로 개정된 것) 제29조, 제30조 제1항은 헌법에 위반된다.

'요양급여의 적용기준 및 방법에 관한 세부사항'(2010. 1. 29. 보건복지가족부 고시 제2010-20호) II. 약제 2. 약제별 세부인정기준 및 방법 [339] 기타의 혈액 및 체액용약 Recombinant blood coagulation factor vIII 주사제(품명: 리콤비네이트주, 애드베이트주 등)의 대상환자 중 "83. 1. 1. 이후에 출생한" 부분은 헌법에 위반된다.

[법령과 공권력행사 병합]
1. 헌법재판소법 제68조 제1항 본문의 '법원의 재판'에 헌법재판소가 위헌으로 결정한 법령을 적용함으로써 국민의 기본권을 침해한 재판도 포함되는 것으로 해석하는 한도 내에서, 헌법재판소법 제68조 제1항은 헌법에 위반된다.
2. 대법원 1996. 4. 9. 선고, 95누11405 판결은 청구인의 재산권을 침해한 것이므로 이를 취소

한다.

3. 피청구인 ○○세무서장이 1992. 6. 16. 청구인에게 양도소득세 금 736,254,590원 및 방위세 금 147,250,910원을 부과한 처분은 청구인의 재산권을 침해한 것이므로 이를 취소한다.

1. 계호근무준칙(2000. 3. 29. 법무부훈령 제422호로 개정된 것) 제298조 제1호·제2호는 헌법에 위반된다.

2. 2003. 10. 24.경부터 같은 해 11. 6.까지 사이에 수회에 걸쳐 청구인이 서울지방검찰청 검사 조사실에서 피의자신문을 받는 동안 수갑과 포승으로 계속 청구인의 신체를 결박해 둔 피청 구인 산하 교도관의 행위는 청구인의 신체의 자유를 침해한 것으로서 위헌임을 확인한다.

[법령/한정위헌·한정합헌]
집회 및 시위에 관한 법률(2007. 5. 11. 법률 제8424호로 개정된 것) 제10조 본문 중 '시위'에 관한 부분 및 제23조 제3호 중 '제10조 본문' 가운데 '시위'에 관한 부분은 각 '해가 진 후부터 같은 날 24시까지의 시위'에 적용하는 한 헌법에 위반된다.

구 '집회 및 시위에 관한 법률'(1989. 3. 29. 법률 제4095호로 개정되고, 2007. 5. 11. 법률 제 8424호로 개정되기 전의 것) 제10조 및 구 '집회 및 시위에 관한 법률'(2004. 1. 29. 법률 제 7123호로 개정되고, 2007. 5. 11. 법률 제8424호로 개정되기 전의 것) 제20조 제3호 중 '제10조 본문'에 관한 부분은 각 '일몰시간 후부터 같은 날 24시까지의 옥외집회 또는 시위'에 적용하는 한 헌법에 위반된다.

공직선거법(2005. 8. 4. 법률 제7681호로 개정된 것) 제86조 제1항 제2호, 제255조 제1항 제10 호 중 '제86조 제1항 제2호' 부분은 공무원의 지위를 이용하지 아니한 행위에 대하여 적용하는 한 헌법에 위반된다.

법원조직법(2011. 7. 18. 법률 제10861호) 부칙 제1조 단서 중 제42조 제2항에 관한 부분 및 제 2조는 2011. 7. 18. 당시 사법연수생의 신분을 가지고 있었던 자가 사법연수원을 수료하는 해 의 판사 임용에 지원하는 경우에 적용되는 한 헌법에 위반된다.

구 행형법(1995.1.5. 법률 제4936호로 개정되기 전의 것) 제62조의 준용규정 중 같은 법 제18조 제3항 및 같은 법 시행령 제62조를, 미결수용자와 그 변호인 또는 변호인이 되려는 자 사이의 서신으로서 그 서신에 마약 등 소지금지품이 포함되어 있거나 그 내용에 도주·증거인멸·수용 시설의 규율과 질서의 파괴 기타 형벌법령에 저촉되는 내용이 기재되어 있다고 의심할 만한 합리적인 이유가 없는 경우에도 준용하는 것은 헌법에 위반된다.

구 국민의료보험법(1999. 12. 31. 법률 제6093호로 개정된 국민건강보험법 부칙 제2조에 의하여 2000. 7. 1.자로 폐지되기 전의 것) 제41조 제1항의 "범죄행위"에 고의와 중과실에 의한 범죄행위 이외에 경과실에 의한 범죄행위가 포함되는 것으로 해석하는 한 이는 헌법에 위반된다.

구 새마을금고법(1997. 12. 17. 법률 제5462호로 개정되고, 2001. 7. 24. 법률 제6493호로 개정되기 전의 것) 제66조 제2항 제1호의 '승인'에 관한 부분은 새마을금고법시행령(1998. 2. 24. 대통령령 제15684호로 개정된 것) 제23조의 '승인'에 대하여 적용하는 한, 헌법에 위반된다.

국가배상법 제2조 제1항 단서 중 "군인 … 이 … 직무집행과 관련하여 … 공상을 입은 경우에 본인 또는 그 유족이 다른 법령의 규정에 의하여 재해보상금·유족연금·상이연금 등의 보상을 지급받을 수 있을 때에는 이 법 및 민법의 규정에 의한 손해배상을 청구할 수 없다"는 부분은, 일반국민이 직무집행 중인 군인과의 공동불법행위로 직무집행 중인 다른 군인에게 공상을 입혀 그 피해자에게 공동의 불법행위로 인한 손해를 배상한 다음 공동불법행위자인 군인의 부담부분에 관하여 국가에 대하여 구상권을 행사하는 것을 허용하지 아니한다고 해석하는 한, 헌법에 위반된다.

화물자동차운수사업법시행규칙(2001. 11. 30. 건설교통부령 제304호로 개정된 것) 제3조 후단 제2호, 화물자동차운수사업법(2002. 8. 26. 법률 제6731호로 개정된 것) 제2조 제3호 후문, 화물자동차운수사업법시행규칙(2003. 2. 27. 건설교통부령 제352호로 개정된 것) 제3조의2 제1항, 제2항은 2001. 11. 30. 전에 화물자동차운송사업의 등록을 한 6인승 밴형화물자동차운송사업자에게 적용되는 한 헌법에 위반된다.

1989. 3. 29. 전문개정 전의 집회및시위에관한법률(1980.12.18. 법률 제3278호) 제3조 제1항 제4호, 제14조 제1항은 각 그 소정행위가 공공의 안녕과 질서에 직접적인 위협을 가할 것이 명백한 경우에 적용된다고 할 것이므로 이러한 해석하에 헌법에 위반되지 아니한다.

개정 전 국가보안법(1980. 12. 31. 법률 제3318호) 제9조 제2항은 그 소정행위가 국가의 존립·안전을 위태롭게 하거나 자유민주적 기본질서에 위해를 줄 명백한 위험이 있을 경우에 한하여 적용된다고 할 것이므로 이러한 해석하에 헌법에 위반되지 아니한다.

국세기본법(1990. 12. 31. 법률 제4277호로 개정된 것) 제35조 제1항 제3호의 "(그 재산에 대하여 부과된 국세와 가산금을 제외한다)"는 부분 중 당해 재산의 소유 그 자체를 과세의 대상으로 하여 부과하는 국세와 가산금을 제외하는 부분은 헌법에 위반되지 아니한다.

[법령/불합치]

1. 학교보건법 제6조 제1항 본문 제2호 중 '극장' 부분 가운데 고등교육법 제2조에 규정한 각 학교에 관한 부분은 헌법에 위반된다.

2. 학교보건법 제6조 제1항 본문 제2호 중 '극장' 부분 가운데 초·중등교육법 제2조에 규정한 각 학교에 관한 부분은 헌법에 합치하지 아니한다.

   법원 기타 국가기관 및 지방자치단체는 입법자가 개정할 때까지 이 부분 법률조항의 적용을 중지하여야 한다.

'집회 및 시위에 관한 법률'(2007. 5. 11. 법률 제8424호로 전부 개정된 것) 제10조 중 "옥외집회" 부분 및 제23조 제1호 중 "제10조 본문의 옥외집회" 부분은 헌법에 합치되지 아니한다. 위 조항들은 2010. 6. 30.을 시한으로 입법자가 개정할 때까지 계속 적용된다.

형의 집행 및 수용자의 처우에 관한 법률(2008. 12. 11. 법률 제9136호로 개정된 것) 제88조가 형사재판의 피고인으로 출석하는 수형자에 대하여 같은 법 제82조를 준용하지 아니한 것은 헌법에 합치되지 아니한다. 위 제88조는 2016. 12. 31.을 시한으로 개정될 때까지 계속 적용한다.

1. 독립유공자예우에 관한 법률(2008. 3. 28. 법률 제9083호로 개정된 것) 제12조 제2항 중 '손자녀 1명에 한정하여 보상금을 지급하는 부분' 및 제4항 제1호 본문 중 '나이가 많은 손자녀를 우선하는 부분'은 헌법에 합치되지 아니한다.

2. 위 법률조항은 2015. 12. 31.을 시한으로 입법자가 개정할 때까지 계속 적용된다.

형의 집행 및 수용자의 처우에 관한 법률 시행령(2008. 10. 29. 대통령령 제21095호로 개정된 것) 제58조 제4항은 헌법에 합치되지 아니한다. 위 조항은 2014. 7. 31.을 시한으로 개정될 때까지 계속 적용된다.

> 제2강
기록형 문제 연습

1. 과제

변호사시험 성적을 합격자에게 공개하지 않도록 규정한 변호사시험법 규정에 관한 헌법소원 심판 청구를 위한 '헌법소원심판청구서'를 작성하고자 한다.

헌법소원심판청구서는 청구인의 권리 구제를 위해 헌법상 주장할 수 있는 내용으로 작성해야 한다.

헌법소원심판청구서의 적법요건 구비 여부는 관계기관이 의견서에서 주장되지만, 청구인의 대리인 변호사가 항상 헌법소원심판청구서 작성 전에 적법요건을 검토한다는 점을 고려해 적법요건도 헌법소원심판청구서에 함께 작성하도록 한다.

2. 참고자료

변호사법 등은 제시된 자료를 우선으로 한다.

3. 학습목표

1) 권리구제형 헌법소원의 기본 구조 이해
2) 헌법소원심판청구서 작성 방법 습득

4. 실전문제

헌법소원심판청구서

【문제 1】

1. 청구인들을 위하여 홍의정 변호사의 입장에 헌법소원심판청구서를 작성하시오.
   - 헌법소원심판 청구일은 청구가능한 마지막 날짜로 기재할 것
   - 적법요건 중 쟁점이 될 수 있는 부분도 기재할 것
   - 제시된 법령 및 아래 법률상담일지를 참고할 것

수임번호 2014-501	법률상담일지		2014. 5. 10.
의 뢰 인	정길동 (78******－12******) 박향춘 (80******－24******)	의뢰인 전화	***－****－**** ***－****－****
의뢰인 주소	－ 부산 금정구 부산대학로 123 － 부산 금정구 부산대학로 423	의뢰인 전송	

상 담 내 용

1. 의뢰인 정길동은 부산대학교 법학전문대학원을 2011년 3월에 입학하여 2014년 2월 25일 졸업한 후 2014년 1월에 실시된 제3회 변호사시험에서 합격한 사람이고, 의뢰인 박향춘은 부산대학교 법학전문대학원을 2012년 3월에 입하여 2015년 2월 26일 졸업한 예정으로서 2015년 1월에 실시되는 제4회 변호사시험에 응시하려는 사람이다.

2. 의뢰인 정길동은 2014년 4월 19일 변호사시험 합격 후 취업에 사용하려는 목적으로 변호사시험 성적에 대한 공개를 법무부에 청구하였지만, 변호사시험법에서 공개를 금지하고 있기 때문에 알려줄 수 없다는 회신을 받았다.

3. 의뢰인 박향춘은 실력에 상관없이 단지 지방대학이라는 이유로 취업에서 불이익을 받고 있으며, 변호사시험 성적으로 자신들의 실력을 객관적으로 평가받을 수 있다는 생각을 가지고 있다.

4. 통계 자료에 의하면, 법학전문대학원 졸업자의 검사 임용에 있어서 서울대 등 5개 법학전문대학원 출신이 차지하는 비율은 2012년 57.1%에서 2013년 64.9%, 2014년 77.1%로 과반수를 차지하고 있고, 주요 법무법인이나 법률사무소에 채용된 법학전문대학원 출신 변호사의 80% 이상이 위 법학전문대학원 출신으로 나타나 있다(자료 생략).

5. 의뢰인 희망사항
   의뢰인 정길동은 자신의 변호사시험 성적을 알고 싶어 하고, 의뢰인 박향춘은 변호사시험 성적을 합격자에게 공개하지 않도록 규정한 변호사시험법 규정의 폐지를 원하고 있다. 이에 적합한 소송 제기를 희망하고 있다.

부산 연제구 거제동 654 청륜빌딩 3층
전화 051-123-45**, 전송 051-123-56**
변호사 홍의정

변호사시험법

[시행 2011. 7. 25.] [법률 제10923호, 2011. 7. 25., 일부개정]

제1조(목적) 이 법은 변호사에게 필요한 직업윤리와 법률지식 등 법률사무를 수행할 수 있는 능력을 검정하기 위한 변호사시험에 관하여 규정함을 목적으로 한다.

제2조(변호사시험 시행의 기본원칙) 변호사시험(이하 "시험"이라 한다)은 「법학전문대학원 설치·운영에 관한 법률」에 따른 법학전문대학원(이하 "법학전문대학원"이라 한다)의 교육과정과 유기적으로 연계하여 시행되어야 한다.

제3조(시험실시기관) 시험은 법무부장관이 관장·실시한다.

제4조(시험의 실시 및 공고) ① 법무부장관은 매년 1회 이상 시험을 실시하되, 그 실시계획을 미리 공고하여야 한다.
② 제1항에 따른 공고에 필요한 사항은 대통령령으로 정한다.

제5조(응시자격) ① 시험에 응시하려는 사람은 「법학전문대학원 설치·운영에 관한 법률」 제18조 제1항에 따른 법학전문대학원의 석사학위를 취득하여야 한다. 다만, 제8조 제1항의 법조윤리시험은 대통령령으로 정하는 바에 따라 법학전문대학원의 석사학위를 취득하기 전이라도 응시할 수 있다.
② 제1항에 따른 응시자격의 소명방법은 대통령령으로 정한다.
③ 법학전문대학원의 장은 시험 응시자의 자격에 관하여 법무부장관 또는 그 응시자가 확인을 요청하면 그 자격을 확인하여 주어야 한다.

제6조(응시 결격사유) 제4조에 따라 공고된 시험기간 중 다음 각 호의 어느 하나에 해당하는 사람은 그 시험에 응시할 수 없다.
1. 금치산자 또는 한정치산자
2. 금고 이상의 실형(實刑)을 선고받고 그 집행이 끝나거나(집행이 끝난 것으로 보는 경우를 포함한다) 그 집행을 받지 아니하기로 확정된 후 5년이 지나지 아니한 사람
3. 금고 이상의 형의 집행유예를 선고받고 그 유예기간이 지난 후 2년이 지나지 아니한 사람
4. 금고 이상의 형의 선고유예를 받고 그 유예기간 중에 있는 사람
5. 탄핵이나 징계처분을 받아 파면된 후 5년이 지나지 아니한 사람

6. 「변호사법」에 따라 제명된 후 5년이 지나지 아니한 사람

7. 징계처분으로 해임된 후 3년이 지나지 아니한 사람

8. 「변호사법」에 따라 영구 제명된 사람

제7조(응시기간 및 응시횟수의 제한) ① 시험(제8조 제1항의 법조윤리시험은 제외한다)은 「법학전문
대학원 설치·운영에 관한 법률」 제18조 제1항에 따른 법학전문대학원의 석사학위를 취득한 달
의 말일부터 5년 내에 5회만 응시할 수 있다.

② 「법학전문대학원 설치·운영에 관한 법률」 제18조 제1항에 따른 법학전문대학원의 석사학위
를 취득한 후 「병역법」 또는 「군인사법」에 따른 병역의무를 이행하는 경우 그 이행기간은 제1항
의 기간에 포함하지 아니한다.

제8조(시험의 방법) ① 시험은 선택형(기입형을 포함한다. 이하 같다) 및 논술형(실무능력 평가를
포함한다. 이하 같다) 필기시험과 별도의 법조윤리시험으로 실시한다.

② 선택형 필기시험과 논술형 필기시험은 혼합하여 출제한다.

③ 제1항 및 제2항에도 불구하고 제9조 제1항 제4호의 전문적 법률분야에 관한 과목에 대하여는
논술형 필기시험만 실시한다.

④ 법무부장관은 법조윤리시험의 시행에 필요한 조직과 인력을 갖춘 외부기관을 지정하여 법조
윤리시험을 시행하게 할 수 있다.

⑤ 제4항에 따른 외부기관의 지정기준, 지정절차 및 지정취소, 외부기관에 대한 감독, 그 밖에
법조윤리시험에 관하여 필요한 사항은 대통령령으로 정한다.

제9조(시험과목) ① 시험과목은 다음 각 호와 같다.

1. 공법(헌법 및 행정법 분야의 과목을 말한다)

2. 민사법(「민법」, 「상법」 및 「민사소송법」 분야의 과목을 말한다)

3. 형사법(「형법」 및 「형사소송법」 분야의 과목을 말한다)

4. 전문적 법률분야에 관한 과목으로 응시자가 선택하는 1개 과목

② 제1항 제4호에 따른 전문적 법률분야에 관한 과목의 종류는 대통령령으로 정한다.

③ 시험의 각 과목에 대하여는 대통령령으로 정하는 바에 따라 출제 범위를 정하여 시험을 실시
할 수 있다.

④ 제2항에 따른 시험과목을 신설·폐지하거나, 제3항에 따라 시험과목의 출제 범위를 변경할
경우에는 해당 과목의 시험 예정일부터 역산(逆算)하여 2년 이상의 유예기간을 두어야 한다.

제10조(시험의 합격 결정) ① 시험의 합격은 법학전문대학원의 도입 취지를 충분히 고려하여 결정
되어야 한다.

② 시험의 합격은 선택형 필기시험과 논술형 필기시험의 점수를 일정한 비율로 환산하여 합산한 총득점으로 결정한다. 다만, 각 과목 중 어느 하나라도 합격최저점수 이상을 취득하지 못한 경우에는 불합격으로 한다.

③ 법조윤리시험은 합격 여부만을 결정하고, 그 성적은 제2항의 총득점에 산입하지 아니한다.

④ 선택형 필기시험과 논술형 필기시험 간의 환산비율, 선택형 및 논술형 필기시험 내에서의 각 과목별 배점비율, 각 과목별 필기시험의 합격최저점수, 법조윤리시험의 합격에 필요한 점수, 성적의 세부산출방법, 그 밖에 시험의 합격 결정방법은 대통령령으로 정한다.

제11조(합격자 공고 및 합격증서 발급) 법무부장관은 합격자가 결정되면 즉시 이를 공고하고, 합격자에게 합격증서를 발급하여야 한다.

제12조(시험의 일부면제) 법조윤리시험에 합격한 사람은 제7조의 기간 중 그 시험을 면제한다.

제13조(시험위원) ① 시험의 출제 및 채점을 담당하기 위하여 시험위원을 둔다.

② 시험위원은 시험에 관한 경험과 지식이 풍부한 자 중에서 시험 때마다 법무부장관이 위촉하며, 그 수는 대통령령으로 정한다. 다만, 제14조에 따른 변호사시험 관리위원회의 위원은 시험위원이 될 수 없다.

③ 시험위원은 그 업무를 수행할 때 법학전문대학원의 교육과정을 충실히 마친 사람을 기준으로 학식과 그 응용능력을 종합적으로 판단할 수 있도록 유의하여야 한다.

제14조(변호사시험 관리위원회의 설치 및 구성) ① 시험을 실시하기 위하여 법무부에 변호사시험 관리위원회(이하 "위원회"라 한다)를 둔다.

② 위원회는 위원장 1명과 부위원장 1명을 포함한 15명의 위원으로 구성하되, 위원장과 부위원장은 위원 중에서 법무부장관이 지명하는 사람으로 한다.

③ 위원은 다음 각 호의 사람으로 한다.

1. 법무부차관
2. 다음 각 목의 어느 하나에 해당하는 사람 중 법무부장관이 위촉하는 사람
   가. 법학교수(부교수 이상의 직위에 있는 사람을 말한다. 이하 같다) 5명
   나. 법원행정처장이 추천하는 10년 이상의 경력을 가진 판사 2명
   다. 10년 이상의 경력을 가진 검사 2명
   라. 대한변호사협회장이 추천하는 10년 이상의 경력을 가진 변호사 3명
   마. 그 밖에 학식과 덕망이 있는 사람 등 대통령령으로 정하는 사람 2명(법학을 가르치는 전임강사 이상의 직위에 있는 사람 및 변호사 자격을 가진 사람은 제외한다)

④ 위원의 임기는 2년으로 한다. 다만, 법학교수, 판사, 검사의 직위에 있는 사람임을 자격요건

으로 하여 위원으로 위촉된 사람은 그 직위를 사임하는 경우에는 임기가 만료되기 전이라도 해촉된 것으로 본다.

⑤ 위원장은 위원회를 대표하고, 위원회의 업무를 총괄한다.

⑥ 위원장이 부득이한 사유로 직무를 수행할 수 없을 때에는 부위원장이 위원장의 직무를 대행한다.

제15조(위원회의 소관 사무) 위원회는 다음 각 호의 사항을 심의한다.

1. 시험문제의 출제 방향 및 기준에 관한 사항

2. 채점기준에 관한 사항

3. 시험합격자의 결정에 관한 사항

4. 시험방법 및 시험시행방법 등의 개선에 관한 사항

5. 그 밖에 시험에 관하여 법무부장관이 회의에 부치는 사항

제16조(위원회의 회의) ① 위원회의 회의는 법무부장관의 요구가 있거나 위원장이 필요하다고 인정할 때에 위원장이 소집한다.

② 위원회의 회의는 재적위원 과반수의 출석으로 개의(開議)하고, 출석위원 과반수의 찬성으로 의결한다.

제17조(부정행위자에 대한 조치) ① 법무부장관은 다음 각 호의 어느 하나에 해당하는 사람에 대하여는 해당 시험을 정지시키거나 합격 결정을 취소하고, 그 정황에 따라 처분을 한 날부터 5년 이내의 기간을 정하여 이 법에 따른 시험의 응시자격을 정지할 수 있다.

1. 시험에서 대통령령으로 정하는 부정한 행위를 한 사람

2. 제5조 제2항에 따른 응시자격에 관한 소명서류에 거짓으로 기록한 사람

② 법무부장관은 제1항에 따른 처분을 한 경우에는 그 처분을 받은 사람에게 지체 없이 통지하여야 한다.

제17조의2(응시자준수사항 위반자에 대한 조치) 시험의 공정한 관리를 위하여 대통령령으로 정하는 응시자준수사항을 위반한 사람에 대하여는 그 시험시간 또는 나머지 시험시간의 시험에 응시할 수 없게 하거나 그 답안을 영점 처리할 수 있다.

제18조(시험정보의 비공개) ① 시험의 성적은 시험에 응시한 사람을 포함하여 누구에게도 공개하지 아니한다. 다만, 시험에 불합격한 사람은 시험의 합격자 발표일부터 6개월 내에 법무부장관에게 본인의 성적 공개를 청구할 수 있다.

② 법무부장관은 채점표, 답안지, 그 밖에 공개하면 시험업무의 공정한 수행에 현저한 지장을

줄 수 있는 정보는 공개하지 아니할 수 있다.

제19조(다른 기관 등에 대한 협조요청) ① 법무부장관은 시험관리업무의 원활한 수행을 위하여 필요하면 중앙행정기관, 지방자치단체, 관계 기관 또는 국공립학교의 장 등에게 시험장소의 제공, 시험관리 인력의 파견, 문제 출제 또는 시험장소의 질서 유지, 그 밖에 필요한 협조를 요청할 수 있다.
② 제1항에 따른 협조요청을 받은 중앙행정기관, 지방자치단체, 관계 기관 또는 국공립학교의 장 등은 특별한 사정이 없으면 법무부장관의 요청에 따라야 한다.

제20조(응시 수수료) ① 시험에 응시하려는 사람은 대통령령으로 정하는 응시 수수료를 내야 한다.
② 시험 응시원서를 제출한 후 실제로 시험에 응시하지 아니한 경우에도 응시 수수료는 반환하지 아니한다.

제21조(벌칙 적용 시의 공무원 의제) 위원회의 위원 또는 시험위원 중 공무원이 아닌 위원, 제8조 제4항에 따라 법조윤리시험 실시기관으로 지정된 외부기관의 임직원 중 공무원이 아닌 사람은 그 업무에 관하여 「형법」 제127조 및 제129조부터 제132조까지의 규정을 적용할 때에는 공무원으로 본다.

부　칙 〈법률 제9747호, 2009. 5. 28.〉

제1조(시행일) 이 법은 공포 후 3개월이 경과한 날부터 시행한다. 다만, 부칙 제4조 및 부칙 제6조는 공포한 날부터 시행하며, 부칙 제2조는 2017년 12월 31일부터 시행한다.

제2조(다른 법률의 폐지) 사법시험법은 폐지한다.

제3조(변호사시험의 실시에 관한 특례) 이 법에 따른 최초의 변호사시험은 제4조 및 부칙 제1조에도 불구하고 2012년에 실시한다.

제4조(사법시험과의 병행실시) ① 이 법에 따른 시험과 별도로 「사법시험법」에 따른 사법시험을 2017년까지 실시한다. 다만, 2017년에는 2016년에 실시한 제1차시험에 합격한 사람 중 2016년에 제3차시험까지 합격하지 못한 사람을 대상으로 제2차시험 또는 제3차시험을 실시한다.
② 「사법시험법」 제5조에도 불구하고 법학전문대학원의 석사학위과정에 재학 또는 휴학 중인 사람과 법학전문대학원에서 석사학위를 취득한 사람은 사법시험에 응시할 수 없다.
③ 제2항에도 불구하고 법학전문대학원의 석사학위과정에 재학 또는 휴학 중인 사람은 이 법 시행일이 속하는 연도에 실시하는 사법시험의 제1차시험에 합격하거나 시행일 이전의 연도에 실

시한 사법시험의 제1차시험 또는 제2차시험에 합격한 경우에 한하여 「사법시험법」 제7조 제2항 및 제10조에 따라 일부 시험이 면제되는 회까지 사법시험(그 면제되는 차수의 다음 단계의 시험에 응시하는 경우에 한한다)에 응시할 수 있다. 이 경우 제7조 제1항을 적용할 때에는 그 입학일 이후에 응시한 사법시험을 이 법에 따른 시험에 응시한 것으로 보아 응시횟수에 포함한다.

제5조(부정응시자에 대한 조치) 제17조 제1항에 따라 응시자격이 정지된 사람은 그 정지기간 중 「사법시험법」에 따른 사법시험에 응시할 수 없고, 「사법시험법」 제17조 제1항에 따라 응시자격이 정지된 사람은 그 정지기간 중 이 법에 따른 시험에 응시할 수 없다.

제6조(사법시험관리위원회에 대한 경과조치) 「사법시험법」 제14조에 따른 사법시험관리위원회는 이 법에 따른 시험의 준비를 위하여 사전 조치를 취할 수 있다. 이 경우 사법시험관리위원회가 한 사전 조치는 이 법에 따른 변호사시험 관리위원회의 구성과 동시에 변호사시험 관리위원회가 한 것으로 본다.

부　칙〈법률 제10923호, 2011. 7. 25.〉

이 법은 공포한 날부터 시행한다.

졸 업 증 명 서

성 명 정 길 동

(주민번호: 78******-12******)

위 사람은 부산대학교 법학전문대학원을
졸업하였음을 증명합니다.
(기간: 2011. 3. 2. - 2014. 2. 25.)

2014년   5월   10일

부 산 대 학 교
총 장 김 ○ ○

부산대학교
총장

합 격 증 명 서

성 명 정 길 동
(주민번호: 78******-12******)

위 사람은 제3회 변호사시험에
합격하였음을 증명합니다.

2014년   4월   30일

법 무 부 장 관
황 교 안

| 법무부장관 |

재 학 증 명 서

성 명 박 향 춘

(주민번호: 80******-24*****)

위 사람은 부산대학교 법학전문대학원에
재학 중임을 증명합니다.
(기간: 2012. 3. 2. - 현재)

2014년   5월   10일

부 산 대 학 교
총 장 김 ○ ○

| 부산대학교 |
| 총장 |

■ 공공기관의 정보공개에 관한 법률 시행규칙 [별지 제1호의2서식] 〈개정 2014.5.28〉 　　　정보공개시스템(www.open.go.kr)에서도 청구할 수 있습니다.

정보공개 청구서

접수번호		접수일	처리기간
청구인	성명(법인·단체명 및 대표자 성명) 정 길 동		주민등록(여권·외국인등록)번호 78******－12******
	주소(소재지) 부산 금정구 부산대학로 123		사업자(법인·단체)등록번호
	전화번호 010－***－*** 　팩스번호		전자우편주소 pusan12@***.com
청구 내용	피청구기관 법무부에서 2014년 1월 실시한 제3회 변호사시험 관련 응시자 청구인(수험번호 2014－2*****)의 성적		
공개 방법	[　]열람·시청　[　]사본·출력물　[　]전자파일　[　]복제·인화물 [√]기타(성적확인서)		
수령 방법	[√]직접 방문　[　]우편　　　　[　]팩스 전송　[　]정보통신망　[　]기타(　　　　)		
수수료	[　]감면 대상임　　　　　　　　[√]감면 대상 아님		
	감면 사유		
	※「공공기관의 정보공개에 관한 법률 시행령」제17조 제3항에 따라 수수료 감면 대상에 해당하는 경우에만 적으며, 감면 사유를 증명할 수 있는 서류를 첨부하시기 바랍니다.		

「공공기관의 정보공개에 관한 법률」제10조 제1항 및 같은 법 시행령 제6조 제1항에 따라 위와 같이 정보의 공개를 청구합니다.

　　　　　　　　　　　　　　　　　　　　2014 년　4 월 30　일

　　　　　　　　청구인　　정 길 동　　　　(서명 또는 인)

(접수 기관의 장) 귀하

- -

접 수 증

접수번호　2014－12***	청구인 성명　정 길 동
접수부서　법무부 00과	접수자 성명　이 ○ ○
	(서명 또는 인)

귀하의 청구서는 위와 같이 접수되었습니다.

　　　　　　　　　　　　　　　　2014　　년　4　월　30　일

법 무 부 장 관 　[직인]

유 의 사 항

1. 공개 청구된 공개 대상 정보의 전부 또는 일부가 제3자와 관련이 있다고 인정되는 경우에는 「공공기관의 정보공개에 관한 법률」제11조 제3항에 따라 청구사실이 제3자에게 통지됩니다.
2. 정보 공개를 청구한 날로부터 20일이 경과하도록 정보공개 결정이 없는 경우에는 「공공기관의 정보공개에 관한 법률」제18조부터 제20조까지의 규정에 따라 해당 공공기관에 이의신청을 하거나, 행정심판 또는 행정소송을 제기할 수 있습니다.

210mm×297mm[백상지 80g/㎡(재활용품)]

정보 ([　]공개 [　]부분 공개 [√]비공개) 결정 통지서

(앞 쪽)

수신자　　정길동 (우 89040 , 주소 부산광역시 금정구 부산대학로 123)

접수번호 2014-12***	접수일 2014. 4. 30.

청구 내용	피청구기관 법무부에서 2014년 1월 실시한 제3회 변호사시험 관련 응시자 청구인(수험번호 2014-2*****)의 성적 공개

공개 내용		
공개 일시	공개 장소	
공개 방법	[　]열람·시청　[　]사본·출력물　[　]전자파일　　　[　]복제·인화물　[　]기타	
수령 방법	[　]직접 방문　[　]우편　　　[　]팩스 전송　　[　]정보통신망　　[　]기타	

납부 금액	① 수수료　　　　　원	② 우송료　　　　　원	③ 수수료 감면액　　　　원	계(①+②-③)　　　　원
	수수료 산정 명세		수수료 납입계좌(입금 시)	

비공개(전부 또는 일부) 내용 및 사유	'변호사시험법 제18조(시험정보의 비공개) ① 시험의 성적은 시험에 응시한 사람을 포함하여 누구에게도 공개하지 아니한다. 다만, 시험에 불합격한 사람은 시험의 합격자 발표일부터 6개월 내에 법무부장관에게 본인의 성적 공개를 청구할 수 있다.'는 규정에 의해 청구인은 합격자이기 때문에 성적 공개가 불가함.

　귀하의 정보공개 청구에 대한 결정 내용을 「공공기관의 정보공개에 관한 법률」 제13조 제1항 및 제4항에 따라 위와 같이 통지합니다.

2014 년　　　5 월　　3 일

법 무 부 장 관　│ 직인 │

기안자　직위(주무) 서명 최○○　　　검토자　직위(과장) 서명 유○○　　　결재권자　직위(국장) 서명 강○○

협조자

시행　　　　법무부 법조인력과 - 2014-23***

우 13809　　　경기도 과천시 관문로 47 정부과천청사 1동.　　　　　/

전화번호(　02) ***-*****　　　　　팩스번호(02) ***-*****　　/　　　　　/　공개

210㎜×297㎜[백상지 80g/㎡(재활용품)]

유 의 사 항

1. 정보공개 장소에 오실 때에는 이 통지서를 지참하셔야 하며, 청구인 본인 또는 그 정당한 대리인임을 확인하기 위하여 다음과 같은 증명서를 지참하셔야 합니다.
   가. 청구인 본인에게 공개하는 경우: 청구인의 신원을 확인할 수 있는 신분증명서(주민등록증 등)
   나. 청구인의 법정대리인에게 공개하는 경우: 법정대리인임을 증명할 수 있는 서류와 대리인의 신원을 확인할 수 있는 신분증명서
   다. 청구인의 임의대리인에게 공개하는 경우:「공공기관의 정보공개에 관한 법률 시행규칙」별지 제8호서식의 정보공개 위임장과 청구인 및 수임인의 신원을 확인할 수 있는 신분증명서
2. 수수료는 해당 정보를 공개할 때 다음의 어느 하나의 방법으로 내실 수 있으며, 부득이한 경우에는 현금으로 내실 수 있습니다.
   가. 정보통신망을 이용한 전자화폐·전자결제 등
   나. 수입인지(정부기관) 또는 수입증지(지방자치단체)
3. 우송의 방법으로 공개가 가능하다고 통지된 정보를 우편 등으로 받으시려는 경우에는 앞면에 적힌 공개일까지 우송료를 현금 또는 우표 등으로 공공기관에 보내셔야 합니다.
4. 정보공개와 관련한 공공기관의 비공개 결정 또는 부분 공개 결정에 대하여 이의가 있는 경우에는「공공기관의 정보공개에 관한 법률」제18조 및 같은 법 시행령 제18조에 따라 공공기관으로부터 공개 여부의 결정 통지를 받은 날부터 30일 이내에 해당 기관에 문서로 이의신청을 하실 수 있습니다.
5. 정보공개와 관련한 공공기관의 결정에 대하여 불복하는 경우에는 처분이 있음을 안 날부터 90일 이내에 처분청 또는 재결청에 행정심판을 청구하거나 법원에 행정소송을 제기할 수 있습니다.
6. 청구인이 통지된 정보의 공개일 후 10일이 지날 때까지 정당한 사유 없이 그 정보의 공개에 응하지 않았을 때에는 이를 내부적으로 종결 처리할 수 있습니다.
7. 이 통지서를 정보공개시스템을 이용하여 통지하는 경우에는 직인을 생략할 수 있으며, 청구인은 필요한 경우 직인 날인에 관하여 보완을 요구할 수 있습니다.

우편송달보고서

증서 2014년   제23**호   · 2012년 5 월 7 일 발송

1. 송달서류   정보공개거부처분 통보(문항관리1국－257, 2015. 5. 7.)

발송자   법무부장관

송달받을 자   정길동 귀하

부산 금정구 부산대학로 123

영수인	**정길동** (서명)

영수인 서명날인 불능

①	송달받을 자 본인에게 교부하였다.

2	송달받을 자가 부재 중이므로 사리를 잘 아는 다음 사람에게 교부하였다.
	사무원
	피용자
	동거자

3	다음 사람이 정당한 사유 없이 송달받기를 거부하므로, 그 장소에 서류를 두었다.
	송달받을 자
	사무원
	피용자
	동거자

송달연월일   2014. 5. 9. 13시 30분

송달장소   부산 금정구 부산대학로 123

위와 같이 송달하였다.

2014.   5.   9.

우체국 집배원   김송택

헌법소원심판청구서 초안

적법요건

1) 대   상   변호사시험법(2011. 7. 25. 법률 제10923호로 개정된 것) 제18조 제1항 본문(형식
적 의미의 법률)

2) 청구인능력
   청구인적격   ① 기본권 침해
               ② 법적 관련성(자기, 현재, 직접): 박향춘 직접성 검토 필요

3) 권리보호 이익
   심판 이익   문제 없음.

4) 청구기간   안 날로부터 90일, 있는 날로부터 1년: 법령소원 검토 필요

5) 보 충 성   정보공개거부처분 취소소송 관련 검토 필요

6) 기   타

위 헌

1. 과잉금지의 원칙 위반 여부

1) 알 권리(정보공개청구권)

정부나 공공기관이 보유하고 있는 정보에 대하여 정당한 이해관계가 있는 자가 그 공개를 요구할 수 있는 권리는 알 권리로서 이러한 알 권리는 헌법 제21조에 의해서 직접 보장된다. 즉, 정보공개청구권은 알 권리의 당연한 내용이다. 변호사시험에 합격한 사람의 '성적'이라는 정보를 공개하지 않는다는 점에서 변호사 시험에 합격한 사람[11]의 알 권리중 정보공개청구권을 제한하고 있다.

2) 개인정보자기결정권

개인정보자기결정권은 자신에 관한 정보가 언제 누구에게 어느 범위까지 알려지고 이용되도록 할 것인지를 그 정보주체가 스스로 결정할 수 있는 권리이다. 즉 정보주체가 개인정보의 공개와 이용에 관하여 스스로 결정할 권리로서, 이러한 개인정보자기결정권은 정보화사회로의 진입 및 현대의 정보통신기술의 발달로 인하여 개인의 정보가 정보주체의 의사와는 무관하게 이용 또는 공개되는 것을 방지함으로써 궁극적으로 개인의 결정의 자유를 보호하고, 나아가 자유민주체제의 근간이 총체적으로 훼손될 가능성을 차단하기 위하여 필요한 최소한의 헌법적 보장장치로 등장하게 되었다.[12]

이러한 개인정보자기결정권의 한 내용인 자기정보공개청구권은 자신에 관한 정보가 부정확하거나 불완전한 상태로 보유되고 있는지 여부를 알기 위하여 정보를 보유하고 있는 자에게 자신에 관한 정보의 열람을 청구함으로써 개인정보를 보호하고, 개인정보의 수집, 보유, 이용에 관한 통제권을 실질적으로 보장하기 위하여 인정되는 것이다. 그런데 위 청구인의 변호사시험 성적 공개 요구는 개인정보의 보호나 개인정보의 수집, 보유, 이용에 관한 통제권을 실질적으로 보장해 달라는 것으로 보기 어렵고, 변호사시험 성적이 정보주체의 요구에 따라 수정되거나 삭제되는 등 정보주체의 통제권이 인정되는 성질을 가진 개인정보라고 보기도 어렵다. 개인정보자기결정권을 제한하고 있다고 보기 어렵다.

3) 직업 선택의 자유

당해 조항이 변호사시험 합격자에 대하여 그 성적을 공개하지 않도록 규정하고 있을 뿐이고, 이러한 시험 성적의 비공개가 청구인들의 법조인으로서의 직역 선택이나 직업수행에 있어서 어떠한 제한을 두고 있는 것은 아니므로 직업선택의 자유를 제한하고 있다고 볼 수 없다.

---

[11] 국민의 알 권리 침해 주장은 청구인의 기본권이 침해되었다는 주장이 아님.

[12] 헌재 2005. 5. 26. 99헌마513 등 참조.

4) 인간으로서의 존엄과 가치 및 행복추구권

헌법 제10조에서 규정한 인간의 존엄과 가치는 개별 국민이 가지는 존엄과 가치를 존중하고 확보하여야 한다는 헌법의 기본원리를 선언한 조항으로서, 자유와 권리의 보장은 1차적으로 헌법상 개별적 기본권규정을 매개로 이루어지는 것이고, 행복추구권 역시 다른 개별적 기본권이 적용되지 않는 경우에 한하여 보충적으로 적용되는 기본권이므로, 알 권리 침해 여부가 쟁점이 되는 이상, 인간으로서의 존엄과 가치 및 행복추구권 침해 여부는 문제되지 않는다.[13]

2. 자의금지의 원칙 위반 여부

사법시험, 의사국가시험 등 다른 자격시험의 경우에는 응시자의 시험성적을 공개하도록 하고 있음에도 변호사시험법 조항은 변호사시험에 합격한 사람에 대하여 그의 성적을 공개하지 못하도록 하는 것이, 다른 자격시험에 응시하는 사람에 비하여 변호사시험에 응시하는 사람을 합리적 이유 없이 차별 취급하는 것이라고 주장: 다른 자격시험의 경우, 특정의 전문교육과정을 요구하지 않거나 요구하는 경우라고 하더라도 전문교육기관 간의 과다 경쟁 및 서열화 방지, 충실한 교육의 담보라는 목적과는 관련이 없는 등 다른 자격시험 응시자와 변호사시험 응시자를 본질적으로 동일한 비교집단으로 볼 수 없음. 대상조항이 청구인들을 다른 자격시험 응시자와 차별취급하고 있다고 볼 수 없으므로 평등권 침해 문제가 발생하지 않음.

3. 신뢰보호의 원칙 위반 여부

변호사시험법 제정 당시에는 변호사시험 응시자에 대하여는 성적을 공개한다고 규정되어 있다가 그 시행 전에 변호사시험의 성적을 응시자에 대하여도 공개하지 않도록 개정된바, 개정 전에 법학전문대학원에 입학한 사람들의 변호사시험 성적 공개에 대한 신뢰를 보호하기 위한 경과규정을 두어야 함에도 이를 두지 아니하여 신뢰보호원칙에 위배된다.

변호사시험법이 제정될 당시에는 변호사시험에 응시한 사람은 시험의 합격자 발표일부터 6개월 내에 법무부장관에게 본인의 성적 공개를 청구할 수 있고, 법무부장관은 채점표, 답안지, 그 밖에 공개하면 시험업무의 공정한 수행에 현저한 지장을 줄 수 있는 정보는 공개하지 아니할 수 있도록 규정하고 있었다.

그런데 변호사시험의 성적을 공개할 경우에는, 사법시험과 마찬가지로 합격자의 서열화가 이루어져 법학전문대학원의 교육이 시험준비 위주의 교육으로 변질될 우려가 있어 학교별 특성화교육 등을 통한 다양한 분야의 전문성과 경쟁력을 갖춘 우수 인재 배출이 어렵게 되고, 성적 공개로 인해 대학의 서열화 및 대학간 과다 경쟁이 발생할 우려가 있다는 문제점이 지적되자 2011. 7. 25. 법률 제10923호로 변호사시험법 제18조가 개정되어 변호사시험의

---

13 헌재 2013. 2. 28. 2012헌마34 참조

성적을 응시자를 포함하여 누구에게도 공개하지 아니하되, 불합격자의 경우에는 일정 기간 성적 공개 청구가 가능하도록 규정하였다.

참고자료

▶ **재판관 이정미, 재판관 강일원의 반대의견(합헌)**

심판대상조항이 청구인들의 알 권리(정보공개청구권)를 침해하지 않는다고 생각하므로 다음과 같이 의견을 밝힌다.

가. 과잉금지원칙 위반 여부

(1) 입법목적의 정당성

법학전문대학원과 변호사시험제도는 법정의견이 인정하는 바와 같이 다양하고 전문적인 교육을 통한 법조인을 양성하기 위하여 도입되었다. 그런데 만약 변호사시험 성적을 공개할 경우, 첫째, 사법시험과 마찬가지로 변호사시험 합격자를 성적순으로 서열화할 수 있게 됨에 따라 변호사시험 응시자는 상대적으로 더 나은 성적과 석차를 얻기 위하여 법학전문대학원의 체계적인 교과과정을 충실하게 이수하기보다는 변호사시험 준비에 치중하게 될 수 있다. 이는 법학전문대학원 교육을 본래의 취지에서 벗어난, 변호사시험 준비를 위한 교육으로 변질시킬 우려가 크며, 변호사시험과 직접 연결되지 않는 전문분야에 관한 학교별 특성화교육이 실질적으로 이루어지기 어렵게 함으로써 다양한 분야의 전문성과 경쟁력을 갖춘 우수한 인재의 배출을 어렵게 한다. 둘째, 변호사시험의 성적 공개는 변호사시험 합격자의 성적에 기초하여 출신 학교를 서열화할 수 있게 하고, 그에 따라 법학전문대학원 사이의 과다한 경쟁을 발생시키거나 교육과정의 파행적 운영을 초래할 우려가 크다. 셋째, 변호사시험은 사법시험과 달리 자격시험으로서의 성격이 중심이 됨에도 불구하고 마치 그것이 사법시험 성적과 같은 것으로 오해되어, 과거 오랫동안 사법시험 성적이 판사·검사 등의 선발이나 취업에 있어 절대적인 요소가 된 것과 마찬가지로, 법조인으로서의 전체적인 능력과 역량, 전문성 등과 관계없이 오직 변호사시험 성적만으로 법조인으로서의 자질과 능력이 평가될 가능성을 배제하기 어렵다. 심판대상조항은 법학전문대학원과 변호사시험 제도 도입의 취지를 몰각시킬 수 있는 위와 같은 여러 우려를 배제하기 위하여, 변호사시험 성적을 응시자 본인에게도 공개하지 않도록 규정한 것으로, 입법목적의 정당성이 인정된다.

(2) 수단의 적절성

변호사시험에 있어서 그 성적을 공개하지 않을 경우에는 변호사시험 합격자에 대하여 변호사시험 성적을 제외한 법학전문대학원에서의 이수 교과과정, 활동과 성취도는 물론, 그 밖의 사회적 경력 등 다양한 기준에 의하여 평가가 이루어질 수 있어 법학전문대학원 학생들로 하여금 변호사시험 성적의 고득점이라는 단편적인 기준보다는 종합적인 인성과 능력 개발을 위한 노력을 경주하게 하므로 변호사시험 합격자에게 성적을 공개하지 않도록 하는 것은 위 입법목적을 달성하기 위한 적절한 수단이다. 법정의견은 변호사시험 응시자의 시험 성적이 공개되지 않으면 기존의 학교별 사법시험 합격자 수 등에 따라 이미 형성된 대학별 서열화가 법학전문대학원의 서열화로 고착되어 법학전문대학원 학생들도 그 자신의 능력이나 실력보다는 이미 고착화된 대학의 서열화에 따라 평가될 수 있기 때문에 변호사시험 성적을 공개하지 않는 것이 심판대상조항의 입법목적을 달성하기 위한 적절한 수단으로 볼 수 없다고 한다. 그러나 앞서 본 바와 같이 법학전문대학원 제도는 기존의 사법시험 제도하의 합격자 성적에 따른 대학의 서열화 및 대학간 과다 경쟁이라는 폐해를 시정하고, 시험을 통한 선발이 아니라 법학전문대학원 교육을 통하여 법조인을 양성하고자 도입된 제도이고 변호사시험이 법조인으로서의 전체적인 능력과 역량을 가늠하는 하나의 지표에 불과함에도, 변호사시험 성적이 공개되면 변호사시험 응시자로서는 임용이나 취업 등에 있어 유리한 자료로 사용하기 위하여 상대적으로 더 나은 성적을 얻기 위하여 변호사시험 준비에 치중할 수밖에 없게 되고, 이에 따라 개별 수업에서 이루어지는 교육과 학습을 통한 법조인으로의 성장보다는 변호사시험에서 타 응시자보다 더 높은 성적을 획득하는 것을 더 중요시하게 될 것이다. 기존의 사법시험 제도를 개혁하여 법학전문대학원 체제를 도입한 이유가 바로 시험에 기초한 법조인 선발 제도에서 탈피하여 교육에 기초한 법조인 양성 제도를 실현하기 위한 것임을 고려해 보면, 변호사시험 성적의 공개가 자칫 법학전문대학원 체제의 도입 취지를 크게 뒤흔들 수 있는 계기가 될 수도 있다 할 것이다. 따라서 교육을 통한 법조인 양성이라는 목적으로 법학전문대학원 체제를 도입하였다면, 이러한 도입 취지를 관철시키기 위하여 변호사시험의 성적을 일정 부분 공개하지 않는 것은 제도의 성공적 안착을 위한 입법자의 정책적 판단으로서 충분히 수긍할 수 있다. 법정의견은 모든 법학전문대학원에 공통된 객관적인 평가기준이 없는 상황에서 변호사시험 합격자의 성적도 공개되지 않아 결국 기존에 형성된 대학의 서열 구조로 변호사시험 합격자를 평가하게 되어 법학전문대학원의 서열화는 오히려 고착된다고 한다.

그러나 법학전문대학원은 학교마다 구체적인 교육 및 훈련 과정이 다르다는 점을 큰 특징으로 하는데, 모든 법학전문대학원에 공통된 객관적인 평가기준이 없는 것은 심판대상조항의 문제점이 아니라 오히려 법학전문대학원 제도의 취지에 부합하는 것이다. 또한 법학전문대학원 제도의 시행 초기이고 변호사시험을 4회 치른 현 시점에서 불과 몇 회에 걸친 법학전문대학원별 취업현황 등만으로 변호사시험 성적의 비공개가 기존에 형성된 대학의 서열화에 따라 법학전문대학원의 서열화를 고착화시킨다고 보기는 어렵다. 이러한 취업 현황에 관한 통계 자료들은 출신 학교라는 단편적인 요소만을 기준으로 한 것인데, 실제 임용이나 취업에 있어서는 출신 학교만이 아니라 법학전문대학원별 교육과정이나 변호사시험 합격자 개인의 전문적인 지식 내지 다양한 경력, 자질 등을 고려한 다양한 요소가 고려되어 임용이나 취업이 결정됨에도 불구하고 위 통계 자료는 이러한 점은 고려함이 없이 단순히 출신 학교만을 기준으로 삼고 있기 때문이다. 게다가 2015년 법학전문대학원 출신 경력법관 임용자(2012년 제1회 변호사시험 합격자)의 경우, 45.9%가 지방 소재 법학전문대학원을 졸업하였고, 2012년부터 2015년까지 검사 임용 현황에 의하면 서울 소재 법학전문대학원보다 많은 수의 검사를 배출한 지역 소재 법학전문대학원도 있다는 사실에 비추어보면 판사·검사 선발에 있어서 출신 학교가 절대적인 기준으로 작용하고 있다거나 변호사시험 성적 비공개가 법학전문대학원의 서열화를 고착화시킨다고 단정하기 어렵다. 나아가 변호사시험 제도의 시행 초기인 현 상황에서 대학의 서열화나 성적 비공개에 따른 문제점이 발생한다면, 판사·검사 등의 선발에 있어 그 직역에 맞는 공정한 평가방법을 개발하고 법학전문대학원 과정에서도 학생들로 하여금 자신의 능력을 발휘할 수 있는 다양한 수단을 제도적으로 강구함으로써 해결하여야 하고, 위와 같은 문제점만으로 곧바로 심판대상조항이 대학의 서열화를 고착시키는 수단에 불과하다고 볼 수는 없다. 한편, 변호사시험이 선발시험의 성격을 일부 가지고 있는 점은 부인할 수 없으나 기본적으로는 시험 출제와 합격 여부의 결정에 있어서 자격시험으로 운영되고 있으므로 변호사시험 성적만이 법학전문대학원에서의 학업성과를 측정·반영할 수 있는 객관적 지표로서 채용과 선발의 객관적 기준으로 활용될 수 있다고 보기 어렵다. 입법자가 변호사시험 성적이 공개되지 않도록 한 것은 임용이나 채용에 있어서 변호사시험 성적이 아닌, 다른 요소들도 반영토록 하기 위한 것이다. 변호사시험 성적이 공개되지 않는다고 하여 채용자가 응시자를 평가할 자료가 법학전문대학원의 학업성적만으로 한정되는 것은 아니다. 채용자로서는 그 응시자가 법학전문대학원에서 어떠한 교과 과정을 거쳤는지, 관심분야는 어떤 것인지, 관심분야에 부합하는 경험을 축적하였는지 등을 고려하여 자신이 원하는 인재를 고를 수 있는 것이다. 또한 채용자가 변호사시험 합격자를 대상으로 다른 평가시험을 실시한다고 하더라도 이것으로써 변호사시험 성적 비공개가 반드시 입법목적 달성을 위한 적절한 수단이 아니라고 보기는 어렵다. 채용자는 자신이 원하는 인재를 채용하기 위하여 여러 가지 다양한 요소를 참작할 수 있고, 평가시험도 그러한 요소를 반영하기 위한 하나의 수단이기 때문이다. 이와 같이 변호사시험 성적 외의 다양한 요소를 참작하여 우수인재를 확보하게 되면, 법학전문대학원은 기존의 서열화나 합격자의 성적만으로 평가되는 것이 아니라 그 학교만의 특성화된 교육을 실시하여 우수한 인재를 배출함으로써 임용과 취업에 있어서 경쟁력을 가지려 노력할 것이고 이러한 점도 법학전문대학원 제도의 도입취지에 해당한다. 따라서 변호사시험 성적을 공개하지 않음으로써 성적 공개에 따른 법학전문대학원의 서열화 등을 방지하고 변호사시험 응시자가 법학전문대학원에서 받은 평가나 교육과정 등 다양한 기준에 의하여 학생들이 평가될 수 있으므로 그 수단의 적절성이 인정된다.

(3) 침해의 최소성

입법자는 변호사시험이라는 전문분야에 관한 자격제도를 마련함에 있어서 그 제도를 마련한 목적을 고려하여 정책적인 판단에 따라 자격제도의 내용을 정할 수 있고, 그 내용이 명백히 불합리하고 불공정하지 아니하는 한 원칙적으로 입법자에게 광범위한 형성의 자유가 인정된다(헌재 2012. 4. 24. 2009헌마608등 참조). 외국의 입법례를 보더라도, 변호사시험 성적 공개 여부가 주(州)에 따라 다른 미국의 예나 변호사시험 성적과 석차를 응시자에게 서면으로 통지하도록 하는 일본의 예에서 보는 바와 같이 변호사시험에 있어서 합격자의 성적을 공개할 것인지 여부는 국가마다 다르게 규정되어 있다. 이는 법조인 선발 제도의 내용이나 운영 형태 등이 국가마다 다르기 때문이다. 따라서 변호사시험 합격자의 성적을 공개할 것인지 여부는 법조인 선발 제도의 연혁, 취지 및 운영 형태 등 해당 국가공동체의 상황에 따라 결정되어야 한다. 우리나라의 경우, 기존 사법시험 및 사법연수원을 통한 변호사 자격 취득 제도가 시행되는 동안 대학의 서열화 및 대학간 과다 경쟁으로 인하여 시험준비 위주의 교육이 행해졌던 폐해가 있었고, 이를 시정하기 위하여 2009년 법학전문대학원이 처음 설치되었음은 앞서 본 바와 같다. 2012년 제1회 변호사시험이 실시된 이래 지금까지 총 4회의 변호사시험이 실시되어 법학전문대학원 및 변호사시험을 통한 법조인 선발 제도는 아직까지 시행 초기인 상황이다. 이와 같이 법학전문대학원 및 변호사시험 제도의 시행 초기 상황에서, 기존의 사법시험 제도하의 문제점을 극복하고 법학전문대학원 교육을 통한 법조인을 선발하려는 목적을 달성하기 위해서는 합격자들의 성적을 공개하지 않도록 하여 위와 같은 새로운 제도를 조속히 안정적으로 정착시킬 필요성이 있다. 만일 법학전문대학원 제도가 제대로 정착하기도 전에 변호사시험 성적을 공개하고, 그것이 기존 사법시험 성적과 같이 인식된다면 법학전문대학원에서 아무리 교과과정이나 실무수습 과정 등을 개발하고 다양화한다고 하더라도 이 모든 과정들은 '변호사시험 성적에 도움이 되지 않는' 것에 불과하여 자칫하면 법학전문대학원 제도 도입 취지를 몰각시킬 우려가 다분하다. 또한 변호사시험은 법학전문대학원 과정을 마친 사람이 변호사에게 필요한 직업윤리와 법률지식 등 법률사무를 수행할 수 있는 능력이 있는지를 검정하기 위한 일종의 자격시험이므로, 이는 법조인으로서의 전체적인 능력과 역량을 가늠하는 하나의 지표에 불과하고 최종적이거나 결정적인 기준이라고 보기는 어렵다. 그럼에도 변호사시험 합격자의 성적이 공개될 경우에는 시험 성적이 그 사람의 능력을 평가하는 유일한 요소로 간주되고 이러한 단일한 기준에 의해 합격자의 법조인으로서의 능력을 일원적으로 파악하게 될 우려가 적지 않다. 그리하여 응시자들도 정상적인 교육과정보다는 변호사시험 준비에 치중하게 되어 결국 법학전문대학원의 교육 과정도 왜곡되고 변질될 가능성이 크다. 이는 기존 사법시험으로 인한 폐해를 반복하는 것으로서 법학전문대학원 제도를 도입한 취지와 부합하지 않는다. 따라서 변호사시험 성적을 공개하지 않는다면, 물론 그로 인한 제도적 약점이 없다고 할 수는 없겠지만, 적어도 법학전문대학원은 시험준비 위주의 교육으로부터 다소 자유로울 수 있어서, '국민의 다양한 기대와 요청에 부응하는 양질의 법률서비스를 제공하기 위하여 풍부한 교양, 인간 및 사회에 대한 깊은 이해와 자유·평등·정의를 지향하는 가치관을 바탕으로 건전한 직업윤리관과 복잡다기한 법적 분쟁을 전문적·효율적으로 해결할 수 있는 지식 및 능력을 갖춘 법조인의 양성'이라는 교육이념에 보다 더 집중해서 교과과정을 운영하게 될 것이고, 학생들 역시 변호사시험의 당락이라는 압박이 있겠지만 이는 전체적인 등수가 공개되는 것과는 비할 바가 아니므로 적어도 성적이 공개되는 경우에 비해서는 상대적으로 변호사시험의 압력으로부터 자유로운 조건에서 교양, 인간 및 사회에 대한 깊은 이해를 다질 수 있는 교과 과정 및 실무수습 과정도 충실히 수행할 수 있을 것이다. 변호사시험 합격자를 채용하고자 하는 사람도 변호사시험 성적을 제외한 다양한 이수과목과 법학전문대학원의 전문화된 교육, 기타 폭넓은 실무수습 과정 등 다면적인 기준에 의한 평가를 할 수 있어 인재발굴의 적정성을 더욱 담보할 수도 있다. 다만 변호사시험 합격자를 채용하는 현실에 있어, 위와 같은 다면적 기준 외에도 불공정한 요소가 개입할 수 있는 문제점을 지적하는 일부 의견이 있기는 하나, 그 문제의 원인은 법학전문대학원과 관련한 여러 요소가 복합적으로 작용한 것으로서 모든 문제점이 단지 변호사시험 성적의 비공개로 인한 것이라고 단정하기는 어렵다. 더구나 변호사 채용에 관한 사항은 사적 영역에 속하므로, 변호사 채용에 있어서 어떤 기준이 적용되는지에 대해서는 정확하게 알기가 어려울 뿐만 아니라 변호사시험 성적을 공개한다고 하더라도 변호사 채용에 있어서 다면적 기준 외에 출신 학교 등과 같은 기준이 작용되는 현상을 방지할 수는 없다. 또한, 그와 같은 문제점은 앞서 본 바와 같이 각 직역의 선발에 있어 공정한 평가방법을 개발하고 법학전문대학원에서 학생들이 자신의 능력과 자질을 발휘할 수 있는 다양한 수단을 제도적으로 강구함으로써 해결하여야 할 것이다. 한편, 청구인들은 변호사시험 응시자에게 변호사시험 성적을 공개하되 석차를 공개하지 않는 방안이나 법학전문대학원별 성적을 발표하지 않는 방안으로도 심판대상조항의 입법목적을 달성할 수 있음에도 응시자 본인에게도 변호사시험 성적을 전혀 공개하지 않는 것이 침해의 최소성 원칙에 위반된다고 주장한다. 그런데 응시생에게 변호사시험의 성적이 공개된다면 변호사시험 합격자를 채용하고자 하는 사람이 각 응시생에게 변호사시험의 성적을 요구할 수 있고, 채용과정에서 변호사시험 성적의 비중이 커져 갈수록 법학전문대학원 재학생들은 변호사시험에서 더 높은 성적을 획득하는 것을 목표로 삼을 수밖에 없다. 이는 교육을 통한 법조인 양성이라는 법학전문대학원의 도입 취지에 부합하지 않는다. 결국 법학전문대학원 제도의 도입을 통하여 교육을 통한 법조인 양성이라는 목적을 달성하기 위해서는 변호사시험 합격자의 성적을 일률적으로 공개하지 않을 수밖에 없다는 입법자의 정책적 판단을 합리적인 것으로 간주할 수 있다. 따라서 청구인들의 주장과 같이 석차만을 공개하지 않거나, 법학전문대학원별 성적을 공개하지 않는 등의 방안으로는 합격자의 서열화로 인해 법학전문대학원에서의 교육이 시험위주로 변질될 우려 및 성적공개로 인해 대학원의 서열화 및 대학원간 과다 경쟁을 방지하고자 하는 심판대상조항의 입법목적을 달성할 수 있다고 보기 어렵다. 또한 시험에 불합격한 사람의 경우에는 합격자 발표일부터 6개월 내에 법무부장관에게 본인의 성적공개를 청구할 수 있어 다음 시험 준비 등을 위한 스스로의 취약점 분석 등에 자유로이 사용될 수 있도록 함으로써 알 권리에 대한 침해를 최소화하고 있다. 따라서 심판대상조항은 침해의 최소성 원칙에 위반되지 아니한다.

(4) 법익 균형성

심판대상조항이 실현하고자 하는 공익은 변호사시험 합격자의 성적을 통하여 대학의 서열화가 고착되고 대학간 과다 경쟁으로 인하여 시험준비 위주의 교육이 행해졌던 기존의 사법시험의 폐해를 극복하고, 새로운 사회에 필요한 다양한 과정을 이수하고 전문화된 법조인을 배출하여 결과적으로 국민의 기본권 보호와 사회정의의 실현에 기여하고자 하는 것이다.

그런데 심판대상조항으로 인하여 청구인들이 제한받는 사익은 변호사시험 합격자에 대하여 성적을 공개하지 않음으로써 자신의 변호사시험 성적을 알 수 없다는 것인데, 이러한 청구인들의 사익은 심판대상조항이 보호하고자 하는 공익보다 결코 크다고 할 수 없으므로 심판대상조항은 법익의 균형성의 요건도 갖추었다.

(5) 소결

그러므로 심판대상조항이 과잉금지원칙을 위반하여 청구인들의 알 권리를 침해한다고 볼 수 없다.

나. 신뢰보호원칙 위반 여부

(1) 신뢰보호원칙

신뢰보호원칙은 헌법상 법치국가의 원칙으로부터 도출되는데, 그 내용은 법률의 제정이나 개정 시 구법 질서에 대한 당사자의 신뢰가 합리적이고도 정당하며 법률의 제정이나 개정으로 야기되는 당사자의 손해가 극심하여 새로운 입법으로 달성하고자 하는 공익적 목적이 그러한 당사자의 신뢰의 파괴를 정당화할 수 없다면, 그러한 새로운 입법은 신뢰보호의 원칙상 허용될 수 없다는 것이다. 그러나 사회 환경이나 경제여건의 변화에 따른 필요성에 의하여 법률은 신축적으로 변할 수밖에 없고 변경된 새로운 법질서와 기존의 법질서 사이에는 이해관계의 상충이 불가피하므로, 국민이 가지는 모든 기대 내지 신뢰가 헌법상 권리로서 보호되는 것은 아니다. 따라서 신뢰보호원칙 위반 여부는 한편으로는 침해받은 신뢰이익의 보호가치, 침해의 중한 정도, 신뢰가 손상된 정도, 신뢰침해의 방법 등과 다른 한편으로는 새로운 입법을 통해 실현하고자 하는 공익적 목적을 종합적으로 비교·형량하여 판단하여야 한다(헌재 2012. 11. 29. 2011헌마827; 헌재 2015. 3. 26. 2014헌마372 등 참조).

(2) 판단

그런데 변호사시험법이 2009. 5. 28. 법률 제9747호로 제정될 당시에는 변호사시험 성적을 공개하는 것으로 규정되어 있었으나 제1회 변호사시험 시행 전인 2011. 7. 25. 법률 제10923호로 개정된 변호사시험법에서 시험 성적을 공개하지 않도록 하는 심판대상조항으로 개정되었음은 앞서 본 바와 같다. 그렇다면 제1회 변호사시험이 아직 실시되지 않았던 상황에서 심판대상조항으로 개정된 것이므로 변호사시험의 성적이 공개되었던 적은 없다. 따라서 비록 청구인들이 심판대상조항으로 개정되기 전에 변호사시험 성적이 공개되는 것으로 신뢰하였다고 하더라도 이러한 신뢰는 본격적으로 시행되지 않은, 아직 유동적이라 할 수 있는 상태의 제도에 관하여 가진 신뢰이므로 그 보호가치가 크다고 보기 어렵다. 또한, 앞서 살핀 바와 같이 심판대상조항으로 달성하고자 하는 공익은 변호사시험 성적을 공개할 경우 사법시험과 마찬가지로 변호사시험 합격자의 서열화로 인해 법학전문대학원의 교육이 변호사시험 준비 위주의 교육으로 변질될 우려가 있어 학교별 특성화교육 등을 통한 다양한 분야의 전문성과 경쟁력을 갖춘 우수 인재 배출이 어렵게 되고, 변호사시험 성적 공개로 인해 법학전문대학원의 서열화 및 대학원간 과다 경쟁이 발생할 우려가 있으므로 이를 방지하기 위한 것인바, 청구인들의 신뢰가 이러한 공익보다 크다고 볼 수도 없다.

(3) 소결

그러므로 심판대상조항이 신뢰보호원칙에 위반되어 청구인들의 알 권리를 침해한다고 볼 수 없다.

다. 결론

심판대상조항이 과잉금지원칙이나 신뢰보호원칙에 위반되어 청구인들의 알 권리(정보공개청구권)를 침해한다고 볼 수 없다.

▶ 재판관 조용호의 법정의견에 대한 보충의견(위헌)

　나는 변호사시험법의 전제가 된 '법학전문대학원 설치·운영에 관한 법률'(2007. 7. 27. 법률 제8544호)이 국민적 합의 없이 2007년 당시 열린우리당과 한나라당 사이에 사립학교법 개정과 연계하여 갑자기 통과시킨 법률임을 상기하면서, 변호사시험 합격자에 대하여도 그 시험성적을 공개하여야 한다는 법정의견에 대한 보충의견을 아래와 같이 밝힌다.

　가. 사법시험－사법연수원 체제가 법학전문대학원－변호사시험 체제와 동일한 비교집단이 되는지 여부에 관한 형식논리적인 논의를 떠나, 현재의 법학전문대학원－변호사시험 체제가 종래의 사법시험－사법연수원 체제에 대한 비판으로부터 출범하였고 사회적으로 늘 비교의 대상이 되므로 양 체제의 실질적인 비교검토를 통하여 변호사시험성적 비공개의 문제점을 살펴보기로 한다. 오랜 기간 동안 법조인을 배출·양성하는 제도였던 사법시험－사법연수원 체제에서는 모두 그 성적과 석차가 공개되었다. 이때는 이른바 명문대와 비명문대, 수도권대와 지방대라는 서열구조에 관계없이 사법시험과 사법연수원 성적에 따라 희망하는 법조직역 또는 취업시장으로 진출하였고, 법원·검찰 및 주요 법무법인이나 법률사무소 등에서는 이를 기초로 하여 판·검사를 임용하고 변호사를 채용하였다. 학벌이나 집안, 배경, 인맥 등과 관계없이 그 능력(사법시험 및 사법연수원 성적)에 따라 역전의 기회가 보장되는 상황이었다. 위 체제는 우리 국민 대다수가 인정하는 계층 이동의 기회이자 공정한 경쟁의 대명사였고, 따라서 위 체제에서는 적어도 선발과정과 시험 및 평가의 객관성과 공정성이 담보되었으므로 위 제도가 시행되는 동안 어느 누구로부터도 한 점 의혹이 제기됨이 없었고 모두가 그 결과에 승복하였다. 그러나 법학전문대학원－변호사시험 체제에서는 출발부터 법학전문대학원의 간판에 의해 운명의 갈림길에 서게 됨으로써, 이 체제가 출범한지 얼마 되지도 않은 시점부터 법학전문대학원 입학전형 과정의 불투명성과 고비용 및 변호사로서의 실력 저하 등으로 인해 불합리한 제도라는 비판이 나오고, 그 결과 평가기준의 객관성 및 채용과정의 공정성에 대한 의문이 제기되고 있으며, 현대판 음서(蔭敍)제라는 비아냥까지 받기에 이르렀다.　변호사시험은 법조인으로서의 전체적인 능력과 역량을 가늠할 수 있는 유효하고도 중요한 수단 중의 하나이다. 법학전문대학원 과정을 충실히 이행하였다는 이유만으로 그것을 방증할 또 하나의 지표인 변호사시험성적을 공개하지 않아야 한다는 논리는 성립되지 않는다. 현행 시험성적 비공개 방식에 따르면 변호사로서의 능력을 측정할 객관적이고도 공정한 기준이 없어 각종 채용 과정에서 변호사로서의 능력보다는 지원자의 학벌이나 집안, 배경, 인맥 등이 중요하게 작용한다는 의혹을 불러일으키고 있다. 오늘날과 같은 자유경쟁사회에서 패자(敗者)가 실력이 아니라 학벌, 제도, 부모를 탓하는 사회구조가 되어가고 있는 것이다. 특히 법학전문대학원－변호사시험 체제는 변호사시험성적이 공개되

지 아니하여 결과에 승복하지 못하는 구조로 되어가고 있는 점에서 크게 우려 된다. 이는 법학전문대학원 – 변호사시험 체제의 미래를 위하여도 결코 바람직하지 못하다. 변호사시험의 높은 합격률(매년 전체 법학전문대학원 입학정원 대비75% 이상)과 시험성적 비공개는 법학전문대학원을 기득권의 안정적 세습수단으로 만든다는 비판도 있다. 이런 문제 때문에 사회적으로 사법시험 존치 또는 예비시험 제도가 논의되고 있음을 상기하여야 한다. 나아가 1971년에 로스쿨제도를 도입하였다가 1984년 이를 폐지하고 다시 사법시험제도로 회귀한 독일의 사례와 우리와 유사한 법학전문대학원 – 신사법시험체제가 이미 실패한 제도라는 평가가 내려지고 있는 일본의 경우를 타산지석(他山之石)으로 삼을 필요가 있다. 위와 같은 사법시험 – 사법연수원 체제와 법학전문대학원 – 변호사시험 체제의 차이는 여러 가지 요인에서 비롯되겠지만, 근본적으로는 시험성적의 공개 또는 비공개라는 결과의 공정성, 평가기준의 객관성 등에서 차이가 있기 때문이다.

나. 나아가 심판대상조항은 국내의 다른 자격시험이나 외국의 입법례와 비교할 때에도 합당한 조치라고 보기 어렵다. 국내에는 변리사, 공인회계사, 관세사, 세무사 및 의사, 한의사, 약사 등 다양한 자격을 부여하기 위해 실시되는 시험제도가 존재하고, 과거의 외무고시 및 행정고시나 입법고시와 같은 공무원 임용시험도 있다. 현재 이들 자격시험 또는 임용시험에서는 거의 대부분 합격자를 포함한 응시자들이 자신의 성적을 알 수 있도록 공개하고 있다. 여러 중요한 자격시험 또는 임용시험 중에서 왜 유독 변호사시험에서는 시험성적을 비공개로 하여야 하는지, 왜 변호사시험에 합격한 사람들에게만 자기 성적에 관한 정보가 전적으로 차단되어야 하는지에 관하여 납득할 만한 합리적인 이유가 제시되지 않고 있다. 변호사시험성적의 비공개가 법학전문대학원의 교육과정이 충실하게 이행될 수 있도록 하기 위한 것이라는 이유만으로는 설명이 되지 않는다. 변호사시험성적의 공개 여부에 따라 법학전문대학원 교육과정의 충실성 여부가 갈린다면 법학전문대학원의 교육방법이나 운용과정에 근본적인 문제가 있음을 자인하는 것이다.

다. 반대의견에서는 변호사시험성적이 법학전문대학원에서의 학업성과를 측정·반영할 수 있는 객관적 지표로서 채용과 선발의 객관적 기준으로 활용될 수 있다고 보기 어렵다고 한다. 그러나 이는 변호사시험을 법학전문대학원의 교육과정과 유기적으로 연계하여 시행하도록 하고 있는 변호사시험법 제2조의 규정 취지를 도외시하는 것이고, 결국 변호사시험 자체의 존재의의를 부인하는 셈이 된다. 법정의견에서 변호사시험성적을 공개하여야 한다는 취지는 과거 사법시험 – 사법연수원 체제에서와 같이 임용이나 채용에 있어서 변호사시험성적만으로 선발하라는 것이 아니라, 그 응시자(변호사시험 합격자)의 전문적인 지식·경험·

자질, 법학전문대학원에서의 교육과정이나 학점 등과 같은 여러 가지 평가요소 외에도 객관적인 평가지표가 될 수 있는 변호사시험성적도 또 하나의 요소로서 고려할 수 있는 기회를 부여하자는 취지이다. 반대의견에서 채용자가 자신이 원하는 인재를 채용하기 위하여 독자적인 평가시험을 포함한 여러 가지 다양한 요소를 참작할 수 있다는 점을 긍정하면서도, 유독 가장 객관적이고 공정한 것으로 보이는 변호사시험성적만은 반영요소로서 허용하지 않아도 된다는 논리는, 법학전문대학원 제도가 교육을 통한 법조인 양성 제도임을 감안한다고 하더라도 수긍하기 어렵다.

　라. "합격 여부만을 알려주고 성적은 비밀에 부치는 시험. 불합격하지 않는 한 응시자 본인도 자기 점수를 알 수 없는 시험. 세상에 이런 시험이 있을까?"라는 어느 일간지 칼럼의 조소(嘲笑)는 오히려 변호사시험성적을 통하여 학벌을 극복하고 자신의 능력을 객관적으로 검증받고자 하는 다수의 변호사시험 합격자들의 절규(絕叫)인 것이다. 이러한 이유에서 나는 변호사시험 합격자에 대하여 시험성적의 공개를 막고 있는 심판대상조항은 헌법에 위반된다고 생각한다.

헌법소원심판청구서

청 구 인   1. 정길동
               부산 금정구 부산대학로 123
          2. 박향춘
               부산 금정구 부산대학로 423
               청구인들의 대리인 변호사 홍의정
               부산 연제구 거제동 654 청륜빌딩 3층

청 구 취 지

"변호사시험법(2011. 7. 25. 법률 제10923호로 개정된 것) 제18조 제1항 본문은 헌법에 위반된다."
라는 결정을 구합니다.

침해된 권리

헌법 제21조 알 권리

침해의 원인(인 공권력의 행사 또는 불행사)

변호사시험법(2011. 7. 25. 법률 제10923호로 개정된 것) 제18조 제1항 본문

청 구 이 유

1. 사건의 개요

    청구인 정길동은 부산대학교 법학전문대학원을 졸업한 후 제3회 변호사시험에 응시하여 합격
한 사람이고, 같은 박향춘은 부산대학교 법학전문대학원에 재학 중으로 향후 제4회 변호사시험에
응시하려고 준비하는 사람입니다.

2. 적법요건에 관하여

    청구인적격 관련해서 변호사시험 성적의 공개를 금지한 변호사시험법 제18조 제1항 본문(이하
'청구대상조항')으로 인하여 청구인 정길동 자신의 현재 기본권이 직접 침해를 받고 있으며, 같은
박향춘도 향후 실시된 변호사시험에 응시하여 합격할 경우 기본권 침해가 명백히 예상되기 때문
에 청구인적격을 갖추었다 할 것입니다.

청구기간과 관련해서 청구대상조항이 2011. 7. 25. 법률 제10923호로 개정되어 실시되었지만, 청구인 정길동은 2014. 4. 19. 변호사시험 합격으로 인하여 비로소 침해의 원인이 발생하였다고 보아야 하기 때문에 이를 기준으로 90일 이내에 제소하면 족하다고 해석해야 할 것이고, 같은 박향춘은 아직 변호사시험 합격하지 않았기 때문에 청구기간의 제한을 받지 않는다고 보아야 합니다.

보충성 관련해서 정길동이 정보공개청구를 하여 정보비공개결정을 받았기 때문에 정보비공개결정에 대한 취소소송을 제기한 후 위헌법률심판절차에 따라 본건 청구대상조항의 위헌 여부를 심판할 수 있습니다. 그런 의미에서 보충성을 갖추지 못하였다고 볼 여지도 있지만, 취소소송은 기본권 침해에 대한 불필요한 우회 절차를 강요하는 것으로 밖에 되지 않기 때문에 예외적으로 보충성이 인정된다고 할 것입니다.

따라서 기타 적법요건이 모두 구비되었으므로 청구인들의 본건 헌법소원청구는 적법합니다.

3. 이 사건 법률조항의 위헌성에 관하여

가. 제한되는 기본권

정부나 공공기관이 보유하고 있는 정보에 대하여 정당한 이해관계가 있는 자가 그 공개를 요구할 수 있는 권리는 알 권리로서 이러한 알 권리는 헌법 제21조에 의하여 직접 보장됩니다. 어떤 문제가 있을 때 그에 관련된 정보에 대한 공개청구권은 알 권리의 당연한 내용이 됩니다.[14]

청구대상조항은 변호사시험에 합격한 사람의 '성적'이라는 정보를 공개하지 않는다는 점에서 변호사시험에 합격한 청구인들의 알 권리 중 정보공개청구권을 제한하고 있습니다.

나. 과잉금지원칙 위배

(가) 입법목적의 정당성

청구대상조항은 변호사시험 성적 비공개를 통하여 법학전문대학원 간의 과다경쟁 및 서열화를 방지하고, 법학전문대학원 교육과정이 충실하게 이행될 수 있도록 함으로써 새로운 법학전문대학원 체제를 조기에 정착시켜 궁극적으로 다양한 분야의 전문성을 갖춘 양질의 변호사를 양성하기 위한 것으로 그 입법목적은 정당합니다.

(나) 수단의 적절성

1) 청구대상조항의 입법목적이 정당하다고 하더라도, 변호사시험 성적의 비공개가 어떻게 법학전문대학원의 서열화 및 과다경쟁을 방지할 수 있다는 것인지 이를 뒷받침할 수 있는 근거가 전혀 제시되지 않고 있을 뿐만 아니라 아래에서 보는 바와 같이 변호사시험 성적을 공개하지 아니함으로써 법학전문대학원의 서열화를 더욱 고착화하고 있는 것이 현실입니다. 오히려 변호사시험 합격자에 대한 변호사시험 성적 공개가 법학전문대학원 서열화 내지 그 고착현상을 깨는데 기여

---

14 헌재 2009. 9. 24. 2007헌바107; 헌재 2011. 3. 31. 2010헌바291 등 참조

할 것으로 보입니다.

　먼저, 법학전문대학원 간의 과다경쟁 방지라는 목적에 대하여 보건대, 변호사시험의 주무부서인 법무부에서 매년 전체 법학전문대학원 입학정원 대비 75% 이상의 합격 방침을 표방하고 이를 그대로 시행하고 있는 상황에서 법학전문대학원 간의 경쟁이 어떠한 문제를 야기하는지, 그러한 경쟁이 법학전문대학원 교육과정의 충실화와 어떻게 충돌하는지에 대하여 납득할 만한 설명이 있어야 합니다. 법학전문대학원 제도의 시행 초기임을 감안하더라도 법학전문대학원 간의 과다경쟁을 우려하여 변호사시험 성적을 공개하지 않는다는 것은 이해하기 어려운 조처이고, 오히려 법학전문대학원으로 하여금 과도한 보호와 온실 속에 안주하게 하고 이에 따라 제대로 경쟁력도 갖추지 못한 변호사를 양산할 가능성만 커집니다.

변호사시험 성적을 공개하지 않는 것이 학교별 특성화 교육 등을 통해 법학전문대학원 교육과정을 충실하게 이행할 수 있도록 한다는 점에 대하여 살펴보건대, 합격자에 대한 변호사시험 성적을 일체 공개하지 아니하는 결과, 변호사채용에 있어서 학교성적이 가장 비중 있는 전형요소가 되고, 이로 인하여 다수의 법학전문대학원생이 법학전문대학원에서의 학점에만 과도하게 신경을 써 학점 취득이 쉬운 과목 위주로 선택하여 수강하며, 정작 제대로 이수하여야 하는 기본 법학과목이나 중요한 실무과목을 외면하고 있음은 물론 학교별 특성화 교육조차 제대로 시행되지 않고 있는 것이 현실입니다.

　또한 변호사시험 성적을 공개하지 않음으로써 다양한 분야의 전문성과 경쟁력을 갖춘 변호사를 양성한다는 심판대상조항의 입법목적 역시 현실에 부합하지 않습니다. 앞서 본 바와 같이 법학전문대학원이 출범한지 얼마 되지 않은 시점인데다 모든 법학전문대학원에 공통된 객관적인 평가기준이 없는 상황에서는 각 법학전문대학원의 시험성적이 객관적인 평가자료가 될 수 없고, 특성화 교육도 자리를 잡지 못한 상태에서 법학전문대학원생들의 전문화 능력은 사실상 그 측정이 불가능합니다. 의료, 기업, 세무, 지식재산권 등에서 말하는 이른바 '전문성'은 학부에서의 관련 전공이나 법학전문대학원에서의 특성화 교육을 통하여 쉽게 성취하거나 획득할 수 있는 것이 아니며, 법조계 내지 법률분야 역시 다른 전문분야 못지않게 매우 전문적인 영역이라는 점에서 변호사의 전문성은 일단 변호사가 된 다음 자신이 관심 있는 분야를 상당 기간 다양한 실무경험을 쌓음과 동시에 학문적·이론적으로 깊이 연구·천착함으로써 비로소 달성할 수 있는 것입니다.

　2) 변호사시험 성적이 공개되지 않는다면, 현재 모든 법학전문대학원에 공통된 객관적인 평가기준이 없는 상황에서 법학전문대학원 학생들은 법조인으로서의 자신의 능력과 자질을 객관적으로 입증할 수 있는 방법이 거의 없게 되고, 사회적으로도 변호사시험 합격자의 능력을 평가할 수 있는 객관적인 자료가 없는 상황이므로 결국은 법학전문대학원 인가과정과 기존의 사법시험의 합격인원 통계 등으로 형성된 대학의 서열, 이른바 명문대와 비명문대, 수도권대와 지방대라는 서열구조에 따라 변호사시험 합격자를 평가하게 되고, 그러한 서열화는 더욱 고착화 되어갈 것입니다. 변호사시험 합격자들의 법학전문대학원별 취업률 현황, 법무법인이나 법률사무소의 채용현

황, 지방 소재 법학전문대학원에 재학 중인 학생들이 수도권 소재 법학전문대학원에 입학하기 위하여 휴학을 하는 사례 등에 비추어보면, 이러한 우려가 단순한 기우에 지나지 않는다고 보기는 어렵습니다.

통계 자료에 따르면 변호사시험 성적이 공개되지 않음으로써 출신 학교가 변호사채용에 있어서 주된 기준이 됨에 따라 법학전문대학원 출범 전부터 우려됐던 학교별 서열화가 현실화되고 있고, 그 쏠림 현상은 해를 거듭할수록 심해지고 있으며, 대형 법무법인일수록 더욱 뚜렷하게 나타나고 있음을 보여주고 있습니다. 법학전문대학원 간의 서열화를 막기 위해서 변호사시험성적을 공개하지 않는다는 정책 때문에 오히려 그 서열화가 더욱 고착화되고 있는 것입니다.

과거에는 어느 대학을 나오든 사법시험과 사법연수원 성적에 따라 판·검사로 임용되고 대형 법무법인이나 법률사무소에 채용되었습니다. 그러나 지금의 제도 아래에서는 어느 법학전문대학원에 입학하느냐에 따라 이미 법조인으로서의 운명이 결정되는 셈입니다. 자유로운 경쟁이 보장되고 용인되어야 할 법조인 등용문에서 반전과 역전의 기회조차 봉쇄한 채 '입구'의 차이를 '출구'의 차이로까지 연장시키고 있는 것입니다.

3) 법학전문대학원에서의 학업성취도를 변호사시험을 통하여 평가받음으로써 법학전문대학원 학생들은 물론 법학전문대학원 간에도 선의의 경쟁이 촉발되어야 법학전문대학원도 발전하고 그 소속 학생들도 경쟁력 있는 법조인으로서의 기초를 닦을 수 있습니다. 그런데 변호사시험 성적을 공개하지 않는다면 법학전문대학원에 지원하는 학생들은 자신이 관심 있는 전문 영역이나 특성화 영역에 대한 교육과정을 가진 학교를 선호하는 것이 아니라 오직 기존의 대학 서열에 따라 학교를 선택하게 되고, 그 결과 학업성취에 대한 건전한 경쟁동기조차 사라지게 됩니다. 법학전문대학원도 시험성적의 비공개로 인하여 변호사시험에 있어서 학생들이 어떤 과목에 상대적으로 취약한지, 어떻게 이를 보완할 것인지를 알 수 없기 때문에 전문적인 법률이론 및 실무에 관한 교육을 통해 다양하고 경쟁력 있는 우수한 법조인을 양성하려는 본래의 목적을 제대로 달성할 수 없게 됩니다.

4) 한편, 합격자의 시험성적을 공개하면 더 나은 성적과 석차를 얻기 위하여 변호사시험 대비에 치중하게 된다는 우려가 있습니다. 그러나 우리나라의 변호사시험이 자격시험과 선발시험의 성격을 모두 가지고 있는 이상, 법학전문대학원에서의 학업성취도를 향상시킴과 동시에 변호사시험에서 좋은 성적을 얻기 위해 노력하여야 함은 경쟁사회에서 당연한 현상인 것이고, 실제로 시험성적을 공개하지 아니한다고 하여 변호사시험 준비를 소홀히 하는 것도 아닙니다. 특별한 사정이 없는 한 변호사시험의 응시자격을 취득한 사람은 5년 내 5회 변호사시험에 응시할 수 있는데, 매년 전체 법학전문대학원 입학정원 대비 75% 이상을 합격시킨다고 하는 법무부의 방침에도 불구하고 해마다 불합격자가 누적됨에 따라 향후 지속적으로 변호사시험 합격률은 떨어지게 됩니다. 그 결과 변호사시험 응시자들은 변호사시험에 합격하기 위하여 변호사시험 과목 위주의 학교 교육을 선호하게 되고, 일부 응시자들은 변호사시험 준비를 위한 사설학원 수업까지 수강하고 있

는 상황입니다. 이는 법무부에서 시험성적을 공개할 경우에 발생할 것으로 예상한 부작용, 즉 "변호사시험 과목 위주의 학교교육, 좋은 성적을 위해 사설학원으로의 회귀 현상"이 시험성적을 공개하지 않는다고 하여 방지되는 것은 아니라는 점을 나타냅니다.

5) 우리나라의 변호사시험은 단순한 자격시험에 그치지 않고 선발시험의 성격도 가지고 있는 점에 비추어 볼 때, 심판대상조항과 달리 합격자의 변호사시험 성적을 공개하는 것이 법학전문대학원의 도입취지에 비추어 경쟁력이 있는 법률가의 양성을 위해서도 필요할 뿐만 아니라 다음과 같은 긍정적이고 적극적인 의미가 있습니다. 첫째, 변호사시험 성적은 법학전문대학원에서의 학업성과를 측정·반영한 것으로 그 우수성의 징표로 작용할 수 있고, 각종 법조직역의 진출과정에서 객관적 지표로서 기능할 수 있다. 편차가 큰 법학전문대학원의 학업성적에만 의존하는 것은 객관적이고 공정한 평가를 반영하지 못합니다. 그러나 합격자의 변호사시험 성적은 개별 법학전문대학원의 학업성적보다 공신력 있는 정보이므로, 우수 인재를 확보하려는 법조시장 또는 각종 직역에 다양한 정보를 줄 수 있습니다. 이처럼 변호사시험 성적을 공개함으로써 이를 채용과 선발의 객관적 기준의 하나로 활용하여 공정한 사회진출을 위한 잣대로 기능할 수 있습니다. 현재 합격자의 변호사시험 성적이 공개되지 아니하여 객관적인 평가자료가 없기 때문에 각종 채용절차에서 법학전문대학원 출신 변호사에 한하여 별도의 필기시험을 부과하는 등 실제로 채용과정에서도 사법연수원 출신 변호사와 다른 취급을 하고 있습니다. 변호사시험 성적이 취업 등에 중요한 요소로 기능하게 되면 법학전문대학원에서도 변호사시험을 철저하게 준비하게 되어 경쟁력이 있는 변호사의 배출에 기여할 수 있습니다. 둘째, 변호사시험은 법학전문대학원의 교육과정과 유기적으로 연계하여 시행하도록 하고 있는바(변호사시험법 제2조), 변호사시험성적과 법학전문대학원 학점 간의 연관성을 파악하기 위해서도 이를 공개하는 것이 바람직합니다. 그렇게 함으로써 특정 법학전문대학원 출신 또는 각 법학전문대학원의 학점에 지나치게 의존하는 평가방식에서 탈피할 수 있습니다.

6) 앞서 살펴본 바와 같이 원래 변호사시험법이 제정될 당시에는 합격자도 시험성적의 공개를 청구할 수 있도록 하였으나, 이를 시행하여 보기도 전에 다수의 법학전문대학원생들과 여론의 반대에도 불구하고, 변호사시험 성적을 비공개로 하되 불합격자의 경우에만 성적공개 청구가 가능하도록 청구대상조항이 개정되었습니다.
시험성적 공개로 인한 부작용에 관한 실증적인 연구·검토도 없이 갑자기 시험성적의 공개에서 비공개로 제도를 바꾼 배경에 대하여는 입법목적 외에 달리 아무런 설명이나 합리적인 이유 제시도 없었습니다.

7) 변호사시험 성적의 비공개가 당초의 입법목적은 달성하지 못한 채 기존 대학의 서열화를 고착시키고 법학전문대학원 출신 변호사에 대한 객관적 평가를 방해하는 등 여러 가지 부작용을 낳고 있으므로, 변호사시험 성적의 비공개는 심판대상조항의 입법목적을 달성하는 적절한 수단이라고 볼 수 없습니다.

(다) 침해의 최소성

위에서 본 바와 같이 변호사시험 성적을 합격자 본인에게도 공개하지 못하도록 하는 것은 입법목적을 달성하는 데 있어 적절하지 않고, 오히려 청구대상조항이 추구하는 법학교육의 정상화나 교육 등을 통한 우수 인재 배출, 법학전문대학원 간의 과다경쟁 및 서열화 방지라는 입법목적은 결국 법학전문대학원 내의 충실하고 다양한 교과과정 및 엄정한 학사관리를 통하여 이루어지는 것이 정상적일 뿐만 아니라 이러한 방안이 법학전문대학원의 도입취지에도 부합합니다.

외국의 경우를 보더라도 시험성적을 비공개하는 경우가 없는 것은 아니지만(비공개하는 경우는 대부분 자격시험으로 운용되고 있다), 독일이나 일본 등은 사법시험 혹은 변호사시험과 관련된 성적을 모두 공개하고 있습니다. 특히 일본의 경우 과거 사법시험-사법연수소 체제에서의 사법연수소 수습성적은 공개하지 않았음에도 오히려 법학전문대학원-신사법시험 체제에서는 변호사시험 성적을 석차와 함께 서면으로 통지하여 공개하고 있습니다.

사정이 이와 같다면, 심판대상조항의 입법목적은 법학전문대학원 내의 충실하고 다양한 교과과정의 이행이나 엄정한 학사관리 등과 같이 법학전문대학원의 도입취지에 부합하면서도 청구인들의 변호사시험 성적에 대한 알 권리를 제한하지 않는 수단을 통해서 달성할 수 있음에도, 변호사시험 성적을 합격자 본인에게도 공개하지 못하도록 하는 것은 응시자들의 알 권리를 과도하게 제한하는 것으로서 침해의 최소성 원칙에도 위배됩니다.

(라) 법익의 균형성

앞서 본 바와 같이 청구대상조항이 추구하는 공익은 궁극적으로 법학전문대학원의 충실하고 다양한 교과과정 및 엄정한 학사관리를 통해서 실현되는 것이지, 변호사시험 성적을 비공개함으로써 실현되는 것이 아니고 시험 성적을 공개한다고 하여 이러한 공익의 달성이 어려워지는 것도 아닙니다.

이에 반하여 변호사시험 응시자들은 시험 성적의 비공개로 인하여 자신의 인격을 발현하는 데 중요한 기초가 되는 정보에 대한 알 권리를 제한받게 되므로, 청구대상조항으로 인하여 제한되는 사익은 현저히 중대합니다. 변호사시험 합격자로서는 많은 시간과 노력을 기울여 준비하고 합격한 시험의 성적을 알고, 이를 각종 법조직역 또는 취업시장의 진출과정에서 활용하고자 하는 것은 개인의 자아실현을 위해 매우 중요한 부분입니다. 따라서 청구대상조항은 법익의 균형성 요건도 갖추지 못하였습니다.

5. 결 론

이상에서 보는 바와 같이 청구대상조항은 과잉금지원칙에 위배되어 청구인들의 알 권리(정보공개청구권)를 침해합니다. 이에 청구대상조항에 대하여 헌법소원심판을 청구하는 바입니다.

첨 부 서 류

1. 졸업증명서, 합격증명서, 재학증명서
2. 정보공개청구서, 정보비공개결정서
3. 대리인선임서(소속변호사회 경유)

2014.   7.   10.

청구인들 대리인 변호사 홍의정   (인)

헌법재판소   귀중

PART
05

제1회 변호사시험/
기본형 취소소송

【문제[1] 1】

재미노래연습장의 영업자인 박미숙은 2011. 12. 22. 관련서류를 가지고 법무법인 필승 소속의 나성실 변호사를 찾아와 노래연습장 등록취소처분에 대해서 불복을 하고 싶다고 하면서 법적 절차를 밟아 줄 것을 요청하였다.

박미숙으로부터 사건을 의뢰받은 법무법인 필승의 담당변호사 나성실은 박미숙에 대한 노래연습장 등록취소처분이 위법하여 승소가능성이 있다는 결론을 내리고 관할법원에 이에 관한 소송을 제기하려고 한다.

나성실 변호사의 입장에서 소장 작성 및 제출일을 <u>2012. 1. 3.</u>로 하여, <u>취소소송의 소장</u>[2] 을 작성하시오.

작성요령 및 주의사항[3]

1. '이 사건 처분의 경위'는 8줄 내외로 작성할 것

2. '이 사건 소의 적법성'에서는 <u>제소기간</u>과 <u>피고적격</u>을 중심으로 작성할 것

3. '이 사건 처분의 위법성'에서는 사실관계와 참고자료에 수록된 관계법령과 제공

---

1 2012. 1. 3. 법무부에 실시한 제1회 변호사시험 문제를 그대로 사용하였고, 다만 교육과 학습의 편의를 위해 일부 수정, 삭제하였다.

2 변호사시험 문제에서는 「본 기록에 첨부된 소장양식에 따라」 기재하도록 출제되었고, 소장 양식도 제공되었다.

3 「7. 법률상담일지, 법무법인 필승의 내부회의록 등 기록에 나타난 사실관계만을 기초로 하고, 그것이 사실임을 전제로 할 것 8. 참고자료에 수록된 관계법령(그중 일부 조문은 현행 법령과 차이가 있을 수 있음)과 제공된 법전 내의 법령이 이 사건 처분시와 소장 작성 및 제출시에 시행되고 있는 것으로 볼 것 9. 각종 서류 등에 필요한 서명, 날인 또는 무인, 간인, 접수인 등은 모두 갖추어진 것으로 볼 것」 참고: 전체 배점은 100점이고, 그중 '4. 이 사건 처분 근거법령의 위헌성'에 대한 배점은 20점이다.

된 법전 내 법령, 기존 판례 및 학설의 입장에 비추어 볼 때 설득력 있는 주장을
중심으로 작성할 것

4. '이 사건 처분 근거법령의 위헌성'에서는 참고자료에 수록된 음악산업진흥에 관
한 법률 제22조 제1항 제4호, 제27조 제1항 제5호 및 동법 시행령 제9조 제1호의
위헌성 여부에 대해서만 작성할 것

5. '입증방법' 및 '첨부서류'에서는 각각 3개 항목만 기재하여도 무방함

6. 「음악산업진흥에 관한 법률」은 '음악진흥법'으로 약칭하여도 무방함

【문제 2】

나성실 변호사는 박미숙에 대한 노래연습장 등록취소처분 취소소송 제기와 동시에 집행
정지를 신청하려고 한다. 나성실 변호사의 입장에서 신청서 작성 및 제출일을 2012. 1. 3.
로 하여, 집행정지신청서를 작성하시오.

수임번호 2011-301	법률상담일지		2011. 12. 22.
의 뢰 인	박미숙(재미노래연습장 영업자)	의뢰인 전화	041-200-1234(영업장) ***-****-****(휴대전화)
의뢰인 영업장 주소	충남 천안시 동남구 안서동 11-1	의뢰인 팩스	

상 담 내 용

1. 의뢰인 박미숙은 충남 천안시 동남구 안서동 11-1에서 재미노래연습장이라는 상호로 노래방을 운영하다가 청소년 출입시간 위반으로 등록취소처분을 받고 본 법무법인을 방문하였다.

2. 박미숙은 초등학교 동창이 소개한 전(前) 영업자 이원숙에게서 2011. 6. 17. 오케이노래연습장의 영업을 양수하였다. 영업자의 지위를 승계받은 박미숙은 2011. 6. 24. 영업자 및 상호가 변경된 등록증을 발급받아 2011. 7. 1.부터 재미노래연습장이라는 상호로 영업을 시작하였다.

3. 박미숙은 2011. 7. 25. 오후 7시에 회사원 일행 7명을 출입시켜 영업을 하다가 오후 8시경 천안시 동남구청 담당직원의 단속을 받았다. 그런데 위 일행 중 1명이 만 17세로 밝혀졌다.

4. 박미숙은 천안시장 명의의 2011. 8. 12.자 등록취소처분 사전통지서를 송달받았으나 바빠서 의견제출을 하지 않았다.

5. 박미숙의 모친인 윤숙자는 대구에 떨어져 살고 있는데, 2011. 9. 16. 박미숙의 집을 잠시 방문하였다가 같은 날 박미숙이 외출한 사이에 우편집배원으로부터 노래연습장 등록취소처분 통지서를 교부받았다. 윤숙자는 깜빡 잊고 위 통지서를 박미숙에게 전달하지 않은 채 이를 가지고 2011. 9. 17. 대구 집으로 돌아갔다.

6. 한편, 박미숙은 2011. 10. 13. 노래연습장 등록취소처분 통지서를 우편집배원으로부터 직접 교부받았다.

7. 박미숙은 2011. 11. 5. 모친인 윤숙자와 전화통화를 하는 과정에서, 윤숙자가 등록취소처분 통지서를 2011. 9. 16. 교부받은 채 자신에게 전달하지 않았다는 사실을 뒤늦게 알게 되었다.

8. 박미숙의 음악산업진흥에관한법률위반 피의사건에 관하여는 현재 수사진행 중이다.

9. 의뢰인 희망사항
   의뢰인 박미숙은 자신이 청소년 출입시간 위반을 1회만 했을 뿐인데 노래연습장 등록취소처분을 받아 억울하다고 하면서 등록취소처분에 대하여 소송 제기를 희망하고 있다.

법무법인 필승(담당변호사 나성실)
전화 041-555-1786, 팩스 041-555-1856, 이메일 ***@********.***
충남 천안시 신부동 76-2 법조빌딩 3층

법무법인 필승의 내부회의록

일   시: 2011. 12. 23. 14:00 ~ 15:00
장   소: 법무법인 필승 소회의실
참석자: 김정통 변호사(행정소송팀장), 나성실 변호사

김 변호사: 박미숙 사건의 소송제기와 관련하여 회의를 개최하여 승소전략을 강구하고자 합니다. 나 변호사께서 이 사건 검토 결과를 보고해 주기 바랍니다.

나 변호사: 예, 말씀드리겠습니다. 첫째로, 천안시 담당공무원 홍민원에게 요청하여 관련자료를 받아본 결과 박미숙에 대한 등록취소처분을 하기에 앞서 사전통지는 하였으나 그 밖의 다른 의견진술 기회는 주지 않은 것으로 확인되었습니다. 둘째로, 박미숙으로부터 영업양도양수계약서를 전달받아 검토해본 결과 계약은 유효하고, 박미숙은 영업자 등이 변경된 등록증을 적법하게 발급받았습니다. 셋째로, 관련규정을 확인해 본 결과, 노래연습장에 대한 단속 및 처분권한을 갖고 있는 천안시장이 내부적인 사무처리의 편의를 도모하기 위하여 동남구청장으로 하여금 그 단속 및 처분권한을 사실상 행사하게 하고 있습니다.

김 변호사: 박미숙이 등록취소를 받은 이유는 무엇인가요?

나 변호사: 담당공무원 홍민원에게 확인한 바에 따르면, 박미숙과 전(前) 영업자인 이원숙이 청소년 출입시간 위반을 한 것이 합계 4회가 되어서 등록취소가 되었다고 합니다.

김 변호사: 이원숙이 받은 제재처분의 내역을 확인해 보았나요?

나 변호사: 관련자료를 검토해본 결과, 이원숙은 청소년출입시간을 위반하였다는 사유로 2010. 3. 3. 영업정지 10일, 2010. 11. 19. 영업정지 1월, 2011. 2. 1. 영업정지 3월의 처분을 각각 받은 사실이 확인되었습니다.

김 변호사: 박미숙은 영업양수를 할 때 이원숙이 제재처분을 받았다는 사실을 몰랐다고 하던가요?

나 변호사: 박미숙은 양도양수계약 당시에, 동일한 사유로 제재처분이 이미 3회 있었다는 사실을 양도인 이원숙으로부터 들어서 알고 있었다고 합니다.

김 변호사: 법률상담일지를 보니 등록취소처분 통지서가 2회에 걸쳐 송달된 것으로 되어 있던데 어떻게 된 것인가요?

나 변호사: 천안시 담당공무원에게 확인해본 바에 의하면, 박미숙의 모친 윤숙자가 박미숙의 집을 잠시 방문했다가 처분통지서를 2011. 9. 16. 교부받았습니다. 그 후에 담당공무원은 처분관련서류를 검토하는 과정에서 송달에 문제가 있다고 판단하여 종전의 처분통지서를 다시 발송하였고, 2011. 10. 13. 박미숙 본인이 이를 직접 교부받은 것입니다.

김 변호사: 추가적인 질문이나 의견이 있습니까?

나 변호사: 처분의 근거조항인 음악산업진흥에 관한 법률 시행령 조항의 위헌성 여부 이외에 법률 조항의 위헌성 여부도 소장에 포함시키려고 하는데 괜찮겠습니까?

김 변호사: 좋은 생각입니다. 시행령 조항의 위헌성 여부를 소장에 포함시키는 것은 물론이고, 위헌법률심판제청신청을 하기 전이라도 법률 조항의 위헌성 여부도 소장에 포함시켜 주장하는 것이 좋겠습니다. 박미숙이 영업을 계속할 수 있도록 집행정지신청도 할 필요가 있는데 이 부분은 다른 변호사에게 맡겨놓았으니 나 변호사는 소장 작성 준비를 잘 해주기 바랍니다. 이상 회의를 마치겠습니다. 끝.

천 안 시

우 330−070 / 충남 천안시 서북구 불당동 234−1   전화 041−234−2644   전송 041−234−2647
처리과 환경위생과   과장 박병훈   계장 이을식   담당 홍민원

문서번호   환경위생 11−788
시행일자   2011. 9. 13.
받   음   박미숙(상호: 재미노래연습장) 귀하
제   목   노래연습장 등록취소처분 통지

1. 항상 시정발전에 협조하여 주시는 귀하께 감사드립니다.
2. 귀하께서는 음악산업진흥에 관한 법률 제22조(노래연습장업자의 준수사항 등) 제1항 제4호 및 동법 시행령 제9조(노래연습장업자의 준수사항) 제1호의 규정에 의하여 당해 영업장소에 출입시간 외에 청소년을 출입하게 하여서는 아니됨에도 불구하고 2011. 7. 25. 이를 위반하였으므로, 동법 제23조(영업의 승계 등), 제27조(등록취소 등) 제1항 제5호 및 동법 시행규칙 제15조 (행정처분의 기준 등) [별표 2]의 규정에 의하여 붙임과 같이 행정처분하오니 양지하시기 바랍니다.
3. 만약 이 처분에 불복이 있는 경우 처분이 있음을 안 날로부터 90일 이내에 행정심판법에 의한 행정심판 또는 행정소송법에 의한 행정소송을 제기할 수 있음을 알려드립니다.

붙임: 행정처분서(재미노래연습장)

천 안 시 장 [인]

행정처분서

영업소의 소재지	천안시 동남구 안서동 11 − 1
영업소의 명칭	재미노래연습장

영업자의 성명	박미숙	주민등록번호	****** − ******

위 반 사 항	노래연습장에 출입시간 외에 청소년을 출입시킨 행위 (4차 위반)
행정처분 내역	노래연습장 등록취소
지시(안내)사항	생략(이 부분은 제대로 기재된 것으로 볼 것)

귀 업소는 위 위반사항으로 적발되어 음악산업진흥에 관한 법률 제27조 제1항 제5호, 제22조 제1항 제4호, 제23조, 동법 시행령 제9조 제1호, 동법 시행규칙 제15조 [별표 2]에 의하여 위와 같이 행정처분합니다.

2011년   9월   13일

천 안 시 장

우편송달보고서

증서 2011년　　제387호　　　　　　　　　2011년　　9월　　13일　　　발송

1. 송달서류	노래연습장 등록취소처분 통지 및 행정처분서 1부(환경위생 11-788)
	발송자　천안시장

송달받을 자　　박미숙 귀하
천안시 동남구 안서동 369

영수인	**박미숙의 모 윤숙자** (서명)
영수인 서명날인 불능	

✕	송달받을 자 본인에게 교부하였다.	
✕ 2	송달받을 자가 부재 중이므로 사리를 잘 아는 다음 사람에게 교부하였다.	
	사무원	
	피용자	
	동거자	
✕ 3	다음 사람이 정당한 사유 없이 송달받기를 거부하므로, 그 장소에 서류를 두었다.	
	송달받을 자	
	사무원	
	피용자	
	동거자	

송달연월일	2011. 9. 16. 16시 40분
송달장소	**천안시 동남구 안서동 369**

위와 같이 송달하였다.

2011.　　9.　　19.

우체국 집배원　　　　고배달

우편송달보고서

증서 2011년　　제402호　　　　　　　2011년　　10월　　10일　　　발송

1. 송달서류　　　　노래연습장 등록취소처분 통지 및 행정처분서 1부(환경위생 11-788)

　　　　　　　　　　　　　　　　　　　　　　　　　발송자　천안시장

　　송달받을 자　　　박미숙 귀하
　　천안시 동남구 안서동 369

영수인	**박미숙** (서명)		
영수인 서명날인 불능			
①	송달받을 자 본인에게 교부하였다.		
2	송달받을 자가 부재 중이므로 사리를 잘 아는 다음 사람에게 교부하였다.		
	사무원		
	피용자		
	동거자		
3	다음 사람이 정당한 사유 없이 송달받기를 거부하므로, 그 장소에 서류를 두었다.		
	송달받을 자		
	사무원		
	피용자		
	동거자		
송달연월일	**2011. 10. 13.　10시 50분**		
송달장소	**천안시 동남구 안서동 369**		

위와 같이 송달하였다.

　　　　　　　　　　　　2011.　　10.　　17.

　　　　　　　　　　　　　　　　우체국 집배원　　　　　고배달

주 민 등 록 표
(등 본)

2011년 12월 26일

천안시 동남구 안서동장

세대주	박 미 숙		세대구성 사유 및 일자	전입세대구성 2000 − 5 − 25
번호	주	소 (통/반)		전입일 / 변동일 변 동 사 유
현주소 전입	천안시 동남구 안서동 369(5/3)			2000 − 5 − 25/2000 − 5 − 25 전입
현주소	천안시 동남구 안서동 369(5/3)			

번호	세대주 관계	성 명 주민등록번호	전입일/변동일	변 동 사 유
1	본인	박 미 숙 ****** − *******		
2	자	강 민 음 ****** − *******		
3	자	강 보 람 ****** − *******		
		= 이 하 여 백 =		

서기 2011년 12월 26일

수입 증지
350원
충남 천안시

천안시 동남구 안서동장   안서동장의인

주 민 등 록 표
(등 본)

2011년   12월   26일

대구광역시 남구 대명제10동장

세대주	윤 숙 자	세대구성 사유 및 일자	전입세대구성 1978-9-27
번호	주 소 (통/반)		전입일 / 변동일 변 동 사 유
현주소 전입	대구광역시 남구 대명10동 203(1/2)		1978-9-27/1978-9-27 전입
현주소	대구광역시 남구 대명10동 203(1/2)		

번호	세대주 관계	성 명 주민등록번호	전입일/변동일	변 동 사 유
1	본인	윤 숙 자 ****** - *******		
		= 이 하 여 백 =		

서기 2011년 12월 26일

수입 증지
350원
대구광역시 남구

대구광역시 남구 대명제10동장

단속결과보고서

제2011-189호

수신: 동남구청장
참조: 보건위생과장
제목: 음악산업진흥에 관한 법률 위반업소 단속결과보고

노래연습장 불법영업 지도·단속 계획에 따라 해당업소에 현지 출장한 결과를 아래와 같이 보고합니다.

출장일시	2011. 7. 25. 18:00 ~ 24:00
단 속 반	1개반 2명
단속업소	천안시 동남구 관할구역 내 노래연습장 5개소
중점단속사항	- 청소년 출입시간 준수 여부 - 주류 판매위반 여부
단속결과	- 위반업소: 재미노래연습장(안서동 11-1) 음악산업진흥에 관한 법률 제22조(노래연습장업자의 준수사항 등) 제1항 제4호, 동법 시행령 제9조(노래연습장업자의 준수사항) 제1호의 규정에 따라 노래연습장업자는 당해 영업장소에 출입시간(오전 9시부터 오후 6시까지) 외에 청소년을 출입시켜서는 아니됨에도 불구하고, 위 노래연습장 영업자 박미숙이 2011. 7. 25. 20:00경 자신이 운영하는 재미노래연습장에서 청소년 정미성(만 17세)을 최성연 등 6명과 함께 노래방에 출입시간 외에 출입시켜 영업하였음을 확인하고, 박미숙, 최성연, 정미성으로부터 해당행위에 대한 자술서 및 확인서를 징구하였습니다.

위와 같이 조치결과를 보고합니다.

2011년   7월   26일

보고자: 천안시 동남구청 6급 이점검

천안시 동남구청 7급 이미연

자 술 서

이름: 박미숙(******—*******)
주소: 충남 천안시 동남구 안서동 369번지

저는 천안시 동남구 안서동 11-1번지에서 "재미노래연습장"을 운영하고 있는 박미숙입니다. 개업 후 한 두 번 와서 얼굴을 아는 최성연을 비롯한 회사 사람들 7명이 오늘 저녁 7시쯤에 왔길래 6호실로 안내하여 주었습니다. 그런데 저녁 8시쯤 구청에서 단속반이 나와서 손님들의 나이를 조사하기 시작하였고 회사 사람들 중에서 정미성이 만 17세라는 사실이 밝혀졌습니다. 겉모습으로는 모두 성인이었기 때문에 저로서는 그들 중에 청소년이 있다고는 꿈에도 생각하지 못하였습니다.
저는 살아오면서 지금까지 한 번도 법을 어긴 사실이 없었습니다. 그런데 이번에 출입시간 외에 청소년을 출입시켰다고 하여 단속을 당하고 보니 너무 억울합니다.
앞으로는 나이 확인을 더 철저히 해서 절대로 법을 어기는 일이 없도록 할 테니 저의 어려운 처지를 생각해서 선처해 주실 것을 간절히 부탁드립니다.

2011년   7월   25일

박미숙 (서명)

확 인 서

성   명: 최성연
주민등록번호: ***** — *******
주   소: 천안시 성정동 689번지 제일빌라 5동 101호

저는 천안시 동남구 소재 동남전자 주식회사에 다니고 있습니다. 정미성은 직장 후배입니다. 오늘 정미성을 포함하여 직장동료들과 저녁 회식을 마치고, 그냥 헤어지기 서운해서 근처 노래방에 가서 노래를 부르기로 하였습니다. 재미노래방을 한 두 번 가본 적이 있어 일행들과 함께 오늘 저녁 7시경 노래방 6호실로 들어가 노래를 부르던 중 갑자기 구청에서 단속을 나왔는데, 신분증을 일일이 조사하는 과정에서 정미성이 1993년생으로 만 17세에 해당되어 청소년인 사실이 드러났습니다. 정미성이 나이가 들어보여서 그런지는 몰라도 노래방에 들어갈 때 신분증 검사를 따로 하지는 아니하였고, 저를 알고 있는 노래방 사장님이 곧바로 노래방 6호실로 안내하였습니다. 이번 일로 인하여 노래방 사장님께 피해가 가지 않도록 해 주십시오.

2011. 7. 25.

최성연 (서명)

확 인 서

이　　　름: 정미성

주민등록번호: ***** — *******

주　　　소: 천안시 원성동 245번지 제일아파트 2동 503호

저는 고등학교 과정을 검정고시로 마치고 천안시 동남구에 있는 동남전자 주식회사에 갓 취업하였습니다. 오늘 최성연 대리님 등 6명과 함께 저녁회식에 참석하였다가 식사를 마치고 그냥 헤어지기 서운해서 노래방을 가기로 하였습니다. 직장 선배들과 함께 근처에 있는 재미노래방에 왔습니다. 이 노래방은 처음 온 곳인데 노래방 사장님이 최성연 대리님을 알아봐서 그런지 따로 신분 확인을 하지는 아니하였습니다. 노래방 6호실에서 2PM의 "Hands Up"을 부르고 있는데 마침 구청에서 단속을 나와 저에게 나이를 묻길래 주민등록증을 제시했습니다. 청소년이 노래방에 왔다고 왜 단속을 하는지 모르겠습니다. 그러면 우리는 어디로 가야 합니까?

2011.　7.　25.

정미성 (서명)

천 안 시

우 330-070 / 충남 천안시 서북구 불당동 234-1   전화 041-234-2644   전송 041-234-2647
처리과 환경위생과   과장 박병훈   계장 이을식   담당 홍민원

수 신 자   박미숙(재미노래연습장 영업자)

시행일자   2011. 8. 12.

제   목   노래연습장 등록취소처분 사전통지서

    행정절차법 제21조 제1항의 규정에 의하여 우리 기관이 하고자 하는 처분의 내용을 통지하오니 의견을 제출하여 주시기 바랍니다.

1. 예정된 처분의 제목		노래연습장 등록취소		
2. 당사자	성명(명칭)	박미숙(재미노래연습장)		
	주 소	충남 천안시 동남구 안서동 369		
3. 처분의 원인이 되는 사실		노래연습장에 출입시간 외에 청소년 출입 (4차 위반)		
4. 처분하고자 하는 내용		노래연습장 등록취소		
5. 법적 근거		음악산업진흥에 관한 법률 제27조 제1항 제5호, 제22조 제1항 제4호, 제23조, 동법 시행령 제9조 제1호, 동법 시행규칙 제15조 [별표 2]		
6. 의견제출	기관명	천안시청	부서명	환경위생과
	주 소	천안시 서북구 불당동 234-1		
	기 한	2011. 8. 31.까지		

천 안 시 장

등록번호   제11-56호

노래연습장업 등록증

1. 성명(영업자): 박미숙
2. 생년월일: 1965. 6. 5.
3. 상호: 재미노래연습장
4. 영업소 소재지: 충남 천안시 동남구 안서동 11-1
5. 영업소 면적: 125㎡

「음악산업진흥에 관한 법률」제20조·제21조 및 같은 법 시행규칙 제10조·제11조에 따라 노래연습장업(청소년실 [o] 유 [ ] 무)
([ ] 등록증 [o] 변경등록증)을 ([o] 발급 [ ] 재발급)합니다.

2011년   6월   24일

천 안 시 장 〔천안시장의인〕

피 의 자 신 문 조 서

피 의 자: 박미숙

  위의 사람에 대한 음악산업진흥에관한법률위반 피의사건에 관하여 2011. 10. 24. 천안동남경찰서에서 사법경찰관 경위 최순찰은 사법경찰리 경사 오배석을 참여하게 하고, 아래와 같이 피의자임에 틀림 없음을 확인하다.

문   피의자의 성명, 주민등록번호, 직업, 주거, 등록기준지 등을 말하십시오.
답   성명은   박미숙 (朴美淑)
        주민등록번호는   ******－******* (만 46세)
        직업은   노래연습장업자
        주거는   충남 천안시 동남구 안서동 369
        등록기준지는   생략
        직장주소는   충남 천안시 동남구 안서동 11－1
        연락처는   직장전화 041－200－1234   휴대전화 ***－****－****
        입니다.

  사법경찰관은 피의사건의 요지를 설명하고 사법경찰관의 신문에 대하여 형사소송법 제244조의 3에 따라 진술을 거부할 수 있는 권리 및 변호인의 참여 등 조력을 받을 권리가 있음을 피의자에게 알려주고 이를 행사할 것인지 그 의사를 확인하다.

진술거부권 및 변호인 조력권 고지 등 확인

1. 귀하는 일체의 진술을 하지 아니하거나 개개의 질문에 대하여 진술을 하지 아니할 수 있습니다.
2. 귀하가 진술을 하지 아니하더라도 불이익을 받지 아니합니다.
3. 귀하가 진술을 거부할 권리를 포기하고 행한 진술은 법정에서 유죄의 증거로 사용될 수 있습니다.
4. 귀하가 신문을 받을 때에는 변호인을 참여하게 하는 등 변호인의 조력을 받을 수 있습니다.

문: 피의자는 위와 같은 권리들이 있음을 고지 받았는가요?
답: **예, 고지 받았습니다.**
문: 피의자는 진술거부권을 행사할 것인가요?
답: **아닙니다.**
문: 피의자는 변호인의 조력을 받을 권리를 행사할 것인가요?
답: **아닙니다. 혼자서 조사를 받겠습니다.**

이에 사법경찰관은 피의사실에 관하여 다음과 같이 피의자를 신문하다.

문: 피의자는 전과가 있나요?
답: 없습니다.
문: 피의자의 병역관계를 말하시오.
답: 해당사항 없습니다.
문: 학력 관계를 말하시오.
답: 대구시 소재 상서여자상업고등학교를 졸업했습니다.
문: 가족관계를 말하시오.
답: 2000년 이혼한 후에 아들 강믿음(15세), 딸 강보람(14세)과 함께 살고 있습니다.
문: 피의자의 경력은 어떠한가요?

답: 저는 이혼 후 10년간 식당에서 일하다가 모아둔 돈으로 무슨 사업을 할까 고민하다가 마침 이원숙이 노래방을 내놓았다는 이야기를 초등학교 동창을 통해 전해 듣고, 자기 사업을 하고 싶어 노래방을 양수하여 2011년 7월 1일부터 영업을 하다가 등록취소를 당했으며 그 외 특별한 경력은 없습니다.

문: 재산관계를 말하시오.

답: 제 소유의 부동산은 없고, 전세보증금 2천만원에 전세들어 생활하고 있습니다. 월수입 100만원으로 근근이 생활하고 있습니다.

문: 피의자는 술과 담배를 어느 정도 하는가요?

답: 술과 담배는 하지 않습니다.

문: 피의자의 건강상태를 말하시오.

답: 혈압이 높은 편이고, 건강이 그리 좋지는 못합니다.

문: 피의자는 믿는 종교가 있는가요?

답: 없습니다.

문: 피의자는 청소년을 출입시간 외에 노래연습장에 손님으로 출입시켜 영업을 하다가 단속에 걸린 사실이 있나요?

답: 예, 그런 사실이 있습니다.

문: 어떻게 단속에 걸린 것인가요?

답: 2011년 7월 25일 저녁 평소와 마찬가지로 영업을 하던 중, 저녁 7시경 노래방에 한 두 번 찾아왔던 최성연이 처음 보는 정미성 등 일행 6명과 함께 찾아왔습니다. 그런데 저녁 8시경 구청 단속직원들이 갑자기 들이닥쳐 손님들의 신분증을 확인하기 시작했습니다. 그 과정에서 최성연과 함께 온 정미성이 만 17세인 사실이 밝혀졌습니다.

문: 피의자는 평소 노래방 손님들의 나이를 어떻게 확인하고 있나요?

답: 노래방을 개업한지 얼마 안 되었고 청소년으로 보이는 손님이 출입시간 외에 온 경우는 별로 없었지만, 청소년으로 의심되는 손님이 들어오면 나이를 확인하곤 했습니다.

문: 그날 손님들의 나이는 어떻게 확인하였나요.

답: 최성연은 재미노래방에 이미 한 두 번 와서 아는 손님이었고 당시 일행 7명이 우르르 몰려왔는데 그 중에 청소년으로 보이는 사람이 없어서 노래방 6호실로 바로 안내하였습니다.

문: 피의자는 단속 당시에 노래방을 운영한지 얼마나 되었나요?

답: 이원숙으로부터 노래방을 양수하고 변경등록을 마친 후 영업을 시작한지 1달이 채 못 되었습니다.

문: 노래방 규모는 어떤가요?

답: 노래방은 약 40평으로 청소년실 1개와 일반실 6개가 있습니다.

문: 더 하고 싶은 말이 있나요?

답: 탄원서를 가져왔으니 선처해주시기 바랍니다.

이때 피의자가 제출하는 탄원서를 조서 말미에 편철하다.

문: 이상의 진술내용에 대하여 이의나 의견이 있는가요.

답: **없습니다.** ㉑

위 조서를 진술자에게 열람하게 한 바, 진술한 대로 오기나 증감, 변경할 것이 전혀 없다고 말하
므로 간인한 후 서명 날인케 하다.

진술자   박미숙 ㉑

2011년   10월   24일

천안동남경찰서

사법경찰관 경위   최 순 찰 ㉑

사법경찰리 경사   오 배 석 ㉑

탄 원 서

저는 천안시 동남구 안서동 11−1번지에서 "재미노래연습장"을 운영하던 박미숙입니다. 저는 10년 전에 남편과 성격 차이 때문에 이혼하고 난 뒤에 어린 자식 둘을 어떻게 키울까하고 걱정이 태산 같았습니다. 그 이후 10년간 식당에서 일하면서 모은 돈으로 제 사업을 하려고 알아보던 중, 초등학교 동창의 소개로 알게 된 이원숙으로부터 그녀가 운영하던 "오케이노래연습장"을 인수하게 되었습니다. 처음에는 노래방을 해 본 적이 없어서 많이 망설였는데, 이원숙이 "노래방 영업은 카운터에 앉아 있기만 하면 되고 별로 힘들 게 없으며, 또 필요하면 여러 가지로 조언을 해 주겠다"고 하여서 이원숙에게 권리금 1천만원을 주고 노래방을 인수하였습니다. 노래방 인테리어에 500만원이 들었고, 보증금 3천만원에 월 50만원씩을 임대료로 내고 있습니다.

제가 "재미노래연습장"이라는 상호로 영업을 시작한지 한 달도 채 지나지 않은 지난 2011년 7월 25일 저녁 7시쯤의 일입니다. 같은 회사 사람들로 보이는 일행 일곱 명이 제 노래방에 왔는데, 모두 나이가 들어 보였고 그 중에 청소년이 있다고는 전혀 생각하지 못하였습니다. 그런데 불시에 천안시 동남구청에서 단속을 나와서 그 손님들 중의 한 명인 정미성이 만 17세라는 사실이 밝혀졌습니다. 구청 직원은 왜 청소년을 출입시간 이외에 출입시켰느냐고 다그쳤는데, 저로서는 생각도 못한 너무 뜻밖의 일인지라 당황하여 어찌 할 바를 몰랐습니다.

제가 그 날, 제 노래방에 한두 번 와서 안면이 있던 최성연과 그 일행 여섯 명의 신분증과 나이를 일일이 확인하지 않은 것은 결과적으로 보면 제 불찰입니다. 그렇지만, 제가 노래방을 양수한 이후로 중고등학생이나 청소년으로 보이는 손님들을 저녁 6시 이후에 출입시킨 적은 한 번도 없습니다. 그런데 이번에 회사 사람들 중 한 명이 청소년이라는 이유로 저에게 등록취소처분을 하여 영업을 하지 못하게 한 것은 너무나 가혹합니다.

저로서는 노래방이 유일한 생계수단이고, 노래방을 운영하지 못하게 되면 당장의 생계가 막막하고 한창 교육비가 들어가는 자식들을 제대로 키울 수가 없습니다. 그리고, 제가 이원숙에게 지급한 권리금이나 투자한 인테리어 비용을 회수할 길이 없어서 저는 금전상으로 큰 손해를 입게 됩니다. 또, 이번 일로 노래방 등록이 취소되고 형사처벌까지 받게 된다면 저로서는 너무나 감당하기 힘든 일입니다. 그러니 이번에 한하여 저에게 관대하게 용서하여 주시기 바랍니다. 앞으로는 조금이라도 청소년이라고 의심이 드는 손님에 대해서는 그 손님이 혼자 왔든지, 여러 사람이 왔든지 간에 나이 확인을 철저히 해서 절대로 법을 어기는 일이 없도록 하겠습니다.
저의 어려운 처지를 생각해서 선처해 주실 것을 간절히 부탁드립니다.

2011년   10월   24일

탄원인   박미숙 올림 (박민숙)

천안동남경찰서장님 귀하

참고자료 1 - 음악산업진흥에 관한 법률(발췌)

제1조(목적) 이 법은 음악산업의 진흥에 필요한 사항을 정하여 관련 산업의 발전을 촉진함으로써 국민의 문화적 삶의 질을 높이고 국민경제의 발전에 이바지함을 목적으로 한다.

제2조(정의) 이 법에서 사용하는 용어의 정의는 다음과 같다.
1. ~ 12. <생략>
13. "노래연습장업"이라 함은 연주자를 두지 아니하고 반주에 맞추어 노래를 부를 수 있도록 하는 영상 또는 무영상 반주장치 등의 시설을 갖추고 공중의 이용에 제공하는 영업을 말한다.
14. "청소년"이란 함은 18세 미만의 자(「초·중등교육법」 제2조의 규정에 따른 고등학교에 재학 중인 학생을 포함한다)를 말한다.

제11조(노래연습장업자의 교육) ① 시장·군수·구청장(자치구의 구청장을 말한다. 이하 같다)은 다음 각 호의 경우에는 대통령령이 정하는 바에 따라 노래연습장업자에 대하여 준수사항, 재난예방, 제도변경사항 등에 관한 교육을 실시할 수 있다.
1. 노래연습장업을 신규등록하는 경우
2. 노래연습장업의 운영 및 재난방지방법 등 관련 제도가 변경된 경우
3. 그 밖에 시장·군수·구청장이 필요하다고 인정하는 경우
② 시장·군수·구청장은 제1항의 규정에 불구하고 제1항 제1호의 경우에는 노래연습장업자에 대한 교육을 실시하여야 한다. 이 경우 교육은 월별 또는 분기별로 통합하여 실시할 수 있다.

제16조(음반·음악영상물제작업 등의 신고) ① ~ ④ <생략>

제18조(노래연습장업의 등록) ① 노래연습장업을 영위하고자 하는 자는 문화체육관광부령으로 정하는 노래연습장 시설을 갖추어 시장·군수·구청장에게 등록하여야 한다.
② 제1항의 규정에 따른 등록의 절차·방법 및 운영 등에 관하여 필요한 사항은 문화체육관광부령으로 정한다.

제19조(영업의 제한) 제16조 및 제18조에 따라 신고 또는 등록하고자 하는 자가 다음 각 호의 어느 하나에 해당하는 때에는 제16조 및 제18조의 규정에 따른 신고 또는 등록을 할 수 없다.
1. 제27조 제1항의 규정에 따라 영업의 폐쇄명령 또는 등록의 취소처분을 받은 후 1년이 경과되지 아니하거나 영업정지처분을 받은 후 그 기간이 종료되지 아니한 자(법인의 경우에는 그 대표자 또는 임원을 포함한다)가 같은 업종을 다시 영위하고자 하는 때

2. 노래연습장업자가 제27조 제1항의 규정에 따라 영업의 폐쇄명령 또는 등록의 취소처분을 받은 후 1년이 경과되지 아니하거나 영업정지처분을 받은 후 그 기간이 종료되지 아니한 경우에 같은 장소에서 같은 업종을 다시 영위하고자 하는 때

제20조(신고증·등록증의 교부) 시·도지사 또는 시장·군수·구청장은 제16조 및 제18조의 규정에 따른 신고를 받거나 등록을 한 경우에는 문화체육관광부령이 정하는 바에 따라 신청인에게 신고증 또는 등록증을 교부하여야 한다.

제21조(신고 또는 등록사항의 변경) ① 제16조 및 제18조의 규정에 따라 신고 또는 등록을 한 자가 문화체육관광부령이 정하는 중요사항을 변경하고자 하는 경우에는 문화체육관광부령이 정하는 바에 따라 시·도지사 또는 시장·군수·구청장에게 변경신고 또는 변경등록을 하여야 한다.
② 시·도지사 또는 시장·군수·구청장은 제1항의 규정에 따라 변경신고 또는 변경등록을 받은 경우에는 문화체육관광부령이 정하는 바에 따라 신고증 또는 등록증을 갱신하여 교부하여야 한다.

제22조(노래연습장업자의 준수사항 등) ① 노래연습장업자는 다음 각 호의 사항을 지켜야 한다.
1. 영업소 안에 화재 또는 안전사고 예방을 위한 조치를 할 것
2. 접대부(남녀를 불문한다)를 고용·알선하거나 호객행위를 하지 아니할 것
3. 「성매매알선 등 행위의 처벌에 관한 법률」제2조 제1항의 규정에 따른 성매매 등의 행위를 하게 하거나 이를 알선·제공하는 행위를 하지 아니할 것
4. 기타 대통령령이 정하는 사항을 준수할 것
② 누구든지 영리를 목적으로 노래연습장에서 손님과 함께 술을 마시거나 노래 또는 춤으로 손님의 유흥을 돋우는 접객행위를 하거나 타인에게 그 행위를 알선하여서는 아니 된다.

제23조(영업의 승계 등) ① 제16조 또는 제18조의 규정에 따라 신고 또는 등록을 한 영업자가 그 영업을 양도하거나 사망한 때 또는 그 법인의 합병이 있는 때에는 그 양수인·상속인 또는 합병 후 존속하는 법인이나 합병에 의하여 설립되는 법인은 그 영업자의 지위를 승계한다.
② <생략>
③ 제1항의 규정에 따라 영업자의 지위를 승계하는 경우 종전의 영업자에게 제27조 제1항 각 호의 위반을 사유로 행한 행정제재처분의 효과는 그 행정제재처분일로부터 1년간 영업자의 지위를 승계 받은 자에게 승계되며, 행정제재처분의 절차가 진행 중인 때에는 영업자의 지위를 승계 받은 자에게 행정제재처분의 절차를 속행할 수 있다. 다만, 영업자의 지위를 승계 받은 자가 승계시에 그 처분 또는 위반사실을 알지 못한 경우에는 그러하지 아니하다.
④ <생략>

제27조(등록취소 등) ① 시·도지사 또는 시장·군수·구청장은 제2조 제8호 내지 제11호 및 제13호의 규정에 따른 영업을 영위하는 자가 다음 각 호의 어느 하나에 해당하는 때에는 그 영업의 폐쇄명령, 등록의 취소처분, 6개월 이내의 영업정지명령, 시정조치 또는 경고조치를 할 수 있다. 다만, 제1호 또는 제2호에 해당하는 때에는 영업을 폐쇄하거나 등록을 취소하여야 한다.

1. 거짓 그 밖의 부정한 방법으로 신고 또는 등록을 한 때
2. 영업의 정지명령을 위반하여 영업을 계속한 때
3. <생략>
4. 제21조의 규정에 따른 변경신고 또는 변경등록을 하지 아니한 때
5. 제22조의 규정에 따른 노래연습장업자 준수사항을 위반한 때
6. <생략>

② 제1항의 규정에 따라 영업의 폐쇄명령 또는 등록의 취소처분을 받은 자는 그 처분의 통지를 받은 날부터 7일 이내에 신고증 또는 등록증을 반납하여야 한다.

③ 제1항의 규정에 따른 행정처분의 기준 등에 관하여 필요한 사항은 문화체육관광부령으로 정한다.

제30조(청문) ① 시·도지사 또는 시장·군수·구청장은 제27조의 규정에 따라 영업의 폐쇄명령 또는 등록의 취소를 하고자 하는 경우에는 청문을 실시하여야 한다.

② <생략>

제34조(벌칙) ① ~ ⑤ <생략>

참고자료 2 – 음악산업진흥에 관한 법률 시행령(발췌)

제1조(목적) 이 영은 「음악산업진흥에 관한 법률」에서 위임된 사항과 그 시행에 관하여 필요한 사항을 규정함을 목적으로 한다.

제8조 <삭제>

제9조(노래연습장업자의 준수사항) 법 제22조 제1항 제4호에 따라 노래연습장업자가 준수하여야 할 사항은 다음 각 호와 같다.

1. 당해 영업장소에 출입시간(오전 9시부터 오후 6시까지) 외에 청소년이 출입하지 아니하도록

할 것

2. 주류를 판매·제공하지 아니할 것

참고자료 3 – 음악산업진흥에 관한 법률 시행규칙(발췌)

제1조(목적) 이 규칙은 「음악산업진흥에 관한 법률」 및 「음악산업진흥에 관한 법률 시행령」에서 위임된 사항과 그 시행에 관하여 필요한 사항을 규정함을 목적으로 한다.

제10조(신고증·등록증의 교부 및 재교부) ① ~ ③ <생략>

제11조(신고 또는 등록사항의 변경신고 등) ① 법 제21조 제1항에 따라 음반·음악영상물제작업, 음반·음악영상물배급업 또는 온라인음악서비스제공업을 신고하거나 노래연습장업을 등록한 자가 변경신고 또는 변경등록을 하여야 하는 사항은 다음 각 호와 같다.

1. 영업자(법인의 경우에는 그 대표자를 말한다)의 변경
2. 영업소 소재지의 변경
3. 제작품목 또는 배급품목의 변경(음반·음악영상물제작업 및 음반·음악영상물배급업에 한한다)
4. 상호의 변경
5. 영업소 면적의 변경과 청소년실 유무의 변경(노래연습장업에 한한다)

② ~ ⑤ <생략>

제15조(행정처분의 기준 등) ① 법 제27조 제3항에 따른 행정처분의 기준은 별표 2와 같다.

② 시·도지사 또는 시장·군수·구청장은 제1항에 따른 행정처분을 하는 경우에는 별지 제14호 서식의 행정처분기록대장에 그 처분내용 등을 기록·관리하여야 한다.

③ 법 제23조에 따라 영업자의 지위를 승계하려는 자는 담당 공무원에게 해당영업소의 행정처분기록대장의 열람을 청구할 수 있다.

[별표 2] 행정처분의 기준(제15조 관련)

1. 일반기준

　　가. ~ 나. <생략>

　　다. 위반행위의 횟수에 따른 행정처분의 기준은 최근 1년간 같은 위반행위로 행정처분을 받은 경우에 적용한다. 이 경우 행정처분 기준의 적용은 같은 위반행위에 대하여 최초로 행정처분을 한 날을 기준으로 한다.

　　라. <생략>

　　마. 위반사항의 내용으로 보아 그 위반의 정도가 경미하거나 위반행위가 고의·과실이 아닌 사소한 부주의나 오류로 인한 것으로 인정되는 경우에는 영업정지처분에 해당되는 경우에 한하여 그 처분기준의 2분의 1의 범위에서 감경하여 처분할 수 있다.

　　바. <생략>

2. 개별기준

위반사항	근거법령	행정처분기준			
		1차위반	2차위반	3차위반	4차위반
가. ~ 라. <생략>					
마. 법 제22조 및 동법 시행령 제9조에 따른 노래연습장업자의 준수사항을 위반한 때	법 제27조 제1항 제5호				
1) 영업소 안에 화재 또는 안전사고 예방을 위한 조치를 취하지 아니한 때		경고	영업정지 10일	영업정지 20일	영업정지 1월
2) 접대부(남녀를 불문한다)를 고용·알선한 때		영업정지 1월	영업정지 2월	등록취소	
3) 「성매매알선 등 행위의 처벌에 관한 법률」 제2조 제1항에 따른 성매매 등의 행위를 하게 하거나 이를 알선·제공하는 행위를 한 때		등록취소			
4) 청소년 출입시간 외에 청소년을 출입시킨 때		영업정지 10일	영업정지 1월	영업정지 3월	등록취소
5) 주류를 판매·제공한 때		영업정지 10일	영업정지 1월	영업정지 3월	등록취소
바. <생략>					

■ 2010년 1월~12월

2010년 1월

일	월	화	수	목	금	토
					1	2
3	4	5	6	7	8	9
10	11	12	13	14	15	16
17	18	19	20	21	22	23
24/31	25	26	27	28	29	30

2010년 2월

일	월	화	수	목	금	토
	1	2	3	4	5	6
7	8	9	10	11	12	13
14	15	16	17	18	19	20
21	22	23	24	25	26	27
28						

2010년 3월

일	월	화	수	목	금	토
	1	2	3	4	5	6
7	8	9	10	11	12	13
14	15	16	17	18	19	20
21	22	23	24	25	26	27
28	29	30	31			

2010년 4월

일	월	화	수	목	금	토
				1	2	3
4	5	6	7	8	9	10
11	12	13	14	15	16	17
18	19	20	21	22	23	24
25	26	27	28	29	30	

2010년 5월

일	월	화	수	목	금	토
						1
2	3	4	5	6	7	8
9	10	11	12	13	14	15
16	17	18	19	20	21	22
23/30	24/31	25	26	27	28	29

2010년 6월

일	월	화	수	목	금	토
		1	2	3	4	5
6	7	8	9	10	11	12
13	14	15	16	17	18	19
20	21	22	23	24	25	26
27	28	29	30			

2010년 7월

일	월	화	수	목	금	토
				1	2	3
4	5	6	7	8	9	10
11	12	13	14	15	16	17
18	19	20	21	22	23	24
25	26	27	28	29	30	31

2010년 8월

일	월	화	수	목	금	토
1	2	3	4	5	6	7
8	9	10	11	12	13	14
15	16	17	18	19	20	21
22	23	24	25	26	27	28
29	30	31				

2010년 9월

일	월	화	수	목	금	토
			1	2	3	4
5	6	7	8	9	10	11
12	13	14	15	16	17	18
19	20	21	22	23	24	25
26	27	28	29	30		

2010년 10월

일	월	화	수	목	금	토
					1	2
3	4	5	6	7	8	9
10	11	12	13	14	15	16
17	18	19	20	21	22	23
24/31	25	26	27	28	29	30

2010년 11월

일	월	화	수	목	금	토
	1	2	3	4	5	6
7	8	9	10	11	12	13
14	15	16	17	18	19	20
21	22	23	24	25	26	27
28	29	30				

2010년 12월

일	월	화	수	목	금	토
			1	2	3	4
5	6	7	8	9	10	11
12	13	14	15	16	17	18
19	20	21	22	23	24	25
26	27	28	29	30	31	

■ 2011년 1월~12월

2011년 1월

일	월	화	수	목	금	토
						1
2	3	4	5	6	7	8
9	10	11	12	13	14	15
16	17	18	19	20	21	22
23/30	24/31	25	26	27	28	29

2011년 2월

일	월	화	수	목	금	토
		1	2	3	4	5
6	7	8	9	10	11	12
13	14	15	16	17	18	19
20	21	22	23	24	25	26
27	28					

2011년 3월

일	월	화	수	목	금	토
		1	2	3	4	5
6	7	8	9	10	11	12
13	14	15	16	17	18	19
20	21	22	23	24	25	26
27	28	29	30	31		

2011년 4월

일	월	화	수	목	금	토
					1	2
3	4	5	6	7	8	9
10	11	12	13	14	15	16
17	18	19	20	21	22	23
24	25	26	27	28	29	30

2011년 5월

일	월	화	수	목	금	토
1	2	3	4	5	6	7
8	9	10	11	12	13	14
15	16	17	18	19	20	21
22	23	24	25	26	27	28
29	30	31				

2011년 6월

일	월	화	수	목	금	토
			1	2	3	4
5	6	7	8	9	10	11
12	13	14	15	16	17	18
19	20	21	22	23	24	25
26	27	28	29	30		

2011년 7월

일	월	화	수	목	금	토
					1	2
3	4	5	6	7	8	9
10	11	12	13	14	15	16
17	18	19	20	21	22	23
24/31	25	26	27	28	29	30

2011년 8월

일	월	화	수	목	금	토
	1	2	3	4	5	6
7	8	9	10	11	12	13
14	15	16	17	18	19	20
21	22	23	24	25	26	27
28	29	30	31			

2011년 9월

일	월	화	수	목	금	토
				1	2	3
4	5	6	7	8	9	10
11	12	13	14	15	16	17
18	19	20	21	22	23	24
25	26	27	28	29	30	

2011년 10월

일	월	화	수	목	금	토
						1
2	3	4	5	6	7	8
9	10	11	12	13	14	15
16	17	18	19	20	21	22
23/30	24/31	25	26	27	28	29

2011년 11월

일	월	화	수	목	금	토
		1	2	3	4	5
6	7	8	9	10	11	12
13	14	15	16	17	18	19
20	21	22	23	24	25	26
27	28	29	30			

2011년 12월

일	월	화	수	목	금	토
				1	2	3
4	5	6	7	8	9	10
11	12	13	14	15	16	17
18	19	20	21	22	23	24
25	26	27	28	29	30	31

■ 2012년 1월~3월

2012년 1월

일	월	화	수	목	금	토
1	2	3	4	5	6	7
8	9	10	11	12	13	14
15	16	17	18	19	20	21
22	23	24	25	26	27	28
29	30	31				

2012년 2월

일	월	화	수	목	금	토
			1	2	3	4
5	6	7	8	9	10	11
12	13	14	15	16	17	18
19	20	21	22	23	24	25
26	27	28	29			

2012년 3월

일	월	화	수	목	금	토
				1	2	3
4	5	6	7	8	9	10
11	12	13	14	15	16	17
18	19	20	21	22	23	24
25	26	27	28	29	30	31

소장 초안

소송요건

1) 취소소송의 대상   등록취소 – 행정처분서(2011. 9. 13. 문서)

2) 원고   박미숙

3) 피고   천안시장 – 행정처분서

4) 협의의 소익   문제 없음

5) 제소기간   안 날(송달보고서 참조)로부터 90일

               처분이 있는 날(2011. 9. 13. 행정처분서)로부터 1년

               송달의 적법성 문제(모친 송달 2011. 9. 16. 본인 송달 2011. 10. 13.)

               2013. 1. 3. 제소: 전자의 경우 제소기간 도과로 부적법, 후자의 경우 적법

               처분 문서의 송달은 '행정절차법' 적용[사무원 등에 해당 여부－동거인

               아님]

행정절차법

제14조(송달) ① 송달은 우편, 교부 또는 정보통신망 이용 등의 방법으로 하되, 송달받을 자(대표자 또는 대리인을 포함한다. 이하 같다)의 주소·거소(居所)·영업소·사무소 또는 전자우편주소(이하 "주소등"이라 한다)로 한다. 다만, 송달받을 자가 동의하는 경우에는 그를 만나는 장소에서 송달할 수 있다.

② 교부에 의한 송달은 수령확인서를 받고 문서를 교부함으로써 하며, <u>송달하는 장소에서 송달받을 자를 만나지 못한 경우에는 그 사무원·피용자(被傭者) 또는 동거인으로서 사리를 분별할 지능이 있는 사람(이하 이 조에서 "사무원등"이라 한다)에게 문서를 교부할 수 있다.</u> 다만, 문서를 송달받을 자 또는 그 사무원등이 정당한 사유 없이 송달받기를 거부하는 때에는 그 사실을 수령확인서에 적고, 문서를 송달할 장소에 놓아둘 수 있다.

③ 정보통신망을 이용한 송달은 송달받을 자가 동의하는 경우에만 한다. 이 경우 송달받을 자는 송달받을 전자우편주소 등을 지정하여야 한다.

④ 다음 각 호의 어느 하나에 해당하는 경우에는 송달받을 자가 알기 쉽도록 관보, 공보, 게시판, 일간신문 중 하나 이상에 공고하고 인터넷에도 공고하여야 한다.

1. 송달받을 자의 주소등을 통상적인 방법으로 확인할 수 없는 경우

2. 송달이 불가능한 경우

제15조(송달의 효력 발생) ① 송달은 다른 법령등에 특별한 규정이 있는 경우를 제외하고는 해당 문서가 송달받을 자에게 도달됨으로써 그 효력이 발생한다.

② 제14조 제3항에 따라 정보통신망을 이용하여 전자문서로 송달하는 경우에는 송달받을 자가 지정한 컴퓨터 등에 입력된 때에 도달된 것으로 본다.

③ 제14조 제4항의 경우에는 다른 법령등에 특별한 규정이 있는 경우를 제외하고는 공고일부터 14일이 지난 때에 그 효력이 발생한다. 다만, 긴급히 시행하여야 할 특별한 사유가 있어 효력 발생 시기를 달리 정하여 공고한 경우에는 그에 따른다.

민사소송법상 송달에 관한 판례[4] [사리를 분별할 지능이 있는 사람의 의미]

대결 2005. 12. 5. 자 2005마1039 [이의신청각하결정]

[1] 송달받을 사람의 동거인에게 송달할 서류가 교부되고 그 동거인이 사리를 분별할 지능이 있는 이상 송달받을 사람이 그 서류의 내용을 실제로 알지 못한 경우에도 송달의 효력은 있다 할 것인바, 이 경우 사리를 분별할 지능이 있다고 하려면, 사법제도 일반이나 소송행위의 효력까지 이해할 수 있는 능력이 있어야 한다고 할 수는 없을 것이지만 적어도 송달의 취지를 이해하고 그가 영수한 서류를 송달받을 사람에게 교부하는 것을 기대할 수 있는 정도의 능력은 있어야 한다고 보아야 한다. [보충송달 수령자의 수송달능력에 대한 판단 기준]

[2] 약 8세 3개월인 초등학교 2학년 남자어린이에게 이행권고결정등본을 보충송달한 경우, 남자어린이의 연령, 교육정도, 이행권고결정등본이 가지는 소송법적 의미와 중요성 등에 비추어 볼 때, 그 소송서류를 송달하는 집행관이 남자어린이에게 송달하는 서류의 중요성을 주지시키고 부모에게 이를 교부할 것을 당부하는 등 필요한 조치를 취하였다는 등의 특별한 사정이 없는 한, 그 정도 연령의 어린이의 대부분이 이를 송달받을 사람에게 교부할 것으로 기대

---

4 민사소송법 제186조(보충송달·유치송달) ① 근무장소 외의 송달할 장소에서 송달받을 사람을 만나지 못한 때에는 그 사무원, 피용자(피용자) 또는 동거인으로서 사리를 분별할 지능이 있는 사람에게 서류를 교부할 수 있다. ② 근무장소에서 송달받을 사람을 만나지 못한 때에는 제183조 제2항의 다른 사람 또는 그 법정대리인이나 피용자 그 밖의 종업원으로서 사리를 분별할 지능이 있는 사람이 서류의 수령을 거부하지 아니하면 그에게 서류를 교부할 수 있다.

할 수는 없다고 보이므로 이행권고결정등본 등을 수령한 남자어린이에게 소송서류의 영수와 관련한 사리를 분별할 지능이 있다고 보기 어렵다고 한 사례.

대결 2000. 2. 14. 자 99모225 [항소기각에대한재항고]
피고인의 어머니가 주거지에서 항소사건 소송기록접수통지서를 동거자로서 송달받은 경우, 그 어머니가 문맹이고 관절염, 골다공증으로 인하여 거동이 불편하다고 하더라도 그것만으로 사리를 변식할 능력이 없다고 할 수 없으므로 위 송달은 적법한 보충송달로서의 효력이 있다. [소송기록접수통지서를 송달받은 피고인의 동거 가족이 문맹이고 거동이 불편한 자인 경우, 그 송달의 효력(유효)]

대결 2013. 1. 16. 선고 2012재다370 [배당이의]
갑 주식회사가 을 등을 상대로 제기한 배당이의 사건의 상고심에서 우편집배원이 갑 회사에 대한 상고기록접수통지서를 송달하기 위하여 갑 회사의 송달장소에 갔으나 대표이사 병을 만나지 못하자 병과 동거하는 만 8세 9개월 남짓의 아들 정에게 이를 교부하고 정의 서명을 받은 사안에서, 상고기록접수통지서의 보충송달이 적법하지 않다고 한 사례

대판 2011. 11. 10. 선고 2011재두148 [유족급여및장의비부지급처분취소]
근로복지공단을 상대로 유족급여 및 장의비 부지급 처분 취소 청구소송을 제기한 갑에 대하여 우편집배원이 상고기록접수통지서를 송달하기 위해 갑의 주소지에 갔으나 갑을 만나지 못하자 갑과 동거하는 만 8세 1개월 남짓의 딸 을에게 이를 교부하고 을의 서명을 받은 사안에서, 을의 연령, 교육 정도, 상고기록접수통지서가 가지는 소송법적 의미와 중요성 등에 비추어 볼 때, 소송서류를 송달하는 우편집배원이 을에게 송달하는 서류의 중요성을 주지시키고 갑에게 이를 교부할 것을 당부하는 등 필요한 조치를 취하였다는 등의 특별한 사정이 없는 한, 그 정도 연령의 어린이 대부분이 이를 송달받을 사람에게 교부할 것으로 기대할 수는 없다고 보이므로 상고기록접수통지서 등을 수령한 을에게 소송서류의 영수와 관련한 사리를 분별할 지능이 있다고 보기 어렵다는 이유로, 상고기록접수통지서의 보충송달이 적법하지 않다고 한 사례.

6) 필요적 행정심판전치주의   소송요건 아님

7) 관할 (기타)   피고 주소지 – 지방법원 본원 / 대전지방법원

본 안

1. 법령 검토

가. 근거 법령

음악산업진흥에 관한 법률

제2조(정의) 이 법에서 사용하는 용어의 정의는 다음과 같다.

13. "노래연습장업"이라 함은 연주자를 두지 아니하고 반주에 맞추어 노래를 부를 수 있도록 하는 영상 또는 무영상 반주장치 등의 시설을 갖추고 공중의 이용에 제공하는 영업을 말한다.

14. "청소년"이란 함은 18세 미만의 자(「초·중등교육법」 제2조의 규정에 따른 고등학교에 재학 중인 학생을 포함한다)를 말한다.

제22조(노래연습장업자의 준수사항 등) ① 노래연습장업자는 다음 각 호의 사항을 지켜야 한다.

4. 기타 대통령령이 정하는 사항을 준수할 것

제27조(등록취소 등) ① 시·도지사 또는 시장·군수·구청장은 제2조 제8호 내지 제11호 및 제13호의 규정에 따른 영업을 영위하는 자가 다음 각 호의 어느 하나에 해당하는 때에는 그 영업의 폐쇄명령, 등록의 취소처분, 6개월 이내의 영업정지명령, 시정조치 또는 경고조치를 할 수 있다. 다만, 제1호 또는 제2호에 해당하는 때에는 영업을 폐쇄하거나 등록을 취소하여야 한다.

5. 제22조의 규정에 따른 노래연습장업자 준수사항을 위반한 때

③ 제1항의 규정에 따른 행정처분의 기준 등에 관하여 필요한 사항은 문화체육관광부령으로 정한다.

음악산업진흥에 관한 법률 시행령

제9조(노래연습장업자의 준수사항) 법 제22조 제1항 제4호에 따라 노래연습장업자가 준수하여야 할 사항은 다음 각 호와 같다.

1. 당해 영업장소에 출입시간(오전 9시부터 오후 6시까지) 외에 청소년이 출입하지 아니하도록 할 것

나. 처분 요건(법률요건 검토)

법 제27조 제5호 "노래연습장업자가 <u>법 제22조의 규정에 따른 노래연습장업자 준수사항을 위반한 때</u>"

법 제22조 제1항 제4호 "기타 대통령령이 정하는 사항을 준수할 의무"

시행령 제9조 "<u>당해 영업장소에 출입시간(오전 9시부터 오후 6시까지) 외에 청소년이 출입하</u>

지 아니하도록 할 의무"
[해석상 다툼이 없음]

다. 처분 내용(등록취소 - 법률효과 검토)
법 27조 제3항 '행정처분의 기준 등에 관하여 필요한 사항은 문화체육관광부령으로 정한다.'에서 '문화체육부령이 정하는 기준'에 의하여
법 제1항 '그 영업의 폐쇄명령, 등록의 취소처분, 6개월 이내의 영업정지명령, 시정조치 또는 경고조치' 등
[보건복지부령이 정하는 기준에 관한 해석상 다툼이 있음]

2. 법률요건 측면에서 주장할 수 있는 위법

가. 처분문서에 기재된 처분사유
노래연습장에 출입시간 외에 청소년을 출입시킨 행위(4차 위반)

나. 사실오인 여부
노래연습장업자인 원고가 2011. 7. 25. 20:00경 자신이 운영하는 재미노래연습장에서 청소년 정미성(만 17세)을 최성연 등 6명과 함께 노래방에 출입시간 외에 출입시켜 영업한 사실 처분문서상의 처분사유로 기재된 사실에 대하여 다툼이 없음.

다. 법리오해 및 법률요건 포섭 오류 여부
위 사실은 '노래엽습장업자가 당해 영업장소에 출입시간(오전 9시부터 오후 6시까지) 외에 청소년이 출입하지 아니하도록 할 의무에 위반한 경우'에 해당됨 (법적 문제 없음)

라. 검토 결과
법률요건 측면에서 사실오인, 법리오해, 포섭의 오류 등을 처분의 위법 사유로 주장할 수 있는 내용은 없음.

재제적 행정처분의 요건과 관련 행정형벌과 동일하게 고의·과실을 요하는지 여부에 대하여 이론이 있을 수 있다. 아래와 같이 노래엽습장업자의 청소년 출입시간 제한 위한행위에는 행정형벌이 수반된다.

음악산업진흥에 관한 법률(법률 제14082호, 2016.3.22. 일부개정된 법률)
제22조(노래연습장업자의 준수사항 등) ① 노래연습장업자는 다음 각 호의 사항을 지켜야 한다.
    2. 당해 영업장소에 대통령령이 정하는 출입시간외에 청소년이 출입하지 아니하도록 할 것. 다만, 부모 등 보호자를 동반하거나 그의 출입동의서를 받은 경우 그 밖에 대통령령이 정하는 경우에는 그러하지 아니하다.

제34조(벌칙) ③ 다음 각 호의 어느 하나에 해당하는 자는 2년 이하의 징역 또는 2천만원 이하의 벌금에 처한다.
  2. 제22조 제1항 제2호 또는 제3호의 규정을 위반하여 청소년을 출입하게 하거나 주류를 판매·제공한 노래연습장업자

음악산업진흥에 관한 법률 시행령
제8조(청소년 출입시간 제한 등) ① 법 제22조 제1항 제2호 본문에서 "대통령령이 정하는 출입시간"이라 함은 오전 9시부터 오후 10시까지를 말한다.
  ② 법 제22조 제1항 제2호 단서에서 "그 밖에 대통령령이 정하는 경우"라 함은 해당청소년의 성년인 친족, 「초·중등교육법」에 따른 소속학교의 교원 또는 이에 준하여 해당청소년을 지도·감독할 수 있는 지위에 있는 자를 동반하는 경우를 말한다.

행정형벌의 경우 구성요건 해당성에는 형법 총칙상의 고의·과실이 요구된다. 이러한 측면에서 재제적 행정처분의 경우에도 고의·과실이 요구된다는 이견(판례는 불필요하다는 입장)이 있을 수 있다. 이 견해에 따르면 원고는 '정미성이 청소년이라는 사실을 알지 못하였다거나 알 수 없었다'는 주장하면서 법리오해 및 사실오인을 주장할 수도 있음.

대판 2014. 12. 24. 선고 2010두6700 [부정당업자제재처분등]
행정법규 위반에 대하여 가하는 제재조치는 위반자의 고의·과실이 있어야만 부과할 수 있는지 여부(소극) 및 위반자의 의무해태를 탓할 수 없는 정당한 사유가 있는 경우에도 이를 부과할 수 있는지 여부(소극)

대판 2012. 5. 10. 선고 2012두1297 [영업정지처분취소]
현실적 행위자가 아닌 법령상 책임자로 규정된 자에게 행정법규 위반에 대한 제재조치를 부과할 수 있는지 여부(적극) 및 행정법규 위반자에게 고의나 과실이 없어도 제재조치를 부과할 수 있는지 여부(원칙적 적극)

대판 2003. 9. 2. 선고 2002두5177 [건설업등록말소처분취소]
[1] 행정법규 위반에 대하여 가하는 제재조치는 행정목적의 달성을 위하여 행정법규 위반이라는 객관적 사실에 착안하여 가하는 제재이므로 위반자의 의무 해태를 탓할 수 없는 정당한 사유가 있는 등의 특별한 사정이 없는 한 위반자에게 고의나 과실이 없다고 하더라도 부과될 수 있다.
[2] 공사수주나 공사계약의 체결 등에 관한 포괄적 권한을 위임받은 건설회사의 이사가 구 건

> 설산업기본법(2000. 1. 12. 법률 제6112호로 개정되기 전의 것) 제21조 소정의 건설업등록
> 증 등의 대여금지에 관한 위반행위를 한 경우, 회사가 뒤늦게 그 위반행위를 알았다고 하
> 더라도 그에 대한 행정책임을 져야 한다고 한 사례.

3. 법률효과 측면에서 주장할 수 있는 위법

가. 법률 해석 검토

등록취소 기준: '문화체육부령이 정하는 기준'에 의하여 '그 영업의 폐쇄명령, 등록의 취소처분,
6개월 이내의 영업정지명령, 시정조치 또는 경고조치' 등

문화체육부령이 정하는 기준'에 해석상 다툼의 여지가 있음.

음악산업진흥에 관한 법률

제27조(등록취소 등) ① 시·도지사 또는 시장·군수·구청장은 제2조 제8호 내지 제11호 및 제13
호의 규정에 따른 영업을 영위하는 자가 다음 각 호의 어느 하나에 해당하는 때에는 그 영업
의 폐쇄명령, 등록의 취소처분, 6개월 이내의 영업정지명령, 시정조치 또는 경고조치를 할
수 있다. 다만, 제1호 또는 제2호에 해당하는 때에는 영업을 폐쇄하거나 등록을 취소하여야
한다.
5. 제22조의 규정에 따른 노래연습장업자 준수사항을 위반한 때
③ 제1항의 규정에 따른 행정처분의 기준 등에 관하여 필요한 사항은 문화체육관광부령으로
정한다.

음악산업진흥에 관한 법률 시행규칙

제15조(행정처분의 기준 등) ① 법 제27조 제3항에 따른 행정처분의 기준은 별표 2와 같다.

[별표 2]

[행정처분기준(제15조 관련)]

Ⅰ. 일반기준

　가. ~ 나. <생략>

　다. 위반행위의 횟수에 따른 행정처분의 기준은 최근 1년간 같은 위반행위로 행정처분을
　　　받은 경우에 적용한다. 이 경우 행정처분 기준의 적용은 같은 위반행위에 대하여 최
　　　초로 행정처분을 한 날을 기준으로 한다.

　라. <생략>

마. 위반사항의 내용으로 보아 그 위반의 정도가 경미하거나 위반행위가 고의·과실이 아
　　닌 사소한 부주의나 오류로 인한 것으로 인정되는 경우에는 영업정지처분에 해당되
　　는 경우에 한하여 그 처분기준의 2분의 1의 범위에서 감경하여 처분할 수 있다.
바. <생략>

Ⅱ. 개별기준

위반사항	근거 법령	행정처분기준			
		1차 위반	2차 위반	3차 위반	4차 위반
마. 법 제22조 및 동법 시행령 제9조에 따른 노래연습장업 자의 준수사항을 위반한 때	법 제27조 제1항 제5호				
4) 청소년 출입시간 외에 청소 년을 출입시킨 때		영업정지 10일	영업정지 1월	영업정지 3월	등록취소

나. 재량행위 및 재량권 일탈·남용 여부
　1) 행정행위: 명령
　음악산업진흥에 관한 법률상 영업정지 2월은 명령받은 자에게 영업을 하지 않아야 할 의
무를 발생시키는 행정행위임.
　2) 행정행위의 성격: 기속행위 VS 재량행위 여부
　판례에서 나타난 제재적 행정처분의 기준을 정하고 있는 부령으로서 행정규칙(참고자료)
에 불과함. 따라서 '문화체육부령이 정하는 기준에 따른 등록취소'는 법적 구속력이 없으
며, 음악산업진흥에 관한 법률상 '영업의 폐쇄명령, 등록의 취소처분, 6개월 이내의 영업정
지명령, 시정조치' 중 선택권 행사에 의해 등록취소로 결정되었기 때문에 재량행위임.[5]
　3) 선택 재량
　행정청에 '영업의 폐쇄명령, 등록의 취소처분, 6개월 이내의 영업정지명령, 시정조치 또는
경고조치'라는 선택권한이 부여되어 있기 때문에 본건 영업정지 2월 처분은 선택권한의 행
사로 이루어진 재량행위임.

---

5 만약, 본건 시행규칙을 법규명령으로 해석한다면 등록취소처분을 기속행위로 해석할 여지가 있고, 기
　속행위에 대하여는 재량권 일탈·남용 주장·판단할 수 없음.

4) 재량심사: 재량권 일탈·남용 주장

가) 비례의 원칙 위반 여부

영업정지 2월 처분으로 보호되는 공익: 노래연습장업 질서 유지, 타인의 생명·신체·재산의 위험 발생 방지 등

영업정지 2월 처분으로 침해되는 사익: 경제적 손실, 위반의 경위, 법익 침해의 정도 등

나) 평등의 원칙 위반 여부

음악산업진흥에 관한 법률 시행규칙 별표 2, Ⅰ 일반기준 다. '다. 위반행위의 횟수에 따른 행정처분의 기준은 최근 1년간 같은 위반행위로 행정처분을 받은 경우에 적용한다. 이 경우 행정처분 기준의 적용은 같은 위반행위에 대하여 최초로 행정처분을 한 날을 기준으로 한다.' 및 Ⅱ 개별기준 마. 4) '4회 위반 등록취소' 따라서 행정처분의 기준은 이 사건 위반행위가 최초 행정처분을 기준으로 1년에 4회에 해당되는 경우여야 한다.

2010. 3. 3. 영업정지 10일(1회), 2010. 11. 19. 영업정지 1월(2회), 2011. 2. 1. 영업정지 3월(3회) 전력이 있는데 이 사건 위반행위는 2011. 9. 13.이기 때문에 1회 행정처분일자를 기준으로 하면 1년을 초과하기 때문에 이 사건 등록취소처분은 위법 문제가 발생함.

한편, 2011. 6. 17. 영업을 양수받은 후 6. 24. 등록하였으므로, 음악산업진흥에 관한 법률 제23조 제3항[6]에 의하여 원고가 2010. 3. 3. 영업정지 10일(1회)의 처분효과를 승계받지 않기 때문에 이를 전제로 한 이 사건 등록취소처분은 위법 문제가 발생함.

이 사건 등록취소처분은 음악산업진흥에 관한 법률 제23조 제3항 위반으로 위법한지 여부에 관하여 보건대, 위 조항은 재제처분의 효과가 법적 구속력을 가지는 경우에 적용되는 것이다. 따라서 음악산업진흥에 관한 법률 시행규칙상 재제적 처분의 기준은 법적 구속력이 발생되는 경우이고, 위 조항이 적용되지 않는 경우이기 때문에 이 사건 등록취소처분은 위 조항 위반으로 해석할 수 없음.

그렇다면 이 사건 등록취소처분은 음악산업진흥에 관한 법률 시행규칙을 위반한 경우이고, 음악산업진흥에 관한 법률 시행규칙이 비록 행정규칙의 효력에 불과하지만 사실상 구속력이 있기 때문에 행정의 자기 구속의 원칙에 따라 음악산업진흥에 관한 법률 시행규칙 위반행위는 평등의 원칙 위반으로 재량권 일탈·남용의 위법에 해당됨.[7]

---

6 음악산업진흥에 관한 법률 제23조(영업의 승계 등) ① 제16조 또는 제18조의 규정에 따라 신고 또는 등록을 한 영업자가 그 영업을 양도하거나 사망한 때 또는 그 법인의 합병이 있는 때에는 그 양수인·상속인 또는 합병 후 존속하는 법인이나 합병에 의하여 설립되는 법인은 그 영업자의 지위를 승계한다. ③ 제1항의 규정에 따라 영업자의 지위를 승계하는 경우 종전의 영업자에게 제27조 제1항 각 호의 위반을 사유로 행한 행정제재처분의 효과는 그 행정제재처분일로부터 1년간 영업자의 지위를 승계 받은 자에게 승계되며, 행정제재처분의 절차가 진행 중인 때에는 영업자의 지위를 승계받은 자에게 행정제재처분의 절차를 속행할 수 있다. 다만, 영업자의 지위를 승계 받은 자가 승계시에 그 처분 또는 위반사실을 알지 못한 경우에는 그러하지 아니하다.

7 해석상 2회 행정처분일자를 기준으로 처분의 기준을 결정(영업정지 3월)함이 상당하다.

대판 1993. 6. 29. 선고 93누5635 [대중음식점업영업정지처분취소]

[1] 식품위생법시행규칙 제53조에서 별표 15로 같은 법 제58조에 따른 행정처분의 기준을 정하였다 하더라도, 이는 형식은 부령으로 되어 있으나 성질은 행정기관 내부의 사무처리준칙을 규정한 것에 불과한 것으로서 보건사회부장관이 관계행정기관 및 직원에 대하여 직무권한행사의 지침을 정하여 주기 위하여 발한 행정명령의 성질을 가지는 것이지 같은 법 제58조 제1항의 규정에 의하여 보장된 재량권을 기속하는 것이라고 할 수 없고, 대외적으로 국민이나 법원을 기속하는 힘이 있는 것은 아니다.

[2] 행정청이 수익적 행정처분을 취소하거나 중지시키는 경우에는 이미 부여된 국민의 기득권을 침해하는 것이 되므로 비록 취소 등의 사유가 있더라도 취소권 등의 행사는 기득권의 침해를 정당화할 만한 중대한 공익상 필요 또는 제3자의 이익보호의 필요가 있는 때에 한하여 상대방이 받는 불이익과 비교교량하여 결정하여야 하고 그 처분으로 인하여 공익상 필요보다 상대방이 받게 되는 불이익 등이 막대한 경우에는 재량권의 한계를 일탈한 것으로서 그 자체가 위법임을 면치 못한다.

[3] 같은법 시행규칙 제53조에 따른 별표 15의 행정처분기준은 행정기관 내부의 사무처리준칙을 규정한 것에 불과하기는 하지만 규칙 제53조 단서의 식품 등의 수급정책 및 국민보건에 중대한 영향을 미치는 특별한 사유가 없는 한 행정청은 당해 위반사항에 대하여 위 처분기준에 따라 행정처분을 함이 보통이라 할 것이므로, 행정청이 이러한 처분기준을 따르지 아니하고 특정한 개인에 대하여만 위 처분기준을 과도하게 초과하는 처분을 한 경우에는 재량권의 한계를 일탈하였다고 볼 만한 여지가 충분하다.

[4] 영업허가 이전 1개월 이상 무허가 영업을 하였고 영업시간위반이 2시간 이상이라 하더라도 위 행정처분기준에 의하면 1월의 영업정지사유에 해당하는데도 2월 15일의 영업정지처분을 한 것은 재량권일탈 또는 남용에 해당한다고 한 사례.

대판 2013. 11. 14. 선고 2011두28783 [과징금감경결정취소청구]

구 '부당한 공동행위 자진신고자 등에 대한 시정조치 등 감면제도 운영고시'(2009. 5. 19. 공정거래위원회 고시 제2009-9호로 개정되기 전의 것) 제16조 제1항, 제2항은 그 형식 및 내용에 비추어 재량권 행사의 기준으로 마련된 행정청 내부의 사무처리준칙 즉 재량준칙이라 할 것이고, 구 '독점규제 및 공정거래에 관한 법률 시행령'(2009. 5. 13. 대통령령 제21492호로 개정되기 전의 것, 이하 '시행령'이라 한다) 제35조 제1항 제4호에 의한 추가감면 신청 시 그에 필요한 기준을 정하는 것은 행정청의 재량에 속하므로 그 기준이 객관적으로 보아 합리적이 아니라든가 타당하지 아니하여 재량권을 남용한 것이라고 인정되지 않는 이상 행정청의 의사는 가능한 한 존중되어야 한다. 이러한 재량준칙은 일반적으로 행정조직 내부에서만 효력을 가질

뿐 대외적인 구속력을 갖는 것은 아니므로 행정처분이 이를 위반하였다고 하여 그러한 사정만으로 곧바로 위법하게 되는 것은 아니고, 다만 그 재량준칙이 정한 바에 따라 되풀이 시행되어 행정관행이 이루어지게 되면 평등의 원칙이나 신뢰보호의 원칙에 따라 행정기관은 상대방에 대한 관계에서 그 규칙에 따라야 할 자기구속을 받게 되므로, 이러한 경우에는 특별한 사정이 없는 한 그에 반하는 처분은 평등의 원칙이나 신뢰보호의 원칙에 어긋나 재량권을 일탈·남용한 위법한 처분이 된다.

  다) 신뢰보호의 원칙 위반 여부
  [기록상 주장할 수 있는 별다른 자료가 없음]
다. 검토 결과
비례의 원칙 위반, 신뢰보호의 원칙(행정의 자기 구속의 원칙) 위반을 주장

4. 절차와 형식 측면에서 주장할 수 있는 위법
  가. 행정절차법
  영업정지 2월은 불이익처분이기 때문에 행정절차법상 절차 위반 주장 가능
  사전통지절차, 청문절차, 문서주의와 이유부기, 송달 등 검토

행정절차법
제22조(의견청취) ① 행정청이 처분을 할 때 다음 각 호의 어느 하나에 해당하는 경우에는 청문을 한다.
  1. 다른 법령 등에서 청문을 하도록 규정하고 있는 경우
  2. 행정청이 필요하다고 인정하는 경우
  3. 다음 각 목의 처분 시 제21조 제1항 제6호에 따른 의견제출기한 내에 당사자등의 신청이 있는 경우
  가. 인허가 등의 취소
  나. 신분·자격의 박탈
  다. 법인이나 조합 등의 설립허가의 취소
③ 행정청이 당사자에게 의무를 부과하거나 권익을 제한하는 처분을 할 때 제1항 또는 제2항의 경우 외에는 당사자등에게 의견제출의 기회를 주어야 한다.
④ 제1항부터 제3항까지의 규정에도 불구하고 제21조 제4항 각 호의 어느 하나에 해당하는 경우와 당사자가 의견진술의 기회를 포기한다는 뜻을 명백히 표시한 경우에는 의견청취를 하지 아니할 수 있다.

제21조 ④ 다음 각 호의 어느 하나에 해당하는 경우에는 제1항에 따른 통지를 하지 아니할 수 있다.
1. 공공의 안전 또는 복리를 위하여 긴급히 처분을 할 필요가 있는 경우
2. 법령 등에서 요구된 자격이 없거나 없어지게 되면 반드시 일정한 처분을 하여야 하는 경우에 그 자격이 없거나 없어지게 된 사실이 법원의 재판 등에 의하여 객관적으로 증명된 경우
3. 해당 처분의 성질상 의견청취가 현저히 곤란하거나 명백히 불필요하다고 인정될 만한 상당한 이유가 있는 경우

나. 음악산업진흥에 관한 법률상 절차

제30조(청문) ① 시·도지사 또는 시장·군수·구청장은 제27조의 규정에 따라 영업의 폐쇄명령 또는 등록의 취소를 하고자 하는 경우에는 청문을 실시하여야 한다.

판례상 반드시 청문절차를 실시하지 않으면 위법임.
사안에서 사전통지를 받았지만, 청문을 실시한 자료가 없음.

대판 2004. 7. 8. 선고 2002두8350 [유희시설조성사업협약해지및사업시행자지정 거부처분취소]
[1] 구 도시계획법(2000. 1. 28. 법률 제6243호로 전문 개정되기 전의 것) 제78조, 제78조의2, 행정절차법 제22조 제1항 제1호, 제4항, 제21조 제4항에 의하면, 행정청이 구 도시계획법 제23조 제5항의 규정에 의한 사업시행자 지정처분을 취소하기 위해서는 청문을 실시하여야 하고, 다만 행정절차법 제22조 제4항, 제21조 제4항에서 정한 예외사유에 해당하는 경우에 한하여 청문을 실시하지 아니할 수 있으며, 이러한 청문제도는 행정처분의 사유에 대하여 당사자에게 변명과 유리한 자료를 제출할 기회를 부여함으로써 위법사유의 시정가능성을 고려하고 처분의 신중과 적정을 기하려는 데 그 취지가 있음에 비추어 볼 때, 행정청이 침해적 행정처분을 함에 즈음하여 청문을 실시하지 않아도 되는 예외적인 경우에 해당하지 않는 한 반드시 청문을 실시하여야 하고, 그 절차를 결여한 처분은 위법한 처분으로서 취소사유에 해당한다.
[2] 행정청이 당사자와 사이에 도시계획사업의 시행과 관련한 협약을 체결하면서 관계 법령 및 행정절차법에 규정된 청문의 실시 등 의견청취절차를 배제하는 조항을 두었다고 하더라도, 국민의 행정참여를 도모함으로써 행정의 공정성·투명성 및 신뢰성을 확보하고 국민의 권익을 보호한다는 행정절차법의 목적 및 청문제도의 취지 등에 비추어 볼 때, 위와 같은 협약의 체결로 청문의 실시에 관한 규정의 적용을 배제할 수 있다고 볼 만한 법령상의 규정이 없는 한, 이러한 협약이 체결되었다고 하여 청문의 실시에 관한 규정의 적용이 배제

된다거나 청문을 실시하지 않아도 되는 예외적인 경우에 해당한다고 할 수 없다.

대판 2007. 11. 16. 선고 2005두15700 [주택조합설립인가취소처분의취소]

[3] 행정절차법 제22조 제1항 제1호에 정한 청문제도는 행정처분의 사유에 대하여 당사자에게 변명과 유리한 자료를 제출할 기회를 부여함으로써 위법사유의 시정가능성을 고려하고 처분의 신중과 적정을 기하려는 데 그 취지가 있으므로, 행정청이 특히 침해적 행정처분을 할 때 그 처분의 근거 법령 등에서 청문을 실시하도록 규정하고 있다면, 행정절차법 등 관련 법령상 청문을 실시하지 않아도 되는 예외적인 경우에 해당하지 않는 한 반드시 청문을 실시하여야 하며, 그러한 절차를 결여한 처분은 위법한 처분으로서 취소사유에 해당한다.

[4] 행정청이 구 주택건설촉진법(2002. 12. 30. 법률 제6582호로 개정되기 전의 것) 제48조의2 제6호에 따른 청문을 실시하지 않은 채 주택조합의 설립인가를 취소하는 처분을 한 것은 위법하다고 한 사례.

5. 법령 측면에서 주장할 수 있는 위법

가. 대상

1) 법률: 음악산업진흥에 관한 법률

제27조 제1항 제5호

제22조 제1항 제3호

법률로서 위헌법률제청신청 대상이지만 검토 요구됨.

법률의 위헌 여부는 헌법재판소의 심판 대상이지만, 법원이 심판대상 법률에 대하여 직권으로 위헌심판을 제청할 수 있기 때문에 취소소송에서 원고가 소장·준비서면을 통해 주장해야 함. 다만, 법률의 위헌성에 대한 헌법재판소의 판단을 반드시 받기 위해서 헌법소원 심판 청구를 준비하려는 입장이라면 당해 법원에 위헌법률제청신청 절차를 거쳐야 함.

2) 대통령령: 음악산업진흥에 관한 법률 시행령

제9조 제1호

법규명령으로서 당해 재판부에 위헌·위법성을 주장해야 됨.

법규명령의 위헌·위법성 여부는 법원의 심판 대상이기 때문에 취소소송에서 원고가 소장·준비서면을 통해 주장해야 함.

3) 시행규칙: 음악산업진흥에 관한 법률 시행규칙

제15조 제1항 별표2 2.개별기준 마. 4)

법규명령 형식의 행정규칙으로 대외적 구속력이 없기 때문에 위헌·위법성을 주장할 수 없음.

나. 법률의 위헌성
  1) 침해되는 기본권과 과잉금지의 원칙 위반 여부
  [해당사항 없음]
  2) 평등권과 자의금지의 원칙 위반 여부
  [해당사항 없음]
  3) 형식[8]: 포괄위임금지의 원칙 위반 여부
  위임입법은 헌법 제75조 '대통령은 법률에서 구체적으로 범위를 정하여 위임받은 사항과 법률을 집행하기 위하여 필요한 사항에 관하여 대통령령을 발할 수 있다.'는 규정에 따라 '구체적으로 범위를 정한' 위임만 가능하고, 포괄위임은 금지됨.
  법 제22조(노래연습장업자의 준수사항 등) ① 노래연습장업자는 다음 각 호의 사항을 지켜야 한다. '4. 기타 대통령령이 정하는 사항을 준수할 것'라는 규정은 대통령령에 노래연습장업자의 준수사항을 포괄위임으로 볼 수 있음.
다. 시행령의 위헌성
  1) 기본권과 과잉금지의 원칙 위반 여부
    가) 제한되는 기본권
    직업선택의 자유, 영업의 자유(헌법 제15조), 단계이론, 직업수행의 자유, 직업결정의 자유(주관적 요소), 직업결정의 자유(객관적) 중 직업수행의 자유를 제한
    일반적 행동의 자유(헌법 제10조[9]에서 파생)
    나) 과잉금지의 원칙
    목적의 적당성 :
    수단의 적정성 :
    침해의 최소성:
    법익의 균형성:
  2) 평등권과 자의금지의 원칙 위반 여부
    가) 평등권(헌법 제11조)
    나) 자의금지의 원칙
    비교대상집단의 설정: 당구장업 등
    복수 집단의 차별적 취급: 허용 VS 금지
    차별 취급에 대한 심사(차별에 대한 위헌성 심사의 강도)
    – 합리성 심사(합리적 이유에 관한 완화된 심사)

---

8 명확성 원칙 위반 여부, 법률유보의 원칙 위반 여부 등을 검토해야 됨.
9 모든 국민은 인간으로서의 존엄과 가치를 가지며, 행복을 추구할 권리를 가진다. 국가는 개인이 가지는 불가침의 기본적 인권을 확인하고 이를 보장할 의무를 진다.

- 차별 목적의 정당성
- 차별 수단의 적정성
- 비례성 심사(비례의 원칙에 따른 엄격한 심사)/헌법이 특별한 평등을 요구하는 경우, 차별적 취급으로 인하여 관련 기본권에 대한 중대한 제한이 초래되는 경우
  - 차별 피해의 최소성
  - 차별 법익의 균형성

　　3) 형식: [해당사항 없음]

6. **결론: 처분의 위법에 관한 주장**

　　가. 법률요건:　　사실오인, 법령오해, 포섭의 오류　　　　해당사항 없음

　　나. 법률효과:　　재량권 일탈·남용 여부　　　　　　　　비례의 원칙 위반, 평등의 원칙 위반

　　다. 절차·형식:　행정절차법 등 위반 여부　　　　　　　청문절차 위반

　　라. 법령:　　　　법률의 위헌성　　　　　　　　　　　　포괄위임금지의 원칙 위반

　　　　　　　　　　시행령의 위헌성　　　　　　　　　　　과잉금지의 원칙 위반

　　　　　　　　　　　　　　　　　　　　　　　　　　　　자의금지의 원칙 위반

소　장

원　고　　　　박미숙(650605－2500000)
　　　　　　　천안시 동남구 안서동 369
　　　　　　　소송대리인 법무법인 필승
　　　　　　　담당변호사 나성실
　　　　　　　천안시 신부동 76－2 법조빌딩 2층
　　　　　　　전화: 041) 555－1786　팩스: 041) 555－1856
　　　　　　　전자우편 ssn@victory.com

피　고　　　　천안시장

노래연습장 등록취소처분 취소 청구의 소

청 구 취 지

1. 피고가 2011. 9. 13. 원고에게 한 노래연습장 등록취소처분을 취소한다.
2. 소송비용은 피고가 부담한다.
라는 판결을 구합니다.

청 구 원 인

1. 행정처분의 경위
　가. 원고는 초등학교 동창이 소개한 전 영업자인 소외 이원숙로부터 2011. 6. 17. 오케이노래연
　　　습장의 영업을 양수하였습니다. 영업자의 지위를 승계받은 신청인은 2011. 6. 24. 영업자
　　　및 상호가 변경된 등록증을 발급받아 2011. 7. 1.부터 재미노래연습장이라는 상호로 영업을
　　　시작하였습니다.
　나. 원고는 2011. 7. 25. 오후 7시에 회사원 일행 7명을 출입시켜 영업을 하던 중 오후 8시경
　　　청안시 동남구청 담당직원의 단속으로 인하여 위 일행 가운데 1명이 만 17세인 사실이 밝
　　　혀져 알게 되었습니다.
　다. 원고는 전 영업자인 소외 이원숙의 위반행위와 합쳐 총 4회의 위반행위를 하였다는 이유
　　　로 천안시장으로부터 2011.9.13. 노래연습장 등록을 취소한다는 처분(갑제1호증 등록취소
　　　처분통지 및 행정처분서, 이하 '이 사건 처분'이라 합니다)을 받았습니다.

2. 소의 적법성[10]

가. 피고적격

1) 항고소송은 원칙적으로 소송의 대상인 행정처분 등을 외부적으로 그의 명의로 행한 행정청을 피고로 하여야 하는 것이므로(대법원 1994.6.14. 선고 94누1197 판결), 천안시장이 내부적인 사무처리의 편의를 도모하기 위하여 동남구청장으로 하여금 그 단속 및 처분권한을 사실상 행사하게 하고 있다 하더라도, 처분명의자인 천안시장을 피고로 삼아야 한다는 원칙에는 변함이 없는 것입니다. 관련하여 대법원도 내부위임의 경우에는 수임관청이 그 위임된 바에 따라 위임관청의 이름으로 권한을 행사하였다면 그 처분청은 위임관청이므로 그 처분의 취소나 무효확인을 구하는 소송의 피고는 위임관청으로 삼아야 한다고 판시하고 있습니다(대법원 1991.10.8. 선고 91누520 판결).

2) 따라서 이 사건 처분에 관한 집행정지신청의 피신청인적격을 가지는 자는 천안시장이라 할 것입니다.

나. 제소기간 준수 여부

1) 취소소송을 제기하기 위해서는 행정소송법 제20조에 따라 처분 등이 있음을 안 날부터 90일, 처분 등이 있은 날부터 1년 내에 소를 제기하여야 합니다. 그런데 이 사건 처분에 대한 통지 및 행정처분서가 2회에 걸쳐 송달되었는바, 첫 번째 송달일인 2011. 9. 16.을 기준으로 하면 90일이 도과된 것이 되고 두 번째 송달인 2011. 10. 13.을 기준으로 하면 90일이 도과되지 않은 것이 됩니다.

2) 그런데 첫 번째 송달은 본인인 신청인이 직접 받은 것이 아니라 신청인의 모친인 소외 윤숙자가 받은 것이므로 소외 윤숙자에 대한 보충송달이 적법한지가 문제됩니다. 송달받을 자가 부재중인 경우 사리를 잘 아는 사무원, 피용자, 동거자에 대한 보충송달은 적법합니다(행정절차법 제14조 제2항). 그러나 이 사건에서 신청인이 송달 당시 부재중이기는 하였으나 신청인의 모친인 소외 윤숙자는 사무원이나 피용자도 아니고 신청인은 천안에, 소외 윤숙자는 대구에 살고 있어 동거자에도 해당하지 않으므로 소외 윤숙자에 대한 보충송달은 부적법합니다.

3) 따라서 두 번째 송달만이 적법한 송달인바, 이를 기준으로 하면 아직 90일이 도과되지 않았으므로 취소소송의 제소기간을 준수하였습니다.

다. 기타

3. 이 사건 처분의 위법성

가. 비례의 원칙 위반으로 인한 재량권 일탈·남용의 위법
나. 평등의 원칙 위반으로 인한 재량권 일탈·남용의 위법

---

10 실무상 소송요건에 관하여 특별한 사정이 없는 한 소장에 기재하지 않지만, 변호사시험에서는 교육과 평가라는 측면에서 기재를 요구하고 있다.

다. 청문절차 위반

4. 이 사건 처분 근거법령의 위헌성
   1) 음악산업진흥에 관한 법률 제22조 제1항 제3호의 위헌성
   - 포괄위임금지의 원칙 위반 여부
   2) 음악산업진흥에 관한 법률 시행령 제9조 제1호
   - 과잉금지의 원칙 위반(직업수행의 자유)
   - 자의금지의 원칙 위반(평등권)

4. 결론

입 증 방 법

1. 노래연습장 등록취소처분 통지 (갑제1호증의 1)
2. 행정처분서 (갑제1호증의 2)
3. 우편송달보고서 (갑제2호증의 1, 2)
생략

첨 부 서 류

1. 위 입증서류 사본 2부
2. 소송위임장 1부
3. 담당변호사 지정서 1부
4. 소장 부본 1부 (생략)
생략

2012.   1.   3.

원고의 소송대리인 법무법인 필승

담당변호사 나성실

대전지방법원 귀중

집행정지신청 초안

신청요건

1) 집행정지의 대상　　　처분 등의 존재: 등록취소

2) 신청인　　　　　　　박미숙

3) 피신청인　　　　　　천안시장

4) 신청의 이익　　　　　문제없음

5) 적법한 본안 소송의 계속
　　　　　　　　　　　2012. 1. 3. 본안 소송 제기. 소송요건을 모두 구비

6) 관할 (기타)　　　　　본안소송 계속 중인 법원 전속관할
　　　　　　　　　　　본안소송: 대전지방법원 관할

신청본안

1. **회복하기 어려운 손해를 예방하기 위하여 긴급한 필요가 있을 것(적극적 요건)**
   이미 발생한 손해 또는 발생이 예견되는 손해를 구체적으로 적시
   예방의 긴급성을 구체적으로 적시

2. **공공의 복리에 중대한 영향을 미칠 우려가 없을 것(소극적 요건)**
   운전면허취소처분의 집행을 정지한다고 하여 공공복리에 중대한 영향이 미칠 우려가 전혀 없음

3. **본안청구가 이유없음이 명백하지 아니할 것(판례상 소극적 요건)**
   처분의 위법 여부는 본안 심리를 통하여 밝혀질 수 있음

집 행 정 지 신 청

신 청 인   박미숙(650605 − 2500000)

천안시 동남구 안서동 369

소송대리인 변호사 필승

담당변호사 나성실

천안시 신부동 76 − 2 법조빌딩 2층

전화: 041) 555 − 1786   팩스: 041) 555 − 1856

전자우편 ssn@victory.com

피신청인   천안시장

신 청 취 지

피신청인이 피고가 2011. 9. 13. 원고에게 한 노래연습장 등록취소처분의 집행을 본안 판결 선고시까지 정지한다.

신 청 원 인

1. 처분의 경위
생략

2. 신청의 적법 여부
생략

3. 집행정지의 필요 여부
가. 회복하기 어려운 손해를 예방하기 위하여 긴급한 필요가 있을 것(적극적 요건)

1) 회복하기 어려운 손해 발생우려

가) 회복하기 어려운 손해의 의미

행정소송법 제23조2항의 '회복하기 어려운 손해'의 의미에 관하여 판례는 '특별한 사정이 없는 한 금전으로 보상할 수 없는 손해로서, 이는 금전보상이 불능인 경우뿐만 아니라 금전보상으로는 사회관념상 행정처분을 받은 당사자가 참고 견딜 수 없거나 또는 참고 견디기가 현저히 곤란한 경우의 유형, 무형의 손해를 일컫는다.'고 판시하고 있습니다.

　나) 신청인의 급박한 생계의 위험

　신청인은 10년전에 남편과 이혼하고 미성년자인 자녀 둘을 혼자 양육하고 있습니다. 이 사건 처분을 받은 '재미노래연습장'은 신청인이 10년 동안 식당에서 일하며 벌은 돈을 모두 투자하여 인수한 업소로서, 영업개시 불과 한달여만에 등록취소처분으로 영업을 못하게 되었습니다. 신청인은 이미 종전 영업자인 소외 이원숙에게 권리금 1천만원을 지급하였고 새롭게 영업개시를 위해 노래방 내부인테리어 공사금 500만원을 투자하였습니다. 또한 영업중단 여부와 관계없이 보증금 3천만원에 월 50만원의 임대료를 지급하여야 합니다. 신청인의 전재산이 투자된 이 노래방 업소는 신청인과 그 부양 자녀들의 유일한 생계수단이기에 이 사건 처분에 따라 영업이 중단된다면 당장에 생계에 급박한 위험이 발생할 뿐만 아니라 아직 미성년자인 두 자녀의 학업의 계속마저 중단해야 될 위험에 처하게 됩니다.

　또한 노래방 영업의 특수한 성격상 자금투자를 통한 신장개업이 신규 고객의 유인과 기존 고객의 유지와 자금회수에 아주 중요한 역할을 합니다. 신장개업시 계속적인 영업을 통해 초기 투자자금 회수를 하지 못한다면 신청인은 업소 임대계약을 이행하지 못하여 계약을 해지 당할 수 있고, 이는 곧바로 신청인을 재기불능의 경제적 어려움에 빠뜨립니다.

　다) 관련 판례

　대법원 1994. 10. 11. 자 94두35 결정에 따르면, '토석채취허가취소처분의 효력이 정지되지 아니한 채 본안소송이 진행된다면, 그 처분의 상대방은 그동안 막대한 장비와 인원 및 자본을 투자하여 준비한 토석채취작업을 못하게 되고, 거래선으로부터의 납품계약해제, 신용실추 등으로 인해 상당한 손해를 입을 것임을 짐작하기 어렵지 아니한 경우라면, 이와 같은 손해는 쉽사리 금전으로 회복할 수 있는 것이 아니어서 사회관념상 회복하기 어려운 손해에 해당한다.'고 판시하여 막대한 자본투자, 납품계약해제, 신용실추 등에 회복하기 어려운 손해를 인정하고 있습니다.

　라) 소 결

　그렇다면 신청인이 이 사건 처분으로 인해 입을 손해는 행정소송법 제23조 2항의 회복하기 어려운 손해로서 금전보상으로는 참고 견딜 수 없는 수준의 손해입니다.

　2) 긴급한 필요

　가) 시간적으로 절박한 위험의 발생우려

　이 사건 처분의 취소소송의 판결이 선고될 때까지는 상당한 시일이 소요될 것이고, 그때까지 이 사건 처분의 집행이 정지되지 않으면 신청인과 그 부양 자녀는 생계에 돌이킬 수 없는 피해를 입게 됩니다. 또한 한창 교육비가 들어가는 미성년자 자녀들을 제대로 부양할 수 없어 교육이 중단될 위험이 발생합니다. 이러한 위험은 시간적으로 절박하여 후에 금전배상으로 원상회복이 불가능하고 참고 견디기가 사회통념상 현저히 곤란합니다.

나) 관련 판례

대법원 2004. 5. 12. 자 2003무41 결정에 따르면, '신청인은 이 사건 고시의 효력이 계속 유지되는 경우 이로 인한 매출액의 감소, 시장점유율 및 판매신장률의 감소, 거래처의 감소, 신약의 공급중단위기가능성, 이 사건 약제들의 적정한 상한금액을 확보하지 못할 위험성 등의 경제적 손실과 기업 이미지 및 신용의 훼손 등을 입게 되어 앞서 본 신청인의 경영상황에 비추어 볼 때 경영상의 위기를 맞게 될 수도 있으므로, 이러한 손해는 금전보상이 불능인 경우 내지 금전보상으로는 신청인으로 하여금 참고 견딜 수 없거나 또는 참고 견디기가 현저히 곤란한 경우의 유형·무형의 손해로서 행정소송법 제23조 제2항의 '회복하기 어려운 손해'에 해당한다고 볼 것이고, 신청인의 위와 같은 손해를 예방하기 위하여서는 이 사건 고시의 효력을 정지하는 것 외에 다른 적당한 방법이 없으므로, 위 고시의 효력을 정지할 긴급한 필요도 있다고 보아야 할 것이다.' 고 판시하여 경제적 손실과 신용훼손 등의 경영상의 위기를 긴급한 필요로 인정한 바 있습니다.

다) 소 결

이 사건 처분의 성질과 태양 및 내용, 신청인이 입는 손해의 성질·내용 및 정도, 원상회복·금전배상의 방법 및 난이를 종합적으로 고려하여 구제적, 개별적으로 판단하여 보았을 때 이 사건 처분의 집행을 정지할 긴급한 필요가 인정됩니다.

나. 공공의 복리에 중대한 영향을 미칠 우려가 없을 것(소극적 요건)

미용업소 영업정지처분의 집행을 정지한다고 하여 공공복리에 중대한 영향이 미칠 우려가 전혀 없음.

다. 본안청구가 이유없음이 명백하지 아니할 것(판례상 소극적 요건)

본건 영업정지처분은 비례의 원칙 위반으로 재량권 일탈남용으로 위법함.

처분의 근거 법령인 고시가 위헌위법임.

본안 심리를 통하여 밝혀 질 수 있는 사안임.

4. 결 론

이상의 이유로 집행 정지 결정이 필요함.

입 증 방 법

1. 등록취소처분통지 및 행정처분서 (소 갑제1호증의 1,2)
2. 노래연습장 등록증 (소 갑제2호증)
3. 자술서 (소 갑제3호증)
생략

첨 부 서 류

1. 위 각 입증방법   각 1통
2. 신청서부본   1통
3. 소송위임장   1통
4. 담당변호사 지정서   1통.
생략

2012.   1.   3.

신청인 소송대리인
법무법인 필승
담당변호사 나성실 (인)

대전지방법원 귀중

문) 박미숙이 이원숙으로부터 노래연습장을 양수하였지만, 노래연습장 명의가 이원숙으로 여전히 되어 있다. 천안시장이 이원숙을 상대로 등록취소처분을 하였다. 박미숙이 취소소송을 제기하려고 한다. 그 결과는 어떻게 되나.

문) 박미숙이 이원숙으로부터 노래방을 양수하였지만, 그 명의가 소외 이원숙으로 되어 있는 경우 박미숙의 원고적격 유무

원칙 양도인의 원고적격: "영업자지위승계신고를 하지 아니한 채 영업을 하여 오던 자가 업태위반 등 위반행위로 단속되어 영업정지 등 제재처분을 받은 경우 영업자지위승계신고가 있기 전에는 영업허가자의 변경이라는 법류효과가 발생하지 아니하므로 여전히 현재의 영업허가명의자인 양도인이 영업허가자이고 양수인의 영업행위 중 단속되었다고 하더라도 제재처분은 영업허가자인 양도인을 상대로 행하여야 할 것이다."(대판 94누9146)라고 판시하고 있다.

예외 양수인의 원고적격: 채석허가가 대물적 허가의 성질을 아울러 가지고 있고 수허가자의 지위가 사실상 양도·양수되는 점을 고려하여 수허가자의 지위를 사실상 양수한 양수인의 이익을 보호하고자 하는 데 있는 것으로 해석되므로, 수허가자의 지위를 양수받아 명의변경신고를 할 수 있는 양수인의 지위는 단순한 반사적 이익이나 사실상의 이익이 아니라 산림법령에 의하여 보호되는 직접적이고 구체적인 이익으로서 법률상 이익이라고 할 것이고, 채석허가가 유효하게 존속하고 있다는 것이 양수인의 명의변경신고의 전제가 된다는 의미에서 관할 행정청이 양도인에 대하여 채석허가를 취소하는 처분을 하였다면 이는 양수인의 지위에 대한 직접적 침해가 된다고 할 것이므로 양수인은 채석허가를 취소하는 처분의 취소를 구할 법률상 이익을 가진다고 판시하였다(대판 2001두6289).

양도인과 양수인 간에 사업양도를 한 경우에도 지위승계신고가 되기 전이라면 허가권자는 여전히 양도인이므로, 행정처의 허가취소처분의 상대방도 양도인이다. 그러나 예외적으로 영업처분이 대물적 처분이면서 법령에 의한 영업의 승계가 허용되는 경우 사실상의 양수인에게도 원고적격이 인정된다. 이 사건의 경우 노래연습장등록취소처분이 대물적 처분이고 노래연습장의 양도가 허용되는 것이므로 박미숙의 원고적격이 인정될 것이다.

PART
06

제2회 변호사시험/
기본형 취소소송 +
권리구제형 헌법소원

> 제1강
기본형 취소소송과 집행정지

【문제[1] 1】

1. 의뢰인 전화랑을 위하여 김신뢰 변호사의 입장에서 영업정지 처분의 취소를 구하는 소장[2]을 작성하시오. 단, 이 사건 처분의 위법성에서는 처분의 근거법률의 위헌성[3]을 다투는 내용을 제외할 것.
   – 작성일은 소제기 가능한 마지막 날짜로 기재할 것.[4]

   작성요강[5]

【문제 2】

   1. 김신뢰 변호사는 2013. 1. 3.자로 의뢰인 전화랑에 대한 영업정지처분 취소소송을 제기함과 동시에 집행정지 신청을 하고자 한다. 진행정지 신청서를 작성하시오.

---

1 2013. 10. 법무부에서 실시한 제2회 변호사시험 문제를 그대로 사용하였는데, 다만 교육과 학습 목적을 위해 일부 내용과 순서를 편집하였다.
2 변호사시험에서는 ["청구취지'와 '청구원인' 중 '3. 이 사건 처분의 위법성' 부분]을 작성하라고 출제되었다.
3 변호사시험에서는 [단, 이 사건 처분의 위법성에서는 처분의 근거법령의 위헌성·위법성을 다투는 내용을 제외할 것. (20점)]로 출제되었다.
4 변호사시험에서는 제시되지 않은 내용이다.
5 1. 참고자료로 제시된 법령은 가상의 것으로, 이에 근거하여 작성할 것. 이와 다른 내용의 현행 법령이 있다면, 제시된 법령이 현행 법령에 우선하는 것으로 할 것.
   2. 기록에 나타난 사실관계만을 기초로 하고, 그것이 사실임을 전제로 할 것.
   3. 기록 내의 각종 서류에는 필요한 서명, 날인, 무인, 간인, 정정인이 있는 것으로 볼 것.
   4. 송달이나 접수, 통지, 결재가 필요한 서류는 모두 적법한 절차를 거친 것으로 볼 것.

수임번호 2012-501	법률상담일지		2012. 12. 20.
의 뢰 인	전화랑	의뢰인 전화	***-****-****
의뢰인 영업장 주소	서울 서대문구 홍은동 79	의뢰인 전송	

상 담 내 용

1. 전화랑은 오랜 단골 고객인 김미순이 오랜만에 휴가를 얻어 얼굴의 점을 빼달라고 간곡히 부탁하기에 거절하지 못하고 점빼기를 해 주었다고 한다.

2. 전화랑은 그 후 위 김미순의 동생이자 역시 단골 고객인 김용순이 연휴 때 찾아와 병원에서 점을 빼면 너무 비싸다며 간곡히 부탁해서 역시 거절하지 못하였고 서비스로 귓볼뚫기도 해 주었다고 한다.

3. 의뢰인 전화랑에게 문의한바, 영업정지 처분을 하기 전에 사전 통지 및 청문절차를 거쳤다고 한다.

4. 의뢰인 희망사항
   의뢰인 전화랑은 단골 고객 2명에게 마지못해 점빼기와 귓볼뚫기 시술을 해 준 것인 데도 영업정지 2월의 처분을 받은 것은 억울하다며 위 영업정지 처분에 대한 취소소송을 제기하여 줄 것을 희망하고 있다.

법무법인 정의(담당변호사 김신뢰)

전화 02-555-****, 전송 02-555-****, 전자우편 ***@justicelaw.com

서울 서초구 서초동 100-2 정의빌딩 3층

법무법인 정의 내부회의록

일   시: 2012. 12. 21. 14:00 ~ 15:00
장   소: 법무법인 정의 소회의실
참석자: 이길수 변호사(송무팀장), 김신뢰 변호사

이 변호사: 전화랑 의뢰인 사건과 관련하여 몇 가지 논의할 사항이 있을 것 같습니다.
김 변호사님, 전화랑 씨에 대한 영업정지 처분에 대해 절차상 하자가 있다고 주장할
만한 점은 없는지요?

김 변호사: 저도 그 점에 착안해서 검토하고 전화랑 씨와 서대문구청에 확인했습니다만, 절차상
의 하자는 없는 것 같습니다. 처분에 관한 사전 통지도 했고, 공중위생관리법 제12조
에서 요구하는 청문도 실시한 것으로 확인되었습니다. 처분의 방식이나 이유 제시에
관해서도 별다른 하자가 발견되지 않았습니다.

이 변호사: 점빼기나 귓볼뚫기가 의료행위에 해당하는지에 관한 판례가 있는지 확인해 보았나요?

김 변호사: 점빼기나 귓볼뚫기에 관한 판례는 없는 것 같습니다. 관련 판례로는 '곰보수술, 눈쌍꺼
풀, 콧날세우기 등 미용성형수술은 질병의 예방 또는 치료행위가 아니므로 오직 일반
의사에게만 허용된 의료법 제25조 소정의 의료행위라고 단정할 수 없다.'는 취지의
1972년 대법원 판결이 있었지만, 1974년 이 판결을 폐기하면서 '코높이기 성형수술행
위도 의료행위에 해당한다.'는 대법원 판결이 있었습니다. 문신시술행위는 의료행위에
해당한다는 대법원 판례가 있고, 이를 전제로 하여 판단한 헌법재판소 결정도 있습니
다. 비교적 최근인 2007년에도 속눈썹 이식과 같은 미용성형술은 의료행위라고 본 대
법원 판례가 있습니다.

이 변호사: 그럼, 소장 작성 준비를 잘 해주기 바랍니다. 이상으로 회의를 마치겠습니다. 끝.

대법원 2007.6.28. 선고 2005도8317 판결 【의료법위반】 (발췌)

[공2007.8.1.(279),1206]

【판시사항】

[1] 의료행위의 의미 및 미용성형술이 의료행위에 포함되는지 여부(한정 적극)

[2] 속눈썹 또는 모발의 이식시술행위가 의료행위에 해당한다고 한 사례

[3] 무면허 의료행위가 정당행위로서 위법성이 조각되기 위한 요건

[4] 의사가 모발이식시술을 하면서 이에 관하여 어느 정도 지식을 가지고 있는 간호조무사로 하여금 모발이식시술행위 중 일정 부분을 직접 하도록 맡겨둔 채 별반 관여하지 않은 것이 정당행위에 해당하지 않는다고 한 사례

【판결요지】

[1] 의료행위라 함은 질병의 예방과 치료행위뿐만 아니라 의학적 전문지식이 있는 의료인이 행하지 아니하면 사람의 생명, 신체나 공중위생에 위해를 발생시킬 우려가 있는 행위를 포함하므로, 질병의 치료와 관계가 없는 미용성형술도 사람의 생명, 신체나 공중위생에 위해를 발생시킬 우려가 있는 행위에 해당하는 때에는 의료행위에 포함된다.

[2] 의사가 속눈썹이식시술을 하면서 간호조무사로 하여금 피시술자의 후두부에서 채취한 모낭을 속눈썹 시술용 바늘에 일정한 각도로 끼우고 바늘을 뽑아낸 뒤 이식된 모발이 위쪽을 향하도록 모발의 방향을 수정하도록 한 행위나, 모발이식시술을 하면서 간호조무사로 하여금 식모기(植毛機)를 피시술자의 머리부위 진피층까지 찔러 넣는 방법으로 수여부에 모낭을 삽입하도록 한 행위가 진료보조행위의 범위를 벗어나 의료행위에 해당한다고 한 사례.

[3] 의료행위에 해당하는 어떠한 시술행위가 무면허로 행하여졌을 때, 그 시술행위의 위험성의 정도, 일반인들의 시각, 시술자의 시술의 동기, 목적, 방법, 횟수, 시술에 대한 지식수준, 시술 경력, 피시술자의 나이, 체질, 건강상태, 시술행위로 인한 부작용 내지 위험 발생 가능성 등을 종합적으로 고려하여 법질서 전체의 정신이나 그 배후에 놓여 있는 사회윤리 내지 사회통념에 비추어 용인될 수 있는 행위에 해당한다고 인정되는 경우에만 사회상규에 위배되지 아니하는 행위로서 위법성이 조각된다.

[4] 의사가 모발이식시술을 하면서 이에 관하여 어느 정도 지식을 가지고 있는 간호조무사로 하여금 모발이식시술행위 중 일정 부분을 직접 하도록 맡겨둔 채 별반 관여하지 않은 것이 정당행위에 해당하지 않는다고 한 사례.

【전 문】

【피 고 인】 피고인 1외 6인
【상 고 인】 피고인들
【변 호 인】 변호사 노인수 외 7인
【원심판결】 서울중앙지법 2005. 10. 13. 선고 2005노1994 판결

【주 문】
원심판결 중 피고인 1에 대한 부분을 파기하고, 이 부분 사건을 서울중앙지방법원 합의부에 환송한다. 나머지 피고인들의 상고를 모두 기각한다.

【이 유】
상고이유를 판단한다.

1. 피고인들에 대한 무면허의료행위 부분에 대하여

　　가. 의료행위라 함은 질병의 예방과 치료행위뿐만 아니라 의학적 전문지식이 있는 의료인이 행하지 아니하면 사람의 생명, 신체나 공중위생에 위해를 발생시킬 우려가 있는 행위를 포함하므로(대법원 1992. 5. 22. 선고 91도3219 판결, 2000. 2. 22. 선고 99도4541 판결, 2003. 9. 5. 선고 2003도2903 판결 등 참조), 질병의 치료와 관계가 없는 미용성형술도 사람의 생명, 신체나 공중위생에 위해를 발생시킬 우려가 있는 행위에 해당하는 때에는 의료행위에 포함된다(대법원 1974. 11. 26. 선고 74도1114 전원합의체 판결, 2005. 6. 10. 선고 2005도2740 판결 등 참조).

　　위와 같은 법리 및 기록에 비추어 보건대, 원심은 제1심이 적법하게 채택한 증거를 종합하여 판시와 같은 사실을 인정한 다음, 의사인 피고인 1이 속눈썹이식시술을 하면서 피시술자의 후두부에서 채취한 모낭을 간호조무사인 제1심 공동피고인 1로 하여금 속눈썹시술용 바늘(안과용 각침)에 일정한 각도로 끼우고 바늘을 뽑아낸 뒤 이식된 모발이 위쪽을 향하도록 모발의 방향을 수정하도록 한 행위나, 나머지 피고인들이 모발이식시술을 하면서 위 제1심 공동피고인 1로 하여금 식모기(植毛機)를 피시술자의 머리부위 진피층까지 찔러 넣는 방법으로 수여부에 모낭을 삽입하도록 한 행위가 진료보조행위의 범위를 벗어나 의료행위에 해당한다고 보아, 피고인들이 의료행위 중 일부인 위와 같은 행위를 위 제1심 공동피고인 1로 하여금 하게 한 이상 무면허의료행위의 공범이 된다고 판단하여, 피고인들에 대한 이 사건 무면허의료행위의 공소사실을 유죄로 인정한 제1심판결을 유지하였는바, 원심의 위와 같은 증거취사 및 사실인정과 판단은 옳고, 상고이유로 주장하는 바와 같은 채증법칙 위반 및 무면허의료행위에 관한 법리오해나 이로 인한 심리미진 등의 위법이 없다.

나. 의료행위에 해당하는 어떠한 시술행위가 무면허로 행하여졌을 때, 그 시술행위의 위험성의 정도, 일반인들의 시각, 시술자의 시술의 동기, 목적, 방법, 횟수, 시술에 대한 지식수준, 시술경력, 피시술자의 나이, 체질, 건강상태, 시술행위로 인한 부작용 내지 위험발생 가능성 등을 종합적으로 고려하여 법질서 전체의 정신이나 그 배후에 놓여 있는 사회윤리 내지 사회통념에 비추어 용인될 수 있는 행위에 해당한다고 인정되는 경우에만 사회상규에 위배되지 아니하는 행위로서 위법성이 조각된다(대법원 2002. 12. 26. 선고 2002도5077 판결, 2004. 10. 28. 선고 2004도3405 판결, 2006. 3. 23. 선고 2006도1297 판결 등 참조). 위와 같은 법리 및 기록에 비추어 보건대, 간호조무사에 불과한 위 제1심 공동피고인 1이 모발이식시술에 관하여 어느 정도 지식을 가지고 있다고 하여도 의료 전반에 관한 체계적인 지식과 의사 자격을 가지고 있지는 못한 사실, 피고인 5는 모발이식시술을 하면서 식모기를 환자의 머리부위 진피층까지 찔러 넣는 방법으로 수여부에 모발을 삽입하는 행위 자체 중 일정 부분에 대해서는 위 제1심 공동피고인 1에게만 맡겨둔 채 별반 관여를 하지 아니한 사실 등을 인정한 다음, 이러한 위 피고인의 행위는 의료법을 포함한 법질서 전체의 정신이나 사회통념에 비추어 용인될 수 있는 행위에 해당한다고 볼 수 없어 위법성이 조각되지 아니한다고 하여, 위 피고인의 정당행위 주장을 배척한, 원심의 조치는 옳고 정당행위에 관한 법리오해의 위법이 없다.

(중략)

3. 결 론

그러므로 원심판결 중 피고인 1에 대한 부분을 파기하고, 이 부분 사건을 다시 심리·판단하게 하기 위하여 원심법원에 환송하며, 나머지 피고인들의 상고를 모두 기각하기로 관여 대법관의 의견이 일치되어 주문과 같이 판결한다.

대법관   이홍훈(재판장) 김영란(주심) 김황식 안대희

단속결과보고서

제2012-189호

수신: 서대문구청장
참조: 환경위생과장
제목: 공중위생관리법 위반업소 단속결과 보고

미용업소 불법영업 신고에 따라 해당업소에 현지 출장한 결과를 아래와 같이 보고합니다.

출장일시	2012. 7. 30. 13:00 ~ 17:00
단 속 반	1개반 2명
단속업소	서울특별시 서대문구 관할 구역 내 미용실
중점단속사항	점빼기 등 의료행위 금지 준수 여부
단속결과	- 위반업소: 화랑미용실(홍은동 79) - 공중위생관리법 제4조(공중위생영업자의 위생관리의무등) 제4항에 따라 미용업자는 점빼기·귓볼뚫기를 하여서는 아니됨에도 불구하고, 위 미용업소 영업자 전화랑이 2012. 7. 25. 10:00경 자신이 운영하는 화랑미용실에서 김미순(만 27세)을, 2012. 7. 30. 14:00경 같은 장소에서 김용순(만 21세)을 상대로 점을 빼고 귓볼을 뚫어주는 영업을 하였음을 확인하고, 전화랑, 김미순, 김용순으로부터 해당행위에 대한 자술서와 확인서를 받았습니다.

위와 같이 조치결과를 보고합니다.

2012년   7월   31일

보고자: 서대문구청 환경위생과 6급 정수인

서대문구청 환경위생과 7급 정성원 ⓘ

자 술 서

이름: 전화랑(****** - *******)
주소: 서울 서대문구 홍은동 일품아파트 2동 103호

　저는 2010년 여름부터 서울 홍은동 상가에서 "화랑미용실"을 운영하고 있는 전화랑입니다. 제가 17세부터 약 3년 전까지 제가 살던 읍내 미용실에서 미용보조로 일했었는데 그 곳에서 미용사가 손님들 점도 빼주고 귀를 뚫어주기도 하는 것을 옆에서 보고 배웠습니다. 손기술만 있으면 간단히 배울 수 있었으니까요. 그 당시 손님들이 미용실에서 하니 간편하고 저렴하다며 매우 만족하셨던 기억이 납니다. 그 때 옆에서 보고 배운 기술로 이번에 제 미용실에 찾아온 손님 김미순 등에게 해드린 것입니다. 그래도 제가 제 이름으로 미용실을 운영한 이후에 요새는 미용실에서 헤어나 메이크업 외에 함부로 손님들에게 점빼기, 귀뚫기 등은 하면 안 된다고 미용업협회로부터 들은 적이 있었던 것 같아 사실 한 번도 하지 않았는데, 예전부터 저의 오랜 단골 고객인 김미순 씨가 오랜만에 휴가를 얻었는데 점을 빼달라고 간절히 부탁하여 그만 거절하지 못하고 해드렸습니다. 그런데 이후에 그 손님 동생 분이자 역시 단골 고객인 김용순 씨가 연휴 때 또 찾아오셔서 병원 가서 점을 빼면 너무 비싸다며 간곡히 부탁하기에 그만 거절하지 못하고 해드렸습니다. 그 분이 아직 귀를 뚫지 않아서 거의 서비스 차원에서 그분 귀도 뚫어주게 되었던 것이고요. 미용실을 해보신 분은 아실 것입니다. 단골 고객 관리가 얼마나 어려운 일인지요.

　저는 가정 형편이 어려워 17세부터 집을 나와 미용실 보조로 일했습니다. 그 때 미용실 보조 월급은 너무 적었고 심지어 어떤 달에는 못받기도 하였는데 그래도 그렇게 10년 이상 한푼 두푼 모은 돈에다 은행대출을 받아 겨우 서른이 넘어 제 이름으로 미용실을 열었고 지금 결혼하여 두 아이의 아빠로 한 가정을 책임지고 있는 가장입니다. 미용실 운영수입으로 상가월세매달 150만원 내고 직원 월급 주고 나면 겨우 가족들 먹고 사는 정도여서 저축 한 번 제대로 해보지 못했습니다. 그래도 제 스스로의 힘으로 기술도 익히고 제 이름으로 미용실도 열어서 동네 손님들 상대로 일요일도 쉬지 않고 일하면서 소시민으로 행복하게 살아왔는데, 행여 이번 일로 영업정지라도 받으면 월세는 어떻게 낼지, 동네 장사인데 이미지에 손상을 입게 되는 것은 아닌지, 손님들이 다른 상가에 있는 미용실로 모두 옮기시지 않을지 너무 걱정되어서 요새 밥도 입에 들어가지 않습니다.

　저는 지금까지 살면서 한 번도 법을 어긴 사실이 없습니다. 그런데 이번에 제가 단골 손님들 부탁으로 점을 빼준 일 등으로 단속을 당하고 보니 너무 억울합니다.

앞으로는 아무리 부탁하더라도 절대로 법을 어기는 일이 없도록 할 테니 저의 어려운 처지를 생각해서
선처해 주실 것을 간절히 부탁드립니다.

2012년   7월   30일

전화랑 (서명)

확 인 서

성 　 　 명: 김미순
주민등록번호: ****** − *******
주 　 　 소: 서울 서대문구 홍은동 일동빌라 3동 23호

　　저는 서울 서대문구 홍은동에 있는 한식당 '다헌'에서 서빙일을 하고 있습니다. 저희 한식당은 고급 한식집이라 손님들 서빙이 중요해서 제가 근처 화랑미용실에서 드라이 등 헤어관리를 자주 받았습니다. 그런데 식당일 때문에 평소 눈썹 아래 늘 거슬리던 점을 빼기 위해 휴가를 얻기가 참 어려웠습니다. 게다가 근처에 피부과도 없고 병원 예약도 잡기 어려워 답답해하고 있던 차에, 화랑미용실 사장님과 대화하다가 예전에 미용보조로 일하던 미용실에 점을 빼러 온 손님에 관한 에피소드를 얘기하시기에 하실 수 있다 생각하고 부탁하게 된 것입니다. 저희 어머니도 예전에 다른 미용실에서 점을 빼셨는데 너무 잘 마무리되었다며 안심시켜주셨고 제가 점을 빼고 난 후 제 동생도 부탁하게 된 것입니다. 전화랑 사장님이 요새는 미용실에서 점 빼면 안 된다고 몇 번을 거절하셨는데도 말입니다. 성실하고 바른 분이니 제발 이번 일로 인하여 미용실 사장님께 피해가 가지 않도록 해 주십시오.

2012.　7.　30.

김미순 (서명)

확 인 서

이   름: 김용순

주민등록번호: ****** — *******

주   소: 서울 서대문구 홍은동 일동빌라 3동 23호

저는 서울 서대문구에 살고 있는 대학생입니다. 저의 언니 김미순이 평소 화랑미용실 단골이라 저도 가끔 따라가서 파마도 하고 그랬는데 언니가 그 미용실에서 이번에 점을 빼고 인상이 환해져서 저도 친구들이 평소 지적하던 얼굴의 점이 더 커지기 전에 빨리 빼야겠다는 생각에 찾아가게 된 것입니다. 언니는 더 이상 부탁하면 안 된다며 말렸지만, 제 대학 학비로 허리가 휘어지는 부모님께 점 빼러 피부과 비용 달라는 말이 떨어지지 않아 언니 몰래 화랑미용실에 찾아가서 고집을 피웠습니다. 전화랑미용실 사장님이 정말 곤란하다고 몇 번 거절하셨는데 작은 점 하나이고 앞으로 머리할 친구들 많이 데려오겠다며 집요하게 부탁했습니다.

요새 보기 드물게 성실하고 바르게 살아가시는 분인데 저희 자매 때문에 영업정지까지 당할 수 있다고 하니 정말 괴롭습니다.

솔직히 점 빼는 일이 1, 2분 만에 끝나는 간단한 일이고, 위험한 일도 아니며, 무슨 대단한 의료기기나 의료기술이 필요한 일도 아닌 것 같은데 그리고 일반인 입장에서는 병원 가서 점 빼려면 비싸고 번거로운데 왜 기술 있는 미용사가 점을 제거하면 위법이라고 단속하는 건지 잘 모르겠습니다. 게다가 저는 그날 귀도 뚫어 달라고 했는데 귀 뚫는 것도 병원 가서 하지 않으면 안 된다니 좀 과도하다고 생각합니다.

제발 미용실 사장님이 영업정지만큼은 받지 않도록 선처해주시길 부탁드립니다.

2012.   7.   30.

김용순 (서명)

서대문구청

우 123-456 / 서울 서대문구　연희동 133−2	전화 02−345−****	전송 02−345−****
처리과 환경위생과　　　과장 박병두	계장 이희열	담당 이민우

문서번호　　　환경위생 12−531
시행일자　　　2012. 12. 13.
받　　음　　　전화랑 (상호: 화랑미용실) 귀하
제　　목　　　미용업소 영업정지처분 통지

---

1. 항상 구정 발전에 협조하여 주시는 귀하께 감사드립니다.
2. 귀하께서는 공중위생관리법 제4조(공중위생영업자의 위생관리의무등) 제4항에 의하여 미용
   업자는 위생관리기준 등을 준수하여야 함에도 이를 위반하여, 2012. 7. 25. 및 같은 달 30.
   점빼기·귓볼뚫기를 하였으므로, 동법 제11조(공중위생영업소의 폐쇄등) 제2항 및 동법 시
   행규칙 제19조(행정처분기준) [별표 7]의 규정에 의하여 붙임과 같이 행정처분하오니 양지
   하시기 바랍니다.
3. 만약 이 처분에 불복이 있는 경우 처분이 있음을 안 날부터 90일 이내에 행정심판법에 의
   한 행정심판 또는 행정소송법에 의한 행정소송을 제기할 수 있음을 알려드립니다.

붙임: 행정처분서(화랑미용실) 1부.　끝.

서 대 문 구 청 장

행정처분서

영업소의 소재지	서울 서대문구 홍은동 79		
영업소의 명칭	화랑미용실		
영업자의 성명	전화랑	주민등록번호	****** ― *******
위 반 사 항	미용업자가 점빼기·귓볼뚫기를 한 행위 (1차 위반)		
행정처분 내역	영업정지 2월(2013. 1. 9.~2013. 3. 8.)		
지시(안내)사항	생략(이 부분은 제대로 기재된 것으로 볼 것)		

귀 업소는 위 위반사항으로 적발되어 공중위생관리법 제4조 제4항, 제11조 제2항, 동법 시행규칙 제19조 [별표 7]에 의하여 위와 같이 행정처분합니다.

2012년   12월   13일

서 대 문 구 청 장

우편송달보고서

증서 2012년　　제402호　　　　　　　　　2012년　　12월 13일　　발송

송달서류	미용업소 영업정지처분 통지 및 행정처분서 1부(환경위생 12−531) <div align="right">발송자　서대문구청장</div>
송달받을 자	전화랑 귀하 서울 서대문구 홍은동 일품아파트 2동 103호

영수인　　**전화랑** (서명)

영수인 서명날인 불능

①		송달받을 자 본인에게 교부하였다.
☒		송달받을 자가 부재 중이므로 사리를 잘 아는 다음 사람에게 교부하였다.
		사무원
		피용자
		동거자
☒		다음 사람이 정당한 사유 없이 송달받기를 거부하므로, 그 장소에 서류를 두었다.
		송달받을 자
		사무원
		피용자
		동거자

송달연월일　　2012. 12. 17.　11시 20분

송달장소　　서울 서대문구 홍은동 일품아파트 2동 103호

위와 같이 송달하였다.

2012.　　12.　　18.

우체국 집배원　　　박무섭　

주 민 등 록 표
(등 본)

이 등본은 세대별 주민등록표의 원본
내용과 틀림없음을 증명합니다.

2012년 12월 20일

서울특별시 서대문구 홍은동장

세대주	전 화 랑	세대구성 사유 및 일자	전입세대구성 2010-5-25
번호	주　　　　　　소 (통/반)		전입일 / 변동일 변 동 사 유
현주소 전입	서울특별시 서대문구 홍은동 일품아파트 2동 103호(4/3) 2010-5-25/2010-5-25		전입
현주소	서울특별시 서대문구 홍은동 일품아파트 2동 103호(4/3)		

번호	세대주 관계	성　　　명 주민등록번호	전입일/변동일	변 동 사 유
1	본인	전 화 랑 ****** - *******		
2	처	이 지 희 ****** - *******		
3	자	전 도 윤 ****** - *******		
4	자	전 혜 윤 ****** - *******		
		= 이　하　여　백 =		
	서기 2012년 12월 20일			

수입 증지 **350원** 대구광역시 남구	서울특별시 서대문구 홍은동장	홍은동 장의인

소 송 위 임 장

사 건	영업정지처분 취소
원 고	전화랑
피 고	서울특별시 서대문구청장

위 사건에 관하여 다음 표시 수임인을 소송대리인으로 선임하고,
다음 표시에서 정한 권한을 수여합니다.

수임인	법무법인 정의 서울 서초구 서초동 100-2 정의빌딩 3층 전화　02-555-**** 전송　02-555-****
수권사항	1. 일체의 소송행위 1. 반소의 제기 및 응소, 상소의 제기, 동 취하 1. 소의 취하, 화해, 청구의 포기 및 인낙, 참가에 의한 탈퇴 1. 복대리인의 선임 1. 목적물의 수령 1. 공탁물의 납부, 공탁물 및 이자의 반환청구와 수령 1. 담보권의 행사 최고 신청, 담보 취소신청, 동 신청에 대한 동의, 담보 취소결정 　　정본의 수령, 동 취소 결정에 대한 항고권 포기 1. 강제집행신청, 대체집행신청, 가처분, 가압류등 보전처분과 관련한 모든 소송 　　행위 1. 인지환급금의 수령에 관한 행위, 소송비용액확정결정신청 등 1. 등록사항별 증명서, 주민등록등·초본, 기타 첨부서류 발급에 관한 행위

2012.　12.　20.

위임인	전화랑 (전화랑) 서울 서대문구 홍은동 일품아파트 2동 103호

서울행정법원 귀중

담 당 변 호 사 지 정 서

사 건	영업정지처분 취소
원 고	전화랑
피 고	서울특별시 서대문구청장

위 사건에 관하여 당 법인은 원고의 소송대리인으로서 변호사법 제50조 제1항에 의하여 그 업무를 담당할 변호사를 다음과 같이 지정합니다.

담당변호사	변호사 김신뢰

2012. 12.   20.

법무법인 정 의
대표변호사 김정대

서울 서초구 서초동 100-2 정의빌딩 3층
전화 02-555-****   전송 02-555-****

서울행정법원 귀중

제1조(목적) 이 법은 공중이 이용하는 영업과 시설의 위생관리등에 관한 사항을 규정함으로써 위생수준을 향상시켜 국민의 건강증진에 기여함을 목적으로 한다.

제2조(정의) ① 이 법에서 사용하는 용어의 정의는 다음과 같다.

1. "공중위생영업"이라 함은 다수인을 대상으로 위생관리서비스를 제공하는 영업으로서 숙박업·목욕장업·이용업·미용업·세탁업·위생관리용역업을 말한다.
2. "숙박업"이라 함은 손님이 잠을 자고 머물 수 있도록 시설 및 설비등의 서비스를 제공하는 영업을 말한다. 다만, 농어촌에 소재하는 민박등 대통령령이 정하는 경우를 제외한다.
3. "목욕장업"이라 함은 다음 각목의 어느 하나에 해당하는 서비스를 손님에게 제공하는 영업을 말한다. 다만, 숙박업 영업소에 부설된 욕실 등 대통령령이 정하는 경우를 제외한다.
   가. 물로 목욕을 할 수 있는 시설 및 설비 등의 서비스
   나. 맥반석·황토·옥 등을 직접 또는 간접 가열하여 발생되는 열기 또는 원적외선 등을 이용하여 땀을 낼 수 있는 시설 및 설비 등의 서비스
4. "이용업"이라 함은 손님의 머리카락 또는 수염을 깎거나 다듬는 등의 방법으로 손님의 용모를 단정하게 하는 영업을 말한다.
5. "미용업"이라 함은 손님의 얼굴·머리·피부등을 손질하여 손님의 외모를 아름답게 꾸미는 영업을 말한다.
6. "세탁업"이라 함은 의류 기타 섬유제품이나 피혁제품등을 세탁하는 영업을 말한다.
7. "위생관리용역업"이라 함은 공중이 이용하는 건축물·시설물등의 청결유지와 실내공기정화를 위한 청소등을 대행하는 영업을 말한다.
8. "공중이용시설"이라 함은 다수인이 이용함으로써 이용자의 건강 및 공중위생에 영향을 미칠 수 있는 건축물 또는 시설로서 대통령령이 정하는 것을 말한다.
② 제1항 제2호 내지 제7호의 영업은 대통령령이 정하는 바에 의하여 이를 세분할 수 있다.

제3조(공중위생영업의 신고 및 폐업신고) ① 공중위생영업을 하고자 하는 자는 공중위생영업의 종류별로 보건복지부령이 정하는 시설 및 설비를 갖추고 시장·군수·구청장(자치구의 구청장에 한한다. 이하 같다)에게 신고하여야 한다. 보건복지부령이 정하는 중요사항을 변경하고자 하는 때에도 또한 같다.
② 제1항의 규정에 의하여 공중위생영업의 신고를 한 자(이하 "공중위생영업자"라 한다)는 공중위생영업을 폐업한 날부터 20일 이내에 시장·군수·구청장에게 신고하여야 한다.
③ 제1항 및 제2항의 규정에 의한 신고의 방법 및 절차 등에 관하여 필요한 사항은 보건복지부

령으로 정한다.

제4조(공중위생영업자의 위생관리의무등) ① 공중위생영업자는 그 이용자에게 건강상 위해요인이 발생하지 아니하도록 영업관련 시설 및 설비를 위생적이고 안전하게 관리하여야 한다.

② 목욕장업을 하는 자는 다음 각호의 사항을 지켜야 한다. 이 경우 세부기준은 보건복지부장관이 고시로 정한다.

1. 제2조 제1항 제3호 가목의 서비스를 제공하는 경우: 목욕장의 수질기준 및 수질검사방법 등 수질 관리에 관한 사항

2. 제2조 제1항 제3호 나목의 서비스를 제공하는 경우: 위생기준 등에 관한 사항

③ 이용업을 하는 자는 다음 각호의 사항을 지켜야 한다.

1. 이용기구는 소독을 한 기구와 소독을 하지 아니한 기구로 분리하여 보관하고, 면도기는 1회용 면도날만을 손님 1인에 한하여 사용할 것. 이 경우 이용기구의 소독기준 및 방법은 보건복지부장관이 고시로 정한다.

2. 이용사면허증을 영업소 안에 게시할 것

3. 이용업소표시등을 영업소 외부에 설치할 것

④ 미용업을 하는 자는 다음 각호의 사항을 지켜야 한다.

1. 미용기구는 소독을 한 기구와 소독을 하지 아니한 기구로 분리하여 보관하고, 면도기는 1회용 면도날만을 손님 1인에 한하여 사용할 것

2. 미용사면허증을 영업소안에 게시할 것

3. 그 밖에 미용업자가 준수하여야 할 위생관리기준은 보건복지부장관이 고시로 정한다.

⑤ 세탁업을 하는 자는 세제를 사용함에 있어서 국민건강에 유해한 물질이 발생되지 아니하도록 기계 및 설비를 안전하게 관리하여야 한다. 이 경우 유해한 물질이 발생되는 세제의 종류와 기계 및 설비의 안전관리에 관하여 필요한 사항은 보건복지부장관이 고시로 정한다.

⑥ 위생관리용역업을 하는 자는 사용장비 또는 약제의 취급시 인체의 건강에 해를 끼치지 아니하도록 위생적이고 안전하게 관리하여야 한다.

제6조(이용사 및 미용사의 면허등) ① 이용사 또는 미용사가 되고자 하는 자는 다음 각호의 1에 해당하는 자로서 보건복지부령이 정하는 바에 의하여 시장·군수·구청장의 면허를 받아야 한다.

1. 전문대학 또는 이와 동등 이상의 학력이 있다고 교육과학기술부장관이 인정하는 학교에서 이용 또는 미용에 관한 학과를 졸업한 자

1의 2. 「학점인정 등에 관한 법률」 제8조에 따라 대학 또는 전문대학을 졸업한 자와 동등 이상의 학력이 있는 것으로 인정되어 같은 법 제9조에 따라 이용 또는 미용에 관한 학위를 취득한 자

2. 고등학교 또는 이와 동등의 학력이 있다고 교육과학기술부장관이 인정하는 학교에서 이용 또

는 미용에 관한 학과를 졸업한 자

3. 교육과학기술부장관이 인정하는 고등기술학교에서 1년 이상 이용 또는 미용에 관한 소정의 과정을 이수한 자

4. 국가기술자격법에 의한 이용사 또는 미용사의 자격을 취득한 자

② 다음 각호의 1에 해당하는 자는 이용사 또는 미용사의 면허를 받을 수 없다.

1. 금치산자

2. 「정신보건법」 제3조 제1호에 따른 정신질환자. 다만, 전문의가 이용사 또는 미용사로서 적합하다고 인정하는 사람은 그러하지 아니하다.

3. 공중의 위생에 영향을 미칠 수 있는 감염병환자로서 보건복지부령이 정하는 자

4. 마약 기타 대통령령으로 정하는 약물 중독자

5. 제7조 제1항 제1호 또는 제3호의 사유로 면허가 취소된 후 1년이 경과되지 아니한 자

제8조(이용사 및 미용사의 업무범위등) ① 제6조 제1항의 규정에 의한 이용사 또는 미용사의 면허를 받은 자가 아니면 이용업 또는 미용업을 개설하거나 그 업무에 종사할 수 없다. 다만, 이용사 또는 미용사의 감독을 받아 이용 또는 미용 업무의 보조를 행하는 경우에는 그러하지 아니하다.

② 이용 및 미용의 업무는 영업소 외의 장소에서 행할 수 없다. 다만, 보건복지부령이 정하는 특별한 사유가 있는 경우에는 그러하지 아니하다.

③ 제1항의 규정에 의한 이용사 및 미용사의 업무범위에 관하여 필요한 사항은 보건복지부장관이 고시로 정한다.

제9조의2(영업의 제한) 시·도지사는 공익상 또는 선량한 풍속을 유지하기 위하여 필요하다고 인정하는 때에는 공중위생영업자 및 종사원에 대하여 영업시간 및 영업행위에 관한 필요한 제한을 할 수 있다.

제10조(위생지도 및 개선명령) 시·도지사 또는 시장·군수·구청장은 다음 각호의 1에 해당하는 자에 대하여 즉시 또는 일정한 기간을 정하여 그 개선을 명할 수 있다.

1. 제3조 제1항의 규정에 의한 공중위생영업의 종류별 시설 및 설비기준을 위반한 공중위생영업자

2. 제4조의 규정에 의한 위생관리의무등을 위반한 공중위생영업자

3. 제5조의 규정에 의한 위생관리의무를 위반한 공중위생시설의 소유자 등

제11조(공중위생영업소의 폐쇄등) ① 시장·군수·구청장은 공중위생영업자가 이 법 또는 이 법에 의한 명령에 위반하거나 또는 「성매매알선 등 행위의 처벌에 관한 법률」·「풍속영업의 규제에 관한 법률」·「청소년 보호법」·「의료법」에 위반하여 관계행정기관의 장의 요청이 있는 때에는 6월 이내의 기간을 정하여 영업의 정지 또는 일부 시설의 사용중지를 명하거나 영업소폐쇄 등을 명

할 수 있다. 다만, 관광숙박업의 경우에는 당해 관광숙박업의 관할행정기관의 장과 미리 협의하여야 한다.

② 제1항의 규정에 의한 영업의 정지, 일부 시설의 사용중지와 영업소폐쇄명령등의 세부적인 기준은 보건복지부령으로 정한다.

③ 시장·군수·구청장은 공중위생영업자가 제1항의 규정에 의한 영업소폐쇄명령을 받고도 계속하여 영업을 하는 때에는 관계공무원으로 하여금 당해 영업소를 폐쇄하기 위하여 다음 각호의 조치를 하게 할 수 있다.

1. 당해 영업소의 간판 기타 영업표지물의 제거

2. 당해 영업소가 위법한 영업소임을 알리는 게시물등의 부착

3. 영업을 위하여 필수불가결한 기구 또는 시설물을 사용할 수 없게 하는 봉인

④ 시장·군수·구청장은 제3항 제3호의 규정에 의한 봉인을 한 후 봉인을 계속할 필요가 없다고 인정되는 때와 영업자 등이나 그 대리인이 당해 영업소를 폐쇄할 것을 약속하는 때 및 정당한 사유를 들어 봉인의 해제를 요청하는 때에는 그 봉인을 해제할 수 있다. 제3항 제2호의 규정에 의한 게시물등의 제거를 요청하는 경우에도 또한 같다.

제11조의2(과징금처분) ① 시장·군수·구청장은 제11조 제1항의 규정에 의한 영업정지가 이용자에게 심한 불편을 주거나 그 밖에 공익을 해할 우려가 있는 경우에는 영업정지 처분에 갈음하여 3천만원 이하의 과징금을 부과할 수 있다. 다만, 풍속영업의규제에관한법률 제3조 각호의 1 또는 이에 상응하는 위반행위로 인하여 처분을 받게 되는 경우를 제외한다.

② 제1항의 규정에 의한 과징금을 부과하는 위반행위의 종별·정도 등에 따른 과징금의 금액 등에 관하여 필요한 사항은 대통령령으로 정한다.

③ 시장·군수·구청장은 제1항의 규정에 의한 과징금을 납부하여야 할 자가 납부기한까지 이를 납부하지 아니한 경우에는 지방세체납처분의 예에 의하여 이를 징수한다.

④ 제1항 및 제3항의 규정에 의하여 시장·군수·구청장이 부과·징수한 과징금은 당해 시·군·구에 귀속된다.

제12조(청문) ① 시장·군수·구청장은 제7조의 규정에 의한 이용사 및 미용사의 면허취소·면허정지, 제11조의 규정에 의한 공중위생영업의 정지, 일부 시설의 사용중지 및 영업소폐쇄명령 등의 처분을 하고자 하는 때에는 청문을 실시하여야 한다.

제18조(위임 및 위탁) ① 보건복지부장관은 이 법에 의한 권한의 일부를 대통령령이 정하는 바에 의하여 시·도지사 또는 시장·군수·구청장에게 위임할 수 있다.

② 보건복지부장관은 대통령령이 정하는 바에 의하여 관계전문기관등에 그 업무의 일부를 위탁할 수 있다.

제20조(벌칙) ① 다음 각호의 1에 해당하는 자는 1년 이하의 징역 또는 1천만원 이하의 벌금에 처한다.

1. 제3조 제1항 전단의 규정에 의한 신고를 하지 아니한 자

2. 제11조 제1항의 규정에 의한 영업정지명령 또는 일부 시설의 사용중지명령을 받고도 그 기간 중에 영업을 하거나 그 시설을 사용한 자 또는 영업소 폐쇄명령을 받고도 계속하여 영업을 한 자

② 다음 각호의 1에 해당하는 자는 6월 이하의 징역 또는 500만원 이하의 벌금에 처한다.

1. 제3조 제1항 후단의 규정에 의한 변경신고를 하지 아니한 자

2. 제3조의2 제1항의 규정에 의하여 공중위생영업자의 지위를 승계한 자로서 동조 제4항의 규정에 의한 신고를 하지 아니한 자

③ 다음 각호의 1에 해당하는 자는 300만원 이하의 벌금에 처한다.

1. 제5조의 규정에 위반하여 위생관리기준 또는 오염허용기준을 지키지 아니한 자로서 제10조의 규정에 의한 개선명령에 따르지 아니한 자

2. 제7조 제1항의 규정에 의하여 면허가 취소된 후 계속하여 업무를 행한 자 또는 동조동항의 규정에 의한 면허정지기간중에 업무를 행한 자, 제8조 제1항의 규정에 위반하여 이용 또는 미용의 업무를 행한 자

제22조(과태료) ① 다음 각호의 1에 해당하는 자는 300만원 이하의 과태료에 처한다.

1. 제3조 제2항의 규정을 위반하여 폐업신고를 하지 아니한 자

1의2. 제4조 제2항의 규정을 위반하여 목욕장의 수질기준 또는 위생기준을 준수하지 아니한 자로서 제10조의 규정에 의한 개선명령에 따르지 아니한 자

2. 제4조 제2항의 규정에 위반하여 목욕장업소의 시설 및 설비를 위생적이고 안전하게 관리하지 아니한 자

3. 제9조의 규정에 의한 보고를 하지 아니하거나 관계공무원의 출입·검사 기타 조치를 거부·방해 또는 기피한 자

4. 제10조의 규정에 의한 개선명령에 위반한 자

5. 제11조의5를 위반하여 이용업소표시 등을 설치한 자

② 다음 각호의 1에 해당하는 자는 200만원 이하의 과태료에 처한다.

1. 제4조 제3항의 규정에 위반하여 이용업소의 위생관리 의무를 지키지 아니한 자

2. 제4조 제4항의 규정에 위반하여 미용업소의 위생관리 의무를 지키지 아니한 자

3. 제4조 제5항의 규정에 위반하여 세탁업소의 위생관리 의무를 지키지 아니한 자

4. 제4조 제6항의 규정에 위반하여 위생관리용역업소의 위생관리 의무를 지키지 아니한 자

5. 제8조 제2항의 규정에 위반하여 영업소외의 장소에서 이용 또는 미용업무를 행한 자

6. 제17조 제1항의 규정에 위반하여 위생교육을 받지 아니한 자

부 칙〈법률 제9839호, 2005. 2. 8.〉

제1조(시행일) 이 법은 공포후 6월이 경과한 날부터 시행한다.

제19조(행정처분기준) 법 제7조 제2항 및 법 제11조 제2항의 규정에 의한 행정처분의 기준은 별표 7과 같다.

부 칙 〈보건복지부령 제19048호, 2010. 5. 25.〉

제1조(시행일) 이 규칙은 공포한 날부터 시행한다.

[별표 7]

[행정처분기준(제19조 관련)]

Ⅰ. 일반기준

1. 위반행위가 2 이상인 경우로서 그에 해당하는 각각의 처분기준이 다른 경우에는 그 중 중한 처분기준에 의하되, 2 이상의 처분기준이 영업정지에 해당하는 경우에는 가장 중한 정지처분기간에 나머지 각각의 정지처분기간의 2분의 1을 더하여 처분한다.

2. 행정처분을 하기 위한 절차가 진행되는 기간 중에 반복하여 같은 사항을 위반한 때에는 그 위반횟수마다 행정처분 기준의 2분의 1씩 더하여 처분한다.

3. 위반행위의 차수에 따른 행정처분기준은 최근 1년간 같은 위반행위로 행정처분을 받은 경우에 이를 적용한다. 이때 그 기준적용일은 동일 위반사항에 대한 행정처분일과 그 처분 후의 재적발일(수거검사에 의한 경우에는 검사결과를 처분청이 접수한 날)을 기준으로 한다.

4. 행정처분권자는 위반사항의 내용으로 보아 그 위반정도가 경미하거나 해당위반사항에 관하여 검사로부터 기소유예의 처분을 받거나 법원으로부터 선고유예의 판결을 받은 때에는 Ⅱ. 개별기준에 불구하고 그 처분기준을 다음의 구분에 따라 경감할 수 있다.

가. 영업정지의 경우에는 그 처분기준 일수의 2분의 1의 범위안에서 경감할 수 있다.

나. 영업장폐쇄의 경우에는 3월 이상의 영업정지처분으로 경감할 수 있다.

Ⅱ. 개별기준

4. 미용업

위반사항	관련법규	행정처분기준			
		1차 위반	2차 위반	3차 위반	4차 위반
1. 미용사의 면허에 관한 규정을 위반한 때	법 제7조 제1항				
가. 국가기술자격법에 따라 미용사자격		면허취소			

위반행위	근거법령				
이 취소된 때					
나. 국가기술자격법에 따라 미용사자격 정지처분을 받은 때		면허정지	(국가기술자격법에 의한 자격정지처분기간에 한한다)		
다. 법 제6조 제2항제1호 내지 제4호의 결격사유에 해당한 때		면허취소			
라. 이중으로 면허를 취득한 때		면허취소	(나중에 발급받은 면허를 말한다)		
마. 면허증을 다른 사람에게 대여한 때		면허정지 3월	면허정지 6월	면허취소	
바. 면허정지처분을 받고 그 정지기간중 업무를 행한 때		면허취소			
2. 법 또는 법에 의한 명령에 위반한 때	법 제11조 제1항				
가. 시설 및 설비기준을 위반 한 때	법 제3조 제1항	개선명령	영업정지 15일	영업정지 1월	영업장 폐쇄명령
나. 신고를 하지 아니하고 영업소의 명칭 및 상호 또는 영업장 면적의 3분의 1 이상을 변경한 때	법 제3조 제1항	경고 또는 개선명령	영업정지 15일	영업정지 1월	영업장 폐쇄명령
다. 신고를 하지 아니하고 영업소의 소재지를 변경한 때	법 제3조 제1항	영업장 폐쇄명령			
라. 영업자의 지위를 승계한 후 1월 이내에 신고하지 아니한 때	법 제3조의2 제4항	개선명령	영업정지 10일	영업정지 1월	영업장 폐쇄명령
마. 미용업자가 준수하여야 할 위생관리 기준을 위반한 때	법 제4조 제4항	영업정지 2월	영업정지 3월	영업장 폐쇄명령	
바. 영업소 외의 장소에서 업무를 행한 때	법 제8조 제2항	영업정지 1월	영업정지 2월	영업장 폐쇄명령	
사. 시·도지사, 시장·군수·구청장이 하도록 한 필요한 보고를 하지 아니하거나 거짓으로 보고한 때 또는 관계 공무원의 출입·검사를 거부·기피하거나 방해한 때	법 제9조 제1항	영업정지 10일	영업정지 20일	영업정지 1월	영업장 폐쇄명령
아. 시·도지사 또는 시장·군수·구청장의 개선명령을 이행하지 아니한 때	법 제10조	경고	영업정지 10일	영업정지 1월	영업장 폐쇄명령
자. 영업정지처분을 받고 그 영업정지기간중 영업을 한 때	법 제11조 제1항	영업장 폐쇄명령			

차. 위생교육을 받지 아니한 때	법 제17조	경고	영업정지 5일	영업정지 10일	영업장 폐쇄명령
3.「성매매알선 등 행위의 처벌에 관한 법률」·「풍속영업의 규제에 관한 법률」·「의료법」에 위반하여 관계행정기관의 장의 요청이 있는 때	법 제11조 제1항				
가. 손님에게 성매매알선등행위 또는 음란행위를 하게 하거나 이를 알선 또는 제공한 때					
(1) 영업소		영업정지 2월	영업정지 3월	영업장 폐쇄명령	
(2) 미용사(업주)		면허정지 2월	면허정지 3월	면허취소	
나. 손님에게 도박 그 밖에 사행행위를 하게 한 때		영업정지 1월	영업정지 2월	영업장 폐쇄명령	
다. 음란한 물건을 관람·열람하게 하거나 진열 또는 보관한 때		개선명령	영업정지 15일	영업정지 1월	영업장 폐쇄명령
라. 무자격안마사로 하여금 안마사의 업무에 관한 행위를 하게 한 때		영업정지 1월	영업정지 2월	영업장 폐쇄명령	

미용업자 위생관리기준(2011. 10. 15. 보건복지부 고시 제2011-35호)

공중위생관리법 제4조 제4항의 규정에 의하여 미용업자가 준수하여야 할 위생관리기준은 다음과 같다.

1. 점빼기·귓볼뚫기·쌍꺼풀수술·문신·박피술 그 밖에 이와 유사한 의료행위를 하여서는 아니 된다.
2. 피부미용을 위하여 「약사법」에 따른 의약품 또는 「의료기기법」에 따른 의료기기를 사용하여서는 아니 된다.
3. 미용기구 중 소독을 한 기구와 소독을 하지 아니한 기구는 각각 다른 용기에 넣어 보관하여야 한다.
4. 1회용 면도날은 손님 1인에 한하여 사용하여야 한다.
5. 영업장 안의 조명도는 75룩스 이상이 되도록 유지하여야 한다.
6. 영업소 내부에 미용업 신고증 및 개설자의 면허증 원본을 게시하여야 한다.
7. 영업소 내부에 최종지불요금표를 게시 또는 부착하여야 한다.

부 칙

이 고시는 2011년 10월 15일부터 시행한다.

참고자료 4 – 관보

제17914호　　　　관　　　　보　　　　2011. 10. 15.

고　　시

◉ 보건복지부 고시 제2011-35호

「미용업자 위생관리기준」을 다음과 같이 고시합니다.

2011년 10월 15일

보건복지부장관

공중위생관리법 제4조 제4항의 규정에 의하여 미용업자가 준수하여야 할 위생관리기준은 다음과 같다.

1. 점빼기·귓볼뚫기·쌍꺼풀수술·문신·박피술 그 밖에 이와 유사한 의료행위를 하여서는 아니 된다.
2. 피부미용을 위하여 「약사법」에 따른 의약품 또는 「의료기기법」에 따른 의료기기를 사용하여서는 아니 된다.
3. 미용기구 중 소독을 한 기구와 소독을 하지 아니한 기구는 각각 다른 용기에 넣어 보관하여야 한다.
4. 1회용 면도날은 손님 1인에 한하여 사용하여야 한다.
5. 영업장 안의 조명도는 75룩스 이상이 되도록 유지하여야 한다.
6. 영업소 내부에 미용업 신고증 및 개설자의 면허증 원본을 게시하여야 한다.
7. 영업소 내부에 최종지불요금표를 게시 또는 부착하여야 한다.

부　칙

이 고시는 2011년 10월 15일부터 시행한다.

◇ 개정이유

미용업은 공중위생영업으로서 손님의 외모를 아름답게 꾸미는 업인데도 불구하고 최근 미용업자가 미용시술을 빙자하여 쌍꺼풀수술, 문신, 박피술 등을 시행하거나 의약품 또는 의료기기를 사용하는 사례가 많고, 이로 인한 피해 사례가 발생하였거나 우려되고 있으므로, 미용업자가 의료에 관한 전문적 지식과 기술을 필요로 하는 시술을 하거나 의약품 또는 의료기기 사용을 하지 못하게 하는 등 미용업자 위생관리기준을 명확히 정함으로써 국민의 건강과 위생보호에 만전을 기하려는 것임.

◇ 주요내용

가. 점빼기·귓볼뚫기·쌍꺼풀수술·문신·박피술 그 밖에 이와 유사한 의료행위를 금지함(제1호).

나. 피부미용을 위하여 「약사법」에 따른 의약품 또는 「의료기기법」에 따른 의료기기의 사용을 금지함(제2호).

■ 2012년 2월 ~ 2013년 4월

2012년 2월
일	월	화	수	목	금	토
			1	2	3	4
5	6	7	8	9	10	11
12	13	14	15	16	17	18
19	20	21	22	23	24	25
26	27	28	29			

2012년 3월
일	월	화	수	목	금	토
				1	2	3
4	5	6	7	8	9	10
11	12	13	14	15	16	17
18	19	20	21	22	23	24
25	26	27	28	29	30	31

2012년 4월
일	월	화	수	목	금	토
1	2	3	4	5	6	7
8	9	10	11	12	13	14
15	16	17	18	19	20	21
22	23	24	25	26	27	28
29	30					

2012년 5월
일	월	화	수	목	금	토
		1	2	3	4	5
6	7	8	9	10	11	12
13	14	15	16	17	18	19
20	21	22	23	24	25	26
27	28	29	30	31		

2012년 6월
일	월	화	수	목	금	토
					1	2
3	4	5	6	7	8	9
10	11	12	13	14	15	16
17	18	19	20	21	22	23
24	25	26	27	28	29	30

2012년 7월
일	월	화	수	목	금	토
1	2	3	4	5	6	7
8	9	10	11	12	13	14
15	16	17	18	19	20	21
22	23	24	25	26	27	28
29	30	31				

2012년 8월
일	월	화	수	목	금	토
			1	2	3	4
5	6	7	8	9	10	11
12	13	14	15	16	17	18
19	20	21	22	23	24	25
26	27	28	29	30	31	

2012년 9월
일	월	화	수	목	금	토
						1
2	3	4	5	6	7	8
9	10	11	12	13	14	15
16	17	18	19	20	21	22
23/30	24	25	26	27	28	29

2012년 10월
일	월	화	수	목	금	토
	1	2	3	4	5	6
7	8	9	10	11	12	13
14	15	16	17	18	19	20
21	22	23	24	25	26	27
28	29	30	31			

2012년 11월
일	월	화	수	목	금	토
				1	2	3
4	5	6	7	8	9	10
11	12	13	14	15	16	17
18	19	20	21	22	23	24
25	26	27	28	29	30	

2012년 12월
일	월	화	수	목	금	토
						1
2	3	4	5	6	7	8
9	10	11	12	13	14	15
16	17	18	19	20	21	22
23/30	24/31	25	26	27	28	29

2013년 1월
일	월	화	수	목	금	토
		1	2	3	4	5
6	7	8	9	10	11	12
13	14	15	16	17	18	19
20	21	22	23	24	25	26
27	28	29	30	31		

2013년 2월
일	월	화	수	목	금	토
					1	2
3	4	5	6	7	8	9
10	11	12	13	14	15	16
17	18	19	20	21	22	23
24	25	26	27	28		

2013년 3월
일	월	화	수	목	금	토
					1	2
3	4	5	6	7	8	9
10	11	12	13	14	15	16
17	18	19	20	21	22	23
24/31	25	26	27	28	29	30

2013년 4월
일	월	화	수	목	금	토
	1	2	3	4	5	6
7	8	9	10	11	12	13
14	15	16	17	18	19	20
21	22	23	24	25	26	27
28	29	30				

소장 초안

소송요건[6]

1) 취소소송의 대상   영업정지 2월 — 행정처분서(2012. 12. 13. 문서)

2) 원고   전화랑

3) 피고   서대문구청장 — 행정처분서

4) 협의의 소익   2013. 3. 17. 기준 영업정지 2월(2013. 1. 9.~2013. 3. 8.) 경과됨.
소의 이익이 없음. 예외적으로 재제적 처분의 가중요건으로 규정되어 있는 경우에 소의 이익을 인정(가중요건이 부령에 있는 경우 판례 변천)

판례는 제재적 행정처분의 효력기관이 경과된 경우 협의 소의 이익을 부정하지만, 제재적 행정처분(선행처분)을 받을 것을 가중사유 또는 전제사유로 삼아 장래의 제재적 행정처분(후행처분)을 하도록 정하고 있는 경우 가중사유 또는 전제사유에 관한 규정이 법령의 형식으로 되어 있으면 소의 이익을 긍정하였고, 규칙의 형식으로 되어 있으면 대판 1995. 10. 17. 선고 94누14148 (전원)에서 소의 이익을 부정하였으나 대판 2006. 6. 22. 선고 2003두1684 (전원) 이후 긍정한다(종전 판례 폐기함.). 그러나 가중사유 규정이 있더라도 가중된 제재처분을 받을 우려가 없어지면 협의 소의 이익이 부정된다.

 4. 미용업

위반사항	관련법규	행정처분기준			
		1차 위반	2차 위반	3차 위반	4차 위반
2. 법 또는 법에 의한 명령에 위반	법 제11조				

---

6 제2회 변호사시험 문제에서 소송요건은 제출되지 않았음.

한 때	제1항				
마. 미용업자가 준수하여야 할 위생관리기준을 위반한 때	법 제4조 제4항	영업정지 2월	영업정지 3월	영 업 장 폐쇄명령	

대판 2006. 6. 22. 선고 2003두1684 (전원) [영업정지처분취소]

[1] [다수의견] 제재적 행정처분이 그 처분에서 정한 제재기간의 경과로 인하여 그 효과가 소멸되었으나, 부령인 시행규칙 또는 지방자치단체의 규칙(이하 이들을 '규칙'이라고 한다)의 형식으로 정한 처분기준에서 제재적 행정처분(이하 '선행처분'이라고 한다)을 받은 것을 가중사유나 전제요건으로 삼아 장래의 제재적 행정처분(이하 '후행처분'이라고 한다)을 하도록 정하고 있는 경우, 제재적 행정처분의 가중사유나 전제요건에 관한 규정이 법령이 아니라 규칙의 형식으로 되어 있다고 하더라도, 그러한 규칙이 법령에 근거를 두고 있는 이상 그 법적 성질이 대외적·일반적 구속력을 갖는 법규명령인지 여부와는 상관없이, 관할 행정청이나 담당공무원은 이를 준수할 의무가 있으므로 이들이 그 규칙에 정해진 바에 따라 행정작용을 할 것이 당연히 예견되고, 그 결과 행정작용의 상대방인 국민으로서는 그 규칙의 영향을 받을 수밖에 없다. 따라서 그러한 규칙이 정한 바에 따라 선행처분을 받은 상대방이 그 처분의 존재로 인하여 장래에 받을 불이익, 즉 후행처분의 위험은 구체적이고 현실적인 것이므로, 상대방에게는 선행처분의 취소소송을 통하여 그 불이익을 제거할 필요가 있다. 또한, 나중에 후행처분에 대한 취소소송에서 선행처분의 사실관계나 위법 등을 다툴 수 있는 여지가 남아 있다고 하더라도, 이러한 사정은 후행처분이 이루어지기 전에 이를 방지하기 위하여 직접 선행처분의 위법을 다투는 취소소송을 제기할 필요성을 부정할 이유가 되지 못한다. 그러한 쟁송방법을 막는 것은 여러 가지 불합리한 결과를 초래하여 권리구제의 실효성을 저해할 수 있기 때문이다. 오히려 앞서 본 바와 같이 행정청으로서는 선행처분이 적법함을 전제로 후행처분을 할 것이 당연히 예견되므로, 이러한 선행처분으로 인한 불이익을 선행처분 자체에 대한 소송에서 사전에 제거할 수 있도록 해 주는 것이 상대방의 법률상 지위에 대한 불안을 해소하는 데 가장 유효적절한 수단이 된다고 할 것이고, 또한 그 소송을 통하여 선행처분의 사실관계 및 위법 여부가 조속히 확정됨으로써 이와 관련된 장래의 행정작용의 적법성을 보장함과 동시에 국민생활의 안정을 도모할 수 있다. 이상의 여러 사정과 아울러, 국민의 재판청구권을 보장한 헌법 제27조 제1항의 취지와 행정처분으로 인한 권익침해를 효과적으로 구제하려는 행정소송법의 목적 등에 비추어 행정처분의 존재로 인하여 국민의 권익이 실제로 침해되고 있는 경우는 물론이고 권익침해의

구체적·현실적 위험이 있는 경우에도 이를 구제하는 소송이 허용되어야 한다는 요청을 고려하면, 규칙이 정한 바에 따라 선행처분을 가중사유 또는 전제요건으로 하는 후행처분을 받을 우려가 현실적으로 존재하는 경우에는, 선행처분을 받은 상대방은 비록 그 처분에서 정한 제재기간이 경과하였다 하더라도 그 처분의 취소소송을 통하여 그러한 불이익을 제거할 권리보호의 필요성이 충분히 인정된다고 할 것이므로, 선행처분의 취소를 구할 법률상 이익이 있다고 보아야 한다. [제재적 행정처분이 그 처분에서 정한 제재기간의 경과로 인하여 그 효과가 소멸되었으나, 부령인 시행규칙 또는 지방자치단체의 규칙의 형식으로 정한 처분기준에서 제재적 행정처분을 받은 것을 가중사유나 전제요건으로 삼아 장래의 제재적 행정처분을 하도록 정하고 있는 경우, 선행처분인 제재적 행정처분을 받은 상대방이 그 처분에서 정한 제재기간이 경과하였다 하더라도 그 처분의 취소를 구할 법률상 이익이 있는지 여부(한정 적극)]

대법관 이강국의 별개의견

다수의견은, 제재적 행정처분의 기준을 정한 부령인 시행규칙의 법적 성질에 대하여는 구체적인 논급을 하지 않은 채, 시행규칙에서 선행처분을 받은 것을 가중사유나 전제요건으로 하여 장래 후행처분을 하도록 규정하고 있는 경우, 선행처분의 상대방이 그 처분의 존재로 인하여 장래에 받을 불이익은 구체적이고 현실적이라는 이유로, 선행처분에서 정한 제재기간이 경과한 후에도 그 처분의 취소를 구할 법률상 이익이 있다고 보고 있는바, 다수의견이 위와 같은 경우 선행처분의 취소를 구할 법률상 이익을 긍정하는 결론에는 찬성하지만, 그 이유에 있어서는 부령인 제재적 처분기준의 법규성을 인정하는 이론적 기초 위에서 그 법률상 이익을 긍정하는 것이 법리적으로는 더욱 합당하다고 생각한다. 상위법령의 위임에 따라 제재적 처분기준을 정한 부령인 시행규칙은 헌법 제95조에서 규정하고 있는 위임명령에 해당하고, 그 내용도 실질적으로 국민의 권리의무에 직접 영향을 미치는 사항에 관한 것이므로, 단순히 행정기관 내부의 사무처리준칙에 지나지 않는 것이 아니라 대외적으로 국민이나 법원을 구속하는 법규명령에 해당한다고 보아야 한다.

대판 2000. 4. 21. 선고 98두10080 [건축사업무정지처분취소등]

건축사법 제28조 제1항이 건축사 업무정지처분을 연 2회 이상 받고 그 정지기간이 통산하여 12월 이상이 될 경우에는 가중된 제재처분인 건축사사무소 등록취소처분을 받게 되도록 규정하여 건축사에 대한 제재적인 행정처분인 업무정지명령을 더 무거운 제재처분인 사무소등록취소처분의 기준요건으로 규정하고 있으므로, 건축사 업무정지처분을 받은 건축사로서는 위 처분에서 정한 기간이 경과하였다 하더라도 위 처분을 그대로 방치하여 둠으로써 장래 건축사사무소 등록취소라는 가중된 제재처분을 받을 우려가 있어 건축사로서 업무를 행할 수 있는 법률상 지위에 대한 위험이나 불안을 제거하기 위하여 건축사 업무정지처분의 취소를 구할 이익이 있으나, 업무정지처분을 받은 후 새로운 업무정지처분을 받음이 없이 1년이 경과하여 실제로 가중된 제재처분을 받을 우려가 없어졌다면 위 처분에서 정한 정지기간이 경과한 이상 특별한 사정이 없는 한 그 처분의 취소를 구할 법률상 이익이 없다.

대판 2008. 2. 29. 선고 2007두16141 [미용사자격면허정지처분취소]
공중위생관리법 제7조에 의한 면허정지처분을 받은 후 같은 위반행위로 다시 적발되지 않고 1년이 경과하여 실제로 가중된 제재처분을 받을 우려가 없는 경우, 면허정지처분에서 정한 정지기간이 경과한 후 그 처분의 취소를 구할 법률상 이익이 있는지 여부(소극)

5) 제소기간   안 날(2012. 12. 17. 수령 – 송달보고서)로부터 90일
                    처분이 있는 날(2012. 12. 13. 행정처분서)로부터 1년
                    → 2013. 3. 17.(일) 따라서 18.(월)까지

6) 필요적 행정심판전치주의   소송요건 아님

7) 관할(기타)   피고 주소지 – 서울행정법원

본 안

1. 법령 검토

가. 근거 법령

미용업자 위생관리기준(보건복지부 고시)의 법적 성격에 대하여 이견이 있음.

판례는 법령보충적 행정규칙으로 법규명령의 효력, 대외적 구속력을 긍정.

공중위생관리법

제2조(정의) ① 이 법에서 사용하는 용어의 정의는 다음과 같다.

1. "공중위생영업"이라 함은 다수인을 대상으로 위생관리서비스를 제공하는 영업으로서 숙박업·목욕장업·이용업·미용업·세탁업·위생관리용역업을 말한다.

5. "미용업"이라 함은 손님의 얼굴·머리·피부등을 손질하여 손님의 외모를 아름답게 꾸미는 영업을 말한다.

제4조(공중위생영업자의 위생관리의무등) ① 공중위생영업자는 그 이용자에게 건강상 위해요인이 발생하지 아니하도록 영업관련 시설 및 설비를 위생적이고 안전하게 관리하여야 한다.

④ 미용업을 하는 자는 다음 각호의 사항을 지켜야 한다.

1. 미용기구는 소독을 한 기구와 소독을 하지 아니한 기구로 분리하여 보관하고, 면도기는 1회용 면도날만을 손님 1인에 한하여 사용할 것

2. 미용사면허증을 영업소안에 게시할 것

3. 그 밖에 미용업자가 준수하여야 할 위생관리기준은 보건복지부장관이 고시로 정한다.

제11조(공중위생영업소의 폐쇄등) ① 시장·군수·구청장은 공중위생영업자가 이 법 또는 이 법에 의한 명령에 위반하거나 또는 「성매매알선 등 행위의 처벌에 관한 법률」·「풍속영업의 규제에 관한 법률」·「청소년 보호법」·「의료법」에 위반하여 관계행정기관의 장의 요청이 있는 때에는 6월 이내의 기간을 정하여 영업의 정지 또는 일부 시설의 사용중지를 명하거나 영업소 폐쇄 등을 명할 수 있다. 다만, 관광숙박업의 경우에는 당해 관광숙박업의 관할행정기관의 장과 미리 협의하여야 한다.

② 제1항의 규정에 의한 영업의 정지, 일부 시설의 사용중지와 영업소폐쇄명령 등의 세부적인 기준은 보건복지부령으로 정한다.

미용업자 위생관리기준(2011. 10. 15. 보건복지부 고시 제2011-35호)

공중위생관리법 제4조 제4항의 규정에 의하여 미용업자가 준수하여야 할 위생관리기준은 다음과 같다.

1. 점빼기·귓볼뚫기·쌍꺼풀수술·문신·박피술 그 밖에 이와 유사한 의료행위를 하여서는 아니
   된다.

행정규칙 형식과 법규명령 사항

법규명령의 효력을 가진 행정규칙 또는 행정규칙 형식의 법규명령이란 법령이 구체적인 사항
의 규율을 행정규칙에 위임하고, 이러한 위임에 의하여 구체적인 내용을 고시·훈령으로 정하
면 당해 고시·훈령이 법령과 결합하여 법규명령의 효력을 가지게 되는데, 이러한 고시·훈령을
의미한다. 그 법적 성격과 관련하여 법규명령설, 행정규칙설·규범구체화행정규칙설, 위헌무효
설 등이 있지만, 판례는 법령보충적 행정규칙으로 법규명령설을 취하고 있다. 따라서 고시·훈
령도 법령의 구체적 위임이 있는 경우라면 국민과 법원을 구속하는 효력을 가지기 때문에 사
법심사의 척도가 된다.[7]

대판 1987.9.29. 선고 86누484 [양도소득세부과처분취소]

[1] 상급행정기관이 하급행정기관에 대하여 업무처리지침이나 법령의 해석적용에 관한 기준을
    정하여서 발하는 이른바 행정규칙은 일반적으로 행정조직 내부에서만 효력을 가질뿐 대외
    적인 구속력을 갖는 것은 아니지만, 법령의 규정이 특정행정기관에게 그 법령내용의 구체적
    사항을 정할 수 있는 권한을 부여하면서 그 권한행사의 절차나 방법을 특정하고 있지 아니
    한 관계로 수임행정기관이 행정규칙의 형식으로 그 법령의 내용이 될 사항을 구체적으로 정
    하고 있다면 그와 같은 행정규칙, 규정은 행정규칙이 갖는 일반적 효력으로서가 아니라, 행
    정기관에 법령의 구체적 내용을 보충할 권한을 부여한 법령규정의 효력에 의하여 그 내용을
    보충하는 기능을 갖게 된다 할 것이므로 이와 같은 행정규칙, 규정은 당해 법령의 위임한계
    를 벗어나지 아니하는 한 그것들과 결합하여 대외적인 구속력이 있는 법규명령으로서의 효
    력을 갖게 된다. [행정규칙의 법규성]

[2] 재산제세사무처리규정이 <u>국세청장의 훈령형식</u>으로 되어 있다 하더라도 이에 의한 거래지정
    은 <u>소득세법시행령의 위임에 따라</u> 그 규정의 내용을 보충하는 기능을 가지면서 그와 결합하
    여 대외적 효력을 발생하게 된다 할 것이므로 그 보충규정의 내용이 위 법령의 위임한계를
    벗어났다는 등 특별한 사정이 없는 한 양도소득세의 실지거래가액에 의한 과세의 법령상의
    근거가 된다.

나. 처분 요건 (법률요건 검토)

공중위생업자인 미용업자가 <u>공중위생관리법</u>에 위반한 경우,

공중위생관리법 제4조 제3항 '<u>보건복지부장관의 고시로 정한 미용업자가 준수해야 할 관리기준</u>'

---

7 전게서 303면.

미용업자 위생관리기준 제1호 '의료행위와 유사한 <u>점빼기·귓볼뚫기를 하여서는 아니될 의무</u>'
[해석상 다툼이 없음]
다. 처분 내용 (법률효과 검토)
'보건복지부령이 정하는 기준'에 의하여
영업의 정지, 일부 시설의 사용중지와 영업소폐쇄명령 등
[보건복지부령이 정하는 기준에 관한 해석상 다툼이 있음]

2. 법률요건 측면에서 주장할 수 있는 위법

가. 처분문서에 기재된 처분사유
미용업자가 점빼기·귓볼 뚫기를 한 행위(1차 위반)
나. 사실오인
미용업자인 원고가 2012. 7. 25. 10:00경 자신이 운영하는 화랑미용실에서 김미순(만 27세)을
상대로 점을 빼주고, 2012. 7. 30. 14:00경 같은 장소에서 김용순(만 21세)을 상대로 점을 빼고
귓볼을 뚫어주는 행위를 한 사실
<u>처분문서상의 처분사유로 기재된 사실에 대하여 다툼이 없음.</u>
다. 법리오해 및 법률요건 포섭 오류 여부
위 사실은 '공중위생업자인 미용업자가 의료행위와 유사한 점빼기·귓볼뚫기를 하여서는 아니
될 의무에 위한 경우'에 해당됨 (법적 문제 없음)
라. 검토 결과
법률요건 측면에서 사실오인, 법리오해, 포섭의 오류 등을 처분의 위법 사유로 주장할 수 있는
내용은 없음.

영업범 해석과 관련 위반행위가 영업의 의미를 엄격하게 제한 해석한다면 사실의 법률요건 포
섭에서 다툼이 여지가 있음. 즉, 점빼기·귓볼뚫기가 영업의 일환으로 행해져야 하는데, 단순히
대가관계 없이 순수한 호의관계로 행해진 경우라고 주장하면서 사실오인을 주장할 수도 있음.

3. 법률효과 측면에서 주장할 수 있는 위법

가. 법률 해석 검토
영업정지 2월 기준: '보건복지부령이 정하는 기준'에 의하여 영업의 정지, 일부 시설의 사용중
지와 영업소폐쇄명령 등
보건복지부령이 정하는 기준에 관하여 해석상 다툼의 여지가 있음.

공중위생관리법 시행규칙

제19조(행정처분기준) 법 제7조 제2항 및 법 제11조 제2항의 규정에 의한 행정처분의 기준은 별표 7과 같다.

[별표 7]

[행정처분기준(제19조 관련)]

Ⅰ. 일반기준

1. 위반행위가 2 이상인 경우로서 그에 해당하는 각각의 처분기준이 다른 경우에는 그 중 중한 처분기준에 의하되, 2 이상의 처분기준이 영업정지에 해당하는 경우에는 가장 중한 정지처분기간에 나머지 각각의 정지처분기간의 2분의 1을 더하여 처분한다.

2. 행정처분을 하기 위한 절차가 진행되는 기간 중에 반복하여 같은 사항을 위반한 때에는 그 위반횟수마다 행정처분 기준의 2분의 1씩 더하여 처분한다.

3. 위반행위의 차수에 따른 행정처분기준은 최근 1년간 같은 위반행위로 행정처분을 받은 경우에 이를 적용한다. 이때 그 기준적용일은 동일 위반사항에 대한 행정처분일과 그 처분후의 재적발일(수거검사에 의한 경우에는 검사결과를 처분청이 접수한 날)을 기준으로 한다.

4. 행정처분권자는 위반사항의 내용으로 보아 그 위반정도가 경미하거나 해당위반사항에 관하여 검사로부터 기소유예의 처분을 받거나 법원으로부터 선고유예의 판결을 받은 때에는 Ⅱ. 개별기준에 불구하고 그 처분기준을 다음의 구분에 따라 경감할 수 있다.
   가. 영업정지의 경우에는 그 처분기준 일수의 2분의 1의 범위안에서 경감할 수 있다.
   나. 영업장폐쇄의 경우에는 3월 이상의 영업정지처분으로 경감할 수 있다.

Ⅱ. 개별기준

4. 미용업

위반사항	관련법규	행정처분기준			
		1차 위반	2차 위반	3차 위반	4차 위반
2. 법 또는 법에 의한 명령에 위반한 때	법 제11조 제1항				
마. 미용업자가 준수하여야 할 위생관리기준을 위반한 때	법 제4조 제4항	영업정지 2월	영업정지 3월	영업장 폐쇄명령	

나. 재량행위 및 재량권 일탈·남용 여부

　　1) 행정행위: 명령

　　　공중위생관리법상 '영업의 정지, 일부 시설의 사용중지와 영업소폐쇄명령' 중 '보건복지
　　　부령이 정하는 기준'에 따른 영업정지 2월

　　2) 행정행위의 성격: 기속행위 VS 재량행위 여부

　　　판례에서 나타난 제재적 행정처분의 기준을 정하고 있는 부령으로서 행정규칙(참고자료)
　　　에 불과함. 따라서 '보건복지부령이 정하는 기준에 따른 영업정지 2월'은 법적 구속력이
　　　없으며, 공중위생관리법상 '영업의 정지, 일부 시설의 사용중지와 영업소폐쇄명령' 중 선
　　　택권 행사에 의해 영업정지 2월로 결정되었기 때문에 재량행위임.[8]

　　3) 선택 재량: 행정청에 '영업의 정지, 일부 시설의 사용중지와 영업소폐쇄명령'라는 선택권
　　　한이 부여되어 있기 때문에 본건 영업정지 2월 처분은 선택권한의 행사로 이루어진 재
　　　량행위임.

　　4) 재량심사: 재량권 일탈·남용 주장

　　　가) 비례의 원칙 위반 여부

　　　영업정지 2월 처분으로 보호되는 공익: 이용업 질서 유지, 타인의 생명·신체·재산의 위
　　　험 발생 방지 등

　　　영업정지 2월 처분으로 침해되는 사익: 경제적 손실, 위반의 경위, 법익 침해의 정도 등

　　　나) 평등의 원칙 위반 여부

　　　기록상 주장할 수 있는 별다른 자료가 없음.

　　　다) 신뢰보호의 원칙 위반 여부

　　　기록상 주장할 수 있는 별다른 자료가 없음.

다. 검토 결과

비례의 원칙 위반을 주장

4. 절차와 형식 측면에서 주장할 수 있는 위법

가. 행정절차법

영업정지 2월은 불이익처분이기 때문에 행정절차법상 절차 위반 주장 가능

사전통지절차, 청문절차, 문서주의와 이유부기, 송달 등 검토

[기록상 주장할 수 있는 별다른 자료가 없음]

나. 공중위생관리법상 절차

[기록상 주장할 수 있는 별다른 자료가 없음]

---

8 만약, 본건 시행규칙을 법규명령으로 해석한다면 영업정지 2월 처분을 기속행위로 해석할 여지가 있고,
　기속행위에 대하여는 재량권 일탈·남용 주장·판단할 수 없음.

5. 법령 측면에서 주장할 수 있는 위법

가. 법규명령[9]: 고시

법률의 위헌 여부는 헌법재판소의 심판 대상이지만, 법규명령의 위헌·위법성 여부는 법원의 심판 대상이기 때문에 취소소송에서 원고가 소장·준비서면을 통해 주장해야 함.

나. 고시의 위헌·위법성

1) 기본권과 과잉금지의 원칙 위반 여부

가) 제한되는 기본권

직업선택의 자유, 영업의 자유(헌법 제15조), 단계이론, 직업수행의 자유, 직업결정의 자유(주관적 요소), 직업결정의 자유(객관적) 중 직업수행의 자유를 제한

나) 과잉금지의 원칙

목적의 적당성:

수단의 적정성:

침해의 최소성: 의료행위와 구별, 위험성 없음, 자격에 따른 차등

법익의 균형성: 미용업자의 경제적 이익을 과도하게 침해

2) 평등권과 자의금지의 원칙 위반 여부

가) 평등권(헌법 제11조)

나) 자의금지의 원칙

비교대상집단의 설정: 의사

복수 집단의 차별적 취급: 허용 VS 금지

차별 취급에 대한 심사(차별에 대한 위헌성 심사의 강도)

－ 합리성 심사(합리적 이유에 관한 완화된 심사)

• 차별 목적의 정당성

• 차별 수단의 적정성

－ 비례성 심사(비례의 원칙에 따른 엄격한 심사)/헌법이 특별한 평등을 요구하는 경우, 차별적 취급으로 인하여 관련 기본권에 대한 중대한 제한이 초래되는 경우

• 차별 피해의 최소성

• 차별 법익의 균형성

3) 형식[10]: 법률유보의 원칙(위임 범위 일탈)

기본권 제한에 방법: 법률 및 법률의 위임에 의한 행정입법(헌법 제37조 제2항)

---

9 문제에서 '법률의 위헌성'을 제외시키고 있다.

10 명확성 원칙 위반 여부는 해당사항 없으므로 생략함.

기본권 제한은 '법률에 근거한 규율'을 의미하고 반드시 형식적 의미의 법률일 필요는 없지만 법률상 근거가 필요하고, 법률상 근거에는 법률의 위임에 의한 하위법령도 포함되지만 모법의 위임범위를 벗어난 하위법령은 법률의 근거가 없는 것으로 법률유보의 원칙에 위반됨.

법률인 공중위생관리법 제4조는 공중위생영업자의 위생관리의무를 규정하고 있는데, 제1항에서 이용자에게 건강상 위해요인이 발생하지 아니하도록 "영업 관련 시설 및 설비"를 위생적이고 안전하게 관리하도록 공중위생업자에게 의무를 부과하고 있다. 그리고 제4항에서 미용업자에게 "미용기구는 소독을 한 기구와 소독을 하지 아니한 기구로 분리하여 보관하고, 면도기는 1회용 면도날만을 손님 1인에 한하여 사용하고", "미용사면허증을 영업소안에 게시하도록" 미용업소의 시설과 설비 등에 관한 의무를 부과하고 있다. 그렇다면 제4항 제3조 "3. 그 밖에 미용업자가 준수하여야 할 위생관리기준은 보건복지부장관이 고시로 정한다."는 의미는 미용업소의 시설과 설비 등에 관한 내용 중 일부를 고시로 규정하도록 위임하고 있다고 해석된다.

하위법령인 미용업자 위생관리기준(보건복지부 고시) 제1호는 "점빼기·귓볼뚫기·쌍꺼풀수술·문신·박피술 그 밖에 이와 유사한 의료행위를 하여서는 아니 된다."고 미용업자의 행위를 규율하고 있다. 따라서 고시는 법률에서 위임한 '미용업소의 시설과 설비'의 범위를 벗어난 '미용업자의 행위'를 규율하고 있기 때문에 법률유보의 원칙 위반으로 위헌임.[11]

6. 처분의 위법에 관한 주장

가. 법률요건: 사실오인, 법령오해, 포섭의 오류	해당사항 없음
나. 법률효과: 재량권 일탈·남용 여부	비례의 원칙 위반
다. 절차·형식: 행정절차법 등 위반 여부	해당사항 없음
라. 법령: 고시의 위헌성	과잉금지의 원칙 위반
	자의금지의 원칙 위반
	법률유보의 원칙 위반 여부

---

11 「공중위생관리법 제8조(이용사 및 미용사의 업무범위 등) ① 제6조 제1항의 규정에 의한 이용사 또는 미용사의 면허를 받은 자가 아니면 이용업 또는 미용업을 개설하거나 그 업무에 종사할 수 없다. 다만, 이용사 또는 미용사의 감독을 받아 이용 또는 미용 업무의 보조를 행하는 경우에는 그러하지 아니하다. ② 이용 및 미용의 업무는 영업소외의 장소에서 행할 수 없다. 다만, 보건복지부령이 정하는 특별한 사유가 있는 경우에는 그러하지 아니하다. ③ 제1항의 규정에 의한 이용사 및 미용사의 업무범위에 관하여 필요한 사항은 보건복지부장관이 고시로 정한다.」에 따라서 『미용업자 위생관리기준(2011. 10. 15. 보건복지부 고시 제2011-35호) 공중위생관리법 제8조 제3항의 규정에 의하여 이용 및 미용업자가 준수하여야 할 업무범위기준은 다음과 같다.』라고 규정하면 위헌성이 해소될 수 있다.

소　장

원　고　　　전화랑(******—*******)
　　　　　　서울 서대문구 홍은동 이품아파트 2동 103호
　　　　　　소송대리인 법무법인 정의
　　　　　　담당변호사 김신뢰
　　　　　　서울 서초구 서초동 100－2 정일빌딩 3층
　　　　　　전화: 02) 555－****　팩스: 02) 555－****
　　　　　　전자우편 srk@justicelaw.com

피　고　　　서울특별시 서대문구청장

미용업소 영업정지처분 취소 청구의 소

청 구 취 지

1. 피고가 2012. 12. 13. 원고에게 한 미용업소 영업정지처분을 취소한다.
2. 소송비용은 피고가 부담한다.
라는 판결을 구합니다.

청 구 원 인

1. 행정처분의 경위

　생략

2. 소의 적법성[12]

　가. 피고적격

　나. 협의의 소의 이익

　다. 제소기간

　라. 기타

3. 이 사건 처분의 위법성

　가. 비례의 원칙 위반으로 인한 재량권 일탈·남용의 위법

　나. 고시의 위헌성

　　1) 과잉금지의 원칙 위반(직업수행의 자유)

　　2) 자의금지의 원칙 위반(평등권)

　　3) 법률유보의 원칙 위반

4. 결론

---

12 실무상 소송요건에 관하여 특별한 사정이 없는 한 소장에 기재하지 않지만, 변호사시험에서는 교육과
　평가라는 측면에서 기재를 요구하고 있다.

입 증 방 법

1. 미용업소 영업정지처분 통지 (갑제1호증의1)
2. 행정처분서 (갑제1호증의2)
3. 주민등록표 (갑제2호증)
   생략

첨 부 서 류

1. 위 입증서류 사본 2부
2. 소송위임장 1부
3. 담당변호사 지정서 1부
4. 소장 부본 1부 (생략)
   생략

2013.   3.   18.

원고의 소송대리인 법무법인 정의

담당변호사 김신뢰

서울행정법원 귀중

집행정지신청 초안

신청요건

1) 집행정지의 대상 　　처분 등의 존재: 영업정지 2월

2) 신청인 　　　　　　전화랑

3) 피신청인 　　　　　서울특별시 서대문구청장

4) 신청의 이익 　　　문제없음

5) 적법한 본안 소송의 계속
　　　　　　　　　　 2013. 1.4. 본안 소송 제기. 소송요건을 모두 구비

6) 관할 (기타) 　　　본안소송 계속 중인 법원 전속관할
　　　　　　　　　　 본안소송: 서울행정법원 관할

신청본안

1. 회복하기 어려운 손해를 예방하기 위하여 긴급한 필요가 있을 것(적극적 요건)
　이미 발생한 손해 또는 발생이 예견되는 손해를 구체적으로 적시
　예방의 긴급성을 구체적으로 적시

2. 공공의 복리에 중대한 영향을 미칠 우려가 없을 것(소극적 요건)
　운전면허취소처분의 집행을 정지한다고 하여 공공복리에 중대한 영향이 미칠 우려가 전혀 없음

3. 본안청구가 이유없음이 명백하지 아니할 것(판례상 소극적 요건)
　처분의 위법 여부는 본안 심리를 통하여 밝혀질 수 있음

집 행 정 지 신 청

신 청 인   전화랑(******-*******)
　　　　　　　　서울 서대문구 홍은동 이품아파트 2동 103호
　　　　　　　　소송대리인 변호사 정의
　　　　　　　　담당변호사 김신뢰
　　　　　　　　서울 서초구 서초동 100-2 정일빌딩 3층
　　　　　　　　전화: 02) 555-****　팩스: 02) 555-****

피신청인   서울특별시 서대문구청장

신 청 취 지

피신청인이 2012. 12. 13. 신청인에 대하여 한 미용업소 영업정지 2월 (2013. 1. 9. ~ 2013. 3. 8.) 처분의 집행을 정지한다.

신 청 원 인

1. 처분의 경위
　생략

2. 신청의 적법 여부
　생략

3. **집행정지의 필요 여부**

　가. 회복하기 어려운 손해를 예방하기 위하여 긴급한 필요가 있을 것(적극적 요건)

　　신청인의 영업은 단골손님을 중심으로 이루어지기 때문에 처분의 집행으로 사실상 영업
　　폐쇄로 이어질 위험이 있음

　　영업정지로 인한 손해는 향후 승소판결 확정 후에 회복할 수 없음 등

　나. 공공의 복리에 중대한 영향을 미칠 우려가 없을 것(소극적 요건)

　　미용업소 영업정지처분의 집행을 정지한다고 하여 공공복리에 중대한 영향이 미칠 우려가
　　전혀 없음

　다. 본안청구가 이유없음이 명백하지 아니할 것(판례상 소극적 요건)

　　본건 영업정지처분은 비례의 원칙 위반으로 재량권 일탈남용으로 위법함

　　처분의 근거 법령인 고시가 위헌위법임

　　본안 심리를 통하여 밝혀질 수 있는 사안임

4. **결　론**

　이상의 이유로 집행정지 결정이 필요함

입 증 방 법

1. 미용업소 영업정지처분 통지 (소갑제1호증의1)
2. 행정처분서 (소갑제1호증의2)
3. 주민등록표 (소갑제2호증)
   생략

첨 부 서 류

1. 위 각 입증방법   각 1통
2. 신청서부본   1통
3. 소송위임장   1통
4. 담당변호사 지정서   1통
   생략

2013.   1.   4.

신청인 소송대리인
법무법인 정의
담당변호사 김신뢰 (인)

서울행정법원 귀중

생각해 볼 문제들

문 1) 전화랑이 2013. 1. 4. 행정심판을 제기하였으나 기각되었고, 2013. 3. 20. 행정소송을 제기한 경우의 소의 이익

제재적 행정처분이 그 처분에서 정한 제재기간의 경과로 인하여 그 효과가 소멸되었으나, 부령인 시행규칙 또는 지방자치단체의 규칙의 형식으로 정한 처분기준에서 제재적 행정처분을 받은 것을 가중사유나 전제요건으로 삼아 장래의 제재적 행정처분을 하도록 정하고 있는 경우, 제재적 행정처분의 가중사유나 전제요건에 관한 규정이 법령이 아니라 규칙의 형식으로 되어 있다고 하더라도, 그러한 규칙이 법령에 근거를 두고 있는 이상 그 법적 성질이 대외적·일반적 구속력을 갖는 법규명령인지 여부와는 상관없이, 관할 행정청이나 담당공무원은 이를 준수할 의무가 있으므로 이들이 그 규칙에 정해진 바에 따라 행정작용을 할 것이 당연히 예견되고, 그 결과 행정작용의 상대방인 국민으로서는 그 규칙의 영향을 받을 수밖에 없다. 따라서 그러한 규칙이 정한 바에 따라 선행처분을 받은 상대방이 그 처분의 존재로 인하여 장래에 받을 불이익, 즉 후행처분의 위험은 구체적이고 현실적인 것이므로, 상대방에게는 선행처분의 취소소송을 통하여 그 불이익을 제거할 필요가 있다(대법원 2006. 6. 22. 선고 2003두1684 전원합의체 판결 등 참조).

이 사건 법령에 따르면 선행처분을 받은 원고에게는 그 처분의 존재로 인하여 장래에 받을 불이익의 위험이 존재한다고 보아야 할 것이므로, 이 사건 등록취소처분을 취소하여야 할 소의 이익이 인정된다.

문 2) 2012. 1. 4. 판결 선고시까지 집행정지결정을 받고 2013. 6. 20. 취소판결이 선고되었으며, 피고가 항소하였고, 2013. 8. 30. 항소심 1회 변론기일이 열린 경우 소의 이익

행정소송법 제23조에 의한 집행정지결정의 효력은 결정주문에서 정한 시기까지 존속하며 그 시기의 도래와 동시에 효력이 당연히 소멸하는 것이므로, 일정기간 동안 영업을 정지할 것을 명한 행정청의 영업정지처분에 대하여 법원이 집행정지결정을 하면서 주문에서 당해 법원에 계속 중인 본안소송의 판결 선고시까지 처분의 효력을 정지한다고 선언하였을 경우에는 처분에서 정한 영업정지기간의 진행은 그 때까지 저지되는 것이고 본안소송의 판결선고에 의하여 당해 정지결정의 효력은 소멸하고 이와 동시에 당초의 영업정지처분의 효력이 당연히 부활되어 처분에서 정하였던 정지 기간(정지결정 당시 이미 일부 진행되었다면 나머지 기간)은 이때부터 다시 진행한다.(대법원 1999. 2. 23. 선고 98두14471 판결)

이 사건에서 원고는 피고로부터 2012. 12. 13.자로 2013. 1. 9.부터 같은 해 3. 8.까지 2개월간 영업

정지처분을 받고 원심법원에 그 취소를 구하는 소송을 제기하면서 그 집행정지신청을 하여 같은 해 1. 4. 원심법원으로부터 위 사건의 판결 선고시까지 위 처분의 효력을 정지한다는 결정을 받았고, 2013. 6. 20. 원심법원으로부터 취소판결을 선고받았으며, 이에 피고가 항소하였으나 그 이후에 다시 위 처분의 효력이 정지되었다고 볼 만한 아무런 자료도 찾아 볼 수 없으므로, 위 효력정지결정은 그 결정주문에서 정한 본안판결선고일에 당연히 실효되고 일시 정지되었던 위 정지처분의 효력이 당연히 부활되어 그 때부터 위 처분에서 정한 2개월간의 업무정지기간이 전부 경과함으로써 이 사건 처분은 효력이 상실되었다고 할 것이다.

나아가 이제 이 사건 각 법령에서 정한 업무정지를 받은 전력을 가중요소로 참작하는 기간마저 지났으므로, 원고가 이 사건 처분으로 인하여 이 사건 각 법령에서 정한 바와 같은 처분에 있어서 불이익을 입을 우려는 없어졌다고 할 것이고, 그 밖에 이 사건 처분이 잔존함으로써 어떠한 법률상 이익이 침해되고 있다고 할 만한 다른 사정도 발견할 수 없다.

 그렇다면 이 사건 소는 소의 이익이 없다.

> 제2강
권리구제형 헌법소원

【문제[13] 1】

1. 의뢰인 송미령을 위하여 김신뢰 변호사의 입장에서 <u>헌법소원심판청구서</u>를 작성하시오. 단, '청구이유' 중 '이 사건 헌법소원의 적법성'에서는 문제되는 적법요건을 중심으로 기술할 것 (80점)
   - 헌법소원심판청구서의 작성일과 제출일은 2013. 1. 4.로 할 것
   - 법령은 「본서 00~00쪽」공중위생관리법, 공중위생관리법 시행규칙(보건복지부령, 미용업자 위생관리기준(보건복지부 고시)를 참고할 것

   ※ 작성요강[14]

---

13 2013. 1. 10. 법무부에서 실시한 제2회 변호사시험 문제를 그대로 사용하였는데, 다만 교육과 학습 목적을 위해 일부 내용과 순서를 수정, 삭제, 편집하였다.
14 1. 참고자료로 제시된 법령은 가상의 것으로, 이에 근거하여 작성할 것. 이와 다른 내용의 현행 법령이 있다면, 제시된 법령이 현행 법령에 우선하는 것으로 할 것.
   2. 기록에 나타난 사실관계만을 기초로 하고, 그것이 사실임을 전제로 할 것.
   3. 기록 내의 각종 서류에는 필요한 서명, 날인, 무인, 간인, 정정인이 있는 것으로 볼 것.
   4. 송달이나 접수, 통지, 결재가 필요한 서류는 모두 적법한 절차를 거친 것으로 볼 것.

수임번호 2012-501	법률상담일지		2012. 12. 20.
의 뢰 인	송미령	의뢰인 전화	***－****－****
의뢰인 영업장 주소	서울 서대문구 홍은동 300	의뢰인 전송	

<table>
<tr><td colspan="4" align="center">상 담 내 용</td></tr>
</table>

1. 의뢰인 송미령은 중국 국적의 여성으로서 미용사 자격을 취득한 후 2012. 9. 3. 미용실을 개설하였으나, 공중위생 관련 규정이 점빼기와 귓볼뚫기를 금지하고 있다며 헌법소원을 청구하기 위해 국선대리인 선임신청을 하였고, 헌법재판소가 본 변호사를 국선대리인으로 선정하자, 송미령이 본 법인을 방문하였다.

2. 의뢰인 희망사항
   의뢰인 송미령은 미용사가 점빼기와 귓볼뚫기를 할 수 있도록 공중위생 관련 규정에 대한 헌법소원을 청구하여 주기를 희망하고 있다.

법무법인 정의(담당변호사 김신뢰)
전화 02-555-****, 전송 02-555-****, 전자우편 ***@justicelaw.com
서울 서초구 서초동 100-2 정의빌딩 3층

법무법인 정의 내부회의록

일　시: 2012. 12. 21. 14:00 ~ 15:00
장　소: 법무법인 정의 소회의실
참석자: 이길수 변호사(송무팀장), 김신뢰 변호사

이 변호사: 송미령 의뢰인 사건과 관련하여 몇 가지 논의할 사항이 있을 것 같습니다.

김 변호사님, 점빼기나 귓볼뚫기가 의료행위에 해당하는지에 관한 판례가 있는지 확인해 보았나요?

김 변호사: 점빼기나 귓볼뚫기에 관한 판례는 없는 것 같습니다. 관련 판례로는 '곰보수술, 눈쌍꺼풀, 콧날세우기 등 미용성형수술은 질병의 예방 또는 치료행위가 아니므로 오직 일반 의사에게만 허용된 의료법 제25조 소정의 의료행위라고 단정할 수 없다.'는 취지의 1972년 대법원 판결이 있었지만, 1974년 이 판결을 폐기하면서 '코높이기 성형수술행위도 의료행위에 해당한다.'는 대법원 판결이 있었습니다. 문신시술행위는 의료행위에 해당한다는 대법원 판례가 있고, 이를 전제로 하여 판단한 헌법재판소 결정도 있습니다. 비교적 최근인 2007년에도 속눈썹 이식과 같은 미용성형술은 의료행위라고 본 대법원 판례[15]가 있습니다.

---

15 본서 406~408쪽 참조: 대법원 2007. 6. 28. 선고 2005도8317 판결 【의료법위반】
　[1] 의료행위라 함은 질병의 예방과 치료행위뿐만 아니라 의학적 전문지식이 있는 의료인이 행하지 아니하면 사람의 생명, 신체나 공중위생에 위해를 발생시킬 우려가 있는 행위를 포함하므로, 질병의 치료와 관계가 없는 미용성형술도 사람의 생명, 신체나 공중위생에 위해를 발생시킬 우려가 있는 행위에 해당하는 때에는 의료행위에 포함된다.
　[2] 의사가 속눈썹이식시술을 하면서 간호조무사로 하여금 피시술자의 후두부에서 채취한 모낭을 속눈썹 시술용 바늘에 일정한 각도로 끼우고 바늘을 뽑아낸 뒤 이식된 모발이 위쪽을 향하도록 모발의 방향을 수정하도록 한 행위나, 모발이식시술을 하면서 간호조무사로 하여금 식모기(植毛機)를 피시술자의 머리부위 진피층까지 찔러 넣는 방법으로 수여부에 모낭을 삽입하도록 한 행위가 진료보조행위의 범위를 벗어나 의료행위에 해당한다고 한 사례.
　[3] 의료행위에 해당하는 어떠한 시술행위가 무면허로 행하여졌을 때, 그 시술행위의 위험성의 정도, 일반인들의 시각, 시술자의 시술의 동기, 목적, 방법, 횟수, 시술에 대한 지식수준, 시술경력, 피시술자의 나이, 체질, 건강상태, 시술행위로 인한 부작용 내지 위험 발생 가능성 등을 종합적으로 고려하여 법질서 전체의 정신이나 그 배후에 놓여 있는 사회윤리 내지 사회통념에 비추어 용인될 수 있는 행위에 해당한다고 인정되는 경우에만 사회상규에 위배되지 아니하는 행위로서 위법성이 조각된다.
　[4] 의사가 모발이식시술을 하면서 이에 관하여 어느 정도 지식을 가지고 있는 간호조무사로 하여금

이 변호사: 송미령 씨의 헌법소원 말인데요, 심판대상을 무엇으로 삼아 헌법소원을 청구해야 하나요?

김 변호사: 송미령 의뢰인의 경우 아직 위반행위를 하지 않아 행정처분을 받은 바 없고, 형사처벌 규정은 없습니다. 그래서 공중위생관리법이나 그 하위 규정 중 점빼기나 귓볼뚫기를 할 수 없게 하고 있는 근거규정을 심판대상으로 삼아 기본권 침해를 주장하는 헌법소원이 될 것 같습니다. 그런데 헌법재판소의 주류적 판례에 비추어보면 상위법인 공중위생관리법 규정보다는 보건복지부 고시의 해당 규정을 심판대상으로 삼아 헌법소원을 청구하는 것이 타당할 것 같습니다.

이 변호사: 좋은 생각입니다. 그렇게 하시죠. 헌법소원 요건은 상당히 까다로운 것으로 알고 있는데, 적법요건에 다른 문제는 없는지 잘 검토해 주시기 바랍니다.

김 변호사: 네, 잘 알겠습니다.

이 변호사: 그럼, 헌법소원 청구서 작성 준비를 잘 해주기 바랍니다. 이상으로 회의를 마치겠습니다. 끝.

모발이식시술행위 중 일정 부분을 직접 하도록 맡겨둔 채 별반 관여하지 않은 것이 정당행위에 해당하지 않는다고 한 사례.

외 국 인 등 록 증
ALIEN REGISTRATION CARD

사진
(첨부된 것으로 볼 것)

외 국 인 등록번호	******-******* 　　성 별　　F
성　　명	MI-RYONG SONG
국　　가 지　　역	CHINA
체류자격	영주(F-5)

발급일자　2005. 11. 1.

서울출입국관리사무소장
CHIEF, SEOUL IMMIGRATION OFFICE

제 2012 - 45 호

영업신고증

대표자	성명 송 미 령	생년월일 1985. 10. 15.

영업소	명칭(상호) 힐링미용실
	소재지 서울 서대문구 홍은동 300
	영업의 종류 미용업

조건	

「공중위생관리법」 제3조 제1항 및 같은 법 시행규칙 제3조 제1항에 따라 영업의 신고를 하였음을 증명합니다.

2012년   9월   3일

서대문구청장

질 의 서

송미령: 미용업 영업신고증 번호(제2012−45호)
영업소 소재지: 서울 서대문구 홍은동 300 힐링미용실
전화: 02)399−****

　저는 서대문구에서 힐링미용실을 개업한 송미령이라고 합니다. 저는 올해 여름 미용사 면허를 취득하였으나, 예전에 다른 분이 운영하는 미용실에서 보조로 일할 때 그 미용실에서 헤어 펌이나 염색 외에도 입술 문신, 점제거, 귀뚫기 등의 기술을 배워서 그로 인한 수입이 상당했던 경험이 있습니다. 그래서 제가 미용실을 개업하면서 아는 분들에게 제 미용실에 오시면 두피케어도 해드리고 점도 빼드린다면서 꼭 들러달라고 말씀을 드렸더니 어떤 분이 이제 점은 미용실에서 빼면 안 되는 것으로 알고 있다고 하셔서 문의를 드립니다. 과연 그런지, 그 외에 구체적으로 어떠한 행위가 금지되는 것인지 알려주시기 바랍니다. 만약 금지된다면, 귀 협회에서 미용실에서 점을 빼는 행위 등이 안 되는 것으로 정한 것인지요.

2012. 9. 3.

대한미용업협회장 귀하

대 한 미 용 업 협 회

수신자: 송미령(영업소 소재지: 서울 서대문구 홍은동 300 힐링미용실)

제 목: 질의서 회신

회신일: 2012. 9. 10.

- 귀하가 요청한 질의에 대하여 다음과 같이 회보합니다.
- 공중위생관리법 관련 법령 및 보건복지부 고시에 따라 2011. 10. 15.부터 미용업자가 점빼기·귓볼뚫기·쌍꺼풀수술·문신·박피술 그 밖에 유사한 의료행위를 더 이상 할 수 없도록 규율되고 있습니다. 또한 그 외에 피부미용을 위하여 약사법에 따른 의약품 또는 의료기기법에 따른 의료기기를 사용하여서도 아니됩니다.
- 따라서 귀하가 문의한 점빼기, 귓볼뚫기 등 비교적 간단한 시술도 더 이상 미용업자의 면허로 행할 수 없음을 알려드립니다.
- 만약 이를 위반할 경우 관련 법령에 의하여 영업정지나 면허취소 등의 행정조치를 받을 수 있으므로 항상 이를 숙지하시고 영업시 착오가 없도록 만전을 기해주시기 바랍니다.

대한미용업협회장

우편번호 150-010   서울 중구 신당동 38 고려빌딩 4층   전화 02)709-****   팩스 02)709-****

국선대리인선임신청서

신 청 인   송 미 령
            서울 서대문구 홍은동 101 소망빌라 지층 1호
            전화   ***-****-****

신 청 이 유

1. 헌법소원 사유

　신청인은 한국에서 태어난 중국 국적의 여자로서 2005년 1월경부터 서울 서대문구 소재 미용실에서 미용사 보조원으로 다년간 일하다가 퇴직한 후, 미용사가 되기 위해 서울 강남구 소재 미용학원에서 1년 여 간 수강 및 실습을 하고 미용사 면허시험에 응시하여 2012. 8. 31. 미용사 자격을 취득하였습니다.

　신청인은 2012. 9. 3. 미용실을 개설하여 그동안 배우고 익힌 기술을 활용하여 점빼기와 귓볼뚫기 등 미용행위를 하려고 하였으나, 대한미용업협회에 질의한 결과 공중위생 관련 규정에서 미용사는 점빼기와 귓볼뚫기를 할 수 없도록 하고 있다는 회신을 같은 달 10. 받았습니다. 이에 본인이 미용업을 하는 데 커다란 장애가 있어 동 규정을 대상으로 헌법소원심판을 청구하려고 합니다.

> 접수
> No. 500
> 2012. 11. 20.
> 헌법재판소
> 심판사무국

2. 무자력 사유

　신청인의 부모님은 신청인이 어렸을 때 돌아가셨기 때문에 신청인은 일찍부터 미용실에서 미용사 보조원으로 일했고, 그때 받은 월급의 일부를 떼어 적금을 들어 돈을 모아 미용학원에 다녔고, 2012. 8. 31. 드디어 꿈에 그리던 미용사 자격을 취득하였습니다. 따라서 신청인은 현재 일정한 수입이 없는 상태이고 금전적으로 도와줄 수 있는 친척이나 형제들도 없는 터라 헌법소원을 청구하기 위한 변호사를 대리인으로 선임할 자력이 전혀 없습니다.

3. 결 론

　이상과 같은 이유로 헌법소원심판청구를 위한 국선대리인을 선정해 주시기를 앙망합니다.

2012.   11.   20.

신 청 인   송 미 령 ⊙

헌법재판소 귀중

헌 법 재 판 소
제1지정재판부
결   정

사   건   2012헌사500 국선대리인선임신청
신 청 인   송   미   령
                 서울 서대문구 홍은동 101 소망빌라 지층 1호

주   문
신청인이 청구하고자 하는 헌법소원심판사건에 관하여 변호사 김신뢰를 신청인의 국선대리인으로 선정한다.

이   유
신청인의 국선대리인 선임신청은 헌법재판소법 제70조 제1항에서 정한 국선대리인 선임요건에 해당되므로 주문과 같이 결정한다.

2012.   12.   14.

재판장   재판관   김 ○   ○ _____
          재판관   이 ○   ○ _____
          재판관   박 ○   ○ _____

정본입니다.

헌법재판소
사무관   인

■ 2012년 2월 ～ 2013년 1월

2012년 2월

일	월	화	수	목	금	토
			1	2	3	4
5	6	7	8	9	10	11
12	13	14	15	16	17	18
19	20	21	22	23	24	25
26	27	28	29			

2012년 3월

일	월	화	수	목	금	토
				1	2	3
4	5	6	7	8	9	10
11	12	13	14	15	16	17
18	19	20	21	22	23	24
25	26	27	28	29	30	31

2012년 4월

일	월	화	수	목	금	토
1	2	3	4	5	6	7
8	9	10	11	12	13	14
15	16	17	18	19	20	21
22	23	24	25	26	27	28
29	30					

2012년 5월

일	월	화	수	목	금	토
		1	2	3	4	5
6	7	8	9	10	11	12
13	14	15	16	17	18	19
20	21	22	23	24	25	26
27	28	29	30	31		

2012년 6월

일	월	화	수	목	금	토
					1	2
3	4	5	6	7	8	9
10	11	12	13	14	15	16
17	18	19	20	21	22	23
24	25	26	27	28	29	30

2012년 7월

일	월	화	수	목	금	토
1	2	3	4	5	6	7
8	9	10	11	12	13	14
15	16	17	18	19	20	21
22	23	24	25	26	27	28
29	30	31				

2012년 8월

일	월	화	수	목	금	토
			1	2	3	4
5	6	7	8	9	10	11
12	13	14	15	16	17	18
19	20	21	22	23	24	25
26	27	28	29	30	31	

2012년 9월

일	월	화	수	목	금	토
						1
2	3	4	5	6	7	8
9	10	11	12	13	14	15
16	17	18	19	20	21	22
23/30	24	25	26	27	28	29

2012년 10월

일	월	화	수	목	금	토
	1	2	3	4	5	6
7	8	9	10	11	12	13
14	15	16	17	18	19	20
21	22	23	24	25	26	27
28	29	30	31			

2012년 11월

일	월	화	수	목	금	토
				1	2	3
4	5	6	7	8	9	10
11	12	13	14	15	16	17
18	19	20	21	22	23	24
25	26	27	28	29	30	

2012년 12월

일	월	화	수	목	금	토
						1
2	3	4	5	6	7	8
9	10	11	12	13	14	15
16	17	18	19	20	21	22
23/30	24/31	25	26	27	28	29

2013년 1월

일	월	화	수	목	금	토
		1	2	3	4	5
6	7	8	9	10	11	12
13	14	15	16	17	18	19
20	21	22	23	24	25	26
27	28	29	30	31		

헌법소원심판청구서 초안

적법요건

1) 대상   미용업자 관리기준(2011. 10. 15. 보건복지부 고시 제2011−35호로 개정된 것) 제1호 중 '점빼기·귓볼뚫기' 부분

고시의 형태는 헌법에서 규정하지 않은 행정규칙 형식

판례는 '법령보충적 행정규칙 또는 행정규칙 형식의 법규명령'으로 국민을 기속하는, 대외적 구속력을 갖는 법규성을 긍정[공권력 행사에 해당됨]

헌결 1992. 6. 26. 91헌마25 [공무원임용령 제35조의2 등에 대한 헌법소원]
법령의 직접적인 위임에 따라 위임행정기관이 그 법령을 시행하는데 필요한 구체적 사항을 정한 것이면, 그 제정형식은 비록 법규명령이 아닌 고시, 훈령, 예규 등과 같은 행정규칙이더라도 그것이 상위법령의 위임한계를 벗어나지 아니하는 한, 상위법령과 결합하여 대외적인 구속력을 갖는 법규명령으로서 기능하게 된다고 보아야 할 것인바, 청구인이 법령과 예규의 관계 규정으로 말미암아 직접 기본권침해를 받았다면 이에 대하여 바로 헌법소원심판을 청구할 수 있다. [행정규칙이 법규명령으로서 기능하게 되어 헌법소원심판청구의 대상이 되는 경우]

헌결 2004. 1. 29. 2001헌마894 [정보통신망이용촉진및정보보호등에관한법률 제42조 등 위헌확인]
'청소년유해매체물의 표시방법'에 관한 정보통신부고시는 청소년유해매체물을 제공하려는 자가 하여야 할 전자적 표시의 내용을 정하고 있는데, 이는 정보통신망이용촉진및정보보호등에관한법률 제42조 및 동법시행령 제21조 제2항, 제3항의 위임규정에 의하여 제정된 것으로서 국민의 기본권을 제한하는 것인바 상위법령과 결합하여 대외적 구속력을 갖는 법규명령으로 기능하고 있는 것이므로 헌법소원의 대상이 된다.

헌결 2005. 12. 22. 2002헌마152 [경상남도교육공무원가산점평정규정 제7조 제2항 등 위헌확인]
2001. 7. 7. 개정된 교육공무원승진규정(대통령령 제17292호)의 위임에 의하여 피청구인이 독자적인 판단으로 경남평정규정을 제정하면서 제7조 제2항에서 벽지가산점의 차등 적용 제도를 그대로 유지하고 있으므로, 2002. 1. 1. 이후에는 이 사건 경남평정규정 제7조 제2항이 벽지가

산점에 관하여 근무시기 여하에 따라 차별대우하는 직접적인 근거규정으로 되었다고 할 것이다. 따라서 그러한 차별대우가 헌법적 정당성을 가지는지 여부에 대한 심사를 피할 수 없다. [교감승진 등에 있어서 교육공무원에게 가산되는 가산점의 근거인 교육청 예규가 헌법소원의 대상인 공권력의 행사인지 여부(적극)]

헌결 2002. 7. 18. 2001헌마605 [신문업에있어서의불공정거래행위및시장지배적지위남용행위의 유형및기준 제3조 제1항 등 위헌확인]

헌법소원에 있어서는 기본권 침해의 원인이 되는 행위가 공권력의 행사에 해당하여야 한다. 이 사건 신문고시는 공정거래위원회가 신문업에 있어서 발생할 가능성이 높은 불공정거래행위의 유형과 기준을 공정거래법 제23조 제2항, 제3조의2 제2항, 동법 시행령 제36조 제2항, 제5조 제6항에 따라 보다 구체화하여 불특정의 국민에게 이를 알리는 것으로 행정규칙에 해당한다고 할 것이다.

일반적으로 행정규칙은 행정조직 내부에서만 효력을 가지는 것이고 대외적인 구속력을 가지는 것이 아니어서 원칙적으로 헌법소원의 대상이 되는 '공권력의 행사'에 해당하지 아니한다(헌재 1991. 7. 8. 91헌마42). 그러나 행정규칙이 법령의 규정에 의하여 행정관청에 법령의 구체적 내용을 보충할 권한을 부여한 경우나, 재량권 행사의 준칙인 규칙이 그 정한 바에 따라 되풀이 시행되어 행정관행이 이룩되게 되면 평등의 원칙이나 신뢰보호의 원칙에 따라 행정기관은 그 상대방에 대한 관계에서 그 규칙에 따라야 할 자기구속을 당하게 되는 경우에는 대외적 구속력을 가지게 되는바, 이러한 경우에는 헌법소원의 대상이 될 수도 있고(헌재 1990. 9. 3. 90헌마13), 또한 법령의 직접적 위임에 따라 수임행정기관이 그 법령을 시행하는데 필요한 구체적 사항을 정한 것이면, 그 제정형식은 비록 법규명령이 아닌 고시·훈령·예규 등과 같은 행정규칙이더라도 그것이 상위법령의 위임한계를 벗어나지 않는 한 상위법령과 결합하여 대외적인 구속력을 갖는 법규명령으로서 기능하게 된다고 보아야 할 것인바, 헌법소원의 청구인이 법령과 예규의 관계규정으로 말미암아 직접 기본권을 침해받았다면 이에 대하여 헌법소원을 청구할 수 있다(헌재 1992. 6. 26. 91헌마25).

이 사건 심판대상인 신문고시는 공정거래법과 동 시행령 규정의 위임에 따라 수임행정기관인 공정거래위원회가 법령 내용을 보충하는데 필요한 구체적 사항을 정한 경우에 해당하고, 신문업에 있어서의 불공정거래행위의 유형과 기준을 한계지음으로써 상위법령인 공정거래법과 동 시행령과 결합하여 일반 국민에 대한 대외적 구속력을 가지는 일종의 법규명령적 성격을 함께 갖는다고 할 수 있다. 그렇다면 이 사건 고시는 행정조직인 공정거래위원회 내부에서만 효력을 가지는 것이라고는 볼 수 없으며, 이로 말미암아 직접 기본권을 침해받았다면 이에 대하여 바로 헌법소원심판을 청구할 수 있다.

헌결 2005. 5. 26. 2004헌마49 [계호근무준칙 제298조 등 위헌확인]
계호근무준칙(2000. 3. 29. 법무부 훈령 제422호로 개정된 것) 제298조 제1호·제2호(이하 '이 사건 준칙조항'이라 한다)은 행정규칙이기는 하나 검사 조사실에서의 계구사용에 관한 재량권 행사의 준칙으로서 오랫동안 반복적으로 시행되어 그 내용이 관행으로 확립되었다 할 수 있는 것으로, 이 사건 준칙조항을 따라야 하는 검사 조사실 계호근무자로서는 검사 조사실에서 수용자가 조사를 받는 동안에는 그 때 그 때 개별적으로 상관에게 요청하여 그 지시를 받아 계구사용의 해제 여부를 결정할 여유가 사실상 없기 때문에 일단은 재량의 여지없이 원칙적, 일률적으로 계구를 사용하여 수용자를 결박한 상태에서 계호해야 한다. 그렇다면 이 사건 준칙조항은 이와 같은 재량 없는 집행행위를 통하여 계호대상이 되는 수용자에게 직접적으로 계구사용으로 인한 기본권제한의 효력을 미치게 된다고 볼 수 있다. [법무부 훈령인 계호근무준칙 제298조 제1호·제2호에 대해 공권력행사성과 직접성을 인정할 수 있는지 여부(적극)]

[심판대상조문]
계호근무준칙(2000. 3. 29. 법무부훈령 제422호로 개정된 것) 제298조 (검사조사실 근무자 유의사항) 검사조사실 계호근무자는 다음 사항에 유의하여야 한다.
1. 계구를 사용한 채 조사실 안에서 근접계호를 하여야 한다.
2. 검사로부터 조사상 필요에 따라 계호근무자의 퇴실 또는 계구의 해제를 요청 받았을 때에는 이를 거절하여야 한다. 다만, 상관으로부터 지시를 받았을 때에는 예외로 한다.

헌결 1990. 9. 3. 90헌마13 [전라남도 교육위원회의 1990학년도 인사원칙(중등)에 대한 헌법소원]
행정규칙이 법령의 규정에 의하여 행정관청에 법령의 구체적 내용을 보충할 권한을 부여한 경우, 또는 재량권행사의 준칙인 규칙이 그 정한 바에 따라 되풀이 시행되어 행정관행이 이룩되게 되면, 평등의 원칙이나 신뢰보호의 원칙에 따라 행정기관은 그 상대방에 대한 관계에서 그 규칙에 따라야할 자기구속을 당하게 되고, 그러한 경우에는 대외적인 구속력을 가지게 된다 할 것이다.
그러나, 이 사건 인사관리원칙은 중등학교 교원 등에 대한 임용권을 적정하게 행사하기 위하여 그 기준을 일반적·추상적형태로 제정한 조직 내부의 사무지침에 불과하므로, 그 변경으로 말미암아 청구인(교원)의 기본권이나 법적 이익이 침해당한 것이 아니다.

헌결 1991. 7. 8. 91헌마42 [불기소처분에 대한 헌법소원]
재기수사의 명령이 있는 사건에 관하여 지방검찰청 검사가 다시 불기소처분을 하고자 하는 경우에는 미리 그 명령청의 장의 승인을 얻도록 한 검찰사건사무규칙의 규정은 검찰청 내부의 사무처리지침에 불과한 것일 뿐 법규적 효력을 가진 것이 아니다. [검찰사건사무규칙 법규적 효력

유무(소극)]

헌결 2001. 5. 31. 99헌마413 [학교장초빙제실시학교선정기준 위헌확인]

[1] 행정규칙은 일반적으로 행정조직 내부에서만 효력을 가지는 것이나, 행정규칙이 법령의 규정에 의하여 행정관청에 법령의 구체적 내용을 보충할 권한을 부여한 경우나 재량권행사의 준칙인 규칙이 그 정한 바에 따라 되풀이 시행되어 행정관행이 이룩되게 되면, 평등의 원칙이나 신뢰보호의 원칙에 따라 행정기관은 그 상대방에 대한 관계에서 그 규칙에 따라야 할 자기구속을 당하게 되는 경우에는 대외적인 구속력을 가지게 되는바, 이러한 경우에는 헌법소원의 대상이 될 수도 있다.

[2] 경기도교육청의 1999. 6. 2.자「학교장·교사 초빙제 실시」는 학교장·교사 초빙제의 실시에 따른 구체적 시행을 위해 제정한 사무처리지침으로서 행정조직 내부에서만 효력을 가지는 행정상의 운영지침을 정한 것이어서, 국민이나 법원을 구속하는 효력이 없는 행정규칙에 해당하므로 헌법소원의 대상이 되지 않는다.

[심판대상조문]
학교장·교사 초빙제 실시(1999. 6. 2. 경기도교육청) 중 "3. 실시계획 가. 학교장초빙제 1) 실시 대상교" 부분

2) 청구인능력　　중국 국적의 외국인(기본권의 주체성)

　　　　　　　　기본권의 주체만이 청구인능력 있음.

　　　　　　　　기본권은 '국민의 권리'로서 국민 또는 <u>국민과 유사한 지위에 잇는 외국인</u>은 청구인 능력 인정

　　　　　　　　다만, <u>기본권 중 '인간의 권리'에 해당되는 경우</u>에는 외국인은 청구인 능력 인정[16]

　　　　　　　　→ 영주권자는 국민과 유사한 지위에 있는 자 또는 침해된 기본권 '직업수행의 자유'는 인간의 권리에 해당

헌결 2001. 11. 29. 99헌마494 [재외동포의출입국과법적지위에관한법률 제2조 제2호 위헌확인]
'외국인'은 '국민'과 유사한 지위에 있으므로 원칙적으로 기본권 주체성이 인정된다. [외국인의 기본권 주체성이 인정되는지 여부(적극)]
헌법재판소법 제68조 제1항 소정의 헌법소원은 기본권을 침해받은 자만이 청구할 수 있고, 여

---

16 헌결 2011. 9. 29. 2007헌마1083[외국인근로자의 고용 등에 관한 법률 제25조 제4항 등 위헌확인등]

기서 기본권을 침해받은 자만이 헌법소원을 청구할 수 있다는 것은 곧 기본권의 주체라야만 헌법소원을 청구할 수 있고 기본권의 주체가 아닌 자는 헌법소원을 청구할 수 없다고 한 다음, '국민' 또는 국민과 유사한 지위에 있는 '외국인'은 기본권의 주체가 될 수 있다 판시하여(헌재 1994. 12. 29. 93헌마120[17]) 원칙적으로 외국인의 기본권 주체성을 인정하였다. 청구인들이 침해되었다고 주장하는 인간의 존엄과 가치, 행복추구권은 대체로 '인간의 권리'로서 외국인도 주체가 될 수 있다고 보아야 하고, 평등권도 인간의 권리로서 참정권 등에 대한 성질상의 제한 및 상호주의에 따른 제한이 있을 수 있을 뿐이다. 이 사건에서 청구인들이 주장하는 바는 대한민국 국민과의 관계가 아닌, 외국국적의 동포들 사이에 재외동포법의 수혜대상에서 차별하는 것이 평등권 침해라는 것으로서 성질상 위와 같은 제한을 받는 것이 아니고 상호주의가 문제되는 것도 아니므로, 청구인들에게 기본권주체성을 인정함에 아무런 문제가 없다.

헌결 2011. 9. 29. 2007헌마1083, 2009헌마230·352(병합) [외국인근로자의 고용 등에 관한 법률 제25조 제4항 등 위헌확인 등]
직업의 자유 중 이 사건에서 문제되는 <u>직장 선택의 자유</u>는 인간의 존엄과 가치 및 행복추구권과도 밀접한 관련을 가지는 만큼 단순히 국민의 권리가 아닌 <u>인간의 권리</u>로 보아야 할 것이므로 외국인도 제한적으로라도 직장 선택의 자유를 향유할 수 있다고 보아야 한다. 청구인들이 이미 적법하게 고용허가를 받아 적법하게 우리나라에 입국하여 우리나라에서 일정한 생활관계를 형성, 유지하는 등, 우리 사회에서 정당한 노동인력으로서의 지위를 부여받은 상황임을 전제로 하는 이상, 이 사건 청구인들에게 직장 선택의 자유에 대한 기본권 주체성을 인정할 수 있다 할 것이다. [외국인에게 직장 선택의 자유에 대한 기본권주체성을 한정적으로 긍정한 사례]

---

17 헌결 1994. 12. 29. 93헌마120[불기소처분취소] 헌법재판소법) 제68조 제1항에서 " … 기본권을 침해받은 자는 헌법소원의 심판을 청구할 수 있다"고 규정한 것은 기본권의 주체라야만 헌법소원을 청구할 수 있고, 기본권의 주체가 아닌 자는 헌법소원을 청구할 수 없다는 것을 의미한다 할 것인데, 기본권의 보장에 관한 각 헌법규정의 해석상 국민(또는 국민과 유사한 지위에 있는 외국인과 사법인)만이 기본권의 주체라 할 것이고, 국가나 국가기관 또는 국가조직의 일부나 공법인은 기본권의 '수범자(Adressat)'이지 기본권의 주체로서 그 '소지자(Träger)'가 아니고 오히려 국민의 기본권을 보호 내지 실현해야 할 '책임'과 '의무'를 지니고 있는 지위에 있을 뿐이므로, 국가기관인 국회의 일부조직인 국회의 노동위원회는 기본권의 주체가 될 수 없고 따라서 헌법소원을 제기할 수 있는 적격이 없다. [국회노동위원회의 헌법소원청구적격(소극)] 재판관 김문희, 재판관 황도연의 반대의견 국회에서의증언·감정등에관한 법률 제15조는 일정한 요건 아래 청구인이 채택한 증인에 대한 고발권을 인정하고 있지만, 이는 통상의 고발권과 달리 채택한 증인의 불출석으로 말미암아 청구인이 직접 피해를 입기 때문에 인정된 것이므로 그 실질은 고소권과 동일하게 볼 수 있고, 청구인은 피고발인이 소추되면 법원에 피해자로서 의견을 진술할 수 있는 권리가 있다. 이와 같은 이 사건의 특수한 사정을 고려하면, 청구인은 피청구인의 불기소처분으로 말미암아 청구인이 범죄의 피해자로서 갖는 재판절차진술권 및 평등권을 침해받았다는 이유를 들어 헌법소원을 제기할 수 있다고 보아야 한다. [청구인 국회노동위원회 위원장 장석화] [피청구인 제주지방검찰청 검사].

재판관 목영준, 재판관 이정미의 별개의견 및 반대의견[18]

직장 선택의 자유는 '인간의 자유'라기 보다는 '국민의 자유'라고 보아야 할 것이므로 외국인인 청구인들에게는 기본권주체성이 인정되지 아니한다. 그러나 일반적 행동자유권 중 외국인의 생존 및 인간의 존엄과 가치와 밀접한 관련이 있는 근로계약의 자유에 관하여는 외국인에게도 기본권주체성을 인정할 수 있는바, 이 사건 법률조항과 시행령조항에 의하여, 청구인들은 종전 근로계약을 해지하고 새로운 근로계약을 체결할 수 있는 자유를 제한받고 있으므로, 외국인인 청구인들에게도 근로계약의 자유에 대한 기본권주체성을 인정할 수 있다.

재판관 송두환의 이 사건 시행령조항에 대한 반대의견(위헌의견)

외국인이라 하더라도, 대한민국이 정한 절차에 따라 고용허가를 받고 적법하게 입국하여 상당한 기간 동안 대한민국 내에서 거주하며 일정한 생활관계를 형성, 유지하며 살아오고 있는 중이라면, 적어도 그가 대한민국에 적법하게 체류하는 기간 동안에는 인간의 존엄과 가치를 인정받으며 그 생계를 유지하고 생활관계를 계속할 수 있는 수단을 선택할 자유를 보장해 줄 필요가 있으므로, 청구인들에게 직장 선택의 자유가 인정되며, 이 사건 시행령조항은 법률유보원칙과 과잉금지원칙에 반하여 청구들의 직장 선택의 자유를 침해한다.

재판관 김종대의 반대의견(각하의견)

기본권의 주체를 '모든 국민'으로 명시한 우리 헌법의 문언, 기본권 주체에서 외국인을 제외하면서 외국인에 대해서는 국제법과 국제조약으로 법적지위를 보장하기로 결단한 우리 헌법의 제정사적 배경, 국가와 헌법 그리고 기본권과의 근본적인 관계, 헌법상 기본권의 주체는 헌법상 기본적 의무의 주체와 동일해야 한다는 점, 외국인의 지위에 관한 헌법상 상호주의 원칙, 청구인이 주장하는 기본권의 내용이 인간으로서의 권리인지 국민으로서의 권리인지 검토하여 기본권 주체성 인정 여부를 결정하는 것은 구별기준이 불명확하고 판단 순서가 역행되어 헌법

---

18 [1] 이 사건 법률조항은 내국인근로자의 고용기회를 보호하고 중소기업의 인력수급을 원활히 하기 위한 것으로서 입법목적의 정당성과 수단의 적절성이 인정되고, 외국인근로자에게 3년의 체류기간 동안 3회까지 사업장을 변경하고 대통령령이 정하는 부득이한 사유가 있는 경우에는 추가로 사업장변경이 가능하도록 하고 있으므로, 침해최소성 및 법익균형성도 갖추었다고 할 것이므로 청구인들의 근로계약의 자유를 침해한다고 할 수 없다. [2] 이 사건 법률조항은 사업장 변경횟수의 제한을 받지 않는 '부득이한 사유'의 구체적인 내용을 대통령령으로 정하도록 위임하였는데, 이 사건 시행령조항은 이 사건 법률조항에서 위임한 '부득이한 사유' 외에 이러한 '부득이한 사유'가 인정되는 경우에도 사업장의 추가 변경은 '1회에 한하여' 허용하는 것으로 제한하고 있으므로 위임입법의 한계를 일탈하여 법률유보원칙에 위배된다. 이 사건 시행령조항은 사업장이 경영난에 처하는 등, 외국인근로자에게 그 책임을 물을 수 없는 사유까지도 사업장 변경횟수에 산입하고 있으며, 어떠한 경우든 불문하고 무조건 1회의 사업장 변경만을 추가로 허용하고 있어 최소침해성의 원칙을 충족한다고 볼 수 없다. 나아가 위 시행령조항으로 인하여 침해되는 사익과 추구하는 공익 사이에 법익의 균형성이 갖추어졌다고 할 수도 없다. 그러므로 이 사건 시행령조항은 법률유보원칙 및 과잉금지원칙을 위반하여 청구인들의 근로계약의 자유를 침해한다.

재판 실무처리 관점에서도 부당한 점, 외국인에 대해서는 국제법이나 조약 등에 의하여 충분히 그 지위를 보장할 수 있는 점에 비추어 보면 모든 기본권에 대하여 <u>외국인의 기본권 주체성을 부정함이 타당하다.</u> 다만, <u>외국인이라도 우리나라에 입국하여 상당기간 거주해 오면서 대한민국 국민과 같은 생활을 계속해 온 자라면 사실상 국민으로 취급해 예외적으로 기본권 주체성을 인정할 여지는 있다고 본다.</u> 그렇다면 외국인인 이 사건 청구인들에 대하여는 기본권 주체성을 인정할 수 없으므로, 헌법소원심판청구의 당사자능력을 인정할 수 없고, 따라서 이 사건 심판청구는 부적법하다.

청구인적격   ① 기본권 침해 가능성

                   ② 법적 관련성 (자기, 현재, 직접): 직접성 검토 필요

                     법령소원에서 기본권 침해의 직접성이란 별도의 집행행위 매개없이 법령 그 자체에 의하여 자유의 제한, 의무의 부과, 법적 지위의 박탈 등 기본권 침해가 발생하는 경우

                     다만, 집행행위가 존재하는 경우라도 그 집행행위를 대상으로 하는 구제절차가 없거나 구제절차가 있다고 하더라도 권리구제 가능성이 없고 다만 기본권 침해를 당한 청구인에게 불필요한 우회절차를 강요하는 것 밖에 되지 않는 경우

3) 권리보호 이익

    심판 이익   문제 없음

4) 청구기간   안 날로부터 90일, 있는 날로부터 1년: 법령소원 검토 필요

   (2013. 1. 4.)   법령의 공포(2011. 10. 15. 관보 발행일) 사실을 안 날로부터 90일

                  법령의 시행(2011. 10. 15. 부칙)일로부터 1년

                  → 2012. 10. 15.자로 청구기간 경과

                  법령공포 후 법령에 해당하는 사유 발생으로 기본권 침해를 받는 경우

                  사유 발생 사실을 안 날(2012. 9. 3. 질의서 또는 2012. 9. 10. 회신)로부터 90일

                  사유 발생일(2012. 9. 3. 영업신고)로부터 1년

                  국선대리인 선임 신청을 기준(2012. 11. 20.)으로(심판청구일 아님)

                  국선대리인 선정된 날(2012. 12. 14.)로부터 60일 이내

> 헌결 1992. 6. 26. 91헌마25 [공무원임용령 제35조의2 등에 대한 헌법소원]
>
> [1] 공권력의 행사가 법령을 제정 또는 개정하는 것과 같은 법규정립작용이고, 그로 인한 기본
>   권침해가 법령공포 후 해당사유가 발생하여 비로소 생기게 된 자는 그 사유가 발생하였음
>   을 안 날로부터 60일(현재 90일) 이내에, 그 사유가 발생한 날로부터 180일(현재 1년) 이내
>   에 헌법소원심판을 청구하여야 한다.
>
> [2] 여기서 "그 사유가 발생한 날"이라 함은 당해 법률이 청구인의 기본권을 명백히 구체적으
>   로 현실 침해하였거나 침해할 것이 확실히 예상되는 등 구체적인 여러 요건이 성숙하여 헌
>   법재판에 적합하게 된 때를 말한다.
>
> [3] 법규정립행위(입법행위)는 그것이 국회입법이든 행정입법이든 막론하고 일종의 법률행위
>   이므로 행위의 속성상 행위 자체는 한번에 끝나는 것이고, 그러한 입법행위의 결과인 권리
>   침해상태가 계속될 수 있을 뿐이라고 보아야 한다.

5) 보충성   취소소송 관련 검토 필요
                    고시의 처분성 여부(행정입법에 대한 항고소송)
                    처분의 '관련자의 개별성, 규율대상의 구체성' VS 행정입법의 일반성과 추상성

6) 기타

위 헌

1. 기본권과 과잉금지의 원칙 위반 여부
   가) 제한되는 기본권: 직업선택의 자유, 영업의 자유(헌법 제15조),
       단계이론, 직업수행의 자유, 직업결정의 자유(주관적 요소), 직업결정의 자유(객관적)
       직업수행의 자유를 제한
   나) 과잉금지의 원칙
       목적의 적당성:
       수단의 적정성:
       침해의 최소성: 의료행위와 구별, 위험성 없음, 자격에 따른 차등
       법익의 균형성: 미용업자의 경제적 이익을 과도하게 침해

2. 평등권과 자의금지의 원칙 위반 여부
   가) 평등권(헌법 제11조)
   나) 자의금지의 원칙
       비교대상집단의 설정: 의사
       복수 집단의 차별적 취급: 허용 VS 금지
       차별 취급에 대한 심사(차별에 대한 위헌성 심사의 강도)
       − 합리성 심사(합리적 이유에 관한 완화된 심사)
         • 차별 목적의 정당성
         • 차별 수단의 적정성
       − 비례성 심사(비례의 원칙에 따른 엄격한 심사)/헌법이 특별한 평등을 요구하는 경우, 차별적 취급으로 인하여 관련 기본권에 대한 중대한 제한이 초래되는 경우
         • 차별 피해의 최소성
         • 법익의 균형성

3. 형식[19]: 법률유보의 원칙 위반 여부
   가) 기본권 제한에 방법: 법률 및 법률의 위임에 의한 행정입법(헌법 제37조 제2항)
       기본권 제한은 '법률에 근거한 규율'을 의미하고 반드시 형식적 의미의 법률일 필요는 없지만 법률상 근거가 필요하고, 법률상 근거에는 법률의 위임에 의한 하위법령도 포함되지만 모법

---

19 명확성 원칙 위반 여부는 해당사항 없으므로 생략함.

의 위임범위를 벗어난 하위법령은 법률의 근거가 없는 것으로 법률유보의 원칙에 위반됨.

나) 법률유보의 원칙

법률인 공중위생관리법 제4조는 공중위생영업자의 위생관리의무를 규정하고 있는데, 제1항에서 이용자에게 건강상 위해요인이 발생하지 아니하도록 "영업 관련 시설 및 설비"를 위생적이고 안전하게 관리하도록 공중위생업자에게 의무를 부과하고 있다. 그리고 제4항에서 미용업자에게 "미용기구는 소독을 한 기구와 소독을 하지 아니한 기구로 분리하여 보관하고, 면도기는 1회용 면도날만을 손님 1인에 한하여 사용하고", "미용사면허증을 영업소안에 게시하도록" 미용업소의 시설과 설비 등에 관한 의무를 부과하고 있다. 그렇다면 제4항 제3조 "3. 그 밖에 미용업자가 준수하여야 할 위생관리기준은 보건복지부장관이 고시로 정한다."는 의미는 미용업소의 시설과 설비 등에 관한 내용 중 일부를 고시로 규정하도록 위임하고 있다고 해석된다.

하위법령인 미용업자 위생관리기준(보건복지부 고시) 제1호는 "점빼기·귓볼뚫기·쌍꺼풀수술·문신·박피술 그 밖에 이와 유사한 의료행위를 하여서는 아니 된다."고 미용업자의 행위를 규율하고 있다. 따라서 고시는 법률에서 위임한 '미용업소의 시설과 설비'의 범위를 벗어난 '미용업자의 행위'를 규율하고 있기 때문에 법률유보의 원칙 위반으로 위헌임.[20]

---

20 「공중위생관리법 제8조(이용사 및 미용사의 업무범위 등) ① 제6조 제1항의 규정에 의한 이용사 또는 미용사의 면허를 받은 자가 아니면 이용업 또는 미용업을 개설하거나 그 업무에 종사할 수 없다. 다만, 이용사 또는 미용사의 감독을 받아 이용 또는 미용 업무의 보조를 행하는 경우에는 그러하지 아니하다. ② 이용 및 미용의 업무는 영업소외의 장소에서 행할 수 없다. 다만, 보건복지부령이 정하는 특별한 사유가 있는 경우에는 그러하지 아니하다. ③ 제1항의 규정에 의한 이용사 및 미용사의 업무범위에 관하여 필요한 사항은 보건복지부장관이 고시로 정한다.」 에 따라서 『미용업자 위생관리기준(2011. 10. 15. 보건복지부 고시 제2011-35호) 공중위생관리법 제8조 제3항의 규정에 의하여 이용 및 미용업자가 준수하여야 할 업무범위기준은 다음과 같다.』라고 규정하면 위헌성이 해소될 수 있다.

헌법소원심판청구서

청 구 인   송미령(외국인등록번호 851015-2345678)
　　　　　　　　　서울 서대문구 홍은동 101 소망빌라 지층 1호
　　　　　　　　　국선대리인 법무법인 정의
　　　　　　　　　담당변호사 김신뢰
　　　　　　　　　서울 서초구 서초동 100-2 정일빌딩 3층
　　　　　　　　　전화: 02) 555-****　팩스: 02) 555-****
　　　　　　　　　전자우편 srk@justicelaw.com

청 구 취 지

"미용업자 관리기준(2011. 10. 15. 보건복지부 고시 제2011-35호로 개정된 것) 제1호 중 '점빼기·귓
볼뚫기' 부분은 헌법에 위반된다."라는 결정을 구합니다.

침해된 권리

헌법 제15조 직업(수행)의 자유, 제11조 평등권

침해의 원인(이 되는 공권력의 행사 또는 불행사)

미용업자 관리기준(2011. 10. 15. 보건복지부 고시 제2011-35호로 개정된 것) 제1호 중 '점빼기·귓
볼뚫기' 부분

청 구 이 유

1. 사건의 개요/심판 청구에 이르게 된 경우
　　생략

2. 적법요건에 관하여
　　가. 공권력의 행사/고시의 법규성
　　나. 청구인 능력/외국인의 기본권 주체성
　　다. 청구인 적격/기본권 침해의 현재, 자기, 직접 관련성
　　라. 청구기간 준수

마. 보충성

3. **이 사건 조항의 위헌성에 관하여**
　가. 직업수행의 자유(제15조): 과잉금지의 원칙 위반 여부
　나. 평등권(제11조): 자의금지의 원칙 위반 여부
　다. 형식: 법률유보의 원칙 위반 여부

4. **결 론**

첨 부 서 류

1. 외국인등록증, 영업신고증, 질의서, 질의서 회신
2. 결정(국선대리인선임)

2013.   1.   4.

청구인의 국선대리인 법무법인 정의

담당변호사 김신뢰

헌법재판소   귀중

제3회 변호사시험/
기본형 취소소송의 병합 +
위헌심사형 헌법소원

> 제1강
기본형 취소소송의 병합

【문제[1] 1】

1. 의뢰인의 아들 김동식을 위하여 김정의 변호사의 입장에서 대한중학교장의 각 처분이 취소를 구하는 소장[2]을 작성하시오. 다만, 처분의 근거가 된 <u>법령의 위헌·위법성을 다투는 내용을 제외할 것.</u>[3] (20점)

---

1 2014. 1. 법무부에서 실시한 제3회 변호사시험 문제를 사용하였는데, 교육과 학습 목적을 위해 일부 수정, 삭제하였다.
2 변호사시험에서는 「청구취지」와 '청구원인 중 3. 이 사건 처분의 위법성 부분」으로 출제되었다.
3 변호사시험에서는 「3. 이 사건 처분의 위법성에서는」으로 출제되었다.

[참고법령] 학교폭력예방 및 대책에 관한 법률(발췌)

(2012. 12. 28 법률 제12345호로 전부개정된 것)

제1조(목적) 이 법은 학교폭력의 예방과 대책에 필요한 사항을 규정함으로써 피해학생의 보호, 가해학생의 선도·교육 및 피해학생과 가해학생 간의 분쟁조정을 통하여 학생의 인권을 보호하고 학생을 건전한 사회구성원으로 육성함을 목적으로 한다.

제2조(정의) 이 법에서 사용하는 용어의 정의는 다음 각 호와 같다.
1. "학교폭력"이란 학교 내외에서 학생을 대상으로 발생한 상해, 폭행, 감금, 협박, 약취·유인, 명예훼손·모욕, 공갈, 강요·강제적인 심부름 및 성폭력, 따돌림, 사이버 따돌림, 정보통신망을 이용한 음란·폭력정보 등에 의하여 신체·정신 또는 재산상의 피해를 수반하는 행위를 말한다.
2. "학교"란 「초·중등교육법」 제2조에 따른 초등학교·중학교·고등학교·특수학교 및 각종학교와 같은 법 제61조에 따라 운영하는 학교를 말한다.
3. "가해학생"이란 가해자 중에서 학교폭력을 행사하거나 그 행위에 가담한 학생을 말한다.
4. "피해학생"이란 학교폭력으로 인하여 피해를 입은 학생을 말한다.

제3조(해석·적용의 주의의무) 이 법을 해석·적용함에 있어서 국민의 권리가 부당하게 침해되지 아니하도록 주의하여야 한다.

제5조(다른 법률과의 관계) ① 학교폭력의 규제, 피해학생의 보호 및 가해학생에 대한 조치와 그 절차에 대하여는 다른 법률의 규정에 우선하여 이 법을 적용한다.
② 제2조 제1호 중 성폭력은 다른 법률에 규정이 있는 경우에는 이 법을 적용하지 아니한다.

제12조(학교폭력대책자치위원회의 설치·기능) ① 학교폭력의 예방 및 대책에 관련된 사항을 심의하기 위하여 학교에 학교폭력대책자치위원회(이하 "자치위원회"라 한다)를 둔다.
② 자치위원회는 학교폭력의 예방 및 대책 등을 위하여 다음 각 호의 사항을 심의한다.
1. 학교폭력의 예방 및 대책수립을 위한 학교 체제 구축
2. 피해학생의 보호
3. 가해학생에 대한 선도 및 징계
4. 피해학생과 가해학생 간의 분쟁조정
5. 그 밖에 대통령령으로 정하는 사항

제13조(자치위원회의 구성·운영) ① 자치위원회는 위원장1인을 포함하여5인 이상 10인 이하의 위원으로 구성한다. (이하 생략)

② 자치위원회는 분기별 1회 이상 회의를 개최하고,가치위원회의 위원장은 다음 각 호의 어느 하나에 해당하는 경우에 회의를 소집하여야 한다.

1. 자치위원회 재적위원 4분의 1 이상이 요청하는 경우

2. 학교의 장이 요청하는 경우

3. 피해학생 또는 그 보호자가 요청하는 경우

4. 학교폭력이 발생한 사실을 신고받거나 보고받은 경우

5. 가해학생이 협박 또는 보복한 사실을 신고받거나 보고받은 경우

6. 그 밖에 위원장이 필요하다고 인정하는 경우

③ 자치위원회는 회의의 일시, 장소, 출석위원, 토의내용 및 의결사항 등이 기록된 회의록을 작성·보존하여야 한다.

제17조(가해학생에 대한 조치) ① 자치위원회는 피해학생의 보호와 가해학생의 선도·교육을 위하여 가해학생에 대하여 다음 각 호의 어느 하나에 해당하는 조치(수 개의 조치를 병과하는 경우를 포함한다)를 할 것을 학교의 장에게 요청하여야 한다.

1. 피해학생에 대한 서면사과

2. 피해학생 및 신고·고발 학생에 대한 접촉, 협박 및 보복행위의 금지

3. 학교에서의 봉사

4. 사회봉사

5. 학내외 전문가에 의한 특별 교육이수 또는 심리치료

6. 출석정지

7. 학급교체

8. 전학

9. 퇴학처분

② ~ ③ (생략)

④ 학교의 장은 가해학생에 대한 선도가 긴급하다고 인정할 경우 우선 제1항 제1호부터 제3호까지와 제5호 중 어느 하나의 조치를 할 수 있으며,이 경우 자치위원회에 즉시 보고하여 추인을 받아야 한다.

⑤ 자치위원회는 제1항에 따른 조치를 요청하기 전에 가해학생 및 보호자에게 의견진술의 기회를 부여하는 등 적정한 절차를 거쳐야 한다.

⑥ 제1항에 따른 요청이 있는 때에는 학교의 장은14일 이내에 해당 조치를 하여야 한다.

⑦ 제4항에 따른 조치에도 불구하고 가해학생이 이를 거부하거나 회피하는 때에는 학교의 장은 자치위원회의 심의를 거쳐 제1항 제4호, 제6호부터 제9호까지 중 어느 하나의 조치를 하여야 한

다. 다만, 제9호의 퇴학처분은 다음 각 호의 어느 하나에 해당하는 자에 한하여 행하여야 한다.
1. 품행이 불량하여 개전의 가망이 없다고 인정된 자
2. 정당한 이유 없이 수업일수의 3분의 1을 초과하여 출석하지 아니한 자
⑧ 학교의 장이 제4항, 제6항, 제7항의 조치를 할 때에는 그 근거와 이유를 제시하여 가해학생과 그 보호자 에게 통지하여야 한다.

 교육기본법

(2012. 3. 21 법률 제12234호로 일부개정된 것)

제1조(목적) 이 법은 교육에 관한 국민의 권리·의무 및 국가·지방자치단체의 책임을 정하고 교육 제도와 그 운영에 관한 기본적 사항을 규정함을 목적으로 한다.

제2조(교육이념) 교육은 홍익인간의 이념 아래 모든 국민으로 하여금 인격을 도야하고 자주적 생활 능력과 민주시민으로서 필요한 자질을 갖추게 함으로써 인간다운 삶을 영위하게 하고 민주국가 의 발전과 인류공영의 이상을 실현하는 데에 이바지하게 함을 목적으로 한다.

제3조(학습권) 모든 국민은 평생에 걸쳐 학습하고, 능력과 적성에 따라 교육 받을 권리를 가진다.

제4조(교육의 기회균등) ① 모든 국민은 성별, 종교, 신념, 인종, 사회적 신분, 경제적 지위 또는 신 체적 조건 등을 이유로 교육에서 차별을 받지 아니한다.
② 국가와 지방자치단체는 학습자가 평등하게 교육을 받을 수 있도록 지역 간의 교원 수급 등 교육 여건 격차를 최소화하는 시책을 마련하여 시행하여야 한다.

제5조(교육의 자주성 등) ① 국가와 지방자치단체는 교육의 자주성과 전문성을 보장하여야 하며, 지 역 실정에 맞는 교육을 실시하기 위한 시책을 수립·실시하여야 한다.
② 학교운영의 자율성은 존중되며, 교직원·학생·학부모 및 지역주민 등은 법령으로 정하는 바 에 따라 학교운영에 참여할 수 있다.

제6조(교육의 중립성) ① 교육은 교육 본래의 목적에 따라 그 기능을 다하도록 운영되어야 하며, 정 치적·파당적 또는 개인적 편견을 전파하기 위한 방편으로 이용되어서는 아니 된다.

② 국가와 지방자치단체가 설립한 학교에서는 특정한 종교를 위한 종교교육을 하여서는 아니된다.

제7조(교육재정) ① 국가와 지방자치단체는 교육재정을 안정적으로 확보하기 위하여 필요한 시책을 수립·실시하여야 한다.

② 교육재정을 안정적으로 확보하기 위하여 지방교육재정교부금 등에 관하여 필요한 사항은 따로 법률로 정한다.

제8조(의무교육) ① 의무교육은 6년의 초등교육과 3년의 중등교육으로 한다.

② 모든 국민은 제1항에 따른 의무교육을 받을 권리를 가진다.

제9조(학교교육) ① 유아교육·초등교육·중등교육 및 고등교육을 하기 위하여 학교를 둔다.

② 학교는 공공성을 가지며, 학생의 교육 외에 학술 및 문화적 전통의 유지·발전과 주민의 평생교육을 위하여 노력하여야 한다.

③ 학교교육은 학생의 창의력 계발 및 인성 함양을 포함한 전인적 교육을 중시하여 이루어져야 한다.

④ 학교의 종류와 학교의 설립·경영 등 학교교육에 관한 기본적인 사항은 따로 법률로 정한다.

초·중등교육법

제1조(목적) 이 법은 「교육기본법」 제9조에 따라 초·중등교육에 관한 사항을 정함을 목적으로 한다.

제2조(학교의 종류) 초·중등교육을 실시하기 위하여 다음 각 호의 학교를 둔다.
  1. 초등학교·공민학교
  2. 중학교·고등공민학교
  3. 고등학교·고등기술학교
  4. 특수학교
  5. 각종학교

수임번호 2013-431	법률상담일지		2013. 7. 10.
의 뢰 인	김갑동	의뢰인 전화	010-4545-4545
의뢰인 주소	서울 서초구 잠원로 25	의뢰인 전송	

상 담 내 용

1. 의뢰인의 아들 김동식은 서울 서초구 반포로 45에 있는 공립학교인 대한중학교 2학년 3반에 재학중이다. 대한중학교장은 2013. 6. 21. 김동식이 같은 반 급우인 조민우를 학년 초부터 지금까지 지속적으로 괴롭혔다는 이유로 그의 보호자인 의뢰인과 그의 처 이순희를 학교로 불러 김동식과 함께 상담한 후, 김동식이 3일 이내에 조민우에게 서면으로 사과할 것을 명하고 김동식과 의뢰인 부부에게 그와 같은 내용으로 작성된 서면사과명령서를 교부하였다.

2. 이후 의뢰인은 김동식으로부터 조민우와 몇 차례 말싸움을 한 적은 있지만 그를 괴롭히거나 때린 사실이 전혀 없기 때문에 사과와 반성의 뜻이 담긴 서면사과문을 절대로 작성할 수 없다는 말을 들었고, 평소 김동식이 결석을 단 한 번도 하지 않을 정도로 착실하게 학교생활을 해왔기 때문에, 처인 이순희와 상의하여 교장의 서면사과명령에 따르지 않기로 결정하였다. 그리고 의뢰인 부부는 교장을 찾아가 서면사과 명령에 따르지 않을 것임을 분명히 함과 동시에 서면사과명령이 조민우의 일방적 주장에 근거한 편파적인 조치라고 항의하였다.

3. 이러한 항의를 접한 대한중학교장은 학교폭력대책자치위원회 위원장에게 김동식이 자신의 가해사실을 전혀 인정하지 않을 뿐 아니라 피해학생인 조민우를 다시 괴롭힐 수도 있어 우선적인 긴급선도조치로서 서면사과명령을 발령하였다는 사실, 서면사과명령에도 불구하고 김동식 및 의뢰인 부부가 응하지 않은 사실, 그 이후에도 김동식이 반성하지 않고 수업시간에 면학분위기를 저해하고 있다는 사실을 알리고, 위 서면사과명령의 추인과 김동식에 대한 추가적인 징계를 위하여 자치위원회의 소집을 요청하였다.

4. 이에 2013. 7. 3. 소집된 자치위원회는 대한중학교장의 보고를 받고, 김동식 및 의뢰인 부부의 변명을 들은 다음, 위 서면사과명령의 추인과 함께 김동식에 대한 퇴학처분을 의결하여 같은 날 대한중학교장에 게 퇴학처분조치를 요청하였다.

5. 이러한 요청에 따라 대한중하교장은 김동식에게 퇴학을 명하는 처분을 하였고, 퇴학처분통지서를 교부 받은 의뢰인은 상담을 위하여 본 법무법인 사무실을 방문하였다.

6. 의뢰인 희망사항: 의뢰인은 대한중학교장의 서면사과명령과 퇴학처분이 부당하므로 이를 취소하고, 김동식이 다시 학교에 다닐 수 있기를 희망한다.

법무법인 진리(담당변호사 김정의)

전화 02-555-6789, 전송 02-555-6790, 전자우편 justicekim@truthlaw.com

서울 서초구 서초중앙로 200 진리빌딩 2층

소송위임장

사 건	퇴학처분등 취소
원 고	김동식
피 고	대한중학교장

위 사건에 관하여 다음 표시 수임인을 소송대리인으로 선임하고, 다음 표시에서 정한 권한을 수여합니다.

수임인	법무법인 진리 서울 서초구 서초중앙로 200 진리빌딩 2층 전화 02-555-6789 전송 02-555-6790
수권사항	1. 일체의 소송행위 1. 반소의 제기 및 응소, 상소의 제기, 동 취하 1. 소의 취하, 화해, 청구의 포기 및 인낙, 참가에 의한 탈퇴 1. 복대리인의 선임 1. 목적물의 수령 1. 공탁물의 납부, 공탁물 및 이자의 반환청구와 수령 1. 담보권의 행사 최고 신청, 담보 취소 신청, 동 신청에 대한 동의, 담보 취소결정 정본의 수령, 동 취소결정에 대한 항고권 포기 1. 강제집행신청, 대체집행신청, 가처분, 가압류 등 보전처분과 관련한 모든 소송 행위 1. 인지환급금의 수령에 관한 행위, 소송비용액확정결정신청 등 1. 등록사항별 증명서, 주민등록등·초본, 기타 첨부서류 발급에 관한 행위
	2013. 7. 10.
위임인	

서울행정법원 귀중

담 당 변 호 사 지 정 서

사　건	퇴학처분등 취소
원　고	김동식
피　고	대한중학교장

위 사건에 관하여 당 법인은 원고의 소송대리인으로서 변호사법 제50조 제1항에 따라 그 업무를 담당할 변호사를 다음과 같이 지정합니다.

담당변호사	변호사 김정의

2013.　7.　10.

법무법인 진 리
대표변호사 송평화

서울 서초구 서초중앙로 200 진리빌딩 2층
전화 02-555-6789 전송 02-555-6790

서울행정법원 귀중

법무법인 진리 내부회의록

일　시: 2013. 7. 11. 14:00 ~ 15:00
장　소: 법무법인 진리 소회의실
참석자: 이기자 변호사(송무팀장), 김정의 변호사

이 변호사: 다음은 김동식 학생 사건과 관련하여 논의할까요? 의뢰인의 요구사항이 무엇이던가요?

김 변호사: 의뢰인의 아들이 같은 반 친구를 지속적으로 괴롭혔다는 이유로 학교장으로부터 서면
　　　　　 사과명령을 받았고, 명령에 따르지 않겠다고 하자 퇴학처분을 당하였습니다. 그런데
　　　　　 의뢰인은 자신의 아들이 피해학생인 조민우와 몇 차례 말싸움을 한 적이 있긴 하지만
　　　　　 때리거나 괴롭힌 적은 없다고 합니다. 그리고 의뢰인이 같은 반의 다른 친구들에게도
　　　　　 물어보니 김동식이 피해학생을 때리거나 괴롭히는 등의 행위를 하는 것을 보지 못했
　　　　　 다고 합니다.

이 변호사: 그래서 의뢰인을 위하여 어떤 구제절차를 생각하고 있나요?

김 변호사: 서울행정법원에 서면사과명령처분과 퇴학처분에 관한 행정소송을 제기하고자 합니다.

이 변호사: 당연히 그래야겠지요. 그런데, 혹시 서면사과명령과 퇴학처분의 사전통지절차에 관해
　　　　　 서 문제가 없던가요?

김 변호사: 그렇지 않아도 그 부분에 대하여 검토를 해보았습니다.「학교폭력예방 및 대책에 관한
　　　　　 법률」제5조 제1항에서는 가해학생에 대한 조치에 대하여 그 법률에서 정한 절차를
　　　　　 다른 법률에 우선하여 적용하게 되어 있습니다. 그리고 의뢰인에게 알아본 결과 사전
　　　　　 통지절차에 관해서는 별다른 법적인 문제점을 찾지 못했습니다.

이 변호사: 그러면 사과명령처분과 퇴학처분의 근거가 되는 법률조항에 헌법적으로 문제가 되는
　　　　　 것은 없는지 검토해 보았나요?

김 변호사: 예. 검토해 보았는데, 헌법적인 쟁점이 많이 있는 것 같습니다. 그래서 저는 일단 위 처분들에 대한 행정소송에 제기하여 처분들이 위법하다고 다투면서 위 처분들의 근거가 되는 법률조항들에 대한 위헌제청을 신청할 생각입니다.

이 변호사: 행정법원의 위헌제청 신청을 받아들이지 않을 것을 대비해서 다른 구제수단이 있는지도 생각해 보시기 바랍니다. 쟁점이 많네요. 잘 검토해 주시기 바랍니다.

김 변호사: 네, 잘 알겠습니다.

이 변호사: 그럼, 이상으로 오늘 회의를 마치겠습니다. 끝.

서면사과명령서

인적사항	성 명	김동식(金棟植)(1999. 4. 5.생)
	학년/ 반	2학년 3반
	보 호 자	김갑동, 이순희
	주 소	서울 서초구 잠원로 25

위 김동식 학생은 피해학생인 2학년 3반 조민우에게 3일 이내에 서면으로 사과할 것을 명합니다.

2013.   6.   21.

대한중학교장   [인장: 대한중학교장인]

〈 2013년도 제3회 〉

회 의 록

일　시: 2013. 7. 3. 15:00

장　소: 대한중학교 회의실

참석자: 위원장 이정현
　　　　위원 정지원, 박사랑, 주성만, 송윤서
　　　　대한중학교장 하정우, 가해학생 김동식 및 부모 김갑동·이순희

작성자: 간사 김영수

대한중학교 학교폭력대책자치위원회

위원장: 성원이 되었으므로2013년도 제3회 대한중학교 학교폭력대책자치위원회를 개최합니다. 이번 회의는 학교장의 요청에 의하여 소집된 것입니다. 먼저 교장선생님의 보고가 있겠습니다.

학교장: 우선 보고에 앞서 학교에 불미스러운 일이 발생하여 여러 위원님들께 심려를 끼친 점 사과드립니다. 저희 학교 2학년 3반 담임선생님이 피해자 조민우 학생의 요청으로 상담을 하는 과정에서 같은 반의 급우인 김동식 학생으로부터 지속적으로 괴롭힘을 당했다는 사실을 알고 저에게 보고하였습니다. 그래서 제가 진상을 파악해본 결과 심각한 일이라고 판단되어 2013. 6. 21. 김동식 학생의 부모를 학교로 모셔서 상담을 하고 선도에 긴급한 조치로서 김동식 학생에게 3일 이내에 서면으로 사과할 것을 명하였습니다. 따라서 서면 사과명령에 대하여 위원회의 추인을 받고자 이 사실을 보고합니다.

위원장: 보고 잘 들었습니다. 피해학생과 가해학생 모두를 상담하였나요?

학교장: 담임선생님께서 먼저 만나고 제가 추가로 상담하여 내용을 확인하였고, 피해학생과 가해학생의 진술서를 이 자리에 가져왔습니다.

위원장: 위원님들! 서면사과명령 추인 요청 건에 대해 이견 있으시면 말씀해주시기 바랍니다.

위원들 중 이견을 개진한 사람은 없고, 추인에 동의하다.

위원장: 그럼 김동식에 대한 서면사과명령이 추인되었음을 의결합니다. 다음 안건에 대하여 교장선생님께서 설명해주시기 바랍니다.

학교장: 앞에서 말씀드린 것처럼 김동식 학생에게 사면사과를 명하자 김동식 학생과 부모님이 함께 저를 찾아와서 왜 조민우 학생의 말만 믿고 편파적인 조치를 하느냐고 항의하면서 절대로 사과하지 않겠다고 했습니다. 그 이후 김동식 학생은 담임선생님 말씀도 잘 따르지 않고 수업시간에 일부러 딴청을 피우는 일이 많았다고 합니다. 그래서 담임선생님이 여러 차례 타일렀으나 이제 더 이상 타이르는 것만으로는 어렵겠다고 저에게 하소연하고 있습니다. 그러니 여러 위원님들께서는 김동식 학생에게 취할 합당한 조치를 논의하여 주시기 바랍니다.

위원장: (회의장 밖에 대기 중이던 김동식 학생 및 그 부모인 김갑동과 이순희를 입장시키고) 교장선생님께서 김동식 학생에 대한 추가적인 조치를 요청하였습니다. 이에 대하여 김동식 학생과 부모님께서 하실 말씀이 있으면 차례로 말씀해주시기 바랍니다.

김갑동: 서면사과명령서를 받은 날 밤에 아들의 이야기를 들었습니다. 아들은 조민우와 솔직히 몇 차례 티격태격 말싸움을 한 적은 있지만 조민우의 말처럼 지속적으로 괴롭히거나 때

린 적이 없다고 합니다. 제가 생각하기에도 아들은 절대 그럴 애가 아닙니다. 얼마 전 집에서 기르던 강아지가 심하게 아픈 적이 있었습니다. 그때 우리 애는 끙끙거리며 앓고 있는 강아지가 애처로워 울면서 밤새 그것을 품에 꼭 끌어안고 어쩔 줄을 몰라 했습니다. 한낱 미물에게도 연민과 동정에 사무치는 아이가 사람을 때리고 괴롭히다니요…. 그리고 우리 아들은 지금까지 단 한 번도 결석이나 지각을 하지 않을 정도도 착실한 아이입니다. 좋습니다. 설령 우리 애가 조민우 학생을 몇 대 때렸다고 칩시다. 아이들끼리의 가벼운 다툼 끝에 몇 대 때린 것을 가지고 어린 학생에게 징계를 한다니 너무 심한 것 아닙니까! 절대 수긍 못 합니다.

김동식: 저는 민우와 진짜 친한 친구라 생가했는데, 민우가 이렇게 나오니 정말 억울해요. 같이 다니면서 몇 번 말다툼을 한 적은 있지만, 제가 친구 민우를 왜 때리고 괴롭히겠어요? 저는 그런 적 절대 없어요. 정말 민우가 왜 그러는지 모르겠네요. 진짜 억울해요.

위원장: 위원님들! 김동식 학생과 부모님께 질문할 것이 있습니까?

위원들: 별다른 질문 없습니다.

위원장: (김동식과 김갑동, 이순희를 퇴실시키고) 위원님들! 김동식 학생에게 취할 조치를 논의하여 주시기 바랍니다.

위원 주성만: 가해학생 때문에 조민우 학생이 육체적 피해뿐만 아니라 정신적인 고통도 많이 받은 것 같습니다. 교장의 서면사과명령도 따르지 않고 학교 분위기도 말이 아니고요. 오늘 부모님이 하는 태도를 보십시오. 격리가 필요하다고 봅니다.

위원 박사랑: 그래도 어린 학생인데 선처하는 것이 좋다고 생각합니다.

위원장: (다른 의견 없음을 확인하고) 심의를 마치고 표결을 하도록 하겠습니다.

위원장: (투표용지를 확인하고) 퇴학 4표, 출석정지 1표가 나왔습니다. 개표 결과 법령상의 의결 요건을 충족하였으므로 학교장에게 가해학생을 퇴학시키라고 요청하겠습니다. 여러분! 수고 많으셨습니다. 이상으로 2013학년도 제3회 대한중학교 학교폭력대책자치위원회를 마치겠습니다. 끝.

진 술 서

이   름: 김동식
학년/반: 2학년 3반

  저는 대한중학교 2학년 3반 김동식입니다. 조민우는 2학년 들어서 처음으로 알게 되었는데 같은 동네 살더라구요. 그래서 함께 학교에서 집으로 다녔어요. 그런데, 알고 보니 되게 바보같고 답답해요. 제가 갑자기 돈이 급해서 빌려달라고 하면 치사하게 빌려주지 않는 거예요. 그래서 두 번인가 싸운 적은 있어요. 그렇지만 때리지는 않았어요. 말로만 싸웠어요.

  그게 전부예요. 민우가 선생님께 왜 그렇게 말했는지 모르겠어요. 억울해요.

2013년   5월   31일

김동식

진 술 서

이   름: 조민우
학년/반: 2학년 3반

    저는 대한중학교 2학년 3반 조민우입니다. 같은 반 친구인 김동식으로부터 같은 반이 된 이후 줄곧 괴롭힘을 당하고 있어 그 사실에 대해 다음과 같이 말씀드립니다.

    김동식과는 2학년 같은 반이 된 후 처음 알게 되었는데, 같은 동네에 사는 관계로 등하교를 같이 하면서 자주 마주치게 되어 금방 친하게 지냈습니다. 3월쯤인가 수업을 마치고 함께 집으로 가는데, 김동식이 급히 돈이 필요하다고 하면서 내일 아침에 갚을 테니 2만 원을 빌려달라고 하여 마침 아침에 어머니로부터 받은 책값이 생각나 내일 아침까지는 꼭 달라고 하면서 2만 원을 빌려주었습니다. 그런데 다음 날 아침에 김동식이 돈을 갚지 않아 오후에 함께 집에 오면서 조심스럽게 돈을 달라고 하였지만, 김동식은 깜빡 잊었다고 하면서 내일은 꼭 갚겠다고 하였고, 그 후로도 하루하루 그렇게 변명을 하면서 돈을 갚지 않았습니다. 그래서 일주일쯤이 지나 더 이상은 안 되겠다고 생각한 나머지 김동식에게 어머니께 말씀드리겠다고 하였는데, 갑자기 주먹으로 얼굴과 가슴을 마구 때리면서 돈을 갚지 않은 것을 부모님이나 선생님께 알리면 오늘보다도 더 심하게 맞을 거라고 겁을 주었습니다.

    그 후로부터 김동식은 학교를 오가면서 군것질을 할 때마다 저에게 돈을 내라고 하였고, 수업시간에 필요한 준비물도 꼭 자기 것까지 챙겨오라고 하면서 만약 가지고 오지 않으면 그 자리에서나 집으로 가는 길에 욕을 하면서 주먹이나 발로 때렸습니다. 생각해보니 3월 말부터 김동식에 관한 일로 담임선생님과 상담한 날까지 거의 매일 김동식으로부터 군것질 비용이나 학용품 값으로 돈을 빼앗겼거나 맞았습니다.

    이 일로 담임선생님과 상담을 하기 전까지 많은 고민을 하였지만, 더 이상 참아서 해결될 일이 아니라고 생각해서 먼저 부모님과 상의한 후 어머니와 함께 담임선생님을 찾아가 상담을 하게 되었습니다. 지금까지 제가 한 말은 모두 거짓이 아님을 맹세합니다.

2013년   5월   31일

조민우

조 치 요 청 서

가해학생 인적사항	성 명	(한글) 김동식 (한자) 金棟植	생년월일	1999. 4. 5.
	학년/반	2학년 3반		
	주소	서울 서초구 잠원로 25		
보 호 자	성명	김갑동 이순희	학생과의 관 계	아버지 어머니
	주소	서울 서초구 잠원로 25		
	전화 번호	자 택	02 – 5300 – 4545	
		휴대전화	010 – 4545 – 4545	
요청조치	퇴학			
사 유	품행 불량			

위와 같이 학교폭력의 가해학생에 대한 조치를 요청합니다.

2013년   7월   3일

위원장 이 정 현

위 원 정지원 (정지원)

박사랑 (박사랑)

주성만 (주성만)

송윤서 (송윤서)

대한중학교 학교폭력대책자치위원회 위원장   [자치위원
회위원장
인]

대한중학교장 귀중

징 계 처 분 통 지 서

수신자	가해학생	성 명	김동식	소 속	2학년 3반
			金棟植	생년월일	1999. 4. 5.
		주 소	서울 서초구 잠원로 25		
	보호자	성 명	김갑동 이순희	학생과의 관 계	아버지 어머니
		주 소	서울 서초구 잠원로 25		
		전 화 번 호	(자택)　　02－5300－4545 (휴대전화)　010－4545－4545		

위 학생에 대하여 학교폭력대책자치위원회의 요청에 따라
2013. 7. 5. 퇴학처분하였음을 통지합니다.

○ 덧붙임: 징계처분서 1통

2013년　　7월　　5일

대한중학교장 귀중　[대한중학교장인]

징 계 처 분 서

인적사항	성 명	김동식	소 속	2학년 3반
		金棟植	생년월일	1999. 4. 5.
	주 소	서울 서초구 잠원로 25		
보 호 자	성 명	김갑동 이순희	학생과의 관 계	아버지 어머니
	주 소	서울 서초구 잠원로 25		
	전 화 번 호	(자택)　　02-5300-4545 (휴대전화)　010-4545-4545		
징계내역	퇴 학			
징계사유	품행 불량			

위 학생에 대하여 위와 같이 처분함.

2013년　　7월　　5일

대한중학교장 귀중　[대한중학교장인]

수 령 증

대한중학교 2학년 3반 김동식에 대한 징계처분서와 징계처분 통지서 각각 2통을 정히 수령함.

2013.   7.   8.

수령자 보호자 김갑동   kimkapdong
보호자 이순희 이 순 희
본 인 김동식 김 동 식

전달 확인자

소 속 대한중학교 행정실
성 명 이 배 달 (010 − 3456 − ****)

대한중학교장 귀하

주 민 등 록 표
(등 본)

이 등본은 세대별 주민등록표의 원본
내용과 틀림없음을 증명합니다.

2011년   12월   10일

세대주	김 갑 동	세대구성 사유 및 일자	전입세대구성 2012-2-20
번호	주 소 (통/반)		전입일 / 변동일 변 동 사 유
현주소 전입	서울특별시 서초구 잠원로 25 2012-2-20/2012-2-20		전입
현주소	서울특별시 서초구 잠원로 25		

번호	세대주 관계	성 명 주민등록번호	전입일/변동일	변 동 사 유
1	본인	김 갑 동 ****** ― *******		
2	처	이 순 희 ****** ― *******		
3	자	김 동 식 ****** ― *******		
		= 이 하 여 백 =		

서기 2013년 12월 10일

수입 증지 **350원** 대구광역시 남구	서울특별시 서초구 잠원동장	잠원동 장인인

■ 2013년 2월 ～ 2014년 1월

2013년 2월

일	월	화	수	목	금	토
					1	2
3	4	5	6	7	8	9
10	11	12	13	14	15	16
17	18	19	20	21	22	23
24	25	26	27	28		

2013년 3월

일	월	화	수	목	금	토
					1	2
3	4	5	6	7	8	9
10	11	12	13	14	15	16
17	18	19	20	21	22	23
24/31	25	26	27	28	29	30

2013년 4월

일	월	화	수	목	금	토
	1	2	3	4	5	6
7	8	9	10	11	12	13
14	15	16	17	18	19	20
21	22	23	24	25	26	27
28	29	30				

2013년 5월

일	월	화	수	목	금	토
			1	2	3	4
5	6	7	8	9	10	11
12	13	14	15	16	17	18
19	20	21	22	23	24	25
26	27	28	29	30	31	

2013년 6월

일	월	화	수	목	금	토
						1
2	3	4	5	6	7	8
9	10	11	12	13	14	15
16	17	18	19	20	21	22
23/30	24	25	26	27	28	29

2013년 7월

일	월	화	수	목	금	토
	1	2	3	4	5	6
7	8	9	10	11	12	13
14	15	16	17	18	19	20
21	22	23	24	25	26	27
28	29	30	31			

2013년 8월

일	월	화	수	목	금	토
				1	2	3
4	5	6	7	8	9	10
11	12	13	14	15	16	17
18	19	20	21	22	23	24
25	26	27	28	29	30	31

2013년 9월

일	월	화	수	목	금	토
1	2	3	4	5	6	7
8	9	10	11	12	13	14
15	16	17	18	19	20	21
22	23	24	25	26	27	28
29	30					

2013년 10월

일	월	화	수	목	금	토
		1	2	3	4	5
6	7	8	9	10	11	12
13	14	15	16	17	18	19
20	21	22	23	24	25	26
27	28	29	30	31		

2013년 11월

일	월	화	수	목	금	토
					1	2
3	4	5	6	7	8	9
10	11	12	13	14	15	16
17	18	19	20	21	22	23
24	25	26	27	28	29	30

2013년 12월

일	월	화	수	목	금	토
1	2	3	4	5	6	7
8	9	10	11	12	13	14
15	16	17	18	19	20	21
22	23	24	25	26	27	28
29	30	31				

2014년 1월

일	월	화	수	목	금	토
			1	2	3	4
5	6	7	8	9	10	11
12	13	14	15	16	17	18
19	20	21	22	23	24	25
26	27	28	30	31		

소장 초안

소송요건

1) 취소소송의 대상   서면사과명령 － 서면사과명령서(2013. 6. 21. 문서)
                                   퇴학 － 징계처분서(2013. 7. 5.문서)

2) 원고   김동식(미성년자, 법정대리인 부 김갑동, 모 이순희)

3) 피고   대한중학교장 － 처분문서

4) 협의의 소익   문제 없음

5) 제소기간   안 날(서면사과명령 2013. 6. 21. 법률상담일지, 퇴학 2013. 7. 8. 수령증)로부터 90일
                        처분이 있는 날(서면사과명령 2013. 6. 21., 퇴학 2013. 7. 5. 징계처분서)로부터 1년
                        2013. 6. 21. 기준으로 90일 이내 9. 19.(목) 18.－22. 공휴일, 9. 23.(월)

6) 필요적 행정심판전치주의   소송요건 아님

7) 관할 (기타)   피고 주소지 － 서울행정법원

본 안

1. 법령 검토

가. 근거 법령

> **학교폭력예방 및 대책에 관한 법률**
>
> **제2조(정의)** 이 법에서 사용하는 용어의 정의는 다음 각 호와 같다.
> 1. "학교폭력"이란 학교 내외에서 학생을 대상으로 발생한 상해, 폭행, 감금, 협박, 약취·유인, 명예훼손·모욕, 공갈, 강요·강제적인 심부름 및 성폭력, 따돌림, 사이버 따돌림, 정보통신망을 이용한 음란·폭력 정보 등에 의하여 신체·정신 또는 재산상의 피해를 수반하는 행위를 말한다
> 2. "학교"란「초·중등교육법」제2조에 따른 초등학교·중학교·고등학교·특수학교 및 각종학교와 같은 법 제61조에 따라 운영하는 학교를 말한다.
> 3. "가해학생"이란 가해자 중에서 학교폭력을 행사하거나 그 행위에 가담한 학생을 말한다.
> 4. "피해학생"이란 학교폭력으로 인하여 피해를 입은 학생을 말한다.
>
> **제17조(가해학생에 대한 조치)** ① 자치위원회는 피해학생의 보호와 가해학생의 선도·교육을 위하여 가해학생에 대하여 다음 각 호의 어느 하나에 해당하는 조치(수 개의 조치를 병과하는 경우를 포함한다)를 할 것을 학교의 장에게 요청하여야 한다.
> 1. 피해학생에 대한 서면사과
> 9. 퇴학처분
> ④ 학교의 장은 가해학생에 대한 선도가 긴급하다고 인정할 경우 우선 제1항 제1호부터 제3호까지, 제5호 및 제6호의 조치를 할 수 있으며, 제5호와 제6호는 병과조치할 수 있다. 이 경우 자치위원회에 즉시 보고하여 추인을 받아야 한다.
> ⑦ 제4항에 따른 조치에도 불구하고 가해학생이 이를 거부하거나 회피하는 때에는 학교의 장은 자치위원회의 심의를 거쳐 제1호 제4호, 제6호부터 제9호까지 중 어느 하나의 조치를 취하여야 한다. 다만, 제9호의 퇴학처분은 다음의 각 호의 어느 하나의 해당하는 자에 한하여 행하여야 한다.
> 1. 품행이 불량하여 개전의 가망이 없다고 인정되는 자.

나. 처분 요건 (법률요건 검토)

　　1) 서면사과명령

　　　　제2조 학교폭력, 가해학생, 피해학생에 해당

2) 퇴학

　　　　가해학생의 서면사과명령거부

　　　　품행이 불량하여 개전의 가망이 없음

　　　　[해석상 별다른 다툼이 없음]

　다. 처분 내용 (법률효과 검토)

　　1) 서면사과명령

　　2) 퇴학

[해석상 다툼이 없음]

2. **법률요건 측면에서 주장할 수 있는 위법**

　가. 처분문서에 기재된 처분사유

　• 사과명령서(내용없음)

　• 징계처분서(품행불량)

　나. 사실오인

대한중학교 2학년 재학생인 원고가 2013. 3. 중순경부터 5.경까지 대학중학교 등지에서 같은 반 급우인 조민우에게 수회에 걸쳐 금품을 요구하거나 폭력을 행사한 사실

처분문서상의 처분사유로 추단되는 사실에 대하여 다툼이 있음 – 말다툼만 있었을 뿐 폭력행사가 없었음 – 사실 부인.

　다. 법리오해 및 법률요건 포섭 오류 여부

1) 위 사실이 인정되는 경우라면 위 사실은 법 제2조 "'학교 내외에서 학생을 대상으로 발생한 상해, 폭행, 감금, 협박, 약취·유인, 명예훼손·모욕, 공갈, 강요·강제적인 심부름 및 성폭력, 따돌림, 사이버 따돌림, 정보통신망을 이용한 음란·폭력 정보 등에 의하여 신체·정신 또는 재산상의 피해를 수반하는 행위"에 포섭되기 때문에 학교폭력에 해당됨.

2) 서면사과명령의 경우 '긴급한 선도의 필요성' 요건과 관련해서 불확정 개념이 사용되고 있는데, 요건 결여를 주장할 수 있음.

3) 퇴학의 경우 '품행이 불량하여 개전의 가망이 없음'요건과 관련해서 불확정 개념이 사용되고 있는데, 요건 결여를 주장할 수 있음.

라. 검토 결과

　법률요건 측면에서 사실오인 및 법리오해 등을 처분의 위법 사유로 주장할 수 있음.

3. **법률효과 측면에서 주장할 수 있는 위법**

　가. 법률 해석 검토

서면사과 기준: 법 제27조 제1항 '1. 피해학생에 대한 서면사과, 2. 피해학생 및 신고·고발 학

생에 대한 접촉, 협박 및 보복행위의 금지, 3. 학교에서의 봉사, 4. 사회봉사, 5. 학내외 전문가에 의한 특별 교육이수 또는 심리치료, 6. 출석정지, 7. 학급교체, 8. 전학, 9. 퇴학처분' 중 하나를 선택권 행사한 결정

퇴학 기준: 법 제27조 제7항 "4. 사회봉사, 6. 출석정지, 7. 학급교체, 8. 전학, 9. 퇴학처분" 중 하나를 선택권 행사한 결정

나. 재량행위 및 재량권 일탈·남용 여부

  1) 행정행위

     학교폭력예방 및 대책에 관한 법률 상 조치 중 사면사과명령은 명령받은 자에게 사과를 해야 할 의무를 발생시키고, 퇴학은 행위의 상대방에게 부여된 학생 신분을 소멸시키는 행정행위임.

  2) 행정행위의 성격: 기속행위 VS 재량행위 여부

     선택권 행사에 의해 사면사과명령, 퇴학으로 결정되었기 때문에 재량행위임.

  3) 선택 재량, 결정재량

     행정청에 선택권한이 부여되어 있기 때문에 본건 사면사과명령, 퇴학은 선택권한의 행사로 이루어진 재량행위임. 한편 서면사과명령의 경우 법 제17조 제4항에서 '학교의 장은 가해학생에 대한 선도가 긴급하다고 인정할 경우 우선 제1항 제1호부터 제3호까지, 제5호 및 제6호의 조치를 할 수 있으며'라고 규정하고 있기 때문에 요건에서 불확정 개념을 사용하고 있는 점 등을 함께 고려하면 법문상 결정재량권이 부여되어 있다고 해석됨.

  4) 재량심사: 재량권 일탈·남용 주장

     가) 비례의 원칙 위반 여부

        사면사과명령, 퇴학으로 보호되는 공익: 피해 학생의 생명·신체·재산의 위험 발생 방지 등

        사면사과명령, 퇴학으로 침해되는 사익: 가해 학생의 교육권 침해, 위반의 경위, 법익 침해의 정도 등

대판 1991.11.22. 선고 91누2144 [퇴학처분취소]

[1] 행정소송의 대상이 되는 행정처분이란 행정청이 행하는 구체적 사실에 관한 법집행으로서의 공권력의 행사 또는 그 거부와 그 밖에 이에 준하는 행정작용을 말하는 것인바, 국립 교육대학 학생에 대한 퇴학처분은, 국가가 설립·경영하는 교육기관인 동 대학의 교무를 통할하고 학생을 지도하는 지위에 있는 학장이 교육목적실현과 학교의 내부질서유지를 위해 학칙 위반자인 재학생에 대한 구체적 법집행으로서 국가공권력의 하나인 징계권을 발동하여 학생으로서의 신분을 일방적으로 박탈하는 국가의 교육행정에 관한 의사를 외부에 표시한 것이므로, 행정처분임이 명백하다.

---

[2] 학생에 대한 징계권의 발동이나 징계의 양정이 징계권자의 교육적 재량에 맡겨져 있다 할지라도 법원이 심리한 결과 그 징계처분에 위법사유가 있다고 판단되는 경우에는 이를 취소할 수 있는 것이고, 징계처분이 교육적 재량행위라는 이유만으로 사법심사의 대상에서 당연히 제외되는 것은 아니다.

[3] 국립 교육대학의 학칙에 학장이 학생에 대한 징계처분을 하고자 할 때에는 교수회의 심의·의결을 먼저 거쳐야 하도록 규정되어 있는 경우, 교수회의 학생에 대한 무기정학처분의 징계의결에 대하여 학장이 징계의 재심을 요청하여 다시 개최된 교수회에서 학장이 교수회의 징계의결내용에 대한 직권 조정권한을 위임하여 줄 것을 요청한 후 일부 교수들의 찬반토론은 거쳤으나 표결은 거치지 아니한 채 자신의 책임 아래 직권으로 위 교수회의 징계의결내용을 변경하여 퇴학처분을 하였다면, 위 퇴학처분은 교수회의 심의·의결을 거침이 없이 학장이 독자적으로 행한 것에 지나지 아니하여 위법하다.

　나) 평등의 원칙 위반 여부
　[기록상 주장할 수 있는 별다른 자료가 없음]
　다) 신뢰보호의 원칙 위반 여부
　[기록상 주장할 수 있는 별다른 자료가 없음]
다. 검토 결과
　비례의 원칙 위반을 주장

4. 절차와 형식 측면에서 주장할 수 있는 위법

가. 행정절차법[4]

사면사과명령, 퇴학은 불이익처분이기 때문에 행정절차법상 절차 위반 주장 가능

사전통지절차, 청문절차, 문서주의와 이유부기, 송달 등 검토

---

4 제3조(적용 범위) ① 처분, 신고, 행정상 입법예고, 행정예고 및 행정지도의 절차(이하 "행정절차"라 한다)에 관하여 다른 법률에 특별한 규정이 있는 경우를 제외하고는 이 법에서 정하는 바에 따른다.
② 이 법은 다음 각 호의 어느 하나에 해당하는 사항에 대하여는 적용하지 아니한다.
1. 국회 또는 지방의회의 의결을 거치거나 동의 또는 승인을 받아 행하는 사항
2. 법원 또는 군사법원의 재판에 의하거나 그 집행으로 행하는 사항
3. 헌법재판소의 심판을 거쳐 행하는 사항
4. 각급 선거관리위원회의 의결을 거쳐 행하는 사항
5. 감사원이 감사위원회의의 결정을 거쳐 행하는 사항
6. 형사(刑事), 행형(行刑) 및 보안처분 관계 법령에 따라 행하는 사항
7. 국가안전보장·국방·외교 또는 통일에 관한 사항 중 행정절차를 거칠 경우 국가의 중대한 이익을 현저히 해칠 우려가 있는 사항
8. 심사청구, 해양안전심판, 조세심판, 특허심판, 행정심판, 그 밖의 불복절차에 따른 사항

제23조(처분의 이유 제시) ① 행정청은 처분을 할 때에는 다음 각 호의 어느 하나에 해당하는 경우를 제외하고는 당사자에게 그 근거와 이유를 제시하여야 한다.
1. 신청 내용을 모두 그대로 인정하는 처분인 경우
2. 단순·반복적인 처분 또는 경미한 처분으로서 당사자가 그 이유를 명백히 알 수 있는 경우
3. 긴급히 처분을 할 필요가 있는 경우
② 행정청은 제1항 제2호 및 제3호의 경우에 처분 후 당사자가 요청하는 경우에는 그 근거와 이유를 제시하여야 한다.

나. 학교폭력예방 및 대책에 법률상 절차
서면사과명령: 긴급한 선도의 필요에 의한 학교장의 긴급조치, 자치위원회의 추인
퇴학: 자치위원회의 심의, 학교장의 징계처분

⑧ 학교의 장이 제4항, 제6항, 제7항의 조치를 할 때에는 그 근거와 이를 제시하여 가해학생과 그 보호자에게 통지하여야 한다.

다. 결론
사면사과명령서, 징계처분서 등에 처분의 원인이 되는 사실관계, 처분의 근거법령과 이유 등에 대한 기재가 없기 때문에 절차 위반을 주장할 수 있음.[5]

---

9. 「병역법」에 따른 징집·소집, 외국인의 출입국·난민인정·귀화, 공무원 인사 관계 법령에 따른 징계와 그 밖의 처분, 이해 조정을 목적으로 하는 법령에 따른 알선·조정·중재(仲裁)·재정(裁定) 또는 그 밖의 처분 등 해당 행정작용의 성질상 행정절차를 거치기 곤란하거나 거칠 필요가 없다고 인정되는 사항과 행정절차에 준하는 절차를 거친 사항으로서 대통령령으로 정하는 사항 [시행령 제2조(적용제외) 법 제3조 제2항 제9호에서 "대통령령으로 정하는 사항"이라 함은 다음 각 호의 어느 하나에 해당하는 사항을 말한다. 1. 「병역법」, 「향토예비군 설치법」, 「민방위기본법」, 「비상대비자원관리법」에 따른 징집·소집·동원·훈련에 관한 사항 2. 외국인의 출입국·난민인정·귀화·국적회복에 관한 사항 3. 공무원 인사관계법령에 의한 징계 기타 처분에 관한 사항 4. 이해조정을 목적으로 법령에 의한 알선·조정·중재·재정 기타 처분에 관한 사항 5. 조세관계법령에 의한 조세의 부과·징수에 관한 사항 6. 「독점규제 및 공정거래에 관한 법률」, 「하도급거래 공정화에 관한 법률」, 「약관의 규제에 관한 법률」에 따라 공정거래위원회의 의결·결정을 거쳐 행하는 사항 7. 「국가배상법」, 「공익사업을 위한 토지 등의 취득 및 보상에 관한 법률」에 따른 재결·결정에 관한 사항 8. 학교·연수원 등에서 교육·훈련의 목적을 달성하기 위하여 학생·연수생 등을 대상으로 행하는 사항 9. 사람의 학식·기능에 관한 시험·검정의 결과에 따라 행하는 사항 10. 「배타적 경제수역에서의 외국인어업 등에 대한 주권적 권리의 행사에 관한 법률」에 따라 행하는 사항 11. 「특허법」, 「실용신안법」, 「디자인보호법」, 「상표법」에 따른 사정·결정·심결, 그 밖의 처분에 관한 사항

5 「학교폭력예방 및 대책에 법률 제5조(다른 법률과의 관계) ① 학교폭력이 규제, 피해학생의 보호 및 가해학생에 대한 조치와 그 절차에 대하여는 다른 법률의 규정에 우선하여 이 법을 적용한다.」 규정에 의해 행정절차법에 우선하여 학교폭력예방 및 대책에 법률상 절차 위반을 주장해야 하고, 다만 학교폭력예방 및 대책에 법률에 없는 내용은 행정절차법 위반을 보충적으로 적용될 수 있는지 여부에 따라 달라질 수 있지만, 적극적 견해를 취하면 행정절차법 위반을 주장해야 한다.

5. 법령 측면에서 주장할 수 있는 위법[6]

생략

6. 결론: 처분의 위법에 관한 주장

가. 법률요건: 사실오인, 법령오해	3개 주장 가능
나. 법률효과: 재량권 일탈·남용 여부	비례의 원칙 위반
다. 절차·형식: 행정절차법 등 위반 여부	이유제시의무 위반

---

[6] 변호사시험 문제에서 '근거법령의 위헌·위법성을 제외'하도록 제출되었음.

소　장

원　고　　　　김동식
　　　　　　　서울 서초구 잠원로 25
　　　　　　　미성년자이므로 법정대리인 친권자 부 김갑동, 모 이순희
　　　　　　　소송대리인 법무법인 진리
　　　　　　　담당변호사 김정의
　　　　　　　서울 서초구 서초중앙로 200 진리빌딩 2층
　　　　　　　전화: 02) 555-6789　팩스: 02) 555-6790
　　　　　　　전자우편 justicekim@truthlaw.com

피　고　　　　대한중학교장

퇴학 처분 등 취소 청구의 소

청 구 취 지

1. 피고가 원고에게 한 2013. 6. 21.자 사면사과명령, 2013. 7. 5.자 퇴학처분을 모두 취소한다.
2. 소송비용은 피고가 부담한다.
라는 판결을 구합니다.

청 구 원 인

1. 이 사건 처분의 경위
　　생략
2. 이 사건 소의 적법성
　　생략
3. 이 사건 처분의 위법성
　　가. 사실오인 및 법리오해의 위법
　　　　- 말다툼만 있었을 뿐 학교폭력이 없었음
　　　　- 서면사과명령의 경우 '긴급한 선도의 필요성'이 결여되었음.
　　　　- 퇴학의 경우 '품행이 불량하여 개전의 가망이 없음'에 해당되지 않음.

나. 비례의 원칙 위반으로 인한 재량권 일탈·남용의 위법

　　다. 이유제시의무 위반

4. 결론

입 증 방 법

1. 서면사과명령서   (갑제1호증)
2. 징계통지서 및 징계처분서   (갑제1호증의 1, 2)
3. 회의록   (갑제3호증)
4. 진술서   (갑제4호증의 1, 2)
5. 조치요청서   (갑제5호증)
생략

첨 부 서 류

1. 위 입증서류 사본 2부
2. 소송위임장 1부
3. 담당변호사 지정서 1부
4. 소장 부본 1부 (생략)
생략

2013.   9.   23.

원고의 소송대리인 법무법인 진리

담당변호사 김정의

서울행정법원 귀중

【문제7 2】

1. 의뢰인의 아들 김동식을 위하여 김정의 변호사의 입장에서 헌법소원심판청구서를 주어진 양식에 따라 작성하시오.8 (80점)
   - 헌법소원심판청구서의 작성일과 제출인은 2014. 1. 3.로 할 것.

헌법소원심판청구서 양식

헌법소원심판청구서

청구인

청구취지

당해사건

위헌이라고 해석되는 법률조항

청구이유

Ⅰ. 쟁점의 정리

Ⅱ. 적법요건의 구비 여부

Ⅲ. 위헌이라고 해석되는 이유

Ⅳ. 결론

첨부서류

20××.　　.　　.

청구인의 대리인　　(인)

귀중

---

7 2014. 1. 법무부에서 실시한 제3회 변호사시험 문제를 사용하였는데, 교육과 학습 목적을 위해 일부 수정, 삭제하였다.

8 변호사시험에서는 헌법소원심판청구서가 1번 문제로, 소장이 2번 문제로 제출되었다.

서 울 행 정 법 원

변 론 조 서

2차

사 건	2013구합246 퇴학처분등 취소

재 판 장   판사 이 명 판   기   일: 2013. 12. 5. 14:00
                판사 박 중 립   장   소: 제215호 법정
                판사 김 공 정   공개 여부: 공 개

법원주사보   이 사 무   고지된
                                           다음 기일 : 2014. 1. 9. 10 : 00

사건과 당사자들 호명

원 고	대리인 ☐	출석
피 고	대리인 변호사 송영서	출석

증거관계 별지와 같음(원고증인 등)
변론속행

법원 주사보   이 사 무 (인)

재판장 판사   이 명 판 (인)

위헌법률심판제청신청

신 청 인   김 동 식
            서울 서초구 잠원로 25
            (이하 생략)

신 청 취 지

○○○ 의 위헌 여부에 대한 심판을 제청한다.

라는 결정을 구합니다.

신 청 이 유

(생략)

2013.   10.   31.

위 신청인의 대리인   ○○○ (인)

서울행정법원 제1부 귀중

서 울 행 정 법 원

제 1 부

결 정

사　　건　　　2013아135 위헌제청신청
신 청 인　　　김 동 식
　　　　　　　　서울 서초구 잠원로 25
　　　　　　　　(이하 생략)
당해사건　　　서울행정법원 2013구합246 퇴학처분등 취소

주 문

신청인의 위헌법률심판제청신청을 기각한다.

이 유

(생략)

그렇다면 이 사건 신청은 이유 없으므로 기각하기로 하여 주문과 같이 결정한다.

2013.　　11.　　28.

재판장 판사 이 명 판
판사 박 중 립
판사 김 공 정

대리인선임서

사 건	헌법소원심판청구
청 구 인	김동식
피청구인	

위 사건에 관하여 다음 표시 수임인을 대리인으로 선임하고, 다음 표시에서 정한 권한을 수여합니다.

수임인	법무법인 진리 서울 서초구 서초중앙로 200 진리빌딩 2층 전화 02-555-6789 전송 02-555-6790
수권사항	1. 일체의 소송행위 1. 반소의 제기 및 용소, 상소의 제기, 동 취하 1. 소의 취하, 화해, 청구의 포기 및 인낙, 참가에 의한 탈퇴 1. 복대리인의 선임 1. 목적물의 수령 1. 공탁물의 납부, 공탁물 및 이자의 반환청구와 수령 1. 담보권의 행사 최고 신청, 담보 취소 신청, 동 신청에 대한 동의, 담보 취소결정 정본의 수령, 동 취소결정에 대한 항고권 포기 1. 강제집행신청, 대체집행신청, 가처분, 가압류 등 보전처분과 관련한 모든 소송 행위 1. 인지환급금의 수령에 관한 행위, 소송비용액확정결정신청 등 1. 등록사항별 증명서, 주민등록등·초본, 기타 첨부서류 발급에 관한 행위 1. 헌법소원심판청구와 관련된 모든 소송행위

2013.   12.   10.

위임인	☐

헌법재판소 귀중

담 당 변 호 사 지 정 서

사　건	헌법소원심판청구
청 구 인	김동식
피청구인	대한중학교장

위 사건에 관하여 당 법인은 원고의 소송대리인으로서 변호사법 제50조 제1항에 따라 그 업무를 담당할 변호사를 다음과 같이 지정합니다.

담당변호사	변호사 김정의

2013.　　12.　　10.

법무법인　　진 리
대표변호사　송평화　법무법인 진 리

서울 서초구 서초중앙로 200 진리빌딩 2층
전화 02－555－6789 전송 02－555－6790

헌법재판소 귀중

송달증명원

사 건	2013아135 위헌제청신청
신 청 인	김동식
피신청인	

위 사건에 관하여 (판결, (결정), 명령, 화해조서, 인낙조서, 조정조서, 기타:)에 대한 아래의
신청에 따른 제 증명을 발급하여 주시기 바랍니다.

2013.   12.   13.

신청인 소송대리인 ▢▢▢▢▢(인)

신청할 제 증명 사항을 신청번호에 ○표 하시고,
필요한 통수와 발급 대상자의 성명을 기재합니다.

신청 번호	발급 통수	신청의 종류	비 고
1		집행문부여	
②	1	송달증명	2013. 12. 6. 송달
3		확정증명	
4		승계증명	
5		재판서·조서의 정본·등본·초본	

서울행정법원 귀중

위 증명문서를 틀림없이 수령하였습니다.	2013. 12. 13.	수령인 ▢▢▢▢▢(인)

적법요건

1) 대상   학교폭력예방 및 대책에 관한 법률(2012. 12. 28. 법률 제12345호로 전부 개정된 것)
                제17조 제4항 중 제1항 제2호(서면사과명령)
                제7항 본문 중 제9호 부분과 단서 제1호 부분(퇴학)

2) 재판의 전제성
  ① 구체적 사건이 법원에 계속 중[서울행정법원 2013구합246 퇴학처분등 취소]
  ② 위헌 여부가 문제되는 법률이 당해 소송사건의 재판에 적용되는 것[처분의 근거법률]
  ③ 법률이 헌법에 위반되는지 여부에 따라 당해 사건을 담당하는 법원이 다른 내용의 재판을 하게 되는 경우(다른 재판이란 원칙적으로 법원이 심리 중인 당해 사건의 재판의 주문을 달리하게 되는 경우 및 재판의 내용이나 효력에 관한 법률적 의미가 달라지는 경우)[위헌이면 승소 가능]

3) 위헌법률제청신청과 법원의 기각결정   2013. 10. 31. 위헌법률제청신청, 2013. 11. 28. 기각결정

4) 청구기간   기각 통지일로부터 30일 이내 [송달증명원]
              2013. 12. 6. 기각결정 송달, 2014. 1. 3. 청구는 30일 이내임

5) 기타   변호사 강제주의

위 헌

1. 사면사과명령

가. 기본권과 과잉금지의 원칙 위반 여부

1) 제한되는 기본권:

양심의 자유(헌법 제19조)

2) 과잉금지의 원칙

목적의 적당성:

수단의 적정성:

침해의 최소성:

법익의 균형성:

헌결 1991. 4. 1. 89헌마160(전원) [민법 제764조의 위헌여부에 관한 헌법소원]

[1] 민법 제764조가 사죄광고(謝罪廣告)를 포함하는 취지라면 그에 의한 기본권제한에 있어서 그 선택된 수단이 목적에 적합하지 않을 뿐만 아니라 그 정도 또한 과잉하여 비례의 원칙이 정한 한계를 벗어난 것으로 헌법 제37조 제2항에 의하여 정당화될 수 없는 것으로서 헌법 제19조에 위반되는 동시에 헌법상 보장되는 인격권의 침해에 이르게 된다.

[2] 민법 제764조 "명예회복에 적당한 처분"에 사죄광고(謝罪廣告)를 포함시키는 것은 헌법에 위반된다는 것은 의미는, 동조 소정의 처분에 사죄광고(謝罪廣告)가 포함되지 않는다고 하여야 헌법에 위반되지 아니한다는 것으로서, 이는 동조와 같이 불확정개념으로 되어 있거나 다의적인 해석가능성이 있는 조문에 대하여 한정축소해석을 통하여 얻어진 일정한 합의적 의미를 천명한 것이며, 그 의미를 넘어선 확대는 바로 헌법에 위반되어 채택할 수 없다는 뜻이다.

[주   문]

민법 제764조(1958.2.22. 법률 제471호)의 "명예회복에 적당한 처분"에 사죄광고를 포함시키는 것은 헌법에 위반된다.

[참조조문]

민법 제764조(명예훼손의 경우의 특칙) 타인의 명예를 훼손한 자에 대하여는 법원은 피해자의 청구에 의하여 손해배상에 갈음하거나 손해배상과 함께 명예회복에 적당한 처분을 명할 수 있다.

헌결 2002. 1. 31. 2001헌바43(전원) [독점규제및공정거래에관한법률 제27조 위헌소원]

[1] 헌법 제19조에서 보호하는 양심은 옳고 그른 것에 대한 판단을 추구하는 가치적·도덕적 마음가짐으로, 개인의 소신에 따른 다양성이 보장되어야 하고 그 형성과 변경에 외부적 개입과 억압에 의한 강요가 있어서는 아니되는 인간의 윤리적 내심영역이다. 따라서 단순한 사실관계의 확인과 같이 가치적·윤리적 판단이 개입될 여지가 없는 경우는 물론, 법률해석에 관하여 여러 견해가 갈리는 경우처럼 다소의 가치관련성을 가진다고 하더라도 개인의 인격형성과는 관계가 없는 사사로운 사유나 의견 등은 그 보호대상이 아니다. 이 사건의 경우와 같이 경제규제법적 성격을 가진 공정거래법에 위반하였는지 여부에 있어서도 각 개인의 소신에 따라 어느 정도의 가치판단이 개입될 수 있는 소지가 있고 그 한도에서 다소의 윤리적 도덕적 관련성을 가질 수도 있겠으나, 이러한 법률판단의 문제는 개인의 인격형성과는 무관하며, 대화와 토론을 통하여 가장 합리적인 것으로 그 내용이 동화되거나 수렴될 수 있는 포용성을 가지는 분야에 속한다고 할 것이므로 헌법 제19조에 의하여 보장되는 양심의 영역에 포함되지 아니한다. [사업자단체의 독점규제및공정거래법 위반행위가 있을 때 공정거래위원회가 당해 사업자단체에 대하여 "법위반사실의 공표"를 명 할 수 있도록 한 동법 제27조 부분이 양심의 자유를 침해하는지 여 부(소극)]

[2] 공정거래법 위반행위의 내용 및 형태에 따라서는 일반공중이나 관련 사업자들이 그 위반 여부에 대한 정보와 인식의 부족으로 말미암아 공정거래위원회의 시정조치에도 불구하고 위법사실의 효과가 지속되는 사례가 발생할 수 있고, 이러한 경우 조속히 법위반에 관한 중요 정보를 공개하는 등의 방법으로 일반공중이나 관련 사업자들에게 널리 경고함으로써 계속되는 공공의 손해를 종식시키고 위법행위가 재발하는 것을 방지하는 조치를 할 필요가 있다. 그러기 위해서는 일반공중이나 관련 사업자들의 의사결정에 중요하거나, 그 권리를 보호하기 위하여 실질적으로 필요하고 적절하다고 인정될 수 있는 구체적 정보내용을 알려주는 것이 보다 효과적일 것이다. 그런데 소비자보호를 위한 이러한 보호적, 경고적, 예방적 형태의 공표조치를 넘어서 형사재판이 개시되기도 전에 공정거래위원회의 행정처분에 의하여 무조건적으로 법위반을 단정, 그 피의사실을 널리 공표토록 한다면 이는 지나치게 광범위한 조치로서 앞서 본 입법목적에 반드시 부합하는 적합한 수단이라고 하기 어렵다. 나아가 '법위반으로 인한 시정명령을 받은 사실의 공표'에 의할 경우, 입법목적을 달성하면서도 행위자에 대한 기본권 침해의 정도를 현저히 감소시키고 재판 후 발생가능한 무죄로 인한 혼란과 같은 부정적 효과를 최소화할 수 있는 것이므로, 법위반사실을 인정케 하고 이를 공표시키는 이 사건과 같은 명령형태는 기본권을 과도하게 제한하는 것이 된다. [과잉금지의 원칙에 위반하여 당해 행위자의 일반적 행동의 자유 및 명예권을 침해하는지 여부(적극)]

[주 문]

독점규제및공정거래에관한법률(1999. 2. 5. 법률 제5813호로 개정된 것) 제27조 중 "법위반사실의 공표"부분은 헌법에 위반된다.

[심판대상조문]

독점규제및공정거래에관한법률(1999. 2. 5. 법률 제5813호로 개정된 것) 제27조 (시정조치)공정거래위원회는 제26조(사업자단체의 금지행위)의 규정에 위반하는 행위가 있을 때에는 당해 사업자단체(필요한 경우 관련 구성사업자를 포함한다)에 대하여 당해행위의 중지, 정정광고, 법위반사실의 공표 기타 시정을 위한 필요한 조치를 명할 수 있다.

나. 평등권(제11조)과 자의금지의 원칙 위반 여부(해당사항 없음)

다. 형식: 명확성의 원칙 위반 여부 등(해당사항 없음)

2. 퇴학

가. 의무교육조항(제31조 제2항) 위반 여부

1) 의무교육조항

> 헌법 제31조 ② 모든 국민은 그 보호하는 자녀에게 적어도 초등교육과 법률이 정하는 교육을 받게 할 의무를 진다.
>
> 교육기본법 제8조(의무교육) ①의무교육은 6년의 초등교육과 3년의 중등교육으로 한다.
> ② 모든 국민은 제1항에 따른 의무교육을 받을 권리를 가진다.

2) 의무교육제도의 법적 성격

> 헌결 1991. 2. 11. 90헌가27(전원)[교육법 제8조의2에 관한 위헌심판]
> [1] 헌법상 초등교육에 대한 의무교육과는 달리 중등교육의 단계에 있어서는 어느 범위에서 어떠한 절차를 거쳐 어느 시점에서 의무교육으로 실시할 것인가는 입법자의 형성의 자유에 속하는 사항으로서 국회가 입법정책적으로 판단하여 법률로 구체적으로 규정할 때에 비로소 헌법상의 권리로서 구체화되는 것으로 보아야 한다.

나. 기본권과 과잉금지의 원칙 위반 여부

1) 제한되는 기본권

교육을 받을 권리(제32조 제1항)

학부모의 자녀교육권(제36조 제1항, 제10조, 제37조 제1항)

2) 과잉금지의 원칙

　목적의 적당성:

　수단의 적정성:

　침해의 최소성:

　법익의 균형성:

헌결 2000. 4. 27. 98헌가16, 98헌마429(병합)(전원) [학원의설립·운영에관한법률 제22조 제1항 제1호 등 위헌제청, 학원의설립·운영에관한법률 제3조 등 위헌 확인]

[1] 자녀의 양육과 교육은 일차적으로 부모의 천부적인 권리인 동시에 부모에게 부과된 의무이기도 하다. '부모의 자녀에 대한 교육권'은 비록 헌법에 명문으로 규정되어 있지는 아니하지만, 이는 모든 인간이 누리는 불가침의 인권으로서 혼인과 가족생활을 보장하는 헌법 제36조 제1항, 행복추구권을 보장하는 헌법 제10조 및 "국민의 자유와 권리는 헌법에 열거되지 아니한 이유로 경시되지 아니한다"고 규정하는 헌법 제37조 제1항에서 나오는 중요한 기본권이다. 부모는 자녀의 교육에 관하여 전반적인 계획을 세우고 자신의 인생관·사회관·교육관에 따라 자녀의 교육을 자유롭게 형성할 권리를 가지며, 부모의 교육권은 다른 교육의 주체와의 관계에서 원칙적인 우위를 가진다. [부모의 자녀교육권]

[2] 헌법 제31조 제1항은 "모든 국민은 능력에 따라 균등하게 교육을 받을 권리를 가진다"고 규정하여 국민의 교육을 받을 권리를 보장하고 있다. '교육을 받을 권리'란, 모든 국민에게 저마다의 능력에 따른 교육이 가능하도록 그에 필요한 설비와 제도를 마련해야 할 국가의 과제와 아울러 이를 넘어 사회적·경제적 약자도 능력에 따른 실질적 평등교육을 받을 수 있도록 적극적인 정책을 실현해야 할 국가의 의무를 뜻한다. 특히 같은 조 제6항은 "학교교육 및 평생교육을 포함한 교육제도와 그 운영, 교육재정 및 교원의 지위에 관한 기본적인 사항은 법률로 정한다"고 함으로써 학교교육에 관한 국가의 권한과 책임을 규정하고 있다. 위 조항은 국가에게 학교제도를 통한 교육을 시행하도록 위임하였고, 이로써 국가는 학교제도에 관한 포괄적인 규율권한과 자녀에 대한 학교교육의 책임을 부여받았다. [교육에 대한 국가의 책임]

[3] 자녀의 양육과 교육에 있어서 부모의 교육권은 교육의 모든 영역에서 존중되어야 하며, 다만, 학교교육에 관한 한, 국가는 헌법 제31조에 의하여 부모의 교육권으로부터 원칙적으로 독립된 독자적인 교육권한을 부여받음으로써 부모의 교육권과 함께 자녀의 교육을 담당하지만, 학교 밖의 교육영역에서는 원칙적으로 부모의 교육권이 우위를 차지한다. [부모의 자녀교육권과 국가의 교육책임과의 관계]

[4] 법 제3조에 의하여 제한되는 기본권은, 배우고자 하는 아동과 청소년의 인격의 자유로운 발현권, 자녀를 가르치고자 하는 부모의 교육권, 과외교습을 하고자 하는 개인의 직업선택

의 자유 및 행복추구권이다.

[5] 과외교습을 금지하는 법 제3조에 의하여 제기되는 헌법적 문제는 교육의 영역에서의 자녀의 인격발현권·부모의 교육권과 국가의 교육책임의 경계설정에 관한 문제이고, 이로써 국가가 사적인 교육영역에서 자녀의 인격발현권·부모의 자녀교육권을 어느 정도로 제한할 수 있는가에 관한 것이다. 학교교육에 관한 한, 국가는 교육제도의 형성에 관한 폭넓은 권한을 가지고 있지만, 과외교습과 같은 사적으로 이루어지는 교육을 제한하는 경우에는 특히 자녀인격의 자유로운 발현권과 부모의 교육권을 존중해야 한다는 것에 국가에 의한 규율의 한계가 있으므로, 법치국가적 요청인 비례의 원칙을 준수하여야 한다. [기본권 제한의 한계로서의 비례의 원칙]

[6] 가. 사교육의 영역에 관한 한, 우리 사회가 불행하게도 이미 자정능력이나 자기조절능력을 현저히 상실했고, 이로 말미암아 국가가 부득이 개입하지 않을 수 없는 실정이므로, 위와 같이 사회가 자율성을 상실한 예외적인 상황에서는 고액과외교습을 방지하여 사교육에서의 과열경쟁으로 인한 학부모의 경제적 부담을 덜어주고 나아가 국민이 되도록 균등한 정도의 사교육을 받도록 하려는 법 제3조의 입법목적은 입법자가 '잠정적으로' 추구할 수 있는 정당한 공익이라고 하겠다.

나. 수단의 적합성의 관점에서 보더라도 법 제3조가 학원·교습소·대학(원)생에 의한 과외교습을 허용하면서 그밖에 고액과외교습의 가능성이 있는 개인적인 과외교습을 광범위하게 금지하는 규제수단을 택하였고, 이러한 수단이 위 입법목적의 달성에 어느 정도 기여한다는 점은 의문의 여지가 없다. 따라서 수단으로서의 적합성도 인정된다 하겠다. [입법목적의 정당성과 수단의 적합성]

[7] 법 제3조는 원칙적으로 허용되고 기본권적으로 보장되는 행위에 대하여 원칙적으로 금지하고 예외적으로 허용하는 방식의 '원칙과 예외'가 전도된 규율형식을 취한데다가, 그 내용상으로도 규제의 편의성만을 강조하여 입법목적달성의 측면에서 보더라도 금지범위에 포함시킬 불가피성이 없는 행위의 유형을 광범위하게 포함시키고 있다는 점에서, 입법자가 선택한 규제수단은 입법목적의 달성을 위한 최소한의 불가피한 수단이라고 볼 수 없다. [수단의 최소침해성]

[8] 법 제3조와 같은 형태의 사교육에 대한 규율은, 사적인 교육의 영역에서 부모와 자녀의 기본권에 대한 중대한 침해라는 개인적인 차원을 넘어서 국가를 문화적으로 빈곤하게 만들며, 국가간의 경쟁에서 살아남기 힘든 오늘날의 무한경쟁시대에서 문화의 빈곤은 궁극적으로는 사회적·경제적인 후진성으로 이어질 수밖에 없다. 따라서 법 제3조가 실현하려는 입법목적의 실현효과에 대하여 의문의 여지가 있고, 반면에 법 제3조에 의하여 발생하는 기본권제한의 효과 및 문화국가실현에 대한 불리한 효과가 현저하므로, 법 제3조는 제한을

통하여 얻는 공익적 성과와 제한이 초래하는 효과가 합리적인 비례관계를 현저하게 일탈하여 법익의 균형성을 갖추지 못하고 있다. [법익의 균형성]

[주　문]
학원의설립·운영에관한법률 제3조, 제22조 제1항 제1호(각 1995. 8. 4. 법률 제4964호로 전문개정된 이후의 것)는 헌법에 위반된다.

[심판대상조문]
학원의설립·운영에관한법률(1995. 8. 4. 법률 제4964호로 전문개정된 이후의 것)
제3조(과외교습) 누구든지 과외교습을 하여서는 아니된다.
제22조(벌칙) ① 다음 각호의 1에 해당하는 자는 1년 이하의 징역 또는 300만원 이하의 벌금에 처한다.
　1. 제3조의 규정에 위반하여 과외교습을 한 자

　다. 평등권(제11조)과 자의금지의 원칙 위반 여부(해당사항 없음)
　라. 형식: 명확성의 원칙 위반 여부 등
　제7항 단서 제1호 '품행이 불량하여 개전의 가망이 없다고 인정되는 자'

명확성의 원칙은 법치국가원리의 한 표현으로서 기본권을 제한하는 법규범의 내용은 명확하여야 한다는 헌법상의 원칙이며, 그 근거는 법규범의 의미내용이 불확실하면 법적안정성과 예측가능성을 확보할 수 없고, 법집행 당국의 자의적인 법해석과 집행을 가능하게 할 것이기 때문이다. 그러나 법규범의 문언은 어느 정도 가치개념을 포함한 일반적, 규범적 개념을 사용하지 않을 수 없는 것이기 때문에 명확성의 원칙이란 기본적으로 최대한이 아닌 최소한의 명확성을 요구하는 것으로서, 법문언이 법관의 보충적인 가치판단을 통해서 그 의미내용을 확인할 수 있고, 그러한 보충적 해석이 해석자의 개인적인 취향에 따라 좌우될 가능성이 없다면 명확성의 원칙에 반한다고 할 수 없다(헌결 1998. 4. 30. 95헌가16).

헌법소원심판청구서

청 구 인   김동식

               서울 서초구 잠원로 25

               미성년자이므로 법정대리인 친권자 부 김갑동, 모 이순희

               대리인 변호사 진리

               담당변호사 김정의

               서울 서초구 서초중앙로 200 진리빌딩 2층

               전화: 02) 555-6789 팩스: 02) 555-6790

               전자우편 justicekim@truthlaw.com

청 구 취 지

"학교폭력예방 및 대책에 관한 법률(2012. 12. 28. 법률 제12345호로 전부 개정된 것) 제17조 제4항 중 제1항 제1호 및 제7항 본문 중 제9호 부분과 단서 제1호 부분은 헌법에 위반된다."라는 결정을 구합니다.

당 해 사 건

서울행정법원 2013구합246 퇴학처분등취소

위헌이라고 해석되는 법률조항

학교폭력예방 및 대책에 관한 법률(2012. 12. 28. 법률 제12345호로 전부 개정된 것) 제17조 제4항 중 제1항 제1호 및 제7항 본문 중 제9호 부분과 단서 제1호 부분

청 구 이 유

1. 사건의 개요

   생략

2. 적법요건의 구비 여부

   가. 대상(법률)

   나. 재판의 전제성

다. 위헌법률제청신청과 법원의 기각결정

라. 청구기간

마. 기타/변호사강제주의

3. 위헌이라고 해석되는 이유

　　가. 사과명령의 위헌성

　　　　1) 양심의 자유와 과잉금지의 원칙 위반

　　나. 퇴학처분의 위헌성

　　　　1) 의무교육조항의 위반

　　　　2) 교육을 받을 권리 및 부모의 자녀교육권과 과잉금지의 원칙 위반

　　　　3) 명확성의 원칙 위반

4. 결 론

첨 부 서 류

1. 위헌법률제청신청서
2. 위헌법률제청신청기각 결정문 및 동 결정의 송달증명서
3. 당해 사건의 소장
4. 대리인선임서 및 담당변호사 지정서(소속변호사회 경유)

2014.   1.   3 .

청구인의 대리인 법무법인 진리

담당변호사   김정의 (인)

헌법재판소   귀중

제4회 변호사시험/
기본형 취소소송 +
위헌심사형 헌법소원

> 제1강
취소소송

【문제¹ 1】

1. 의뢰인 홍길동의 대리인 법무법인 희망의 이름으로 취소소송 소장을 주어진 양식에 따라 아래 사항을 준수하여 작성하시오. (50점)

　가. 원고, 피고 및 소송대리인의 주소·연락처 등은 기재하지 말 것.

　나. 이 사건 처분의 경위, 결론, 입증방법, 첨부서류 등은 기재하지 말 것.

　　　○○○○○○ 된 부분은 기재할 것.

　다. 취소소송의 제기일은 법령상 허용되는 가장 마지막 일자로 기재할 것.

　라. 이 사건 소의 적법성 부분을 기재하되

　　　원고적격과 협의의 소의 이익은 기재하지 말 것.

　마. 이 사건 처분의 위법성 부분에서

　　　「집회 및 시위에 관한 법률」의 위헌 부분은 기재하지 말 것.

---

1 2015. 1. 법무부에서 실시한 제4회 변호사시험 문제를 사용하였는데, 교육과 학습 목적을 위해 일부 수정, 삭제하였다.

소 장

원 고
피 고
○○○○ 청구의 소

청구취지

청구원인

1. 이 사건 처분의 경위 (기재 생략)
2. 이 사건 소의 적법성
3. 이 사건 처분의 위법성
4. 결론

입증방법(기재생략)

첨부서류(기재 생략)

○○○○. ○○. ○○

○○○○ (인)

○○○○○ 귀중

수임번호 2014-101		**법률상담일지**		2014. 5. 29.
의 뢰 인	홍길동(공무원)		의뢰인 전화	02−783−4796(직장전화) 010−9977−5431(휴대전화)
의뢰인 주소	서울 용산구 한강대로 67길 10 벽진아파트 101동 2309호		의뢰인 E-mail	hgd@hmail.com

상 담 내 용

1. 의뢰인 홍길동은 안전행정부 지방자치지원과 사무관으로 재직하고 있는데, 동성애에 관한 깊은 혐오감을 갖고, 그것에 대한 개방이 우리 사회를 타락시킬 것이라는 소신을 갖고 있으며, 동성애 반대 모임인 건강가족지킴회 부회장의 역할을 맡고 있다.

2. 의뢰인은 서울시 의회에서 동성애자를 비롯한 성소수자의 인권을 보호하는 인권조례안을 2013. 12. 13. 밤 11시경 의결, 통과시키자 큰 분노를 느꼈다.

3. 의뢰인은 2013. 12. 14. 00:30경부터 수차례에 걸쳐 자신의 트위터계정에 위 인권조례의 부당성을 역설하고 그 조례의 공포에 임박해서 그날 오후 2시에 청계광정에서 번개모임을 가질 것을 제안하는 글을 올렸다.

4. 의뢰인은 2013. 12. 14. 오전 10시경 종로경찰서에 집회신고서를 제출하였으나, 담당경찰관이 48시간 전에 신고하지 않았다는 이유로 반려했다.

5. 의뢰인의 번개모임 공지에 찬성하여 건강가족지킴회원들을 비롯한 20여 명이 예정시간에 위 청계광장에 모여 집회를 갖고 동성애 반대나 서울시장의 퇴진을 요구하는 구호 등을 외쳤다.

6. 현장에 온 관할 종로경찰서 소속 경찰들은 위 집회가 미신고집회임을 이유로 해산명령을 하였으나 의뢰인 등은 이에 응하지 않았다. 이것이 원인이 되어 의뢰인은 2013. 12. 19. 집회 및 시위에 관한 법률위반죄로 벌금 100만 원의 약식기소가 되었는데, 2014. 1. 3. 정식재판 청구를 하여 현재 서울중아지방법원 형사 제15단독에 계속 중이다.

7. 여기에 그치지 않고, 의뢰인은 2014. 3. 12. 안전행정부장관이 위 사실들을 이유로 의뢰인을 대상으로 중앙징계위원회에 징계요구를 한 사실을 통보받고, 4. 1. 중앙징계위원회에 출석하여 의견을 진술하였지만, 4. 3. 해임 징계처분서를 교부받았다.

8. 의뢰인은 2014. 4. 25. 소청심사위원회에 소청을 청구하였고, 5. 9. 소청심사위원회에 참석하여 자신의 의견을 진술한 결과, 정직 3월로 변경된 결정을 받았다. 이 결정서를 5. 14. 의뢰인의 아들(용산과학고 2학년 재학중)이 대신 받았으며(당시 의뢰인은 출장 중이었음), 의뢰인은 이틀 후인 5. 16. 저녁에 집에 돌아와 이 사실을 알게 되었다.

9. 의뢰인은 단순히 번개모임으로 소규모의 평화적 집회를 했을 뿐인데, 이를 이유로 하여 해산명령이 발해지고 또 그 뒤 엄청난 결과로 이어진 것에 철저한 검토를 요청하였다.

10. 의뢰인의 희망사항

    큰 뜻 없이 SNS(트위터)에 글을 올리고 집회에 참여하였을 뿐인데 이렇게 가혹한 결과가 되어 너무나 어이가 없다고 함. 그리고 2008년도에 국무총리표창도 받았는데 공무원징계요구 시 확인서에 공적사항의 기재가 누락되어 아쉽다고 함. 아무쪼록 최선의 노력을 다하여 억울함을 풀어주기를 거듭 당부함.

법무법인 희망(담당변호사 정환수)

전화 02-555-1234, 팩스 02-555-5678, 이메일 jhs@hope.com

서울 서초구 서초중앙로 30길 10 희망빌딩 2층

법무법인 희망 내부회의록

일 시: 2014. 6. 9. 17:00 ~ 18:00
장 소: 법무법인 희망 소회의실
참석자: 김대승 변호사(송무팀장), 정환수 변호사

김 변호사: 홍길동 씨 사건과 관련하여 논의할까요? 의뢰인의 요구사항은 무엇이던가요?

정 변호사: 의뢰인은 동성애 반대와 관련하여 SNS(트위터)에 게재한 글은 평소 자신의 소신을 밝힌 것이고, 청계광장 집회는 평화롭게 진행되었는데, 이를 이유로 징계하고 형사처벌까지 하는 것은 가혹하다는 것입니다.

김 변호사: 의뢰인을 위하여 어떤 구제절차를 생각하고 있나요?

정 변호사: 징계와 관련해서는 법원에 행정소송을 제기할 생각입니다.

김 변호사: 좋습니다. 그런데, 혹시 징계처분과 관련하여 문제는 없던가요?

정 변호사: 의뢰인은 2008년도에 국무총리표창도 받았는데 공무원징계요구 시 확인서에 공적사항의 기재가 누락되어 억울하다고 하니 이 부분을 주장해야 할 것 같습니다. 또한 처분의 근거가 된 공무원 복무규정에도 문제가 많은 것 같습니다. 그 외에도 위법사유들이 존재하니 검토하여 소장에 반영하겠습니다.

김 변호사: 집시법 처벌규정에는 무슨 문제가 없나요?

정 변호사: 우선 사전신고제 자체는 문제가 없는 것 같습니다. 그런데 의뢰인의 경우처럼 법정시한 내에 신고할 여지가 없이 촉박하게 이루어지는 집회에 대해서까지 사전신고를 의무화하고 이를 위반한 경우 형사처벌까지 하는 것은 문제의 소지가 있습니다. 이에 대한 검토가 필요한 것 같습니다.

김 변호사: 그렇군요. 또 다른 문제는 없습니까?

정 변호사: 의뢰인 말에 따르면 집회 당시 토요일이긴 해도 청계광장에 사람들이 많지 않았고, 다른 행사나 집회가 개최되고 있지도 않아서 의뢰인 일행만이 차분한 분위기에서 집회를 진행하였다고 합니다. 이와 같이 아무런 위험성이 없는 집회까지 단지 미신고였다는 이유만으로 해산명령의 대상을 볼 수 있는지 검토해봐야 할 것 같습니다.

김 변호사: 그럼, 이상으로 오늘 회의를 마치겠습니다. 끝.

소송위임장

사 건	징계처분 관련 행정소송
원 고	홍길동
피 고	○ ○ ○

위 사건에 관하여 다음 표시 수임인을 소송대리인으로 선임하고, 다음 표시에서 정한 권한을 수여합니다.

수 임 인	법무법인 희망 서울 서초구 서초중앙로 30길 10 희망빌딩 2층 전화 　02-555-1234 전송 　02-555-5678
수권사항	1. 일체의 소송행위 1. 반소의 제기 및 용소, 상소의 제기, 동 취하 1. 소의 취하, 화해, 청구의 포기 및 인낙, 참가에 의한 탈퇴 1. 복대리인의 선임 1. 목적물의 수령 1. 공탁물의 납부, 공탁물 및 이자의 반환청구와 수령 1. 담보권의 행사 최고 신청, 담보 취소 신청, 동 신청에 대한 동의, 담보 취소결정 정본의 수령, 동 취소결정에 대한 항고권 포기 1. 강제집행신청, 대체집행신청, 가처분, 가압류 등 보전처분과 관련한 모든 소송행위 1. 인지환급금의 수령에 관한 행위, 소송비용액확정결정신청 등 1. 등록사항별 증명서, 주민등록등·초본, 기타 첨부서류 발급에 관한 행위

2014. 　6. 　9.

위임인	홍 길 동 (인)

○○○○ 귀중

<table>
<tr><td colspan="2" align="center"># 담 당 변 호 사 지 정 서</td></tr>
<tr><td align="center">사 건</td><td>징계처분 관련 행정소송</td></tr>
<tr><td align="center">원 고</td><td>홍길동</td></tr>
<tr><td align="center">피 고</td><td>○ ○ ○</td></tr>
<tr><td colspan="2">위 사건에 관하여 당 법무법인은 원고의 소송대리인으로서 변호사법 제50조 제1항에 의하여 그 업무를 담당할 변호사를 다음과 같이 지정합니다.</td></tr>
<tr><td align="center">담당변호사</td><td>변호사 정 환 수</td></tr>
</table>

2014.   6.   9.

법무법인   희 망
대표변호사 최 인 권   [인: 법무법인 희망]

서울 서초구 서초중앙로 30길 10 희망빌딩 2층
전화 02－555－1234   전송 02－555－5678

○○○○ 귀중

안전행정부

수   신 : 홍길동

제   목 : 징계(해임) 처분

---

1. 귀하의 국가공무원법 위반행위 등에 대해서 별침 징계처분 사유 설명서와 같은 이유로 아래와 같이 징계 처분합니다.

인적사항	홍길동(710205-1255104) 안전행정부 사무관, 5급
징 계	해임 (2014. 6. 1.)

2. 만약 이 처분에 불복할 경우에는 안전행정부 소청심사위원회에 소청심사를 청구할 수 있음을 알려드립니다.

붙임   징계처분 사유 설명서 1부. 끝.

2014년 4월 3일

안전행정부장관

안전행정부
장관의인

시행 : 2014. 4. 3.

주소 : 서울 종로구 세종로 1 정부중앙청사 1005호

전화 : 02-783-4787

징계처분 사유 설명서

소 속	직 위(직급)	성 명
안전행정부	사무관(5급)	홍길동

주 문	해임 (2014. 6. 1.)
이 유	징계 의결서 사본 기재와 같음.

「공무원징계령」 제16조에 따라 위와 같이 처분하였음을 통지합니다.

2014년   4월   3일

안전행정부
장관의인

안전행정부장관

붙임   징계의결서 사본 1부.

유의사항

이 처분에 불복할 때에는 「국가공무원법」 제76조 제1항에 따라 이 사유 설명서를 받은 날부터 30일 이내에 소청심사위원회에 심사를 청구할 수 있습니다.

징계 의결서

징계등 혐의자 인적사항	소　속	직　위(직급)	성　명
	안전행정부	사무관(5급)	홍 길 동

의결 주문	해임 (2014. 6. 1.)

이 유	- 징계혐의자는 2013년 12월 14일부터 17일 사이에 10차례에 걸쳐 성소수자 인권조례를 반대하는 내용을 SNS(트위터)에 올림으로써 국가공무원법상 정치운동 금지의무를 위반함. - 징계혐의자는 2013년 12월 14일 청계광장에서 열린 집회를 신고 없이 주최하였을 뿐만 아니라 미신고집회에 대한 해산명령에 불응하여 「집회 및 시위에 관한 법률」을 위반함으로써 「국가공무원법」상 성실의무를 위반함. - 의무위반의 형태와 정도, 징계혐의자의 재직기간 및 반성하는 태도 등을 종합적으로 고려하여 주문과 같이 양정함. 근거법령 - 국가공무원법 제78조 제1항 제1호, 제65조 제4항, 국가공무원법 복무 규정 제27조 제1항 제1호, 제27조 제2항 제3호. - 국가공무원법 제78조 제1항 제1호, 제56조, 집회 및 지위에 관한 법률 제22조 제2항, 제6조 제1항, 제24조 제5호, 제20조 제2항, 제20조 제1항 제2호.

2014년　4월　1일

중앙징계위원회　중앙징계
위 원 회
의 장 인

소 청 심 사 위 원 회

결 정

사　　건: 2014－1234

청 구 인: 홍길동(710205－1255104)

주　　소: 서울시 용산구 한강대로 67길 10 벽진아파트 101동 2309호

피청구인: 안전행정부장관

주 문

피청구인의 청구인에 대한 해임을 정직 3월(2014. 8. 1. － 10. 31.)로 변경한다.

이 유

1. 원 징계처분의 내용

피청구인은 청구인이 2013년 12월 14일부터 17일 사이에 10차례에 걸쳐 서울시 성소수자 인권조례의 제정에 반대하는 내용의 글을 SNS(트위터)에 올렸고, 또한 2013년 12월 14일 청계광장에서 성소수자 인권조례 규탄집회를 미신고 주최하였을 뿐만 아니라 미신고 집회에 대한 해산명령에 불응하였다는 이유로 국가공무원법상 정치운동 금지의무위반 및 성실의무위반을 근거로 하여 청구인에게 해임처분을 했다.

2. 판단

관련 증거(… 생략)에 의하면 청구인이 국가공무원법상 정치운동 금지의무 위반행위 및 성실의무 위반행위를 한 사실은 인정된다. 그러나 위와 같은 위반시설에 비해서 해임처분은 지나치게 무거우므로 정직 3월로 변경한다.

2014.   5.   9.

소청심사위원회 위원장　김성훈(인)
위　원　김기현(인)
위　원　김대철(인)
위　원　박규동(인)
위　원　이시경(인)
위　원　이재원(인)
위　원　조정우(인)
위　원　최경수(인)

우편송달보고서

증서 2014년   제402호   2014년   5월   9일   발송

1. 송달서류   소청심사결정문 1부

발송자 소청심사위원회

송달받을 자   홍길동 귀하
                서울시 용산구 한강대로 67길 10 벽진아파트 101동 2309호

영수인	**홍우식** (서명)

영수인 서명날인 불능

~~1~~	송달받을 자 본인에게 교부하였다.
②	송달받을 자가 부재 중이므로 사리를 잘 아는 다음 사람에게 교부하였다.
	사무원
	피용자
	동거자 **홍우식(홍길동의 자)**
~~3~~	다음 사람이 정당한 사유 없이 송달받기를 거부하므로, 그 장소에 서류를 두었다.
	송달받을 자
	사무원
	피용자
	동거자

송달연월일   2014. 5. 14.   17시 30분

송달장소   서울시 용산구 한강대로 67길 10 벽진아파트 101동 2309호

위와 같이 송달하였다.

2014.   5.   14.

우체국 집배원   김배달

공무원 징계의결 또는 징계부가금 부과 의결 요구서

	성명 (한글) 홍길동 　　　(한자) 洪吉東		생년월일 1971. 2. 5.
1. 인적 사항	소속 안전행정부	직위(직급) 사무관(5급)	재직기간 17년
	주소 서울시 용산구 한강대로 67길 10 벽진아파트 101동 2309호		

2. 징계 사유	가. 국가공무원법상 정치운동 금지의무 위반[2013년 12월 14일부터 2013년 12월 17일 사이에 10차례에 걸쳐 건강가족지킴이(HEALTHYFAMILYPROTECTOR)라는 이름으로 성소수자 인권조례안을 비판하는 글을 SNS(트위터)]에 올림 나. 국가공무원법상 성실의무 위반[2013년 12월 14일 청계광장에서 미신고 집회를 주최하고, 미신고집회에 대한 해산명령에 불응하여 약식기소됨]

3. 징계의결 　　요구권자의 　　의견	징계의결 요구의견 **중징계**를 요구함.
	징계부가금 부과 대상 여부 　　　　　[ ] 해당됨(대상금액:　　원/　　배)　　[V] 해당 없음

위와 같이 징계의결을 요구합니다.

2014년　3월　12일

안전행정부장관　　[안전행정부 장관의인]

중앙징계위원회　귀중

확 인 서

1. 인적사항	소속	직위(직급)	성명
	안전행정부	사무관(5급)	홍길동

2. 비위유형	금품 및 향응 수수 관계 ([ ]해당함, [V]해당 없음)
	공금의 횡령·유용 관계 ([ ]해당함, [V]해당 없음)
	성폭력 비위 관계 ([ ]해당함, [V]해당 없음)
	성매매 비위 관계 ([ ]해당함, [V]해당 없음)
	성희롱 비위 관계 ([ ]해당함, [V]해당 없음)
	음주운전 관계 ([ ]해당함, [V]해당 없음)

3. 징계부가금	대상 여부([ ]해당함, [V]해당 없음), 대상금액(원, 배)	
	형사처벌 및 변상책임 이행 상황 등	집회및시위에관한법률위반으로 약식명령(정식재판청구 중임)

4. 감경 대상 공적 유무 및 감경 대상 비위 해당 여부	공적 사항			징계 사항[불문(경고) 포함]		
	포상일	포상 종류	시행청	날짜	종류	발령청
		해당사항 없음			해당사항 없음	
	성실한 업무처리 또는 능동적 업무처리 과정에서의 과실로 인한 비위 해당 여부 ([ ]해당함, [V]해당 없음)					

5. 혐의자의 평소 행실	혐의자는 평상시에 성실하게 근무하였으며 과거 징계사실은 없음.

6. 근무 성적(최근 2년)	(2012년 6월) 95점, (2012년 12월) 96점 (2013년 6월) 94점, (2013년 12월) 97점

7. 그 밖의 사항	해당사항 없음.

위 기재 사항이 사실과 다름 없음을 확인합니다.

2014년 3월 12일

작성책임자   안전행정부   부이사관   김주희   (서명 또는 인)

안전행정부장관   (안전행정부 장관의인)

국무총리표창장

이　　　름 : 홍 길 동
직위 및 소속 : 행정안전부 주사(6급)

　위 사람은 행정안전부 모범공무원으로서 10년간 재직하면서 특철한 국가관으로 열과 성을 다하여 국가발전에 기여하였으므로 그 공로를 기려 표창하는 바입니다.

2008. 4. 12.

국무총리　[국무총리의인]

트윗 내용(일부)

HEALTHYFAMILY
PROTECTOR

건강가족지킴이

@HEALTHYFAMILYPROTECTOR

성소수자 인권 조례의 폐지를 위해서 노력하겠습니다. 건강가족을 지키기 위해서 우리 회원분들 계속 파이팅해주시기 바랍니다.

2013. 12. 15. 23:03

태그 : #성소수자 인권조례, #규탄집회

➡ 트윗

@HEALTHYFAMILYPROTECTOR

[어제 집회소식] 안녕하세요... 성소수자 인권조례 규탄집회가 어제 있었습니다. 어제 참석해주신 여러분께 진심으로 감사드립니다.^^ 신고를 하지 않고 집회를 했다는 등의 이유로 제가 경찰서까지 다녀왔습니다만 이에 굴하지 않고 저는 앞으로도 계속해서

2013. 12. 15. 23:02

➡ 트윗

@HEALTHYFAMILYPROTECTOR

서울시 의회에서 통과시킨 인권조례의 공포에 임박해서 시민의 힘을 모읍시다. 오늘(토요일) 오후 2시에 청계광장에서 뜻을 같이 하는 사람들이 급히 번개모임을 갖겠습니다. 부디 많이 와주십시오.

2013. 12. 14. 00:31

태그 : #동성애 절대반대, #청계광장, #조례폐지

➡ 트윗

@HEALTHYFAMILYPROTECTOR

[성소수자 인권조례가 통과되었다고 합니다. 오늘 규탄집회합니다.] 안녕하십니까... 저는 건강가족지킴회 부회장을 맡고 있는 홍길동입니다. 방금 전에 성소수자 인권조례가 전격적으로 통과되었다고 합니다. ㅜㅜ 동성애의 정당화는 우리 사회를 크게 잘못된 방향으로 이끌 것입니다.

2013. 12. 14. 00:30

➡ 트윗

주 민 등 록 표
(등 본)

이 등본은 세대별 주민등록표의 원본
내용과 틀림없음을 증명합니다.

2014년   5월   20일

세대주	홍 길 동	세대구성 사유 및 일자	전입세대구성 2010 − 12 − 25
번호	주 소 (통/반)		전입일 / 변동일 변 동 사 유
현주소 전입	서울 용산구 한강대로 67길 10 벽진아파트 101동 2309호 2010 − 12 − 25/2010 − 12 − 25		전입
현주소	서울 용산구 한강대로 67길 10 벽진아파트 101동 2309호		

번호	세대주 관계	성 명 주민등록번호	전입일/변동일	변 동 사 유
1	본인	홍 길 동 710205 − 1255102		
2	처	이 귀 순 710413 − 2195182		
3	자	홍 우 식 970105 − 1122410		
		= 이 하 여 백 =		

2014년 5월 20일

수입 증지
350원
대구광역시 남구

서울특별시 용산구 청파동장

「국가공무원법」(2008. 3. 28. 법률 제8996호로 개정된 것)

제56조(성실 의무) 모든 공무원은 법령을 준수하며 성실히 직무를 수행하여야 한다.

제65조(정치 운동의 금지) ① 공무원은 정당이나 그 밖의 정치단체의 결성에 관여하거나 이에 가입할 수 없다.

② 공무원은 선거에서 특정 정당 또는 특정인을 지지 또는 반대하기 위한 다음의 행위를 하여서는 아니 된다.

1. 투표를 하거나 하지 아니하도록 권유 운동을 하는 것

2. 서명 운동을 기도(企圖)·주재(主宰)하거나 권유하는 것

3. (이하 생략)

③ 공무원은 다른 공무원에게 제1항과 제2항에 위배되는 행위를 하도록 요구하거나, 정치적 행위에 대한 보상 또는 보복으로서 이익 또는 불이익을 약속하여서는 아니 된다.

④ 제3항 외에 정치적 행위의 금지에 관한 한계는 국회규칙, 대법원규칙, 헌법재판소규칙, 중앙선거관리위원회규칙 또는 대통령령등으로 정한다.

제78조(징계 사유) ① 공무원이 다음 각 호의 어느 하나에 해당하면 징계 의결을 요구하여야 하고 그 징계 의결의 결과에 따라 징계처분을 하여야 한다.

1. 이 법 및 이 법에 따른 명령을 위반한 경우

2. 직무상의 의무(다른 법령에서 공무원의 신분으로 인하여 부과된 의무를 포함한다)를 위반하거나 직무를 태만히 한 경우

「국가공무원 복무규정」(2009. 1. 19. 대통령령 제13579호로 개정된 것)

제27조(정치적 행위) ① 법 제65조의 정치적 행위는 다음 각 호의 어느 하나에 해당하는 정치적 목적을 가진 것을 말한다.

1. 국가 또는 지방자치단체의 정책을 반대하는 것

2. (생략)

3. (생략)

② 제1항에 규정된 정치적 행위의 한계는 제1항에 따른 정치적 목적을 가지고 다음 각 호의 어느 하나에 해당하는 행위를 하는 것을 말한다.

1. (생략)

2. (생략)

3. 국가 또는 지방자치단체의 정책을 반대하는 의견을 집회나 그 밖에 여럿이 모인 장소에서 발

표하거나 문서, 도서, 신문과 같은 간행물, 사회관계망서비스(SNS) 등에 게시하는 행위

공무원 징계령(2010. 6. 15. 대통령령 제22199호로 개정된 것)

제2조(징계위원회의 종류 및 관할) ① 징계위원회는 중앙징계위원회와 보통징계위원회로 구분한다.

② 중앙징계위원회는 다음 각 호의 징계 또는 법 제78조의2에 따른 징계부가금(이하 '징계부가금'이라 한다) 사건을 심의·의결한다.

1. 고위공무원단에 속하는 공무원의 징계 또는 징계부가금(이하 '징계등'이라 한다) 사건

1의2. 다음 각 목의 어느 하나에 해당하는 공무원(이하 '5급이상공무원등'이라 한다)의 징계등 사건

가. 5급 이상 공무원

나. (생략)

제7조(징계의결등의 요구) ① 법 제78조 제1항·제4항 및 제78조의2 제1항에 따라 5급이상 공무원등(고위공무원단에 속하는 공무원을 포함한다)에 대해서는 소속 장관이, 6급이하 공무원등에 대해서는 해당 공무원의 소속기관의 장 또는 소속 상급기관의 장이 관할 징계위원회에 징계의결등을 요구하여야 한다. 다만, 겸임공무원에 대해서는 본직기관(本職機關)의 장이 징계의결등을 요구하여야 한다.

⑥ 제1항·제3항 및 제5항에 따라 징계의결등을 요구할 때에는 징계등 사유에 대한 충분한 조사를 한 후에 그 증명에 필요한 다음 각 호의 관계 자료를 첨부하여 관할 징계위원회에 제출하여야 하고, 중징계 또는 경징계로 구분하여 요구하여야 한다. 다만, 「감사원법」 제32조 제1항 및 제10항에 따라 감사원장이 「국가 공무원법」 제79조에서 정한 징계의 종류를 구체적으로 지정하여 징계요구를 한 경우에는 그러하지 아니하다.

1. 별지 제1호 서식의 공무원 징계의결등 요구서

2. (생략)

3. 별지 제1호의2 서식의 확인서

공무원 징계령 시행규칙(2010. 8. 2. 행정안전부령 제151호로 개정된 것)

제4조(징계의 감경) ① 징계위원회는 징계의결이 요구된 사람에게 다음 각 호의 어느 하나에 해당하는 공적이 있는 경우에는 별표 3의 징계의 감경기준에 따라 징계를 감경할 수 있다. 다만, 그 공무원이 징계처분이나 이 규칙에 따른 경고를 받은 사실이 있는 경우에는 그 징계처분이나 경고처분 전의 공적은 감경 대상 공적에서 제외하며, 「국가공무원법」 제83조의2 제1항에 따른 징계 사유의 시효가 5년인 비위 및 「성폭력범죄의 처벌 및 피해자보호 등에 관한 법률」에 따른 성폭력범죄에 대한 징계는 감경할 수 없다.

1. 「상훈법」에 따른 훈장 또는 포장을 받은 공적

2. 「정부표창규정」에 따라 국무총리 이상의 표창(공적상 및 창안상만 해당한다. 이하 이 호에서 같다)을 받은 공적. 다만, 비위행위 당시 6급 이하 공무원, 연구사, 지도사와 기능직공무원은 중앙행정기관장인 청장(차관급 상당 기관장을 포함한다) 이상의 표창을 받은 공적

3. 「모범공무원규정」에 따라 모범공무원으로 선발된 공적

② 징계위원회는 징계의결이 요구된 사람의 비위가 성실하고 능동적인 업무처리 과정에서 과실로 인하여 생긴 것으로 인정될 때에는 그 정상을 참작하여 별표 3의 징계의 감경기준에 따라 징계를 감경할 수 있다.

집회 및 시위에 관한 법률(2007. 5. 11. 법률 제8424로 개정된 것)

제6조(옥외집회 및 시위의 신고 등) ① 옥외집회나 시위를 주최하려는 자는 그에 관한 다음 각 호의 사항 모두를 적은 신고서를 옥외집회나 시위를 시작하기 720시간 전부터 48시간 전에 관할 경찰서장에게 제출하여야 한다. 다만, 옥외집회 또는 시위 장소가 두 곳 이상의 경찰서의 관할에 속하는 경우에는 관할 지방경찰청장에게 제출하여야 하고, 두 곳 이상의 지방경찰청 관할에 속하는 경우에는 주최지를 관할하는 지방경찰청장에게 제출하여야 한다.

1. 목적

2. 일시(필요한 시간을 포함한다)

3. 장소

4. 주최자(단체인 경우에는 그 대표자를 포함한다), 연락책임자, 질서유지인에 관한 다음 각 목의 사항

가. 주소

나. 성명

다. 직업

라. 연락처

5. 참가 예정인 단체와 인원

6. 시위의 경우 그 방법(진로와 약도를 포함한다)

② 관할 경찰서장 또는 지방경찰청장(이하 '관할경찰관서장'이라 한다)은 제1항에 따른 신고서를 접수하면 신고자에게 접수 일시를 적은 접수증을 즉시 내주어야 한다.

③ 주최자는 제1항에 따라 신고한 옥외집회 또는 시위를 하지 아니하게 된 경우에는 신고서에 적힌 집회 일시 전에 관할경찰관서장에게 그 사실을 알려야 한다.

④ 제3항에 따라 통지를 받은 관할경찰관서장은 제8조 제2항에 따라 금지 통고를 한 집회나 시위가 있는 경우에는 그 금지 통고를 받은 주최자에게 제3항에 따른 사실을 즉시 알려야 한다.

⑤ 제4항에 따라 통지를 받은 주최자는 그 금지 통고된 집회 또는 시위를 최초에 신고한 대로 개최할 수 있다. 다만, 금지 통고 등으로 시기를 놓친 경우에는 일시를 새로 정하여 집회 또는 시위를 시작하기 24시간 전에 관할경찰관서장에게 신고서를 제출하고 집회 또는 시위를 개최할

수 있다.

제20조 (집회 또는 시위의 해산) ① 관할경찰관서장은 다음 각 호의 어느 하나에 해당하는 집회 또는 시위에 대하여는 상당한 시간 이내에 자진(自進) 해산할 것을 요청하고 이에 따르지 아니하면 해산(解散)을 명할 수 있다.

1. 제5조 제1항, 제10조 본문 또는 제11조를 위반한 집회 또는 시위

2. 제6조 제1항에 따른 신고를 하지 아니하거나 제8조 또는 제12조에 따라 금지된 집회 또는 시위

3. 제8조 제3항에 따른 제한, 제10조 단서 또는 제12조에 따른 조건을 위반하여 교통 소통 등 질서 유지에 직접적인 위험을 명백하게 초래한 집회 또는 시위

4. 제16조 제3항에 따른 종결 선언을 한 집회 또는 시위

5. 제16조 제4항 각 호의 어느 하나에 해당하는 행위로 질서를 유지할 수 없는 집회 또는 시위

② 집회 또는 시위가 제1항에 따른 해산 명령을 받았을 때에는 모든 참가자는 지체 없이 해산하여야 한다.

③ 제1항에 따른 자진 해산의 요청과 해산 명령의 고지(告知) 등에 필요한 사항은 대통령령으로 정한다.

제22조(벌칙) ① 제3조 제1항 또는 제2항을 위반한 자는 3년 이하의 징역 또는 300만원 이하의 벌금에 처한다. 다만, 군인·검사 또는 경찰관이 제3조 제1항 또는 제2항을 위반한 경우에는 5년 이하의 징역에 처한다.

② 제5조 제1항 또는 제6조 제1항을 위반하거나 제8조에 따라 금지를 통고한 집회 또는 시위를 주최한 자는 2년 이하의 징역 또는 200만원 이하의 벌금에 처한다.

③ 제5조 제2항 또는 제16조 제4항을 위반한 자는 1년 이하의 징역 또는 100만원 이하의 벌금에 처한다.

④ 그 사실을 알면서 제5조 제1항을 위반한 집회 또는 시위에 참가한 자는 6개월 이하의 징역 또는 50만원 이하의 벌금·구류 또는 과료에 처한다.

제24조 (벌칙) 다음 각 호의 어느 하나에 해당하는 자는 6개월 이하의 징역 또는 50만원 이하의 벌금·구류 또는 과료에 처한다.

1. ~ 4. (생략)

5. 제16조 제5항, 제17조 제2항, 제18조 제2항 또는 제20조 제2항을 위반한 자

참고자료 – 달력

■ 2013년 10월 ～ 2014년 12월

2013년 10월

일	월	화	수	목	금	토
		1	2	3	4	5
6	7	8	9	10	11	12
13	14	15	16	17	18	19
20	21	22	23	24	25	26
27	28	29	30	31		

2013년 11월

일	월	화	수	목	금	토
					1	2
3	4	5	6	7	8	9
10	11	12	13	14	15	16
17	18	19	20	21	22	23
24	25	26	27	28	29	30

2013년 12월

일	월	화	수	목	금	토
1	2	3	4	5	6	7
8	9	10	11	12	13	14
15	16	17	18	19	20	21
22	23	24	25	26	27	28
29	30	31				

2014년 1월

일	월	화	수	목	금	토
			1	2	3	4
5	6	7	8	9	10	11
12	13	14	15	16	17	18
19	20	21	22	23	24	25
26	27	28	29	30	31	

2014년 2월

일	월	화	수	목	금	토
						1
2	3	4	5	6	7	8
9	10	11	12	13	14	15
16	17	18	19	20	21	22
23	24	25	26	27	28	

2014년 3월

일	월	화	수	목	금	토
						1
2	3	4	5	6	7	8
9	10	11	12	13	14	15
16	17	18	19	20	21	22
23/30	24/31	25	26	27	28	29

2014년 4월

일	월	화	수	목	금	토
		1	2	3	4	5
6	7	8	9	10	11	12
13	14	15	16	17	18	19
20	21	22	23	24	25	26
27	28	29	30			

2014년 5월

일	월	화	수	목	금	토
				1	2	3
4	5	6	7	8	9	10
11	12	13	14	15	16	17
18	19	20	21	22	23	24
25	26	27	28	29	30	31

2014년 6월

일	월	화	수	목	금	토
1	2	3	4	5	6	7
8	9	10	11	12	13	14
15	16	17	18	19	20	21
22	23	24	25	26	27	28
29	30					

2014년 7월

일	월	화	수	목	금	토
		1	2	3	4	5
6	7	8	9	10	11	12
13	14	15	16	17	18	19
20	21	22	23	24	25	26
27	28	29	30	31		

2014년 8월

일	월	화	수	목	금	토
					1	2
3	4	5	6	7	8	9
10	11	12	13	14	15	16
17	18	19	20	21	22	23
24	25	26	27	28	29	30/31

2014년 9월

일	월	화	수	목	금	토
	1	2	3	4	5	6
7	8	9	10	11	12	13
14	15	16	17	18	19	20
21	22	23	24	25	26	27
28	29	30				

2014년 10월

일	월	화	수	목	금	토
			1	2	3	4
5	6	7	8	9	10	11
12	13	14	15	16	17	18
19	20	21	22	23	24	25
26	27	28	29	30	31	

2014년 11월

일	월	화	수	목	금	토
						1
2	3	4	5	6	7	8
9	10	11	12	13	14	15
16	17	18	19	20	21	22
23/30	24	25	26	27	28	29

2014년 12월

일	월	화	수	목	금	토
	1	2	3	4	5	6
7	8	9	10	11	12	13
14	15	16	17	18	19	20
21	22	23	24	25	26	27
28	29	30	31			

소장 초안

소송요건

1) 취소소송의 대상   해임 - 징계처분 (2014. 4. 3. 문서)

                               재결 - 정직 3월

                               원처분과 재결 관계, 재결 자체의 고유한 위법이 없는 한 원 처분

                               원 처분과 감축 처분, 원 처분이 감축된 범위로 존재

대판 2007. 4. 27. 선고 2004두9302 [식품위생법위반과징금부과처분취소]

행정청이 식품위생법령에 따라 영업자에게 행정제재처분을 한 후 그 처분을 영업자에게 유리하게 변경하는 처분을 한 경우, 변경처분에 의하여 당초 처분은 소멸하는 것이 아니고 당초부터 유리하게 변경된 내용의 처분으로 존재하는 것이므로, 변경처분에 의하여 유리하게 변경된 내용의 행정제재가 위법하다 하여 그 취소를 구하는 경우 그 취소소송의 대상은 변경된 내용의 당초 처분이지 변경처분은 아니고, 제소기간의 준수 여부도 변경처분이 아닌 변경된 내용의 당초 처분을 기준으로 판단하여야 한다.

---

2) 원고   홍길동

3) 피고   안전행정부장관 - 처분문서

4) 협의의 소익   문제 없음

5) 제소기간   안 날(2014. 4. 3. 교부받음, 법률상담일지)로부터 90일

                               처분이 있는 날(2014. 4. 3. 징계처분)로부터 1년

                               재결서의 정본을 송달받은 날(2014. 5. 14. 홍길동의 자 송달 수령, 5. 16. 실제 안 날)로부터 90일

                               재결이 있는 날(2014. 5. 9.)로부터 1년

송달의 효력, 국가공무원법상 소청심사위원회의 결정은 재결에 해당, 행정심판법상 송달규정 적용, 민사소송법 송달 규정 준용, 보충송달(동거인으로서 사리를 분별할 지능이 있는 사람) 따라서 송달이 적법·유효, 송달일 기준 2014. 8. 12.

행정심판법 제4조(특별행정심판 등) ② 다른 법률에서 특별행정심판이나 이 법에 따른 행정심판 절차에 대한 특례를 정한 경우에도 그 법률에서 규정하지 아니한 사항에 관하여는 이 법에서 정하는 바에 따른다.

제57조(서류의 송달) 이 법에 따른 서류의 송달에 관하여는 「민사소송법」 중 송달에 관한 규정을 준용한다.

민사소송법 제186조(보충송달·유치송달) ① 근무장소 외의 송달할 장소에서 송달받을 사람을 만나지 못한 때에는 그 사무원, 피용자(被用者) 또는 <u>동거인으로서 사리를 분별할 지능이 있는 사람</u>에게 서류를 교부할 수 있다. ② 근무장소에서 송달받을 사람을 만나지 못한 때에는 제183조 제2항의 다른 사람[2] 또는 그 법정대리인이나 피용자 그 밖의 종업원으로서 사리를 분별할 지능이 있는 사람이 서류의 수령을 거부하지 아니하면 그에게 서류를 교부할 수 있다.

---

6) 필요적 행정심판전치주의   소송요건
                                       소청심사위원회 결정(재결)

7) 관할(기타)   피고 주소지(서울 종로구) − 서울행정법원

---

2 송달받을 사람이 고용·위임 그 밖에 법률상 행위로 취업하고 있는 다른 사람.

본 안

1. 법령 검토

가. 근거 법령

국가공무원법

제78조(징계 사유) ① 공무원이 다음 각 호의 어느 하나에 해당하면 징계 의결을 요구하여야 하고 그 징계 의결의 결과에 따라 징계처분을 하여야 한다.

1. 이 법 및 이 법에 따른 명령을 위반한 경우

2. 직무상의 의무(다른 법령에서 공무원의 신분으로 인하여 부과된 의무를 포함한다)를 위반하거나 직무를 태만히 한 때

3. 직무의 내외를 불문하고 그 체면 또는 위신을 손상하는 행위를 한 때

제56조(성실 의무) 모든 공무원은 법령을 준수하며 성실히 직무를 수행하여야 한다.

제65조(정치 운동의 금지) ① 공무원은 정당이나 그 밖의 정치단체의 결성에 관여하거나 이에 가입할 수 없다.

② 공무원은 선거에서 특정 정당 또는 특정인을 지지 또는 반대하기 위한 다음의 행위를 하여서는 아니 된다.

1. 투표를 하거나 하지 아니하도록 권유 운동을 하는 것

2. 서명 운동을 기도(企圖)·주재(主宰)하거나 권유하는 것

3. 문서나 도서를 공공시설 등에 게시하거나 게시하게 하는 것

4. 기부금을 모집 또는 모집하게 하거나, 공공자금을 이용 또는 이용하게 하는 것

5. 타인에게 정당이나 그 밖의 정치단체에 가입하게 하거나 가입하지 아니하도록 권유 운동을 하는 것

③ 공무원은 다른 공무원에게 제1항과 제2항에 위배되는 행위를 하도록 요구하거나, 정치적 행위에 대한 보상 또는 보복으로서 이익 또는 불이익을 약속하여서는 아니 된다.

④ 제3항 외에 정치적 행위의 금지에 관한 한계는 대통령령등으로 정한다.

국가공무원 복무규정(대통령령)

제27조(정치적 행위) ① 법 제65조의 정치적 행위는 다음 각 호의 어느 하나에 해당하는 목적을 가진 것을 말한다.

1. 국가 또는 지방자치단체의 정책을 반대하는 것

2. (생략)

② 제1항에 규정된 정치적 행위의 한계는 제1항에 따른 목적을 가지고 다음 각 호의 어느 하

나에 해당하는 행위를 하는 것을 말한다.

1. (생략)

3. 국가 또는 지방자치단체의 정책을 반대하는 의견을 집회나 그 밖에 여럿이 모인 장소에서 발표하거나 문서, 도서, 신문과 같은 간행물, 사회관계망서비스(SNS) 등에 게시하는 행위

집회 및 시위에 관한 법률

제6조(옥외집회 및 시위의 신고 등) ① 옥외집회나 시위를 주최하려는 자는 그에 관한 다음 각 호의 사항 모두를 적은 신고서를 옥외집회나 시위를 시작하기 720시간 전부터 48시간 전에 관할 경찰서장에게 제출하여야 한다.

제20조(집회 또는 시위의 해산) ① 관할경찰관서장은 다음 각 호의 어느 하나에 해당하는 집회 또는 시위에 대하여는 상당한 시간 이내에 자진(自進) 해산할 것을 요청하고 이에 따르지 아니하면 해산(解散)을 명할 수 있다.

2. 제6조 제1항에 따른 신고를 하지 아니하거나 제8조 또는 제12조에 따라 금지된 집회 또는 시위

② 집회 또는 시위가 제1항에 따른 해산 명령을 받았을 때에는 모든 참가자는 지체 없이 해산하여야 한다.

제22조(벌칙) ②제5조 제1항 또는 제6조 제1항을 위반하거나 제8조에 따라 금지를 통고한 집회 또는 시위를 주최한 자는 2년 이하의 징역 또는 200만원 이하의 벌금에 처한다.

제24조(벌칙) 다음 각 호의 어느 하나에 해당하는 자는 6개월 이하의 징역 또는 50만원 이하의 벌금·구류 또는 과료에 처한다.

5. 제16조 제5항, 제17조 제2항, 제18조 제2항 또는 제20조 제2항을 위반한 자

나. 처분 요건 (법률요건 검토)

1) 징계사유

제70조 제1항 1호: 이 법(국가공무원법)을 위반한 경우

2) 정치 운동의 금지 의무 위반 행위

국가공무원법 제65조 제4항, 공무원복무규정 제27조 제2항 제3호

'공무원이 국가 또는 지방자치단체의 정책을 반대할 목적으로 국가 또는 지방자치단체의 정책을 반대하는 의견을 사회관계망서비스(SNS) 등에 게시하는 행위'는 금지됨

3) 집회 및 시위에 관한 법률 위반 행위

가) 국가공무원법 제56조 성실의무, 법령준수 의무 위반과 집회 및 시위에 관한 법률 위반

나) 미신고집회 개최 행위

집회 및 시위에 관한 법률 제6조 제1항, 제22조 제2항 위반

　　　　다) 해산명령 불응 행위

집회 및 시위에 관한 법률 제20조 제2항, 제24조 제5호 위반

　다. 처분 내용 (법률효과 검토)

　　1) 정직 3월

　　[해석상 다툼이 없음]

2. **법률요건 측면에서 주장할 수 있는 위법**

　가. 처분문서에 기재된 처분사유

　　－ 10차례에 걸쳐 성소수자 인권조례를 반대하는 내용을 SNS(트위터)에 올림(국가공무원법
　　　상 정치운동 금지의무 위반)

　　－ 집회를 신고없이 주최하였고, 미신고집회에 대한 해산명령을 불응(국가공무원법상 성실
　　　의무위반)

　나. 사실오인 여부

　　1) 정치행위 금지 의무 위반 행위

　　2) 미신고집회 개최 행위

　　3) 해산명령 불응 행위

　　<u>처분문서상의 처분사유로 기재된 사실</u>에 대하여 다툼이 없음. 다만 3) 해산명령 불응 행위
　　와 관련해서 집회의 평화 여부에 다툼이 있을 수 있기 때문에 주장 가능

　다. 법리오해 및 포섭의 오류 여부

　　1) 정치행위 금지 의무 위반 행위

　　해석상 다투는 문제가 없음.

　　2) 해석상 다투는 미신고집회 개최 행위

　　긴급집회로서 48시간 이내라도 신고한 경우라면 미신고가 아님(법령 해석 다툼)

　　집회신고는 수리를 요하지 않는 신고이기 때문에 신고로서 효력이 발생하였음.

　　3) 해산명령 불응 행위

　　평화집회로서 비록 미신고집회라고 하더라도 해산명령의 대상이 되지 않음(법령 해석 다툼)

　　본건은 매신고집회가 아니기 때문에 더욱이 해산명령의 대상이 되지 않음

3. 법률효과 측면에서 주장할 수 있는 위법

가. 법률 해석 검토

정직 3월:

> 제78조(징계 사유) ① 공무원이 다음 각 호의 어느 하나에 해당하면 징계 의결을 요구하여야 하고 그 징계 의결의 결과에 따라 징계처분을 하여야 한다.
>
> 제79조(징계의 종류) 징계는 파면·해임·강등·정직(停職)·감봉·견책(譴責)으로 구분한다.

나. 재량행위 및 재량권 일탈·남용 여부

1) 행정행위

정직 3월은 행위의 상대방에게 부여된 각종 공무원 신분상 권리를 제한하는 행정행위임.

2) 행정행위의 성격: 기속행위 VS 재량행위 여부

선택권 행사에 의해 정직 3월로 결정되었기 때문에 재량행위임.

3) 선택 재량, 결정재량

행정청에 선택권한이 부여되어 있기 때문에 본건 정직 3월은 선택권한의 행사로 이루어진 재량행위임. 징계사유가 있음에도 불구하고 징계하지 않은 수 있는지 여부, 즉 결정재량권이 존재하는지와 관련해서 제78조는 반드시 징계요구, 징계의결하도록 규정되어 있기 때문에 결정재량권이 없다고 해석된다. 그러나 판례에 따르면 징계요구권자의 징계의결요구는 기속으로 결정재량권이 없지만, 징계위원회의 결정재량권을 긍정하고 있다. 실무상 국가공무원법상 징계 이외 불문경고를 공무원 징계령 제17조 '(징계등의 정도 결정) 징계위원회가 징계등 사건을 의결할 때에는 징계등 혐의자의 평소 행실, 근무성적, 공적(功績), 뉘우치는 정도, 징계등 요구의 내용 또는 그 밖의 정상을 참작하여야 한다.'는 등을 참작해 징계의 한 종류로 채택하고 있다.

4) 재량심사: 재량권 일탈·남용 주장

가) 비례의 원칙 위반 여부

징계처분으로 보호되는 공익: 공직과 공무 보호, 공무원에 대한 국민 신뢰 보호 등

징계처분으로 침해되는 사익: 공무원 개인의 신분상 불이익, 재산상 불이익 및 위반의 경위, 법익 침해의 정도 등 [위법의 정도 – SNS는 개인적 의사표시에 불과, 집회도 소규모 평화집회, 공익 보호 역할 수행(공적), 가족관계와 생활 형편, 공무원 개인 신분상 불이익 등]

나) 평등의 원칙 위반 여부

[기록상 주장할 수 있는 별다른 자료가 없음]

다) 신뢰보호의 원칙 위반 여부

[기록상 주장할 수 있는 별다른 자료가 없음]

4. 절차와 형식 측면에서 주장할 수 있는 위법

가. 행정절차법

징계처분은 불이익처분이기 때문에 행정절차법상 절차(사전통지절차, 청문절차, 문서주의와 이유부기, 송달 등) 위반 주장 가능하지만, 행정절차법 적용 제외 영역3임.

대판 2013. 1. 16. 선고 2011두30687 [직권면직처분취소]

[1] 구 행정절차법(2012. 10. 22. 법률 제11498호로 개정되기 전의 것) 제21조 제1항, 제4항, 제 22조에 의하면, 행정청이 당사자에게 의무를 과하거나 권익을 제한하는 처분을 하는 경우에는 미리 처분하고자 하는 원인이 되는 사실과 처분의 내용 및 법적 근거, 이에 대하여 의견을 제출할 수 있다는 뜻과 의견을 제출하지 아니하는 경우의 처리방법 등의 사항을 당사

---

3 제3조(적용 범위) ① 처분, 신고, 행정상 입법예고, 행정예고 및 행정지도의 절차(이하 "행정절차"라 한다)에 관하여 다른 법률에 특별한 규정이 있는 경우를 제외하고는 이 법에서 정하는 바에 따른다.
② 이 법은 다음 각 호의 어느 하나에 해당하는 사항에 대하여는 적용하지 아니한다.
1. 국회 또는 지방의회의 의결을 거치거나 동의 또는 승인을 받아 행하는 사항
2. 법원 또는 군사법원의 재판에 의하거나 그 집행으로 행하는 사항
3. 헌법재판소의 심판을 거쳐 행하는 사항
4. 각급 선거관리위원회의 의결을 거쳐 행하는 사항
5. 감사원이 감사위원회의의 결정을 거쳐 행하는 사항
6. 형사(刑事), 행형(行刑) 및 보안처분 관계 법령에 따라 행하는 사항
7. 국가안전보장·국방·외교 또는 통일에 관한 사항 중 행정절차를 거칠 경우 국가의 중대한 이익을 현저히 해칠 우려가 있는 사항
8. 심사청구, 해양안전심판, 조세심판, 특허심판, 행정심판, 그 밖의 불복절차에 따른 사항
9. 「병역법」에 따른 징집·소집, 외국인의 출입국·난민인정·귀화, 공무원 인사 관계 법령에 따른 징계와 그 밖의 처분, 이해 조정을 목적으로 하는 법령에 따른 알선·조정·중재(仲裁)·재정(裁定) 또는 그 밖의 처분 등 해당 행정작용의 성질상 행정절차를 거치기 곤란하거나 거칠 필요가 없다고 인정되는 사항과 행정절차에 준하는 절차를 거친 사항으로서 대통령령으로 정하는 사항 [시행령 제2조 (적용제외) 법 제3조 제2항 제9호에서 "대통령령으로 정하는 사항"이라 함은 다음 각 호의 어느 하나에 해당하는 사항을 말한다. 1. 「병역법」, 「향토예비군 설치법」, 「민방위기본법」, 「비상대비자원 관리법」에 따른 징집·소집·동원·훈련에 관한 사항 2. 외국인의 출입국·난민인정·귀화·국적회복에 관한 사항 3. 공무원 인사관계법령에 의한 징계 기타 처분에 관한 사항 4. 이해조정을 목적으로 법령에 의한 알선·조정·중재·재정 기타 처분에 관한 사항 5. 조세관계법령에 의한 조세의 부과·징수에 관한 사항 6. 「독점규제 및 공정거래에 관한 법률」, 「하도급거래 공정화에 관한 법률」, 「약관의 규제에 관한 법률」에 따라 공정거래위원회의 의결·결정을 거쳐 행하는 사항 7. 「국가배상법」, 「공익사업을 위한 토지 등의 취득 및 보상에 관한 법률」에 따른 재결·결정에 관한 사항 8. 학교·연수원 등에서 교육·훈련의 목적을 달성하기 위하여 학생·연수생 등을 대상으로 행하는 사항 9. 사람의 학식·기능에 관한 시험·검정의 결과에 따라 행하는 사항 10. 「배타적 경제수역에서의 외국인어업 등에 대한 주권적 권리의 행사에 관한 법률」에 따라 행하는 사항 11. 「특허법」, 「실용신안법」, 「디자인보호법」, 「상표법」에 따른 사정·결정·심결, 그 밖의 처분에 관한 사항

자 등에게 통지해야 하고, 다른 법령 등에서 필수적으로 청문을 실시하거나 공청회를 개최하도록 규정하고 있지 아니한 경우에도 당사자 등에게 의견제출의 기회를 주어야 하되, '당해 처분의 성질상 의견청취가 현저히 곤란하거나 명백히 불필요하다고 인정될 만한 상당한 이유가 있는 경우' 등에는 처분의 사전통지나 의견청취를 아니 할 수 있도록 규정하고 있다. 따라서 행정청이 침해적 행정처분을 하면서 당사자에게 위와 같은 사전통지를 하거나 의견제출의 기회를 주지 않았다면, 사전통지를 하지 않거나 의견제출의 기회를 주지 않아도 되는 예외적인 경우에 해당하지 않는 한, 그 처분은 위법하여 취소를 면할 수 없다.

[2] 구 행정절차법(2012. 10. 22. 법률 제11498호로 개정되기 전의 것) 제3조 제2항 제9호, 구 행정절차법 시행령(2011. 12. 21. 대통령령 제23383호로 개정되기 전의 것) 제2조 제3호의 내용을 행정의 공정성, 투명성 및 신뢰성을 확보하고 국민의 권익을 보호함을 목적으로 하는 행정절차법의 입법 목적에 비추어 보면, 공무원 인사관계 법령에 의한 처분에 관한 사항이라 하더라도 전부에 대하여 행정절차법의 적용이 배제되는 것이 아니라, 성질상 행정절차를 거치기 곤란하거나 불필요하다고 인정되는 처분이나 행정절차에 준하는 절차를 거치도록 하고 있는 처분의 경우에만 행정절차법의 적용이 배제되는 것으로 보아야 하고, 이러한 법리는 '공무원 인사관계 법령에 의한 처분'에 해당하는 별정직 공무원에 대한 직권면직 처분의 경우에도 마찬가지로 적용된다.

 <사안: 구 공무원징계령(2010. 6. 15. 대통령령 제22199호로 개정되기 전의 것, 이하 같다) 제22조 제1항은 "별정직공무원에게 국가공무원법 제78조 제1항 각 호의 징계사유가 있으면 직권으로 면직하거나 이 영에 따라 징계처분할 수 있다."고 규정하고 있어서, 별정직 공무원에 대한 직권면직의 경우에는 징계처분과 달리 징계절차에 관한 구 공무원징계령의 규정도 적용되지 않는 등 행정절차에 준하는 절차를 거치도록 하는 규정이 없으며, 이 사건 처분이 성질상 행정절차를 거치기 곤란하거나 불필요하다고 인정되는 처분에도 해당하지 아니하기 때문에 행정절차법 적용하고 있음.>

대판 2014.5.16. 선고 2012두26180 [직위해제처분취소]
국가공무원법상 직위해제처분은 구 행정절차법(2012. 10. 22. 법률 제11498호로 개정되기 전의 것) 제3조 제2항 제9호, 구 행정절차법 시행령(2011. 12. 21. 대통령령 제23383호로 개정되기 전의 것) 제2조 제3호에 의하여 당해 행정작용의 성질상 행정절차를 거치기 곤란하거나 불필요하다고 인정되는 사항 또는 행정절차에 준하는 절차를 거친 사항에 해당하므로, 처분의 사전통지 및 의견청취 등에 관한 행정절차법의 규정이 별도로 적용되지 않는다.
<사안: 원심은 '이 사건 처분을 하기 위하여는 행정절차법의 규정에 따라 사전통지 및 의견청취 절차를 거쳐야 하고, 따라서 원고에게 사전통지를 하지 않고 의견제출의 기회를 주지 아니

한 이 사건 처분은 행정절차법 제21조 제1항, 제22조 제3항을 위반한 절차상 하자가 있어 위법하다'고 판단하였지만, 대법원은 '공무원에 대하여 직위해제를 할 때에는 그 처분권자 또는 처분제청권자는 처분사유를 적은 설명서를 교부하도록 하고, 처분사유 설명서를 받은 공무원이 그 처분에 불복할 때에는 그 설명서를 받은 날부터 30일 이내에 소청심사청구를 할 수 있도록 함으로써 임용권자가 직위해제처분을 행함에 있어서 구체적이고도 명확한 사실의 적시가 요구되는 처분사유 설명서를 반드시 교부하도록 하여 해당 공무원에게 방어의 준비 및 불복의 기회를 보장하고 임용권자의 판단에 신중함과 합리성을 담보하게 하고 있고, 직위해제처분을 받은 공무원은 사후적으로 소청이나 행정소송을 통하여 충분한 의견진술 및 자료제출의 기회를 보장하고 있다. 그리고 위와 같이 대기명령을 받은 자가 그 기간에 능력 또는 근무성적의 향상을 기대하기 어렵다고 인정되면 법 제70조 제1항 제5호에 의해 직권면직 처분을 받을 수 있지만 이 경우에는 같은 조 제2항 단서에 의하여 징계위원회의 동의를 받도록 하고 있어 절차적 보장이 강화되어 있다. 그렇다면 국가공무원법상 직위해제처분은 구 행정절차법 제3조 제2항 제9호, 동법 시행령 제2조 제3호에 의하여 당해 행정작용의 성질상 행정절차를 거치기 곤란하거나 불필요하다고 인정되는 사항 또는 행정절차에 준하는 절차를 거친 사항에 해당하므로, 처분의 사전통지 및 의견청취 등에 관한 행정절차법의 규정이 별도로 적용되지 아니한다고 봄이 상당하다.'고 판단하고 있음.

나. 국가공무원법 등의 절차

공적 사실을 누락한 확인서는 공무원징계령상 절차 위반으로 위법함.

공무원징계령 제7조(징계의결등의 요구) ⑥ 제1항·제3항 및 제5항에 따라 징계의결 등을 요구할 때에는 징계등 사유에 대한 충분한 조사를 한 후에 그 증명에 필요한 다음 각 호의 관계 자료를 첨부하여 관할 징계위원회에 제출하여야 하고, 중징계 또는 경징계로 구분하여 요구하여야 한다.

1. 별지 제1호 서식의 공무원 징계의결등 요구서
2. 공무원 인사 및 성과 기록 출력물
3. 별지 제1호의2 서식의 확인서

■ 공무원 징계령 [별지 제1호의2서식]

확 인 서

1. 인적사항	소속	직위(직급)	성명
	(현재)	(현재)	
	(혐의 당시)	(혐의 당시)	
2. 비위유형	금품 및 향응 수수 관계 ([ ]해당함, [ ]해당 없음)		

	공금의 횡령·유용 관계 ([ ]해당함, [ ]해당 없음)
	성폭력 비위 관계 ([ ]해당함, [ ]해당 없음)
	성매매 비위 관계 ([ ]해당함, [ ]해당 없음)
	성희롱 비위 관계 ([ ]해당함, [ ]해당 없음)
	음주운전 관계 ([ ]해당함, [ ]해당 없음)

| 3. 징계부가금 | 대상 여부([ ]해당함, [ ]해당 없음), 대상금액(원,   배) |
| | 형사처벌 및 변상책임 이행 상황 등 |

4. 감경 대상 공적 유무 및 감경 대상 비위 해당 여부	공적 사항			징계 사항[불문(경고) 포함]		
	포상일	포상 종류	시행청	날짜	종류	발령청
	성실한 업무처리 또는 능동적 업무처리 과정에서의 과실로 인한 비위 해당 여부 ([ ]해당함, [ ]해당 없음)					

| 5. 혐의자의 평소 행실 | "근무실적, 직무수행 능력, 직무수행 태도, 주의·경고 횟수 등을 구체적으로 기재" |

| 6. 근무 성적(최근 2년) | (○○년○○월)   점, (○○년○○월)   점, (○○년○○월)   점, (○○년○○월)   점. |

7. 그 밖의 사항	규제개혁이나 국정과제의 추진과정에서 발생한 비위 해당 여부 ([ ] 해당함 [ ] 해당 없음)
	※ 불합리한 법령정비 또는 규제개선을 통한 일자리 창출 등 경제활성화나 규제민원의 신속한 처리 등의 추진과정에서 발생한 비위에 해당하는지 여부를 말합니다. 다만, 고의·중과실이거나 금품 비위와 관련이 있는 경우는 제외됩니다.
	"그 밖의 정상 참작 사유 기재"

공무원징계령 시행규칙 제4조(징계의 감경) ① 징계위원회는 징계의결이 요구된 사람에게 다음 각 호의 어느 하나에 해당하는 공적이 있는 경우에는 별표 3의 징계의 감경기준에 따라 징계를 감경할 수 있다.

　2.「정부표창규정」에 따라 국무총리 이상의 표창(공적상 및 창안상만 해당한다. 이하 이 호에서 같다)을 받은 공적. 다만, 비위행위 당시 6급 이하 공무원, 연구사, 지도사와 기능직공무원은 중앙행정기관장인 청장(차관급 상당 기관장을 포함한다) 이상의 표창을 받은 공적

[별표 3]

[징계의 감경기준(제4조 관련)]

제2조 제1항 및 제3조에 따라 인정되는 징계	제4조에 따라 감경된 징계
파면 해임 강등 정직 감봉 견책	해임 강등 정직 감봉 견책 불문(경고)

대판 2012. 6. 28. 선고 2011두20505 [징계처분취소]

[1] 공무원징계령 제7조 제6항 제3호에 의하면, 공무원에 대한 징계의결을 요구할 때는 징계사유의 증명에 필요한 관계 자료뿐 아니라 '감경대상 공적 유무' 등이 기재된 확인서를 징계위원회에 함께 제출하여야 하고, 경찰 공무원 징계양정 등에 관한 규칙 제9조 제1항 제2호 및 [별표 10]에 의하면 경찰청장의 표창을 받은 공적은 징계양정에서 감경할 수 있는 사유의 하나로 규정되어 있다. 위와 같은 관계 법령의 규정 및 기록에 비추어 보면, 징계위원회의 심의과정에 반드시 제출되어야 하는 공적(공적) 사항이 제시되지 않은 상태에서 결정한 징계처분은 징계양정이 결과적으로 적정한지 그렇지 않은지와 상관없이 법령이 정한 징계절차를 지키지 않은 것으로서 위법하다.

[2] 경찰공무원인 갑이 관내 단란주점내에서 술에 취해 소란을 피우는 등 유흥업소 등 출입을 자제하라는 지시명령을 위반하고 경찰공무원으로서 품위유지의무를 위반하였다는 이유로 경찰서장이 징계위원회 징계 의결에 따라 갑에 대하여 견책처분을 한 사안에서, 위 징계처분은 징계위원회 심의과정에서 반드시 제출되어야 하는 공적(공적) 사항인 경찰총장 표창을 받은 공적이 기재된 확인서가 제시되지 않은 상태에서 결정한 것이므로, 징계양정이 결과적으로 적정한지와 상관없이 법령이 정한 절차를 지키지 않은 것으로서 위법하고 이와 같은 취지의 원심판단은 정당하다고 한 사례.

대판 2012.10.11. 선고 2012두13245 [해임처분취소]

경찰공무원에 대한 징계위원회의 심의과정에 감경사유에 해당하는 공적 사항이 제시되지 아니한 경우에는 그 징계양정이 결과적으로 적정한지와 상관없이 이는 관계 법령이 정한 징계절차를 지키지 않은 것으로서 위법하다. 다만 징계양정에서 임의적 감경사유가 되는 국무총리 이상의 표창은 징계대상자가 받은 것이어야 함은 관련 법령의 문언상 명백하고, 징계대상자가 위와 같은 표창을 받은 공적을 징계양정의 임의적 감경사유로 삼은 것은 징계의결이 요구된 사람이 국가 또는 사회에 공헌한 행적을 징계양정에 참작하려는 데 그 취지가 있으므로 징계대상자가 아니라 그가 속한 기관이나 단체에 수여된 국무총리 단체표창은 징계대상자에 대한 징계양정의 임의적 감경사유에 해당하지 않는다.

5. 법령 측면에서 주장할 수 있는 위법[4]

가. 국가공무원법 제65조 제4항의 위헌성

　포괄위임금지의 원칙 위반 여부

나. 국가공무원복무규정 제27조 제1항 제1호, 제2항 제3호의 위헌·위법성

　1) 표현의 자유와 과잉금지의 원칙 위반 여부

　2) 법률유보의 원칙 위반 여부/위임의 범위 일탈 여부

헌결 2012. 5. 31. 2009헌마705, 2010헌마90(병합) [국가공무원 복무규정 제3조 제2항 등 위헌확인]

1. 이 사건 심판대상조항들의 직접적인 수범자는 개별 공무원이고 청구인 공무원노동조합총연맹과 같은 공무원단체는 아니고, 가사 위 규정들로 인하여 위 공무원노동조합총연맹의 기본권이 제한되는 경우가 있다 하더라도 이는 공무원 개인의 기본권이 제한됨으로써 파생되는 간접적이고 부수적인 결과일 뿐이므로, 청구인 공무원노동조합총연맹의 심판청구는 자기관련성이 없어 부적법하다. [공무원 개인을 법령의 적용대상으로 하고 있는 공무원 복무규정에 의하여 간접적·부수적으로 공무원단체의 활동이 제한될 때 그 단체의 자기관련성을 인정할 수 있는지 여부(소극)]

2. (1) '국가공무원 복무규정' 제3조 제2항 및 '지방공무원 복무규정' 제1조의2 제2항은 국가 또는 지방자치단체의 정책에 대한 공무원의 집단적인 반대·방해 행위를 금지하고 있는바, 이는 공무원의 정치활동을 제한하는 규정인 국가공무원법 제65조 및 공무원의 복무에 관한 일반적 수권규정인 국가공무원법 제67조의 위임을 받은 것이며, 국가공무원법 제65조상 공무원에게 금지되는 정치적 행위를 보다 구체화한 것이라 할 수 있으므로, 법률유보원칙에 위배되지 아니한다.

　(2) 위 규정들은 공무원이 개인적·개별적으로 비공무원이 주도하는 집단적 행위에 참가하는 것은 허용한다고 해석되며, 국가 또는 지방자치단체의 정책에 대한 반대·방해 행위가 일회적이고 우연한 것인지 혹은 계속적이고 계획적인 것인지 등을 묻지 아니하고 금지하는 것으로 해석되므로, 명확성원칙에 위배되지 아니한다.

---

4 변호사시험 문제에서 '집회및시위에관한법률의 위헌성을 제외'하도록 제출되었음.

(3) 위 규정들은 국가 또는 지방자치단체의 정책에 대한 공무원의 집단적인 반대·방해 행위를 금지함으로써 공무원의 근무기강을 확립하고 공무원의 정치적 중립성을 확보하려는 입법목적을 가진 것으로서, 위 규정들은 그러한 입법목적 달성을 위한 적합한 수단이 된다. 한편, 공무원의 신분과 지위의 특수성에 비추어 볼 때 공무원에 대해서는 일반 국민에 비해 보다 넓고 강한 기본권제한이 가능한바, 위 규정들은 공무원의 정치적 의사표현이 집단적인 행위가 아닌 개인적·개별적인 행위인 경우에는 허용하고 있고, 공무원의 행위는 그것이 직무 내의 것인지 직무 외의 것인지 구분하기 어려운 경우가 많으며, 설사 공무원이 직무 외에서 집단적인 정치적 표현 행위를 한다 하더라도 공무원의 정치적 중립성에 대한 국민의 신뢰는 유지되기 어려우므로 직무 내외를 불문하고 금지한다 하더라도 침해의 최소성원칙에 위배되지 아니한다. 만약 국가 또는 지방자치단체의 정책에 대한 공무원의 집단적인 반대·방해 행위가 허용된다면 원활한 정책의 수립과 집행이 불가능하게 되고 공무원의 정치적 중립성이 훼손될 수 있는바, 위 규정들이 달성하려는 공익은 그로 말미암아 제한받는 공무원의 정치적 표현의 자유에 비해 작다고 할 수 없으므로 법익의 균형성 또한 인정된다. 따라서 위 규정들은 과잉금지원칙에 반하여 공무원의 정치적 표현의 자유를 침해한다고 할 수 없다. [공무원에 대하여 국가 또는 지방자치단체의 정책에 대한 반대·방해 행위를 금지한 구 '국가공무원 복무규정'(2009. 11. 30. 대통령령 제21861호로 개정되고, 2011. 7. 4. 대통령령 제23010호로 개정되기 전의 것, 이하 '국가공무원 복무규정'이라 한다) 제3조 제2항 및 구 '지방공무원 복무규정'(2009. 11. 30. 대통령령 제21862호로 개정되고, 2010. 7. 15. 대통령령 제22275호로 개정되기 전의 것, 이하 '지방공무원 복무규정'이라 한다) 제1조의2 제2항이 법률유보원칙, 명확성원칙 및 과잉금지원칙에 반하여 공무원의 정치적 표현의 자유를 침해하는지 여부(소극)]

3. (1) '국가공무원 복무규정' 제8조의2 제2항 및 '지방공무원 복무규정' 제1조의3 제2항은 공무원의 직무 수행 중 정치적 주장을 표시·상징하는 복장 등 착용행위를 금지하고 있는바, 이는 국가공무원법 제65조 및 제67조의 위임을 받은 것이고 그 위임의 범위를 넘지 않았으므로 법률유보원칙에 위배되지 아니한다.

(2) 위 규정들이 금지하는 '정치적 주장을 표시 또는 상징하는 행위'에서의 '정치적 주장'이란, 정당활동이나 선거와 직접적으로 관련되거나 특정 정당과의 밀접한 연계성을 인정할 수 있는 경우 등 공무원의 정치적 중립성을 훼손할 가능성이 높은 주장에 한정된다고 해석되므로, 명확성원칙에 위배되지 아니한다.

(3) 위 규정들은 공무원의 근무기강을 확립하고 공무원의 정치적 중립성을 확보하려는 입법목적을 가진 것으로서, 공무원이 직무 수행 중 정치적 주장을 표시·상징하는 복장 등을 착용하는 행위는 그 주장의 당부를 떠나 국민으로 하여금 공무집행의 공정성과 정치적

중립성을 의심하게 할 수 있으므로 공무원이 직무수행 중인 경우에는 그 활동과 행위에 더 큰 제약이 가능하다고 하여야 할 것인바, 위 규정들은 오로지 공무원의 직무수행 중의 행위만을 금지하고 있으므로 침해의 최소성원칙에 위배되지 아니한다. 따라서 위 규정들은 과잉금지원칙에 반하여 공무원의 정치적 표현의 자유를 침해한다고 할 수 없다. [공무원에 대하여 직무 수행 중 정치적 주장을 표시·상징하는 복장 등 착용행위를 금지한 '국가공무원 복무규정' 제8조의2 제2항 및 '지방공무원 복무규정' 제1조의3 제2항이 법률유보원칙, 명확성원칙 및 과잉금지원칙에 반하여 공무원의 정치적 표현의 자유를 침해하는지 여부(소극)]

재판관 김종대의 각하의견

공무원이 이 사건 '국가공무원 복무규정' 및 '지방공무원 복무규정'의 규정들을 위반할 경우에는 그 위반을 이유로 징계 처분을 받게 되고 그에 대해서는 행정소송으로 다툴 수 있는바, 결국 이 사건에 있어 기본권침해는 이 사건 규정들이 아니라 징계 처분이라는 집행행위를 통하여 비로소 현실화되는 것이므로, 이 사건 청구는 기본권침해의 직접성이 결여되어 부적법하다.

재판관 목영준, 재판관 이정미의 일부반대의견

'국가공무원 복무규정' 제3조 제2항 및 '지방공무원 복무규정' 제1조의2 제2항 중 집단·연명으로 또는 단체의 명의를 사용하여 국가 또는 지방자치단체의 정책을 '반대'하는 행위를 금지하는 부분은, 국가 또는 지방자치단체의 정책에 대한 공무원의 집단적인 반대의사표시를 금지함에 있어 그러한 행위의 정치성이나 공정성 등을 불문하고, 그 적용대상이 되는 공무원의 범위가 제한적이지 않고 지나치게 광범위하며, 그 행위가 근무시간 내에 행해지는지 근무시간 외에 행해지는지 여부도 가리지 않고 있다는 점에서 침해의 최소성 원칙에 위배되므로, 과잉금지원칙에 반하여 공무원의 정치적 표현의 자유를 침해한다.

재판관 송두환의 반대의견

이 사건 심판대상 규정들의 수권규정은 국가공무원법 제67조가 아니라 국가공무원법 제65조라고 할 것이며, 수권규정인 국가공무원법 제65조의 위임범위를 일탈하였으므로 법률유보원칙에 위배된다. '국가공무원 복무규정' 제3조 제2항 및 '지방공무원 복무규정' 제1조의2 제2항은, 공무원의 국가 또는 지방자치단체의 정책에 대한 집단적인 반대·방해 행위를 금지함에 있어 정당활동이나 선거와 관련되지 않아 정치적 중립성을 해할 가능성이 낮은 일반적인 정치적 표현의 자유마저 제한하고 있으므로 침해의 최소성 원칙에 위배되며, 나아가 높은 정치 수준을 가진 100만 명에 이르는 공무원을 민주주의의 장에서 배제하는 것은 공익과 사익 사이의 균형을 이루지 못하여 법익의 균형성원칙에도 위배되므로, 과잉금지원칙에 반하여 공무원의 정치적 표현의 자유를 침해한다.

> '국가공무원 복무규정' 제8조의2 제2항 및 '지방공무원 복무규정' 제1조의3 제2항은, 공무원에 대해 '근무기강을 해치는 정치적 주장'을 금지하면서 '정치적 주장'의 의미 또는 대상이 되는 범위 등에 관하여 아무런 한정 또는 규정을 하지 아니하여 법집행기관 또는 법해석기관의 자의적 판단이 가능하게 하고 있으므로 공무원의 정치적 표현의 자유를 침해한다.

6. 결론: 처분의 위법에 관한 주장
  가. 법률요건(법령상 징계사유에 해당하지 않음): 법리오해
    1) 미신고집회 개최 행위
    긴급집회로서 48시간 이내라도 신고한 경우라면 미신고가 아님(법령 해석 다툼)
    집회신고는 수리를 요하지 않는 신고이기 때문에 신고로서 효력이 발생하였음.
    2) 해산명령 불응 행위
    평화집회로서 비록 미신고집회라고 하더라도 해산명령의 대상이 되지 않음(법령 해석 다툼)
    나아가, 본건은 미신고집회가 아니기 때문에 해산명령의 대상이 되지 않음
  나. 법률효과: 재량권 일탈·남용 여부   비례의 원칙 위반
  다. 절차·형식: 공무원징계령 위반 여부   확인서 작성 위반
  라. 법령:
    1) 국가공무원법 제65조 제4항 위헌성
    2) 구가공무원 복무규정 제27조 제1항, 제1호, 제2항, 제3호 위헌·위법성

소　장

원　고　　홍길동

서울 용산구 한강대로 67길 10 벽진아파트 101동 2309호

소송대리인 법무법인 희망

담당변호사 정환수

서울 서초구 서초중앙로 30길 10 희망빌딩 2층

전화: 02) 555－1234　팩스: 02) 555－5678

전자우편 jhs@hope.com

피　고　　안전행정부장관

정직 3월 처분 취소 청구의 소

청 구 취 지

1. 피고가 2014. 4. 3. 원고에게 한 정직 3월 처분을 취소한다.
2. 소송비용은 피고가 부담한다.

라는 판결을 구합니다.

청 구 원 인

1. 이 사건 처분의 경위

　　생략

2. 이 사건 소의 적법성

　가. 대상적격

　원처분과 재결: 재결 자체의 고유한 위법이 없는 한 원 처분을 취소소송의 대상으로 해야 한다.

　(원처분주의)

　원 처분과 감액 처분: 감액경정처분에서 원처분이 감액된 범위로 존재

　나. 피고적격

　처분 문서상 명의 행정청

다. 제소기간

재결이 있는 경우: 재결서 송달일로부터 90일, 재결 있는 날로부터 1년

재결의 송달 효력: 적법한 송달 기준(2014. 5. 14.)

고등학생은 민사소송법상 보충송달로서 '동거인으로서 사리를 분별한 지능이 있는 사람'에 해당되기 때문에 보충송달이 적법·유효함(국가공무원법상 소청심사위원회결정은 재결에 해당하기 때문에 행정심판법 적용, 행정심판법상 재결 송달은 민사소송법을 준용함, 민사소송법 '동거인으로서 사리를 분변할 지능이 있는 사람'에게 보충송달 유효)

라. 필요적 행정심판전치주의

국가공무원법 규정

소청심사위원회 결정(적법한 소청 제기와 본안에 관한 재결)

3. 이 사건 처분의 위법성

가. 법리오해의 위법(징계사유에 해당되지 않음)

1) 미신고집회 개최 행위

긴급집회로서 48시간 이내라도 신고한 경우라면 미신고가 아님(법령 해석 다툼)

집회신고는 수리를 요하지 않는 신고이기 때문에 신고로서 효력이 발생하였음.

2) 해산명령 불응 행위

평화집회로서 비록 미신고집회라고 하더라도 해산명령의 대상이 되지 않음(법령 해석 다툼)

본건은 매신고집회가 아니기 때문에 더욱이 해산명령의 대상이 되지 않음

나. 재량권 일탈·남용의 위법

비례의 원칙 위반임.

다. 절차·형식의 위법

공무원징계령상 확인서 작성 규정 위반

라. 법령의 위헌·위법

1) 국가공무원법 제65조 제4항 위헌성

2) 구가공무원 복무규정 제27조 제1항, 제1호, 제2항, 제3호 위헌·위법성

4. 결론

입 증 방 법

1. 징계(해임)처분   (갑제1호증의 1)
2. 징계처분 사유 설명서   (갑제1호증의 2)
3. 징계의결서   (갑제1호증의 3)
4. 결정   (갑제2호증)
5. 징계의결요구서   (갑제3호증의 1)
6. 확인서   (갑제3호증의 2)
7. 국무총리표창장   (갑제4호증)
생략

첨 부 서 류

1. 위 입증서류 사본 2부
2. 소송위임장   1부
3. 담당변호사 지정서 1부
4. 소장 부본 1부 (생략)
생략

2014.   8.   12.

원고의 소송대리인 법무법인 희망

담당변호사 김환수

서울행정법원 귀중

> 제2강
위법심사형 헌법소원

【문제5 2】

1. 의뢰인 홍길동의 대리인 법무법인 희망의 이름으로 집회및시위에관한법률위반죄처벌
   의 근거 법률의 위헌 여부를 다투는 헌법소원심판청구서를 주어진 양식에 아래 사항
   을 준수하여 작성하시오. (50점)

   가. 청구인 및 대리인의 주소·연락처 등은 기재하지 말 것.

   나. 사건의 개요, 결론, 첨부서류 등은 기재하지 말 것.

   다. 심판청구인은 법령상 허용되는 가장 마지막 일자로 기재할 것.

---

5 2015. 1. 법무부에서 실시한 제4회 변호사시험 문제를 사용하였는데, 교육과 학습 목적을 위해 일부 수
  정, 삭제하였다.

헌법소원심판청구서 양식

헌법소원심판청구서

청구인

청구취지

당해사건

심판대상 법률조항

청구이유

Ⅰ. 사건의 개요 (기재 생략)
Ⅱ. 재판의 전제성
Ⅲ. 위헌이라고 해석되는 이유
Ⅳ. 결론 (기재 생략)

첨부서류 (기재 생략)

○○○○. ○○. ○○.

○○○　(인)

○○○○　귀중

법무법인 희망 내부회의록

일 시: 2014. 6. 9. 17:00 ~ 18:00
장 소: 법무법인 희망 소회의실
참석자: 김대승 변호사(송무팀장), 정환수 변호사

김변호사: 의뢰인 홍길동 씨를 위해 어떤 구제 절차를 생각하고 있나요?

정 변호사: 형사재판과 관련해서 처벌의 근거인 집회 및 시위에 관한 법률 조항에 대한 위헌법률
제청을 신청할 생각입니다.

김 변호사: 집시법 처벌규정에는 무슨 문제가 없나요?

정 변호사: 우선 사전신고제 자체는 문제가 없는 것 같습니다. 그런데 의뢰인의 경우처럼 법정시
한 내에 신고할 여지가 없이 촉박하게 이루어지는 집회에 대해서까지 사전신고를 의
무화하고 이를 위반한 경우 형사처벌까지 하는 것은 문제의 소지가 있습니다. 이에 대
한 검토가 필요한 것 같습니다.

김 변호사: 그렇군요. 또 다른 문제는 없습니까?

정 변호사: 의뢰인 말에 따르면 집회 당시 토요일이긴 해도 청계광장에 사람들이 많지 않았고, 다
른 행사나 집회가 개최되고 있지도 않아서 의뢰인 일행만이 차분한 분위기에서 집회
를 진행하였다고 합니다. 이와 같이 아무런 위험성이 없는 집회까지 단지 미신고였다
는 이유만으로 해산명령의 대상으로 볼 수 있는지 검토해봐야 할 것 같습니다.

김 변호사: 법원이 위헌제청 신청을 받아들이지 않을 것을 대비해서 헌법소원심판을 청구할 것까
지 검토해보시기 바랍니다. 쟁점이 많네요. 잘 검토해 주시기 바랍니다.

정 변호사: 네, 잘 알겠습니다.

김 변호사: 그럼, 이상으로 오늘 회의를 마치겠습니다. 끝.

대 리 인 선 임 서

사 건	위헌법류심판제청신청 및 헌법소원
원 고	홍길동
피 고	○○○

위 사건에 관하여 다음 표시 수임인을 소송대리인으로 선임하고, 다음 표시에서 정한
권한을 수여합니다.

수임인	법무법인 희망 서울 서초구 서초중앙로 30길 10 희망빌딩 2층 전화 02-555-1234 전송 02-555-5678
수권사항	1. 일체의 소송행위 1. 반소의 제기 및 용소, 상소의 제기, 동 취하 1. 소의 취하, 화해, 청구의 포기 및 인낙, 참가에 의한 탈퇴 1. 복대리인의 선임 1. 목적물의 수령 1. 공탁물의 납부, 공탁물 및 이자의 반환청구와 수령 1. 담보권의 행사 최고 신청, 담보 취소 신청, 동 신청에 대한 동의, 담보 취소결정 　정본의 수령, 동 취소결정에 대한 항고권 포기 1. 강제집행신청, 대체집행신청, 가처분, 가압류 등 보전처분과 관련한 모든 소송 　행위 1. 인지환급금의 수령에 관한 행위, 소송비용액확정결정신청 등 1. 등록사항별 증명서, 주민등록등·초본, 기타 첨부서류 발급에 관한 행위 1. 위헌법률심판제청신청 및 헌법소원심판청구와 관련된 모든 소송행위

2014.　6.　9.

위임인	홍 길 동 (인)

○ ○ ○ ○ 귀중

담 당 변 호 사 지 정 서

사 건	위헌법류심판제청신청 및 헌법소원
원 고	홍길동
피 고	○○○

위위 사건에 관하여 당 법인은 원고의 소송대리인으로서 변호사법 제50조 제1항에 따라 그 업무를 담당할 변호사를 다음과 같이 지정합니다.

담당변호사	변호사 정 환 수

2014. 6. 9.

법무법인   희 망
대표변호사 최 인 권

법무법인
희 망

서울 서초구 서초중앙로 30길 10 희망빌딩 2층
전화 02－555－1234 전송 02－555－5678

○ ○ ○ ○ **귀중**

서울중앙지방검찰청

2013. 12. 19.

사 건 번 호   2013형 제56789호
수 신 자   서울중앙지방법원
제　　목   **공소장**
　　　　　　검사 정의윤은 아래와 같이 공소를 제기하여 약식명령을 청구합니다.

Ⅰ. 피고인 관련사항 및 의견

피 고 인   홍길동 (710205-1255104), 42세

　　　　　　직업 공무원, 02-783-4796, 010-9977-5431

　　　　　　주거 서울 용산구 한강대로 67길 10 벽진아파트 101동 2309호

　　　　　　등록기준지 서울 강남구 개포동 506

죄　　명   **집회및시위에관한법률위반**

　　　　　　적용법조 집회 및 시위에 관한 법률 제22조 제2항, 제6조 제1항, 제24조 제5호, 제
　　　　　　20조 제2항, 제20조 제1항 제2호, 형법 제37조, 제38조, 형사소송법 제334조 제1항

변 호 인   없음

의　　견   벌 금 1,000,000(일백만) 원

　　　　　　　　(미결구금일수 1일, 1일 환산금액 50,000)

　　　　　　　　가납명령청구

Ⅱ. 공소사실

　피고인은, 안전행정부 소속 공무원인데, 동성애를 반대하는 모임인 '건강가족지킴회'의 부회장을 담당하던 중, 2013. 12. 13. 23:00경 서울시의회에서 동성애자를 비롯한 성소수자의 인권을 보호하는 인권조례안이 통과되었다는 소식을 접한 후 긴급히 집회를 개최하기로 결심하였다.

　피고인은 2013. 12. 14. 00:30경 서울 용산구 한강대로 67길 10 벽진아파트 101동 2309호 피고인의 집에서 피고인의 휴대전화를 이용하여 SNS(트위터)에 '금일 오후 2시 청계광장에서 개최하는 규탄대회에 참여해 달라.'는 취지로 글을 올려 '건강가족지킴회' 회원 등을 비롯한 팔로어들에게 집회사실을 알린 다음 14:00경 공소외 황재철 등 20명과 함께 서울 종로구 청계 1가에 있는 청계광장에서 '동성애 조례반대'라고 적힌 플래카드 1개와 '동성애 반대', '서울시장 퇴진' 등의 구호가 적힌 피켓 4개를 들고, 소형휴대마이크 1개를 동원하여 '동성애 반대'와 '건전사회 유지' 등

의 구호를 제창하면서 미신고 집회를 주최하였다.

이에 종로경찰서장으로부터 권한을 부여받은 같은 경찰서 경비계장은 미신고 집회를 이유로 14:35경 자진해산을 요청하였고, 자진해산 요청을 따르지 아니하자 이에 경비계장이 계속하여 14:45경 1차 해산명령을, 14:55경 2차 해산명령을, 15:05경 3차 해산명령을 각 발하였음에도 피고인 등 집회참가자들은 지체없이 해산하지 아니하였다.

검사 정 의 윤 ㉑

서울중앙지방법원

약 식 명 령

사   건   2013고약46926   집회및시위에관한법률위반
              (2013형제56789)

피 고 인   홍길동 (710205－1255104), 공무원
              주   거   서울 용산구 한강대로 67길 10 벽진아파트 101동 2309호
              등록기준지   서울 강남구 개포동 506

주 형 과   피고인을 벌금 1,000,000(일백만)원에 처한다.

부수처분   위 벌금을 납입하지 아니하는 경우 금 50,000(오만)원을 1일로 환산한 기간 노역장
              에 유치한다.

범죄사실   별지기재와 같다.

적용법령   집회 및 시위에 관한 법률 제22조 제2항, 제6조 제1항, 제24조 제5호, 제20조 제2항,
              제20조 제1항 제2호 각 벌금형 선택), 형법 제37조, 제38조, 제70조, 제69조 제2항.

검사 또는 피고인은 이 명령등본을 송달받은 날로부터 7일 이내에 정식재판을 청구할 수 있습니다.

2013.   12.   27.

판 사   홍 수 지 ㉑

범 죄 사 실

　피고인은 안전행정부 소속 공무원인데, 동성애를 반대하는 모임인 '건강가족지킴회'의 부회장을 담당하던 중, 2013. 12. 13. 23:00경 서울시의회에서 동성애자를 비롯한 성소수자의 인권을 보호하는 인권조례안이 통과되었다는 소식을 접한 후 긴급히 집회를 개최하기로 결심하였다.

　피고인은 2013. 12. 14. 00:30경 서울 용산구 한강대로 67길 10 벽진아파트 101동 2309호 피고인의 집에서 피고인의 휴대전화를 이용하여 SNS(트위터)에 '금일 오후 2시 청계광장에서 개최하는 규탄대회에 참여해 달라.'는 취지로 글을 올려 '건강가족지킴회' 회원 등을 비롯한 팔로어들에게 집회사실을 알린 다음 14:00경 공소외 황재철 등 20명과 함께 서울 종로구 청계 1가에 있는 청계광장에서 '동성애 조례반대'라고 적힌 플래카드 1개와 '동성애 반대', '서울시장 퇴진' 등의 구호가 적힌 피켓 4개를 들고, 소형휴대마이크 1개를 동원하여 '동성애 반대'와 '건전사회 유지' 등의 구호를 제창하면서 미신고 집회를 주최하였다.

　이에 종로경찰서장으로부터 권한을 부여받은 같은 경찰서 경비계장은 미신고 집회를 이유로 14:35경 자진해산을 요청하였고, 자진해산 요청을 따르지 아니하자 이에 경비계장이 계속하여 14:45경 1차 해산명령을, 14:55경 2차 해산명령을, 15:05경 3차 해산명령을 각 발하였음에도 피고인 등 집회참가자들은 지체없이 해산하지 아니하였다.

서울중앙지방법원

결 정

사 건	2014초기173 위헌제청신청
신 청 인	홍길동
	서울 용산구 한강대로 67길 10 벽진아파트 101동 2309호
	(이하 생략)
당해사건	서울중앙지방법원 2014고단12345 집회및시위에관한법률위반

주 문

신청인의 위헌법률심판제청신청을 모두 기각한다.

이 유

(생략)

그렇다면 이 사건 신청은 이유 없으므로 모두 기각하기로 하여 주문과 같이 결정한다.

2014.   9.   22.

판 사 노 준 혁 ㊞

송달증명원

사 건	2014초기173 위헌제청신청
신 청 인	홍길동
피신청인	

위 사건에 관하여 (판결, 결정, 명령, 화해조서, 인낙조서, 조정조서, 기타:)에 대한 아래의 신청에 따른 제 증명을 발급하여 주시기 바랍니다.

2014.   9.   30.

신청인 홍 길 동 (인)

신청할 제 증명 사항을 신청번호에 ○표 하시고,
필요한 통수와 발급 대상자의 성명을 기재합니다.

신청 번호	발급 통수	신청의 종류	비 고
1		집행문부여	
②	1	송달증명	2014. 9. 26. 송달
3		확정증명	
4		승계증명	
5		재판서·조서의 정본·등본·초본	

서울행정법원 귀중

위 증명문서를 틀림없이 수령하였습니다.	2014. 9. 30.	수령인 홍 길 동 (인)

피 의 자 신 문 조 서

피 의 자: 홍 길 동

   위의 사람에 대한 집회및시위에관한법률위반 피의사건에 관하여 2013. 12. 17. 서울종로경찰서에서 사법경찰관 경위 권지훈은 사버경찰리 경사 오성문을 참여하게 하고, 아래와 같이 피의자임에 틀림없음을 확인하다.

문   피의자의 성명, 주민등록번호, 직업, 주거, 등록기준지 등을 말하시오.
답   성명은   홍 길 동(洪吉東)
         주민등록번호는   710205－1255104 (42세)
         직업은   공무원
         주거는   서울 용산구 한강대로 67길 10 벽진아파트 101동 2309호
         등록기준지는   서울 강남구 개포동 506
         직장주소는   서울 종로구 세종로 1 정부중앙청사 안전행정부
         연락처는   휴대전화 010－9977－5431
         입니다.

사법경찰관은 피의사건의 요지를 설명하고 사법경찰관의 신문에 대하여 형사소송법 제244조의3에 따라 진술을 거부할 수 있는 권리 및 변호인의 참여 등 조력을 받을 권리가 있음을 피의자에게 알려주고 이를 행사할 것인지 그 의사를 확인한다.

진술거부권 및 변호인 조력권 고지 등 확인

1. 귀하는 일체의 진술을 하지 아니하거나 개개의 질문에 대하여 진술을 하지 아니할 수 있습니다.
2. 귀하가 진술을 하지 아니하더라도 불이익을 받지 아니합니다.
3. 귀하가 진술을 거부할 권리를 포기하고 행한 진술은 법정에서 유죄의 증거로 사용될 수 있습니다.
4. 귀하가 신문을 받을 때에는 변호인을 참여하게 하는 등 변호인의 조력을 받을 수 있습니다.

문: 피의자는 위와 같은 권리들이 있음을 고지 받았는지요.
답: 예. 고지 받았습니다.

문: 피의자는 진술거부권을 행사할 것인가요.
답: 아닙니다.

문: 피의자는 변호인의 조력을 받을 권리를 행사할 것인가요.
답: 아닙니다. 혼자서 조사를 받겠습니다.

이에 사법경찰관은 피의사실에 관하여 다음과 같이 피의자를 신문하다.

문: 피의자는 전과가 있나요.
답: 없습니다.

문: 피의자의 병역관계를 말하시오.
답: 저는 대학 1년을 마치고 현역으로 입대하여 복무를 마치고 제대하였습니다.

문: 학력 관계를 말하시오.
답: 한국대학교 4학년을 졸업했습니다.

문: 가족관계를 말하시오.
답: 위 주거지에서 처 이귀순 42세, 용산과학고 2학년인 자 홍우식 16세와 함께 살고 있습니다.
      형제가 없기 때문에 제가 시골 고향에 계신 80세 부모님에게 매달 용돈을 드리고 있어 부
      모님을 사실상 부양하고 있습니다.

문: 피의자의 경력은 어떠한가요.
답: 저는 대학을 졸업한 후 7급 공무원시험에 합격하여 1997. 3. 1. 임용된 이래, 2005. 10. 3.
      6급으로 승진, 2012. 5. 3. 5급 사무관으로 승진하였고, 현재 지방자치지원과에 근무하고
      있습니다.

문: 재산관계를 말하시오.
답: 제 소유 벽진아파트 4억여 원이 있으나 은행융자금이 2억 원 가량 있고, 월수입 420만 원
      정도로 생활하고 있습니다.

문: 피의자는 술과 담배를 어느 정도 하는가요.
답: 주량은 소주로 반 병 정도 마시고 담배는 피우지 않습니다.

문: 피의자의 건강상태를 말하시오.
답: 건강상태는 양호한 편이고 신장은 173센티, 몸무게 74킬로, 혈액형은 O형입니다.

문: 피의자는 믿는 종교가 있는가요.
답: 없습니다.

문: 피의자는 이 조사를 받는 계기가 된 집회를 주최한 사실이 있나요.
답: 예.

문: 언제, 어느 곳에서 열린 집회를 주최했나요.
답: 2013. 12. 14. 토요일이었고, 서울 종로구 청계1가에 있는 청계광장에서입니다.
      시간은 점심 먹고 나서 오후 2시경부터입니다.

문: 어떤 경위로 집회에 참가하게 되었나요.

답: 우리나라에서 동성애를 허용해서는 정말 큰일납니다. 그런데 어찌된 셈인지 서울시의회가 동성애자를 비롯한 성소수자의 인권을 보호한다는 인권조례안을 2013. 12. 13. 금요일 밤 11시경에 의결하여 통과시켰고, 뉴스에서는 서울시장이 월요일 오전에 이를 공포한다고 하였습니다. 그 소식을 듣고 이런 일이 있나 싶어, 조례가 공포되기 전에 동성애반대의 번개모임을 가져야 하겠다고 결심했습니다. 그래서 12. 14. 00:30경 '오후 2시에 청계광장에서 동성애 반대와 인권조례통과를 규탄하는 성격의 모임을 갖자.'라고 제 트위터 계정에 글을 올렸습니다.

문: 결국 그 글이 원인이 되어 이사건 집회가 개최된 것이네요.

답: 예. 맞습니다. 사실상 제가 주최한 것입니다.

문: 그 집회에는 어떤 사람들이 몇 명 정도 참석하였나요.

답: 제가 동성애 반대모임인 '건강가족지킴회'의 부회장직을 맡고 있습니다. 그 트윗글은 위 모임의 회원들이나 그 외 제 팔로어들에게 트윗되었는데, 청계광장 집회에 나온 사람들을 보니 대체로 '건강가족지킴회'의 회원들이었습니다. 몇 명의 다른 사람들도 참여하여 얼추 20명 정도 모였던 것 같습니다.

문: 그 집회를 하는데 필요한 신고를 하지 않은 것은 사실이지요.

답: 꼭 그런 것은 아닙니다. 아침에 일어나 외출준비를 마친 뒤 집을 나서, 아마 10시경 되었을 겁니다.
종로경찰서에 가서 집회에 필요한 신고서류를 작성하여 제출하였더니, 담당자는 집회시간으로부터 48시간 전이 아니라는 이유로 못 받겠다고 하더군요.

문: 집회에서의 상황을 소상하게 말해보세요.

답: 우리 회원들이 각자 급하게 준비해 온 '동성애 조례 반대'라는 플래카드가 걸렸고, '동성애 반대' '나 '서울시장 퇴진'이라고 적은 종이 피켓 4개가 있어 이를 회원들이 들고 집회했습니다. 누구랄 것 없이 한 사람씩 나서 소형휴대용 마이크로 동성애 반대에 관한 소신들을 피력하고, 간간히 '동성애반대', '건전사회 유지' 같은 구호를 선창하면 나머지 사람들은 이를 따라 했습니다. 뭐 특별한 것 없이 그냥 동호회 회원들이 모여 어떤 일을 의논하는 것 같은 모양이었습니다.

문: 집회 중에 경찰이 미신고집회이므로 집회를 그만둬 달라고 요청한 사실을 기억하나요.
답: 예.

문: 그래서 집회가 종료되었나요.
답: 아닙니다. 그때 저희들 생각으로는 무슨 피크닉에 온 것처럼 가벼운 마음으로 집회에 참석하고 때때로 구호를 제창한 것뿐인데, 민주국가에서 이 정도 모임을 하는 것에까지 경찰이 개입한다는 것은 지나치다고 보았습니다. 그래서 별일이야 있겠나 하는 가벼운 마음으로 계속 집회를 이어갔습니다.

문: 종로경찰서 경비계장이 처음 14:35경 자진해산요청을 하였고, 그후 14:45경 1차 해산명령을, 14:55경 2차 해산명령을, 15:05경 3차 해산명령을 각 발한 사실을 알고 있는가요.
답: 정확한 시간에 대한 기억은 없으나 경찰에서 계속 해산명령을 내린 것은 맞습니다. 아마 물으신 대로 그렇게 경찰에서 한 것이 맞을 것입니다.

문: 해산명령에 따라 해산하였나요.
답: 아까도 말했지만 이런 정도의 집회에 당국이 간섭한다는 것이 어이없게 느껴져 이에 따르지 않았습니다. 집회를 계속함에 따라 점차 사라지고 시간이 바쁜 사람은 가고 그러고 하여 대충 10명 정도가 남았는데, 경찰이 저희들을 갑자기 모두 연행했습니다.

문: 이상의 진술이 사실인가요.
답: 예.

문: 더 하고 싶은 말이 있나요.
답: 한 가지는 꼭 더 말하고 싶군요. 민주법치국가에서 이런 일상적인 집회에까지 당국이 그토록 민감하게 반응할 필요가 있을까요. 아무쪼록 선처를 바랍니다.

문: 조서에 진술한 대로 기재되지 아니하였거나 사실과 다른 부분이 있는가요.
답: 없습니다.

위 조서를 진술자에게 열람하게 한바, 진술한 대로 오기나 증감, 변경할 것이 전혀 없다고 말하므로 간인한 후 서명 날인케 하다.

진술자　홍 길 동 (인)

2013년　　12월　　17일

서울종로경찰서

사법경찰관
　　경위 권 지 훈 (인)
사법경찰리
　　경사 오 성 문 (인)

헌법소원심판청구서 초안

적법요건

1) 대상   집회및시위에 관한 법률(2007. 5. 11. 법률 제8424호로 전부 개정된 것) 제22조 제2항 중 제6항 제1항

집회및시위에 관한 법률(2007. 5. 11. 법률 제8424호로 전부 개정된 것) 제24조 제5호 중 제20조 제2항 제1항 제2호 중 제6조 제1항에 따른 신고를 하지 아니한 집회 한정위헌 청구의 적법성 문제 발생

헌결 2012. 12. 27. 2011헌바117 [구 특정범죄 가중처벌 등에 관한 법률 제2조 제1항 위헌소원 등]
법률의 의미는 결국 개별·구체화된 법률해석에 의해 확인되는 것이므로 법률과 법률의 해석을 구분할 수는 없고, 재판의 전제가 된 법률에 대한 규범통제는 해석에 의해 구체화된 법률의 의미와 내용에 대한 헌법적 통제로서 헌법재판소의 고유권한이며, 헌법합치적 법률해석의 원칙상 법률조항 중 위헌성이 있는 부분에 한정하여 위헌결정을 하는 것은 입법권에 대한 자제와 존중으로서 당연하고 불가피한 결론이므로, 이러한 한정위헌결정을 구하는 한정위헌청구는 원칙적으로 적법하다고 보아야 한다. 다만, 재판소원을 금지하는 헌법재판소법 제68조 제1항의 취지에 비추어, 개별·구체적 사건에서 단순히 법률조항의 포섭이나 적용의 문제를 다투거나, 의미있는 헌법문제에 대한 주장없이 단지 재판결과를 다투는 헌법소원 심판청구는 여전히 허용되지 않는다. [한정위헌 청구의 적법성]

재판관 이진성, 재판관 김창종, 재판관 강일원의 반대의견
한정위헌청구를 원칙적으로 적법하다고 하여 받아들이더라도, 심판의 대상범위를 '법원의 해석'으로 한정한 것은 규범통제제도로서 지니는 헌법재판의 객관적 법질서보호라는 특성에 부합하지 않고, 합헌 또는 단순위헌결정을 하게 될 경우 당사자가 청구한 것과 달리 판단하게 되므로 결론에 따라 심판대상이 달라지는 문제점이 있으며, 결국 법원의 재판을 심판대상으로 하는 것으로 재판소원을 금지하는 헌법재판소법 규정에 저촉되어 허용되기 어렵다.

헌결 2015. 12. 23. 2013헌바194 [행정소송법 제34조 제1항 위헌소원]
이 사건 법률조항은 간접강제결정의 근거조항으로서 법원이 당사자의 신청에 따라 행정청에

대하여 판결 취지에 따른 재처분을 하도록 간접강제결정을 할 수 있는 권한을 부여한 것일 뿐, 간접강제결정에 따른 배상금의 법적 성격이나 이미 발생한 배상금의 추심 여부에 대해서는 규율하고 있지 않다. 법원이 간접강제 배상금의 법적 성격을 심리적 강제수단에 불과하다고 해석하는 것은 이 사건 법률조항에 규정되었거나 이 사건 법률조항의 해석 결과로 도출된 것이 아니라 간접강제 결정의 집행력에 대한 법원의 판단에 의한 것이므로, 청구인의 주장취지는 이 사건 법률조항 또는 이 사건 법률조항의 해석 부분의 위헌성을 다투는 것이 아니라 간접강제결정 이후 발생한 배상금의 법적 성격에 대한 법원의 해석이나 재판결과를 다투는 것에 불과하므로, 이 사건 심판청구는 헌법재판소법 제68조 제2항에 따른 헌법소원으로는 부적법하다. [법원의 간접강제결정을 심리적 강제수단에 불과하다고 해석하는 것의 위헌확인을 구하는 청구가 적법한지 여부(소극)]

헌결 2015. 4. 30. 2012헌바95·261, 2013헌가26, 2013헌바77·78·192·264·344, 2014헌바100·241, 2015헌가7(병합) [국가보안법 제7조 제1항 등 위헌소원 등]
반국가단체 조항의 반국가단체에 북한이 포함된다고 해석하는 것이 헌법에 위반된다는 취지의 주장은 사실인정 내지 법률조항의 포섭·적용, 법원의 법률해석이나 재판결과를 다투는 것에 불과하여 현행의 규범통제제도에 어긋나므로, 반국가단체 조항에 대한 심판청구는 부적법하다.

2) 재판의 전제성   ① 구체적 사건이 법원에 계속 중 [서울중앙지방법원 2014고단12345 집회 및시위에 관한 법률 위반]
② 위헌 여부가 문제되는 법률이 당해 소송사건의 재판에 적용되는 것 [처벌의 근거법률]
③ 법률이 헌법에 위반되는지 여부에 따라 당해 사건을 담당하는 법원이 다른 내용의 재판을 하게 되는 경우(다른 재판이란 원칙적으로 법원이 심리 중인 당해 사건의 재판의 주문을 달리하게 되는 경우 및 재판의 내용이나 효력에 관한 법률적 의미가 달라지는 경우) [위헌이면 무죄 가능]

3) 위헌법률제청신청과 법원의 기각결정   2014. 9. 22. 위헌법률제청신청 기각결정

4) 청구기간   기각 통지일로부터 30일 이내 [송달증명원]
2014. 9. 26. 기각결정 송달, 2014. 10. 27.

5) 기타   변호사 강제주의

위 헌

1. 미신고집회 주최자 처벌 조항의 위헌성

　　가. 집회 및 결사의 자유[6]

　　사전신고는 헌법 제21조 제2항의 허가제에 해당되지 않음.

　　긴급집회와 신고의무 부과의 문제점

　　나. 신고의무 조항의 위헌성

　　　　1) 기본권과 과잉금지의 원칙 위반 여부

　　　　　　가) 제한되는 기본권

　　　　　　　　집회의 자유(헌법 제21조 제1항)

　　　　　　나) 과잉금지의 원칙

　　　　　　　　목적의 적당성:

　　　　　　　　수단의 적정성:

　　　　　　　　침해의 최소성:

　　　　　　　　법익의 균형성:

　　　　2) 평등권(제11조)과 자의금지의 원칙 위반 여부(해당사항 없음)

　　　　3) 형식: 명확성의 원칙 위반 여부 등

　　집회의 개념이 불분명. 제2조에서 '시위[7]'와 달리 '집회'를 규정하지 않음.

　　다. 미신고 집회자 처벌 조항의 위헌성

　　신고의무는 행정법상 협력의무, 행정질서벌(과태료)로 충분, 과잉형벌

헌결 2014. 1. 28. 2011헌바174·282·285, 2012헌바39·64·240(병합) [집회 및 시위에 관한 법률 제22조 제2항 등 위헌소원 등]

집회 및 시위에 관한 법률(2007. 5. 11. 법률 제8424호로 개정된 것, '집회시위법') 제22조 제2항 중 제6조 제1항 본문에 관한 부분(심판대상조항)

[1] 일반적으로 집회는 일정한 장소를 전제로 하여 특정 목적을 가진 다수인이 일시적으로 회

---

6 제21조 ① 모든 국민은 언론·출판의 자유와 집회·결사의 자유를 가진다.
　② 언론·출판에 대한 허가나 검열과 집회·결사에 대한 허가는 인정되지 아니한다.
7 제2조(정의) 이 법에서 사용하는 용어의 뜻은 다음과 같다.
　1. "옥외집회"란 천장이 없거나 사방이 폐쇄되지 아니한 장소에서 여는 집회를 말한다.
　2. "시위"란 여러 사람이 공동의 목적을 가지고 도로, 광장, 공원 등 일반인이 자유로이 통행할 수 있는 장소를 행진하거나 위력 또는 기세를 보여, 불특정한 여러 사람의 의견에 영향을 주거나 제압을 가하는 행위를 말한다.

합하는 것을 말하는 것으로 일컬어지고 있고, 그 공동의 목적은 '내적인 유대 관계'로 족하다. 건전한 상식과 통상적인 법감정을 가진 사람이면 위와 같은 의미에서 집회시위법상 '집회'가 무엇을 의미하는지를 추론할 수 있으므로, 심판대상조항의 '집회'의 개념이 불명확하다고 볼 수 없다. ['집회' 개념이 불명확하여 죄형법정주의 명확성원칙에 위배되는지 여부(소극)]

[2] 집회시위법의 사전신고는 경찰관청 등 행정관청으로 하여금 집회의 순조로운 개최와 공공의 안전보호를 위하여 필요한 준비를 할 수 있는 시간적 여유를 주기 위한 것으로서, 협력의무로서의 신고이다. 집회시위법 전체의 규정 체제에서 보면 집회시위법은 일정한 신고절차만 밟으면 일반적·원칙적으로 옥외집회 및 시위를 할 수 있도록 보장하고 있으므로, 집회에 대한 사전신고제도는 헌법 제21조 제2항의 사전허가금지에 위배되지 않는다. [옥외집회·시위의 사전신고제도를 규정한 심판대상조항이 헌법 제21조 제2항의 사전허가금지에 위배되는지 여부(소극)]

[3] 심판대상조항의 신고사항은 여러 옥외집회·시위가 경합하지 않도록 하기 위해 필요한 사항이고, 질서유지 등 필요한 조치를 할 수 있도록 하는 중요한 정보이다. 옥외집회·시위에 대한 사전신고 이후 기재사항의 보완, 금지통고 및 이의절차 등이 원활하게 진행되기 위하여 늦어도 집회가 개최되기 48시간 전까지 사전신고를 하도록 규정한 것이 지나치다고 볼 수 없다. 헌법 제21조 제1항을 기초로 하여 심판대상조항을 보면, 미리 계획도 되었고 주최자도 있지만 집회시위법이 요구하는 시간 내에 신고를 할 수 없는 옥외집회인 이른바 '긴급집회'의 경우에는 신고가능성이 존재하는 즉시 신고하여야 하는 것으로 해석된다. 따라서 신고 가능한 즉시 신고한 긴급집회의 경우에까지 심판대상조항을 적용하여 처벌할 수는 없다. 따라서 심판대상조항이 과잉금지원칙에 위배하여 집회의 자유를 침해하지 아니한다. [심판대상조항이 과잉금지원칙에 위배되어 집회의 자유를 침해하는지 여부(소극)]

[4] 미신고 옥외집회의 주최는 신고제의 행정목적을 침해하고 공공의 안녕질서에 위험을 초래할 개연성이 높으므로, 이에 대하여 행정형벌을 과하도록 한 심판대상조항이 집회의 자유를 침해한다고 할 수 없고, 그 법정형이 입법재량의 한계를 벗어난 과중한 처벌이라고 볼 수 없으므로, 과잉형벌에 해당하지 아니한다. [심판대상조항이 과잉형벌에 해당하는지 여부(소극)]

재판관 이정미, 재판관 김이수, 재판관 이진성, 재판관 강일원의 반대의견
집회시위법은 사전신고 요건을 충족시키기 어려운 긴급집회의 경우에 그 신고를 유예하거나 즉시 신고로서 옥외집회를 가능하게 하는 조치를 전혀 취하고 있지 않다. 긴급집회의 경우 수범자에게 집회를 개최하려고 마음먹은 때부터 집회 시까지 48시간을 초과하지 못하여 집회시위법 제6조 제1항에 따른 신고를 부담하는지, 부담한다면 언제 신고를 하여야 하는지가 분명

하다고 할 수 없다. 따라서 심판대상조항이 긴급집회에 대해 어떠한 예외도 규정하지 않고 모든 옥외집회에 대해 사전신고를 의무화하는 것은 과잉금지원칙에 위배되어 청구인들의 집회의 자유를 침해한다.

집회에 대한 신고의무는 단순한 행정절차적 협조의무에 불과하고, 그러한 협조의무의 이행은 과태료 등 행정상 제재로도 충분히 확보 가능함에도 심판대상조항이 징역형이 있는 형벌의 제재로 신고의무의 이행을 강제하는 것은 헌법상 집회의 자유를 전체적으로 위축시키는 결과를 가져올 수 있고, 이는 신고제도의 본래적 취지에 반하여 허가제에 준하는 운용을 가능하게 하는 것이다. 미신고 옥외집회 주최자를 집회시위법상 금지되는 집회 또는 시위의 주최자와 동일하게 처벌하는 것은 법익침해의 정도가 질적으로 현저히 다른 것을 동일하게 처벌하는 것으로 국가형벌권 행사에 관한 법치국가적 한계를 넘어 지나치게 과중한 형벌을 규정한 것이다.

2. 미신고집회 해산명령 불응 처벌 조항의 위헌성

　　가. 집회 및 결사의 자유

　　평화집회와 해상명령의 문제점

　　나. 미신고집회 해산명령 조항의 위헌성

　　　　1) 기본권과 과잉금지의 원칙 위반 여부

　　　　　가) 제한되는 기본권

　　　　　　　집회의 자유(헌법 제21조 제1항)

　　　　　나) 과잉금지의 원칙

　　　　　　　목적의 적당성:

　　　　　　　수단의 적정성:

　　　　　　　침해의 최소성:

　　　　　　　법익의 균형성:

　　　　2) 평등권(제11조)과 자의금지의 원칙 위반 여부(해당사항 없음)

　　　　3) 형식: 명확성의 원칙 위반 여부 등(해당사항 없음)

　　다. 미신고집회 해산명령 불응자 처벌 조항의 위헌성

　　행정질서벌(과태료)로 충분, 과잉형벌

대판 2012.4.19. 선고 2010도6388(전원) [국가공무원법위반·집회및시위에관한법률위반] 〈전교조 시국선언 사건[8]〉
집회 및 시위에 관한 법률상 미신고 옥외집회 또는 시위라는 이유만으로 해산을 명하고 이에 불응하였다고 하여 처벌할 수 있는지 여부(소극)

---

8 판결요지 [1] 공무원인 교원이 집단적으로 행한 의사표현행위가 국가공무원법 제66조 제1항에서 금지하는 '공무 외의 일을 위한 집단행위'에 해당하는 경우 및 그 판단 기준 [2] 교사인 피고인들이 전국교직원노동조합 간부들과 공모하여 2009년 1, 2차 시국선언과 '교사·공무원 시국선언 탄압 규탄대회'를 추진하고 적극적으로 관여하여 '공무 외의 일을 위한 집단행위'를 하였다고 하여 구 국가공무원법 위반으로 기소된 사안에서, 위 행위가 같은 법 제66조 제1항에서 금지하는 '공무 외의 일을 위한 집단행위'에 해당한다는 이유로, 피고인들에게 유죄를 인정한 원심판단을 정당하다고 한 사례

[1] [다수의견] 공무원인 교원의 경우에도 정치적 표현의 자유가 보장되어야 하지만, 공무원의 정치적 중립성 및 교육의 정치적 중립성을 선언한 헌법정신과 관련 법령의 취지에 비추어 정치적 표현의 자유는 일정한 범위 내에서 제한될 수밖에 없고, 이는 헌법에 의하여 신분이 보장되는 공무원인 교원이 감수하여야 하는 한계이다. 더구나 공무원인 교원의 정치적 표현행위가 교원의 지위를 전면에 드러낸 채 대규모로 집단적으로 이루어지는 경우에는 그것이 교육현장 및 사회에 미치는 파급력을 고려한 평가가 요구된다. 따라서 공무원인 교원이 집단적으로 행한 의사표현행위가 국가공무원법이나 공직선거법 등 개별 법률에서 공무원에 대하여 금지하는 특정의 정치적 활동에 해당하는 경우나, 특정 정당이나 정치세력에 대한 지지 또는 반대의사를 직접적으로 표현하는 등 정치적 편향성 또는 당파성을 명백히 드러내는 행위 등과 같이 공무원인 교원의 정치적 중립성을 침해할 만한 직접적인 위험을 초래할 정도에 이르렀다고 볼 수 있는 경우에, 그 행위는 공무원인 교원의 본분을 벗어나 공익에 반하는 행위로서 공무원의 직무에 관한 기강을 저해하거나 공무의 본질을 해치는 것이어서 직무전념의무를 해태한 것이라 할 것이므로, 국가공무원법 제66조 제1항에서 금지하는 '공무 외의 일을 위한 집단행위'에 해당한다고 보아야 한다. 여기서 어떠한 행위가 정치적 중립성을 침해할 만한 직접적인 위험을 초래할 정도에 이르렀다고 볼 것인지는 일률적으로 정할 수 없고, 헌법에 의하여 정치적 중립성이 요구되는 공무원 및 교원 지위의 특수성과 아울러, 구체적인 사안에서 당해 행위의 동기 또는 목적, 시기와 경위, 당시의 정치적·사회적 배경, 행위 내용과 방식, 특정 정치세력과의 연계 여부 등 당해 행위와 관련된 여러 사정을 종합적으로 고려하여 판단하여야 한다. [대법관 박일환, 대법관 전수안, 대법관 이인복, 대법관 이상훈, 대법관 박보영의 반대의견] 국가공무원법 제66조 제1항에 위반되는 행위가 되려면 우선 그것이 '공익에 반하는 목적을 위한 행위'여야 한다. 여기서 '공익에 반한다'는 것은, 그 의미가 포괄적·추상적·상대적이어서 법 집행기관의 통상적 해석을 통하여 그 내용을 객관적으로 확정하기가 어려우므로, 그러한 측면에서 죄형법정주의의 명확성 원칙에 어긋나지 않고 헌법상 보장된 표현의 자유와 조화를 이루기 위해서는 제한적으로 해석하여야 하고, 이때 국가공무원법 제66조 제1항을 둔 취지도 이러한 제한해석의 기준이 될 수 있다. 결국 '공익에 반하는 목적'의 존재는, 당해 집단행위가 국민전체와 공무원 집단 사이에서로 이익이 충돌하는 경우 공무원 집단의 이익을 대변함으로써 국민전체의 이익추구에 장애를 초래하는 등 공무수행에 대한 국민의 신뢰를 현저히 훼손하거나 민주적·직업적 공무원제도의 본질을 침해하는 경우에 한정하여 인정하여야 한다. 그리고 '공익에 반하는 목적을 위한 행위'라는 개념에는 국가공무원법 제66조 제1항을 둔 취지에 따른 내재적 제한이 있을 뿐만 아니라, 그러한 행위가 '직무전념의무를 해태하는 등의 영향을 가져오는 집단적 행위'라는 또 다른 요건을 갖추지 않은 경우에는 국가공무원법 제66조 제1항이 금지하는 행위라 할 수 없다.

[2] [다수의견] 교사인 피고인들이 전국교직원노동조합(이하 '전교조'라고 한다) 본부 및 지부 간부들과 공모하여, 2009년 정부의 정책과 국정운영을 비판하고 국정쇄신을 촉구하는 내용의 제1차 시국선언(이하 '1차 시국선언'이라고 한다) 및 그에 뒤이어 표현의 자유 보장과 시국선언 탄압 중지 등을 요구하는 내용의 제2차 시국선언(이하 '2차 시국선언'이라고 한다)과 '교사·공무원 시국선언 탄압

[다수의견] 집회의 자유가 가지는 헌법적 가치와 기능, 집회에 대한 허가 금지를 선언한 헌법정신, 옥외집회 및 시위에 관한 사전신고제의 취지 등을 종합하여 보면, 신고는 행정관청에 집회에 관한 구체적인 정보를 제공함으로써 공공질서의 유지에 협력하도록 하는 데 의의가 있는 것으로 집회의 허가를 구하는 신청으로 변질되어서는 아니 되므로, 신고를 하지 아니하였다는 이유만으로 옥외집회 또는 시위를 헌법의 보호 범위를 벗어나 개최가 허용되지 않는 집회 내지 시위라고 단정할 수 없다. 따라서 집회 및 시위에 관한 법률(이하 '집시법'이라고 한다) 제20조 제1항 제2호가 미신고 옥외집회 또는 시위를 해산명령 대상으로 하면서 별도의 해산 요건을 정하고 있지 않더라도, 그 옥외집회 또는 시위로 인하여 타인의 법익이나 공공의 안녕질서에 대한 직접적인 위험이 명백하게 초래된 경우에 한하여 위 조항에 기하여 해산을 명할 수

규탄대회'(이하 '규탄대회'라고 한다)를 추진하고 적극적으로 관여하여 '공무 외의 일을 위한 집단행위'를 하였다고 하여 구 국가공무원법(2010. 3. 22. 법률 제10148호로 개정되기 전의 것, 이하 '국가공무원법'이라고 한다) 위반으로 기소된 사안에서, 1, 2차 시국선언의 목적, 시기와 경위, 내용, 추진 방식과 그 영향 및 초·중등학교 교원 지위의 특수성 등 여러 사정을 종합하면, 위 행위는 공무원인 교원의 정치적 중립성을 침해할 만한 직접적인 위험을 초래할 정도의 정치적 편향성 또는 당파성을 명확히 드러낸 행위이고, 이는 공무원인 교원의 본분을 벗어나 공익에 반하는 행위로서 공무원의 직무에 관한 기강을 저해하거나 공무의 본질을 해치는 것이어서 직무전념의무를 해태한 것이므로 국가공무원법 제66조 제1항에서 금지하는 '공무 외의 일을 위한 집단행위'에 해당한다는 이유로, 피고인들에게 유죄를 인정한 원심판단을 정당하다고 한 사례. [대법관 박일환, 대법관 전수안, 대법관 이인복, 대법관 이상훈, 대법관 박보영의 반대의견] 1, 2차 시국선언은 유사한 시국선언이 나오고 있는 과정에서 특정 사안에 관한 정부의 정책이나 국정운영 등에 대한 비판 내지 반대의사를 표시하면서 그 개선을 요구한 것이거나 그에 관련된 표현의 자유를 보장해 줄 것을 요구한 것으로, 헌법이 국민 누구에게나 보장한 기본권인 표현의 자유를 행사한 것일 뿐이며, 이와 같은 표현의 자유는 헌법이 지향하는 자유민주적 기본질서의 기본 전제가 되는 것이므로, 이는 시국선언의 주체인 '전교조 소속 교사들이나 시국선언에 동참한 교사들' 집단의 이익을 대변하기 위한 것으로 볼 수 없고, 그 이익을 대변함으로써 국민전체의 이익추구에 장애가 되는 것도 아니며, 그것이 공무수행에 대한 국민의 신뢰를 현저히 훼손하거나 민주적·직업적 공무원제도의 본질을 침해하는 것으로 볼 수도 없다. 요컨대 피고인들이 1, 2차 시국선언에 관여한 행위는 국가공무원법 제66조 제1항이 금지하는 집단행위에 해당한다고 볼 '공익에 반하는 목적을 위한 행위'가 아니고 '직무전념의무를 해태하는 등의 영향을 가져오는 집단적 행위'도 아니므로, 그 조항이 금지하고 있는 '공무 외의 일을 위한 집단행위'에 해당하지 않는다. [대법관 신영철의 반대의견] 1차 시국선언에 관하여는 다수의견과 같이 그 선언을 하게 된 동기가 정치적이고, 선언의 시점도 정치적 상황과 직접 연계되어 있으며, 선언문의 내용도 공무원인 교원의 정치적 중립성을 훼손하는 것인 점 등에 비추어 볼 때, 피고인들이 1차 시국선언에 대한 동참자의 결집에 주도적으로 관여한 행위는 국가공무원법에서 금지하는 공무 외의 일을 위한 집단적 행동에 해당한다. 그러나 2차 시국선언은 주된 동기 내지 목적이 교사들에 대한 형사고발 또는 징계조치의 철회 요구에 있고, 그 외에 1차 시국선언과 같은 정치적 의도나 목적이 있었다고 보기 어려우며, 그 내용도 정부의 강경 대응과 교육정책 일반을 비판하고 교사들의 표현의 자유를 보장하여 줄 것을 촉구하는 것인 점 등에 비추어, 2차 시국선언은 1차 시국선언에 참여한 교사들에 대한 형사고발 또는 징계조치의 철회를 요구하기 위한 통상적인 수준의 의사표현행위에 해당하므로, 2차 시국선언과 관련된 피고인들의 행위는 공익에 반하는 목적을 위하여 직무전념의무를 해태하는 등의 영향을 가져오는 집단적 행위로서 국가공무원법이 금지하고 있는 '공무 외의 일을 위한 집단행위'에 해당한다고 보기 어렵다.

있고, 이러한 요건을 갖춘 해산명령에 불응하는 경우에만 집시법 제24조 제5호에 의하여 처벌할 수 있다고 보아야 한다.

[대법관 전수안의 반대의견] 미신고 집회에 대한 해산명령은, 그 집회로 인하여 타인의 법익이나 기타 공공의 안녕질서에 대한 직접적이고 명백하며 현존하는 구체적 위험이 발생하는 경우에만 허용되어야 하고, 무엇보다도 그러한 미신고 집회에 대한 해산명령의 적법 여부가 문제되는 개별 사안에서 그 기준을 엄격하게 적용하는 것이 중요하며, 위험이 발생할 수 있다는 개연성만으로 위와 같은 기준을 충족하는 것처럼 운용되어서는 안 된다.

대판 2011. 10. 13. 선고 2009도13846 [집회및시위에관한법률위반]
집회 및 시위에 관한 법률상 집회의 사전 금지 또는 제한이 허용될 수 있는 경우 및 실제 이루어진 집회가 당초 신고 내용과 달리 타인의 법익이나 공공의 안녕질서에 직접적이고 명백한 위험을 초래하지 않은 경우, 사전에 금지통고된 집회라는 이유만으로 해산을 명하고 이에 불응하였다고 하여 처벌할 수 있는지 여부(소극)

[1] 집회 및 시위에 관한 법률(이하 '집시법'이라 한다) 제8조 제1항, 제3항 제1호는 집회 신고 장소가 다른 사람의 주거지역이나 이와 유사한 장소에 해당하기만 하면 무조건 집회를 사전 제한 또는 금지하는 것이 아니라 '집회나 시위로 재산 또는 시설에 심각한 피해가 발생하거나 사생활의 평온을 뚜렷하게 해칠 우려'가 있고, 그에 더하여 '그 거주자나 관리자가 시설이나 장소의 보호를 요청하는 때'에 한하여 집회를 제한 또는 금지하도록 하는 등 집회 제한 또는 금지의 요건 및 절차를 한정하여 집회의 자유와 집회 신고장소 주변 지역 주민의 법익을 합리적인 범위 내에서 조정하고 있으므로, 집회의 자유의 본질적 내용을 침해하거나 집회의 허가제를 허용하지 않는 헌법 제21조 제2항에 위배된다고 볼 수 없다. 나아가 집회 금지통고는 관할 경찰서장이 집회신고를 접수한 후 집시법상 집회 사전금지조항에 근거하여 집회 주최자 등에게 해당 집회를 금지한다는 사실을 알리는 행정처분이므로 그 자체를 헌법에 위배되는 제도라고 볼 수 없고, 이를 운용할 때에도 경찰의 자의적 판단에 따라 집회의 자유가 침해되는 것을 방지하기 위하여 집시법 제9조에서 금지통고에 대한 이의신청을 할 수 있다고 규정하고 있으므로, 이를 헌법에 위배된다고 볼 수 없다.

[2] 집회 및 시위에 관한 법률(이하 '집시법'이라 한다)상 일정한 경우 집회의 자유가 사전 금지 또는 제한된다 하더라도 이는 다른 중요한 법익의 보호를 위하여 반드시 필요한 경우에 한하여 정당화되는 것이며, 특히 집회의 금지와 해산은 원칙적으로 공공의 안녕질서에 대한 직접적인 위협이 명백하게 존재하는 경우에 한하여 허용될 수 있고, 집회의 자유를 보다 적게 제한하는 다른 수단, 예컨대 시위 참가자수의 제한, 시위 대상과의 거리 제한, 시위 방법, 시기, 소요시간의 제한 등 조건을 붙여 집회를 허용하는 가능성을 모두 소진한 후

에 비로소 고려될 수 있는 최종적인 수단이다. 따라서 사전 금지 또는 제한된 집회라 하더라도 실제 이루어진 집회가 당초 신고 내용과 달리 평화롭게 개최되거나 집회 규모를 축소하여 이루어지는 등 타인의 법익 침해나 기타 공공의 안녕질서에 대하여 직접적이고 명백한 위험을 초래하지 않은 경우에는 이에 대하여 사전 금지 또는 제한을 위반하여 집회를 한 점을 들어 처벌하는 것 이외에 더 나아가 이에 대한 해산을 명하고 이에 불응하였다 하여 처벌할 수는 없다.

[3] 피고인들이 금지통고된 옥외집회(이하 '이 사건 집회'라 한다)를 진행하면서 3회에 걸쳐 자진 해산명령을 받고도 지체없이 해산하지 아니하였다고 하여 집회 및 시위에 관한 법률(이하 '집시법'이라 한다) 위반으로 기소된 사안에서, 이 사건 집회 및 동종의 집회가 개최된 기간, 집회 장소 주변 거주자들의 피해 정도 및 항의 수준, 동종 집회에 대한 제한 및 금지조치의 경과, 이 사건 집회의 실제 진행상황 등을 종합하면, 이 사건 집회가 집시법 제8조 제3항 제1호에서 정하는 '사생활의 평온을 뚜렷하게 해칠 우려가 있는 경우'에 해당된다고 판단하여 이를 사전에 금지통고한 것은 적법하고, 실제 이루어진 이 사건 집회 역시 당초 신고 내용과 달리 평화롭게 개최되는 등 타인의 법익 침해나 기타 공공의 안녕질서에 대하여 직접적이고 명백한 위험을 초래하지 않은 경우로 볼 수 없으므로, 원심이 이 사건 집회가 사전에 금지통고된 집회라는 이유만으로 해산을 명할 수 있다고 전제한 부분은 적절하지 아니하나, 해산명령을 적법한 것으로 보고 이에 불응한 피고인들에게 유죄를 인정한 원심판단의 결론은 정당하다고 한 사례.

헌법소원심판청구서

청 구 인   홍길동

               서울 용산구 한강대로 67길 10 벽진아파트 101동 2309호

               소송대리인 변호사 희망

               담당변호사 정환수

               서울 서초구 서초중앙로 30길 10 희망빌딩 2층

               전화: 02) 555－1234　팩스: 02) 555－5678

               전자우편 jhs@hope.com

청 구 취 지

1. 집회및시위에 관한 법률(2007. 5. 11. 법률 제8424호로 전부 개정된 것) 제22조 제2항 중 제6항 제1항의 '집회'에 48시간 전에 신고할 가능성이 없는 집회를 포함되는 것으로 해석하는 한 헌법에 위반된다.
2. 집회및시위에 관한 법률(2007. 5. 11. 법률 제8424호로 전부 개정된 것) 제24조 제5호 중 제20조 제2항 제1항 제2호 중 제6조 제1항에 따른 신고를 하지 아니한 '집회'에 타인의 법익이나 공공의 안녕질서를 직접적인 위험을 초래하지 아니하는 집회를 포함되는 것으로 해석하는 한 헌법에 위반된다.

라는 결정을 구합니다.

당 해 사 건

서울중앙지방법원 2014고단12345 집회및시위에 관한 법률 위반

위헌이라고 해석되는 법률조항

1. 집회및시위에 관한 법률(2007. 5. 11. 법률 제8424호로 전부 개정된 것) 제22조 제2항 중 제6항 제1항
2. 집회및시위에 관한 법률(2007. 5. 11. 법률 제8424호로 전부 개정된 것) 제24조 제5호 중 제20조 제2항 제1항 제2호 중 제6조 제1항에 따른 신고를 하지 아니한 집회

청 구 이 유

1. 사건의 개요
   생략

2. 적법요건의 구비 여부
   가. 재판의 전제성

3. 법률조항의 위헌성 여부
   가. 미신고집회 주최자 처벌조항의 위헌성
   1) 문제점
   조문: 집회및시위에 관한 법률 제22조 제2항 중 제6항 제1항
   긴급집회와 신고의무 부과의 위헌성
   신고의무 위반과 형벌 부과의 위헌성
   사전허가제와 집회신고: 헌법 판례상 사전허가제 아님.
   2) 신고의무 부과 조항의 위헌성
   − 제한되는 기본권: 집회의 자유(의의, 제한의 한계)
   − 과잉금지의 원칙 위반 여부
      목적의 정당성
      수단의 적정성
      침해의 최소성
      법익의 균형성
   3) 미신고 집회자 처벌 조항의 위헌성
   − 과잉형벌
   사전신고는 행정법상 협력의무, 행정질서벌(과태료) 부과로 충분
   4) 명확성의 원칙 위반
   나. 미신고집회 해산명령 불응 처벌조항의 위헌성
   1) 문제점
   조문: 집회및시위에 관한 법률 제24조 제5호 중 제20조 제2항 제1항 제2호
   평화집회와 해산명령의 위헌성
   해산명령불응과 형벌 부과의 위헌성
   2) 미신고집회 해산명령 조항의 위헌성
   − 제한되는 기본권: 집회의 자유(의의, 제한의 한계)
   − 과잉금지의 원칙 위반 여부

목적의 정당성

수단의 적정성

침해의 최소성

법익의 균형성

3) 미신고 집회 해산명령 불응자 처벌 조항의 위헌성
- 과잉형벌

4. 결 론

첨 부 서 류

1. 위헌법률제청신청서
2. 위헌법률제청신청기각 결정문 및 동 결정의 송달증명서
3. 당해 사건의 소장
4. 대리인선임서 및 담당변호사 지정서(소속변호사회 경유)

2014.   10.   27.

청구인의 대리인 법무법인 희망

담당변호사 정환수 (인)

헌법재판소   귀중

PART
09

제5회 변호사시험/
거부처분 취소소송 +
권리구제형 헌법소원

제1강
거부처분 등 취소소송과 집행정지

【문제[1] 1】

1. 의뢰인 옐레나 구르초바를 위하여 담당변호사의 입장에서 취소소송의 소장을 주어진 양식에 따라 작성하시오. 아래 사항을 준수하여 작성하시오. (40)

   가. 첨부 소장 양식의 ①부터 ⑦까지의 부분에 들어갈 내용만 기재할 것.

   나. 소장 양식의 '2. 이 사건 소의 적법성' 부분(④에 해당)에서는 <u>피고적격, 대상적격, 협의의 소의 이익, 제소기간만을</u> 기재할 것.

   다. 소장 양식의 '3. 이 사건 처분의 위법성' 부분(⑤에 해당)에서는 <u>근거법령의 위헌·위법성 및 처분의 절차적 하자에</u> 관한 사항은 기재하지 말 것.

   라. 소장의 작성일(제출일과 동일함, ⑥에 해당)은 체류기간연장 불허결정과 출국명령 모두에 대하여 허용되는 제소기간 내 최종일로 기재할 것.

---

1 2016. 1. 법무부에서 실시한 제5회 변호사시험 문제를 사용하였는데, 교육과 학습 목적을 위해 일부 수정, 삭제하였다.

소　장

원　　고　　옐레나 구르초바 (기재 생략)

피　　고　　①

② 청구의 소

청구취지

③

청구원인

1. 이 사건 처분의 경위 (기재 생략)

2. 이 사건 소의 적법성　④

3. 이 사건 처분의 위법성 ⑤

4. 결론 (기재 생략)

입증방법(기재생략)

첨부서류(기재 생략)

⑥ ○○○○.　○○.　○○

원고 소송대리인(기재 생략) (인)

⑦ 귀중

【문제² 2】

1. 의뢰인 옐레나 구르초바를 위하여 담당변호사의 입장에서 집행정지신청서를 주어진 양식에 따라 작성하시오. 아래 사항을 준수하여 작성하시오.

　가. 첨부 집행정지신청서 양식의 ⑧과 ⑨의 부분에 들어갈 내용만 기재할 것.

　나. 신청취지 부분(⑧에 해당)에서 본안사건의 번호는 '이 법원 20××구합1234호'로 하고, '2. 집행정지의 요건' 부분에서는 '(기재생략)' 필시된 요건들을 제외한 '라. 그 밖의 요건' 부분(⑨에 해당)만을 기재할 것.

　다. ⑧과 ⑨에 대한 배점은 10점임.

집행정지신청서

신청인　　　　옐레나 구르초바
피신청인　　　(기재 생략)

신청취지
⑧

청구원인

1. 이 사건 처분의 경위 (기재 생략)
2. 집행정지의 요건
　가. 처분 등의 존재 (기재 생략)
　나. 본안 소송이 적법하게 계속 중임 (기재 생략)
　다. 본안 청구가 이유 없음이 명백하지 않음 (기재 생략)
　라. 그 밖의 요건 ⑨
3. 결론 (기재 생략)

소명방법 (기재생략)
첨부서류 (기재 생략)

○○○○.　○○.　○○ (기재 생략)

신청인의 대리인(기재 생략) (인)

(기재 생략) 귀중

---

2 2016. 1. 법무부에서 실시한 제5회 변호사시험 문제를 사용하였는데, 교육과 학습 목적을 위해 일부 수정, 삭제하였다.

수임번호 2015-102	법률상담일지		2015. 11. 18.
의 뢰 인	옐레나 구르초바	의뢰인 전화	010-3456-****(휴대전화)
의 뢰 인 주　소	전북 남원시 광한루길 123	의뢰인 E-mail	imelena1988@***.com
상 담 내 용			

1. 의뢰인 옐레나 구르초바는 우즈베키스탄공화국 국적의 여성인데, 2012. 9. 4. 대한민국 국민 이몽룡과 혼인하여 결혼이민(F-6) 체류자격(기간: 2012. 9. 14. ~ 2015. 9. 13.)을 받아 전북 남원시에 체류하던 중, 2015. 6. 5. 이몽룡의 지속적인 폭행 및 유기 등을 이유로 관할 법원에 이혼소송을 제기하였다.

2. 의뢰인은 이혼소송절차에서 위자료와 관련하여 다툼이 있었으나 결혼이주민 상담기관으로부터 '이몽룡의 자력으로는 위자료를 받기 어려우므로 신속하게 소송을 종결하는 것이 좋고, 의뢰인에게 책임이 없는 사유로 이혼하면 체류자격이 유지되므로, 조정에 갈음하는 결정을 받는 경우에도 그러한지 법무부에 확인해보자'는 조언을 듣고, 자신의 사정을 법무부에 질의하여 담당공무원으로부터 서면답변을 받았다.

3. 위 서면답변을 믿은 의뢰인은, 재판부에 이몽룡의 귀책사유로 이혼한다는 내용을 조정에 갈음하는 결정서에 기재하여 준다면 위자료를 포기하겠다는 취지로 진술하였고, 재판부가 이를 받아들여 2015. 8. 5. 조정에 갈음하는 결정을 하였다. 의뢰인과 이몽룡은 이 결정에 이의를 제기하지 않아 이혼하게 되었다.

4. 의뢰인은 2015. 8. 24. 관할 행정청에 체류기간 연장허가 신청을 하였는데, 관할 행정청은 '확정 판결이 아닌 조정에 갈음하는 결정의 방식으로 이혼한 경우에는 출입국관리법 시행령 [별표 1] 28의4. 결혼이민(F-6) 다목에 정한 '자신에게 책임이 없는 사유로 정상적인 혼인관계를 유지할 수 없다고 인정되는 사람'에 해당한다고 볼 수 없다'는 사유를 들어 2015. 9. 3. 체류기간 연장 불허결정을 하였다. 이 결정은 2015. 9. 7. 송달되었다.

5. 의뢰인이 위 불허결정에서 정해진 출국기한까지 출국하지 않자 관할 행정청은 2015. 11. 16. 의뢰인에게 2015. 12. 14.까지 출국하라는 출국명령을 하였다. 이 명령은 2015. 11. 17. 송달되었다.

6. 한편, 의뢰인은 「민원사무 처리에 관한 법률」제18조 제1항에 따라 체류기간 연장 불허결정에 대하여 관할 행정청에 2015. 9. 21. 이의신청을 하였으나, 관할 행정청은 2015. 9. 30. 이의신청을 기각하였고, 그 결정은 2015. 10. 5. 송달되었다.

7. 의뢰인의 희망사항
의뢰인은 결혼이민(F-6) 체류자격으로 한국에서 계속 체류할 수 있도록 체류기간연장 불허결정 및 출국명령에 대하여 취소소송으로 다투면서 동시에 출국명령에 대하여는 집행정지신청을 해주기를 희망함.

법무법인 지리산(담당변호사 성삼재)
전화 02-555-****, 팩스 02-555-****
서울 서초구 서초중앙로 50 지리산빌딩 5~6층

법무법인 지리산 내부회의록

일 시: 2015. 11. 19. 17:00 ~ 18:00
장 소: 법무법인 지리산 소회의실
참석자: 김훈정 변호사(송무팀장), 성삼재 변호사

헌법소원

김 변호사: 우선 김나타샤 씨 사건에 관하여 논의할까요? 의뢰인이 재외동포(F-4) 체류자격을 신청하려고 한다고 들었는데요, 필요한 요건들은 확인되었나요?

성 변호사: 네, 재외동포(F-4) 체류자격 신청에 필요한 서류들은 모두 확보하여 놓았습니다. 의뢰인이 외국국적동포라는 점을 증명할 수 있는 서류들도 있고, 의뢰인은 음식점 개업을 준비 중이므로 이를 위해 체결한 상가임대차계약서도 있습니다. 그런데 의뢰인은 '재단법인 어울림'의 도움을 받아 이러한 준비를 하는 과정에서 관계 법령상 우즈베키스탄 국적인 자신에게는 재외동포(F-4) 체류자격이 부여될 수 없다는 점을 알게 된 것입니다.

김 변호사: 그렇군요. 의뢰인이 관계 법령으로 인한 기본권 침해를 주장하고 있으므로 헌법소원심판을 청구해야 할 텐데, 특히 적법요건에 대해 면밀히 검토하시기 바랍니다.

성 변호사: 네, 잘 알겠습니다. 또한, 음식점 개업일도 가까워오므로 헌법재판소에 제출할 가처분신청서는 이미 작성해 놓았습니다.

취소 소송

김 변호사: 다음은 옐레나 구르초바 씨 사건과 관련하여 논의할까요? 의뢰인의 상황은 어떠한가요?

성 변호사: 의뢰인은 이혼소송을 신속히 종료하기 위하여 조정에 갈음하는 결정을 받았는데, 당초 서면 질의 회신내용과는 달리 체류기간연장도 불허되고 2015. 12. 14.까지 출국하라는 출국명령까지 받게 된 상황입니다.

김 변호사: 의뢰인을 위하여 어떤 구제절차를 생각하고 있나요?

성 변호사: 체류기간연장 불허결정과 출국명령에 관해서는 취소소송을 제기하고, 그중 출국명령에 대하여는 출국기한이 임박하였으므로 집행정지도 신청할 생각입니다.

김 변호사: 좋습니다. 우선 체류기간연장 불허결정에 대해서는 검토해 보았나요?

성 변호사: 출입국관리법 시행령 [별표 1] 28의4. 다목에 규정된 '국민인 배우자와 혼인한 상태로 국내에 체류하던 중 그 배우자의 사망이나 실종, 그 밖에 자신에게 책임이 없는 사유로 정상적인 혼인관계를 유지할 수 없다고 인정되는 사람'이라는 조항의 해석이 쟁점이 될 것 같습니다.

김 변호사: 일단 문언상으로는 의뢰인의 주장처럼 이혼소송의 종료방식 자체는 직접적인 연관이 없는 것 같은데 어떤가요?

성 변호사: 네, 자신에게 책임이 없다는 사정의 입증 문제로 보입니다. 또한, 의뢰인이 법무부에 자신의 사정을 구체적으로 질의하여 받은 회신공문, 병원에서 상해 진단을 받은 소견서 등 자료도 충분히 있습니다.

김 변호사: 그렇군요. 또 다른 문제는 없습니까?

성 변호사: 법리적으로 소의 이익이 있는지가 걱정입니다. 현재 의뢰인의 당초 결혼이민(F-6) 체류자격은 3년의 기간이 만료되었고, 연장허가도 불허된 상태이므로 불허결정을 취소하더라도 체류자격이 부여될 수 없다고 관할 행정청이 항변할지 모르겠습니다.

김 변호사: 그렇군요. 소송요건에 관하여 적극적으로 검토해 주시기 바랍니다. 다음으로 출국명령에 대하여 살펴볼까요? 출국명령은 체류기간 연장허가를 받지 못한 것 자체가 요건인 것 같은데, 본안에서 주장할 만한 다른 사유가 있는가요?

성 변호사: 네, 출입국관리법 제68조 제1항의 문언을 살펴보고, 출국명령의 성질을 검토해 볼 필요가 있을 것 같습니다.

김 변호사: 그럼, 의뢰인 측의 사정으로 주장할 만한 것은 있는가요?

성 변호사: 네, 의뢰인은 남편과 결혼하여 적법하게 입국한 후 3년 이상을 국내에서 거주하여 왔습니다. 의뢰인은 결혼생활을 유지하기 위하여 계속 노력하였으나, 결혼 당시에는 알지 못했던 남편의 지속적인 폭행과 유기 등으로 불가피하게 이혼하게 된 사정이 있습니다. 또한 고향 친구인 김나타샤와 서울에서 음식점을 동업하기로 약속하고 그동안 모아온 자신의 전 재산인 3,000만 원 정도를 투자하여 새로운 삶을 살기를 기대하고 있습니다. 더불어 자신이 한국에서 돈을 벌어야 우즈베키스탄의 친정에 도움을 줄 수 있으므로, 자신의 잘못과 무관한 사정으로 한국을 떠나야 하는 것은 심히 가혹하다고 할 것입니다.

김 변호사: 그렇군요. 쟁점이 많고 의뢰인의 사정이 딱하니 최선을 다하여 준비하여 주시기 바랍니다. 특히 각 처분에 대하여 제소기간을 도과하지 않도록 주의하시기 바랍니다.

성 변호사: 네, 잘 알겠습니다.

김 변호사: 그럼, 이상으로 오늘 회의를 마치겠습니다. 끝.

소송위임장

사 건	(생략)
원 고	옐레나 구르초바
피 고	(생략)

위 사건에 관하여 다음 표시 수임인을 소송대리인으로 선임하고, 다음 표시에서 정한 권한을 수여합니다.

수임인	법무법인 지리산 서울 서초구 서초중앙로 50 지리산빌딩 5~6층 전화 02-555-**** 전송 02-555-****
수권사항	1. 일체의 소송행위 1. 반소의 제기 및 용소, 상소의 제기, 동 취하 1. 소의 취하, 화해, 청구의 포기 및 인낙, 참가에 의한 탈퇴 1. 복대리인의 선임 1. 목적물의 수령 1. 공탁물의 납부, 공탁물 및 이자의 반환청구와 수령 1. 담보권의 행사 최고 신청, 담보 취소 신청, 동 신청에 대한 동의, 담보 취소결정 정본의 수령, 동 취소결정에 대한 항고권 포기 1. 강제집행신청, 대체집행신청, 가처분, 가압류 등 보전처분과 관련한 모든 소송행위 1. 인지환급금의 수령에 관한 행위, 소송비용액확정결정신청 등 1. 등록사항별 증명서, 주민등록등·초본, 기타 첨부서류 발급에 관한 행위
	2015. 11. 18.
위임인	옐레나 구르초바 (인)

(생략)　귀중

담 당 변 호 사 지 정 서

사 건	(생략)
원 고	옐레나 구르초바
피 고	(생략)

위 사건에 관하여 당 법무법인은 원고의 소송대리인으로서 변호사법 제50조 제1항에 의하여 그 업무를 담당할 변호사를 다음과 같이 지정합니다.

담당변호사	변호사 성 삼 재

2015.   11.   18.

법무법인   지 리 산
대표변호사   노 고 단

서울 서초구 서초중앙로 50길 지리산빌딩 5~6층
전화 02-555-**** 전송 02-555-****

(생략)   귀중

(앞 쪽)

외국인등록증
ALIEN REGISTRATION CARD

사진 (첩부된 것으로 볼 것)	외국인 등록번호 880327-6****** 성 별 F
	성 명 Elena Gurtschova
	국 가 지 역 Uzbekistan
	체류자격 결혼이민(F-6)

발급일자 2012.9.15.

전주출입국관리사무소장
CHIEF, JEONJU IMMIGRATION OFFICE

(뒤 쪽)

일련번호 1-011-000-****

• 체류기간

허가일자	만료일자	확 인
2012.9.14.	2015.9.13.	전주

• 체류지

신고일	2012.9.15.	확인	전주
체류지	전북 남원시 광한루길 123		
신고일		확인	
체류지			
신고일		확인	
체류지			

유효확인 http://www.immigration.go.kr

민원안내 국번없이 ☎1345

등록번호	11919	소 견 서				㉑
연 번 호	56789					

환자성명	엘레나 구르초바	주민등록 번 호	880327 - 6******	성별	여	연령	만 28세

주 소	(생 략)		전화번호	(생 략)

진 단 명	다발성 타박성, 피하출혈	한국질병분류번호
		(생 략)

발 병 일	미 상	진 단 일	2015. 6. 3.

내 용	안면부, 대퇴부 및 복부 등에 다발성 타박상 및 피하출형이 관찰됨. 피하출혈 부위의 피부색이 다양한 것으로 보아 최소한 12주 이상 여러 차례의 타박상이 발생한 것으로 추정됨. 환자의 진술에 따르면 남편의 지속적인 폭행으로 인한 것이라고 함. 상처 부위에 대하여 치료를 실시하였으며, 수 주간의 안정가료를 요함.

비 고	(생 략)	용 도	기 타

위와 같이 진단함.

발 행 일: 2015년 6월 3일
의료기관명: 남원춘향병원
주   소: (생략)
전 화 번 호: (생략)
진 료 과: 외과
면 허 번 호: 119119

의사 성명: 전명의 (서명)
　　　　　 남원춘향병원장 (직인)

법 무 부

수 신   옐레나 구르초바(전북 남원시 광한루길 123)
제 목   질의에 대한 회신

---

1. 귀하께서 2015. 7. 20. 질의하신 사안에 대한 의견을 회신해 드립니다.

2. 귀하의 질의내용은 아래와 같습니다.
  남편의 지속적인 폭행과 유기 등으로 인해 이혼소송을 진행하던 중, 소송절차를 신속하게 종료
시키기 위하여 '확정판결' 대신 '조정에 갈음하는 결정'을 받는 경우에도 결혼이민(F-6) 체류자
격이 유지되어 체류기간 연장이 되는지 여부.

3. 귀하의 질의에 대한 우리부의 의견은 아래와 같습니다.
  출입국관리법 시행령 [별표 1] 28의4. 결혼이민(F-6) 다목의 규정에 따라 "국민인 배우자와 혼
인한 상태로 국내에 체류하던 중 그 배우자의 사망이나 실종, 그 밖에 자신에게 책임이 없는
사유로 정상적인 혼인관계를 유지할 수 없다고 인정되는 사람"은 결혼이민((F-6) 체류자격이
인정됩니다.
  따라서 남편의 지속적인 폭행과 유기 등으로 인해 이혼하게 되는 경우와 같이 "자신에게 책임
이 없는 사유로 정상적인 혼인관계를 유지할 수 없다고 인정되는 사람"으로 볼 수 있는 경우에
는 결혼이민(F-6) 체류자격이 유지되는 것이며, 이 경우에 이혼의 방식은 '확정판결' 또는 '조
정에 갈음하는 결정' 등 어떠한 방식에 따르더라도 무방하다고 할 것입니다. 끝.

법 무 부 장 관   법무부
                 장관의인

기안자 주무관 정성무   검토자 사무관 김종민   결재권자 체류관리과장 유승섭
시행   체류관리과-20151234(2015.7.30.)   공개 구분: 공개
주소   경기 과천시 정부과천청사 1동 법무부   전화번호 (02)2110-1234

○○○○ 법 원
결 정

사 건   2015드단1000 이혼 및 위자료
원 고   옐레나 구르초바
피 고   이몽룡

위 사건의 공평한 해결을 위하여 당사자의 이익 기타 모든 사정을 참작하여 다음과 같이 결정한다.

결정사항

1. 원고와 피고는 피고의 지속적인 폭행과 유기 등의 귀책사유로 이혼한다.
2. 원고는 나머지 청구를 포기한다.
3. (생략)

청구의 표시

(이하 생략)

2015.   8.   5.

판사 ○ ○ ○ (인)

결 정 서 교부
2015. 8. 5.
수령인   옐레나 구르초바 (인)

※ 이 결정서 정본을 송달받은 날로부터 2주일 이내에 이의를 신청하지 아니하면 이 결정은 재판상 화해와 같은 효력을 가지며, 재판상 화해는 확정판결과 같은 효력이 있습니다.

체류기간 연장허가 신청서
EXTENSION OF SOJOURN PERIOD APPLICATION FORM

성 명 Name In Full	Full Name							성 별 Gender	[ ]남 M [√]여 F
	옐레나 구르초바(Elena Gurtschova)								

생년월일 또는 외국인등록번호 Date of Birth or Alien Registration No. (If any)	년 Year			월 Month		일 Day	외국인등록번호 후단 Regstration No.	국 적 Nationality Others	우즈베키스탄 공화국
	1	9	8	8	0	3	2 7	6 * * * * * *	

여권 번호 Passport No.	(생략)	여권 발급일자 Passport Issue Date	(생략)	여권 유효기간 Passport Expiry Date	(생략)

대한민국 내 주소 Address In Korea	전북 남원시 광한루길 123

전화 번호 Telephone No.	(생략)	휴대 전화 Cell phone No.	010-3456-****
본국 주소 Address In Home Country	(생략)	전화 번호 Telephone No.	(생략)

신청일 Date of application	2015.8.24.	신청인 서명 또는 인 Signature/Seal	옐레나 구르초바 (인)

신청인 제출서류	1. 조정에 갈음하는 결정서(OOOO법원) 2. 소견서 3. 그 밖에 출입국관리법 시행규칙 [별표 5의2]에 정한 모든 서류
담당공무원 확인사항	관계 법령이 정하는 첨부 서류를 모두 갖추었음.

공 용 란 (For Official Use Only)					
기본 사항	최초입국일	2012.9.14.	체류자격	F-6	체류기간	3년
접수 사항	접수일자	2015.8.24.	접수번호	(생략)		

(생 략)

수입인지 첨부란(Revenue Stamp Here) / 수수료 면제(exemption) [ ] (면제사유 :)

첨부

체류기간연장 불허결정통지서
DISAPPROVAL NOTICE ON THE EXTENSION OF SOJOURN PERIOD

발행번호 (No. 2015-123)

인적사항 Personal Information	성 명 Name in Full	옐레나 구르초바		
	생년월일 Date of Birth	1988. 3. 27.	국적 Nationality	우즈베키스탄공화국
	성 별 [ ] 남 [√] 여 Sex [ ] M [√] F			
	대한민국 내 주소 전북 남원시 광한루길 123 Address in Korea			
불허사유 Reasons for Denial	확정판결이 아닌 조정에 갈음하는 결정의 방식으로 이혼한 경우에는 출입국관리법 시행령 [별표 1] 28의4. 결혼이민 (F-6) 다목에 정한 "자신에게 책임이 없는 사유로 정상적인 혼인관계를 유지할 수 없다고 인정되는 사람"에 해당한다고 볼 수 없음.			
출국기한 Deadline for Departure	2015. 9. 13.			

「출입국관리법」 제25조 및 「출입국관리법 시행령」 제33조 제1항에 따라 귀하가 신청한 체류기간연장에 대하여는 허가하지 아니하기로 결정하였으므로 이를 통보합니다.

Your application for an extension of sojourn has been denied ....(생략)......

2015 년 9 월 3 일

불허결정통지서 교부
2015. 9. 7.
수령인 옐레나 구르초바 (인)

전주출입국관리사무소장
전주출입국관리사무소장의 인

CHIEF, JEONJU IMMIGRATION OFFICE

전주출입국관리사무소

수　신　　옐레나 구르초바(전북 남원시 광한루길 123)

제　목　　**이의신청 결정결과 통지**

---

1. 귀하께서 2015. 9. 21. 「민원사무 처리에 관한 법률」 제18조 제1항에 따라 제기하시 체류기간 연장 불허결정(2015. 9. 3.)에 대한 이의신청 사건에 대한 결정 결과를 통지해 드립니다.

2. 귀하의 이의신청에 대한 결정결과는 아래와 같습니다.
   ○ 결정내용: 이의신청을 기각한다.
   ○ 결정이유: 확정판결이 아닌 조정에 갈음하는 결정에 방식으로 이혼한 경우에는 출입국관리법 시행령 [별표 1] 28의4. 결혼이민(F-6) 다목에 정한 "자신에게 책임이 없는 사유로 정상적인 혼인관계를 유지할 수 없다고 인정되는 사람"에 해당한다고 볼 수 없으며, 그 밖의 다른 사유도 없음.

3. 귀하는 「민원사무 처리에 관한 법률」 제18조 제3항에 따라 이의신청 여부와 관계없이 「행정심판법」에 따른 행정심판 또는 「행정소송법」에 따른 행정소송을 제기할 수 있습니다. 끝.

전주출입국관리사무소장　　　전주출입국
　　　　　　　　　　　　　관리사무소
　　　　　　　　　　　　　장 의 인

통 지 서　교부
2015. 10. 5.
수령인　옐레나 구르초바 (인)

시행: 2015. 9. 30

주소: 전북 전주시 완산구 전북도청길 123

전화: 063-284-2473

■ 출입국관리법 시행규칙 [별지 제123호서식]

출 국 명 령 서
DEPARTURE ORDER

Date 2015. 11. 16.

인적사항 Personal Information	성 명 Name in Full	엘레나 구르초바		
	생년월일 Date of Birth	1988. 3. 27.	성 별 Sex	[ ] 남 [√] 여 [ ] M [√] F
	국 적 Nationality	우즈베키스탄공화국	직 업 Occupation	무직
	대한민국 내 주소 Address in Korea	전북 남원시 광한루길 123		

위 사람에 대하여 「출입국관리법」 제68조 제1항에 따라 출국을 명합니다.

In accordance with Article 68(1) of the Immigration Act, the person above is ordered to leave the Republic of Korea by the Chief of JEONJU Immigration Office.

1. 출국명령 이유(적용 법규정) Reason for Order(Applicable Provision)
   출입국관리법 제68조 제1항 제1호, 제46조 제1항 제8호, 제25조

2. 출국기한 Deadline for Departure
   2015. 12. 14.

3. 주거제한 Restriction on Residence
   해당 없음

4. 기타 필요한 조건 The Others
   해당 없음

> 출국명령서 교부
> 2015. 11. 17.
> 수령인 엘레나 구르초바 (인)

전주출입국관리사무소장 [전주출입국관리사무소장의 인]

CHIEF, JEONJU IMMIGRATION OFFICE

[참고법령] 재외동포의 출입국과 법적 지위에 관한 법률(발췌)

(2014. 12. 31 법률 제34567호로 개정된 것) (2015. 1. 1. 시행)

제1조(목적) 이 법은 재외동포의 대한민국에의 출입국과 대한민국 안에서의 법적 지위를 보장함을 목적으로 한다.

제2조(정의) 이 법에서 '재외동포'란 다음 각 호의 어느 하나에 해당하는 자를 말한다.
1. 대한민국의 국민으로서 외국의 영주권을 취득한 자 또는 영주할 목적으로 외국에 거주하고 있는 자(이하 '재외국민'이라 한다)
2. 대한민국의 국적을 보유하였던 자(대한민국정부 수립 전에 국외로 이주한 동포를 포함한다) 또는 그 직계비속으로서 외국국적을 취득한 자 중 대통령령으로 정하는 자(이하 '외국국적동포'라 한다)

제3조(적용 범위) 이 법은 재외국민과 「출입국관리법」제10조에 따른 체류자격 중 재외동포 체류자격(이하 '재외동포체류자격'이라 한다)을 가진 외국국적동포의 대한민국에의 출입국과 대한민국 안에서의 법적지위에 관하여 적용한다.

제5조(재외동포체류자격의 부여) ① 법무부장관은 대한민국 안에서 활동하려는 외국국적동포에게 신청에 의하여 재외동포체류자격을 부여할 수 있다.
② 법무부장관은 외국국적동포에게 다음 각 호의 어느 하나에 해당하는 사유가 있으면 제1항에 따른 재외동포체류자격을 부여하지 아니한다. 다만, 제1호나 제2호에 해당하는 외국국적동포가 38세가 된 때에는 그러하지 아니하다.
1. 직계존속이 외국에 영주할 목적 없이 체류한 상태에서 출생하여 외국국적을 취득함으로써 복수국적자가 된 남자가 병역을 기피할 목적으로 법률 제7499호 「국적법 중 개정법률」시행 전 종전 제12조의 이중국적자의 국적선택의무에 따라 18세가 되는 해의 1월 1일 전에 대한민국 국적을 이탈하여 외국인이 된 경우
2. ~ 3. (생략)
4. 법무부장관이 고시하는 위험 국가의 국적자인 경우
③ 재외동포체류자격의 취득 요건과 절차 및 재외동포체류자격을 취득한 자의 활동 범위는 대통령령으로 정한다.

제10조(출입국과 체류) ① (생략)

② 재외동포체류자격을 부여받은 외국국적동포의 취업이나 그 밖의 경제활동은 사회질서 또는 경제안정을 해치지 아니하는 범위에서 자유롭게 허용된다.

③ 주민등록을 한 재외국민과 국내거소신고를 한 외국국적동포가 90일 이상 대한민국안에 체류하는 경우에는 건강보험 관계 법령으로 정하는 바에 따라 건강보험을 적용받을 수 있다.

④ ～ ⑧ (생략)

「재외동포의 출입국과 법적 지위에 관한 법률 제5조 제2항 본문 제4호에서 규정하는 국가에 관한 고시」
(2014.1 2. 31. **법무부고시 제**500－123**호**) (2015. 1. 1. **시행**)

레바논, 리비아, 세르비아, 시리아, 아프가니스탄, 요르단, 우즈베키스탄, 우크라이나, 이란, 이라크, 이집트, 카자흐스탄, 키르키즈스탄, 체첸, 파키스탄(총 15개국)

재외동포의 출입국과 법적 지위에 관한 법률 시행령(발췌)

(2014. 12. 31 법률 제34567호로 개정된 것) (2015. 1. 1. 시행)

제1조(목적) 이 영은 「재외동포의 출입국과 법적 지위에 관한 법률」에서 위임된 사항과 그 시행에 관하여 필요한 사항을 규정함을 목적으로 한다.

제3조(외국국적동포의 정의) 법 제2조 제2호에서 '대한민국의 국적을 보유하였던 자(대한민국정부 수립 전에 국외로 이주한 동포를 포함한다) 또는 그 직계비속으로서 외국국적을 취득한 자중 대통령령이 정하는 자 '란 다음 각 호의 어느 하나에 해당하는 자를 말한다.

1. 대한민국의 국적을 보유하였던 자(대한민국정부 수립 전에 국외로 이주한 동포를 포함한다. 이하 이 조에서 같다)로서 외국국적을 취득한 자
2. 부모의 일방 또는 조부모의 일방이 대한민국의 국적을 보유하였던 자로서 외국국적을 취득한 자

제4조(재외동포체류자격의 부여) ① 법무부장관은 법 제3조의 규정에 의한 재외동포체류자격을 신청한 외국국적동포가 법 제5조 제2항 각 호의 어느 하나에 해당하는지의 여부를 판단하기 위하여 관계기관의 장에게 신청자에 대한 신원조회 및 범죄경력조회를 의뢰하거나 기타 필요한 사항에 대하여 의견을 구할 수 있다. 이 경우 관계기관의 장은 조회의뢰나 의견요청을 받은 날부터 30일 이내에 이에 관한 조회결과나 의견을 제시하여야 한다.

② ～ ③ (생략)

④ 「출입국관리법 시행령」 제7조 제1항, 제12조 및 제23조의 규정은 재외동포체류자격의 취득요건과 절차 및 재외동포 체류자격을 취득한 자의 활동범위에 관하여 이를 준용한다.

출입국관리법(발췌)

(2011. 10. 12 법률 제23456호) (2011.10.12. 시행)

제1조(목적) 이 법은 대한민국에 입국하거나 대한민국에서 출국하는 모든 국민 및 외국인의 출입국관리를 통한 안전한 국경관리와 대한민국에 체류하는 외국인의 체류관리 및 난민의 인정절차 등에 관한 사항을 규정함을 목적으로 한다.

제2조(정의) 이 법에서 사용하는 용어의 뜻은 다음과 같다.
 1. '국민'이란 대한민국의 국민을 말한다.
 2. '외국인'이란 대한민국의 국적을 가지지 아니한 사람을 말한다.
 3. ~ 4. (생략)

제7조(외국인의 입국) ① 외국인이 입국할 때에는 유효한 여권과 법무부장관이 발급한 사증을 가지고 있어야 한다.
 ② ~ ④ (생략)

제10조(체류자격) ① 입국하려는 외국인은 대통령령으로 정하는 체류자격을 가져야 한다.
 ② 1회에 부여할 수 있는 체류자격별 체류기간의 상한은 법무부령으로 정한다.

제18조(외국인 고용의 제한) ① 외국인이 대한민국에서 취업하려면 대통령령으로 정하는 바에 따라 취업활동을 할 수 있는 체류자격을 받아야 한다.
 ② ~ ⑤ (생략)

제25조(체류기간 연장허가) 외국인이 체류기간을 초과하여 계속 체류하려면 대통령령으로 정하는 바에 따라 체류기간이 끝나기 전에 법무부장관의 체류기간 연장허가를 받아야 한다.

제46조(강제퇴거의 대상자) ① 지방출입국·외국인관서의 장은 이 장에 규정된 절차에 따라 다음 각 호의 어느 하나에 해당하는 외국인을 대한민국 밖으로 강제퇴거시킬 수 있다.
 1. ~ 7. (생략)
 8. 제20조, 제23조, 제24조 또는 제25조를 위반한 사람
 9. ~ 14. (생략)
 ② (생략)

제68조(출국명령) ① 지방출입국·외국인관서의 장은 다음 각 호의 어느 하나에 해당하는 외국인에게는 출국 명령을 할 수 있다.

1. 제46조 제1항 각 호의 어느 하나에 해당한다고 인정되는 사람

2. ~ 5. (생략)

② 지방출입국·외국인관서의 장은 제1항에 따라 출국명령을 할 때에는 출국명령서를 발급하여야 한다.

③ 제2항에 따른 출국명령서를 발급할 때에는 법무부령으로 정하는 바에 따라 출국기한을 정하고 주거의 제한이나 그 밖에 필요한 조건을 붙일 수 있다.

④ (생략)

제92조(권한의 위임) ① 법무부장관은 이 법에 따른 권한의 일부를 대통령령으로 정하는 바에 따라 지방출입국·외국인관서의 장에게 위임할 수 있다.

② (생략)

출입국관리법 시행령(발췌)

(2011. 10. 12 법률 제23456호) (2011. 10. 12. 시행)

제7조(사증발급) ① 법 제7조 제1항에 따라 사증을 발급받으려는 외국인은 사증발급 신청서에 법무부령으로 정하는 서류를 첨부하여 재외공관의 장에게 제출하여야 한다.
② ~ ⑤ (생략)

제12조(체류자격의 구분) 법 제10조 제1항에 따른 외국인의 체류자격은 별표 1과 같다.

제23조(외국인의 취업과 체류자격) ① 법 제18조 제1항에 따른 취업활동을 할 수 있는 체류자격은 별표 1 중 9. 단기취업(C−4), 19. 교수(E−1)부터 25. 특정활동(E−7)까지, 25의3. 비전문취업(E−9), 25의4. 선원취업(E−10) 및 31. 방문취업(H−2) 체류자격으로 한다. 이 경우 '취업활동'은 해당 체류자격의 범위에 속하는 활동으로 한다.
② 다음 각 호의 어느 하나에 해당하는 사람은 제1항에도 불구하고 별표 1의 체류자격 구분에 따른 취업활동의 제한을 받지 아니한다.
1. ~ 2. (생략)
3. 별표 1 중 28의4. 결혼이민(F−6)의 체류자격을 가지고 있는 사람
③ 별표 1 중 28의2. 재외동포(F−4) 체류자격을 가지고 있는 사람은 제1항에도 불구하고 다음 각 호의 어느 하나에 해당하는 경우를 제외하고는 별표 1의 체류자격 구분에 따른 활동의 제한을 받지 아니한다. 다만, 허용되는 취업활동이라도 국내 법령에 따라 일정한 자격이 필요할 때에는 그 자격을 갖추어야 한다.
1. 단순노무행위를 하는 경우
2. 선량한 풍속이나 그 밖의 사회질서에 반하는 행위를 하는 경우
3. 그 밖에 공공의 이익이나 국내 취업질서 등을 유지하기 위하여 그 취업을 제한할 필요가 있다고 인정되는 경우
④ ~ ⑥ (생략)

제31조(체류기간 연장허가) ① 법 제25조에 따른 체류기간 연장허가를 받으려는 사람은 체류기간이 끝나기 전에 체류기간 연장허가 신청서에 법무부령으로 정하는 서류를 첨부하여 출입국관리사무소의 장(이하 '사무소장'이라 한다) 또는 출입국관리사무소 출장소의 장(이하 '출장소장'이라 한다)에게 제출하여야 한다.
② ~ ③ (생략)

제33조(체류기간 연장허가를 하지 아니할 때의 출국통지) ① 법무부장관은 제31조의 규정에 따른 허가를 하지 아니할 때에는 신청인에게 체류기간연장 불허결정 통지서를 발급하여야 한다.

② (생략)

제96조(권한의 위임) ① 법무부장관은 법 제92조 제1항에 따라 법 제20조, 제23조부터 제25조까지, 제25조의2, 제25조의3에 따른 그의 권한을 사무소장·출장소장에게 위임한다.

② (생략)

[별표 1]

[외국인의 체류자격(제12조관련)]

체류자격(기호)	체류자격에 해당하는 사람 또는 활동범위
8. 단기방문(C-3)	시장조사, 업무 연락, 상담, 계약 등의 상용 활동과 관광, 통과, 요양, 친지 방문, 친선경기, 각종 행사나 회의 참가 또는 참관, 문화예술, 일반연수, 강습, 종교의식 참석, 학술자료 수집, 그 밖에 이와 유사한 목적으로 90일을 넘지 않는 기간 동안 체류하려는 사람(영리를 목적으로 하는 사람은 제외한다)
28의2. 재외동포 (F-4)	「재외동포의 출입국과 법적 지위에 관한 법률」제2조 제2호에 해당하는 사람 (단순 노무행위 등 이 영 제23조 제3항 각 호에서 규정한 취업활동에 종사하려는 사람은 제외한다)
28의4. 결혼이민 (F-6)	가. 국민의 배우자 나. (생략) 다. 국민인 배우자와 혼인한 상태로 국내에 체류하던 중 그 배우자의 사망이나 실종, 그 밖에 자신에게 책임이 없는 사유로 정상적인 혼인관계를 유지할 수 없는 사람으로서 법무부장관이 인정하는 사람

출입국관리법 시행규칙(발췌)

(2011. 10. 12 법무부령 제1234호) (2011. 10. 12. 시행)

제18조의2(1회에 부여하는 체류자격별 체류기간의 상한) 법 제10조 제2항의 규정에 의하여 1회에 부여할 수 있는 체류자격별 체류기간의 상한은 별표 1과 같다

제65조(출국명령기한) ① 법 제68조 제2항의 규정에 의한 출국명령서를 발부하는 때에는 그 발부 일부터 30일의 범위 내에서 출국기한을 정하여야 한다.
② (생략)

제76조(사증발급 등 신청시의 첨부서류) ① 다음 각 호에 해당하는 때의 체류자격별 첨부서류는 별표 5와 같다.
1. 영 제7조 제1항에 따라 사증의 발급을 신청하는 때
2. ~ 4. (생략)
② 다음 각 호에 해당하는 때의 체류자격별 첨부서류는 별표 5의2와 같다.
1. ~ 5. (생략)

[별표 1]

[1회에 부여하는 체류자격별 체류기간의 상한(제18조의2 관련)](발췌)

체류자격(기호)	1회에 부여하는 체류기간의 상한
8. 단기방문(C-3)	90일
28의2. 재외동포(F-4)	3년
28의4. 결혼이민(F-6)	3년

[별표 5]

[사증발급신청 등 첨부서류(제76조 제1항 관련)](발췌)

체류자격(기호)	첨부서류
단기방문(C-3)	○ 상용목적 등 입국 목적을 증명할 수 있는 서류
재외동포(F-4)	○ 대한민국의 국적을 보유하였던 자로서 외국국적을 취득한 자 • 가족관계기록사항에 관한 증명서 또는 제적등본 그 밖에 본인이 대한민국의 국민이었던 사실을 증명하는 서류 • 외국국적을 취득한 원인 및 그 연월일을 증명하는 서류 • 연간납세증명서, 소득증명서 등 체류기간 중 단순노무행위 등 영 제23조 제3항 각 호에서 규정한 취업활동에 종사하지 아니할 것임을 소명하는 서류(법무부장관이 고시하는 불법체류가 많이 발생하는 국가의 외국국적동포에 한함) • 그 밖에 법무부장관이 필요하다고 인정하는 서류 ○ 부모의 일방 또는 조부모의 일방이 대한민국의 국적을 보유하였던 자로서 외국국적을 취득한 자 • 직계존속이 대한민국의 국민이었던 사실을 증명하는 서류 • 본인과 직계존속이 외국국적을 취득한 원인 및 그 연월일을 증명하는 서류 • 직계존비속의 관계임을 증명하는 서류(출생증명서 등) • 연간납세증명서, 소득증명서 등 체류기간 중 단순노무행위 등 영 제23조 제3항 각 호에서 규정한 취업활동에 종사하지 아니할 것임을 소명하는 서류(법무부장관이 고시하는 불법체류가 많이 발생하는 국가의 외국국적동포에 한함) • 그 밖에 법무부장관이 필요하다고 인정하는 서류

[별표 5의2]

[체류자격외활동허가 신청 등 첨부서류(제76조 제2항 관련)](발췌)

체류자격(기호)	첨부서류
결혼이민(F-6)	3. 영 별표 1 중 28의4. 결혼이민(F-6)란의 다목에 해당하는 사람 ○ 사망·실종 사실을 증명할 수 있는 서류 또는 그 밖에 본인의 귀책사유없이 혼인관계가 단절되었음을 증명할 수 있는 서류

「출입국관리법 시행규칙 별표 5 사증발급신청 등 첨부서류에 관한 고시」
(2011. 10. 12. 법무부고시 제450-5호) (2011.10.12. 시행)

가나, 나이지리아, 네팔, 러시아, 몽골, 미얀마, 방글라데시, 베트남, 스리랑카, 우즈베키스탄, 우크라이나, 이란, 인도, 인도네시아, 중국, 카자흐스탄, 키르키즈스탄, 태국, 파키스탄, 필리핀(총 20개국)

법무부와 그 소속기관 직제 시행규칙(발췌)

(2013. 12. 31 법무부령 제1500호) (2013.12.31. 시행)

제29조(관할구역) 출입국관리사무소와 그 출장소의 관할구역은 별표 4와 같다.

[별표 4]

[출입국관리사무소와 그 출장소의 명칭·위치 및 관할구역(제29조 관련)(발췌)]

명 칭	위 치	관 할 구 역
전주출입국 관리사무소	전라북도 전주시	전라북도(군산시는 제외한다)
전주출입국 관리사무소 군산출장소	전라북도 군산시	전라북도 군산시, 충청남도 장항항

민원사무 처리에 관한 법률(발췌)

(2014. 11. 19 법률 제34550호) (2014. 11. 19. 시행)

제18조(거부처분에 대한 이의신청) ① 민원사항에 대한 행정기관의 장의 거부처분에 불복하는 민원인은 그 거부처분을 받은 날부터 90일 이내에 그 행정기관의 장에게 문서로 이의신청을 할 수 있다.

② 행정기관의 장은 이의신청을 받은 날부터 10일 이내에 그 이의신청에 대하여 결정하고 그 결과를 민원인에게 지체 없이 문서로 통지하여야 한다.

③ 민원인은 제1항에 따른 이의신청 여부와 관계없이 「행정심판법」에 따른 행정심판 또는 「행정소송법」에 따른 행정소송을 제기할 수 있다.

■ 2015년 1월 ~ 2016년 2월

2015년 1월

일	월	화	수	목	금	토
				1	2	3
4	5	6	7	8	9	10
11	12	13	14	15	16	17
18	19	20	21	22	23	24
25	26	27	28	29	30	31

2015년 2월

일	월	화	수	목	금	토
1	2	3	4	5	6	7
8	9	10	11	12	13	14
15	16	17	18	19	20	21
22	23	24	25	26	27	28

2015년 3월

일	월	화	수	목	금	토
1	2	3	4	5	6	7
8	9	10	11	12	13	14
15	16	17	18	19	20	21
22	23	24	25	26	27	28
29	30	31				

2015년 4월

일	월	화	수	목	금	토
			1	2	3	4
5	6	7	8	9	10	11
12	13	14	15	16	17	18
19	20	21	22	23	24	25
26	27	28	29	30		

2015년 5월

일	월	화	수	목	금	토
					1	2
3	4	5	6	7	8	9
10	11	12	13	14	15	16
17	18	19	20	21	22	23
24/31	25	26	27	28	29	30

2015년 6월

일	월	화	수	목	금	토
	1	2	3	4	5	6
7	8	9	10	11	12	13
14	15	16	17	18	19	20
21	22	23	24	25	26	27
28	29	30				

2015년 7월

일	월	화	수	목	금	토
			1	2	3	4
5	6	7	8	9	10	11
12	13	14	15	16	17	18
19	20	21	22	23	24	25
26	27	28	29	30	31	

2015년 8월

일	월	화	수	목	금	토
						1
2	3	4	5	6	7	8
9	10	11	12	13	14	15
16	17	18	19	20	21	22
23/30	24/31	25	26	27	28	29

2015년 9월

일	월	화	수	목	금	토
		1	2	3	4	5
6	7	8	9	10	11	12
13	14	15	16	17	18	19
20	21	22	23	24	25	26
27	28	29	30			

2015년 10월

일	월	화	수	목	금	토
				1	2	3
4	5	6	7	8	9	10
11	12	13	14	15	16	17
18	19	20	21	22	23	24
25	26	27	28	29	30	31

2015년 11월

일	월	화	수	목	금	토
1	2	3	4	5	6	7
8	9	10	11	12	13	14
15	16	17	18	19	20	21
22	23	24	25	26	27	28
29	30					

2015년 12월

일	월	화	수	목	금	토
		1	2	3	4	5
6	7	8	9	10	11	12
13	14	15	16	17	18	19
20	21	22	23	24	25	26
27	28	29	30	31		

2016년 1월

일	월	화	수	목	금	토
					1	2
3	4	5	6	7	8	9
10	11	12	13	14	15	16
17	18	19	20	21	22	23
24/31	25	26	27	28	29	30

2016년 2월

일	월	화	수	목	금	토
	1	2	3	4	5	6
7	8	9	10	11	12	13
14	15	16	17	18	19	20
21	22	23	24	25	26	27
28	29					

소장 초안

소송요건[3]

1) 취소소송의 대상 체류기간연장 불허처분 − 불허결정통지서(2015. 9. 3. 문서)
출국명령 − 출국명령서(2015. 11. 16. 문서)
체류기간연장 불허처분은 거부처분, 출국명령은 행정행위(명령)
거부처분의 경우 신청과 거부의 의사표시 이외 처분에 대한 적법한 신청과 신청권을 요건으로 하는데, 체류기간 연장허가가 행정행위이고 이에 대한 적법한 신청이 있었고, 법령에서 연장신청을 규정하고 있으므로 신청권도 있음.

2) 원고 엘레나 구르초바

3) 피고 전주출입국관리사무소장 − 행정처분서 2부

4) 협의의 소익 체류기간연장 불허처분의 경우 체류기간이 2015. 9. 13.(외국인 등록증 참조)의 도과로 인하여 소의 이익이 소멸되는지 여부
수익적 처분에 대한 직권취소·철회 취소소송 중 허가기간이 종료된 경우에는 소의 이익이 없음. 그러나 갱신신청에 대한 거부처분취소소송 중 허가기간이 종료된 경우에는 소의 이익이 있음.

대판 1991.7.23. 선고 90누6651 [공유수면점사용허가취소처분취소]
공유수면용허가기간 중에 그 허가를 취소하는 처분이 있었다고 하여도 그 취소처분에 대한 법원의 집행정지결정으로 허가기간이 진행되어 허가기간이 경과하였다면 이로써 그 허가처분은 실효된 것이고 그 후 위 취소처분을 취소하더라도 허가된 상태로의 원상회복은 불가능하므

---

3 제5회 변호사시험 문제에서 대상적격, 피고적격, 협의의 소의 이익, 제소기간 만 출제됨.

로, 위 취소처분이 외형상 잔존함으로 말미암아 어떠한 법률상 불이익이 있다고 볼 만한 특별한 사정이 없는 한 위 취소처분의 취소를 구할 이익이 없다. [공유수면점용허가 취소처분에 대한 법원의 집행정지결정으로 허가기간이 진행되어 허가기간이 경과한 경우, 취소처분의 취소를 구할 이익유무(소극)]

대판 2002. 7. 26. 선고 2000두7254 [도매법인지정처분취소]

[1] 행정처분에 그 효력기간이 정하여져 있는 경우, 그 처분의 효력 또는 집행이 정지된 바 없다면 위 기간의 경과로 그 행정처분의 효력은 상실되므로 그 기간 경과 후에는 그 처분이 외형상 잔존함으로 인하여 어떠한 법률상 이익이 침해되고 있다고 볼 만한 별다른 사정이 없는 한 그 처분의 취소를 구할 법률상의 이익이 없다. [효력기간이 경과한 행정처분의 취소를 구할 법률상 이익 유무(한정 소극)]

[2] 농수산물 지방도매시장의 도매시장법인으로 지정된 유효기간이 만료되어 그 지정처분이 외형상 잔존함으로 인하여 어떠한 법률상의 이익이 침해되고 있다고 볼 만한 별다른 사정이 인정되지 아니한다는 이유로 그 처분의 취소를 구할 법률상의 이익이 없다고 한 사례.

5) 제소기간   체류기간연장 불허처분
안 날(2015. 9. 7. 교부, 불허결정통지서)로부터 90일
처분이 있는 날(2012. 9. 3. 불허결정통지서)로부터 1년
이의신청(재결로 취급하면)
결과 통지일(2015. 10. 5. − 교부)로부터 90일
결과가 있는 날(2015. 9. 30. 결정결과통지)로부터 1년
출국명령
안 날(2015. 11. 17. 교부, 출국명령서)로부터 90일
처분이 있는 날(2012. 11. 16. 출국명령서)로부터 1년
민원사무처리에관한법률 18조 이의신청은 행정심판이 아님.
→ 2015. 9. 7. 기준 90일, 12. 6.(일), 따라서 12. 7.(월)까지

대판 2012. 11. 15. 선고 2010두8676 [주택건설사업승인불허가처분취소등]

[1] 행정소송법 제18조 내지 제20조, 행정심판법 제3조 제1항, 제4조 제1항, 민원사무처리에 관한 법률(이하 '민원사무처리법'이라 한다) 제18조, 같은 법 시행령 제29조 등의 규정들과 그 취지를 종합하여 보면, 민원사무처리법에서 정한 민원 이의신청의 대상인 거부처분에 대하여는 민원 이의신청과 상관없이 행정심판 또는 행정소송을 제기할 수 있으며, 또한 민원

이의신청은 민원사무처리에 관하여 인정된 기본사항의 하나로 처분청으로 하여금 다시 거부처분에 대하여 심사하도록 한 절차로서 행정심판법에서 정한 행정심판과는 성질을 달리하고 또한 사안의 전문성과 특수성을 살리기 위하여 특별한 필요에 따라 둔 행정심판에 대한 특별 또는 특례 절차라 할 수도 없어 행정소송법에서 정한 행정심판을 거친 경우의 제소기간의 특례가 적용된다고 할 수도 없으므로, 민원 이의신청에 대한 결과를 통지받은 날부터 취소소송의 제소기간이 기산된다고 할 수 없다. 그리고 이와 같이 민원 이의신청 절차와는 별도로 그 대상이 된 거부처분에 대하여 행정심판 또는 행정소송을 제기할 수 있도록 보장하고 있는 이상, 민원 이의신청 절차에 의하여 국민의 권익 보호가 소홀하게 된다거나 헌법 제27조에서 정한 재판청구권이 침해된다고 볼 수도 없다. [이의신청에 대한 결과를 통지받은 날부터 취소소송의 제소기간이 기산되는지 여부(소극)]

[2] 민원사무처리에 관한 법률(이하 '민원사무처리법'이라 한다) 제18조 제1항에서 정한 거부처분에 대한 이의신청(이하 '민원 이의신청'이라 한다)은 행정청의 위법 또는 부당한 처분이나 부작위로 침해된 국민의 권리 또는 이익을 구제함을 목적으로 하여 행정청과 별도의 행정심판기관에 대하여 불복할 수 있도록 한 절차인 행정심판과는 달리, 민원사무처리법에 의하여 민원사무처리를 거부한 처분청이 민원인의 신청 사항을 다시 심사하여 잘못이 있는 경우 스스로 시정하도록 한 절차이다. 이에 따라, 민원 이의신청을 받아들이는 경우에는 이의신청 대상인 거부처분을 취소하지 않고 바로 최초의 신청을 받아들이는 새로운 처분을 하여야 하지만, 이의신청을 받아들이지 않는 경우에는 다시 거부처분을 하지 않고 그 결과를 통지함에 그칠 뿐이다. 따라서 이의신청을 받아들이지 않는 취지의 기각 결정 내지는 그 취지의 통지는, 종전의 거부처분을 유지함을 전제로 한 것에 불과하고 또한 거부처분에 대한 행정심판이나 행정소송의 제기에도 영향을 주지 못하므로, 결국 민원 이의신청인의 권리·의무에 새로운 변동을 가져오는 공권력의 행사나 이에 준하는 행정작용이라고 할 수 없어, 독자적인 항고소송의 대상이 된다고 볼 수 없다고 봄이 타당하다.

대판 2014. 4. 24. 선고 2013두7834 [사전심사결과통보처분취소]
구 민원사무 처리에 관한 법률(2012. 10. 22. 법률 제11492호로 개정되기 전의 것, 이하 '구 민원사무처리법'이라 한다) 제19조 제1항, 제3항, 구 민원사무 처리에 관한 법률 시행령(2012. 12. 20. 대통령령 제24235호로 개정되기 전의 것) 제31조 제3항의 내용과 체계에다가 사전심사청구제도는 민원인이 대규모의 경제적 비용이 수반되는 민원사항에 대하여 간편한 절차로써 미리 행정청의 공적 견해를 받아볼 수 있도록 하여 민원행정의 예측 가능성을 확보하게 하는 데에 취지가 있다고 보이고, 민원인이 희망하는 특정한 견해의 표명까지 요구할 수 있는 권리를 부여한 것으로 보기는 어려운 점, 행정청은 사전심사결과 가능하다는 통보를 한 때에도 구 민원사무처리법 제19조 제3항에 의한 제약이 따르기는 하나 반드시 민원사항을 인용하는 처분을 해야 하는 것은 아닌 점, 행정청은 사전심사결과 불가능하다고 통보하였더라도 사전심사결과에 구애되지 않고 민원사항을 처리할 수 있으므로 불가능하다는 통보가 민원인의 권리의무에 직접적 영향을 미친다고 볼 수 없고, 통보로 인하여 민원인에게 어떠한 법적 불이익이 발생할 가능성도 없는 점 등 여러 사정을 종합해 보면, 구 민원사무처리법이 규정하는 사전심사결과 통보는 항고소송의 대상이 되는 행정처분에 해당하지 아니한다. [구 민원사무 처리에 관한 법률 제19조 제1항에서 정한 사전심사결과 통보가 항고소송의 대상이 되는 행정처분에 해당하는지 여부 (소극)]

6) 필요적 행정심판전치주의   소송요건 아님

7) 관할(기타)   피고 주소지 - 전주지방법원
         (전북 전주시 완산구 전북도청길 123)
         법무부와 그 소속기관 직제시행규칙 제29조 별표4
         전주출입국관리사무소(명칭), 전라북도 전주시(위치), 전라북도(군산시 제외 관할구역)

본 안

1. **법령 검토**

   가. 근거 법령

   1) 체류기간연장 불허가처분

   연장허가 요건 규정이 없고,[4] 연장허가신청에 필요한 절차와 서류만 규정되어 있음.
   다만, 시행규칙에서 '본인의 귀책사유 없이 혼인 관계가 단절되었음'을 증명하는 서류가
   첨부서류로 규정하고 있는 점, 체류요건을 규정한 법 제10조, 시행령 제12조 [별표 1] 28
   의4. 결혼이민(F-6) 나.에서 '자신에게 책임이 없는 사유로 정상적인 혼인관계를 유지할
   수 없다고 인정되는 사람'을 결혼이민의 체류자격으로 규정하고 있는 점 등에 비추어 위
   내용을 체류기간연장 허가요건으로 해석.

   출입국관리법

   제25조(체류기간 연장허가) 외국인이 체류기간을 초과하여 계속 체류하려면 대통령령으로 정하
   는 바에 따라 체류기간이 끝나기 전에 법무부장관의 체류기간 연장허가를 받아야 한다.

   출입국관리법 시행령

   제31조(체류기간 연장허가) ① 법 제25조에 따른 체류기간 연장허가를 받으려는 사람은 체류기간
   이 끝나기 전에 체류기간 연장허가 신청서에 법무부령으로 정하는 서류를 첨부하여 사무소장
   또는 출장소장에게 제출하여야 한다.

   출입국관리법 시행규칙

   제76조(사증발급 등 신청시의 첨부서류) ② 다음 각 호에 해당하는 때의 체류자격별 첨부서류는
   별표 5의2와 같다.

   6. 영 제31조에 따라 체류기간연장허가를 신청하는 때

   [별표 5의2]

   [체류자격 외 활동허가 신청 등 첨부서류(제76조 제2항 관련)]

체류자격 (기호)	신청구분	첨부서류
결혼이민	체류기간	3. 영 별표 1 중 28의4 결혼이민(F-6)란의 다목에 해당하는 사람

---

4 출입국관리법 제92조 제항 '법무부장관은 이 법에 따른 권한의 일부를 대통령령이 정하는 바에 따라
지방출입국·외국인관서의 장에게 위임할 수 있다' 및 출입국관리법 시행령 제96조 제1항 '법무부장관
은 법 제92조 제1항에 따라 법 … 제25조… 에 따른 권한을 사무소장·출장소장에게 위임한다.'는 규정
에 따라 체류기간연장허가처분의 권한은 전주출입국관리소장에게 있음.

(F-6)	연장허가	○ 사망·실종 사실을 증명할 수 있는 서류 또는 그 밖에 본인의 귀책 사유 없이 혼인 관계가 단절되었음을 증명할 수 있는 서류

출입국관리법 시행령

[별표 1]

[외국인의 체류자격(제12조 관련)]

체류자격(기호)	체류자격에 해당하는 사람 또는 활동범위
28의4. 결혼이민 (F-6)	가. 국민의 배우자 나. 국민인 배우자와 혼인한 상태로 국내에 체류하던 중 그 배우자의 사망이나 실종, 그 밖에 자신에게 책임이 없는 사유로 정상적인 혼인관계를 유지할 수 없다고 인정되는 사람

출입국관리법 시행규칙

[별표 1]

[1회에 부여하는 체류자격별 체류기간의 상한(제18조의2 관련)]

체류자격(기호)	1회에 부여하는 체류기간의 상한
다. 28의4. 결혼이민(F-6)	3년

2) 출국명령

법률요건으로 '제25조를 위반한 사람' 즉, 25조에 의한 체류기간연장허가를 받지 못한 사람

출입국관리법

제68조(출국명령) ① 지방출입국·외국인관서의 장은 다음 각 호의 어느 하나에 해당하는 외국인에게는 출국명령을 할 수 있다.

1. 제46조 제1항 각 호의 어느 하나에 해당한다고 인정되는 사람

② 지방출입국·외국인관서의 장은 제1항에 따라 출국명령을 할 때에는 출국명령서를 발급하여야 한다.

③ 제2항에 따른 출국명령서를 발급할 때에는 법무부령으로 정하는 바에 따라 출국기한을 정하고 주거의 제한이나 그 밖에 필요한 조건을 붙일 수 있다.

제46조(강제퇴거의 대상자) ① 지방출입국·외국인관서의 장은 이 장에 규정된 절차에 따라 다음 각 호의 어느 하나에 해당하는 외국인을 대한민국 밖으로 강제퇴거시킬 수 있다.

8. … 제25조를 위반한 사람

나. 처분 요건(법률요건 검토)

1) 체류기간연장 불허가처분

조정결정 서류가 '본인의 귀책사유 없이 혼인 관계가 단절되었음을 증명할 수 있는 서류'에 해당되는지 여부에 대한 다툼이 있음

나머지 사실관계, 법령해석에 대한 다툼이 없음.

'본인의 귀책사유 없이 혼인 관계가 단절되었음'는 소극적 요건을 체류기간연장 허가요건으로 해석해서 갱신청구권을 인정. 법무부 회신도 동일한 취지임.

2) 출국명령

체류기간연장허가를 받지 못한 사실, 법령해석 등에 다툼이 없음.

다. 처분 내용(법률효과 검토)

1) 체류기간연장 불허가처분

법 조문은 '법무부장관의 체류기간 연장허가를 받아야 한다.'고 규정하고 있음.

기속행위인지 또는 결정 재량권이 있는 재량행위인지 여부

귀하, 체류허가 등은 외국인에게 권리를 설정하는 특허인 점 등을 고려 재량행위

대구지방법원 2012. 4. 18. 선고 2011구합2394 판결 [체류기간연장등불허처분취소]

[1] 외국인의 체류자격을 규정한 출입국관리법 제10조 제1항, 출입국관리법 시행령 제12조의 입법 취지에 비추어 볼 때, 출입국관리법 시행령 제12조 [별표 1]의 '배우자'란 우리나라 법률에 의하여 우리나라 국민과 혼인이 성립된 것으로 인정되는 외국인을 의미하고, 자신의 본국법에 의하여 우리나라 국민과 혼인이 성립된 것으로 인정되는 외국인을 의미하는 것은 아니다. 또 국제사법 제36조 제2항 단서에 의하면 우리나라 국민이 우리나라에서 외국인과 혼인을 거행하는 경우 혼인의 방식은 우리나라 법에 의하고, 민법 제812조 제1항에 의하면 혼인은 가족관계의 등록 등에 관한 법률에 정한 바에 의하여 가족관계등록관서에 신고함으로써 효력이 생기므로, 우리나라 국민이 우리나라에서 외국인과 혼인할 경우 가족관계의 등록 등에 관한 법률에 정한 바에 의하여 가족관계등록관서에 신고함으로써 혼인이 성립된다. 국제사법 제36조 제1항에 의하면 혼인의 성립요건은 각 당사자에 관하여 그 본국법에 의하므로, 우리나라 국민이 외국인과 혼인할 경우 우리나라 국민에 관하여 혼인이 성립되었는지는 우리나라 법률에 의하여 판단하여야 한다.

[2] 출입국관리사무소장이 대한민국 국민 갑(여)과 혼인한 파키스탄 국적자 을에게, 파키스탄 본국법에 따른 유효한 결혼증명서를 제출하지 않아 형식적 요건을 구비하지 못하였을 뿐만 아니라 진정한 혼인생활을 하고 있지 않다는 이유로 체류자격변경신청을 불허한 사안에서, 모든 사정에 비추어 보면 을이 처분 당시 우리나라 국민인 갑의 배우자에 해당하고 갑과 사이에 진정한 혼인관계가 존재하였다고 봄이 타당하므로, 위 처분은 사실오인에 근거한 것으로 재량권을 일탈·남용하여 위법하다고 한 사례. [재량권을 일탈·남용하여 위법하다고 한 사례]

2) 출국명령

법 조문은 '출국명령을 할 수 있다.'고 규정하고 있음.

기속행위인지 또는 결정 재량권이 있는 재량행위인지 여부

법문에서 '할 수 있다'고 규정되어 있는 점, 침익적 행위하는 점 등을 고려 재량행위로 보아야 한다.

서울행정법원 2008. 4. 16. 선고 2007구합24500 판결 [출국명령처분취소]
후천성면역결핍증(AIDS)을 유발하는 인체면역결핍바이러스(HIV)에 감염되었다는 이유로 국내 체류 외국인을 출국하도록 한 명령은 그 처분으로 보호하고자 하는 전염병 예방이라는 공익의 달성 여부가 확실하지 않은 반면, 외국인의 거주·이전의 자유, 가족결합권을 포함한 행복추구권 등을 심각하게 침해하여 사회통념상 현저하게 타당성을 잃은 것으로서 재량권을 일탈·남용한 위법이 있다고 한 사례. [출국명령이 재량권을 일탈·남용한 것으로서 위법하다고 한 사례]

인천지방법원 2015. 11. 5. 선고 2015구합50805 판결 [출국명령처분취소]
파키스탄 국적인 갑의 체류기간 연장신청에 대하여 을 출입국관리사무소장이 업무상과실장물보관죄 및 농지법위반죄의 범죄경력이 있는 점 등을 이유로 체류기간 연장신청을 불허하는 취지에서 갑에게 출국을 명하는 처분을 한 사안에서, 갑이 업무상과실장물보관죄로 기소유예 처분을 받았으나 과실범에 불과하고 사안이 경미하다고 보아 기소유예 처분을 받은 점 등을 종합하면, 처분으로 달성하고자 하는 공익에 비하여 갑이 입는 불이익이 지나치게 크므로, 위 처분은 재량권을 일탈·남용하였다고 한 사례. [출국명령이 재량권을 일탈·남용한 것으로서 위법하다고 한 사례]

2. 법률요건 측면에서 주장할 수 있는 위법

가. 처분문서에 기재된 처분사유

1) 체류기간연장 불허가결정서

확정판결이 아닌 조정에 갈음하는 결정의 방식으로 이혼한 경우에는 출입국관리법 시행령 [별표 1] 28의4, 결혼이민(F-6) 다목에 정한 '자신에게 책임이 없는 사유로 정상적인 혼인관계를 유지할 수 없다고 인정되는 사람'에 해당한다고 볼 수 없다.

2) 출국명령서: 사유기재 없음.

나. 사실오인 여부

1) 체류기간연장 불허가결정

처분 문서상의 처분사유 「확정판결이 아닌 조정에 갈음하는 결정의 방식으로 이혼한 경우에는 출입국관리법 시행령 [별표 1] 28의4 결혼이민(F-4) 다목에 정한 '자신에게 책임이 없는 사유로 정상적인 혼인관계를 유지할 수 없다고 인정되는 사람'에 해당된다고 볼 수 없음.」에 나타난 의사표시의 해석과 관련해서 '본인의 귀책사유 없이 혼인 관계가 단절되었는지 여부'가 법률요건이기 때문에 '확정판결의 방식으로 이혼한 경우에는 연장허가 사유에 해당하고, 조정에 갈음하는 결정의 방식으로 이혼한 경우에는 연장허가 사유에 해당되지 않는다'는 것이 아니라, 원고는 '본인의 귀책사유 없이 혼인 관계가 단절되었다고 인정되는 사람'이 아니다는 것으로 해석된다. 그러나 '본인의 귀책사유 없이 혼인 관계가 단절되었음'에도 불구하고 행정청이 체류기간 연장을 불허가하였기 때문에 위법한 처분임 (원고 주장).

2) 출국명령

출국명령서(처분 문서)상의 처분사유는 「출입국관리법 제68조 제1항 제1호, 제46조 제1항 제8호, 제25조」로 기재되어 있는바, 사실과 법령해석 등에 다툼이 없음.

체류기간연장 불허가처분에 존재하는 사실오인의 위법을 출국명령에도 승계됨을 주장(하자의 승계).

다. 법리오해 및 포섭의 오류 여부(해당사항 없음)

라. 검토결과

'혼인관계의 단절이 원고의 책임 있는 사유로 인한 것이 아니다'는 사실은 주장·입증해야 됨.

3. 법률효과 측면에서 주장할 수 있는 위법

가. 재량행위

1) 행정행위: 체류기간연장 불허가(설권적 처분), 출국명령(명령)

2) 행정행위의 성격: 기속행위 VS 재량행위 여부

행정행위의 성격, 법문 등을 고려 재량행위로 해석

3) 결정 재량:

체류기간연장신청에 대한 연장허가와 불허가, 출국명령의 가부

4) 재량심사:

체류기간연장 불허가처분과 출국명령의 처분사유에 '체류연장허가요건을 구비하지 못하였음'으로 기재되어 있을 뿐 재량권 행사가 처분사유로 기재되어 있지 않음에도 불구하고 재량권 행사를 처분사유로 볼 수 있는지 여부가 문제된다. 통상 허가신청 등 거부행위의 처분사유는 허가요건미비인데, 허가요건미비에는 허가요건을 구비하지 못한 경우뿐만 아니라 허가요건이 구비되었지만 재량권 행사 결과 불허가된 경우도 포함된다고 해석된다. 따라서 본건 불허가결정의 처분사유에는 허가요건의 미비 및 재량권 행사로 인한 불허가가 함께 존재한다고 해석된다.

나. 재량권 일탈·남용 여부

가) 비례의 원칙 위반 여부

체류기간연장 불허가처분과 출국명령으로 보호되는 공익: 출입국 질서유지 등

체류기간연장 불허가처분과 출국명령으로 침해되는 사익: 경제적 손실, 위반의 경위, 법익 침해의 정도 등

나) 평등의 원칙 위반 여부

기록상 주장할 수 있는 별다른 자료가 없음.

다) 신뢰보호의 원칙 위반 여부

법무부장관의 회신「자신에게 책임이 없는 사유로 정상적인 혼인관계를 유지할 수 없다고 인정되는 사람'으로 볼 수 있는 경우에는 결혼이민(F−4) 체류자격이 유지되는 것이며, 이 경우 이혼의 방식은 '확정판결' 또는 '조정에 갈음하는 결정' 등 어떠한 방식에 따르더라도 무방하다고 할 것입니다.」이 신뢰보호 위반의 선행조치로 볼 수 있는지 여부

위 회신은 '조정에 갈음하는 결정'도 연장허가요건의 판단의 자료가 될 수 있는 취지에 불과하고, 체류기간을 연장해 주겠다는 취지가 아니기 때문에 선행조치로 볼 수 없음.

대판 2014. 9. 4. 선고 2014두36402 [체류기간연장등불허가처분취소]

[1] 이혼소송에서 조정을 갈음하는 확정된 결정조서에 유책배우자를 특정하는 내용의 기재가 있는 경우, 행정청의 처분 등에 대하여 제기된 항고소송에서 법원이 채택한 증거에 기초하여 자유로운 심증에 의하여 혼인관계 파탄의 책임 유무를 인정할 수 있는지 여부(적극)

[2] 중화인민공화국 국적의 갑이 대한민국 국민인 을과 혼인 후 결혼이민(F−6) 체류자격으로 체류하던 중 자신의 귀책사유 없이 혼인관계가 해소된 자에 해당한다며 결혼이민 체류자격의 연장신청을 하였으나 출입국관리사무소장이 이를 불허한 사안에서, 이혼소송에서 을의 귀책사유로 이혼한다는 내용의 조정을 갈음하는 결정이 확정되었다고 하더라도, 여러 사정

을 고려하면 갑이 본인에게 책임 없는 사유로 정상적인 혼인생활을 할 수 없는 사람에 해당한다고 단정하기 어려워 <u>혼인관계 파탄에 관한 귀책사유가 불분명하다는 이유로, 위 처분이 적법하다고 본 원심판단을 정당하다고 한 사례</u>

[3] 법원이 증거의 채부를 자유로이 결정할 수 있는지 여부(한정 적극)

4. 절차와 형식 측면에서 주장할 수 있는 위법[5]

5. 법령 측면에서 주장할 수 있는 위법[6]

6. 처분의 위법에 관한 주장

가. 법률요건: 사실오인

원고에게 책임있는 사유로 정상적인 혼인관계를 유지할 수 없는지 여부(혼인관계의 파탄에 원고에게 책임이 없음)

나. 법률효과: 재량권 일탈·남용 여부   비례의 원칙 위반

다. 절차·형식:

라. 법령:

---

5 변호사시험 문제에서 기재하지 말 것.
6 변호사시험 문제에서 기재하지 말 것.

소 장

원 고   엘레나 구르초바(외국인 등록번호 880327-6******)
                남원시 광안루길 123
                소송대리인 법무법인 지리산
                담당변호사 성삼재
                서울 서초구 서초중앙로 50 지리산빌딩 5-6층
                전화: 02) 555-**** 팩스: 02) 555-****

피 고   전주출입국관리사무소장

출국명령 등 취소 청구의 소

청 구 취 지

1. 피고가 원고에게 한 2015. 9. 3.자 체류기간연장 불허처분 및 2015. 11. 16.자 출국명령처분을 모두 취소한다.
2. 소송비용은 피고가 부담한다.

라는 판결을 구합니다.

청 구 원 인

1. 행정처분의 경위
    생략.

2. 소의 적법성
    가. 대상적격
    나. 피고적격
    다. 협의의 소의 이익
    라. 제소기간

3. 이 사건 처분의 위법성
    가. 사실오인의 위법
        '자신에게 책임이 없는 사유로 정상적인 혼인관계를 유지할 수 없는 사람'에 해당됨(소견
        서, 결정 참고)
    나. 비례의 원칙 위반으로 인한 재량권 일탈·남용의 위법

4. 결론

입 증 방 법

1. 체류기간연장허가신청서   (갑제1호증)
2. 체류간연장 불허가결정통지서   (갑제2호증)
3. 출국명령서   (갑제3호증)
4. 외국인등록증   (갑제4호증)
5. 소견서   (갑제5호증)
6. 질의에 대한 회신   (갑제6호증)
7. 결정   (갑제7호증)
8. 이의신청 결정결과 통지   (갑제8호증)

첨 부 서 류

1. 위 입증서류 사본 2부
2. 소송위임장   1부
3. 담당변호사 지정서 1부
4. 소장 부본 1부
이하 생략

2015.   12.   7.

원고의 소송대리인 법무법인 지리산

담당변호사 성삼재

전주지방법원 귀중

집행정지신청 초안

신청요건

1) 집행정지의 대상　　　처분 등의 존재: 출국명령
　　　　　　　　　　　　체류기간연장 불허가 결정은 거부처분으로 집행정지 부적합.

대결 1991. 5. 2. 자 91두15 [접견허가거부처분효력정지]

[1] 행정처분의 효력정지나 집행정지를 구하는 신청사건에 있어서는 행정처분자체의 적법 여부를 판단할 것이 아니고 그 행정처분의 효력이나 집행 등을 정지시킬 필요가 있는지의 여부, 즉 행정소송법 제23조 제2항 소정 요건의 존부만이 판단대상이 되는 것이므로 이러한 요건을 결여하였다는 이유로 효력정지신청을 기각한 결정에 대하여 행정처분 자체의 적법 여부를 가지고 불복사유로 할 수 없다.

[2] 허가신청에 대한 거부처분은 그 효력이 정지되더라도 그 처분이 없었던 것과 같은 상태를 만드는 것에 지나지 아니하는 것이고 그 이상으로 행정청에 대하여 어떠한 처분을 명하는 등 적극적인 상태를 만들어 내는 경우를 포함하지 아니하는 것이므로, 교도소장이 접견을 불허한 처분에 대하여 효력정지를 한다 하여도 이로 인하여 위 교도소장에게 접견의 허가를 명하는 것이 되는 것도 아니고 또 당연히 접견이 되는 것도 아니어서 접견허가거부처분에 의하여 생길 회복할 수 없는 손해를 피하는 데 아무런 보탬도 되지 아니하니 접견허가 거부처분의 효력을 정지할 필요성이 없다. [거부처분과 효력정지의 필요성 유무(소극)]

대결 1995.6.21. 자 95두26 [점검필증교부거부처분효력정지]

신청에 대한 거부처분의 효력을 정지하더라도 거부처분이 없었던 것과 같은 상태, 즉 거부처분이 있기 전의 신청시의 상태로 되돌아가는 데에 불과하고 행정청에게 신청에 따른 처분을 하여야 할 의무가 생기는 것이 아니므로, 거부처분의 효력정지는 그 거부처분으로 인하여 신청인에게 생길 손해를 방지하는 데 아무런 보탬이 되지 아니하여 그 효력정지를 구할 이익이 없다. [거부처분의 효력정지를 구할 이익이 있는지 여부(소극)]

---

2) 신 청 인   옐레나 구르초바

3) 피신청인   전주출입국관리사무소장

4) 신청의 이익   문제없음

5) 적법한 본안 소송의 계속
             본안 소송 제기와 동시 신청. 소송요건을 모두 구비

6) 관할 (기타)   본안소송 계속 중인 법원 전속관할
             본안소송: 전주지방법원 관할

신청본안

1. **회복하기 어려운 손해를 예방하기 위하여 긴급한 필요가 있을 것**(적극적 요건)

   이미 발생한 손해 또는 발생이 예견되는 손해를 구체적으로 적시

   예방의 긴급성을 구체적으로 적시

2. **공공의 복리에 중대한 영향을 미칠 우려가 없을 것**(소극적 요건)

   출국명령의 집행을 정지한다고 하여 공공복리에 중대한 영향이 미칠 우려가 전혀 없음.

3. **본안청구가 이유없음이 명백하지 아니할 것**(판례상 소극적 요건)

   처분의 위법 여부는 본안 심리를 통하여 밝혀 질 수 있음.

집 행 정 지 신 청

신 청 인   옐레나 구르초바(외국인 등록번호 880327−6******)
                         남원시 광안루길 123
                         소송대리인 변호사 지리산
                         담당변호사 성삼재
                         서울 서초구 서초중앙로 50 지리산빌딩 5−6층
                         전화: 02) 555−****   팩스: 02) 555−****

피신청인   전주출입국관리사무소장

신 청 취 지

피신청인이 2015. 11. 16 신청인에게 한 출국명령의 집행을 정지한다.[7]

신 청 원 인

1. 처분의 경위
(생략)

2. 신청의 적법 여부
가. 처분 등의 존재 (생략)
나. 본안소송이 적법하게 계속 중임 (생략)

3. 집행정지의 필요 여부
가. 회복하기 어려운 손해를 예방하기 위하여 긴급한 필요가 있을 것(적극적 요건)
   강제출국의 집행으로 인한 경제적, 신분상 불이익은 향후 승소 판결로 회복할 수 없음.
   출국일자 2015. 12. 14.로 소제기와 집행정지신청 12. 7.로부터 일주일 밖에 남지 않았기 때문에 긴급하게 필요함.

---

7 피신청인이 2015. 11. 16 신청인에게 한 출국명령의 집행을 본안 판결 선고시까지 정지한다.

나. 공공의 복리에 중대한 영향을 미칠 우려가 없을 것(소극적 요건)

　　출국명령의 집행을 정지한다고 하여 공공복리에 중대한 영향이 미칠 우려가 전혀 없음.

다. 본안청구가 이유없음이 명백하지 아니할 것(판례상 소극적 요건)

　　'자신에게 책임이 없는 사유로 정상적인 혼인관계를 유지할 수 없는 사람'에 해당되기 때문에 사실오인으로 처분이 위법함

　　본건 영업정지처분은 비례의 원칙 위반으로 재량권 일탈남용으로 위법함.

　　본안 심리를 통하여 밝혀 질 수 있는 사안임.

4. 결 론

　　이상의 이유로 집행 정지 결정이 필요함.

입 증 방 법

1. 미용업소 영업정지처분 통지　　(소갑제1호증의1)
2. 행정처분서　　　　　　　　　　(소갑제1호증의2)
3. 주민등록표　　　　　　　　　　(소갑제2호증)

생략

첨 부 서 류

1. 위 각 입증방법　　　　　　각 1통
2. 신청서부본　　　　　　　　1통
3. 소송위임장　　　　　　　　1통
4. 담당변호사 지정서　　　　　1통.

생략

2015.　　12.　　7.

신청인 소송대리인

법무법인 지리산

담당변호사 성삼재 (인)

전주지방법원 귀중

생각해 볼 문제들

문 1) 취소소송 판결문을 작성해 보자

서울고등법원 2014누52581 판결 [체류기간연장등불허가처분취소] / 청구기각

가. 결혼이민 중 혼인단절자(F-6-다) 체류자격 해당 여부

(1) 출입국관리법 제10조 제1항은 '입국하려는 외국인은 대통령령으로 정하는 체류자격을 가져야 한다', 제25조는 '외국인이 체류기간을 초과하여 계속 체류하려면 대통령령이 정하는 바에 따라 체류기간이 끝나기 전에 법무부장관의 체류기간 연장허가를 받아야 한다'고 규정하고 있고, 같은 법 시행령 제12조 [별표1] 제28호의4 결혼이민(F-6) 다목은 출입국관리법 제10조 제1항에 따른 외국인의 체류자격 중 결혼이민(F-6) 체류자격 중 하나로, '국민의 배우자와 혼인한 상태로 국내에 체류하던 중 그 배우자의 사망이나 실종, 그 밖에 자신에게 책임이 없는 사유로 정상적인 혼인관계를 유지할 수 없는 사람으로서 법무부장관이 인정하는 사람'을 규정하고 있다. 따라서, 대한민국 국민의 배우자로서 출입국관리법령상 '결혼이민(F-6)' 자격으로 체류자격을 부여받았던 외국인이 이혼 등의 사유로 대한민국 국민과 혼인 관계를 유지할 수 없게 되었더라도, 그와 같이 혼인 관계를 유지하지 못하게 된 사유가 외국인 자신에게 책임이 없는 사유에 해당됨을 이유로 체류기간 연장에 관한 허가를 받기 위해서는, 대한민국 국민과 실질적으로 정상적인 혼인 관계를 유지하고 있다가 외국인 자신에게 책임이 없는 사유로 정상적인 혼인 관계를 유지할 수 없게 되었다는 사실이 인정되어야 할 것이다. 나아가, 외형상 그와 같은 요건을 갖춘 것으로 보인다고 하더라도 체류기간 연장을 신청한 외국인에게 책임이 없는 사유로 정상적인 혼인 관계를 유지할 수 없었다는 점을 단정할 수 없는 경우라면, 허가권자가 그 신청인에게 체류기간 연장을 허가하는 것이 상당하지 않다고 보아 체류기간 연장을 불허하였다고 하여 이를 두고 위법하다고 볼 수는 없다.

(2) 위 법리에 비추어, 원고와 B의 혼인관계가 원고에게 책임이 없는 사유로 파탄되었는지 여부에 관하여 본다.
살피건대, 증거에 변론 전체의 취지를 종합하여 … 보면, 원고가 제출한 증거들과 증인의 일부 증언만으로는 원고에게 책임이 없는 사유로 원고가 B과 정상적인 혼인생활을 유지할 수 없게 되었다고 단정하기에 부족하고, 달리 이를 인정할 만한 증거가 없다.

나. 재량권의 일탈·남용 여부

(1) 출입국관리법 제10조 제1항, 제25조, 같은 법 시행령 제12조, 제31조 제1항, [별표1] 제28호의4 다목 등 관련 조항의 규정 형식, 문언 등에 체류기간연장허가는 신청인에게 당초의 체류기간을 초과하여 계속 체류할 수 있는 권한을 부여하는 일종의 설권적 처분의 성격을 가지는 것이라는 점을 종합하여 보면, 체류기간연장허가는 허가권자가 신청인의 적격성, 체류목적, 공익상의 영향 등을 참작하여 그 허가를 할 것인지 여부를 결정하는 재량행위라고 봄이 상당하다.

(2) 살피건대, 증거에 변론 전체의 취지를 종합하여 알 수 있는 아래와 같은 사정들에 비추어 보면, 설령 원고가 출입국관리법령상 체류자격을 갖추었다고 하더라도 이 사건 처분으로 달성하고자 하는 공익에 비하여 원고가 받을 불이익이 지나치게 크다거나 이 사건 처분이 재량권을 일탈·남용한 것이라고 보기 어렵다.

① 국가가 자국 체류가 바람직하지 않은 외국인을 추방할 권리를 갖는 것은 주권의 본질적 속성상 당연한 것으로 외국인이 일반적으로 내국인과 동일한 거주·이전의 자유를 갖는 것은 아니며, 출입국관리행정은 내·외국인의 출입국과 외국인의 체류를 적절하게 통제·조정함으로써 국가의 이익과 안전을 도모하고자 하는 국가행정작용으로 특히 외국인의 출입국에 관한 사항은 주권국가로서의 기능을 수행하는 데 필수적인 것으로서 엄격히 관리되어야 하고 국가의 이익과 안전을 도모하여야 하는 공익적 측면이 강조되어야만 한다.

② 원고와 B은 2003. 1.경 몽골에 입국하여 원고가 몽골에서 낳은 자녀들을 원고와 B의 친생자인 것처럼 허위 출생신고를 하여 출생증명서를 발급받은 다음, 2003. 1. 24. 김포3동 동사무소에 다시 허위 출생신고를 하여 호적부에 불실의 사실을 기재하게 하는 공정증서원본불실기재 범행을 저질렀고, B은 위 범죄사실로 2003. 8. 7. 인천지방법원에서 징역 6월에 집행유예 1년을 선고받았다.

③ 원고는 2004. 10. 14. 귀화신청을 하였는데, 당시 원고의 주거지 등에 대한 체류동향조사결과 원고가 B과 실제 동거를 하지 않는 것으로 추정되고, 국적취득을 위한 위장결혼으로 추정된다는 이유로 귀화신청이 불허되었다.

④ 원고는 2011. 9. 8. 체류자격을 영주(F-5) 자격으로 변경하여 달라는 신청을 하였는데, 당시 경제적으로 자립능력이 부족함에도 신도림에 있는 D교회1) 교인으로부터 1,000만 원을 빌려 농협통장의 잔액증명서를 허위로 발급받아 제출한 사실이 적발되어 2012. 7. 25. 품행미단정 등을 이유로 체류자격변경신청이 불허되었다.

⑤ 원고의 자녀들도 2003년 원고와 함께 대한민국에 입국하여 원고와 함께 생활하여 오기는 하였으나, 2006. 6. 1. 자녀들 모두 B에게 입양되었고, 그 중 아들은 성인이 되었으며, 딸은 현재 대한민국의 국적을 취득하였다.

다. 소결론

따라서, 원고는 출입국관리법 시행령 제12조 [별표1]에서 규정한 결혼이민 중 혼인단절자 (F-6-다) 체류자격에 해당하지 아니하고, 이 사건 처분이 재량권을 일탈·남용한 것이라고 볼 수도 없으므로, 이 사건 처분은 적법하고, 이에 반하는 원고의 주장은 이유 없다.

> 제2강
권리구제형 헌법소원

【문제8 1】

1. 의뢰인 김나타샤를 위하여 담당변호사의 입장에서 주어진 양식에 따라 <u>헌법소원심판</u> <u>청구서</u>를 작성하되(가처분신청서는 작성하지 말것), 아래 사항을 준수하시오. (50점)

　가. 양식 중 '청구인'부분, 'Ⅰ. 사건 개요' 부분, 'Ⅳ. 결론' 부분, '첨부서류' 부분의 내용 은 기재하지 말 것.

　나. 양식 중 'Ⅱ. 적법요건의 구비 여부' 부분에 대한 배점은 18점임.

　다. 헌법소원심판청구서의 작성일 및 제출일은 2016. 1. 4.로 할 것.

헌법소원심판청구서

청구인 (기재 생략)
청구취지
침해된 권리
침해의 원인
청구이유

Ⅰ. 사건의 개요 (기재 생략)
Ⅱ. 적법요건의 구비 여부
Ⅲ. 위헌이라고 해석되는 이유
Ⅳ. 결론 (기재 생략)

첨부서류 (기재 생략)

2016.　　1.　　4.

청구인의 대리인　　(인)

귀중

---

8 2016. 1. 법무부에서 실시한 제5회 변호사시험 문제를 그대로 사용하였는데, 다만 교육과 학습 목적을 위해 일부 내용과 순서를 수정, 삭제, 편집하였다.

수임번호 2015-101	법률상담일지		2015. 11. 18.
의 뢰 인	김나타샤	의뢰인 전화	010-2345-****(휴대전화)
의 뢰 인 주 소	서울 서초구 반포대로 1238 민국아파트 205동 302호	의뢰인 E-mail	natasha_kim@***.com
상 담 내 용			

1. 의뢰인 김나타샤는 우즈베키스탄공화국 국적의 재외동포인데, 식자재 공급업을 하고 있는 5촌당숙의 초청에 따라 2015. 10. 22. 단기방문(C-3) 체류자격으로 입국하였다.

2. 의뢰인의 조부(祖父)는 1933년경 그의 부모와 함께 연해주로 이주하였다가 제2차 세계대전 중 현재의 우즈베키스탄 지역으로 강제이주되었다. 의뢰인의 부(父)는 1993. 3. 1. 우즈베키스탄공화국에 귀화하여 국적을 취득하였고, 의뢰인은 그 해 6. 29. 출생하여 우즈베키스탄공화국 국적을 취득하였다.

3. 의뢰인은 고향 친구인 옐레나 구르초바와 함께 서울에서 우즈베키스탄 전통음식점을 개업하기로 하고, 관련된 법적 문제를 알아보기 위해 2015. 10. 26. 민간 재외동포 지원단체인 '재단법인 어울림'에서 상담을 받았다. 상담결과 의뢰인은 자신에게는 재외동포(F-4) 체류자격이 가장 적절하다는 조언을 받았다.

4. 이에 의뢰인은 '재단법인 어울림'의 상담사와 함께 재외동포(F-4) 체류자격의 구체적인 요건과 우즈베키스탄 전통음식점을 개업하기 위한 여러 가지 법적 문제를 알아보던 중, 2015. 11. 16.에서야 관계 법령상 우즈베키스탄이 위험국가로 지정되어 있어 의뢰인에게는 재외동포(F-4) 체류 자격이 부여될 수 없다는 점을 알게 되었다.

5. 의뢰인은 우즈베키스탄이 대한민국에 대하여 위험 국가일 것이라고는 상상조차 못 했었는데, 자신이 우즈베키스탄 국적의 재외동포라는 이유만으로 재외동포(F-4) 체류자격을 받지 못하도록 한 관계 법령이 자신의 권리를 불합리하게 침해한다고 생각하게 되었다.

6. 의뢰인의 희망사항
자의적으로 우즈베키스탄을 위험 국가로 지정하여 의뢰인에게 재외동포(F-4) 체류자격이 부여되지 않도록 한 관계 법령의 위헌성을 헌법소송을 통해 다투기를 희망함.

법무법인 지리산(담당변호사 성삼재)

전화 02-555-****, 팩스 02-555-****

서울 서초구 서초중앙로 50 지리산빌딩 5~6층

법무법인 지리산 내부회의록

일 시: 2015. 11. 19. 17:00 ~ 18:00
장 소: 법무법인 지리산 소회의실
참석자: 김훈정 변호사(송무팀장), 성삼재 변호사

헌법소원

김 변호사: 우선 김나타샤 씨 사건에 관하여 논의할까요? 의뢰인이 재외동포(F-4) 체류자격을 신청하려고 한다고 들었는데요, 필요한 요건들은 확인되었나요?

성 변호사: 네, 재외동포(F-4) 체류자격 신청에 필요한 서류들은 모두 확보하여 놓았습니다. 의뢰인이 외국국적동포라는 점을 증명할 수 있는 서류들도 있고, 의뢰인은 음식점 개업을 준비 중이므로 이를 위해 체결한 상가임대차계약서도 있습니다. 그런데 의뢰인은 '재단법인 어울림'의 도움을 받아 이러한 준비를 하는 과정에서 관계 법령상 우즈베키스탄 국적인 자신에게는 재외동포(F-4) 체류자격이 부여될 수 없다는 점을 알게 된 것입니다.

김 변호사: 그렇군요. 의뢰인이 관계 법령으로 인한 기본권 침해를 주장하고 있으므로 헌법소원심판을 청구해야 할 텐데, 특히 적법요건에 대해 면밀히 검토하시기 바랍니다.

성 변호사: 네, 잘 알겠습니다. 또한, 음식점 개업일도 가까워오므로 헌법재판소에 제출할 가처분신청서는 이미 작성해 놓았습니다.

김 변호사: 다음은 엘레나 구르초바 씨 사건과 관련하여 논의할까요? 의뢰인의 상황은 어떠한가요?

성 변호사: 의뢰인은 이혼소송을 신속히 종료하기 위하여 조정에 갈음하는 결정을 받았는데, 당초 서면질의 회신내용과는 달리 체류기간연장도 불허되고 2015. 12. 14.까지 출국하라는 출국명령까지 받게 된 상황입니다.

대 리 인 선 임 장

사 건	(생략)
원 고	김나타샤
피 고	

위 사건에 관하여 다음 표시 수임인을 소송대리인으로 선임하고, 다음 표시에서 정한 권한을 수여합니다.

수임인	법무법인 지리산 서울 서초구 서초중앙로 50 지리산빌딩 5~6층 전화 02-555-**** 전송 02-555-****
수권사항	1. 일체의 소송행위 1. 반소의 제기 및 용소, 상소의 제기, 동 취하 1. 소의 취하, 화해, 청구의 포기 및 인낙, 참가에 의한 탈퇴 1. 복대리인의 선임 1. 목적물의 수령 1. 공탁물의 납부, 공탁물 및 이자의 반환청구와 수령 1. 담보권의 행사 최고 신청, 담보 취소 신청, 동 신청에 대한 동의, 담보 취소결정 정본의 수령, 동 취소결정에 대한 항고권 포기 1. 강제집행신청, 대체집행신청, 가처분, 가압류 등 보전처분과 관련한 모든 소송행위 1. 인지환급금의 수령에 관한 행위, 소송비용액확정결정신청 등 1. 등록사항별 증명서, 주민등록등·초본, 기타 첨부서류 발급에 관한 행위 1. 위헌법률심판제청신청 및 헌법소원심판청구와 관련된 모든 소송행위

2015. 11. 18.

위임인	김나타샤 (인)

헌법재판소   귀중

담 당 변 호 사 지 정 서

사 건	(생략)
원 고	김나타샤
피 고	

위 사건에 관하여 당 법무법인은 청구인의 대리인으로서 변호사법 제50조 제1항에 따라 그 업무를 담당할 변호사를 다음과 같이 지정합니다.

담당변호사	변 호 사 성 삼 재

2015.   11.   18.

법무법인   지 리 산
대표변호사   노 고 단

서울 서초구 서초중앙로 50 지리산빌딩 5~6층
전화 02-555-**** 전송 02-555-****

헌법재판소   귀중

고려인동포 뿌리 찾기 사업회

수 신   재단법인 어울림 이사장
(경유)
제 목   **사실조회 회신**

귀 재단에서 2015. 10. 27. 조회를 의뢰하신 사실관계에 대해 아래와 같이 회신합니다.

아   래

○ 김덕후(DUKHU KIM)는 1930년 5월경 경북 청도에서 태어나, 1933년 월일 불상경 부모와 함께 러시아 연해주로 이주하였고, 제2차 세계대전 중 현재의 우즈베키스탄 타슈켄트 지역으로 강제이주되었음.

○ 김빅토로(VICTOR KIM)는 위 김덕후의 아들로서 1960년 8월 15일 타슈켄트에서 출생하였음.

○ 김빅토르는 1993년 3월 1일 우즈베키스탄공화국의 귀화허가를 받아 우즈베키스탄 공화국의 국적을 취득하였음.

○ 김나타샤(NATASHA KIM)는 위 김빅토르의 딸로서 1993년 6월 29일 타슈켄트에서 출생하였음.

○ 이상 사실은 본 사업회 타슈켄트 지부의 현장 조사와 주우즈베키스탄 공화국 대한민국 대사관의 확인에 따른 것임. 끝.

재단법인 고려인동포 뿌리 찾기 사업회 이사장 직인

기안자 대리 박순이   검토자 조사과장 신승겸   결재권자 총무국장 왕 건
시행   조사과-101(2015.11.11.)
우   서울 강남구 강남대로 21길 123 고려인빌딩 /
전화번호(02)****-****   팩스번호(02)***-****   /   / 공개 구분: 비공개

국적취득 사실증명서

이   름   빅토르 (VICTOR)
성   김 (KIM)

성   별   남
생 년 월 일   1960. 8. 15.
출   생   지   타슈켄트

국 적 취 득 사 유   귀화
국 적 취 득 일   1993. 3. 1.

위 사실을 증명합니다.

2015. 10. 28.

타슈켄트 출입국관리사무소장 (직인)

인 증 문

위 번역문은 원문과 다름이 없음을 서약합니다.

2015년 10월 29일

서약인   김빅토르   *Victor Kim*

위 사람은 본직의 면전에서 위 번역문이 원문과 다름이 없음을 확인하고 서명 날인하였다. 이 공관에서 위 인증한다.

서 명   *(서 명)*

주우즈베키스탄공화국
대한민국대사관
직 인

○ 발 행 일 : 2015년 10월 29일
○ 등록번호 : 2015년 제5678호(인증)   성명 : ***
○ 수 수 료 : 납부완료   직위 : ***
                            재외공관 명칭 : 주우즈베키스탄공화국 대한민국대사관
                            소재지 : *** ***

출 생 증 명 서

출생아의 부   김 빅토르 (VICTOR KIM)
                       생년월일 1960. 8. 15.
                       출 생 지 타슈켄트

출생아의 모   김 마리아 (MARIA KIM)
                       생년월일 1963. 7. 17.
                       출 생 지 타슈켄트

출 생 아 성 별   여
          성 명   김 나타샤(NATASHA KIM)
출생일시   1993. 6. 29. 09:30
출생장소   타슈켄트 국립병원

위 사실을 증명합니다.

1993. 6. 29.

타슈켄트 국립병원장 (직인)

인 증 문

위 번역문은 원문과 다름이 없음을 서약합니다.

2015년 10월 29일

서약인 김빅토르 *Victor Kim*

위 사람은 본직의 면전에서 위 번역문이 원문과 다름이 없음을 확인하고 서명 날인하였다. 이 공관에서 위 인증한다.

서 명 *(서 명)*

주우즈베키스탄공화국
대한민국대사관
직 인

○ 발 행 일 : 2015년 10월 29일
○ 등록번호 : 2015년 제5679호(인증) 성명 : ***
○ 수 수 료 : 납부완료   직위 : ***
                              재외공관 명칭 : 주우즈베키스탄공화국 대한민국대사관
                              소재지 : *** ***

(앞 쪽)

외국인등록증
ALIEN REGISTRATION CARD

| 사진
(첩부된 것으로 볼 것) | 외국인
등록번호 930629-6****** 성 별 F
성 명 Natasha Kim
국 가
지 역 Uzbekistan
체류자격 단기방문(C-3) |

발급일자 2015.10.28.

서울출입국관리사무소장
CHIEF, SEOUL IMMIGRATION OFFICE

(뒤 쪽)

일련번호 1-011-000-****

• 체류기간

허가일자	만료일자	확 인
2015.10.22.	2016.1.19.	서울

• 체류지

신고일	2015.10.28.	확인	서 울
체류지	서울 서초구 반포대로 1238 민국아파트 205동 302호		
신고일		확인	
체류지			
신고일		확인	
체류지			

유효확인 http://www.immigration.go.kr
민원안내 국번없이 ☎1345

상가건물 임대차 표준계약서

임대인(현주인)과 임차인(김나타샤)은 아래와 같이 임대차 계약을 체결한다.

[임차 상가건물의 표시]

소 재 지	서울 용산구 이태원로 3000 지상 1층 점포			
토 지	지목	대(垈)	면적	80.3 ㎡
건 물	구조·용도	벽돌조 기와지붕 영업시설	면적	80.3 ㎡
임차할부분	점포 1층 전부		면적	80.3 ㎡
유의사항 : 임차할 부분을 특정하기 위해서 도면을 첨부하는 것이 좋습니다.				

[계약내용]

제1조(보증금과 차임) 위 상가건물의 임대차에 관하여 임대인과 임차인은 합의에 의하여 보증금 및 차임을 아래와 같이 지급하기로 한다.

보 증 금	금 일억 원정(₩ 100,000,000)
계 약 금	금 일천만 원정(₩ 10,000,000)은 계약시에 지급하고 수령함. 수령인(현주인 ㊞)
중 도 금	금 원정(₩)은 _____ 년 _____ 월_____ 일에 지급하며
잔 금	금 구천만 원정(₩ 90,000,000)은 2015 년 12 월 14 일에 지급한다.
차임(월세)	금 육십만 원정(₩ 600,000)은 매월 1 일에 지급한다. 부가세 ☐ 불포함 ☑ 포함 (입금계좌 : 대한은행 1234-5678910 예금주 현주인)
환 산 보 증 금	금 일억육천만 원정(₩ 160,000,000)
유의사항 : ① 당해 계약이 환산보증금을 초과하는 임대차인 경우 확정일자를 부여받을 수 없고, 전세권 등을 설정할 수 있습니다. ② 보증금 보호를 위해 등기사항증명서, 미납국세, 상가건물 확정일자 현황 등을 확인하는 것이 좋습니다. ※ 미납국세·선순위확정일자 현황 확인방법은 "별지" 참조	

제2조(임대차기간) 임대인은 임차 상가건물을 임대차 목적대로 사용·수익할 수 있는 상태로 2015 년 12 월 14 일까지 임차인에게 인도하고, 임대차기간은 인도일로부터 2 년 월 일까지로 한다.

제3조(임차목적) 임차인은 임차 상가건물을 요식업 (업종)을 위한 용도로 사용한다.

(생 략)

[특약사항]

① 입주전 수리 및 개량 ② 임대차기간 중 수리 및 개량 ③ 임차 상가건물 인테리어 ④ 관리비의 지급주체, 시기 및 범위 ⑤ 귀책사유 있는 채무불이행 시 손해배상액예정 등에 관하여 임대인과 임차인은 특약할 수 있습니다.

본 계약을 증명하기 위하여 계약 당사자가 이의 없음을 확인하고 각각 서명·날인 후 임대인, 임차인, 개업공인중개사는 매 장마다 간인하여, 각각 1통씩 보관한다.

2015 년 11 월 14 일

임대인	주 소	서울 서초구 반포대로 1234 대한아파트 102동 405호				서명 또는 날인 ㉑
	주민등록번호 (법인등록번호)	600610-1******	전 화	010-1234-****	성 명 (회사명) 현주인	
	대 리 인	주 소		주민등록 번호	성 명	
임차인	주 소	서울 서초구 반포대로 1238 민국아파트 205동 302호				서명 또는 날인 ㉑
	주민등록번호 (법인등록번호)	930629-6****** (외국인등록번호)	전 화	010-2345-****	성 명 (회사명) 김나타샤	
	대 리 인	주 소		주민등록 번호	성 명	
임차인	주 소					서명 또는 날인 ㉑
	주민등록번호 (법인등록번호)		전 화		성 명 (회사명)	
	대 리 인	주 소		주민등록 번호	성 명	
개업공인중개사	사무소소재지	서울 용산구 이태원로 3002	사무소소재지			
	사 무 소 명 칭	이태원공인	사 무 소 명 칭			
	대 표	서명 및 날인	이태원 ㉑	대 표	서명 및 날인	㉑
	등 록 번 호	35*****	전화 1588-****	등 록 번 호		전화
	소속 공인중개사	서명 및 날인	이태화 ㉑	소속 공인중개사	서명 및 날인	㉑

(2014. 12. 31 법률 제34567호로 개정된 것) (2015. 1. 1. 시행)

제1조(목적) 이 법은 재외동포의 대한민국에의 출입국과 대한민국 안에서의 법적 지위를 보장함을 목적으로 한다.

제2조(정의) 이 법에서 '재외동포'란 다음 각 호의 어느 하나에 해당하는 자를 말한다.
  1. 대한민국의 국민으로서 외국의 영주권을 취득한 자 또는 영주할 목적으로 외국에 거주하고 있는 자(이하 '재외국민'이라 한다)
  2. 대한민국의 국적을 보유하였던 자(대한민국정부 수립 전에 국외로 이주한 동포를 포함한다) 또는 그 직계비속으로서 외국국적을 취득한 자 중 대통령령으로 정하는 자(이하 '외국국적동포'라 한다)

제3조(적용 범위) 이 법은 재외국민과 「출입국관리법」 제10조에 따른 체류자격 중 재외동포 체류자격(이하 '재외동포체류자격'이라 한다)을 가진 외국국적동포의 대한민국에의 출입국과 대한민국 안에서의 법적지위에 관하여 적용한다.

제5조(재외동포체류자격의 부여) ① 법무부장관은 대한민국 안에서 활동하려는 외국국적동포에게 신청에 의하여 재외동포체류자격을 부여할 수 있다.
② 법무부장관은 외국국적동포에게 다음 각 호의 어느 하나에 해당하는 사유가 있으면 제1항에 따른 재외동포체류자격을 부여하지 아니한다. 다만, 제1호나 제2호에 해당하는 외국국적동포가 38세가 된 때에는 그러하지 아니하다.
  1. 직계존속이 외국에 영주할 목적 없이 체류한 상태에서 출생하여 외국국적을 취득함으로써 복수국적자가 된 남자가 병역을 기피할 목적으로 법률 제7499호 「국적법 중 개정법률」 시행 전 종전 제12조의 이중국적자의 국적선택의무에 따라 18세가 되는 해의 1월 1일 전에 대한민국 국적을 이탈하여 외국인이 된 경우
  2. ~ 3. (생략)
  4. 법무부장관이 고시하는 위험 국가의 국적자인 경우
③ 재외동포체류자격의 취득 요건과 절차 및 재외동포체류자격을 취득한 자의 활동 범위는 대통령령으로 정한다.

제10조(출입국과 체류) ① (생략)

② 재외동포체류자격을 부여받은 외국국적동포의 취업이나 그 밖의 경제활동은 사회질서 또는 경제안정을 해치지 아니하는 범위에서 자유롭게 허용된다.

③ 주민등록을 한 재외국민과 국내거소신고를 한 외국국적동포가 90일 이상 대한민국안에 체류하는 경우에는 건강보험 관계 법령으로 정하는 바에 따라 건강보험을 적용받을 수 있다.

④ ~ ⑧ (생략)

「재외동포의 출입국과 법적 지위에 관한 법률 제5조 제2항 본문 제4호에서 규정하는 국가에 관한 고시」
(2014. 12. 31. **법무부고시 제**500-123**호) (**2015. 1. 1. **시행)**

레바논, 리비아, 세르비아, 시리아, 아프가니스탄, 요르단, 우즈베키스탄, 우크라이나, 이란, 이라크, 이집트, 카자흐스탄, 키르키즈스탄, 체첸, 파키스탄(총 15개국)

재외동포의 출입국과 법적 지위에 관한 법률 시행령(발췌)

(2014. 12. 31 법률 제34567호로 개정된 것) (2015. 1. 1. 시행)

제1조(목적) 이 영은 「재외동포의 출입국과 법적 지위에 관한 법률」에서 위임된 사항과 그 시행에 관하여 필요한 사항을 규정함을 목적으로 한다.

제3조(외국국적동포의 정의) 법 제2조 제2호에서 '대한민국의 국적을 보유하였던 자(대한민국정부 수립 전에 국외로 이주한 동포를 포함한다) 또는 그 직계비속으로서 외국국적을 취득한 자중 대통령령이 정하는 자'란 다음 각 호의 어느 하나에 해당하는 자를 말한다.

1. 대한민국의 국적을 보유하였던 자(대한민국정부 수립 전에 국외로 이주한 동포를 포함한다. 이하 이 조에서 같다)로서 외국국적을 취득한 자

2. 부모의 일방 또는 조부모의 일방이 대한민국의 국적을 보유하였던 자로서 외국국적을 취득한 자 제4조(재외동포체류자격의 부여) ① 법무부장관은 법 제3조의 규정에 의한 재외동포체류 자격을 신청한 외국국적동포가 법 제5조 제2항 각 호의 어느 하나에 해당하는지의 여부를 판단하기 위하여 관계기관의 장에게 신청자에 대한 신원조회 및 범죄경력조회를 의뢰하거나 기타 필요한 사항에 대하여 의견을 구할 수 있다. 이 경우 관계기관의 장은 조회의뢰나 의견요청을 받은 날부터 30일 이내에 이에 관한 조회결과나 의견을 제시하여야 한다.

② ~ ③ (생략)

④ 「출입국관리법 시행령」제7조 제1항, 제12조 및 제23조의 규정은 재외동포체류자격의 취득 요건과 절차 및 재외동포 체류자격을 취득한 자의 활동범위에 관하여 이를 준용한다.

출입국관리법(발췌)

(2011. 10. 12 법률 제23456호) (2011.10.12. 시행)

제1조(목적) 이 법은 대한민국에 입국하거나 대한민국에서 출국하는 모든 국민 및 외국인의 출입국
관리를 통한 안전한 국경관리와 대한민국에 체류하는 외국인의 체류관리 및 난민의 인정절차
등에 관한 사항을 규정함을 목적으로 한다.

제2조(정의) 이 법에서 사용하는 용어의 뜻은 다음과 같다.
  1. '국민'이란 대한민국의 국민을 말한다.
  2. '외국인'이란 대한민국의 국적을 가지지 아니한 사람을 말한다.
  3. ~ 4. (생략)

제7조(외국인의 입국) ① 외국인이 입국할 때에는 유효한 여권과 법무부장관이 발급한 사증을 가지
고 있어야 한다.
  ② ~ ④ (생략)

제10조(체류자격) ① 입국하려는 외국인은 대통령령으로 정하는 체류자격을 가져야 한다.
  ② 1회에 부여할 수 있는 체류자격별 체류기간의 상한은 법무부령으로 정한다.

제18조(외국인 고용의 제한) ① 외국인이 대한민국에서 취업하려면 대통령령으로 정하는 바에 따라
취업활동을 할 수 있는 체류자격을 받아야 한다.
  ② ~ ⑤ (생략)

제25조(체류기간 연장허가) 외국인이 체류기간을 초과하여 계속 체류하려면 대통령령으로 정하는
바에 따라 체류기간이 끝나기 전에 법무부장관의 체류기간 연장허가를 받아야 한다.

제46조(강제퇴거의 대상자) ① 지방출입국·외국인관서의 장은 이 장에 규정된 절차에 따라 다음 각
호의 어느 하나에 해당하는 외국인을 대한민국 밖으로 강제퇴거시킬 수 있다.
  1. ~ 7. (생략)
  8. 제20조, 제23조, 제24조 또는 제25조를 위반한 사람
  9. ~ 14. (생략)
  ② (생략)

제68조(출국명령) ① 지방출입국·외국인관서의 장은 다음 각 호의 어느 하나에 해당하는 외국인에게는 출국명령을 할 수 있다.

1. 제46조 제1항 각 호의 어느 하나에 해당한다고 인정되는 사람

2. ~ 5. (생략)

② 지방출입국·외국인관서의 장은 제1항에 따라 출국명령을 할 때에는 출국명령서를 발급하여야 한다.

③ 제2항에 따른 출국명령서를 발급할 때에는 법무부령으로 정하는 바에 따라 출국기한을 정하고 주거의 제한이나 그 밖에 필요한 조건을 붙일 수 있다.

④ (생략)

제92조(권한의 위임) ① 법무부장관은 이 법에 따른 권한의 일부를 대통령령으로 정하는 바에 따라 지방출입국·외국인관서의 장에게 위임할 수 있다.

② (생략)

출입국관리법 시행령(발췌)

(2011. 10. 12 법률 제23456호) (2011. 10. 12. 시행)

제7조(사증발급) ① 법 제7조 제1항에 따라 사증을 발급받으려는 외국인은 사증발급 신청서에 법무부령으로 정하는 서류를 첨부하여 재외공관의 장에게 제출하여야 한다.

② ~ ⑤ (생략)

제12조(체류자격의 구분) 법 제10조 제1항에 따른 외국인의 체류자격은 별표 1과 같다.

제23조(외국인의 취업과 체류자격) ① 법 제18조 제1항에 따른 취업활동을 할 수 있는 체류자격은 별표 1 중 9. 단기취업(C-4), 19. 교수(E-1)부터 25. 특정활동(E-7)까지, 25의3. 비전문취업(E-9), 25의4. 선원취업(E-10) 및 31. 방문취업(H-2) 체류자격으로 한다. 이 경우 '취업활동'은 해당 체류자격의 범위에 속하는 활동으로 한다.

② 다음 각 호의 어느 하나에 해당하는 사람은 제1항에도 불구하고 별표 1의 체류자격 구분에 따른 취업활동의 제한을 받지 아니한다.

1. ~ 2. (생략)

3. 별표 1 중 28의4. 결혼이민(F-6)의 체류자격을 가지고 있는 사람

③ 별표 1 중 28의2. 재외동포(F-4) 체류자격을 가지고 있는 사람은 제1항에도 불구하고 다음 각 호의 어느 하나에 해당하는 경우를 제외하고는 별표 1의 체류자격 구분에 따른 활동의 제한을 받지 아니한다. 다만, 허용되는 취업활동이라도 국내 법령에 따라 일정한 자격이 필요할 때에는 그 자격을 갖추어야 한다.

1. 단순노무행위를 하는 경우

2. 선량한 풍속이나 그 밖의 사회질서에 반하는 행위를 하는 경우

3. 그 밖에 공공의 이익이나 국내 취업질서 등을 유지하기 위하여 그 취업을 제한할 필요가 있다고 인정되는 경우

④ ~ ⑥ (생략)

제31조(체류기간 연장허가) ① 법 제25조에 따른 체류기간 연장허가를 받으려는 사람은 체류기간이 끝나기 전에 체류기간 연장허가 신청서에 법무부령으로 정하는 서류를 첨부하여 출입국관리사무소의 장(이하 '사무소장'이라 한다) 또는 출입국관리사무소 출장소의 장(이하 '출장소장'이라 한다)에게 제출하여야 한다.

② ~ ③ (생략)

제33조(체류기간 연장허가를 하지 아니할 때의 출국통지) ① 법무부장관은 제31조의 규정에 따른 허가를 하지아니할 때에는 신청인에게 체류기간연장 불허결정 통지서를 발급하여야 한다.

② (생략)

제96조(권한의 위임) ① 법무부장관은 법 제92조 제1항에 따라 법 제20조, 제23조부터 제25조까지, 제25조의2, 제25조의3에 따른 그의 권한을 사무소장·출장소장에게 위임한다.

② (생략)

[별표 1]

[외국인의 체류자격(제12조관련)]

체류자격(기호)	체류자격에 해당하는 사람 또는 활동범위
8. 단기방문(C-3)	시장조사, 업무 연락, 상담, 계약 등의 상용 활동과 관광, 통과, 요양, 친지 방문, 친선경기, 각종 행사나 회의 참가 또는 참관, 문화예술, 일반연수, 강습, 종교의식 참석, 학술자료 수집, 그 밖에 이와 유사한 목적으로 90일을 넘지 않는 기간 동안 체류하려는 사람(영리를 목적으로 하는 사람은 제외한다)
28의2. 재외동포 (F-4)	「재외동포의 출입국과 법적 지위에 관한 법률」제2조 제2호에 해당하는 사람(단순 노무행위 등 이 영 제23조 제3항 각 호에서 규정한 취업활동에 종사하려는 사람은 제외한다)
28의4. 결혼이민 (F-6)	가. 국민의 배우자 나. (생략) 다. 국민인 배우자와 혼인한 상태로 국내에 체류하던 중 그 배우자의 사망이나 실종, 그 밖에 자신에게 책임이 없는 사유로 정상적인 혼인관계를 유지할 수 없는 사람으로서 법무부장관이 인정하는 사람

출입국관리법 시행규칙(발췌)

(2011. 10. 12 법무부령 제1234호) (2011. 10. 12. 시행)

제18조의2(1회에 부여하는 체류자격별 체류기간의 상한) 법 제10조 제2항의 규정에 의하여 1회에 부여할 수 있는 체류자격별 체류기간의 상한은 별표 1과 같다

제65조(출국명령기한) ① 법 제68조 제2항의 규정에 의한 출국명령서를 발부하는 때에는 그 발부일부터 30일의 범위 내에서 출국기한을 정하여야 한다.
② (생략)

제76조(사증발급 등 신청시의 첨부서류) ① 다음 각 호에 해당하는 때의 체류자격별 첨부서류는 별표 5와 같다.
1. 영 제7조 제1항에 따라 사증의 발급을 신청하는 때
2. ~ 4. (생략)
② 다음 각 호에 해당하는 때의 체류자격별 첨부서류는 별표 5의2와 같다.
1. ~ 5. (생략)
6. 영 제31조에 따라 체류기간 연장허가를 신청하는 때

[별표 1]

[1회에 부여하는 체류자격별 체류기간의 상한(제18조의2 관련)(발췌)]

체류자격(기호)	1회에 부여하는 체류기간의 상한
8. 단기방문(C-3)	90일
28의2. 재외동포(F-4)	3년
28의4. 결혼이민(F-6)	3년

[별표 5]

[사증발급신청 등 첨부서류(제76조 제1항 관련)(발췌)]

체류자격(기호)	첨부서류
단기방문(C-3)	○ 상용목적 등 입국 목적을 증명할 수 있는 서류
재외동포(F-4)	○ 대한민국의 국적을 보유하였던 자로서 외국국적을 취득한 자 • 가족관계기록사항에 관한 증명서 또는 제적등본 그 밖에 본인이 대한민국의 국민이었던 사실을 증명하는 서류 • 외국국적을 취득한 원인 및 그 연월일을 증명하는 서류 • 연간납세증명서, 소득증명서류 등 체류기간 중 단순노무행위 등 영 제23조 제3항 각 호에서 규정한 취업활동에 종사하지 아니할 것임을 소명하는 서류(법무부장관이 고시하는 불법체류가 많이 발생하는 국가의 외국국적동포에 한함) • 그 밖에 법무부장관이 필요하다고 인정하는 서류 ○ 부모의 일방 또는 조부모의 일방이 대한민국의 국적을 보유하였던 자로서 외국국적을 취득한 자 • 직계존속이 대한민국의 국민이었던 사실을 증명하는 서류 • 본인과 직계존속이 외국국적을 취득한 원인 및 그 연월일을 증명하는 서류 • 직계존비속의 관계임을 증명하는 서류(출생증명서 등) • 연간납세증명서, 소득증명서류 등 체류기간 중 단순노무행위 등 영 제23조 제3항 각 호에서 규정한 취업활동에 종사하지 아니할 것임을 소명하는 서류(법무부장관이 고시하는 불법체류가 많이 발생하는 국가의 외국국적동포에 한함) • 그 밖에 법무부장관이 필요하다고 인정하는 서류

■ 2015년 1월 ~ 2016년 2월

2015년 1월
일	월	화	수	목	금	토
				1	2	3
4	5	6	7	8	9	10
11	12	13	14	15	16	17
18	19	20	21	22	23	24
25	26	27	28	29	30	31

2015년 2월
일	월	화	수	목	금	토
1	2	3	4	5	6	7
8	9	10	11	12	13	14
15	16	17	18	19	20	21
22	23	24	25	26	27	28

2015년 3월
일	월	화	수	목	금	토
1	2	3	4	5	6	7
8	9	10	11	12	13	14
15	16	17	18	19	20	21
22	23	24	25	26	27	28
29	30	31				

2015년 4월
일	월	화	수	목	금	토
			1	2	3	4
5	6	7	8	9	10	11
12	13	14	15	16	17	18
19	20	21	22	23	24	25
26	27	28	29	30		

2015년 5월
일	월	화	수	목	금	토
					1	2
3	4	5	6	7	8	9
10	11	12	13	14	15	16
17	18	19	20	21	22	23
24/31	25	26	27	28	29	30

2015년 6월
일	월	화	수	목	금	토
	1	2	3	4	5	6
7	8	9	10	11	12	13
14	15	16	17	18	19	20
21	22	23	24	25	26	27
28	29	30				

2015년 7월
일	월	화	수	목	금	토
			1	2	3	4
5	6	7	8	9	10	11
12	13	14	15	16	17	18
19	20	21	22	23	24	25
26	27	28	29	30	31	

2015년 8월
일	월	화	수	목	금	토
						1
2	3	4	5	6	7	8
9	10	11	12	13	14	15
16	17	18	19	20	21	22
23/30	24/31	25	26	27	28	29

2015년 9월
일	월	화	수	목	금	토
		1	2	3	4	5
6	7	8	9	10	11	12
13	14	15	16	17	18	19
20	21	22	23	24	25	26
27	28	29	30			

2015년 10월
일	월	화	수	목	금	토
				1	2	3
4	5	6	7	8	9	10
11	12	13	14	15	16	17
18	19	20	21	22	23	24
25	26	27	28	29	30	31

2015년 11월
일	월	화	수	목	금	토
1	2	3	4	5	6	7
8	9	10	11	12	13	14
15	16	17	18	19	20	21
22	23	24	25	26	27	28
29	30					

2015년 12월
일	월	화	수	목	금	토
		1	2	3	4	5
6	7	8	9	10	11	12
13	14	15	16	17	18	19
20	21	22	23	24	25	26
27	28	29	30	31		

2016년 1월
일	월	화	수	목	금	토
					1	2
3	4	5	6	7	8	9
10	11	12	13	14	15	16
17	18	19	20	21	22	23
24/31	25	26	27	28	29	30

2016년 2월
일	월	화	수	목	금	토
	1	2	3	4	5	6
7	8	9	10	11	12	13
14	15	16	17	18	19	20
21	22	23	24	25	26	27
28	29					

헌법소원심판청구서 초안

적법요건

1) 대상   재외동포의 출입국과 법적 지위에 관한 법률 제5조 제2항 본문 제4호에서 규정하는
          국가에 대한 고시(2014. 12. 31. 법무부 고시 제500－123호) 중 '우즈베키스탄' 부분
          고시의 형태는 헌법에서 규정하지 않은 행정규칙 형식
          판례는 '법령보충적 행정규칙 또는 행정규칙 형식의 법규명령'으로 국민을 기속하는,
          대외적 구속력을 갖는 법규성을 긍정[9] [공권력 행사에 해당됨]

헌결 2007. 8. 30. 2004헌마670 [산업기술연수생 도입기준 완화결정 등 위헌확인]

행정규칙이라도 재량권행사의 준칙으로서 그 정한 바에 따라 되풀이 시행되어 행정관행을 이루게 되면, 행정기관은 평등의 원칙이나 신뢰보호의 원칙에 따라 상대방에 대한 관계에서 그 규칙에 따라야 할 자기구속을 당하게 되는바, 이 경우에는 대외적 구속력을 가진 공권력의 행사가 된다. 지방노동관서의 장은, 사업주가 이 사건 노동부 예규 제8조 제1항의 사항을 준수하도록 행정지도를 하고, 만일 이러한 행정지도에 위반하는 경우에는 연수추천단체에 필요한 조치를 요구하며, 사업주가 계속 이를 위반한 때에는 특별감독을 실시하여 제8조 제1항의 위반 사항에 대하여 관계 법령에 따라 조치하여야 하는 반면, 사업주가 근로기준법상 보호대상이지만 제8조 제1항에 규정되지 않은 사항을 위반한다 하더라도 행정지도, 연수추천단체에 대한 요구 및 관계 법령에 따른 조치 중 어느 것도 하지 않게 되는바, 지방노동관서의 장은 평등 및 신뢰의 원칙상 모든 사업주에 대하여 이러한 행정관행을 반복할 수밖에 없으므로, 결국 위 예규는 대외적 구속력을 가진 공권력의 행사가 된다. 나아가 위 예규 제4조와 제8조 제1항이 근로기준법 소정 일부 사항만을 보호대상으로 삼고 있으므로 청구인이 주장하는 평등권 등 기본권을 침해할 가능성도 있다. 그렇다면 이 사건 노동부 예규는 대외적인 구속력을 갖는 공권력 행사로서 기본권침해의 가능성도 있으므로 헌법소원의 대상이 된다 할 것이다. [노동부 예규가 헌법소원의 대상이 되는 공권력의 행사에 해당하는지 여부(적극)]

---

9 제2회 변호사시험 헌법소원심판청구 초안 답안 내용 참고할 것.

재판관 이강국, 재판관 이동흡의 반대의견

이 사건 노동부 예규의 직접적인 수범자는 어디까지나 행정기관인 지방노동관서의 장이므로, 지방노동관서의 장이 행정관행에 기하여 그 상대방인 사업주에 대한 관계에서 위 예규에 따라야 할 자기구속을 당하게 된다고 하더라도 곧 그것이 위 예규 자체가 대외적 구속력이 있는 규범으로서 산업연수생의 권리관계를 직접 변동시키거나 그 법적 지위에 영향을 주게 되는 것을 의미하는 것은 아니다. 산업연수생에 대하여는 근로기준법의 일부 조항의 적용을 배제하는 것처럼 규정된 이 사건 노동부 예규 제8조 제1항은 재량권의 행사에 관한 것이 아니라 근로기준법 등 법률의 해석 내지 그 적용범위에 관한 것이므로 이에 대해서는 자기구속의 법리에 의한 대외적 구속력이 인정될 여지가 없다. 그러므로 위 예규가 법령의 근거도 없이 임의로 산업연수생에 대하여 근로기준법의 적용범위를 제한한들 이는 아무런 법적 효력이 없는 것이다. 따라서 이 사건 노동부 예규는 공권력의 행사로 인하여 국민의 기본권침해 가능성이 있는 경우라고 볼 수 없어 그 심판청구는 각하되어야 한다.

[심판대상조항]

외국인산업기술연수생의 보호 및 관리에 관한 지침(1998. 2. 23. 노동부 예규 제369호로 개정된 것)

제4조(연수생의 지위) 연수생은 출입국관리법령에 의한 연수생 신분의 체류자격을 가지되 연수과정에서 현장연수의 특성상 사실상의 노무를 제공함으로써 임금·수당 등 여하한 명칭으로든지 근로의 대상을 지급받고 있는 경우에는 이 지침이 정하는 한도 내에서 근로자로서의 권리의무를 갖는다.

제8조(연수생의 보호) ① 연수생은 근로기준법, 최저임금법, 산업안전보건법, 산업재해보상보험법 및 의료보험법의 기본적 입법정신에 준거하여 다음 각 호의 사항에 관한 보호를 받는다.

1. 폭행 및 강제근로금지
2.연수수당의 정기·직접·전액·통화불 지급 및 금품청산
3.연수기간, 휴게·휴일, 시간외·야간 및 휴일연수
4. 최저임금수준의 보장
5. 산업안전보건의 확보
6. 산업재해보상보험 및 의료보험 혜택

제17조(지도감독과 제재) ① 지방노동관서의 장은 사업주가 이 지침을 준수하도록 행정지도하여야 한다.

② 지방노동관서의 장은 사업주가 제1항의 규정에 의한 행정지도를 이행하지 아니하는 경우에는 해당 사업장에 대해 연수생 배정중지 등 필요한 조치를 연수추천단체의 장에 요청할 수 있으며, 연수추천단체의 장은 정당한 이유없이 이를 거부할 수 없다.

③ 지방노동관서의 장은 제1항의 규정에 의한 행정지도에도 불구하고 사업주가 계속 이를 위

반한 때에는 특별감독을 실시할 수 있으며, 특별감독 결과 근로기준법 제6조·제7조·제36조·제42조·제49조·제53조 내지 제55조, 제104조 내지 제116조, 최저임금법, 산업안전보건법 및 산업재해보상보험법 위반사항에 대하여는 관계법령에 따라 조치하여야 한다.

[주 문]
외국인산업기술연수생의 보호 및 관리에 관한 지침(1998. 2. 23. 노동부 예규 제369호로 개정된 것) 제4조, 제8조 제1항 및 제17조는 헌법에 위반된다.[10]

2) 청구인능력　　　　우즈베키스탄 국적의 재외동포·외국인(기본권의 주체성)

기본권의 주체만이 청구인능력 있음.

기본권은 '국민의 권리'로서 국민 또는 국민과 유사한 지위에 잇는 외국인은 청구인 능력 인정

다만, 기본권 중 '인간의 권리'에 해당되는 경우에는 외국인은 청구인 능력 인정[11]
→ 재외동포는 국민과 유사한 지위에 있는 자 또는 침해된 기본권 '평등권, 거주이전의 자유, 직업의 자유'는 인간의 권리에 해당됨을 주장

헌결 2014. 4. 24. 2011헌마474·476(병합) [출입국관리법 시행규칙 제76조 제1항 등 위헌확인[12]]
청구인들이 주장하는 바는 대한민국 국민과의 관계가 아닌 외국국적동포들 사이에 '재외동포의 출입국과 법적 지위에 관한 법률'(이하 '재외동포법'이라 한다)의 수혜대상에서 차별하는 것이 평등권 침해라는 것으로서, 참정권과 같이 관련 기본권의 성질상 제한을 받는 것이 아니고 상호주의가 문제되는 것도 아니므로, 외국인인 청구인들은 이 사건에서 기본권주체성이 인정된다.[13]

---

10 산업연수생이 연수라는 명목하에 사업주의 지시·감독을 받으면서 사실상 노무를 제공하고 수당 명목의 금품을 수령하는 등 실질적인 근로관계에 있는 경우에도, 근로기준법이 보장한 근로기준 중 주요사항을 외국인 산업연수생에 대하여만 적용되지 않도록 하는 것은 합리적인 근거를 찾기 어렵다. 특히 이 사건 중소기업청 고시에 의하여 사용자의 법 준수능력이나 국가의 근로감독능력 등 사업자의 근로기준법 준수와 관련된 제반 여건이 갖추어진 업체만이 연수업체로 선정될 수 있으므로, 이러한 사업장에서 실질적 근로자인 산업연수생에 대하여 일반 근로자와 달리 근로기준법의 일부 조항의 적용을 배제하는 것은 자의적인 차별이라 아니할 수 없다. 근로기준법 제5조와 '국제연합의 경제적·사회적 및 문화적 권리에 관한 국제규약' 제4조에 따라 '동등한 가치의 노동에 대하여 동등한 근로조건을 향유할 권리'를 제한하기 위하여는 법률에 의하여만 하는바, 이를 행정규칙에서 규정하고 있으므로 위 법률유보의 원칙에도 위배된다. 그렇다면, 이 사건 노동부 예규는 청구인의 평등권을 침해한다고 할 것이다. [청구인의 평등권을 침해하는지 여부(적극)]

11 헌결 2011. 9. 29. 2007헌마1083 [외국인근로자의 고용 등에 관한 법률 제25조 제4항 등 위헌확인등]

12 청구기각됨. [심판대상조항들이 청구인의 평등권을 침해하는지 여부(소극)]

13 [심판대상조문] 출입국관리법 시행규칙(2007. 12. 31. 법무부령 제624호로 개정된 것) 제76조(사증발급 등 신청시의 첨부서류) ① 다음 각 호에 해당하는 때의 체류자격별 첨부서류는 별표 5와 같다.

헌결 2011. 9. 29. 2007헌마1083, 2009헌마230·352(병합) [외국인근로자의 고용 등에 관한 법률 제25조 제4항 등 위헌확인 등[14]]

---

1. 영 제7조 제1항 및 제10조 제2항에 따라 사증 또는 외국인입국허가서의 발급을 신청하는 때

[별표 5]

[사증발급신청 등 첨부서류(제76조 제1항 관련)]

체류자격 (기호)	첨부서류
재외동포 (F-4)	○대한민국의 국적을 보유하였던 자로서 외국국적을 취득한 자 ·가족관계기록사항에 관한 증명서 또는 제적등본 그 밖에 본인이 대한민국의 국민이었던 사실을 증명하는 서류 ·외국국적을 취득한 원인 및 그 연월일을 증명하는 서류 ·<u>연간납세증명서, 소득증명서류 등 체류기간중 단순노무행위 등 영 제23조 제3항 각 호에서 규정한 취업활동에 종사하지 아니할 것임을 소명하는 서류(법무부장관이고시하는불법체류가 많이 발생하는 국가의 외국국적동포에 한함)</u> ·그 밖에 법무부장관이 필요하다고 인정하는 서류 ○부모의 일방 또는 조부모의 일방이 대한민국의 국적을 보유하였던 자로서 외국국적을 취득한 자 ·직계존속이 대한민국의 국민이었던 사실을 증명하는 서류 ·본인과 직계존속이 외국국적을 취득한 원인 및 그 연월일을 증명하는 서류 ·직계존비속의 관계임을 증명하는 서류(출생증명서 등) ·<u>연간납세증명서, 소득증명서류 등 체류기간중 단순노무행위 등 영 제23조 제3항 각 호에서 규정한 취업활동에 종사하지 아니할 것임을 소명하는 서류(법무부장관이 고시하는 불법체류가 많이 발생하는 국가의 외국국적동포에 한함)</u> ·그 밖에 법무부장관이 필요하다고 인정하는 서류

출입국관리법 시행규칙 별표 5 '사증발급신청 등 첨부서류'에 관한 고시(2007. 12. 28. 법무부고시 제2007-150호)「출입국관리법 시행규칙」제76조 제1항 별표 5 '사증발급신청 등 첨부서류'의 재외동포(F-4) 칸에서 규정한 국가(법무부고시 제2003-619호, 2003. 12. 12.)를 다음과 같이 변경하여 고시합니다.

2007년 12월 28일 법무부장관

　가나, 나이지리아, 네팔, 러시아, 몽골, 미얀마, 방글라데시, 베트남, 스리랑카, 우즈베키스탄, 우크라이나, 이란, 이집트, 인도, 인도네시아, 중국, 카자흐스탄, 키르기즈스탄, 태국, 파키스탄, 페루, 필리핀(총 22개국)

14 [2] 입법자가 외국인력 도입에 관한 제도를 마련함에 있어서는 내국인의 고용시장과 국가의 경제상황, 국가안전보장 및 질서유지 등을 고려하여 정책적인 판단에 따라 그 내용을 구성할 보다 광범위한 입법재량이 인정된다. 따라서 그 입법의 내용이 불합리하고 불공정하지 않는 한 입법자의 정책판단은 존중되어야 하며 광범위한 입법재량이 인정되고, 외국인근로자의 직장 선택의 자유는 입법자가 이러한 정책적 판단에 따라 법률로써 그 제도의 내용을 구체적으로 규정할 때 비로소 구체화된다. [외국인의 직장 선택의 자유에 대한 심사기준] [3] 이 사건 법률조항은 외국인근로자의 무분별한 사업장 이동을 제한함으로써 내국인근로자의 고용기회를 보호하고 외국인근로자에 대한 효율적인 고용관리로 중소기업의 인력수급을 원활히 하여 국민경제의 균형 있는 발전이 이루어지도록 하기 위하여 도입된 것이다. 나아가 이 사건 법률조항은 일정한 사유가 있는 경우에 외국인근로자에게 3년의 체류기간 동안 3회까

동지, 헌결 2011. 9. 29. 2007헌마1083, 2009헌마230·352(병합) [외국인근로자의 고용 등에 관한 법률 제25조 제4항 등 위헌확인 등[15]]

직업의 자유 중 이 사건에서 문제되는 직장 선택의 자유는 인간의 존엄과 가치 및 행복추구권과도 밀접한 관련을 가지는 만큼 단순히 국민의 권리가 아닌 인간의 권리로 보아야 할 것이므로 외국인도 제한적으로라도 직장 선택의 자유를 향유할 수 있다고 보아야 한다. 청구인들이 이미 적법하게 고용허가를 받아 적법하게 우리나라에 입국하여 우리나라에서 일정한 생활관계를 형성, 유지하는 등, 우리 사회에서 정당한 노동인력으로서의 지위를 부여받은 상황임을 전제로 하는 이상, 이 사건 청구인들에게 직장 선택의 자유에 대한 기본권 주체성을 인정할 수 있다 할 것이다. [외국인에게 직장 선택의 자유에 대한 기본권주체성을 한정적으로 긍정한 사례]

재판관 목영준, 재판관 이정미의 별개의견 및 반대의견[16]

직장 선택의 자유는 '인간의 자유'라기보다는 '국민의 자유'라고 보아야 할 것이므로 외국인인 청구인들에게는 기본권주체성이 인정되지 아니한다. 그러나 일반적 행동자유권 중 외국인의 생존 및 인간의 존엄과 가치와 밀접한 관련이 있는 근로계약의 자유에 관하여는 외국인에게도 기본권주체성을 인정할 수 있는바, 이 사건 법률조항과 시행령조항에 의하여, 청구인들은 종전 근로계약을 해지하고 새로운 근로계약을 체결할 수 있는 자유를 제한받고 있으므로, 외국인인 청구인들에게도 <u>근로계약의 자유에 대한 기본권주체성을 인정할 수</u> 있다.

지 사업장을 변경할 수 있도록 하고 대통령령이 정하는 부득이한 사유가 있는 경우에는 추가로 사업장 변경이 가능하도록 하여 외국인근로자의 사업장 변경을 일정한 범위 내에서 가능하도록 하고 있으므로 이 사건 법률조항이 입법자의 재량의 범위를 넘어 명백히 불합리하다고 할 수는 없다. 따라서 이 사건 법률조항은 청구인들의 직장 선택의 자유를 침해하지 아니한다. [직장 선택의 자유를 침해하는지 여부(소극)] [6] 이 사건 시행령조항은 외국인근로자의 3년의 체류기간동안 3회의 사업장 변경 기회를 주는 이 사건 법률조항에 더하여 사업장 변경을 추가로 허용해주기 위하여 마련된 것인 점, 이 사건 시행령조항은 사업장을 추가변경할 수 있는 사유를 외국인근로자의 자의가 아닌 경우로 사업장 변경이 가능한 경우를 거의 망라하여 규정한 점, 외국인근로자의 언어적, 문화적 적응기간의 필요성, 국가 안전보장, 질서유지를 위한 외국인근로자에 대한 체계적 관리의 필요성 등에 비추어 보면 이 사건 시행령조항이 합리적인 이유 없이 현저히 자의적이라고 볼 수 없고, 청구인들의 직장 선택의 자유를 침해하지 아니한다. [직장 선택의 자유를 침해하는지 여부(소극)]

15 제2회 변호사시험 헌법소원심판청구서 초안 답안 참고할 것.

16 [1] 이 사건 법률조항은 내국인근로자의 고용기회를 보호하고 중소기업의 인력수급을 원활히 하기 위한 것으로서 입법목적의 정당성과 수단의 적절성이 인정되고, 외국인근로자에게 3년의 체류기간 동안 3회까지 사업장을 변경하고 대통령령이 정하는 부득이한 사유가 있는 경우에는 추가로 사업장변경이 가능하도록 하고 있으므로, 침해최소성 및 법익균형성도 갖추었다고 할 것이므로 청구인들의 근로계약의 자유를 침해한다고 할 수 없다. [2] 이 사건 시행령조항은 사업장이 경영난에 처하는 등, 외국인근로자에게 그 책임을 물을 수 없는 사유까지도 사업장 변경횟수에 산입하고 있으며, 어떠한 경우든 불문하고 무조건 1회의 사업장 변경만을 추가로 허용하고 있어 최소침해성의 원칙을 충족한다고 볼 수 없다. 나아가 위 시행령조항으로 인하여 침해되는 사익과 추구하는 공익 사이에 법익의 균형성이 갖추어졌다고 할 수도 없다. 그러므로 이 사건 시행령조항은 <u>과잉금지원칙을 위반</u>하여 청구인들의 근로계

재판관 송두환의 이 사건 시행령조항에 대한 반대의견(위헌의견)

외국인이라 하더라도, 대한민국이 정한 절차에 따라 고용허가를 받고 적법하게 입국하여 상당한 기간 동안 대한민국 내에서 거주하며 일정한 생활관계를 형성, 유지하며 살아오고 있는 중이라면, 적어도 그가 대한민국에 적법하게 체류하는 기간 동안에는 인간의 존엄과 가치를 인정받으며 그 생계를 유지하고 생활관계를 계속할 수 있는 수단을 선택할 자유를 보장해 줄 필요가 있으므로, 청구인들에게 직장 선택의 자유가 인정되며, 이 사건 시행령조항은 법률유보원칙과 과잉금지원칙에 반하여 청구들의 직장 선택의 자유를 침해한다.

재판관 김종대의 반대의견(각하의견)

기본권의 주체를 '모든 국민'으로 명시한 우리 헌법의 문언, 기본권 주체에서 외국인을 제외하면서 외국인에 대해서는 국제법과 국제조약으로 법적지위를 보장하기로 결단한 우리 헌법의 제정사적 배경, 국가와 헌법 그리고 기본권과의 근본적인 관계, 헌법상 기본권의 주체는 헌법상 기본적 의무의 주체와 동일해야 한다는 점, 외국인의 지위에 관한 헌법상 상호주의 원칙, 청구인이 주장하는 기본권의 내용이 인간으로서의 권리인지 국민으로서의 권리인지 검토하여 기본권 주체성 인정 여부를 결정하는 것은 구별기준이 불명확하고 판단 순서가 역행되어 헌법재판 실무처리 관점에서도 부당한 점, 외국인에 대해서는 국제법이나 조약 등에 의하여 충분히 그 지위를 보장할 수 있는 점에 비추어 보면 모든 기본권에 대하여 외국인의 기본권 주체성을 부정함이 타당하다. 다만, 외국인이라도 우리나라에 입국하여 상당기간 거주해 오면서 대한민국 국민과 같은 생활을 계속해 온 자라면 사실상 국민으로 취급해 예외적으로 기본권 주체성을 인정할 여지는 있다고 본다. 그렇다면 외국인인 이 사건 청구인들에 대하여는 기본권 주체성을 인정할 수 없으므로, 헌법소원심판청구의 당사자능력을 인정할 수 없고, 따라서 이 사건 심판청구는 부적법하다.

헌결 2001. 11. 29. 99헌마494 [재외동포의출입국과법적지위에관한법률 제2조 제2호 위헌확인]

헌법재판소법 제68조 제1항 소정의 헌법소원은 기본권을 침해받은 자만이 청구할 수 있고, 여기서 기본권을 침해받은 자만이 헌법소원을 청구할 수 있다는 것은 곧 기본권의 주체라야만 헌법소원을 청구할 수 있고 기본권의 주체가 아닌 자는 헌법소원을 청구할 수 없다고 한 다음, '국민' 또는 국민과 유사한 지위에 있는 '외국인'은 기본권의 주체가 될 수 있다 판시하여(헌재 1994. 12. 29. 93헌마120) 원칙적으로 외국인의 기본권 주체성을 인정하였다. 청구인들이 침해되었다고 주장하는 인간의 존엄과 가치, 행복추구권은 대체로 '인간의 권리'로서 외국인도 주체가 될 수 있다고 보아야 하고, 평등권도 인간의 권리로서 참정권 등에 대한 성질상의 제한

약의 자유를 침해한다.

및 상호주의에 따른 제한이 있을 수 있을 뿐이다. 이 사건에서 청구인들이 주장하는 바는 대한민국 국민과의 관계가 아닌, 외국국적의 동포들 사이에 재외동포법의 수혜대상에서 차별하는 것이 평등권 침해라는 것으로서 성질상 위와 같은 제한을 받는 것이 아니고 상호주의가 문제되는 것도 아니므로, 청구인들에게 기본권주체성을 인정함에 아무런 문제가 없다. '외국인'은 '국민'과 유사한 지위에 있으므로 원칙적으로 기본권 주체성이 인정된다. [외국인의 기본권 주체성이 인정되는지 여부(적극)]

헌결 2007. 8. 30. 2004헌마670 [산업기술연수생 도입기준 완화결정 등 위헌확인]
근로의 권리가 "일할 자리에 관한 권리"만이 아니라 "일할 환경에 관한 권리"도 함께 내포하고 있는바, 후자는 인간의 존엄성에 대한 침해를 방어하기 위한 자유권적 기본권의 성격도 갖고 있어 건강한 작업환경, 일에 대한 정당한 보수, 합리적인 근로조건의 보장 등을 요구할 수 있는 권리 등을 포함한다고 할 것이므로 외국인 근로자라고 하여 이 부분에까지 기본권 주체성을 부인할 수는 없다. 즉 근로의 권리의 구체적인 내용에 따라, 국가에 대하여 고용증진을 위한 사회적·경제적 정책을 요구할 수 있는 권리는 사회권적 기본권으로서 국민에 대하여만 인정해야 하지만, 자본주의 경제질서하에서 근로자가 기본적 생활수단을 확보하고 인간의 존엄성을 보장받기 위하여 최소한의 근로조건을 요구할 수 있는 권리는 자유권적 기본권의 성격도 아울러 가지므로 이러한 경우 외국인 근로자에게도 그 기본권 주체성을 인정함이 타당하다. [근로의 권리에 관한 외국인의 기본권 주체성(한정 적극)]

청구인적격   ① 기본권 침해 가능성
           ② 법적 관련성(자기, 현재, 직접): 직접성 검토 필요
           법령소원에서 기본권 침해의 직접성이란 별도의 집행행위 매개없이 법령 그 자체에 의하여 자유의 제한, 의무의 부과, 법적 지위의 박탈 등 기본권 침해가 발생하는 경우다만, 집행행위가 존재하는 경우라도 그 집행행위를 대상으로 하는 구제절차가 없거나 구제절차가 있다고 하더라도 권리구제 가능성이 없고 다만 기본권 침해를 당한 청구인에게 불필요한 우회절차를 강요하는 것밖에 되지 않는 경우

헌결 2013. 11. 28. 2011헌마520 [출입국관리법 시행규칙 제9조의4 제2항 위헌확인]
중국, 베트남, 필리핀, 캄보디아, 몽골, 우즈베키스탄, 태국(이하 '특정 7개국'이라 한다) 국적의 배우자인 청구인이 이 사건 프로그램을 이수하여야 하는지 여부는 이 사건 심판대상조항에 의하여 바로 확정되는 것이 아니라, 행정청이 청구인의 경우는 운영사항의 면제사유에 해당하지 않는다고 보아 청구인에게 이 사건 프로그램을 이수한 후 이 사건 프로그램을 이수하였다는

증명서를 첨부하거나 초청장에 이 사건 프로그램 이수번호를 기재하도록 요구하는 때 또는 이 사건 프로그램을 이수하였다는 증명서를 첨부하지도 않고 초청장에 이 사건 프로그램 이수번호를 기재하지도 않았다는 이유로 사증발급을 거부하는 처분을 하는 때에 비로소 확정된다고 할 것이다. 따라서 이 사건 심판대상조항에 대해 기본권침해의 직접성이 인정되지 아니한다.
<u>[기본권침해의 직접성이 인정되는지 여부(소극)]</u>

재판관 박한철, 재판관 이진성의 반대의견[17]
면제대상자에 해당하지 않는 청구인이 이 사건 심판대상조항에 따르지 않는 경우 결혼동거목적 사증이 발급될 수 없다는 권리관계는 이 사건 심판대상조항에 의해 이미 확정된 것이므로, 기본권침해의 직접성이 인정된다.

[심판대상조문[18]]
출입국관리법 시행규칙(2011. 3. 7. 법무부령 제733호로 개정된 것) 제9조의4(결혼동거 목적의 외국인 초청절차 등) ① 생략 ② 제1항에 따른 사증을 발급받으려는 외국인 중 법무부장관이 고시하는 요건에 해당하는 사람은 그의 배우자인 초청인이 법무부장관이 시행하는 국제결혼에 관한 안내프로그램(이하 "국제결혼 안내프로그램"이라 한다)을 이수하였다는 증명서를 첨부하거나 초청장에 국제결혼 안내프로그램 이수번호를 기재하여 사증 발급을 신청하여야 한다.
국제결혼 안내 프로그램 이수 대상 및 운영사항(2011. 3. 7. 법무부고시 제2011−88호)
▫ 국제결혼 안내프로그램 이수대상자의 범위
국제결혼 안내 프로그램 이수 대상
− 우리 국민 중 아래에 기재된 국가의 국민과 국제결혼을 하려고 하거나, 이미 국제결혼을 한 상태에서 외국인 배우자를 초청하려고 하는 사람
※ 특정국가: 중국, 베트남, 필리핀, 캄보디아, 몽골, 우즈베키스탄, 태국

3) 권리보호 이익
  심판 이익   문제 없음.

---

17 이 사건 심판대상조항이 이 사건 프로그램의 이수대상으로 특정 7개국 국적의 외국인과 혼인한 한국인을 규정하고 있는바, 특정 7개국은 출입국행정, 국제결혼 등 제반여건에 대하여 각기 다른 사정을 가지고 있는 나라들로 각 국가마다 합리적인 선정 이유가 있어야 할 것이지만, 그러한 이유를 찾아볼 수 없다. 그러므로 이 사건 심판대상조항이 특정 7개국 국적의 외국인과 혼인한 한국인에게 이 사건 프로그램 이수를 의무화하는 것은 청구인의 평등권과 혼인의 자유, 가족결합권을 침해하는 것이다.
18 ① 출입국관리법 시행규칙(2011. 3. 7. 법무부령 제733호로 개정된 것) 제9조의4 제2항 및 ② '국제결혼 안내 프로그램 이수 대상 및 운영사항'(2011. 3. 7. 법무부고시 제2011−88호) 중 국제결혼 안내프로그램 이수 대상을 '우리 국민 중 중국, 베트남, 필리핀, 캄보디아, 몽골, 우즈베키스탄, 태국의 국민과 이미 국제결혼을 한 상태에서 외국인 배우자를 초청하려고 하는 사람'으로 정한 부분

4) 청구기간　　　안 날로부터 90일, 있는 날로부터 1년: 법령소원 검토 필요
(2016. 1. 4.)　　법령의 공포(2014. 12. 31. 고시일) 사실을 안 날로부터 90일

법령의 시행(2014. 1. 1. 부칙)일로부터 1년

→ 2016. 1. 4.자 청구는 청구기간 경과

법령공포 후 법령에 해당하는 사유 발생으로 기본권 침해를 받는 경우

사유 발생 사실을 안 날(2015. 11. 16. 법률상담일지)로부터 90일

사유 발생일(2016. 1. 20. 외국인등록증, 체류기간 2016. 1. 19. 만료 직후)로부터 1년

→ 2016. 1. 4.자 청구는 청구기간 준수

헌결 2014. 4. 24. 2011헌마474·476(병합) [출입국관리법 시행규칙 제76조 제1항 등 위헌확인]
청구인들은 재외동포(F-4) 사증을 신청할 수 없어 그 이외의 사증을 신청한 시점에 기본권 침해의 사유를 알았다고 봄이 타당한바, 방문취업(H-2) 사증을 발급받은 날부터 90일이 지나 심판청구를 한 청구인들의 심판청구는 청구기간을 도과하였다.

헌결 2004. 5. 27. 2003헌마639 [법원공무원평정규칙 제14조 위헌확인]
청구인은 1999. 4. 1. 법원서기보(9급)로 임용되어, 법원공무원평정규칙에 따라 청구인에 대한 최초의 근무성적평정이 1999. 6. 30. 실시되었고, 근무성적평정의 결과를 공개하지 아니하도록 규정하고 있는 법원공무원평정규칙 제14조에 따라 그 평정결과가 공개되지 아니한 것이므로, 위 평정시점에서는 기본권침해사유가 발생하였다고 할 것이며 그로부터 1년이 훨씬 지난 2003. 9. 23.에 이르러 제기된 위 심판대상조항에 대한 심판청구는 청구기간을 준수하지 아니한 것으로서 부적법하다.

헌결 1992. 6. 26. 91헌마25 [공무원임용령 제35조의2 등에 대한 헌법소원]
[1] 공권력의 행사가 법령을 제정 또는 개정하는 것과 같은 법규정립작용이고, 그로 인한 기본 권침해가 법령공포 후 해당사유가 발생하여 비로소 생기게 된 자는 그 사유가 발생하였음 을 안 날로부터 60일(현재 90일) 이내에, 그 사유가 발생한 날로부터 180일(현재 1년) 이내 에 헌법소원심판을 청구하여야 한다.
[2] 여기서 "그 사유가 발생한 날"이라 함은 당해 법률이 청구인의 기본권을 명백히 구체적으 로 현실 침해하였거나 침해할 것이 확실히 예상되는 등 구체적인 여러 요건이 성숙하여 헌 법재판에 적합하게 된 때를 말한다.

---

5) 보 충 성   취소소송 관련 검토 필요

                            고시의 처분성 여부(행정입법에 대한 항고소송)

                            처분의 '관련자의 개별성, 규율대상의 구체성' VS 행정입법의 일반성과 추상성

6) 기타 / 변호사강제주의 등

위 헌

1. 기본권과 과잉금지의 원칙 위반 여부

가) 제한되는 기본권: 거주 이전의 자유(14조), 직업의 자유(제15조)

출입국관리법은 거주이전의 자유를 제한, 보충적으로 직업의 자유를 제한(단계이론상 객관적 사유로 직업의 자유를 제한), 법 제10조는 재외동포 체류자격 자의 직업의 자유를 보장.

국민의 경우 출국의 자유, 외국인의 경우 입국의 자유와 체류의 자유

나) 과잉금지의 원칙

목적의 적당성: 테러 등 국가 안전보장을 위한 목적

수단의 적정성:

침해의 최소성: 위험국가를 이유로 전면 입국 금지는 침해의 최소성을 위반

법익의 균형성:

헌결 2004. 10. 28. 2003헌가18 [출입국관리법 제4조 제1항 제4호 위헌제청[19]]

[2] 거주·이전의 자유는 국가의 간섭없이 자유롭게 거주와 체류지를 정할 수 있는 자유로서 정치·경제·사회·문화 등 모든 생활영역에서 개성신장을 촉진함으로써 헌법상 보장되고 있는 다른 기본권들의 실효성을 증대시켜주는 기능을 한다. 구체적으로는 국내에서 체류지와 거주지를 자유롭게 정할 수 있는 자유영역뿐 아니라 나아가 국외에서 체류지와 거주지를 자유롭게 정할 수 있는 '해외여행 및 해외 이주의 자유'를 포함하고 덧붙여 대한민국의 국적을 이탈할 수 있는 '국적변경의 자유' 등도 그 내용에 포섭된다고 보아야 한다. 따라서 해외여행 및 해외이주의 자유는 필연적으로 외국에서 체류 또는 거주하기 위해서 대한민국을 떠날 수 있는 "출국의 자유"와 외국체류 또는 거주를 중단하고 다시 대한민국으로 돌아올 수 있는 '입국의 자유'를 포함한다. [거주·이전의 자유의 기능과 내용]

[3] 가. 출국금지의 대상이 되는 추징금은 2,000만 원 이상으로 규정하여 비교적 고액의 추징금 미납자에 대하여서만 출국의 자유를 제한할 수 있도록 하고 있으며 실무상 추징금 미납을 이유로 출국금지처분을 함에 있어서는 재산의 해외도피 우려를 중요한 기준으로 삼고 있다. 출입국관리법 제4조 제1항 제4호(이하, '이 사건 법률조항'이라 한다)는

---

19 [1] 이 사건 제청신청인은 추징금 미납을 이유로 출국금지처분을 받아 출국금지가 되었으나 그 이후 출국금지기간만료로 해제되어 당해 소송에서 출국금지처분의 취소를 구하는 청구는 그 권리보호이익을 상실하여 심판대상 법조항에 대한 위헌여부를 판단할 소의 이익은 소멸되었다. 그러나 이 사건 심판대상 법조항의 위헌여부는 거주이전의 자유 중 출국의 자유와 관계되는 중요한 헌법문제라고 볼 수 있고, 이 문제에 대하여 아직 우리 재판소에서 해명이 이루어진 바도 없다. 이 사건과 관련하여 또는 이 사건과 무관하게 심판대상 법조항에 의거한 출국금지처분이 재차 이루어져 출국의 자유에 대한 기본권침해의 논란이 반복될 것도 명백하므로 이에 대한 위헌여부의 심판이익이 있다.

출입국관리법시행령과 출국금지업무처리규칙의 관련 조항들과 유기적으로 결합하여 살피면 일정한 액수의 추징금 미납사실 외에 '재산의 해외도피 우려'라는 국가형벌권실현의 목적에 부합하는 요건을 추가적으로 요구함으로써 출국과 관련된 기본권의 제한을 최소한에 그치도록 배려하고 있다. 또한 간접강제(민사집행법 제261조)제도나 재산명시명령의 불이행에 대한 감치(민사집행법 제68조)처분, 강제집행면탈죄(형법 제327조)로 처벌하는 규정과, 사기파산죄(파산법 제366조) 등과 대비하여 볼 때 재산의 해외도피 우려가 있는 추징금 미납자에 대하여 하는 출국금지처분이 결코 과중한 조치가 아닌 최소한의 기본권제한조치라고 아니할 수 없다. 나아가 추징금을 납부하지 않는 자에 대한 출국금지로 국가형벌권 실현을 확보하고자 하는 국가의 이익은 형벌집행을 회피하고 재산을 국외로 도피시키려는 자가 받게되는 출국금지의 불이익에 비하여 현저히 크다. 이처럼 고액 추징금 미납자에게 하는 출국금지조치는 정당한 목적실현을 위해 상당한 비례관계가 유지되는 합헌적 근거 법조항에 따라 시행되는 제도이다.

나. 출국금지의 대상이 되는 금액의 액수를 직접 규정하지 않고 법무부령으로 정하도록 하고는 있으나 법원에서 선고하는 벌금이나 추징금 액수는 경제현실에 따라 변동될 수 있고, 법의식 및 사회관념의 변화에 따라 출국금지의 상당성을 인정하는 금액이 다를 수 있으므로 출국금지의 기준 금액을 현실의 상황변화에 맞게 탄력적으로 결정할 수 있도록 할 필요가 크다. 그렇다면 법률에서 직접 출국금지의 기준이 되는 추징금의 액수를 규정하기보다는 하위법령에 위임하는 것이 입법기술상 보다 상당하다. 또한 이 사건 법조항이 출국금지처분의 사유가 되는 추징금의 미납액수 하한을 정하는 기준과 범위를 명시적으로 설정하고 있지는 않지만 추징금 미납자를 그 대상으로 하는 만큼 일정한 금액 이상의 추징금을 미납하는 경우에 출국금지처분은 명확하게 예측할 수 있고, 출입국관리법의 전반적 체계와 관련 규정들에 비추어 보면 사회적 상당성있는 금액이 규정될 것임을 알 수 있어 위임입법의 한계를 일탈하였다고 볼 수는 없다.

다. 추징은 몰수에 갈음하여 그 가액의 납부를 명령하는 사법처분이나 부가형의 성질을 가지므로, 주형은 아니지만 부가형으로서의 추징도 일종의 형벌임을 부인할 수는 없다. 그러나 일정액수의 추징금을 납부하지 않은 자에게 내리는 출국금지의 행정처분은 형법 제41조상의 형벌이 아니라 형벌의 이행확보를 위하여 출국의 자유를 제한하는 행정조치의 성격을 지니고 있다. 그렇다면 심판대상 법조항에 의한 출국금지처분은 헌법 제13조 제1항 상의 이중처벌금지원칙에 위배된다고 할 수 없다.

재판관 윤영철, 재판관 김영일, 재판관 주선회의 반대의견
[1] 추징금은 몰수의 대상인 물건을 몰수하기가 불가능한 경우에 추징하는 가액(형법 제48조

제2항)으로서, 심판대상 법조항과 같이 출입국관리법 제4조 제1항 제4호에 병렬적으로 규정되어 있는 '벌금'의 경우 이를 납입하지 아니하는 때에는 신병확보가 수반되는 노역장유치가 가능함(형법 제70조)에 비하여, '추징금'의 경우에는 형벌의 성격을 갖고는 있으나 민사집행의 대상이라는 점에서 근본적인 차이가 있다. 즉, 추징금에 대하여는 검사의 명령에 의하여 집행하는데, 동 명령은 집행력있는 채무명의와 동일한 효력이 있고 그 집행에는 민사집행법의 집행에 관한 규정이 준용된다(형사소송법 제477조). 또한 강제집행이 개시되면 추징금에 대한 시효가 중단된다(형법 제80조). 이와 같이 추징금의 강제집행을 곤란하게 하는 것을 방지하여 국가의 형벌권을 실현하고자 하는 입법목적을 달성하면서도 기본권에 대한 침해가 적은 수단이 별도로 마련되어 있음에도 불구하고, 추징금 납부를 강제하기 위한 압박수단으로 출국금지 조치를 하는 것은 필요한 정도를 넘은 과도한 기본권제한이어서 최소침해성의 원칙에 위배된다. 뿐만 아니라, 위와 같이 신병확보의 목적이 아니라 단순히 추징금징수라는 행정편의를 위하여 출국금지 조치를 허용하는 것은 오늘날 글로벌화된 지구촌의 한 구성원으로서 해외에서의 견문 및 직업활동을 통한 개성신장, 각종 정보의 교류, 문화적 편견 없는 인격의 형성 등을 위하여 국민이 누려야 할 헌법상의 중요한 기본권인 해외여행의 자유 내지는 출국의 자유를 제한하는 것이므로 법익의 균형성도 현저히 잃고 있는 것이다. 그러므로 심판대상 법조항은 국가가 국민의 기본권을 제한하는 내용의 입법을 함에 있어서 준수하여야 할 기본원칙인 과잉금지원칙에 위배하여 청구인의 헌법상 보장된 기본권인 출국의 자유를 침해하는 것이다.

[2] 심판대상 법조항은 추징금 미납액수의 하한설정에 관한 구체적인 기준을 마련하지도 않은 채 행정입법인 법무부령에 포괄적으로 위임하고 있기 때문에 그 미납액수의 하한이 어느 범위에서 어떠한 기준에 의하여 정해질지를 전혀 예측하거나 그 대강이라도 인식할 수 없게 되어 있을 뿐만 아니라, 행정부의 자의적인 결정으로 인하여 추징금 미납액수의 하한이 수인 및 기대불가능할 정도로 축소될 염려마저 있다고 아니할 수 없다. 요컨대, 심판대상 법조항은 추징금 미납액수 하한의 범위나 기준 등을 전혀 규정하지 않은 채 이를 전적으로 법무부령에 위임하고 있는바, 이는 포괄적 위임입법으로서 헌법 제95조에 위반될 뿐만 아니라 법치주의원리 및 민주주의원리에서 파생하는 법률유보원칙에 위배된다고 볼 수밖에 없다.

[심판대상조문]
출입국관리법(2001. 12. 29. 법률 제6540호로 개정된 것) 제4조(출국의 금지) ① 법무부장관은 다음 각 호의 1에 해당하는 국민에 대하여는 출국을 금지할 수 있다.
　4. 법무부령이 정하는 금액 이상의 벌금 또는 추징금을 납부하지 아니한 자

2. 평등권과 자의금지의 원칙 위반 여부

가) 평등권(헌법 제11조)

나) 자의금지의 원칙

- 비교대상집단의 설정: 고시에 지정된 15개국을 제외한 나머지 국가(다르게 취급) 또는 고시에 지정된 국가(동일하게 취급)
- 복수 집단의 차별적 취급: 동일한 집단인지 여부, 허용 VS 금지
- 자의금지의 원칙(차별취급에 대한 심사)

  차별 취급에 대한 심사(차별에 대한 위헌성 심사의 강도)

  합리성 심사(합리적 이유에 관한 완화된 심사)

  – 차별 목적의 정당성

  – 차별 수단의 적정성

  비례성 심사(비례의 원칙에 따른 엄격한 심사)

  – 차별 피해의 최소성

  – 법익의 균형성

헌결 2001. 11. 29. 99헌마494 [재외동포의출입국과법적지위에관한법률 제2조 제2호 위헌확인]

재외동포법은 외국국적동포등에게 광범한 혜택을 부여하고 있는바, 이 사건 심판대상규정은 대한민국 정부수립 이전에 국외로 이주한 동포와 그 이후 국외로 이주한 동포를 구분하여 후자에게는 위와 같은 혜택을 부여하고 있고, 전자는 그 적용대상에서 제외하고 있다. 그런데, 정부수립이후이주동포와 정부수립이전이주동포는 이미 대한민국을 떠나 그들이 거주하고 있는 외국의 국적을 취득한 우리의 동포라는 점에서 같고, 국외로 이주한 시기가 대한민국 정부수립 이전인가 이후인가는 결정적인 기준이 될 수 없는데도, 정부수립이후이주동포(주로 재미동포, 그 중에서도 시민권을 취득한 재미동포 1세)의 요망사항은 재외동포법에 의하여 거의 완전히 해결된 반면, 정부수립이전이주동포(주로 중국동포 및 구 소련동포)는 재외동포법의 적용대상에서 제외됨으로써 그들이 절실히 필요로 하는 출입국기회와 대한민국 내에서의 취업기회를 차단당하였고, 사회경제적 또는 안보적 이유로 거론하는 우려도, 당초 재외동포법의 적용범위에 정부수립이전이주동포도 포함시키려 하였다가 제외시킨 입법과정에 비추어 보면 엄밀한 검증을 거친 것이라고 볼 수 없으며, 또한 재외동포법상 외국국적동포에 대한 정의규정에는 일응 중립적인 과거국적주의를 표방하고, 시행령으로 일제시대 독립운동을 위하여 또는 일제의 강제징용이나 수탈을 피하기 위해 조국을 떠날 수밖에 없었던 중국동포나 구 소련동포가 대부분인 대한민국 정부수립 이전에 이주한 자들에게 외국국적 취득 이전에 대한민국의 국적을 명시적으로 확인받은 사실을 입증하도록 요구함으로써 이들을 재외동포법의 수혜대상에서

제외한 것은 정당성을 인정받기 어렵다. 요컨대, 이 사건 심판대상규정이 청구인들과 같은 정부수립이전이주동포를 재외동포법의 적용대상에서 제외한 것은 합리적 이유없이 정부수립이전이주동포를 차별하는 자의적인 입법이어서 <u>헌법 제11조의 평등원칙에 위배</u>된다. [재외동포법의 적용대상에서 정부수립이전이주동포, 즉 대부분의 중국동포와 구 소련동포 등을 제외한 것이 평등원칙에 위반되는 것인지 여부(적극20)]

재판관 권성의 별개의견

이 사건 심판대상규정은 정부수립 이전에 국외로 이주한 동포의 정부수립 이후의 생활근거지에 재외공관이 설치되어 있는지 여부, 즉, 지역적 요소를 기준으로 삼아 재외동포법의 적용범위를 나누고 있는바, 그러한 기준에 의한 차별은 이른바 엄격한 심사기준에 의하여 평등의 원칙에 대한 위배 여부가 가려져야 한다. 헌법 제11조 제1항 후문은 성별·종교 또는 사회적 신분에 의한 차별을 특히 금지하고 있으므로 이러한 기준에 의한 차별이 헌법적으로 용인될 수 있는 것인가의 여부는 특히 엄격하게 심사되어야 할 것은 물론이나, 지역적 요소에 의한 차별과 인종적 요소에 의한 차별 역시 그에 못지 않게 악성이 큰 것으로서 금지되어야 할 것이기 때문이다. 이러한 엄격한 심사기준에 의한다면, 이 사건 심판대상규정에 의한 국적미확인동포에 대한 차별은 비례의 원칙에 어긋난 차별에 해당하고 따라서 평등의 원칙에 위배된다.

재판관 윤영철, 재판관 한대현, 재판관 하경철의 반대의견

평등원칙의 위반이 문제되는 헌법재판에서는 원칙적으로 어떤 입법이 "가장 합리적이고 타당한 수단인가 여부"를 심사하는 것이 아니라, "자의적인 것인가 여부"를 심사하여야 하는바, 자의금지심사에 의하는 경우, 재외동포법과 같은 혜택부여적 법률에 관하여는 입법수단이 입법목적과의 관계에서 과소규율이라 하더라도 "한 번에 한 걸음씩" 현실을 개선하여 나가는 것으로서 합헌적인 것으로 허용된다. 재외동포들 간에 그들이 거주하는 나라들에 따라 정치적, 외

---

20 [6] 법률이 평등원칙에 위반된다고 판단되는 경우에도 그 위헌적 상태를 제거하여 평등원칙에 합치되는 상태를 실현하는 선택의 문제는 입법자에게 맡겨진 일이고, 이 사건 심판대상규정에 대하여 단순위헌결정을 선고하면 외국국적동포의 경우는 재외동포법이 부여하는 지위가 그 순간부터 상실되어 법치국가적으로 용인하기 어려운 법적 공백과 그로 인한 혼란을 야기할 수 있으므로 헌법불합치를 선고하고, 입법자가 합헌적인 방향으로 법률을 개선할 때까지 2003. 12. 31.을 한도로 잠정적으로 적용하게 한다. [7] 이 사건 심판대상규정은 '정의규정'이므로 이에 대한 위헌성의 확인은 재외동포법 중 외국국적동포에 관련되는 조문에 대한 위헌성의 확인을 수반하게 되고, 이와 같은 사정은 하위법규인 시행령과 시행규칙의 경우에도 같으므로, 입법자가 2003. 12. 31.까지 입법개선의무를 이행하지 않는다면 2004. 1. 1.부터는 재외동포법의 관련규정뿐만 아니라 하위법규인 시행령과 시행규칙도 그 관련 부분은 효력을 상실한다. [주문] 1. 재외동포의출입국과법적지위에관한법률(1999. 9. 2. 법률 제6015호로 제정된 것) 제2조 제2호, 재외동포의출입국과법적지위에관한법률시행령(1999. 11. 27. 대통령령 제16602호로 제정된 것) 제3조는 헌법에 합치하지 아니한다. 2. 이들 조항은 2003. 12. 31.을 시한으로 입법자가 개정할 때까지 계속 적용된다.

교적, 경제적, 사회적 환경이 서로 다르고, 국회가 재외동포법의 제정과 동시에 "재외동포에 대한 제도개선사항" 3개항을 권고한 바 있으며, 이에 따라 법무부가 중국동포에 대한 국적부여 기회를 확대하고, 다각적인 제한 완화책을 강구하였고, 가능한 한 이중국적의 발생을 회피하려는 국제법적인 원칙에 따라 외교적 마찰이 있다면 이를 고려하는 것이 반드시 부당하다고는 할 수 없으므로, 이 사건 심판대상규정에 의한 구분은 자의적이라고 볼 수 없다.

[심판대상조문]

재외동포의출입국과법적지위에관한법률(1999. 9. 2. 법률 제6015호로 제정된 것) 제2조(정의) 이 법에서 "재외동포"라 함은 다음 각호의 1에 해당하는 자를 말한다.

2. 대한민국의 국적을 보유하였던 자 또는 그 직계비속으로서 외국국적을 취득한 자 중 대통령령이 정하는 자(이하 "외국국적동포"라 한다)

재외동포의출입국과법적지위에관한법률시행령(1999. 11. 27. 대통령령 제16602호로 제정된 것) 제3조(외국국적동포의 정의) 법 제2조 제2호에서 "대한민국의 국적을 보유하였던 자 또는 그 직계비속으로서 외국국적을 취득한 자 중 대통령령이 정하는 자"라 함은 다음 각호의 1에 해당하는 자를 말한다.

1. 대한민국 정부수립 이후에 국외로 이주한 자 중 대한민국의 국적을 상실한 자와 그 직계비속

2. 대한민국 정부수립 이전에 국외로 이주한 자 중 외국국적 취득 이전에 대한민국의 국적을 명시적으로 확인받은 자와 그 직계비속

3. **형식**:

가. 위임형식 위반 여부

헌법이 정하고 있는 대통령령, 청리령, 부령 등이 아닌 '고시'의 형태로 법규명령을 위임할 수 있는지 여부에 대한 이견이 있음.

헌결 2012. 2. 23. 2009헌마318 [중요한 표시·광고사항 고시 Ⅳ의 9. 나. 나-2 부분 위헌확인]

헌법이 인정하고 있는 위임입법의 형식은 예시적인 것으로 보아야 할 것이고, 법률이 어떤 사항을 행정규칙에 위임하더라도 그 행정규칙은 위임된 사항만을 규율할 수 있는 것이므로, 국회입법의 원칙과 상치되지 않는다. 이 사건 모법조항은 소비자의 보호 또는 공정한 거래질서의 유지를 위하여 사업자 등이 표시·광고함에 있어 포함하여야 할 사항과 그 방법을 규율하기 위한 것으로서, 이를 일률적으로 규정하기는 곤란하고, 그 판단은 어느 정도 전문적·기술적인 것으로 그 규율영역의 특성상 소관부처인 공정거래위원회의 고시로 위임함이 요구되는 사항이라고 볼 수 있다. 따라서 이 사건 모법조항의 위임형식은 헌법에 위배되지 아니한다. [고시에 직접 위임한 모법조항의 위임형식이 헌법에 위배되는지 여부(소극)]

나. 포괄위임금지의 원칙 위반 여부(수권상 한계 위반)

법 제5조 제2항 제4호 '법무부장관이 고시하는 위험 국가의 국적자인 경우'가 포괄위임금지의 원칙에 해당되는지 여부에 이견이 있을 수 있음. 다만, 법률을 심판대상으로 청구하지 않았기 때문에 이에 대한 주장이 불필요하지만, 이 사건 고시가 재외동포의 출입국과 법적 지위에 관한 법률 제5조 제2항 제4호와 결합되었다는 점에서 포괄위임금지의 원칙 위반도 주장 가능.

헌결 2015. 7. 30. 2013헌바204 [구 소득세법 제98조 위헌소원]

자산의 양도, 즉 자산의 사실상 유상이전이 발생할 수 있는 거래는 다양한 양상으로 나타날 수 있고 경제 상황 등에 의해 수시로 변할 수 있으므로, 경제현실의 변화나 전문적인 기술 발달 등에 유연한 대응을 하기 위해서는 자산의 취득시기 및 양도시기의 구체적인 내용을 하위법령에 위임할 필요성이 인정된다. 이 사건 법률조항은 '자산의 양도차익을 계산함에 있어서' 그 취득시기 및 양도시기에 관하여 대통령령으로 정한다고 규정하고 있는데, '양도' 또는 '취득'이라는 용어는 그 자체로도 어느 정도 개념 확정이 가능하므로, 이 사건 법률조항 자체에서 직접 대통령령에 규정될 내용과 범위를 한정하여 위임하고 있다. 또한 소득세법상 '양도'는 '자산이 유상으로 사실상 이전되는 것'으로 규정되어 있고, 유상거래에 있어 취득은 양도에 대응하는 개념이므로, 관련조항의 전체적·체계적 해석 및 입법취지 등을 고려할 때 이 사건 법률조항이 대통령령에 위임한 내용은 자산이 유상으로 사실상 이전되었다고 평가할 수 있는 시점이고, 그 원칙적인 기준시점은 대금청산일이 될 것이라고 일반적으로 예측할 수 있다. 따라서 이 사건 법률조항은 위임의 구체성 또는 예측가능성 요건을 갖추었다. 그렇다면 이 사건 법률조항은 조세법률주의 및 포괄위임입법금지 원칙에 위배되지 아니한다. [대통령령으로 정하도록 규정한 법률조항이 조세법률주의 및 포괄위임입법금지원칙에 위배되는지 여부(소극)]

[심판대상조문]

구 소득세법(1994. 12. 22. 법률 제4803호로 전부개정되고, 2009. 12. 31. 법률 제9897호로 개정되기 전의 것) 제98조(양도 또는 취득의 시기) 자산의 양도차익을 계산함에 있어서 그 <u>취득시기 및 양도시기에 관하여는 대통령령으로 정한다.</u>

다. 법률유보의 원칙 위반 여부(제정상 한계 위반)

기본권 제한에 방법; 법률 및 법률의 위임에 의한 행정입법(헌법 제37조 제2항)

기본권 제한은 '법률에 근거한 규율'을 의미하고 반드시 형식적 의미의 법률일 필요는 없지만 법률상 근거가 필요하고, 법률상 근거에는 법률의 위임에 의한 하위법령도 포함되지만 모법의 위임범위를 벗어난 하위법령은 법률의 근거가 없는 것으로 법률유보의 원칙에 위반됨.

[범위를 넘어선 내용이 없기 때문에 해당사항 없음]

헌결 2011. 9. 29. 2007헌마1083, 2009헌마230·352(병합) [외국인근로자의 고용 등에 관한 법률 제25조 제4항 등 위헌확인 등]

[4] 어떠한 사유가 있을 때 사업장 변경가능 횟수를 늘려줄 것인지 여부 등은 내국인근로자의 고용기회와 중소기업의 인력수급 상황 등 국내 노동시장의 여러 가지 요소를 고려하여 정책적으로 결정되어야 할 사항이므로, 규율하고자 하는 내용이 다양하거나 수시로 변화하는 성질의 것으로서 위임의 구체성·명확성의 요건이 완화되어야 할 경우에 해당한다고 할 것이다. 이와 더불어 외국인고용법의 입법목적과 전체적인 취지를 종합적으로 고려하여 보았을 때, 이 사건 법률조항 단서의 위임에 의하여 대통령령에 규정될 내용은 사업장 변경을 추가적으로 허용할 부득이한 사유의 구체적인 내용 및 추가 변경가능 횟수의 범위임을 알 수 있으므로 이 사건 법률조항 단서는 포괄위임입법금지원칙에 위반되지 아니한다. [법률조항의 포괄위임입법금지원칙 위반 여부(소극)]

[5] 이 사건 법률조항 단서는 "다만, 대통령령으로 정하는 부득이한 사유가 있는 경우에는 그러하지 아니하다."라고 규정하고 있으나, 사업장의 추가 변경을 무제한으로 허용하지 않는 이상 그 횟수 역시 시행령에 함께 규정하도록 위임하는 것이 당연한 요청인 점, 이 사건 법률조항 단서를 '대통령령으로 정하는 바에 따라 부득이한 사유가 있는 경우에는 그러하지 아니하다'라고 합헌적으로 해석할 수 있는 점에서 이 사건 법률조항은 추가 변경가능 횟수 역시 시행령에 위임한 것으로 봄이 타당하므로, 이 사건 시행령조항은 모법인 이 사건 법률조항의 위임범위 내에서 규정된 것으로서 법률유보원칙에 위배되지 아니한다. [시행령조항의 법률유보원칙 위반 여부(소극)]

재판관 목영준, 재판관 이정미의 별개의견 및 반대의견

이 사건 법률조항은 사업장 변경횟수의 제한을 받지 않는 '부득이한 사유'의 구체적인 내용을 대통령령으로 정하도록 위임하였는데, 이 사건 시행령조항은 이 사건 법률조항에서 위임한 '부득이한 사유' 외에 이러한 '부득이한 사유'가 인정되는 경우에도 사업장의 추가 변경은 '1회에 한하여' 허용하는 것으로 제한하고 있으므로 위임입법의 한계를 일탈하여 법률유보원칙에 위배된다.

재판관 송두환의 이 사건 시행령조항에 대한 반대의견(위헌의견)

이 사건 시행령조항은 법률유보원칙과 과잉금지원칙에 반하여 청구들의 직장 선택의 자유를 침해한다.

[심판대상조문]

구 외국인근로자의 고용 등에 관한 법률(2003. 8. 16. 법률 제6967호로 제정되고, 2009. 10. 9 법률

제9798호로 개정되기 전의 것) 제25조(사업 또는 사업장 변경의 허용)

④ 제1항의 규정에 의한 외국인근로자의 다른 사업 또는 사업장으로의 변경은 제18조 제1항의 규정에 의한 기간 중 원칙적으로 3회를 초과할 수 없다. 다만, 대통령령으로 정하는 부득이한 사유가 있는 경우에는 그러하지 아니하다.

구 외국인근로자의 고용 등에 관한 법률 시행령(2004. 3. 17. 대통령령 제18314호로 제정되고, 2010. 4. 7. 대통령령 제22114호로 개정되기 전의 것) 제30조(사업 또는 사업장의 변경)

② 법 제25조 제4항 단서의 규정에 따라 직업안정기관의 장은 외국인근로자가 법 제25조 제1항 제2호 내지 제4호의 1에 해당하는 사유만으로 사업 또는 사업장을 3회 변경한 경우에는 1회에 한하여 사업 또는 사업장의 변경을 추가로 허용할 수 있다.

헌결 2014. 4. 24. 2011헌마474·476(병합) [출입국관리법 시행규칙 제76조 제1항 등 위헌확인]
심판대상조항들은 사증발급 신청 시의 첨부서류에 관한 조항으로서, 사증발급에 관한 기준과 절차를 위임한 출입국관리법 제8조 제3항, 출입국관리법 시행령 제7조 제1항, 재외동포체류자격의 취득 요건과 관련된 재외동포법 제5조 제2항 제3호, 제4항, 재외동포법 시행령 제4조 제4항, 출입국관리법 시행령 제12조 별표 1 중 제28호의2 등이 구체적으로 범위를 정하여 위임한 내용을 규정한 것이므로, 법률유보원칙에 위반되지 아니한다. [심판대상조항들이 법률유보원칙에 위반되는지 여부(소극)]

헌결 2014. 4. 24. 2012헌바412 [재외동포의 출입국과 법적지위에 관한 법률 제3조 등 위헌소원[21]]
[3] 재외동포법 제5조 제2항 제3호는 재외동포체류자격의 취득 요건에 관하여 이를 제한하는 일정한 기준을 제시하고 있고, 다만 가변적인 사회·경제적 상황 등을 고려해야 할 필요성으로 인하여 취득 요건에 관한 구체적인 사항들은 행정입법에 위임하고 있을 뿐이다. 재외동포체류자격의 취득 요건에 관한 구체적인 사항들을 반드시 법률에서 직접 정하여야만 하는 것으로 보기 어려우므로, 이 사건 위임조항은 법률유보원칙에 위반된다고 볼 수 없다.
[대통령령에 위임하고 있는 위임조항[22]이 법률유보원칙에 위반되는지 여부(소극)]

---

21 청구기각.
22 [심판대상조문] 재외동포의 출입국과 법적지위에 관한 법률(2008. 3. 14. 법률 제8896호로 개정된 것) 제3조(적용 범위) 이 법은 재외국민과「출입국관리법」제10조에 따른 체류자격 중 재외동포 체류자격(이하 "재외동포체류자격")을 가진 외국국적동포의 대한민국에의 출입국과 대한민국 안에서의 법적 지위에 관하여 적용한다. 제5조(재외동포체류자격의 부여) ④ 재외동포체류자격의 취득 요건과 재외동포체류자격을 취득한 자의 활동 범위는 대통령령으로 정한다.
재외동포의 출입국과 법적지위에 관한 법률 시행령(2007. 10. 15. 대통령령 제20321호로 개정된 것) 제4조(재외동포체류자격의 부여) ④「출입국관리법 시행령」제12조 및 제23조의 규정은 재외동포체류자격의 취득요건 및 활동범위에 관하여 이를 준용한다. 출입국관리법 시행령(2011. 11. 1. 대통령령 제23274호로 개정된 것) 제12조

[4] 이 사건 위임조항이 대통령령에 위임한 재외동포체류자격의 취득 요건에 관한 부분은 우리나라의 이익을 고려하여 어느 정도 사회적·정책적인 판단이 요구되는 부분으로서 위임의 필요성이 인정된다. 또한 재외동포법은 재외동포체류자격의 취득 요건과 경제활동을 제한하는 일정한 기준을 제시하고 있으므로(제5조 제2항 제3호, 제10조 제5항), 이러한 관련 조항들을 유기적·체계적으로 해석해 보면, 이 사건 위임조항에서 위임한 대통령령에는 국내 노동시장 등 사회, 경제적 상황에 따라 대한민국의 이익을 위하여 재외동포체류자격의 취득 요건을 일정 부분 제한하는 내용이 규정될 것임을 어렵지 않게 예측할 수 있다. 따라서 이 사건 위임조항은 포괄위임입법금지원칙에 위반된다고 할 수 없다. [포괄위임입법금지원칙에 위반되는지 여부(소극)]

라. 명확성의 원칙 위반 여부

법 제5조 제2항 제4호 '법무부장관이 고시하는 위험 국가의 국적자인 경우'에서 '위험 국가' 등이 명확성의 원칙에 위반되는지 여부에 대한 이견이 있을 수 있음. 나아가 명확성의 원칙 위반이 법률에 한정된 것인지 또는 이 사건 고시도 명확성의 원칙에 위반된 것인지 여부에 이견이 있을 수 있음. 이 사건 고시가 재외동포의 출입국과 법적 지위에 관한 법률 제5조 제2항 제4호와 결합되었다는 점에서 명확성의 원칙 위반 주장 가능.

헌결 2005. 6. 30. 2002헌바83 [노동조합및노동관계조정법 제91조 제1호 등 위헌확인]
[1] 법규범이 명확한지 여부는 그 법규범이 수범자에게 법규의 의미내용을 알 수 있도록 공정한 고지를 하여 예측가능성을 주고 있는지 여부 및 그 법규범이 법을 해석·집행하는 기관

[별표 1]

[외국인의 체류자격(제12조 관련)]

체류자격(기호)	체류자격에 해당하는 사람 또는 활동범위
28의2. 재외동포(F-4)	「재외동포의 출입국과 법적 지위에 관한 법률」 제2조 제2호에 해당하는 사람(단순 노무행위 등 이 영 제23조 제3항 각 호에서 규정한 취업활동에 종사하려는 사람은 제외한다)

제23조(외국인의 취업과 체류자격) ③ 별표 1 중 28의2. 재외동포(F-4) 체류자격을 가지고 있는 사람은 제1항에도 불구하고 다음 각 호의 어느 하나에 해당하는 경우를 제외하고는 별표 1의 체류자격 구분에 따른 활동의 제한을 받지 아니한다. 다만, 허용되는 취업활동이라도 국내 법령에 따라 일정한 자격이 필요할 때에는 그 자격을 갖추어야 한다.
1. 단순노무행위를 하는 경우
2. 선량한 풍속이나 그 밖의 사회질서에 반하는 행위를 하는 경우
3. 그 밖에 공공의 이익이나 국내 취업질서 등을 유지하기 위하여 그 취업을 제한할 필요가 있다고 인정되는 경우

에게 충분한 의미내용을 규율하여 자의적인 법해석이나 법집행이 배제되는지 여부, 다시 말하면 <u>예측가능성 및 자의적 법집행 배제</u>가 확보되는지 여부에 따라 이를 판단할 수 있는데, 법규범의 의미내용은 그 문언뿐만 아니라 입법목적이나 입법취지, 입법연혁, 그리고 법규범의 체계적 구조 등을 종합적으로 고려하는 해석방법에 의하여 구체화하게 되므로, 결국 법규범이 명확성원칙에 위반되는지 여부는 위와 같은 해석방법에 의하여 그 의미내용을 합리적으로 파악할 수 있는 해석기준을 얻을 수 있는지 여부에 달려 있다. [명확성 판단의 기준]

[2] 이 사건 법률조항들은 그 문언, 사람의 생명·신체의 안전 보호라는 입법 목적, 입법연혁 및 법규범의 체계적 구조 등으로부터, 입법목적의 최대실현 추구에서 오는 완화된 해석의 요청과 기본권 제한성에서 오는 엄격한 해석의 요청을 서로 조화시키는 조화로운 해석기준으로서 합리적 해석기준을 찾을 수 있고, 이러한 해석기준은 이 사건 법률조항들의 수범자에게 예측가능성을 제공하는 한편 이 사건 법률조항들을 해석·집행하는 기관들에게 충분한 의미내용을 규율하여 자의적인 법해석이나 법집행을 배제하고 있으므로 명확성원칙에 위반되지 아니한다.

[심판대상조문]

노동조합및노동관계조정법 제42조(폭력행위 등의 금지) ② 사업장의 안전보호시설에 대하여 정상적인 유지·운영을 정지·폐지 또는 방해하는 행위는 쟁의행위로서 이를 행할 수 없다.

제91조(벌칙) 다음 각 호의 1에 해당하는 자는 1년 이하의 징역 또는 1천만 원 이하의 벌금에 처한다.

　　1. 제42조 제2항…의 규정에 위반한 자

헌결 2004. 11. 25. 2004헌바35 [개항질서법 제37조 위헌소원]

헌법 제12조 및 제13조를 통하여 보장되고 있는 죄형법정주의의 원칙은 범죄와 형벌이 법률로 정하여져야 함을 의미하며, 이러한 죄형법정주의에서 파생되는 명확성의 원칙은 법률이 처벌하고자 하는 행위가 무엇이며 그에 대한 형벌이 어떠한 것인지를 누구나 예견할 수 있어야 함을 의미하는바, 처벌규정에 대한 예측가능성 유무를 판단할 때는 당해 특정조항 하나만을 가지고 판단할 것이 아니고, 관련 법조항 전체를 유기적·체계적으로 종합하여 판단하여야 하며, 각 대상법률의 성질에 따라 구체적·개별적으로 검토하여야 한다. 그런데 이 사건 어로제한위반죄의 특성과 관련규정들을 유기적으로 고려할 때 이 사건 규정이 금지하는 어로는 내·외국적의 선박이 상시 출입할 수 있는 항구 또는 항만의 경계 안에서 선박이 개항질서법에서 정하고 있는 항행방법에 따라 운항하는 것을 방해하거나 항만 내에 설치한 시설물을 그 목적에 따라 이용하는 것을 방해할 수 있는 곳에서의 어로로서 선박교통의 안전과 질서에 위험을 줄 수 있는 어로가 될 것인바, 그 의미하는 바가 지나치게 광범위하다거나 불분명하여 어로 단속이 이루어지는 장소를 전혀 예측할 수 없다고는 할 수 없을 것이므로 죄형법정주의에서 파생되는 명확성원칙에 위반된다고 볼 수 없다. ['누구든지 개항의 항계 안의 선박교통에 방해가 될 우려가 있는 장소에서 어로를 하여서는 아니된다'는 개항질서법 제37조가 죄형법정주의상 명확성원칙을 위반하는 것인지 여부(소극)]

헌법소원심판청구서

청 구 인   김나타샤(외국인등록번호 930629-6*******)
                          서울 서초구 바포대로 1238 민국아파트 205동 302호
                          대리인 법무법인 지리산
                          담당변호사 성삼재
                          서울 서초구 서초중앙로 50 지리산빌딩 5-6층
                          전화: 02) 555-**** 팩스: 02) 555-****

피청구인   법무부장관

청 구 취 지

"재외동포의 출입국과 법적 지위에 관한 법률 제5조 제2항 본문 제4호에서 규정하는 국가에 대한 고시(2014. 12. 31. 법무부 고시 제500-123호) 중 '우즈베키스탄' 부분은 헌법에 위반된다."라는 결정을 구합니다.

침해된 권리

헌법 제11조 평등권, 제14조 거주·이전의 자유

침해의 원인(이 되는 공권력의 행사 또는 불행사)

재외동포의 출입국과 법적 지위에 관한 법률 제5조 제2항 본문 제4호에서 규정하는 국가에 대한 고시(2014. 12. 31. 법무부 고시 제500-123호) 중 '우즈베키스탄' 부분

청 구 이 유

I. 사건의 경위

청구인 김나타샤는 청구인의 조부와 부가 대한민국 국적을 보유하였던 우즈베키스탄공화국 국적의 재외동포로서 재외동포의 출입국과 법적 지위에 관한 법률(이하 '재외동포법'이라 합니다.) 제2조 및 동법 시행령 제3조 제2호에서 정하고 있는 외국국적동포에 해당합니다.

2015. 10. 22. 단기방문(C-3) 체류자격으로 입국하여 현재 대한민국에 체류 중인 청구인은 대

한민국에서 전통음식점을 개업하기 위하여 재외동포법 제5조 제1항에 따라 재외동포(F−4) 체류자격을 취득하고자 하나, 청구인의 국적이 우즈베키스탄이라는 이유로 "재외동포법 제5조 제2항 본문 제4호에서 규정하는 국가에 관한 고시(2014.12. 31. 법무부고시 제500−123호) 중 '우즈베키스탄' 부분"(이하 '이 사건 고시'라고 합니다.)에 의하여 재외동포(F−4) 체류자격이 부여될 수 없는 상황입니다.

II. 적법요건의 구비 여부

1. 공권력의 행사 또는 불행사

이 사건 고시는 법무부장관이 재외동포법 제5조 제2항 제4호의 위임을 받아 제정한 행정규칙으로서 일반적으로 행정조직 내부에서만 효력을 가지는 다른 행정규칙과는 달리, 법령의 직접적인 위임에 따라 수임행정기관이 그 법령을 시행하는 데 필요한 구체적 사항을 정한 것으로서 상위법령과 결합하여 대외적인 구속력을 갖는 법규명령으로서 기능하는 이른바 법령보충적 행정규칙에 해당한다고 할 것입니다. 헌법재판소는 행정규칙이 법규명령의 효력을 갖는 경우 예외적으로 이에 대하여도 헌법소원심판을 청구할 수 있다고 판단한 바 있으므로, 이 사건 고시가 상위법령인 재외동포법과 결합하여 법규성을 가지고 청구인의 재외동포로서의 체류자격을 박탈하므로 헌법소원의 대상인 공권력의 행사에 해당한다고 할 것입니다.

2. 청구인능력/외국인의 기본권 주체성

청구인 김나타샤는 비록 외국국적동포이지만, 우즈베키스탄공화국 국적의 외국인입니다. 외국인에게 기본권의 주체성이 인정되는지에 관하여 보건대, 거주·이전의 자유는 소위 국민의 권리로서 외국인에게 일반적으로 입국의 자유 등을 인정하기 어렵지만 재외동포가 기타 외국인과 다른 특수성이 있으므로 그 범위 내에서 입국의 자유를 인정할 수 있으며 나아가 일단 입국한 외국인에게는 체류의 자유 및 출국의 자유가 보장되므로 이 범위에서 기본권 주체성이 인정된다고 해석됩니다. 직업의 자유는 직업수행의 자유의 하나인 직장 선택의 자유를 인간의 권리로서 외국인에게 기본권의 주체성을 인정하는 헌법재판소 판례의 태도 및 재외동포 체류자격을 받은 외국국적동포의 취업이나 그 밖의 경제활동을 비교적 자유롭게 인정하고 있는 법 제10조 제2항 등에 비추어 기본권 주체성이 인정된다고 해석됩니다. 평등권은 인간의 권리로서 참정권 등에 대한 성질상의 제한 및 상호주의에 따른 제한을 받는 것이 아니라면 외국인에게 기본권주체성을 인정할 수 있습니다(현재 2001. 11. 29. 99헌마494결정 참조). 따라서 본 사안에서 청구인의 기본권 주체성, 즉 청구인능력은 인정된다고 할 것입니다.

3. 청구인 적격/기본권 침해의 자기관련성, 직접성, 현재성

가. 자기관련성

법률 또는 법률조항 자체가 헌법소원의 대상이 될 수 있으려면 그 법률 또는 법률 조항에 의하여 구체적인 집행행위를 기다리지 아니하고 직접, 현재, 자기의 기본권을 침해받아야 하는 것을 요건으로 하고, 여기서 말하는 기본권 침해의 직접성이란 집행 행위에 의하지 아니하고 법률 그 자체에 의하여 자유의 제한, 의무의 부과, 권리 또는 법적 지위의 박탈이 생긴 경우를 뜻합니다 (헌재 1992. 11. 12. 91헌마192 결정 참조). 사안에서 재외동포법 제5조 제2항 제4호의 수규자는 38세가 되지 아니한 외국국적 동포이며, 여기서 외국국적동포란 대한민국국적을 보유하였던 자 또는 그 직계비속으로서 대통령령으로 정하는 자입니다. 그리고 재외동포법 시행령 제3조 제2호 에서는 부모 일방이 대한민국국적 보유하였던 자로서 외국국적을 취득한 자를 규정하고 있습니다. 청구인의 조부 김덕후는 대한민국 경북 청도 출생이므로 대한민국 국민이고 따라서 그 아들 인 청구인의 부 또한 대한민국 국적이었으나 1933. 3. 1. 우즈베키스탄으로 귀화하여 외국국적을 취득하였으므로, 청구인은 부모의 일방이 대한민국 국적을 보유하였던 자로서 외국국적을 취득한 자에 해당하여, 이 사건 고시의 수규자에 해당하므로 자기관련성이 있습니다.

나. 현재성

헌법재판소는 이른바 상황성숙이론에 의하여 청구인이 법령에 의하여 아직 구체적으로 그 기본권을 현실적으로 침해받지 아니한 경우에도 그 침해가 확실히 예상되는 등 실체적 요건이 성숙한 경우에는 현재성 요건이 충족한 것으로 보고 있는바(헌재 1999. 05. 27. 98헌마214 결정 참조), 이 사건의 경우에도 청구인은 2015. 10. 22.부터 2016. 1. 19.까지는 단기방문 체류자격에 의하여 국내에 체류할 수 있어서 그 기본권이 현실적으로 침해받은 것은 아니나, 그 기간이 만료된 경우 재외동포 체류자격을 인정받을 수는 없는 상황이어서 거주이전의 자유와 평등권의 침해가 확실히 예상된다고 할 것이므로, 기본권 침해의 현재성도 인정된다고 할 것입니다.

다. 직접성

청구인은 공권력 작용으로 인하여 직접적으로 기본권이 침해되어야 합니다. 특히, 법률 또는 법률 조항 자체가 헌법소원의 대상이 될 수 있으려면, 구체적인 집행행위에 의하지 아니하고 법률 그 자체에 의하여 자유의 제한, 의무의 부과, 권리 또는 법적 지위의 박탈이 발생하여야 합니다. 그러나 예외적으로 그 집행행위를 대상으로 하는 구제철차가 없거나, 구제절차가 있더라도 권리구제의 기대가능성이 없고, 다만 기본권침해를 당한 청구인에게 불필요한 우회절차를 강요한 것밖에 되지 않는 경우에는 당해 법률을 직접 헌법소원의 대상으로 삼을 수 있습니다. 이 사건 법령 자체에 의하여 청구인이 직접적으로 위험국가의 국적자가 되어 재외동포 체류자격을 부여 받을 수 없게 되었으므로 거주·이전의 자유 및 평등권과 관련하여 직접성이 인정됩니다.

4. 보충성의 원칙

헌법재판소법 제68조 제1항 단서는 "헌법소원심판은 다른 법률에 구제절차가 있는 경우에는 그 절차를 모두 거친 후가 아니면 청구할 수 없다."고 규정합니다. 헌법소원은 그 본질상 헌법상 보장된 기본권 침해에 대한 예비적이고 보충적인 최후의 구제수단이므로 공권력작용으로 말미암아 기본권의 침해가 있는 경우에는 먼저 다른 법률이 정한 절차에 따라 침해된 기본권의 구제를 받기 위한 모든 수단을 다하였음에도 불구하고 그 구제를 받지 못한 경우에 비로소 청구할 수 있습니다. 다만, 법률상 구제절차가 없거나, 전심절차가 있더라도 전심절차에 의한 권리구제의 기대가능성이 없는 경우 보충성의 예외로 바로 헌법소원을 제기할 수 있습니다. 이 사건은 법령 자체에 의하여 직접적인 기본권 침해가 문제되는 바, 법령 자체의 효력을 다툴 수 있는 법률상 구제절차가 없는 경우에 해당하므로 보충성의 원칙을 충족합니다. 가사 이 사건 고시가 처분적 법규명령으로서 처분성이 인정되기 때문에 취소소송이 가능하다고 해석되는 경우라도 이 사건 고시의 처분성 유무에 대한 확립된 판례가 전혀 없는 상태에서는 보충성 요건이 충족된다고 보아야 할 것입니다.

5. 청구기간의 준수

법령에 대한 헌법소원심판은 법령이 시행된 사실을 안 날로부터 90일 이내에, 그 법령이 시행된 날로부터 1년 이내에 청구하여야 하지만, 법령이 시행된 뒤에 비로소 그 법령에 해당하는 사유가 발생하여 기본권의 침해를 받게 된 경우에는 그 사유가 발생하였음을 안 날로부터 90일 이내에, 그 사유가 발생한 날로부터 1년 이내에 헌법소원심판을 청구하여야 합니다. 다만 법령에 의하여 아직 구체적으로 기본권이 현실적으로 침해받지 아니한 경우라도 그 침해가 확실히 예상되는 등 실체적 요건이 성숙하여 헌법판단에 적합하게 된 때에는 현재성의 요건이 충족되어 청구기간이 문제되지 않습니다. 따라서 청구인은 2016. 1. 19. 이후 재외동포 체류자격을 인정받을 수 없는 것이 확실하게 예측되는 상황이므로 2016. 1. 4. 제기하는 본 청구는 적법합니다. 만약 현재 청구인이 재외동포(F-4) 체류자격을 신청할 수 없어 기본권 침해의 현재성이 인정된다고 보는 경우라면 청구인이 위험국가 국적을 가진 자로서 위 체류자격을 신청할 수 없음을 구체적으로 알게 된 2015. 11. 16.을 그 사유가 발생하였음을 안 날로 보아 그로부터 90일이 경과되지 않았으므로 청구기간을 준수하였습니다.

6. 권리보호이익

권리보호이익이란 헌법소원을 거치면 권리가 구제될 가능성이 있는 것을 말하는바, 이 사건 위헌성이 문제되는 심판대상 고시 중 우즈베키스탄 부분에 대한 위헌 결정이 있으면 우즈베키스탄 국적의 외국국적동포인 청구인은 재외동포체류자격(F-4)을 취득할 수 있으므로 권리보호의 이익이 있습니다.

7. 기타 적법요건

기타 변호사강제주의 등 적법요건도 구비하였습니다.

Ⅲ. 위헌이라고 해석되는 이유

1. 제한되는 기본권

가. 거주이전의 자유의 제한과 그 한계

이 사건 고시는 이미 입국한 청구인으로 하여금 재외동포 체류자격을 부여받지 못 하도록 하여 출국을 강제함으로써 출국의 자유를 포함한 청구인의 거주이전의 자유를 제한한다고 할 것 입니다. 거주이전의 자유를 제한함에도 헌법 제37조 제2항의 규정에 따라 국가안전보장·질서유지 또는 공공복리를 위하여 필요하고 불가피한 예외적인 경우에만 그 제한이 정당화될 수 있으며, 그 경우에도 기본권의 본질적인 내용을 침해할 수 없으며 필요한 최소한도에 그쳐야 합니다.

나. 직업의 자유의 제한과 그 한계

재외동포법 제10조 제2항 '재외동포체류자격을 부여받은 외국국적동포의 취업이나 그 밖에 경제활동은 사회질성 또는 경제안정을 해치지 아니하는 범위 내에서 자유롭게 허용된다' 등에 보는 바와 같이 직업의 자유가 보장되는데, 이 사건 고시는 직업의 자유를 제한한다고 할 것입니다. 다만, 직업의 자유 제한은 거주이전의 자유의 제한에 수반되어 나타나기 때문에 이 사건 고시와 보다 직접적 관련이 있는 거주이전의 자유를 중심으로 기본권 제한의 과잉 여부를 심사하면 족하다 할 것입니다.

다. 과잉금지원칙 위반

1) 목적의 정당성 및 수단의 적합성

이 사건 고시의 목적은 외국국적동포에게 부여된 체류와 관련한 여러 가지 혜택을 위험 국가의 국적자에게는 배제함으로써 사회질서 또는 경제안정을 유지하고자 하는 것으로 그 목적은 정당합니다. 또한 위험 국가의 국적자에게 재외동포 체류자격을 부여하지 않는 것은 질서유지를 위한 수단으로서 적합하다고 할 것입니다.

2) 침해의 최소성

질서유지를 위한 적합한 수단이라고 하더라도 기본권을 덜 제한할 수 있는 수단이 있다면 그 수단을 고려하여야 할 것입니다. 재외동포법 시행령 제4조에서 재외동포법 제5조 제2항에 해당하는지 여부를 판단하기 위하여 관계기관의 장에게 신청자에 대한 신원조회 및 범죄경력조회를 의뢰하거나 기타 필요한 사항에 대하여 의견을 구할 수 있도록 하고 있으며, 재외동포법 제5조 제3항에 따라 활동범위를 정하도록 하고 있다는 점에서, 이 사건 고시의 목적을 달성하기 위해서는 위험국가의 국적자이더라도 사안별로 분류하여 그에 맞게 체류 기간의 제한하는 등 기본권을 덜 제한할 수 있는 수단이 존재합니다. 그럼에도 불구하고 위험국가의 국적자로 지정되는 경우 일률적으로 재외동포체류자격이 부여될 방법을 차단하는 것은 입법목적을 달성하기 위한 수단으로서 과도하다고 할 것입니다.

3) 법익의 균형성

이 사건 고시를 통하여 달성하고자 하는 국내의 사회질서 유지라는 공익은 추상적이고 모호한 반면, 위험 국가의 국적자라는 이유만으로 재외동포 체류자격 자체가 박탈되는 불이익은 구체적이고 현실적이며 중대하다고 할 것이어서 입법에 의하여 보호하려는 공익과 침해되는 사익 간의 균형을 이루지 못하였다고 할 것입니다.

라. 소결

위와 같이 이 사건 고시는 과잉금지원칙에 반하여 청구인의 거주이전의 자유를 침해한다고 할 것입니다.

2. 평등권 침해

가. 차별의 존재

헌법재판소는 평등의 원칙은 입법자에게 본질적으로 같은 것을 자의적으로 다르게, 본질적으로 다른 것을 자의적으로 같게 취급하는 것을 금하고 있다고 하면서, 비교의 대상을 이루는 두 개의 사실관계 사이에 서로 상이한 취급을 정당화할 수 있을 정도의 차이가 없음에도 불구하고 두 사실관계를 서로 다르게 취급한다면, 입법자는 이로써 평등권을 침해하게 된다고 보고 있는바(헌재 1996. 12. 26. 96헌가18 결정 참조), 이 사건 고시는 위험국가의 국적을 가진 재외동포를 다른 국적의 재외동포와 차별하고 있다는 점에서 위험국가의 국적을 가진 재외동포와 다른 국적의 재외동포가 본질적으로 동일하다면 이 사건 고시는 평등원칙에 위배되는 것입니다.

나. 침해의 심사기준

헌법재판소는 평등위반여부를 심사함에 있어서, 헌법이 스스로 차별의 근거로 삼아서는 아니되는 기준을 제시하거나 차별을 특히 금지하고 있는 영역을 제시하고 있는 경우와 차별적 취급으로 인하여 관련 기본권에 대한 중대한 제한을 초래하게 되는 경우에는 엄격한 심사척도(비례성원칙에 따른 심사)를 적용하고, 그 밖의 경우에는 완화된 심사척도(자의금지원칙에 따른 심사)에 의한다는 원칙을 적용하고 있습니다(헌재 1999. 12. 23. 98헌마363 결정 참조). 사안의 경우에는 차별로 인하여 재외동포 체류자격이 전면적으로 부정되어 관련 기본권의 중대한 제한이 초래되는 경우이므로 입법형성권이 축소되어 비례의 원칙에 따라 차별취급의 목적과 수단 간에 엄격한 비례관계가 성립하는지를 기준으로 엄격하게 심사하여야 할 것입니다.

다. 비례성원칙 위반

1) 차별목적의 정당성

위험국가의 국적을 가진 동포에게 재외동포 체류자격을 부여하지 않음으로써 테러나 국제범죄 등으로부터 파생되는 위해를 방지, 국내의 치안 질서를 유지하고자 하는 차별의 목적 자체는 정당하다고 할 수 있습니다.

2) 차별취급의 적합성

위험 국가의 외국국적동포에게 전면적으로 재외동포 체류자격을 부여하지 않음으로써 국내 치안의 안전성을 높일 수 있으므로 차별취급은 적합하다고 할 수 있습니다.

3) 차별대우의 필요성

위험국가의 국적을 가졌다고 하더라도 이들 모두가 국내의 치안질서 유지에 위해를 발생시킨다거나 그 위험초래의 가능성이 동일하다고 볼 수는 없습니다. 연령대나 성별, 직업 그리고 전과유무 여부 등에 따른 위험 가능성을 분석하여 체류자격을 선별적으로 부여한다든지, 체류자격의 기간 조정 또는 관계행정기관의 감독을 받을 의무 부과 등을 통해 목적을 충분히 달성할 수 있음에도 불구하고 일률적으로 재외동포 체류자격을 모두에게 부여하지 않도록 하는 것은 최소 침해의 원리에 어긋나 차별대우의 필요성을 충족시키지 못한다고 할 것입니다.

4) 법익의 균형성

위험 국가의 외국국적동포가 국내 치안질서 유지에 위험을 일으킬 가능성이 있는 것은 사실이나 그와 같은 가능성은 추상적인 위험에 그치는 반면, 재외동포 중 위험국가로 지정된 국가의 외국국적동포들은 재외동포 체류자격이 전면적으로 부정됨으로써 거주이전의 자유에 심각한 제한이 초래되므로 이 사건 고시에 의한 제한은 법익의 균형성에도 반한다고 할 것입니다.

다. 소결론

따라서 이 사건 고시는 청구인의 평등권을 침해하고 있습니다.

3. 명확성의 원칙 위반

가. 명확성의 원칙

명확성의 원칙은 법치국가의 한 표현으로 기본권을 제한하는 법규범의 내용은 명확하여야 한다는 헌법상의 원칙입니다. 이는 법규범의 의미내용이 불확실하면 법적안정성과 예측가능성을 확보할 수 없고, 법집행 당국의 자의적인 법해석과 집행을 가능하게 한다는 것을 그 근거로 합니다. 헌법재판소는 헌법 제37조 제2항에 의거하여 국민의 자유와 권리를 제한하는 법률은 명확하게 규정되어야 하고, 법규범의 의미내용으로부터 무엇이 금지되는 행위이고 무엇이 허용되는 행위인지를 국민이 알 수 없다면 법적 안정성과 예측가능성을 확보될 수 없게 되어 법집행 당국에 의한 자의적 집행이 가능하게 될 것이라고 하면서(헌재 1992. 4. 28. 90헌바27 결정 참조), 어떠한 규정이 부담적 성격을 가지는 경우에는 수익적 성격을 가지는 경우에 비하여 명확성의 원칙이 더욱 엄격하게 요구된다고 하고 있습니다(헌재 1992. 2. 25. 89헌가104 결정 참조). 명확성의 원칙에서 명확성의 정도는 최소한의 명확성을 의미하며, 법관의 보충적 해석이 가능하고 자의적인 판단의 우려가 없다면 명확성의 원칙에 반한다고 할 수 없습니다.

나. 명확성의 원칙 위반 여부

재외동포법 제5조 제2항 제4호와 그에 근거한 이 사건 고시는 재외동포 체류자격이 부여되는 외국국적동포의 범위를 제한하는 침익적 성격을 가지는 법령이므로, 그 명확성이 더 엄격하게 요구된다고 할 것인데, 재외동포법 제5조 제2항 제4호는 '법무부장관이 고시하는 위험 국가'라고만 규정하고 있을 뿐, 법률 문언상 '위험 국가'가 구체적으로 어떤 의미인지는 물론 어느 범위의 국가가 이에 해당하는지에 관하여 판단기준을 제시하고 있지도 않으므로, '위험국가' 부분은 불명하고 애매모호하여 일반 국민이 전혀 예측할 수 없어 이 사건 고시는 명확성의 원칙에 반한다고 할 것입니다.

다. 소결론

따라서 재외동포의 출입국과 법적 지위에 관한 법률 제5조 제2항 제4호와 결합된 이 사건 고시는 명확성의 원칙에 위배되었습니다.

4. 포괄위임금지의 원칙 위반[23]

가. 포괄위임금지의 원칙 및 위임의 한계

법률의 위임이 일반적이고 포괄적으로 허용된다면 이는 의회의 입법권에 대한 침해가 되어 권력분립의 원칙에 위배되고 나아가 행정권의 자의적인 행사에 의한 기본권의 무제한적 침해가 초래될 수 있습니다. 이에 헌법 제75조와 제95조는 포괄위임을 금지함과 동시에 '구체적인 범위를 정하여' 위임하도록 위임의 범위·한계를 설정하고 있습니다. 헌법재판소는 '구체적인 범위'에 관하여 '하위법령 등이 규정된 내용 및 법률의 기본사항이 가능한 한 구체적이고 명확하게 규정되어 누구라도 규정될 내용의 대강을 예측할 수 있어야 한다'고 판시하고 있습니다. 이러한 예측 가능성은 대상 조항 및 관련 법조항 전체를 유기적·체계적으로 종합하여 판단하여야 하며, 기본권을 제한하는 위임의 경우에는 구체성과 명확성이 정도는 보다 강화되어야 한다고 판시하고 있습니다.

나. 포괄위임금지의 원칙 위반 여부

재외동포법 제5조 제2항은 '다음 각 호에 해당하는 경우 재외동포 체류자격을 부여하지 아니한다.'라고 하고, 같은 항 제4호 '법무부 장관이 고시하는 위험국가의 국적인 경우'라고 규정하고 있습니다. 위 규정은 법무부 장관에게 위험국가 여부를 판단할 권한을 위임하고 있을 뿐, 관련 법조항을 유기적·체계적으로 검토하여 보아도 그 대강조차 전혀 예측할 수 없도록 되어 있습니다. 따라서 해당 고시를 통하여 비로소 기본권을 제한받게 되는 경우, 위험국가의 국적자에 해당될지 여부에 대하여 법률을 통하여 전혀 예측할 수 없으므로 위 조항은 포괄위임금지의 원칙을 위배하고 있으며, 또한 위헌인 법률에 근거한 이 사건 고시 역시 위헌이라 할 것입니다.

다. 소결론

따라서 재외동포의 출입국과 법적 지위에 관한 법률 제5조 제2항 제4호와 결합된 이 사건 고시는 포괄위임금지의 원칙에 위배되었습니다.

---

23 형식의 위헌과 관련 이론상 '고시가 입법형식 위배로 위헌이다'라는 주장도 가능하다. 판례는 고시 등 행정규칙 형식의 위임도 합헌이라고 판시하고 있다.

Ⅳ. 결론

이상 본 바와 같이 이 사건 고시는 청구인의 거주·이전의 자유 등을 과다하게 제한하고 있기 때문에 과잉금지원칙에 위배되고, 본질적으로 같은 것을 다르게 취급하고 있기 때문에 자의금지의 원칙에 위배되며, 나아가 명확성의 원칙 및 포괄위임금지의 원칙에 위배됨으로 헌법에 위반됩니다.

첨 부 서 류

1. 사실조회 회신, 국적취득사실증명서, 출생증명서, 외국인등록증
2. 대리인선임서, 담당변호사 지정서

2016.   1.   4.

청구인의 대리인 법무법인 지리산

담당변호사   성삼재

헌법재판소   귀중

| | 생각해 볼 문제들 |

문 1) 헌결 2004. 10. 28. 2003헌가18 [출입국관리법 제4조 제1항 제4호 위헌제청] 과 관련 법무부장관이 법무부령이 정하는 일정한 금액 이상의 추징금을 미납하면 당사자의 출국을 금지할 수 있는지 여부

출입국관리법

제4조(출국의 금지) ① 법무부장관은 다음 각 호의 어느 하나에 해당하는 국민에 대하여는 6개월 이내의 기간을 정하여 출국을 금지할 수 있다.

　3. 대통령령으로 정하는 금액 이상의 벌금이나 추징금을 내지 아니한 사람

출입국관리법 시행령

제1조의3(벌금 등의 미납에 따른 출국금지 기준) ① 법 제4조 제1항 제3호에서 "대통령령으로 정하는 금액"이란 다음 각 호의 금액을 말한다.

　2. 추징금: 2천만원

대판 2001. 7. 27. 선고 2001두3365 [출국금지처분취소] [피고 법무부장관]

출국금지업무처리규칙 제4조의 위임에 따른 출국금지기준은 추징금 미납자에 대하여는 2,000만 원 이상의 추징금 미납자로서 유효한 여권을 소지한 자를 출국금지대상자로 정하고 있는바, 출입국관리법 제4조 제1항 제1호, 출국금지업무처리규칙 제2조, 제3조 제1항 제3호, 제4조, 제10조 등 관련 규정의 취지를 종합하면, 2,000만 원 이상의 추징금 미납을 이유로 한 출국금지는 그 추징금 미납자가 출국을 이용하여 재산을 해외로 도피하는 등으로 강제집행을 곤란하게 하는 것을 방지함에 주된 목적이 있는 것이지, 단순히 출국을 기화로 해외로 도피하거나 시효기간 동안 귀국하지 아니하고 외국에 체재하여 그 시효기간을 넘기는 것을 방지하는 등 신병을 확보하기 위함에 있는 것이 아니므로, 재산의 해외 도피 우려 여부를 확인하지 아니한 채 단순히 일정 금액 이상의 추징금 미납 사실 자체만으로 바로 출국금지처분을 하는 것은 형벌을 받은 자에게 행정제재의 목적으로 한 것으로 출국금지업무처리규칙 제2조 제2항에 위반되거나 과잉금지의 원칙에 비추어 허용되지 아니한다고 할 것이고, 재산의 해외 도피 가능성 여부에 관한 판단에 대하여도 재량권을 일탈하거나 남용하여서는 아니된다고 할 것이며, 한편 재산의 해외 도피 우려 여부는 추징금 처분의 범죄사실, 추징금 미납자의 성별·연령·학력·직업·성행이나 사회적 신분, 추징금 미납자의 경제적 활동과 그로 인한 수입의 정도·재산상태와 그 간의 추징금 납부의 방법이나 수액의 정도, 그 간의 추징금 징수처분의 집행과정과 그 실효성 여부, 그 간의 출국 여부와 그 목적·기

간·행선지·해외에서의 활동 내용·소요 자금의 수액과 출처 등은 물론 가족관계나 가족의 생활정도·재산상태·직업·경제활동 등을 종합하여 판단하여야 한다. [추징금 미납자에 대한 출국금지처분의 기준인 재산의 해외도피 가능성 여부의 판단 방법]

대판 2013.12.26. 선고 2012두18363 [출국금지처분취소]

[1] 국민의 출국의 자유는 헌법이 기본권으로 보장한 거주·이전의 자유의 한 내용을 이루는 것이므로 그에 대한 제한은 필요 최소한에 그쳐야 하고 그 본질적인 내용을 침해할 수 없고, 출입국관리법 등 출국금지에 관한 법률 규정의 해석과 운용도 같은 원칙에 기초하여야 한다. 구 출입국관리법(2011. 7. 18. 법률 제10863호로 개정되기 전의 것) 제4조 제1항, 구 출입국관리법 시행령(2011. 11. 1. 대통령령 제23274호로 개정되기 전의 것) 제1조의3 제2항은, 5천만 원 이상의 '국세·관세 또는 지방세를 정당한 사유 없이 그 납부기한까지 내지 아니한 사람'에 대하여는 기간을 정하여 출국을 금지할 수 있다고 규정하고 있다. 그러나 위와 같은 조세 미납을 이유로 한 출국금지는 그 미납자가 출국을 이용하여 재산을 해외에 도피시키는 등으로 강제집행을 곤란하게 하는 것을 방지함에 주된 목적이 있는 것이지 조세 미납자의 신병을 확보하거나 출국의 자유를 제한하여 심리적 압박을 가함으로써 미납 세금을 자진납부하도록 하기 위한 것이 아니다. 따라서 재산을 해외로 도피할 우려가 있는지 여부 등을 확인하지 않은 채 단순히 일정 금액 이상의 조세를 미납하였고 그 미납에 정당한 사유가 없다는 사유만으로 바로 출국금지 처분을 하는 것은 헌법상의 기본권 보장 원리 및 과잉금지의 원칙에 비추어 허용되지 않는다. 나아가 <u>재산의 해외 도피 가능성 유무에 관한 판단에서도 재량권을 일탈하거나 남용해서는 안 되므로,</u> 조세 체납의 경위, 조세 체납자의 연령과 직업, 경제적 활동과 수입 정도 및 재산상태, 그간의 조세 납부 실적 및 조세 징수처분의 집행과정, 종전에 출국했던 이력과 목적·기간·소요 자금의 정도, 가족관계 및 가족의 생활정도·재산상태 등을 두루 고려하여, 출국금지로써 달성하려는 공익목적과 그로 인한 기본권 제한에 따라 당사자가 받게 될 불이익을 비교형량하여 합리적인 재량권의 범위 내에서 출국금지 여부를 결정해야 한다. [단순히 일정 금액 이상의 조세를 미납하였고 그 미납에 정당한 사유가 없다고 하여 바로 출국금지 처분을 할 수 있는지 여부(소극)]

[2] 구 출입국관리법(2011. 7. 18. 법률 제10863호로 개정되기 전의 것) 제4조 제1항, 구 출입국관리법 시행령(2011. 11. 1. 대통령령 제23274호로 개정되기 전의 것) 제2조, 제2조의3 등의 규정을 종합해 보면, 국세청장 등의 출국금지 요청이 있는 경우에도 법무부장관은 이에 구속되지 않고 출국금지의 요건이 갖추어졌는지를 따져서 처분 여부를 결정할 수 있다. 따라서 국세청장 등의 출국금지 요청이 요건을 구비하지 못하였다는 사유만으로 출국금지 처분이 당연히 위법하게 되는 것은 아니고, 재산의 해외 도피 가능성 등 출국금지 처분의 요건이 갖추어졌는지 여부에 따라 그 적법 여부가 가려져야 한다.

제2회 법무부
변호사시험 모의고사/
위헌법률제청신청

> 제1강
위헌법률제청신청

【문제[1]】

1. 의뢰인 김판매는 게임문화진흥법위반죄로 기소된 후, 이권리 변호사를 변호인으로 선임하였다.
2. 이권리 변호사는 수사기록을 검토한바, 의뢰인에게 적용된 법률조항들이 헌법에 위반되는지 여부를 다투어볼 만하다고 판단하여 위헌법률제청신청을 하였다.
3. 위 위헌법률심판제청신청서를 작성하시오.[2]

---

1 2011. 1. 19. 법무부에서 실시한 제2회 변호사시험 모의고사 문제를 사용하였는데, 교육과 학습 목적을 위해 일부 수정, 삭제하였다.
2 [유의사항] 1. 설문의 위 「게임문화진흥법」은 가상의 것이며, 이와 다른 내용의 현행 법률이 있다면 현행 법률에 우선하는 것으로 함. 2. 위헌법률심판제청신청서는 이권리 변호사가 작성했던 날에 접수한 것으로 함. 3. 각종 서류 등에 필요한 서명과 날인 또는 무인과 간인 등은 모두 적법하게 갖추어진 것으로 볼 것. 4. 서술어는 경어를 사용할 것.

위헌법률제청신청서 양식

위헌법률심판제청신청

사　건: ○○지방법원 2002가합0000　분담금
원　고: 교통안전공단
피　고: ○○해운(주)
신청인: 피고

신청 취지

"교통안전공단법 제13조 제2항 제1호의 위헌 여부에 대한 심판을 제청한다."라는 결정을 구합니다.

신청 이유

Ⅰ. 쟁점의 정리

Ⅱ. 재판의 전제성

　…… 따라서 위 법률의 위헌 여부는 현재 ○○지방법원 2002가합0000호로 계속 중인 분담금청구소송에서의 재판의 전제가 됩니다.

Ⅲ. 위 법률조항의 위헌 이유

Ⅳ. 결　어

　앞에서 살펴본 바와 같이 … 위헌이라고 판단되므로, 신청인의 소송대리인은 귀원에 위헌법률심판을 제청해 주실 것을 신청합니다.

20　.　.　.

위 신청인의 대리인 변호사　○○○　(인)

○○지방법원 제3민사부 귀중

제1조(목적) 이 법은 게임물의 이용에 관한 사항을 정하여 게임산업을 진흥하고 국민의 건전한 게임문화를 확립함으로써 국민의 문화적 삶의 질 향상에 이바지함을 목적으로 한다.

제2조(정의) 이 법에서 사용하는 용어의 정의는 다음과 같다.

1. "게임물"이라 함은 컴퓨터프로그램 등 정보처리 기술이나 기계장치를 이용하여 오락을 할 수 있게 하거나 이에 부수하여 여가선용, 학습 및 운동효과 등을 높일 수 있도록 제작된 영상물 또는 그 영상물의 이용을 주된 목적으로 제작된 기기 및 장치를 말한다.

2. 게임물의 "수입"이라 함은 외국에서 제작된 게임물(게임물의 원판을 포함한다. 이하 "외국게임물"이라 한다)을 영리를 목적으로 외국게임물을 국내로 들여 오는 것을 말한다.

3. 게임물의 "반입"이라 함은 외국게임물을 영리를 목적으로 하지 아니하고 국내로 들여 오는 것을 말한다.

4. "게임물 제작업자"라 함은 게임물의 기획제작 또는 복제제작을 통하여 영업을 영위하는 자를 말한다.

5. "게임물 유통관련업자"라 함은 영리를 목적으로 다음 각목의 영업을 영위하는 자를 말한다.

가. 게임물 유통업

　(1) 게임물 배급업: 게임물을 수입(원판 수입을 포함한다)하거나 그 저작권을 소유·관리하여 게임물의 유통을 주된 부분으로 하는 영업

　(2) 게임물 판매업: 게임물 자체를 직접 판매 또는 배포(영리를 목적으로 하지 아니하는 경우를 제외한다)하는 영업

나. 게임제공업: 게임시설 또는 게임기구를 갖추고 게임물을 이용하여 대중오락을 제공하는 영업(다른 영업을 경영하면서 이용자의 유치 또는 광고 등을 목적으로 게임시설 또는 게임기구를 설치하여 대중오락을 하게 하는 경우를 포함한다)을 말하며, 필요한 경우에는 대통령령으로 업종을 세분할 수 있다. 다만, 「사행행위 등 규제 및 처벌특례법」에 의한 사행기구를 갖추어 사행행위를 하는 경우 및 관광진흥법에 의한 카지노업을 하는 경우를 제외한다.

제3조(게임산업 진흥시책의 수립·시행) ① 문화체육관광부장관은 게임산업의 진흥을 위한 시책(이하 "진흥시책"이라 한다)을 수립·시행하여야 한다.

② 진흥시책에는 다음 각 호의 사항이 포함되어야 한다.

1. 게임산업 진흥의 기본방향

2. 창작활동의 활성화에 관한 사항

3. 기술개발과 기술수준의 향상에 관한 사항

4. 유통시설의 확충, 유통업체의 전문화등 유통구조의 개선에 관한 사항

5. 게임산업의 진흥을 위한 재원확보 및 운영에 관한 사항

6. 전문인력 양성에 관한 사항

7. 기타 게임산업의 진흥에 관한 중요사항

③ 문화체육관광부장관은 진흥시책을 수립하거나 이의 시행을 위하여 필요한 때에는 관계행정기관단체 또는 개인 등에게 협조를 요청할 수 있다. 이 경우 협조요청을 받은 자는 특별한 사정이 없는 한 이에 협조하여야 한다.

제4조(등록) ① 게임물 제작업자 또는 유통관련업자가 되고자 하는 자는 대통령령이 정하는 바에 의하여 문화체육관광부장관에게 등록하여야 한다. 다만, 다음 각 호의 1에 해당하는 경우에는 그러하지 아니하다.

1. 국가 또는 지방자치단체가 제작하는 경우

2. 법령에 의하여 설립된 교육연수기관이 자체교육·연수의 목적에 사용하기 위하여 제작하는 경우

3. 「정부투자기관 관리기본법」제2조의 규정에 의한 정부투자기관 또는 정부출연기관이 그 사업의 홍보에 사용하기 위하여 제작하는 경우

4. 그 밖에 게임기기 자체만으로는 오락을 할 수 없는 기기를 제작하는 경우 등 대통령령이 정하는 경우

② 게임제공업을 하고자 하는 자는 문화체육관광부령이 정하는 시설을 갖추고 제1항의 등록을 하여야 한다.

제5조(결격사유) 다음 각 호의 1에 해당하는 자는 게임물 제작업 또는 유통관련업의 등록을 할 수 없다.

1. 미성년자·한정치산자 또는 금치산자

2. 파산선고를 받고 복권되지 아니한 자

3. 이 법에 위반하여 금고이상의 형의 선고를 받고 그 형의 집행이 종료되거나 집행을 받지 아니하기로 확정된 후 1년이 경과되지 아니한 자

4. 이 법에 위반하여 형의 집행유예의 선고를 받고 그 집행유예기간 중에 있는 자

5. 제1호 내지 제4호의 1에 해당하는 자가 그 대표자 또는 임원으로 되어 있는 법인

제6조(표시의무) ① 영리를 목적으로 게임물을 제작 또는 수입하거나 이를 복제한 자는 당해 게임물마다 제작 또는 수입하거나 이를 복제한 자의 상호, 등록번호, 제조연월일·수입연월일, 제22조 제2항 각 호의 규정에 의한 등급 또는 출판사의 상호(도서에 부수되는 게임물에 한한다) 등을 표시하여야 한다.

② 기타 표시사항, 표시방법 등 표시에 관하여 필요한 사항은 문화체육관광부령으로 정한다.

제7조(등록사항의 변경) 제4조에 의하여 등록을 한 자(이하 "등록업자"라 한다)가 대통령령이 정하는 중요사항을 변경하고자 하는 경우에는 문화체육관광부장관 또는 시장·군수·자치구의 구청장(이하 "등록청"이라 한다)에게 변경등록을 하여야 하며, 기타 등록사항을 변경하고자 할 때에는 대통령령이 정하는 바에 의하여 등록청에 신고하여야 한다.

제8조(등록증 등) ① 등록청은 등록업자에게 그 업종을 구분하여 등록증을 지체 없이 교부하여야 하며, 제7조의 규정에 의한 변경등록 또는 변경신고를 한 경우에는 등록증을 갱신교부하여야 한다.
② 등록업자가 당해 영업을 폐지한 때에는 폐지한 날부터 7일 이내에 등록증을 등록청에 반납하여야 한다.
③ 제1항의 규정에 의하여 등록증을 반납하지 아니하는 경우에는 등록청은 사실확인절차를 거쳐 직권으로 등록을 말소할 수 있다.

제9조(게임물 유통관련업자의 준수사항) 게임물 유통관련업자는 다음 각 호의 사항을 지켜야 한다.
  1. 게임제공업소를 운영하는 자는 이용자에게 게임물을 이용하여 도박 기타 사행행위를 하게 하거나 이를 하도록 내버려 두어서는 아니된다.
  2. 게임물 유통관련업자는 이 법 또는 이 법에 의한 명령에 위반하여 제작된 게임물을 이용하여 영업하여서는 아니된다.
  3. 게임제공업소를 운영하는 자는 연소자(18세 미만의 자를 말한다. 이하 같다)를 대통령령이 정하는 출입시간 외에 출입하게 하여서는 아니된다.
  4. 게임물 유통관련업자는 영업장 내에서 화재 또는 안전사고 예방을 위한 조치를 강구하여야 한다.
  5. 게임물 유통관련업자는 건전한 영업질서의 유지를 위하여 제1호 내지 제4호 외에 대통령령이 정하는 사항을 준수하여야 한다.

제10조(등록취소 등) ① 등록청은 등록업자가 다음 각 호의 1에 해당하는 때에는 그 등록을 취소하거나 6월 이내의 기간을 정하여 당해 영업의 정지를 명할 수 있다.
  1. 허위 기타 부정한 방법으로 등록한 때
  2. 제4조 제2항의 규정에 의한 시설기준을 위반할 때
  3. 제5조 각 호의 1에 해당하게 된 때(법인의 대표자나 임원이 그 사유에 해당하게 된 경우로서 3월 이내에 그 대표자나 임원을 개임한 경우를 제외한다)
  4. 제6조의 규정에 의한 표시의무를 이행하지 아니한 때
  5. 제7조의 규정에 의한 변경등록 또는 변경신고를 하지 아니한 때

6. 제9조의 규정에 의한 준수사항을 위반한 때

7. 정당한 사유 없이 1년 이상 계속하여 국산게임물의 제작실적이 없을 때(제작업자에 한한다)

8. 제31조 제1항 각 호의 규정에 해당하는 게임물을 유통 또는 오락제공을 하거나 유통 또는 오락제공의 목적으로 진열 또는 보관한 때

9. 기타 이 법 또는 이 법에 의한 명령에 위반한 때

② 제1항의 규정에 의하여 등록이 취소된 자는 그 등록취소의 통지를 받은 날부터 7일 이내에 등록증을 등록청에 반납하여야 한다.

③ 다음 각 호의 1에 해당하는 때에는 제4조의 규정에 의한 등록을 할 수 없다.

1. 제1항의 규정에 의하여 등록이 취소된 후 1년이 경과되지 아니하거나 정지명령을 받은 후 그 기간이 종료되지 아니한 자(법인인 경우에는 그 대표자 또는 임원을 포함한다)가 같은 업종을 다시 영위하고자 하는 때

2. 제1항의 규정에 의하여 등록이 취소된 후 1년이 경과되지 아니하거나 정지명령을 받은 후 그 기간이 종료되지 아니한 경우에 같은 장소에서 같은 업종을 다시 영위하고자 하는 때(유통관련업자에 한한다)

④ 등록청은 제10조 제1항의 규정에 의하여 등록을 취소하고자 하는 경우에는 대통령령이 정하는 바에 의하여 청문을 실시하여야 한다.

제12조(게임물심의위원회) 게임물의 윤리성 및 공공성을 확보하고 청소년을 보호하기 위하여 게임물심의위원회(이하 "위원회"라 한다)를 둔다.

제13조(구성) ① 위원은 문화예술·문화산업·청소년·법률·교육·언론·정보통신 분야와 「비영리민간단체 지원법」에 의한 비영리민간단체 등에서 종사하고 게임산업·아동 또는 청소년에 대한 전문성과 경험이 있는 자 중에서 대통령이 위촉한다.

② 위원회의 구성방법 및 절차에 관하여 필요한 사항은 대통령령으로 정한다.

③ 위원회에 위원장 1인과 부위원장 1인을 둔다.

④ 위원장과 부위원장은 위원 중에서 호선한다.

⑤ 위원장은 위원회를 대표하고 위원회의 업무를 총괄한다.

⑥ 위원장이 부득이한 사유로 직무를 수행할 수 없을 때에는 부위원장이 그 직무를 대행하며, 위원장과 부위원장이 모두 직무를 수행할 수 없을 때에는 위원 중 연장자의 순으로 그 직무를 대행한다.

⑦ 위원장을 제외한 위원은 비상임으로 한다.

제14조(위원의 임기) ① 위원장·부위원장·위원의 임기는 3년으로 한다.

② 위원의 결원이 생겼을 때에는 결원된 날부터 30일 이내에 보궐위원을 위촉하여야 하며, 보궐위원의 임기는 전임자의 잔임기간으로 한다.

제15조(위원의 대우 및 겸직금지) ① 위원 중 상임위원에 대하여는 보수를 지급하며, 비상임위원은 명예직으로 하되 위원회의 규정이 정하는 바에 따라 직무수행경비 등 실비를 지급할 수 있다. ② 상임위원은 위원회의 규정이 정하는 경우를 제외하고는 영리를 목적으로 하는 다른 직무를 겸직할 수 없다.

제16조(위원의 결격사유) 다음 각 호의 1에 해당하는 자는 위원이 될 수 없다.
  1. 공무원(교육공무원 및 법관은 제외한다)
  2. 정당법에 의한 당원
  3. 국가공무원법 제33조 각 호의 1에 해당하는 자
  4. 기타 대통령령이 정하는 자

제17조(위원의 직무상 독립과 신분보장) ① 위원은 임기 중 직무상 어떠한 지시나 간섭을 받지 아니한다.
  ② 위원은 다음 각 호의 1에 해당하는 경우를 제외하고는 그의 의사에 반하여 면직되지 아니한다.
  1. 제16조의 결격사유에 해당하는 경우
  2. 장기간의 심신상의 장애로 직무를 수행할 수 없게 된 경우

제18조(위원회의 직무 등) 위원회는 다음 각 호의 사항을 심의·의결한다.
  1. 게임물의 수입추천·등급분류에 관한 사항
  2. 청소년 유해성 확인에 관한 사항
  3. 게임물의 사행성 확인에 관한 사항
  4. 게임물의 등급분류에 따른 제작·유통 또는 이용제공 여부의 확인 등 등급분류의 사후관리에 관한 사항
  5. 게임물의 등급분류의 객관성 확보를 위한 조사·연구에 관한 사항
  6. 위원회규정의 제정·개정 및 폐지에 관한 사항
  7. 기타 이 법 또는 다른 법률에 의하여 위원회의 직무 또는 권한으로 규정된 사항

제19조(위원회 규정의 제정과 개정 등) 위원회의 규정을 제정 또는 개정 등을 하고자 할 때에는 20일 이상 미리 예고하여야 하며, 필요한 경우 위원회는 이를 관보 등에 게재·공포할 수 있다.

제20조(지원) 위원회의 운영에 필요한 경비는 국고에서 보조할 수 있다.

제21조(게임물의 수입) ① 외국게임물을 수입하고자 하는 자는 위원회의 추천을 받아야 한다.
  ② 제1항의 규정에 의한 수입추천을 받지 아니한 외국게임물을 국내에서 제작하고자 할 경우에

도 제1항의 규정에 의한 추천을 받아야 한다.

③ 위원회는 외국게임물이 다음 각 호의 1에 해당하는 경우에는 수입추천을 할 수 없다.

1. 헌법의 민주적 기본질서에 위배되거나 국가의 권위를 손상할 우려가 있는 경우

2. 폭력·음란 등의 과도한 묘사로 미풍양속을 해치거나 사회질서를 문란하게 할 우려가 있는 경우

3. 국제적 외교관계, 민족의 문화적 주체성 등을 훼손하여 국익을 해할 우려가 있는 경우

제22조(등급분류) ① 게임물을 유통 또는 오락제공을 목적으로 제작하거나 수입 또는 반입 추천을 받고자 하는 자는 미리 당해 게임물의 내용에 관하여 위원회의 등급분류를 받아야 한다. 다만, 문화체육관광부장관이 추천하는 전시회 등에 오락제공하는 게임물과 대통령령이 정하는 경우에는 그러하지 아니하다.

② 제1항의 규정에 의한 등급은 다음 각 호와 같고, 등급의 분류기준과 절차는 위원회의 규정으로 정한다. 다만, 게임제공업소에서만 사용하고자 하는 게임물은 제1호 및 제3호의 등급만 분류할 수 있다.

1. 전체이용가: 연령에 제한 없이 누구나 이용할 수 있는 게임물

2. 12세이용가: 12세 미만의 자가 이용할 수 없는 게임물

3. 18세이용가: 18세 미만의 자가 이용할 수 없는 게임물

③ 위원회는 사행성이 지나쳐서 제2항 제1호 내지 제3호의 등급을 부여할 수 없다고 인정하는 게임물에 대해서는 제2항의 규정에 불구하고 사용불가로 결정할 수 있다. 이 경우 사용불가로 결정된 게임물은 어떤 방식으로든지 유통 또는 오락제공되어서는 아니된다.

④ 위원회는 제3항의 규정에 의하여 등급을 분류함에 있어서 게임물의 내용이 제21조 제3항 각 호의 1에 해당된다고 인정되는 경우에는 당해 게임물의 충분한 내용검토 등을 위하여 3월 이내의 기간을 정하여 그 등급의 분류를 보류할 수 있다.

⑤ 누구든지 제1항의 규정에 의하여 등급분류를 받지 아니하거나 등급분류를 받은 게임물과 다른 내용의 게임물을 제작·유통 또는 오락제공하여서는 아니되며, 제2항 제3호에 해당하는 게임물은 연소자에게 유통 또는 오락제공을 하여서는 아니된다.

⑥ 위원회는 게임물의 등급판정을 위하여 게임물을 제작하거나 수입 또는 반입을 하고자 하는 자에게 자료제출 등 필요한 요구를 할 수 있다.

제23조(재등급분류 등의 신청) ① 제22조의 규정에 의한 등급의 분류 및 등급분류의 보류에 관한 위원회의 결정에 대하여 이의가 있는 자는 그 결정을 통지받은 날부터 30일 이내에 구체적인 사유를 명시하여 위원회에 재등급분류 등을 신청할 수 있다.

② 위원회는 제1항의 규정에 의한 재등급분류 등의 신청을 받은 때에는 15일 이내에 재등급분류 등을 실시하여야 하고 재등급분류 등의 내용은 당사자 또는 대리인에게 공개하여야 한다.

③ 제1항의 규정에 의한 재등급분류 등의 절차·방법 등 필요한 사항은 위원회의 규정으로 정한다.

제24조(선전물의 배포·게시 제한) ① 위원회는 게임물에 관한 광고와 선전물이 배포·게시되는 경우에 연소자에 대한 유해성여부를 확인할 수 있다.

② 제1항의 규정에 의하여 위원회에서 연소자에 대하여 유해성이 있다고 확인한 광고나 선전물은 배포·게시할 수 없다.

③ 제1항 및 제2항의 규정에 의한 유해성여부의 확인방법, 절차 기타 필요한 사항은 위원회의 규정으로 정한다.

제25조(자료의 요구) 문화체육관광부장관은 시·도지사, 시장·군수·구청장(자치구의 구청장을 말한다. 이하 같다) 또는 위원회의 이 법에 의한 업무에 관하여 자료의 제출을 요구할 수 있다.

제31조(폐쇄 및 수거조치 등) ① 문화체육관광부장관, 시·도지사, 시장·군수·구청장은 다음 각 호의 1에 해당하는 게임물을 발견한 때에는 관계공무원으로 하여금 이를 수거하여 폐기하게 할 수 있다.

1. 제21조 제1항 또는 제2항의 규정에 의한 추천을 받지 아니하고 수입·제작 또는 반입된 게임물
2. 제22조 제5항의 규정에 의한 등급분류를 받지 아니하거나 등급분류를 받은 게임물과 다른 내용의 게임물

② 제1항의 규정에 의하여 관계공무원이 당해 게임물을 수거한 때에는 그 소유자 또는 점유자에게 수거증을 교부하여야 한다.

③ 제2항의 규정에 의하여 게시물의 부착·봉인·수거 기타 처분을 하는 관계공무원은 그 권한을 표시하는 증표를 지니고 관계인에게 이를 내보여야 한다.

제45조(벌칙) 다음 각 호의 1에 해당하는 자는 5년 이하의 징역 또는 5천만 원 이하의 벌금에 처한다.

1. 도박, 기타 사행행위에 제공할 목적으로 게임물을 제작·판매 또는 변조하거나 이를 위하여 게임물을 소지한 자
2. 제21조 제1항 또는 제2항의 규정에 의한 추천을 받지 아니하고 외국게임물을 수입한 자
3. 제22조 제5항의 규정을 위반하여 등급분류를 받지 아니하거나 등급분류를 받은 게임물과 다른 내용의 게임물을 제작·유통 또는 오락제공한 자

제46조(벌칙) 다음 각 호의 1에 해당하는 자는 2년 이하의 징역 또는 2천만 원 이하의 벌금에 처한다.

1. 제21조 제1항 또는 제2항의 규정에 위반하여 외국게임물을 부정한 방법으로 수입추천 또는 제작추천을 받은 자
2. 제31조 제1항 각 호의 규정에 해당하는 게임물을 유통 또는 오락제공을 하거나 유통 또는 오락제공의 목적으로 진열 또는 보관한 자

서울중앙지방법원
형사 제1심 소송 기록

구속만료		미결구금
최종만료		2일
대행갱신 만료		

기 일	사건번호	2010고단4965	담임	형사15단독	주심	
1회기일						

기 일		
1/12 A10		
1/26 P2	사 건 명	게임문화진흥법위반
	검 사	엄한우 / 2010년 형 제12382호
	피 고 인	김판매
	공소제기일	2010. 10. 8.
	변 호 인	변호사 이권리

확 정	
보존종기	
종결구분	
보 존	

완결 공람	담 임	과 장	국 장	재판장	원 장

접 수 공 람	과 장	국 장	원 장
	㉮	㉮	㉮

공 판 준 비 절 차

회부 일 수명법관 지정 자	수명법관 이름	재 판 장	비 고

법 정 외 에 서 지 정 하 는 기 일

기일의 종류	일 시				재 판 장	비 고
1회 공판기일	2011.	1.	12.	10:00	㉮	

서울중앙지방법원

목　　록		
문 서 명 칭	장 수	비 고
증거목록	17	검 사
증거목록	(생략)	피고인 및 변호인
공소장	18	
변호인선임신고서	20	
공판조서(제1회)	21	

서울중앙지방법원

목　　　　　록(구속관계)		
문 서 명 칭	장　수	비　고
긴급체포서	(생략)	
석방보고서	(생략)	

증 거 목 록 (증거서류 등)

2010고단4965

2010형 제12382호   신청인: 검 사

순번	증 거 방 법					참조 사항 등	신청 기일	증거의견		증거결정		증거 조사 기일	비고
	작성	쪽수 (수)	쪽수 (증)	증 거 명 칭	성명			기일	내용	기일	내용		
1	검사	10		피의자신문조서		기 재 생 략	1	1	○	기 재 생 략			
2	사경	14		압수조서			1	1	○				
3	사경	16		피의자신문조서			1	1	○				
4	사경			압수된 게임 DVD (증제1, 2호)			1	1	○				

※ 증거의견 표시 － 피의자신문조서: 인정 ○, 부인 ×

　　　　　　　　　　(여러 개의 부호가 있는 경우, 성립/임의성/내용의 순서임)

　　　　　　　　－ 기타 증거서류: 동의 ○, 부동의 ×

※ 증거결정 표시: 채 ○, 부 ×

※ 증거조사 내용은 제시, 내용고지

서울중앙지방검찰청

2010. 10. 8.

사건번호   2010년 형제12382호
수 신 자   서울중앙지방법원
제 목   **공소장**
      검사 정준배는 아래와 같이 공소를 제기합니다.

Ⅰ. 피고인 관련사항

피 고 인   김판매 (700115 − 1715***), 40세
      직업   무직
      주거   서울 관악구 칠팔동 236 건실아파트 204동 1903호
      등록기준지   경북 김천시 능라면 노아리 404
죄 명   게임문화진흥법위반
적용법조   게임문화진흥법 제45조 제2호, 제21조 제1항, 제46조 제2호, 제31조 제1항 제1
      호, 제45조 제3호, 제22조 제5항, 형법 제37조, 제38조, 제48조 제1항
구속여부   불구속
변 호 인   없음

Ⅱ. 공소사실

피고인은,

1. 게임물심의위원회의 수입추천을 받지 아니하고,

2009. 7. 1.부터 2010. 6. 3.까지 사이에 서울 관악구 칠팔동 236 건실아파트 204동 1903호에 있는 피고인의 집에서 미국의 amazon.com 등의 사이트를 통해 폭력적이고 음란하여 미풍양속을 해치거나 사회질서를 문란하게 할 우려가 있는 화면들로 이루어진 'EXTRAME' 등 게임 DVD 500여 장을 우송받아 외국의 게임물을 수입하였다.

2. 2009. 7. 1.부터 2010. 6. 3.까지 서울 관악구 칠팔동 236 건실아파트 204동 1903호에 있는 피고인의 집에서 게임물심의위원회의 수입추천을 받지 아니하고 수입한 게임 DVD 300여 장을 자신이 개설한 인터넷 홈페이지(game****.co.kr)를 통하여 판매하는 방법으로 유통하였다.

3. 2010. 6. 3. 서울 관악구 칠팔동 236 건실아파트 204동 1903호에 있는 피고인의 집에 피고인의 집에서 게임물심의위원회의 수입추천을 받지 아니하고 수입한 게임 DVD 중 팔다 남은 게임 DVD 219장을 유통목적으로 보관하였다.

III. 첨부서류
  1. 긴급체포서 1통
  2. 석방보고서 1통

검사 정 준 배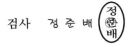

변호인선임신고서

피 고 인   김 판 매

사   건   2010고단4965(게임문화진흥법위반)

위 사건에 관하여 변호사 **이 권 리**를 변호인으로 선임하고 연서하여 이에 신고함.

2010년   12월   20일

선임인   김판매 (김판매)

위 변호인 변호사   이권리 (이권리)

주소 서울 서초구 서초동 25 백조빌딩 313호
전화 597－21**

서울중앙지방법원 형사 제15단독   귀중

서울중앙지방법원

공 판 조 서

제 1 회

사　　　　건　　　2010고단4965　　　게임문화진흥법위반

재판장 판사　　　조명판

기　　　　일: 2011. 1. 12. 10:00

장　　　　소: 제319호　　법정

공개 여부: 공개

법 원 주 사　　　백진호

고지된

다음 기일: 2011. 1. 26. 14:00

피 고 인　　　김판매　　　　　　　　　　　　　　　　　　　　　출석

검　　　사　　　엄한우　　　　　　　　　　　　　　　　　　　　　출석

변 호 인　　　변호사　이권리　　　　　　　　　　　　　　　　　출석

재판장

　　피고인은 진술을 하지 아니하거나 각개의 물음에 대하여 진술을 거부할 수 있고 이익되는 사실을 진술할 수 있음을 고지

재판장의 인정신문

　　성　　　　　명: 김판매

　　주민등록번호: 각 공소장 기재와 같음

　　직　　　　　업:　　　　　〃

　　주　　　　　거:　　　　　〃

　　등 록 기 준 지:　　　　　〃

재판장

　　피고인에게

　　주소의 변동이 있을 때에는 이를 법원에 보고할 것을 명하고, 소재가 확인되지 않을 때에는 그 진술 없이 재판할 경우가 있음을 경고

검　사

　　공소장의 적용법조 중 게임문화진흥법 '제45조 제3호, 제22조 제5항' 부분은 오기이므로, 삭제한다고 진술

검 사

　　공소장에 의하여 공소사실, 죄명, 적용법조 낭독

피고인

　　공소사실을 모두 인정한다고 진술

재판장

　　증거조사를 하겠다고 고지

증거관계 별지와 같음(검사)

　　각 증거조사결과에 대한 의견을 묻고 권리를 보호함에 필요한 증거조사를
　　신청할 수 있음을 고지

소송관계인

　　별 의견 없으며, 달리 신청할 증거도 없다고 진술

변호인

　　2011. 1. 4.자 위헌법률심판제청신청서 진술

재판장

　　변론속행

　　　　　　　　　　　　2011.　　1.　　12.

　　　　　　　　　　　법원주사　　　백진호 (인)

　　　　　　　　　　재판장 판사　　　조명판 (인)

※ 증거분리제출제도의 시행으로 수사기록 중 일부가 증거기록으로 제출된 것임.

		제	1	책
		제	1	권

서울중앙지방법원

증거서류등(검사)

사 건 번 호	2010고단4965	담임	15 단독 부	주심	
	201 노		부		
	201 도		부		
사 건 명	게임문화진흥법위반				
검 사	엄한우		2010년 형제12382호		
피 고 인	김판매				
공소제기일	2010. 10. 8.				

1심 선고	201 . . .	항 소	201 . . .
2심 선고	201 . . .	상 고	201 . . .
확 정	201 . . .	보 존	

				제 1 책	
				제 1 권	

<table>
<tr><td colspan="2">구공판</td><td colspan="4" style="text-align:center">서울중앙지방검찰청
증 거 기 록</td></tr>
</table>

서울 중 앙 지 방 검 찰 청
증 거 기 록

검 찰	사건번호	2010년 형제12382호	법원	사건번호	2010년 고단4965호
	검 사	엄 한 우		판 사	

피 고 인	김 판 매
죄 명	게임문화진흥법위반
공소제기일	010. 10. 8.

구 속	불구속	석 방	
변 호 인			
증 거 물	있 음		
비 고			

압 수 조 서

피의자 김판매에 대한 게임문화진흥법위반 피의사건에 관하여 2010. 6. 3. 서울 관악구 칠팔동 236 건실아파트 204동 1903호 피의자의 주소지에서 사법경찰리 경장 김화섭은 사법경찰리 순경 김일택을 참여하게 하고 별지 목록의 물건을 다음과 같이 압수하다.

압 수 경 위

2010. 6. 3. 피의자가 추천을 받지 아니하고 게임물을 수입하여 판매한다는 제보를 접수하여, 피의자의 위 주소지에 임한 바, 피의자가 범행을 자백하면서 별지 압수목록의 물품을 임의 제출하므로 증거물로 사용하기 위하여 영장 없이 압수함.

참여인	성 명	주민등록번호	주 소	서명 또는 날인
			생 략	

2010.   6.   3.
관 악 경 찰 서

사법경찰리 경장 김화섭 (김화섭)

사법경찰리 순경 김일택 (김일택)

압 수 목 록

번호	품 명	수량	피압수자 주거 성명				소유자 주거·성명	비고
			1	2	3	④		
			유류자	보관자	소지자	소유자		
1	게임 DVD (EXTRAME)	139장	서울 관악구 칠팔동 236 건실아파트 204동 1903호 김판매 (700115 − 1715***)				좌동	
2	게임 DVD (XXX fighter)	80장	상동				상동	

피의자신문조서

성   명: 김판매

  위의 사람에 대한 게임문화진흥법위반 피의사건에 관하여 2010. 6. 4. 관악경찰서 수사과 사무
실에서 사법경찰리 경장 김화섭은 사법경찰리 순경 장원길을 참여하게 하고, 아래와 같이 피의자
임에 틀림없음을 확인한다.

문   피의자의 성명, 주민등록번호, 직업, 주거, 등록기준지 등을 말하시오.
답   성명은   김판매
        주민등록번호는   700115-1715***   만 40세
        직업은   무직
        직장주소 및 전화번호는 없음
        주거는   서울 관악구 칠팔동 236 건실아파트 204동 1903호
        등록기준지는   경북 김천시 능라면 노아리 404
        연락처는
        자택 전화: 02-88*-***1   휴대 전화: 010-5**-***5
        직장 전화: 없음   전자우편(E-mail): 없음
        입니다.

  사법경찰리는 피의사실의 요지를 설명하고 사법경찰리의 신문에 대하여 「형사소송법」 제244조
의3에 따라 진술을 거부할 수 있는 권리 및 변호인의 참여 등 조력을 받을 권리가 있음을 피의자
에게 알려주고 이를 행사할 것인지 그 의사를 확인하다.

진술거부권 및 변호인 조력권 고지 등 확인

---

1. 귀하는 진술을 하지 아니하거나 개개의 질문에 대하여 진술을 하지 아니할 수 있습니다.
2. 귀하가 진술을 하지 아니하더라도 불이익을 받지 아니합니다.
3. 귀하가 진술을 거부할 권리를 포기하고 행한 진술은 법정에서 유죄의 증거로 사용될 수 있습니다.
4. 귀하가 신문을 받을 때에는 변호인을 참여하게 하는 등 변호인의 조력을 받을 수 있습니다.

문: 피의자는 위와 같은 권리들이 있음을 고지받았는가요.
답: **예. 고지받았습니다.**
문: 피의자는 진술거부권을 행사할 것인가요.
답: **아닙니다.**
문: 피의자는 변호인의 조력을 받을 권리를 행사할 것인가요.
답: **아닙니다. 혼자서 조사를 받겠습니다.**

이에 사법경찰리는 피의사실에 관하여 다음과 같이 피의자를 신문하다.

문: 범죄전력이 있나요.
답: 2002. 5. 14. 서울중앙지방법원에서 절도죄로 징역 10월에 집행유예 2년을 선고받은 외에 실형 전과가 2회 더 있습니다.
문: 군대는 갔다 왔나요.
답: 육군에서 보충역으로 병역을 마쳤습니다.
문: 학력은 어떠한가요.
답: **대학교 화공과를 졸업하였습니다.
문: 사회경력은 어떠한가요.
답: 군복무를 마친 후 약 1년간 직장생활을 한 이외에 특별한 경력은 없습니다.
문: 피의자는 게임 DVD를 수입하여 유통한 일이 있나요.
답: 예, 게임 DVD를 수입하고, 제가 개설한 인터넷 홈페이지를 통하여 팔았습니다.

문: 언제 어디서 얼마나 수입한 것인가요

답: 2009. 7. 1.부터 2010. 6. 3.까지 사이에 서울 관악구 칠팔동 236 건실아파트 204동 1903호에 있는 집에서 인터넷을 통하여 미국의 amazon.com 등에서 게임 DVD 500여장을 수입한 사실이 있습니다.

문: 게임물심의위원회의 수입추천을 받았나요.

답: 수입추천을 받지 못했습니다.

문: 수입한 위 게임 DVD를 어떻게 하였나요

답: 인터넷을 통해 판매하였습니다.

문: 어떤 방법인가요.

답: 인터넷에 game****.co.kr이란 홈페이지를 만들어 놓고, 외국 게임 DVD를 판매한다면서 목록을 게시해 두면 연락이 옵니다. 그러면 동아은행 관악지점에 개설된 제 명의의 40***-81-025560 계좌로 대금을 받고, 게임 DVD를 보내줍니다.

문: 팔지 못한 나머지 게임 DVD는 어떻게 하였나요.

답: 팔려고 저의 집에 보관하고 있다가 이번에 압수당하였습니다.

문: 게임물의 내용은 어떤 것인가요.

답: 'EXTRAME'은 인육을 집어던지거나, 경찰관에게 총을 쏘는 장면이 나오고, 'XXX fighter'는 게임의 진행에 따라 여성의 나신이 적나라하게 드러나도록 구성되어 있습니다.

문: 그래서 추천을 신청하지 않고 수입을 한 것인가요.

답: 그런 것은 아니고 …

문: 이상의 진술에 특별한 의견이나 이의가 있는가요.

답: **없습니다**.

위의 조서를 진술자에게 열람하게 하였던바, 진술한 대로 오기나 증감·변경할 것이 전혀 없다고 말하므로 간인한 후 서명 무인하게 하다.

진술자   김 판 매 (무인)

2010.   6.   4.

관 악 경 찰 서

사법경찰리 경장 김 화 섭 (김화섭)

사법경찰리 순경 장 원 길 (장원길)

피의자신문조서

성 명: 김판매
주민등록번호: 700115 – 1715***

위의 사람에 대한 게임문화진흥법위반 피의사건에 관하여 2010. 9. 29. 서울중앙지방검찰청 1223호 검사실에서 검사 정준배는 검찰주사보 정재기를 참여하게 하고 피의자에 대하여 아래와 같이 신문하다.

문 피의자의 성명, 주민등록번호, 직업, 주거, 등록기준지를 말하시오.
답 성명은   김판매
    주민등록번호는   700115 – 1715***   (40세)
    직업은   무직
    직장주소 및 전화번호는 없음
    주거는   서울 관악구 칠팔동 236 건실아파트 204동 1903호
    자택전화번호는   02 – 88* – ***1
    등록기준지는   경북 김천시 능라면 노아리 404
    입니다.

검사는 피의사실의 요지를 설명하고 검사의 신문에 대하여 「형사소송법」 제244조의3에 따라 진술을 거부할 수 있는 권리 및 변호인의 참여 등 조력을 받을 권리가 있음을 피의자에게 알려주고 이를 행사할 것인지 그 의사를 확인한다.

진술거부권 및 변호인 조력권 고지 등 확인

1. 귀하는 진술을 하지 아니하거나 개개의 질문에 대하여 진술을 하지 아니할 수 있습니다.
2. 귀하가 진술을 하지 아니하더라도 불이익을 받지 아니합니다.
3. 귀하가 진술을 거부할 권리를 포기하고 행한 진술은 법정에서 유죄의 증거로 사용될 수 있습니다.
4. 귀하가 신문을 받을 때에는 변호인을 참여하게 하는 등 변호인의 조력을 받을 수 있습니다.

문: 피의자는 위와 같은 권리들이 있음을 고지받았는가요.
답: **예. 고지받았습니다.**
문: 피의자는 진술거부권을 행사할 것인가요.
답: **아닙니다.**
문: 피의자는 변호인의 조력을 받을 권리를 행사할 것인가요.
답: **아닙니다. 혼자서 조사를 받겠습니다.**

이에 검사는 피의사실에 관하여 다음과 같이 피의자를 신문하다.

문: 피의자는 게임 DVD를 수입하여 유통한 일이 있나요.
답: 예, 무허가로 게임 DVD를 수입하여, 제가 개설한 인터넷 홈페이지를 통하여 팔거나, 집에 보관한 일이 있습니다.
문: 언제 어디서 얼마나 수입한 것인가요.
답: 2009. 7. 1.부터 2010. 6. 3.까지 사이에 서울 관악구 칠팔동 236 건실아파트 204동 1903호에 있는 저의 집에서 미국의 게임 DVD 500여장을 수입하여 300장 정도를 팔고 나머지는 보관하고 있다고 이번에 압수당했습니다.
문: 압수된 게임물은 어떤 것인가요.
답: EXTRAME이라는 게임 DVD 139장, XXX fighter라는 게임DVD가 80장입니다.
문: 다른 게임 DVD는 수입하지 않았나요.
답: 예, 요즘 EXTRAME하고 XXX fighter가 최고 인기게임이라 그것들을 수입한 겁니다.

문: 게임물심의위원회의 수입추천을 받았나요.

답: 안 받았다고 경찰서에서 다 말했는데요.

문: 왜 수입추천을 받지 않았나요.

답: 게임들이 좀 폭력적이고, 야해서 수입추천을 신청해도 허가가 날 것 같지 않아서요.

문: 어떤 방법으로 수입하였나요.

답: 인터넷으로 주문하고 결제하는데, 저의 집에서 amazon.com 같은 미국의 인터넷 사이트에 주문하고 그 대금을 송금해주면 집으로 우송되어 옵니다.

문: 수입한 위 게임 DVD를 어떻게 하였나요.

답: 인터넷을 통해 판매하였습니다.

문: 등급분류도 받지 않았겠네요.

답: 예.

문: 등급분류를 받지 않고 게임물을 유통한 것도 사실이네요.

답: 제가 허가도 안 받고 게임물을 수입한 것인데, 당연히 등급분류를 안 받지요. 등급분류를 받을 생각이었으면 추천을 받아 수입했겠지요.

문: 위와 같은 게임 DVD를 수입할 때는 우리나라의 게임 산업과 게임 문화 보호를 위해서 수입추천제도, 등급분류제도를 규정해 놓고 있음에도 불구하고, 피의자와 같이 추천 없이 수입하여 시중에 유통시키면 우리나라 게임물 배급체계가 무너질 뿐 아니라, 청소년들의 정신을 병들게 하는 것을 피의자는 몰랐나요.

답: 용돈을 좀 벌 수 있을 것 같아서 그랬는데 잘못했습니다.

문: 더 이상 유리한 진술이나 증거가 있나요.

답: 죄송합니다.

위 조서를 진술자에게 열람하게 하였던 바 진술한대로 오기나 증감 변경할 것이 전혀 없다고 말하므로 간인한 후 서명무인케하다.

진술자   김 판 매 (무인)

2010.   9.   29.

서 울 중 앙 지 방 검 찰 청

검사   정 준 배 (정준배)

검찰주사보   정 재 기 (정재기)

위헌법률제청신청 초안

적법요건

1) 대상

게임문화진흥법(법률 연혁정보 생략) 제21조 제1항, 제45조 제2호, 제31조 제1항, 제46조 제2호
공소장 변경으로 삭제된 '제22조 제5항, 제45조 제3호' 등급분류 관련 조항은 대상이 아님.

2) 재판의 전제성

① 구체적 사건이 법원에 계속 중 [서울중앙지방법원 2014고단4965 게임문화진흥법 위반]

② 위헌 여부가 문제되는 법률이 당해 소송사건의 재판에 적용되는 것 [처벌의 근거법률]

③ 법률이 헌법에 위반되는지 여부에 따라 당해 사건을 담당하는 법원이 다른 내용의 재판을
하게 되는 경우(다른 재판이란 원칙적으로 법원이 심리 중인 당해 사건의 재판의 주문을
달리하게 되는 경우 및 재판의 내용이나 효력에 관한 법률적 의미가 달라지는 경우) [위헌
이면 무죄 가능]

위 헌

1. 표현의 자유 보호 영역

가. 표현의 자유 의의

- 헌법 제21조 제1항

- 표현의 자유 기능

- 강한 보호

나. 게임물과 표현의 자유

- 표현의 자유 보호 영역에 포함되는지 여부

다. 수입유통과 표현의 자유

- 표현의 자유 보호 영역에 포함되는지 여부

2. 검열금지의 원칙 위반 여부

가. 검열금지의 원칙 의미

- 헌법 제21조 제2항

나. 요건

1) 일반적으로 허가를 받기 위한 표현물 제출의무의 존재

2) 행정권이 주체가 된 사전 심사절차의 존재

3) 허가를 받지 아니한 의사표현의 금지

4) 심사절차를 관철할 수 있는 강제수단의 존재

다. 본건 해당 여부

1) 일반적으로 허가를 받기 위한 표현물 제출의무의 존재

- 게임물 수입을 위해서 반드시 수입추천을 받도록 규정(게임법 제41조 제1항),

- 수입추천할 수 없는 게임물에 대한 내용상의 심사기준 규정(게임법 제41조 제3항)

2) 행정권이 주체가 된 사전 심사절차의 존재

- 게임물심의위원회가 공무원이 아닌 민간인으로 구성되었다고 하더라도(게임법 제16조 제1호), 위원과 위원회의 독립성을 보장한다고 하더라도(게임법 제17조)

- 게임심의위원회 위원을 대통령이 위촉(게임법 제13조 제1항)

- 위원회의 구성 및 절차에 대하여 대통령령으로 규정(게임법 제13조 제2항)

- 위원회 운영경비 국고보조(게임법 제20조)

- 게임물심의위원회의 규정제정권(게임법 제18조 제6호, 제19조)

  → 게임물심의위원회는 행정권의 주체

3) 허가를 받지 아니한 의사표현의 금지

- 게임물 수입을 위해서 반드시 수입추천을 받도록 규정(게임법 제41조 제1항),

- 수입추천할 수 없는 게임물에 대한 내용상의 심사기준 규정(게임법 제41조 제3항)

- 실질적 허가받지 아니한 의사표현의 금지에 해당됨.

4) 심사절차를 관철할 수 있는 강제수단의 존재

- 수입추천 없이 외국게임물을 수입하면 형사처벌(게임법 제45조 제2호)

- 수입추천 없는 외국게임물을 유통 또는 유통 목적으로 보관하면 형사처벌(게임법 제46조 제2호)

- 수입추천 없이 외국게임물을 수거 폐기(게임법 제31조 제1항)

라. 소결론

검열에 해당되므로 위헌임

3. **과잉금지의 원칙 위반 여부**

    1) 침해되는 기본권

       표현의 자유(헌법 제21조 제1항), 직업의 자유 또는 영업의 자유(제15조)

    2) 과잉금지의 원칙

       목적의 적당성:

       수단의 적정성:

       침해의 최소성:

       법익의 균형성:

4. **자의금지의 원칙 위반 여부**

   [평등권(제11조) 관련 자료 없음]

5. **형식: 명확성의 원칙 위반 여부 등**

   [해당 없음]

헌결 2005. 2. 3. 2004헌가8 [구 음반·비디오물및게임물에관한법률 제16조 제1항 등 위헌제청]

외국비디오물을 수입할 경우에 반드시 영상물등급위원회로부터 수입추천을 받도록 규정하고 있는 구 음반·비디오물및게임물에관한법률(1999. 2. 8. 법률 제5925호로 제정되고, 2001. 5. 24. 법률 제6473호로 전면개정되기 전의 것) 제16조 제1항 등에 의한 외국비디오물 수입추천제도는 외국비디오물의 수입·배포라는 의사표현행위 전에 표현물을 행정기관의 성격을 가진 영상물등급위원회에 제출토록 하여 표현행위의 허용 여부를 행정기관의 결정에 좌우되게 하고, 이를 준수하지 않는 자들에 대하여 형사처벌 등의 강제조치를 규정하고 있는바, 허가를 받기 위한 표현물의 제출의무, 행정권이 주체가 된 사전심사절차, 허가를 받지 아니한 의사표현의 금지, 심사절차를 관철할 수 있는 강제수단이라는 요소를 모두 갖추고 있으므로, 우리나라 헌법이 절대적으로 금지하고 있는 사전검열에 해당한다. [외국비디오물을 수입할 경우에 반드시 영상물등급위원회로부터 수입추천을 받도록 한 법률규정이 사전검열에 해당하는지 여부(적극)]

재판관 송인준의 합헌의견

영화, 비디오 등의 영상물은 그 영향력이나 파급효과 등의 측면에서 볼 때 상영·보급 이전 단계에서 내용에 대한 사전검증절차가 필요한 부분이라 할 수 있고, 또한 영상물등급위원회는 행정기관적 색채를 불식한 민간 자율기관에 해당한다고 할 것이므로, 외국비디오물에 대한 영상물등급위원회의 수입추천제도는 영상물에 대한 필요하고도 적절한 사전검증절차로서 우리나라 헌법이 금지하고 있는 사전검열에 해당하지 아니한다.

[심판대상조문]

구 음반·비디오물및게임물에관한법률 제16조(음반·비디오물 또는 게임물의 수입) ① 외국에서 제작된 음반(음반의 원판을 포함한다. 이하 "외국음반"이라 한다)·비디오물(비디오물의 원판을 포함한다. 이하 "외국비디오물"이라 한다) 또는 게임물(게임물의 원판을 포함한다. 이하 "외국게임물"이라 한다)을 수입하고자 하는 자는 공연법 제17조의 규정에 의한 영상물등급위원회(이하 "영상물등급위원회"라 한다)의 추천을 받아야 한다. 다만, 대통령령이 정하는 경우에는 그러하지 아니하다. 제29조(벌칙) ① 다음 각 호의 1에 해당하는 자는 5년 이하의 징역 또는 5천만 원 이하의 벌금에 처한다. 4. 제16조 제1항 또는 제2항의 규정에 의한 추천을 받지 아니하고 외국음반·외국비디오물 또는 외국 게임물을 수입 또는 제작한 자 제30조 (벌칙) 다음 각 호의 1에 해당하는 자는 2년 이하의 징역 또는 2천만 원 이하의 벌금에 처한다. 5. 제24조 제3항 각 호의 규정에 해당하는 음반·비디오물 또는 게임물을 유통·시청제공 또는 오락제공 등을 하거나 유통·시청제공 또는 오락제공등의 목적으로 진열 또는 보관한 자 제24조 제3항 제2호의 수입비디오물을 유통 또는 보관한 자 부분

[주 문]
구 음반·비디오물및게임물에관한법률(1999. 2. 8. 법률 제5925호로 제정되고, 2001. 5. 24. 법률 제6473호로 전면개정되기 전의 것) 제16조 제1항 본문 중 외국비디오물에 관한 부분, 제29조 제1항 제4호 중 제16조 제1항의 외국비디오물의 수입 부분, 제30조 제5호 중 제24조 제3항 제2호의 수입비디오물을 유통 또는 보관한 자 부분은 헌법에 위반된다.

수입추천제도가 검열금지원칙에 위반되는지 여부

(1) 외국비디오물의 수입과 언론·출판의 자유

헌법 제21조 제1항은 모든 국민은 언론·출판의 자유를 가진다고 규정하여 언론·출판의 자유를 보장하고 있는바, 의사표현의 자유는 바로 언론·출판의 자유에 속한다. "음반 및 비디오물도 의사형성적 작용을 하는 한 의사의 표현·전파의 형식의 하나로 인정되며, 이러한 작용을 하는 음반 및 비디오물의 제작은 언론·출판의 자유에 의해서도 보호된다."는 것이 헌법재판소의 판례이다(헌재 1993. 5. 13. 91헌바17, 판례집 5-1, 275, 284; 1996. 10. 31. 94헌가6, 판례집 8-2, 395, 401 참조). 외국비디오물의 수입·배포행위도 의사형성적 작용이라는 관점에서 당연히 의사의 표현·전파 형식의 하나에 해당함을 인정할 수 있으므로, 외국비디오물의 수입·배포행위 역시 언론·출판의 자유의 보호범위 내에 있고, 이러한 영역에 대한 사전검열은 우리나라 헌법이 금지하는 것으로 허용되지 않는다고 할 것이다.

(2) 수입추천제도가 사전검열에 해당하는지 여부

이 사건 법률조항들이 규정하고 있는 영상물등급위원회에 의한 외국비디오물 수입추천제도가, 헌법재판소가 헌법상 금지되는 사전검열의 판단기준으로 제시한 "일반적으로 허가를 받기 위한 표현물의 제출의무, 행정권이 주체가 된 사전심사절차, 허가를 받지 아니한 의사표현의 금지 및 심사절차를 관철할 수 있는 강제수단" 등의 요소를 갖춘 사전검열제도에 해당하는지 여부를 살펴본다.

(가) 법 제16조 제1항은 외국에서 제작된 비디오물을 수입하고자 하는 자는 반드시 수입하고자 하는 비디오물에 대하여 영상물등급위원회로부터 수입추천을 받도록 규정하고, 같은 조 제5항은 영상물등급위원회가 수입추천할 수 없는 비디오물에 관한 내용상의 심사기준을 규정하고 있다. 이러한 관련조항과 제도의 취지에 비추어 볼 때 외국비디오물이라는 표현물이 국내에서 유통되기 위해서는 수입추천업무를 담당하는 기관에 유통 이전에 제출되어야 한다는 점은 이론의 여지가 없다.

(나) 헌법상의 검열금지원칙은 검열이 행정권에 의하여 행하여지는 경우에 한정하여 적용되므

로 외국비디오물의 수입추천기관인 영상물등급위원회가 검열과 관련하여 행정기관에 해당하는지 여부가 문제된다. 헌법재판소는 2001. 8. 30. 선고 2000헌가9 결정에서 영화진흥법(1999. 2. 8. 법률 제5929호로 전문개정된 것) 제21조 제4항이 규정하고 있던 영화의 상영등급분류보류제도의 위헌성 여부를 심사하면서, 영상물등급위원회의 성격과 관련하여 다음과 같이 판시하였다. "영화에 대한 심의 및 상영등급분류업무를 담당하고 등급분류보류결정권한을 갖고 있는 영상물등급위원회의 경우에도, 비록 이전의 공연윤리위원회나 한국공연예술진흥협의회와는 달리 문화관광부장관에 대한 보고 내지 통보의무는 없다고 하더라도, 여전히 영상물등급위원회의 위원을 대통령이 위촉하고(공연법 제18조 제1항), 영상물등급위원회의 구성방법 및 절차에 관하여 필요한 사항은 대통령령으로 정하도록 하고 있으며(공연법 제18조 제2항, 공연법시행령 제22조), 국가예산의 범위 안에서 영상물등급위원회의 운영에 필요한 경비의 보조를 받을 수 있도록 하고 있는 점(공연법 제30조) 등에 비추어 볼 때, 행정권이 심의기관의 구성에 지속적인 영향을 미칠 수 있고 행정권이 주체가 되어 검열절차를 형성하고 있다고 보지 않을 수 없다. 영상물등급위원회가 비록 그의 심의 및 등급분류활동에 있어서 독립성이 보장된 기관이라 할지라도(공연법 제23조), 그것이 검열기관인가 여부를 판단하는 데 있어서 결정적인 것이라고는 할 수 없다. 심의기관의 독립성이 보장되어야 하는 것은 단지 심의절차와 그 결과의 공정성 및 객관성을 확보하기 위하여 모든 형태의 심의절차에 요구되는 당연한 전제일 뿐이기 때문이다. 국가에 의하여 검열절차가 입법의 형태로 계획되고 의도된 이상, 비록 검열기관을 민간인들로 구성하고 그 지위의 독립성을 보장한다고 해서 영화진흥법이 정한 등급분류보류제도의 법적 성격이 바뀌는 것은 아니다. 따라서 이러한 영상물등급위원회에 의한 등급분류보류제도는 '행정권이 주체가 된 사전심사절차'라는 요건도 충족시킨다. 영상물등급위원회는 2001. 5. 24. 법 개정시에 그 근거규정이 공연법에서 음반·비디오물및게임물에관한법률로 바뀌고 관련조항의 일부 내용이 변경되었지만, 이 사건 법률조항들에서 인정되고 있는 외국비디오물의 수입추천업무를 수행하는 영상물등급위원회는 개정전 공연법에 의거 설치되고 있던 것으로서 위 헌재 2001. 8. 30. 선고 2000헌가9 결정에서 영화의 상영등급분류보류제도의 운영주체로서 행정기관성 여부를 판단하였던 바로 그 영상물등급위원회와 동일한 것이다. 따라서 이 사건 영상물등급위원회는 검열과 관련해서는 그 조직과 구성면에서 행정권의 성격을 가진 행정기관에 해당한다고 할 것이다.

(다) 다음으로 이 사건 수입추천제도가 '허가를 받지 아니한 의사표현의 금지 및 심사절차를 관철할 수 있는 강제수단' 등의 요소를 갖추고 있는지에 관해 본다.

법에 의하면, 외국비디오물이 유통을 위해 수입되기 위해서는 그 수입 이전에 영상물등급위원회로부터 수입추천을 받아야 하고(법 제16조 제1항), 외국비디오물의 내용이 일정한 기준에 해당하는 경우에는 영상물등급위원회가 수입추천을 할 수 없게 되어 있으며(법 제16조 제5항), 추천을 받지 않고 외국비디오물을 수입하거나 또는 추천을 받지 아니하고 수입된 외국비디오물을 유통하거나 유통목적으로 보관하였을 경우에는 각 형사벌이 부과되고(법 제29조 제1항 제4호 및 제30조 제5호), 추천을 받지 않고 수입된 비디오물에 대해서는 문화관광부장관 등이 관계공무원으로 하여금 이를 수거하여 폐기하게 할 수 있게 되어 있다(법 제24조 제3항 제2호). 이러한 법의 내용에 비추어 볼 때, 외국비디오물의 내용이 법 및 영상물등급위원회가 정하는 일정한 기준에 해당하는 경우에는 외국비디오물 수입업자가 자진해서 문제되는 내용을 삭제하거나 수정하지 않는 한 당해 외국비디오물은 원천적으로 국내에서의 유통이 금지될 수 있다. 비록 그 외형적인 형태가 '수입추천'이라고는 하지만, 이는 영상물등급위원회의 추천을 받지 아니하는 한 외국비디오물을 통한 의사표현이 금지되는 것을 의미하므로, 이 사건 법률조항들이 규정하고 있는 수입추천제도는 실질적으로 허가를 받지 아니한 의사표현의 금지에 해당하는 것으로 평가할 수 있다. 또한 이 사건 법률조항들에 의해 인정되고 있는 외국비디오물 수입추천제도는 그 절차를 관철하는 수단으로서 형사처벌규정 및 강제수거·폐기규정을 수반하고 있으므로, 심사절차를 관철할 수 있는 강제수단이라는 요소도 구비하고 있음이 명백하다.

(3) 소결론

위에서 본 바와 같이 이 사건 법률조항들이 규정하고 있는 외국비디오물 수입추천제도는, 외국비디오물의 수입·배포라는 의사표현행위전에 표현물을 행정기관의 성격을 가진 영상물등급위원회에 제출토록 하여 표현행위의 허용 여부를 행정기관의 결정에 좌우되게 하고, 이를 준수하지 않는 자들에 대하여 형사처벌 등의 강제조치를 규정하고 있는바, 허가를 받기 위한 표현물의 제출의무, 행정권이 주체가 된 사전심사절차, 허가를 받지 아니한 의사표현의 금지, 심사절차를 관철할 수 있는 강제수단이라는 요소를 모두 갖추고 있으므로, 우리나라 헌법이 절대적으로 금지하고 있는 사전검열에 해당한다.

헌결 2006. 10. 26. 2005헌가14 [음반·비디오물및게임물에관한법률 제35조 제1항 등 위헌제청]

[1] 음반 및 비디오물도 의사형성적 작용을 하는 한 의사의 표현·전파의 형식의 하나로 인정되며, 이러한 작용을 하는 음반 및 비디오물의 제작은 언론·출판의 자유에 의해서도 보호된다. 외국음반의 국내제작도 의사형성적 작용이라는 관점에서 당연히 의사의 표현·전파형식의 하나에 해당한다고 할 수 있으므로 역시 언론·출판의 자유의 보호범위 내에 있다.
  [외국음반의 국내제작이 언론·출판의 자유의 보호범위에 속하는 것인지 여부(적극)]

[2] 헌법 제21조 제1항과 제2항은 모든 국민은 언론·출판의 자유를 가지며, 언론·출판에 대한

허가나 검열은 인정되지 아니한다고 규정하고 있다. 여기서의 검열은 행정권이 주체가 되어 사상이나 의견 등이 발표되기 이전에 예방적 조치로서 그 내용을 심사, 선별하여 발표를 사전에 억제하는, 즉 허가받지 아니한 것의 발표를 금지하는 제도를 뜻한다. 그러나 검열금지의 원칙은 모든 형태의 사전적인 규제를 금지하는 것이 아니고, 단지 의사표현의 발표 여부가 오로지 행정권의 허가에 달려있는 사전심사만을 금지하는 것을 뜻한다. 그러므로 검열은 일반적으로 허가를 받기 위한 표현물의 제출의무, 행정권이 주체가 된 사전심사절차, 허가를 받지 아니한 의사표현의 금지 및 심사절차를 관철할 수 있는 강제수단 등의 요건을 갖춘 경우에만 이에 해당하는 것이다.

[3] 국가에 의하여 검열절차가 입법의 형태로 계획되고 의도된 이상, 비록 검열기관을 민간인들로 구성하고 그 지위의 독립성을 보장한다고 해서 그 기관 또는 그 기관에 의한 행위가 형식적 또는 실질적으로 완전한 민간자율기관이 되는 것은 아닌바, 음비게법상의 영상물등급위원회의 경우 그 설립 및 구성이 국가 입법절차로 완성되고, 영상물·음반 등에 대한 등급심의, 외국음반의 수입추천 및 국내제작추천이라는 행정적 특권이 부여되고 있으며, 그 기관의 결정에 따라 형사적 처벌이라는 국가의 가장 강력한 강제수단의 부과 여부가 결정되므로, 단지 그 기관구성원이 민간인이라는 점만으로 영상물등급위원회의 행정기관성을 부인하기 어렵다.

[4] 음비게법(2001. 5. 24. 법률 제6473호로 전문 개정된 것) 제35조 제1항 중 외국음반의 국내제작에 관한 부분 및 제50조 제6호 중 외국음반의 국내제작에 관한 부분(이하 '이 사건 법률조항들'이라 한다)이 규정하고 있는 외국음반 국내제작 추천제도는 외국음반의 국내제작이라는 의사표현행위 이전에 그 표현물을 행정기관의 성격을 가진 영상물등급위원회에 제출토록 하여 당해 표현행위의 허용 여부가 행정기관의 결정에 좌우되도록 하고 있으며, 더 나아가 이를 준수하지 않는 자들에 대하여 형사처벌 등 강제수단까지 규정하고 있는바, 허가를 받기 위한 표현물의 제출의무, 행정권이 주체가 된 사전심사절차, 허가를 받지 아니한 의사표현의 금지, 심사절차를 관철할 수 있는 강제수단의 존재라는 제 요소를 모두 갖추고 있으므로, 이 사건 법률조항들은 우리 헌법 제21조 제2항이 절대적으로 금지하고 있는 사전검열에 해당하여 헌법에 위반된다. [영상물등급위원회에 의한 외국음반 국내제작 추천제도가 사전검열에 해당하여 위헌인지 여부(적극)]

[심판대상조문]

음반·비디오물및게임물에관한법률 제35조(음반수입 등의 추천) ① 외국에서 제작된 음반(음반의 원판을 포함한다. 이하 "외국음반"이라 한다)을 영리의 목적으로 수입하거나 외국음반을 국내에서 제작하고자 하는 자는 대통령령이 정하는 경우를 제외하고는 위원회의 추천을 받아야 한다. 제50조 (벌칙) 다음 각 호의 1에 해당하는 자는 2년 이하의 징역 또는 2천만 원 이하의 벌금에 처한다. 6. 제35조 제1항의 규정에 의한 추천을 받지 아니하고 외국음반을 영리의 목적으로 수입 또는 국내제작하거나 부정한 방법으로 추천을 받은 자

[주 문]

음반·비디오물및게임물에관한법률(2001. 5. 24. 법률 제6473호로 전문 개정된 것) 제35조 제1항 중 외국음반의 국내제작에 관한 부분, 제50조 제6호 중 외국음반의 국내제작에 관한 부분은 헌법에 위반된다.

헌결 2007. 10. 4. 2004헌바36 [구 음반·비디오물 및 게임물에 관한 법률 제18조 제5항 위헌소원]

[1] 사전검열금지의 원칙은 모든 형태의 사전적인 규제를 금지하는 것은 아니고, 의사표현의 발표 여부가 오로지 행정권의 허가에 달려있는 사전심사만을 금지하는 것으로, 일반적으로 허가를 받기 위한 표현물의 제출의무, 행정권이 주체가 된 사전심사절차, 허가를 받지 아니한 의사표현의 금지 및 심사절차를 관철할 수 있는 강제수단 등의 요건을 갖춘 경우에만 이에 해당한다.

[2] 비디오물 등급분류는 의사 표현물의 공개 내지 유통을 허가할 것인가 말 것인가를 영상물 등급위원회가 사전적으로 결정하는 절차가 아니라 그 발표나 유통으로 인한 실정법 위반 사태를 미연에 방지하고, 비디오물 유통으로 인해 청소년이 받게 될 악영향을 미리 차단하고자 공개나 유통에 앞서 이용 연령을 분류하는 절차에 불과하다. 비디오물의 경우 청소년들이 이용할 수 없는 등급을 부여받게 되면 등급부여 당시의 시점에서는 이용 연령 제한으로 인해 그 연령에 해당하는 자들에게는 그에 대한 접근이 차단되지만, 시간이 경과하여 이용 가능한 연령이 되면, 이에 대한 접근이나 이용이 자유로워진다. 이러한 점에서 등급분류는 표현물의 공개나 유통 자체를 사전적으로 금지하여 시간이 경과하여도 이에 대한 접근이나 이용을 불가능하게 하는 사전검열과 다르다. 그러므로 이 사건 규정이 등급심사를 받지 아니한 비디오물의 유통을 금지하고 있더라도 이것은 사전검열에 해당하지 않는다.

[3] 비디오물 등급분류제도는 등급분류를 받지 아니한 비디오물의 유통을 금지하여 비디오물의 등급분류제도를 정착시킴으로써 청소년들의 건전한 성장을 도모하기 위한 것으로 비디오물은 그 속성상 일단 보급된 뒤에는 효율적으로 이를 규제할 방법이 없다고 할 것이므로 불법 비디오물이 청소년들에게 미치는 악영향을 차단하기 위해서는 비디오물이 유통에 이르기 전에 사전적으로 이를 규율하는 수밖에 없다. 한편, 등급분류를 받지 않고 지나치게 선정적이거나 폭력적인 비디오물이 유통됨으로써 청소년들이 입게 되는 악영향에 비추어 보면, 비디오물 유통업자들이 입게 되는 불이익은 수용할 수 없을 정도의 과도한 제한이라

고 볼 수 없다. 그러므로 이 사건 규정은 과잉금지원칙에 위반되지 않는다.

[심판대상조문]

구 음반·비디오물 및 게임물에 관한 법률 제18조(등급분류) ⑤ 누구든지 제1항의 규정에 의하여 등급분류를 받지 아니하거나 등급분류를 받은 비디오물 또는 게임물과 다른 내용의 비디오물 또는 게임물을 제작·유통·시청제공 또는 오락제공하여서는 아니되며, 제2항 제3호에 해당하는 비디오물 및 게임물은 연소자에게 유통·시청제공 또는 오락제공을 하여서는 아니된다.

[주 문]

구 '음반·비디오물 및 게임물에 관한 법률'(1999. 2. 8. 법률 제5925호로 제정되고, 2001. 5. 24. 법률 제6473호로 전부 개정되기 전의 것) 제18조 제5항 중 '등급분류를 받지 아니한 비디오물의 유통금지 부분에서 등급보류 부분을 제외한 부분'은 헌법에 위반되지 아니한다.

위헌법률제청신청

사　　　건　　　서울중앙지방법원 2010고단4965 게임문화진흥법위반
피 고 인　　　김판매
신 청 인　　　피고인

신 청 취 지

"게임문화진흥법 제21조 제1항, 제45조 제2호, 제31조 제1항, 제46조 제2호의 위헌 여부의 심판을
헌법재판소에 제청한다."
라는 결정을 구합니다.

신 청 이 유

Ⅰ. 쟁점 정리
　　생략

Ⅱ. 적법요건의 구비 여부 / 재판의 전제성
　　생략

Ⅲ. 위 법률조항의 위헌 이유
　　1. 표현의 자유 보호 영역
　　　가. 표현의 자유 의의
　　　나. 게임물과 표현의 자유
　　　다. 수입유통과 표현의 자유

　　2. 검열금지의 원칙 위반 여부
　　　가. 검열금지의 원칙 의미
　　　－ 헌법 제21조 제2항
　　　나. 검열 요건
　　　다. 검열 해당 여부
　　　　1) 일반적으로 허가를 받기 위한 표현물 제출의무의 존재

2) 행정권이 주체가 된 사전 심사절차의 존재

3) 허가를 받지 아니한 의사표현의 금지

4) 심사절차를 관철할 수 있는 강제수단의 존재

라. 소결론

3. 과잉금지의 원칙 위반 여부

가. 침해되는 기본권

표현의 자유(헌법 제21조 제1항), 직업의 자유 또는 영업의 자유(제15조)

나. 과잉금지의 원칙

1) 목적의 적당성:

2) 수단의 적정성:

3) 침해의 최소성:

4) 법익의 균형성:

다. 소결론

Ⅳ. 결론

생략

2011.   1.   4 .

신청인의 변호인 변호사 이권리

서울중앙지방법원 형사 제15단독   귀중

제6회 변호사시험/
취소소송의 병합 +
위헌법률제청신청

> 제1강
취소소송의 병합

【문제[1] 1】

1. 의뢰인 박갑동을 위하여 법무법인 동해의 담당변호사 입장에서 취소소송의 소장을 첨부된 양식에 따라 아래 사항을 준수하여 작성하시오. (50점)

　가. 첨부된 소장 양식의 ①부터 ⑧까지의 부분에 들어갈 내용만 기재할 것.

　나. 소장 양식의 "2. 이 사건 소의 적법성"부분(④)에서는 <u>대상적격 및 제소기간만을</u> 기재할 것.

　다. 소장 양식의 "3. 이 사건 처분의 위법성"부분(⑤)에서는 기존 판례 및 학설의 입장에 비추어 설득력 있는 주장을 중심으로 작성하되, <u>근거 법령의 위헌·위법성에 관하여는 기재하지 말 것.</u>

　라. 소장의 작성일(제출일과 동일함. ⑦)은 다툴 수 있는 처분 <u>모두에 대하여 허용되는 제소기간 내 최종일</u>을 기재할 것.

■ 작성요령

행정소장 작성 시 '학교환경위생정화구역내 금지행위 및 시설해제결정'은 '금지해제결정'으로, '학교환경위생정화구역내 금지행위 및 시설해제결정 취소처분'은 '금지해제결정 취소처분'으로, '속초교육지원청 공무원휴양시설 건립기금'은 '건립기금'으로 약칭할 수 있음.

---

1 2017. 1. 법무부에서 실시한 제6회 변호사시험 문제를 사용하였는데, 교육과 학습 목적을 위해 일부 수정, 삭제하였다.

소 장

원　고　　　(생략)
피　고　　　①
　② 청구의 소

청구취지

③

청구원인

1. 이 사건 처분의 경위 (생략)
2. 이 사건 소의 적법성　④
3. 이 사건 처분의 위법성　⑤
4. 결론　⑥

입증방법(생략)

첨부서류(　생략)

⑦　(작성일)

원고 소송대리인 (생략)

⑧ 귀중

참고법령 「학교보건법」 (발췌)

제1조(목적) 이 법은 학교의 보건관리와 환경위생 정화에 필요한 사항을 규정하여 학생과 교직원의 건강을 보호·증진함을 목적으로 한다.

제2조(정의) 이 법에서 사용하는 용어의 뜻은 다음과 같다.

1. (생략)
2. "학교"란 「유아교육법」 제2조 제2호, 「초·중등교육법」 제2조 및 「고등교육법」 제2조에 따른 각 학교를 말한다.
3. (생략)

제5조(학교환경위생 정화구역의 설정) ① 학교의 보건·위생 및 학습 환경을 보호하기 위하여 교육감은 대통령령으로 정하는 바에 따라 학교환경위생 정화구역을 설정·고시하여야 한다. 이 경우 학교환경위생 정화구역은 학교 경계선이나 학교설립예정지 경계선으로부터 200미터를 넘을 수 없다.

② ~ ④ (생략)

⑤ 제1항에 따른 교육감의 권한은 대통령령으로 정하는 바에 따라 교육장에게 위임할 수 있다.

제6조(학교환경위생 정화구역에서의 금지행위 등) ① 누구든지 학교환경위생 정화구역에서는 다음 각 호의 어느 하나에 해당하는 행위 및 시설을 하여서는 아니 된다. 다만, 대통령령으로 정하는 구역에서는 제2호, 제3호, 제6호, 제10호, 제12호부터 제18호까지와 제20호에 규정된 행위 및 시설 중 교육감이나 교육감이 위임한 자가 학교환경위생정화위원회의 심의를 거쳐 학습과 학교보건위생에 나쁜 영향을 주지 아니한다고 인정하는 행위 및 시설은 제외한다.

1. 「대기환경보전법」, 「악취방지법」 및 「수질 및 수생태계 보전에 관한 법률」에 따른 배출허용기준 또는 「소음·진동관리법」에 따른 규제기준을 초과하여 학습과 학교보건위생에 지장을 주는 행위 및 시설
2. 총포화약류(銃砲火藥類)의 제조장 및 저장소, 고압가스·천연가스·액화석유가스 제조소 및 저장소
3. 삭제
4. 「영화 및 비디오물의 진흥에 관한 법률」 제2조 제11호의 제한상영관
5. 도축장, 화장장 또는 납골시설
6. 폐기물수집장소
7. 폐기물처리시설, 폐수종말처리시설, 축산폐수배출시설, 축산폐수처리시설 및 분뇨처리시설

8. 가축의 사체처리장 및

9. 감염병원, 감염병격리병사, 격리소

10. 감염병요양소, 진료소

11. 가축시장

12. 주로 주류를 판매하면서 손님이 노래를 부르는 행위가 허용되는 영업과 위와 같은 행위 외에 유흥종사자를 두거나 유흥시설을 설치할 수 있고 손님이 춤을 추는 행위가 허용되는 영업

13. 호텔, 여관, 여인숙

14. 당구장(「유아교육법」제2조 제2호에 따른 유치원 및 「고등교육법」제2조 각 호에 따른 학교의 학교환경위생 정화구역은 제외한다)

15. 사행행위장·경마장·경륜장 및 경정장(각 시설의 장외발매소를 포함한다)

16. 「게임산업진흥에 관한 법률」제2조 제6호에 따른 게임제공업 및 같은 조 제7호에 따른 인터넷컴퓨터게임시설제공업(「유아교육법」제2조 제2호에 따른 유치원 및 「고등교육법」제2조 각 호에 따른 학교의 학교환경위생 정화구역은 제외한다)

17. 「게임산업진흥에 관한 법률」제2조 제6호 다목에 따라 제공되는 게임물 시설(「고등교육법」제2조 각 호에 따른 학교의 학교환경위생 정화구역은 제외한다)

18. 「게임산업진흥에 관한 법률」제2조 제8호에 따른 복합유통게임제공업

19. 「청소년 보호법」제2조 제5호 가목7)에 해당하는 업소와 같은 호 가목8) 또는 9) 및 같은 호 나목7)에 따라 여성가족부장관이 고시한 영업에 해당하는 업소

20. 그 밖에 제1호부터 제19호까지의 규정과 유사한 행위 및 시설과 미풍양속을 해치는 행위 및 시설로서 대통령령으로 정하는 행위 및 시설

② 제1항의 학교환경위생 정화위원회의 조직, 기능 및 운영에 관한 사항은 대통령령으로 정한다.

③ 특별시장·광역시장·특별자치시장·도지사·특별자치도지사 및 시장·군수·구청장(자치구의 구청장을 말한다. 이하 같다) 또는 관계 행정기관의 장은 제1항에 따른 행위와 시설을 방지하기 위하여 공사의 중지·제한, 영업의 정지, 허가(인가·등록·신고를 포함한다)의 거부·취소 등의 조치를 하여야 하며, 필요하면 시설 철거를 명할 수 있다.

「학교보건법 시행령」 (발췌)

제1조(목적) 이 영은 「학교보건법」에서 위임된 사항과 그 시행에 필요한 사항을 규정함을 목적으로 한다.

제3조(학교환경위생 정화구역) ① 법 제5조 제1항에 따라 시·도의 교육감(이하 "교육감"이라 한다)

이 학교환경위생 정화구역(이하 "정화구역"이라 한다)을 설정할 때에는 절대정화구역과 상대정화구역으로 구분하여 설정하되, 절대정화구역은 학교출입문(학교설립예정지의 경우에는 설립될 학교의 출입문 설치 예정 위치를 말한다)으로부터 직선거리로 50미터까지인 지역으로 하고, 상대정화구역은 학교경계선 또는 학교설립예정지경계선으로부터 직선거리로 200미터까지인 지역 중 절대정화구역을 제외한 지역으로 한다.

② ~ ③ (생략)

제5조(제한이 완화되는 구역) 법 제6조 제1항 각 호 외의 부분 단서에서 "대통령령으로 정하는 구역"이란 제3조 제1항에 따른 상대정화구역(법 제6조 제1항 제14호에 따른 당구장 시설을 하는 경우에는 절대정화구역을 포함한 정화구역 전체)을 말한다.

제7조(학교환경위생정화위원회의 설치·운영) ① 학교환경위생정화업무에 관한 사항을 심의하기 위하여 교육감이나 교육감이 위임한 사람의 소속으로 학교환경위생정화위원회(이하 "정화위원회"라 한다)를 둔다.

② 정화위원회는 위원장과 부위원장 각 1명을 포함한 13명 이상 17명 이내의 위원으로 구성한다.

③ 위원장과 부위원장은 위원 중에서 호선하며, 위원장은 회의에 관한 사무를 총괄하고 정화위원회를 대표한다.

④ 위원장은 정화위원회의 회의를 소집하고, 그 의장이 된다.

⑤ 위원은 해당 교육감 또는 교육감이 위임한 자가 소속 직원, 관련기관의 공무원, 학부모 또는 지역사회의 관련 전문가 중에서 학식과 경험이 있는 사람을 임명하거나 위촉하되, 학교운영위원회 위원인 학부모가 위원 총수의 2분의 1 이상이 되어야 한다.

⑥ 정화위원회는 재적위원 과반수의 출석으로 개의하고, 출석위원 3분의 2 이상의 찬성으로 의결한다.

⑦ 위원장은 회의에 부치는 안건과 관련된 학교의 장을 정화위원회에 출석하게 하여 그 의견을 들을 수 있다.

⑧ ~ ⑩ (생략)

제32조(권한의 위임) ① 법 제5조 제1항에 따른 교육감의 정화구역 설정권한은 법 제5조 제5항에 따라 교육장에게 위임한다.

② (생략)

┌───┐
│ 🔲   「관광진흥법」(발췌)   │
└───┘

제1조(목적) 이 법은 관광 여건을 조성하고 관광자원을 개발하며 관광사업을 육성하여 관광 진흥에 이바지하는 것을 목적으로 한다.

제3조(관광사업의 종류) ① 관광사업의 종류는 다음 각 호와 같다.
  1. (생략)
  2. 관광숙박업: 다음 각 목에서 규정하는 업
     가. 호텔업: 관광객의 숙박에 적합한 시설을 갖추어 이를 관광객에게 제공하거나 숙박에 딸리는 음식·운동·오락·휴양·공연 또는 연수에 적합한 시설 등을 함께 갖추어 이를 이용하게 하는 업
     나. 휴양 콘도미니엄업: (생략)
  3. ~ 7. (생략)
  ② 제1항 제1호부터 제4호까지, 제6호 및 제7호에 따른 관광사업은 대통령령으로 정하는 바에 따라 세분할 수 있다.

제4조(등록) ① 제3조 제1항 제1호부터 제4호까지의 규정에 따른 여행업, 관광숙박업, 관광객 이용 시설업 및 국제회의업을 경영하려는 자는 특별자치도지사·시장·군수·구청장(자치구의 구청장을 말한다. 이하 같다)에게 등록하여야 한다.
  ② 삭제
  ③ 제1항에 따른 등록을 하려는 자는 대통령령으로 정하는 자본금·시설 및 설비 등을 갖추어야 한다.
  ④ ~ ⑤ (생략)

제15조(사업계획의 승인) ① 관광숙박업을 경영하려는 자는 제4조 제1항에 따른 등록을 하기 전에 그 사업에 대한 사업계획을 작성하여 특별자치도지사·시장·군수·구청장의 승인을 받아야 한다. 승인을 받은 사업계획 중 부지, 대지 면적, 건축 연면적의 일정 규모 이상의 변경 등 대통령령으로 정하는 사항을 변경하려는 경우에도 또한 같다.
  ② ~ ③ (생략)

제1조(목적) 이 영은 「관광진흥법」에서 위임된 사항과 그 시행에 필요한 사항을 규정함을 목적으로 한다.

제2조(관광사업의 종류) ① 「관광진흥법」(이하 "법"이라 한다) 제3조 제2항에 따라 관광사업의 종류를 다음과 같이 세분한다.

1. (생략)
2. 호텔업의 종류
   가. 관광호텔업: 관광객의 숙박에 적합한 시설을 갖추어 관광객에게 이용하게 하고 숙박에 딸린 음식·운동·오락·휴양·공연 또는 연수에 적합한 시설 등(이하 "부대시설"이라 한다)을 함께 갖추어 관광객에게 이용하게 하는 업(業)
   나. ~ 바. (생략)
   사. 의료관광호텔업: 의료관광객의 숙박에 적합한 시설 및 취사도구를 갖추거나 숙박에 딸린 음식·운동 또는 휴양에 적합한 시설을 함께 갖추어 주로 외국인 관광객에게 이용하게 하는 업
3. ~ 6. (생략)
   ② (생략)

제5조(등록기준) 법 제4조 제3항에 따른 관광사업의 등록기준은 별표 1과 같다.

[별표 1]

[관광사업의 등록기준(제5조 관련)]

1. (생략)
2. 호텔업
   가. ~ 바. (생략)
   사. 의료관광호텔업
      (1) (생략)
      (2) 욕실이나 샤워시설을 갖춘 객실이 20실 이상일 것
      (3) 객실별 면적이 19제곱미터 이상일 것
      (4) 「학교보건법」 제6조 제1항 제12호, 제15호, 제19호에 따른 영업이 이루어지 시설을 부대시설로 두지 아니할 것

(5) 의료관광객의 출입이 편리한 체계를 갖추고 있을 것

(6) 외국어 구사인력 고용 등 외국인에게 서비스를 제공할 수 있는 체계를 갖추고 있을 것

(7) (생략)

(8) 대지 및 건물의 소유권 또는 소유권을 확보하고 있을 것

(9) (생략)

수임번호 2016-111		법률상담일지		2016. 9. 19.
의 뢰 인	박갑동		의뢰인 전화	010-9988-2388(휴대전화)
의 뢰 인 주 소	속초시 영랑로2길 1, 3동 701호(영랑동, 대관령 아파트)		의뢰인 E-mail	pgd65@***.com
상 담 내 용				

1. 의뢰인 박갑동은 희귀병 치료를 전문으로 하는 의사로서 강원도 속초시 영랑동에서 병원을 운영하고 있는데, 위 병원 인근에 대지를 소유하고 있다. 그 대지는 「학교보건법」에 따라 설정·고시된 학교환경위생정화구역 내에 위치하고 있다.

2. 의뢰인은 위 대지에 의료관광호텔인 외설악의료관광호텔을 신축하기 위하여 「관광진흥법」 제15조에 따른 사업계획승인을 받은 후, 필요한 서류를 첨부하여 관할 행정청에 학교환경위생정화구역내 금지행위 및 시설해제신청을 하였다. 관할 행정청은 2016. 7. 1. 학교환경위생정화위원회의 심의를 거쳐, 2016. 7. 4. 의뢰인에게 건립기금 납부 조건이 부가된 학교환경위생정화구역내 금지행위 및 시설해제결정(이하 '금지해제결정')을 하였다.

3. 의뢰인이 2016. 8. 3.까지 건립기금을 납부하지 않자, 관할 행정청은 학교환경위생정화위원회의 심의를 거쳐, 2016. 8. 17. 위 금지해제결정을 취소하였다. 관할 행정청은 금지해제결정을 취소함에 있어 의뢰인에게 의견을 제출할 수 있다는 뜻과 의견을 제출하지 아니한 경우의 처리방법 등을 미리 알리지 아니하였다.

4. 의뢰인은 금지해제결정을 받자 은행으로부터 막대한 자금을 대출받아 의료관광호텔 신축을 위한 공사에 착수하였다. 그런데 호텔사업부지 위에 터파기 공사가 상당 부분 진척된 단계에서 금지해제결정이 취소되어 현재는 공사의 진행이 중단된 상태이다. 이로 인하여 의뢰인은 상당한 재정적 어려움을 겪고 있다.

5. 한편, 의뢰인은 건립기금 조건 부가와 관련된 문제점을 파악하기 위하여 속초시 학교환경위생정화위원회의 회의록(2016. 7. 1.자)을 공개해 줄 것을 관할 행정청에 청구하였으나, 관할 행정청은 2016. 9. 5. 비공개결정을 하였다.

6. 의뢰인의 희망사항

  의뢰인은 취소소송을 통하여 건립기금을 납부하지 않으면서 의료관광호텔사업을 계속 추진
할 수 있기를 희망하고, 아울러 속초시 학교환경위생정화위원회의 회의록 정보에 대한 비공
개결정을 다투기를 희망함

법무법인 동해(담당변호사 나근면)

전화 033-777-****, 팩스 033-777-****

속초시 중앙대로 50 법조빌딩 3층

법무법인 동해 내부회의록

일 시: 2016. 9. 22. 21:00 ～ 23:00
장 소: 법무법인 동해 회의실
참석자: 김삼수 변호사(송무팀장), 나근면 변호사

김 변호사: 지금부터 수임번호 2016－111호 의뢰인 박갑동 씨 사건에 관하여 승소전략을 강구하고자 합니다. 검토결과를 보고해주시기 바랍니다.

나 변호사: 말씀드리겠습니다. 우선 의뢰인이 의료관광호텔사업을 계속 추진하려면 취소소송을 통하여 금지해제결정 취소처분의 효력을 소멸시키는 것이 중요합니다.

김 변호사: 더 자세히 논의해 봅시다. 외설악의료관광호텔이 건축되면 인근 학교 학생들의 학습 환경에 나쁜 영향이 있는가요?

나 변호사: 해당시설은 의료관광호텔이고 내부에 유흥시설이 들어설 수 없어서, 영랑중학교의 면학 분위기를 훼손하지 않으며 학생들의 학습 환경에 나쁜 영향을 미치지 않습니다. 의뢰인이 건립기금을 납부하지 않았기 때문에 금지해제결정을 취소한 것으로 생각됩니다.

김 변호사: 의뢰인이 관할 행정청에 미리 의견을 개진할 기회가 없었나요?

나 변호사: 의뢰인은 금지해제결정 취소처분에 대하여 미리 의견을 제출할 수 있는 기회를 제공받지 못하였습니다. 다만, 의뢰인은 2016. 8. 16. 담당공무원과의 전화 통화에서 "건립기금을 납부하지 않았으니 금지해제결정이 곧 취소될 수 있다."라는 말을 듣고 즉시 관할 행정청에 청문을 실시해 달라는 신청서를 제출하였으나, 관할 행정청은 「학교보건법」에 청문에 관한 규정이 없다는 이유로 받아들이지 않았습니다.

김 변호사: 의뢰인은 왜 건립기금을 납부하지 않은 것인가요?

나 변호사: 의뢰인은 관할 행정청이 법령에 근거도 없이 건립기금 납부 조건을 일방적으로 부가

하는 것은 위법하다고 생각하여 이를 다투는 소송을 제기하려던 차에 금지해제결정 취소처분을 받은 것입니다.

김 변호사: 그렇군요. 그런데 금지해제결정 취소처분으로 금지해제결정과 그에 부가된 조건도 함께 소멸되기 때문에 그 부분을 더 이상 소송으로 다룰 수 없게 되는 것이 아닌가요?

나 변호사: 금지해제결정 취소처분에 대하여 오늘 관할 행정심판위원회로부터 집행정지결정을 받았으니 염려하지 않으셔도 됩니다.

김 변호사: 다행이군요. 금지해제결정에 부가된 조건에 문제가 있다는 이유로 그 결정 전체를 다투게 되면 오히려 의뢰인에게 불리하게 되는 점을 고려하기 바랍니다. 정보공개와 관련하여서는 의견이 없나요?

나 변호사: 정보 비공개결정의 경우, 일부패소의 위험을 감안하여 반드시 필요한 부분만 다투는 것이 좋겠습니다.

김 변호사: 좋습니다. 각 처분에 대하여 제소기간이 도과하지 않도록 주의바랍니다. 이상으로 회의를 마치겠습니다.   끝.

소송위임장

사 건	(생략)
원 고	박갑동
피 고	(생략)

위 사건에 관하여 다음 표시 수임인을 소송대리인으로 선임하고, 다음 표시에서 정한 권한을 수여합니다.

수임인	법무법인 동해 속초시 중앙대로 50 법조빌딩 3층 전화 033−777−**** 팩스 033−777−****
수권사항	1. 일체의 소송행위 1. 반소의 제기 및 응소, 상소의 제기, 동 취하 1. 소의 취하, 화해, 청구의 포기 및 인낙, 참가에 의한 탈퇴 1. 강제집행신청, 대체집행신청, 가처분, 가압류 등 보전처분과 관련한 모든 소송 행위 1. (생략)

2016. 9. 19.

위임인	박갑동 (인)
(생략) 귀중	

담 당 변 호 사 지 정 서

사 건	(생략)
원 고	박갑동
피 고	(생략)

위 사건에 관하여 법무법인 동해는 원고의 소송대리인으로서 변호사법 제50조 제1항에 의하여 그 업무를 담당할 변호사를 다음과 같이 지정합니다.

담당변호사	변호사 나 근 면

2019.   9.   19.

법무법인   동해
대표변호사 김 영 현

속초시 중앙대로 50 법조빌딩 3층
전화 033-777-****   팩스 033-777-****

(생략)   귀중

강원도 속초교육지원청

수 신   박갑동

제 목   학교환경위생정화구역내 금지행위 및 시설해제신청에 대한 회신

---

1. 귀하의 2016. 6. 20.자 학교환경위생정화구역내 금지행위 및 시설해제신청 관련입니다.

2. 우리 청은 속초시 영랑로2길 3 외설악의료관광호텔에 대한 학교환경위생정화구역내 금지행위 및 시설해제신청에 대하여, 「학교보건법」 제5조 제1항, 제6조 제1항 제13호 등의 규정에 의하여 속초시 학교환경위생정화위원회 심의를 거쳐 붙임과 같이 회신합니다.

붙임: 학교환경위생정화구역내 금지행위 및 시설해제신청 결과통보서 1부. 끝.

강 원 도 속 초 교 육 지 원 청

교 육 장

강원도속초
교육지원청
교육장인

기안자 주무관 김소이   검토자 사무관 박권   전결 운영관리과장 조상숙

시행   운영관리과-20161178(2016.7.4.)   공개 구분   (생략)

주소   (생략)   전화번호   (생략)

학교환경위생정화구역내 금지행위 및 시설해제신청 결과통보서

<table>
<tr><td rowspan="3">예정행위
및 시설</td><td>업 종　의료관광호텔업</td><td colspan="2">명칭(상호)　외설악의료관광호텔</td></tr>
<tr><td colspan="3">소재지　속초시 영랑로2길 3</td></tr>
<tr><td colspan="2">위 치　속초시 영랑로2길 3</td><td>면적(㎡)　　7,500</td></tr>
<tr><td rowspan="3">학교환경
위생정화
구역해당
학교 및
거리</td><td>학교명</td><td>영랑중학교</td><td></td></tr>
<tr><td>출입문(M)</td><td>120</td><td></td></tr>
<tr><td>경계선(M)</td><td>120</td><td></td></tr>
<tr><td rowspan="2">신청인</td><td colspan="2">성 명　박갑동</td><td>생년월일　1965. **. **.</td></tr>
<tr><td colspan="2">주 소　속초시 영랑로2길 1, 3동 701호</td><td>전화번호　010-9988-2388</td></tr>
<tr><td rowspan="3">결과 및
해제조건</td><td rowspan="2">결　　과</td><td colspan="2">해재[✓], 　금지[ ]</td></tr>
<tr><td colspan="2">[근거] 예정행위 및 시설은 영랑중학교에 재학 중인 청소
년기 학생들의 학습과 학교보건위생에 나쁜 영향을 주
지 아니한다고 판단됨</td></tr>
<tr><td>해제조건</td><td colspan="2">**신청인은 2016. 8. 3.까지 강원도 속초교육위원회에 속초교
육지원청공무원휴양시설 건립기금 10억 원을 납부할 것**</td></tr>
</table>

신청결과에 이의가 있는 경우에는 「행정심판법」 제27조 및 「행정소송법」 제20조에 따라 처분이 있음을 안 날로부터 90일 이내에 행정심판 또는 행정소송을 청구할 수 있음을 알려드립니다.

2016년 7월 4일

강원도 속초교육지원청 교육장 (인)
　　　　　　　　　　　　　　　　　　　강원도속초
　　　　　　　　　　　　　　　　　　　교육지원청
　　　　　　　　　　　　　　　　　　　교육장인

우편송달보고서

증서 2016년   제402호   2016년   7월   4일   발송

송달서류	학교환경위생정화구역내 금지행위 및 시설해제신청에 대한 회신 1부
발송자	강원도 속초교육지원청 교육장
송달받을 자	박갑동 귀하

　속초시 영랑로2길 1, 3동 701호(영랑동, 대관령아파트)

영수인	**박갑동** (서명)
영수인	서명날인 불능

①	송달받을 자 본인에게 교부하였다.

2	송달받을 자가 부재 중이므로 사리를 잘 아는 다음 사람에게 교부하였다.
	사무원
	피용자
	동거자

3	다음 사람이 정당한 사유 없이 송달받기를 거부하므로, 그 장소에 서류를 두었다.
	송달받을 자
	사무원
	피용자
	동거자

송달연월일	2016. 7. 5. 10시 50분
송달장소	속초시 영랑로2길 1, 3동 701호 (영랑동, 대관령아파트)

위와 같이 송달하였다.

2016.   7.   7.

우체국 집배원   고배달

강원도 속초교육지원청

수 신   박갑동

제 목   학교환경위생정화구역내 금지해제결정 취소처분 통보

---

1. 우리 청은 귀하가 신청한 학교환경위생정화구역내 금지행위 및 시설해제신청에 대하여 2016. 7. 4. 금지해제결정을 한 바 있습니다[관련공문: 운영관리과—20161178(2016. 7. 4.) 참조].

2. 우리 청은 속초시 학교환경위생정화위원회의 심의를 거쳐 다음의 사유로, 위 금지해제결정을 취소합니다.

     가. 예정시설인 외설악의료관광호텔이 설치될 경우 관광객 증가로 인하여 교통량 및 유동 인구가 증가하고 공사로 인한 소음·먼지가 발생하게 되며 관련 유흥시설의 증가로 영랑중학교의 면학분위기를 해치는 등 청소년기 학생들의 학습과 학교보건위생에 나쁜 영향을 주는 것으로 판단된다.

     나. 금지해제결정을 받은 박갑동은 2016. 8. 3.까지 우리 청에 속초교육지원청 공무원휴양시설 건립기금 10억 원을 납부하지 않았다.

     (근거법령) 「학교보건법」 제6조 제1항 제13호 등

3. 우리 청의 처분에 이의가 있는 경우에는 「행정심판법」 제27조 및 「행정소송법」 제20조에 따라 처분이 있음을 안 날로부터 90일 이내에 행정심판 또는 행정소송을 청구할 수 있음을 알려드립니다.

강 원 도 속 초 교 육 지 원 청

교 육 장

[강원도속초 교육지원청 교육장인]

기안자   주무관 김소이   검토자   사무관 박권   전결   운영관리과장 조상숙

시행   운영관리과—20161234(2016.8.17.)   공개 구분   (생략)

주소   (생략)   전화번호   (생략)

우편송달보고서

증서 2016년 제452호 2016년 8월 17일 발송

송달서류 학교환경위생정화구역내 금지해제결정 취소처분 통보 1부
발송자 강원도 속초교육지원청 교육장
송달받을 자 박갑동 귀하
속초시 영랑로2길 1, 3동 701호(영랑동, 대관령아파트)

영수인	**박갑동** (서명)

영수인	서명날인 불능

①	송달받을 자 본인에게 교부하였다.		
2	송달받을 자가 부재 중이므로 사리를 잘 아는 다음 사람에게 교부하였다.		
	사무원		
	피용자		
	동거자		
3	다음 사람이 정당한 사유 없이 송달받기를 거부하므로, 그 장소에 서류를 두었다.		
	송달받을 자		
	사무원		
	피용자		
	동거자		

송달연월일	2016. 8. 19. 11시 50분

송달장소	속초시 영랑로2길 1, 3동 701호 (영랑동, 대관령아파트)

위와 같이 송달하였다.

2016. 8. 22.

우체국 집배원 고배달

강원도 속초교육지원청

수 신 　　박갑동

제 목 　　([ ]공개 [ ]부분 공개 [✓]비공개) 결정 통지서

접수번호	(생략)	접수일	2016. 8. 29.

청구 내용	2016. 7. 1.자 속초시 학교환경위생정화위원회 회의록 중 1) 회의록에 기재된 발언내용 2) 회의록에 기재된 발언내용에 대한 해당 발언자의 인적사항
비공개(전부) 내용 및 사유	1. 청구대상 회의록에 기재된 발언내용 중 중요한 사항은 이미 언론과 인터넷 등을 통하여 공개되어 있어 쉽게 검색이 가능하므로 정보공개의 이익이 없음 2. 청구대상 회의록에 기재된 발언내용은 '의사결정과정에 있는 사항' 또는 이에 준하는 사항에 해당하고, 위 회의록에 기재된 발언내용에 대한 해당 발언자의 인적사항에 관한 정보는 '개인에 관한 사항으로서 공개될 경우 사생활의 비밀 또는 자유를 침해할 우려가 있다고 인정되는 정보'에 해당함 (근거법령)「공공기관의 정보공개에 관한 법률」제9조 제1항 제5호 및 제6호 등

1. 귀하의 정보공개 청구에 대한 결정내용을 「공공기간의 정보공개에 관한 법률」제13조 제1항 및 제4항에 따라 위와 같이 통지합니다.

2. 정보공개와 관련한 공공기관의 비공개 결정 또는 부분 공개 결정에 대하여 이의가 있는 경우에는 「공공기관의 정보공개에 관한 법률」제18조 및 같은 법 시행령 제18조에 따라 공공기관으로부터 공개 여부의 결정 통지를 받은 날로부터 30일 이내에 해당 기관에 문서로 이의신청을 하실 수 있습니다.

3. 정보공개와 관련한 공공기관의 결정에 대하여 불복하는 경우에는 처분이 있음을 안 날부터 90일 이내에 행정심판 또는 행정소송을 제기할 수 있습니다.

강 원 도 속 초 교 육 지 원 청
교 육 장

강원도속초
교육지원청
교육장인

기안자 　주무관 김소이 　　　　　　검토자 　사무관 박권 　　　　　　　전결 　운영관리과장 조상숙

시행 　　　운영관리과-20161345(2016.9.5.)

주소 　　　(생략) 　　　　　　　　　　　　　　　　　/ 홈페이지 주소 (생략)

전화번호 　(생략) 　　　　　　　　　　　　　　　　　/ 전자우편 주소 (생략)

우편송달보고서

증서 2016년   제502호   2016년   9월   6일   발송

송달서류	정보 비공개결정 통지서 1부
발송자	강원도 속초교육지원청 교육장
송달받을 자	박갑동 귀하

　속초시 영랑로2길 1, 3동 701호(영랑동, 대관령아파트)

영수인	**박갑동** (서명)

영수인 서명날인 불능

①	송달받을 자 본인에게 교부하였다.
2	송달받을 자가 부재 중이므로 사리를 잘 아는 다음 사람에게 교부하였다.
	사무원
	피용자
	동거자
3	다음 사람이 정당한 사유 없이 송달받기를 거부하므로, 그 장소에 서류를 두었다.
	송달받을 자
	사무원
	피용자
	동거자

송달연월일	2016. 9. 7. 09시 50분
송달장소	속초시 영랑로2길 1, 3동 701호 (영랑동, 대관령아파트)

위와 같이 송달하였다.

2019.   9.   12.

우체국 집배원   고배달

제1조(목적) 이 영은 관공서의 공휴일에 관한 사항을 규정함을 목적으로 한다.

제2조(공휴일) 관공서의 공휴일은 다음과 같다. 다만, 재외공관의 공휴일은 우리나라의 국경일 중 공휴일과 주재국의 공휴일로 한다.

1. 일요일
2. 국경일 중 3·1절, 광복절, 개천절 및 한글날
3. 1월 1일
4. 설날 전날, 설날, 설날 다음날 (음력 12월 말일, 1월 1일, 2일)
5. 삭제
6. 석가탄신일 (음력 4월 8일)
7. 5월 5일 (어린이날)
8. 6월 6일 (현충일)
9. 추석 전날, 추석, 추석 다음날 (음력 8월 14일, 15일, 16일)
10. 12월 25일 (기독탄신일)
10의2. 「공직선거법」 제34조에 따른 임기만료에 의한 선거의 선거일
11. 기타 정부에서 수시 지정하는 날

■ 2016년 1월 ~ 2017년 2월

2016년 1월

일	월	화	수	목	금	토
					1	2
3	4	5	6	7	8	9
10	11	12	13	14	15	16
17	18	19	20	21	22	23
24/31	25	26	27	28	29	30

2016년 2월

일	월	화	수	목	금	토
	1	2	3	4	5	6
7	8	9	10	11	12	13
14	15	16	17	18	19	20
21	22	23	24	25	26	27
28	29					

2016년 3월

일	월	화	수	목	금	토
		1	2	3	4	5
6	7	8	9	10	11	12
13	14	15	16	17	18	19
20	21	22	23	24	25	26
27	28	29	30	31		

2016년 4월

일	월	화	수	목	금	토
					1	2
3	4	5	6	7	8	9
10	11	12	13	14	15	16
17	18	19	20	21	22	23
24	25	26	27	28	29	30

2016년 5월

일	월	화	수	목	금	토
1	2	3	4	5	6	7
8	9	10	11	12	13	14
15	16	17	18	19	20	21
22	23	24	25	26	27	28
29	30	31				

2016년 6월

일	월	화	수	목	금	토
			1	2	3	4
5	6	7	8	9	10	11
12	13	14	15	16	17	18
19	20	21	22	23	24	25
26	27	28	29	30		

2016년 7월

일	월	화	수	목	금	토
					1	2
3	4	5	6	7	8	9
10	11	12	13	14	15	16
17	18	19	20	21	22	23
24/31	25	26	27	28	29	30

2016년 8월

일	월	화	수	목	금	토
	1	2	3	4	5	6
7	8	9	10	11	12	13
14	15	16	17	18	19	20
21	22	23	24	25	26	27
28	29	30	31			

2016년 9월

일	월	화	수	목	금	토
				1	2	3
4	5	6	7	8	9	10
11	12	13	14	15	16	17
18	19	20	21	22	23	24
25	26	27	28	29	30	

2016년 10월

일	월	화	수	목	금	토
						1
2	3	4	5	6	7	8
9	10	11	12	13	14	15
16	17	18	19	20	21	22
23/30	24/31	25	26	27	28	29

2016년 11월

일	월	화	수	목	금	토
		1	2	3	4	5
6	7	8	9	10	11	12
13	14	15	16	17	18	19
20	21	22	23	24	25	26
27	28	29	30			

2016년 12월

일	월	화	수	목	금	토
				1	2	3
4	5	6	7	8	9	10
11	12	13	14	15	16	17
18	19	20	21	22	23	24
25	26	27	28	29	30	31

2017년 1월

일	월	화	수	목	금	토
1	2	3	4	5	6	7
8	9	10	11	12	13	14
15	16	17	18	19	20	21
22	23	24	25	26	27	28
29	30	31				

2017년 2월

일	월	화	수	목	금	토
			1	2	3	4
5	6	7	8	9	10	11
12	13	14	15	16	17	18
19	20	21	22	23	24	25
26	27	28				

소장 초안

소송요건

1) 취소소송의 대상

가) 금지해제결정 중 건립기금부관(2016. 7. 4. 처분문서 ①)

> 해제조건: 신청인은 2016. 8. 3.까지 강원도 속초교육지원청에 속초교육지원청공무원휴양시설 건립기금 10억 원을 납부할 것.

> 부관(해제조건): 조건(부관부 행정행위) vs 부담(독립쟁송)

☞ 법무법인 동해 내부회의록: 금지해제결정에 부가된 조건에 문제가 있다는 이유로 결정 전체를 다투게 된다면 의뢰인에게 불이익함.

■ 부관이 조건인지 또는 부담인지 여부(부관의 해석)

> 대판 2013. 7. 12. 선고 2012두20571 [주택재개발정비사업시행인가일부취소]
> 행정청이 행한 행정행위의 의미를 해석함에 있어서는, 행정행위 또는 그 전제가 된 상대방 당사자의 신청행위 등의 문언 내용과 함께, 행정행위의 목적, 행정행위가 행하여진 경위, 당사자들의 이해관계 등을 종합적으로 참작하여야 한다.[2]

> 대판 2008. 11. 27. 선고 2007두24289 [변상금부과처분취소]
> 행정청이 도시환경정비사업 시행자에게 '무상양도되지 않는 구역 내 국유지를 착공신고 전까지 매입'하도록 한 부관을 붙여 사업시행인가를 하였으나 시행자가 국유지를 매수하지 않고 점용한 사안에서, 그 부관은 국유지에 관해 사업시행인가의 효력을 저지하는 조건이 아니라 작위의무를 부과하는 부담이므로, 사업시행인가를 받은 때에 국유지에 대해 국유재산법 제24조의 규정에 의한 사용·수익 허가를 받은 것이어서 같은 법 제51조에 따른 변상금 부과처분은 위법하다고 한 사례[3] 〈불이익처분의 내용이 불분명한 경우 처분의 상대방인 국민에게 유리하게 해석〉

---

2 대판 2003. 2. 14. 선고 2002두11172, 대판 2009. 10. 29. 선고 2008두9829 등 참조.

3 원심: 이 사건 부관은 이 사건 사업시행인가 효력발생의 정지조건이므로 그 부관이 당연무효이거나 위법함을 이유로 취소되지 아니하는 한 원고가 이 사건 국유토지를 매입하기 전까지는 이 사건 국유토지

■ 부담의 독립 쟁송 가능성

> 대판 1992. 1. 21. 선고 91누1264 [수토대금부과처분취소]
>
> 행정행위의 부관은 행정행위의 일반적인 효력이나 효과를 제한하기 위하여 의사표시의 주된 내용에 부가되는 종된 의사표시이지 그 자체로서 직접 법적 효과를 발생하는 독립된 처분이 아니므로 현행 행정쟁송제도 아래서는 부관 그 자체만을 독립된 쟁송의 대상으로 할 수 없는 것이 원칙이나,[4] 행정행위의 부관 중에서도 행정행위에 부수하여 그 행정행위의 상대방에게 일정한 의무를 부과하는 행정청의 의사표시인 부담의 경우에는 다른 부관과는 달리 행정행위의 불가분적인 요소가 아니고 그 존속이 본체인 행정행위의 존재를 전제로 하는 것일 뿐이므로 부담 그 자체로서 행정쟁송의 대상이 될 수 있다.[5]

나) 금지해제결정취소처분 (2016. 8. 17. 처분문서 ②)

  금지해제결정: 행정행위(허가)

  금지해제결정 취소처분: 철회

에 대해서는 이 사건 사업시행인가의 효력과 관리처분계획인가고시의 효력이 발생하지 아니하였다.

4 대판 1985. 6. 25. 선고 84누579 [부동산소유권국가귀속처분무효확인] 행정행위의 부관은 독립하여 행정쟁송의 대상이 될 수 없다.

5 참고, 대판 2000. 2. 11. 선고 98누7527 [건축허가부관취소]
행정청이 건축변경허가시 '대지 내 침범된 인근 건축물의 담장 부분을 철거하고 대지경계에 담장을 설치하라'는 내용의 부관을 붙인 것에 대하여 이를 독립하여 행정소송의 대상이 되는 '부담'으로 본 원심판결을 심리미진을 이유로 파기한 사례 <구 건축법(1999. 2. 8. 법률 제5895호로 개정되기 전의 것) 제72조, 같은 법 시행령(1999. 4. 30. 대통령령 제16284호로 개정되기 전의 것) 제118조 등 관련 규정에 의하면 건축주가 2m 이상의 담장을 설치하고자 하는 경우에는 이를 신고하여야 한다고 규정하고 있을 뿐 건축 관계 법령은 건축물 건축시 반드시 담장을 설치하여야 한다는 취지의 규정은 두지 아니하고 있으므로, 행정청이 건축변경허가를 함에 있어 건축주에게 새 담장을 설치하라는 부관을 붙인 것은 법령상 근거 없는 부담을 부가한 것으로 위법하다. 따라서 위 부관을 부담으로 해석한다면 부관취소소송은 위법 부관으로 취소판결이 선고되어야 한다. 이 점을 고려해서 대법원은 건축법 제1조, 제3조 등에 의하면 건축법에 의한 건축물은 특별히 예외적인 규정이 없는 한 원칙적으로 건축법규의 관련 규정을 준수하여야 하고 건축법시행령 제9조 제1항, 건축법시행규칙 제6조 제1항은 건축허가신청시 첨부서류로 건축할 대지의 범위와 그 대지의 소유 또는 사용에 관한 권리를 증명하는 서류를 제출하도록 규정하고 있고, 건축허가를 받아 그 허가받은 내용대로 건축한 경우에는 특별한 사정이 없는 한 사용승인까지 하여 주어야 하는 점 등에 비추어 보면 위 담장 철거 부관이 건축허가와는 별개의 독립한 이행의무를 부과하는 이른바 부담이라고 단정하기 어려운 면도 엿보이고, 또 기록에 의하면 피고가 위 부관 부가시 그 불이행의 경우에는 건축허가를 취소할 수 있다는 의사표시를 한 것으로 볼 수 있는 여지도 있어서 위 부관의 필요성, 부관 부가시 행정청인 피고의 의사나 위와 같은 내용의 부관 불이행시 행정청이 취하여 온 행정관행 등이 어떠한 것인지 등을 더 심리하여 보기 전에는 위 <u>부관의 법적 성격이 단순한 부담인지, 해제조건이나 철회권의 유보인지도</u> 분명치 아니할 뿐더러 만일 부담이라고 본다면 건축행위의 성격과 관련하여 그 근거는 무엇인지를 밝혀 그 당부를 가려내야 할 것이다.>

다) 정보비공개처분(2016. 9. 5. 처분문서 ③)

　　신청(정보공개)에 대한 거부처분[6]

> 헌결 2001. 2. 22. 2000헌마620 [수사기록사본교부거부처분위헌확인]
> 공공기관의정보공개에관한법률 제6조, 제9조, 제18조에 의하여 국민에게 불기소사건기록의 열람, 등사를 청구할 권리 내지 법에 정하여진 절차에 따라 그 허가여부의 처분을 행할 것을 요구할 수 있는 법규상의 지위가 부여되었으므로 경찰서장의 수사기록사본교부거부처분은 행정소송의 대상이 된다 할 것이므로 직접 헌법소원심판의 대상으로 삼을 수 없다.

■ **정보공개의 대상**: 2016. 7. 1. **자 속초시 학교환경위생정화위원회 회의록 중**

　　㉠ 회의록에 기재된 발언내용

　　㉡ 회의록에 기재된 발언내용에 대한 해당 발언자의 인적사항

　　　　☞ 법무법인 동해 내부회의록에서 '정보 비공개결정의 경우 일부 패소의 위험을 감안하여 반드시 필요한 부분만 다투도록'

　　　　☞ 취소소송의 대상: ㉠ vs ㉠ + ㉡

■ **일부취소 청구의 가부**: 원칙적으로 허용되지 않음(사법작용에 의한 행정권 침해의 우려).

　예외적으로 정보비공개결정 등과 같이 분리가능한 경우에 허용됨.

　공공기관의 정보공개에 관한 법률 제14조(부분 공개) '공개 청구한 정보가 제9조 제1항 각 호의 어느 하나에 해당하는 부분과 공개 가능한 부분이 혼합되어 있는 경우로서 공개 청구의 취지에 어긋나지 아니하는 범위에서 두 부분을 분리할 수 있는 경우에는 제9조 제1항 각 호의 어느 하나에 해당하는 부분을 제외하고 공개하여야 한다.'

　☞ 공개청구의 취지에 어긋나지 아니하는 범위 안에서 비공개대상 정보에 해당하는 부분과 공개가 가능한 부분을 분리할 수 있다고 함은, 이 두 부분이 물리적으로 분리가능한 경우를 의미하는 것이 아니고 당해 정보의 공개방법 및 절차에 비추어 당해 정보에서 비공개대상 정보에 관련된 기술 등을 제외 내지 삭제하고 그 나머지 정보만을 공개하는 것이 가능하고 나머지 부분의 정보만으로도 공개의 가치가 있는 경우[7]

---

6 정보비공개결정은 거부처분이기 때문에 대상적격에서 '신청과 거부의 의사표시, 처분에 대한 적법한 신청 및 신청권'라는 측면에서 처분(정보공개결정)에 대한 적법한 신청 및 신청권('공공기관의 정보공개에 관한 법률 제5조 ① 모든 국민은 정보의 공개를 청구할 권리를 가진다.' 조항에 의해 모든 국민에게 정보공개 청구권자 또는 신청권이 인정됨) 등을 기재할 수도 있음.

7 서울행법 2009. 7. 22. 선고 2009구합4739 [정보비공개처분취소] 정보공개의 취지에 비추어 볼 때, 공공기관의 정보공개에 관한 법률 제9조 제1항 제6호에서 정한 비공개대상정보에 해당하는 협의회 참석자 명단을 제외한 협의회 개최 일시, 장소 등만을 공개하는 것은 특별히 그 공개의 가치가 인정된다고 보

대판 2003. 3. 11. 선고 2001두6425 [행정정보비공개결정처분취소]

법원이 행정청의 정보공개거부처분의 위법 여부를 심리한 결과 공개를 거부한 정보에 비공개대상정보에 해당하는 부분과 공개가 가능한 부분이 혼합되어 있고 공개청구의 취지에 어긋나지 아니하는 범위 안에서 두 부분을 분리할 수 있음을 인정할 수 있을 때에는, 위 정보 중 공개가 가능한 부분을 특정하고 판결의 주문에 행정청의 위 거부처분 중 공개가 가능한 정보에 관한 부분만을 취소한다고 표시하여야 한다.

대판 2004. 12. 9. 선고 2003두12707 [정보공개거부처분취소]

법원이 행정기관의 정보공개거부처분의 위법 여부를 심리한 결과 공개를 거부한 정보에 비공개대상 정보에 해당하는 부분과 공개가 가능한 부분이 혼합되어 있고 공개청구의 취지에 어긋나지 아니하는 범위 안에서 두 부분을 분리할 수 있음을 인정할 수 있을 때에는 청구취지의 변경이 없더라도 공개가 가능한 정보에 관한 부분만의 일부취소를 명할 수 있다 할 것이고, 공개청구의 취지에 어긋나지 아니하는 범위 안에서 비공개대상 정보에 해당하는 부분과 공개가 가능한 부분을 분리할 수 있다고 함은, 이 두 부분이 물리적으로 분리가능한 경우를 의미하는 것이 아니고 당해 정보의 공개방법 및 절차에 비추어 당해 정보에서 비공개대상 정보에 관련된 기술 등을 제외 내지 삭제하고 그 나머지 정보만을 공개하는 것이 가능하고 나머지 부분의 정보만으로도 공개의 가치가 있는 경우를 의미한다고 해석하여야 한다. (사본출력물의 공개방법과 절차에 비추어 정보공개처리대장에서 청구인에 관한 사항을 제외하고 그 나머지 정보만을 공개하는 것이 가능할 뿐 아니라 나머지 부분의 정보만으로도 공개의 가치가 있다고 볼 여지가 있다고 한 사례〈일부 취소〉)

대판 2009. 12. 10. 선고 2009두12785 [정보공개거부처분취소]

법원이 행정기관의 정보공개거부처분의 위법 여부를 심리한 결과 공개를 거부한 정보에 비공개사유에 해당하는 부분과 그렇지 않은 부분이 혼합되어 있고, 공개청구의 취지에 어긋나지 않는 범위 안에서 두 부분을 분리할 수 있음을 인정할 수 있을 때에는 공개가 가능한 정보에 국한하여 일부취소를 명할 수 있다. 이러한 정보의 부분 공개가 허용되는 경우란 그 정보의 공개방법 및 절차에 비추어 당해 정보에서 비공개대상정보에 관련된 기술 등을 제외 혹은 삭제하고 나머지 정보만을 공개하는 것이 가능하고 나머지 부분의 정보만으로도 공개의 가치가 있는 경우를 의미한다.

기 어려우므로, 정보의 각 부분이 물리적으로 분리 가능하다고 하더라도 이를 분리하여 부분공개를 명할 필요성은 없다고 한 사례. <청구기각>

■ '㉤ 회의록에 기재된 발언내용에 대한 해당 발언자의 인적사항'이 정보공개대상인지 여부

비공개사유(처분문서)

회의록에 기재된 발언내용에 대한 해당 발언자의 인적사항에 관한 정보는 '개인에 관한 사항으로서 사생활의 비밀 또는 자유를 침해할 우려가 있다고 인정되는 정보'에 해당함.

(근거법령) 공공기관의 정보공개에 관한 법률 제9조 제6호[8]

법령

> 공공기관의 정보공개에 관한 법률(이하, 정보공개법)
>
> 제9조(비공개 대상 정보) ① 공공기관이 보유·관리하는 정보는 공개 대상이 된다. 다만, 다음 각 호의 어느 하나에 해당하는 정보는 공개하지 아니할 수 있다.
>
> 6. 해당 정보에 포함되어 있는 성명·주민등록번호 등 개인에 관한 사항으로서 공개될 경우 사생활의 비밀 또는 자유를 침해할 우려가 있다고 인정되는 정보. 다만, 다음 각 목에 열거한 개인에 관한 정보는 제외한다.
>
> 다. 공공기관이 작성하거나 취득한 정보로서 공개하는 것이 공익이나 개인의 권리 구제를 위하여 필요하다고 인정되는 정보

처분요건 검토

6호 비공개정보: 해당 정보에 포함되어 있는 성명·주민등록번호 등 개인에 관한 사항으로서 공개될 경우 사생활의 비밀 또는 자유를 침해할 우려가 있다고 인정되는 정보

예외: 공공기관이 작성하거나 취득한 정보로서 공개하는 것이 공익이나 개인의 권리 구제를 위하여 필요하다고 인정되는 정보

---

8 구 공공기관의 정보공개에 관한 법률(2004. 1. 29. 법률 제7127호로 전부 개정되기 전의 것) 제7조 제1항 제6호 본문은 비공개대상정보의 하나로 '당해 정보에 포함되어 있는 이름·주민등록번호 등에 의하여 특정인을 식별할 수 있는 개인에 관한 정보'를 규정하고 있었으나, 2004. 1. 29. 법률 제7127호로 전부 개정된 공공기관의 정보공개에 관한 법률 제9조 제1항 제6호 본문은 위 비공개대상정보를 '당해 정보에 포함되어 있는 이름·주민등록번호 등 개인에 관한 사항으로서 공개될 경우 개인의 사생활의 비밀 또는 자유를 침해할 우려가 있다고 인정되는 정보'로 개정하였다. <구 정보공개법 제7조 제1항 제6호 '당해 정보에 포함되어 있는 이름·주민등록번호 등에 의하여 특정인을 식별할 수 있는 개인에 관한 정보. 다만, 다음에 열거한 개인에 관한 정보를 제외한다. 가. 법령등이 정하는 바에 의하여 열람할 수 있는 정보 나. 공공기관이 작성하거나 취득한 정보로서 공표를 목적으로 하는 정보 다. 공공기관이 작성하거나 취득한 정보로서 공개하는 것이 공익 또는 개인의 권리구제를 위하여 필요하다고 인정되는 정보'>

대판 2012. 6. 18. 선고 2011두2361[9] (전원) [정보공개청구거부처분취소]

[다수의견] 공공기관의 정보공개에 관한 법률(이하 '정보공개법'이라 한다)의 개정 연혁, 내용 및 취지 등에 헌법상 보장되는 사생활의 비밀 및 자유의 내용을 보태어 보면, 정보공개법 제9조 제1항 제6호 본문의 규정에 따라 비공개대상이 되는 정보에는 구 공공기관의 정보공개에 관한 법률(2004. 1. 29. 법률 제7127호로 전부 개정되기 전의 것, 이하 같다)의 이름·주민등록번호 등 정보 형식이나 유형을 기준으로 비공개대상정보에 해당하는지를 판단하는 '개인식별정보'뿐만 아니라 그 외에 정보의 내용을 구체적으로 살펴 '개인에 관한 사항의 공개로 개인의 내밀한 내용의 비밀 등이 알려지게 되고, 그 결과 인격적·정신적 내면생활에 지장을 초래하거나 자유로운 사생활을 영위할 수 없게 될 위험성이 있는 정보'도 포함된다고 새겨야 한다. 따라서 불기소처분 기록 중 피의자신문조서 등에 기재된 피의자 등의 인적사항 이외의 진술내용 역시 개인의 사생활의 비밀 또는 자유를 침해할 우려가 인정되는 경우 정보공개법 제9조 제1항 제6호 본문 소정의 비공개대상에 해당한다.

[대법관 전수안, 대법관 이인복, 대법관 이상훈, 대법관 박보영의 별개의견] 정보공개법 제9조 제1항 제6호 본문 소정의 '당해 정보에 포함되어 있는 이름·주민등록번호 등 개인에 관한 사항으로서 공개될 경우 개인의 사생활의 비밀 또는 자유를 침해할 우려가 있다고 인정되는 정보'의 의미와 범위는, 구 공공기관의 정보공개에 관한 법률 제7조 제1항 제6호 본문 소정의 '당해 정보

---

9 사안: 고소인이, 자신이 고소하였다가 불기소처분된 사건기록의 피의자신문조서, 진술조서 중 피의자 등 개인의 인적사항을 제외한 부분의 정보공개를 청구하였으나 해당 검찰청 검사장이 공공기관의 정보공개에 관한 법률 제9조 제1항 제6호에 해당한다는 이유로 비공개결정을 하자 취소소송을 제기한 사안.

원심 판결: 피의자신문조서에는 피의자의 이름, 주민등록번호, 직업, 주거, 본적, 전과 및 검찰 처분, 상훈·연금, 병역, 교육, 경력, 가족, 재산 및 월 수입, 종교, 정당·사회단체가입, 건강상태 등과 대질한 참고인의 이름, 주민등록번호, 주거, 연락처 등, 참고인진술조서에는 참고인의 이름, 주민등록번호, 직업, 전화, 주소(주거 또는 직장주소), 연락처 등의 각 개인에 관한 정보가 포함되어 있는 사실을 인정할 수 있는바, 그 중 관련자들의 이름은 수사기록의 공개를 구하는 필요성이나 유용성, 개인의 권리구제라는 관점에서 특별한 사정이 없는 한 원칙적으로 공개되어야 할 것이나, 나머지는 특별한 사정이 없는 한 원고의 권리구제를 위하여 필요하다고 볼 수 없거나 공개될 경우 악용될 가능성이나 사생활이 침해될 가능성이 높아 비공개됨이 상당하다. 한편 비공개정보 중 개인에 관한 정보를 제외한 부분은 위 정보공개법 조항이 정한 개인에 관한 정보로서 공개될 경우 개인의 사생활의 비밀 또는 자유를 침해할 우려가 있는 정보에 해당한다고 볼 수 없다. 따라서 <u>비공개정보 중 개인에 관한 정보(관련자들의 이름 제외)를 뺀 나머지 부분은</u> 정보공개법 제9조 제1항에 의하여 공개대상이 되고 … <일부 취소>

대법원 판결: 비공개결정한 정보 중 관련자들의 이름을 제외한 주민등록번호, 직업, 주소(주거 또는 직장주소), 본적, 전과 및 검찰 처분, 상훈·연금, 병역, 교육, 경력, 가족, 재산 및 월수입, 종교, 정당·사회단체가입, 건강상태, 연락처 등 개인에 관한 정보는 개인에 관한 사항으로서 공개되면 개인의 내밀한 비밀 등이 알려지게 되고 그 결과 인격적·정신적 내면생활에 지장을 초래하거나 자유로운 사생활을 영위할 수 없게 될 위험성이 있는 정보에 해당한다고 보아 이를 비공개대상정보에 해당한다. <상고기각>

에 포함되어 있는 이름·주민등록번호 등에 의하여 특정인을 식별할 수 있는 개인에 관한 정보'와 다르지 않다고 새기는 것이 정보공개법의 문언뿐 아니라 개정 경위 및 취지, 종래 대법원판례가 취한 견해, 관련 법령과의 조화로운 해석에 두루 부합하면서 국민의 알권리를 두텁게 보호하는 합리적인 해석이다.

대판 2003. 8. 22. 선고 2002두12946 [정보공개거부처분취소]
학교환경위생구역 내 금지행위(숙박시설) 해제결정에 관한 학교환경위생정화위원회의 회의록에 기재된 발언내용에 대한 해당 발언자의 인적사항 부분에 관한 정보는 공공기관의 정보공개에 관한 법률 제7조 제1항 제5호[10] 소정의 비공개대상에 해당한다고 한 사례[11]

결론
공공기관의 정보공개에 관한 법률 제9조 제1항 제6호 본문에서 정한 '당해 정보에 포함되어 있는 이름·주민등록번호 등 개인에 관한 사항으로서 공개될 경우 개인의 사생활의 비밀 또는 자유를 침해할 우려가 있다고 인정되는 정보'의 의미와 범위에 관하여 대판 2005두13117[12] 및 위 대판

---

10 구 정보공개법 제7조 제1항 5호 '감사·감독·검사·시험·규제·입찰계약·기술개발·인사관리·의사결정 과정 또는 내부검토과정에 있는 사항 등으로서 공개될 경우 업무의 공정한 수행이나 연구·개발에 현저한 지장을 초래한다고 인정할 만한 상당한 이유가 있는 정보'

11 원심은, 위 정화위원회의 심의회의에서는 위 정화위원회의 의사결정에 관련된 문답과 토의가 이루어지므로 자유롭고 활발한 심의가 보장되기 위하여는 심의회의가 종료된 이후에도 심의과정에서 누가 어떤 발언을 하였는지에 관하여는 외부에 공개되지 않도록 이를 철저히 보장하여야 할 필요성 즉, 위 정화위원회의 회의록 중 발언내용 이외에 해당 발언자의 인적 사항까지 공개된다면 정화위원들이나 출석자들은 자신의 발언내용에 관한 공개에 대한 부담으로 인한 심리적 압박 때문에 위 정화위원회의 심의절차에서 솔직하고 자유로운 의사교환을 할 수 없고, 심지어 당사자나 외부의 의사에 영합하는 발언을 하거나 침묵으로 일관할 우려마저 있으므로, 이러한 사태를 막아 정화위원들이 심의에 집중하도록 함으로써 심의의 충실화와 내실화를 도모하기 위하여는 회의록의 발언내용 이외에 해당 발언자의 인적 사항까지 외부에 공개되어서는 아니된다 할 것이어서, '회의록에 기재된 발언내용에 대한 해당 발언자의 인적 사항' 부분은 그것이 공개될 경우 정화위원회의 심의업무의 공정한 수행에 현저한 지장을 초래한다고 인정할 만한 상당한 이유가 있다고 판단하였다.

12 대판 2007. 12. 13. 선고 2005두13117 [정보비공개결정처분취소] [2] 구 공공기관의 정보공개에 관한 법률(2004. 1. 29. 법률 제7127호로 전문 개정되기 전의 것) 제7조 제1항 제6호는 비공개대상정보의 하나로 '당해 정보에 포함되어 있는 이름·주민등록번호 등에 의하여 특정인을 식별할 수 있는 개인에 관한 정보'를 규정하면서, 같은 호 단서 (다)목으로 '공공기관이 작성하거나 취득한 정보로서 공개하는 것이 공익 또는 개인의 권리구제를 위하여 필요하다고 인정되는 정보'는 제외된다고 규정하고 있는데, 여기에서 '공개하는 것이 공익을 위하여 필요하다고 인정되는 정보'에 해당하는지 여부는 비공개에 의하여 보호되는 개인의 사생활 보호 등의 이익과 공개에 의하여 보호되는 국정운영의 투명성 확보 등의 공익을 비교·교량하여 구체적 사안에 따라 신중히 판단하여야 한다. [3] 공직자윤리법상의 등록의무자가 정부공직자윤리위원회에 제출한 구 공직자윤리법 시행규칙(2005. 11. 16. 행정자치부령 제303호로 개정되기 전의 것) 제12조 관련 [별지 14호 서식]의 문서에 포함되어 있는 고지거부자의 인적사항{고지거부자의 성명, 서명(날인)}은 개인식별정보에 해당하는데, 위 문서의 정보는 구 공직자윤리법(2003. 3.

2002두12946 등에 비추어 'ⓛ 회의록에 기재된 발언내용에 대한 해당 발언자의 인적사항'은 6호의 비공개정보에 해당되고, (다)목 공공기관이 작성하거나 취득한 정보로서 공개하는 것이 공익이나 개인의 권리 구제를 위하여 필요하다고 인정되는 정보에 해당되지 않기 때문에 취소소송의 대상에서 제외됨. 따라서 취소소송의 대상은 '2016. 7. 1. 자 속초시 학교환경위생정화위원회 회의록 중 ㉠ 회의록에 기재된 발언내용'에 한정됨.

2) 원고적격   박갑동(처분문서 ①②③의 상대방)

불이익처분(①, ②)의 경우 처분의 상대방에게 원칙적으로 원고적격이 있으며, 거부처분(③)의 경우 신청자에게 신청권이 있으면 거부의 상대방인 신청자에게 원칙적으로 원고적격이 있다. 따라서 정보비공개결정의 경우 신청한 박갑동에게 신청권('공공기관의 정보공개에 관한 법률 제5조 제1항 모든 국민은 정보의 공개를 청구할 권리를 가진다.'는 조항에 의해 모든 국민에게 정보공개 청구권자 또는 신청권이 인정됨)이 있기 때문에 거부처분을 받은 것 자체가 법률상 이익의 침해에 해당 즉, 원고적격이 있다.

대판 2003. 3. 11. 선고 2001두6425 [행정정보비공개결정처분취소]

국민의 정보공개청구권은 법률상 보호되는 구체적인 권리이므로, 공공기관에 대하여 정보의 공개를 청구하였다가 공개거부처분을 받은 청구인은 행정소송을 통하여 그 공개거부처분의 취소를 구할 법률상의 이익이 있다.

대판 2003. 12. 11. 선고 2003두8395 [정보공개거부처분취소]

공공기관의정보공개에관한법률의 목적, 규정 내용 및 취지 등에 비추어 보면, 국민의 정보공개 청구권은 법률상 보호되는 구체적인 권리라 할 것이므로, 공공기관에 대하여 정보의 공개를 청구하였다가 공개거부처분을 받은 청구인은 행정소송을 통하여 그 공개거부처분의 취소를 구할 법률상의 이익이 있다.

대판 2003. 12. 12. 선고 2003두8050 [사본공개거부처분취소]

공공기관의정보공개에관한법률 제6조 제1항은 "모든 국민은 정보의 공개를 청구할 권리를 가

---

12. 법률 제6816호로 개정되기 전의 것)에 의한 등록사항이 아니고 공직자윤리위원회가 고지거부자에게 같은 법 제12조 제4항에서 정한 고지거부사유가 존재하는지를 심사하기 위하여 취득한 정보에 불과한 점, 고지거부자의 인적사항의 공개와 공직자윤리법의 입법목적인 공직자의 청렴성과 직무수행의 공정성 확보는 서로 관련성이 없거나 있다 하더라도 간접적인 것에 불과한 반면, 고지거부자의 인적사항을 공개할 경우 그 고지거부자의 인격권 내지 사생활 등이 심각하게 침해될 우려가 있는 점 및 고지거부자의 지위, 고지거부제도의 취지 등에 비추어, 고지거부자의 인적사항의 비공개에 의하여 보호되는 이익보다 공개에 의하여 보호되는 이익이 우월하다고 단정할 수 없으므로, 결국 고지거부자의 인적사항은 공개하는 것이 공익을 위하여 필요하다고 인정되는 정보에 해당하지 않는다.

진다."고 규정하고 있는데, 여기에서 말하는 국민에는 자연인은 물론 법인, 권리능력 없는 사단·재단도 포함되고, 법인, 권리능력 없는 사단·재단 등의 경우에는 설립목적을 불문하며, 한편 정보공개청구권은 법률상 보호되는 구체적인 권리이므로 청구인이 공공기관에 대하여 정보공개를 청구하였다가 거부처분을 받은 것 자체가 법률상 이익의 침해에 해당한다.

3) 피고적격   강원도 속초교육지원청 교육장(처분문서 ①②③의 처분 명의자)

4) 협의의 소익   금지해제결정 중 건립기금부담과 금지해제결정취소처분의 관계에서 선행처분이 후행처분으로 철회된 경우라면 선행처분은 소멸하였기 때문에 협의의 소익이 없음.
  ☞ 법무법인 동해 내부회의록: 금지해제결정 취소처분으로 금지해제결정과 그에 부가된 조건도 소멸되었기 때문에 그 부분에 대하여 다툴 법률상 이익이 있는지 여부(질문)에 대하여 금지해제결정 취소처분에 대한 관할 행정심판위원회의 집행정지가 있기 때문에 법적 문제가 없음(답변).13

■ 수개의 처분: 선행처분과 후행처분의 관계에 대한 판례

후행처분이 선행처분의 내용을 보충하는 정도에 불과한 경우라면 선행처분이 취소소송의 대상이 되지만, 후행처분이 선행처분의 주요부분을 실질적으로 변경함으로서 선행처분을 철회하는 경우14라면 후행처분만이 취소소송의 대상이 된다.15 대판 2015. 11. 19. 선고 2015두295 (전원)에서 '기존의 행정처분을 변경하는 내용의 행정처분이 뒤따르는 경우, 후속처분이 종전처분을 완전히 대체하는 것이거나 주요 부분을 실질적으로 변경하는 내용인 경우에는 특별한 사정이 없는 한 종전처분은 효력을 상실하고 후속처분만이 항고소송의 대상이 되지만, 후속처분의

---

13 집행정지결정이 고지되면 집행정지결정의 종기까지 잠정적으로 행정처분이 없었던 것과 같은 상태로 된다.

14 이 경우 선행처분에 대한 취소소송은 처분이 소멸하여 그 효력을 다툴 법률상 이익이 없게 되기 때문에 부적법 각하된다.

15 대판 2012. 12. 13. 선고 2010두20782, 20799 [1] 선행처분의 주요 부분을 실질적으로 변경하는 내용으로 후행처분을 한 경우에 선행처분은 특별한 사정이 없는 한 그 효력을 상실하지만, 후행처분이 있었다고 하여 일률적으로 선행처분이 존재하지 않게 되는 것은 아니고 선행처분의 내용 중 일부만을 소폭 변경하는 정도에 불과한 경우에는 선행처분이 소멸한다고 볼 수 없다. [2] 선행처분이 후행처분에 의하여 변경되지 아니한 범위 내에서 존속하고 후행처분은 선행처분의 내용 중 일부를 변경하는 범위 내에서 효력을 가지는 경우에, 선행처분의 취소를 구하는 소를 제기한 후 후행처분의 취소를 구하는 청구를 추가하여 청구를 변경하였다면 후행처분에 관한 제소기간 준수 여부는 청구변경 당시를 기준으로 판단하여야 한다.

내용이 종전처분의 유효를 전제로 내용 중 일부만을 추가·철회·변경하는 것이고 추가·철회· 변경된 부분이 내용과 성질상 나머지 부분과 불가분적인 것이 아닌 경우에는, 후속처분에도 불구하고 종전처분이 여전히 항고소송의 대상이 된다. 따라서 종전처분을 변경하는 내용의 후 속처분이 있는 경우 법원으로서는, 후속처분의 내용이 종전처분 전체를 대체하거나 주요 부분 을 실질적으로 변경하는 것인지, 후속처분에서 추가·철회·변경된 부분의 내용과 성질상 나머 지 부분과 가분적인지 등을 살펴 항고소송의 대상이 되는 행정처분을 확정하여야 한다.'고 판 시하고 있다.[16]

5) 제소기간

가) 금지해제결정 중 건립기금부분: 2016. 7. 5. 송달(송달보고서 – 본인수령)
   안 날로부터 90일, 처분이 있는 날로부터 1년 중 전자(안 날)를 기준으로
   2016. 10. 2.(일요일) 10. 3. 월요일(공휴일, 개천절), 화요일 2016. 10. 4.
   ☞ 기간의 계산에서 일요일, 법정 공휴일 주의

나) 금지해제결정취소처분: 2016. 8. 19. 송달(송달보고서 – 본인수령)
   안 날로부터 90일, 처분이 있는 날로부터 1년 중 전자(안 날)를 기준으로
   2016. 11. 17. 목요일

다) 정보비공개처분: 2016. 9. 7. 송달(송달보고서 – 본인수령)
   안 날로부터 90일, 처분이 있는 날로부터 1년 중 전자(안 날)를 기준으로
   2016. 12. 5. 월요일

라) 결론

   원고가 최종처분인 정보비공개처분을 송달받은 날(2016. 9. 7.) 이후 2016. 9. 19. 법무법인 동
   해에 법률상담하였고, 법무법인 동해는 2016. 9. 22. 사안에 대하여 내부 검토하였음. 따라서

---

16 사안: 피고 동대문구청장은 2012. 11. 14. 원고들에 대하여 그들이 운영하는 서울특별시 동대문구 내 대형마트 및 준대규모점포의 영업제한 시간을 오전 0시부터 오전 8시까지로 정하고(이하 '영업시간 제 한 부분'이라 한다) 매월 둘째 주와 넷째 주 일요일을 의무휴업일로 지정하는(이하 '의무휴업일 지정 부분'이라 한다) 내용의 처분을 한 사실, 위 처분의 취소를 구하는 소송이 이 사건 원심에 계속 중이던 2014. 8. 25. 피고가 원고들을 상대로 영업시간 제한 부분의 시간을 '오전 0시부터 오전 10시'까지로 변 경하되, 의무휴업일은 종전과 동일하게 유지하는 내용의 처분(이하 '2014. 8. 25.자 처분'이라 한다)을 한 사실을 알 수 있다. 이러한 사실관계를 앞서 본 법리에 비추어 보면, 2014. 8. 25.자 처분은 종전처 분 전체를 대체하거나 그 주요 부분을 실질적으로 변경하는 내용이 아니라, 의무휴업일 지정 부분을 그대로 유지한 채 영업시간 제한 부분만을 일부 변경하는 것으로서, 2014. 8. 25.자 처분에 따라 추가 된 영업시간 제한 부분은 그 성질상 종전처분과 가분적인 것으로 여겨진다. 따라서 2014. 8. 25.자 처 분으로 종전처분이 소멸하였다고 볼 수는 없고, 종전처분과 그 유효를 전제로 한 2014. 8. 25.자 처분 이 병존하면서 위 원고들에 대한 규제 내용을 형성한다고 할 것이다.

소장을 2016. 9. 22.부터 2016. 10. 4.까지 작성, 제출.

6) 필요적 행정심판전치주의 소송요건 아님.

7) 관할(기타)   피고 소재지 (강릉 속초시) － 춘천지방법원 강릉지원

8) 소의 병합   관련청구의 병합, 객관적 병합, 단순병합, 원시적 병합

본 안

〈금지해제결정 중 건립기금부관(2016. 7. 4. 처분문서 ①)〉

1. **법령검토**

　가. 근거법령

학교보건법

제6조(학교환경위생 정화구역에서의 금지행위 등) ① 누구든지 학교환경위생 정화구역에서는 다음
　각 호의 어느 하나에 해당하는 행위 및 시설을 하여서는 아니 된다. 다만, 대통령령으로 정하
　는 구역에서는 제2호, 제3호, 제6호, 제10호, 제12호부터 제18호까지와 제20호에 규정된 행위
　및 시설 중 교육감이나 교육감이 위임한 자가 학교환경위생정화위원회의 심의를 거쳐 학습과
　학교보건위생에 나쁜 영향을 주지 아니한다고 인정하는 행위 및 시설은 제외한다.
　13. 호텔

학교보건법 시행령

제3조(학교환경위생 정화구역) ① 법 제5조 제1항에 따라 시·도의 교육감(이하 "교육감"이라 한
　다)이 학교환경위생 정화구역(이하 "정화구역"이라 한다)을 설정할 때에는 절대정화구역과
　상대정화구역으로 구분하여 설정하되, 절대정화구역은 학교출입문(학교설립예정지의 경우에
　는 설립될 학교의 출입문 설치 예정 위치를 말한다)으로부터 직선거리로 50미터까지인 지역
　으로 하고, 상대정화구역은 학교경계선 또는 학교설립예정지경계선으로부터 직선거리로 200
　미터까지인 지역 중 절대정화구역을 제외한 지역으로 한다.
제5조(제한이 완화되는 구역) 법 제6조 제1항 각 호 외의 부분 단서에서 "대통령령으로 정하는 구
　역"이란 제3조 제1항에 따른 상대정화구역을 말한다.

나. 처분 요건(법률요건 검토)

1) 상대정화구역: 상대정화구역은 학교경계선 또는 학교설립예정지경계선으로부터 직선거리로
　　　　　　　　200미터까지인 지역 중 절대정화구역(학교출입문으로부터 직선거리로 50미터
　　　　　　　　까지인 지역)을 제외한 지역
　　　　　　　　본건 학교경계선으로부터 120미터, 출입문으로부터 120미터

2) 학습과 학교보건위생에 나쁜 영향을 주지 아니한다고 인정되는 시설:

　　본건 호텔(의료관광호텔17)

다. 처분 내용(법률효과 검토): 학교환경위생정화위원회의 심의＋교육감·교육장의 결정

1) 금지해제 결정: 재량행위(신청요건에서 불확정개념을 사용하고 있을 뿐만 아니라 심의위원회의 인정이 추가로 규정되어 있는 점 및 정화구역안 금지행위를 원칙적으로 금지하고 상대정화구역에서 예외적으로 허용하고 있는 조문 체계 등에 비추어 행정청에 선택재량권을 부여한 것으로 해석됨)

2) 부관

2. 법률효과 측면에서 주장할 수 있는 위법(부관의 위법)

가. 부관의 성립상 한계(부관의 가능성)

주된 행정행위가 재량행위인 경우 부관을 붙이는 것이 재량이기 때문에 법령의 근거 없이 붙인 부관도 적법하지만, 주된 행정행위가 기속행위인 경우에는 부관을 붙일 수 없고 기속행위에 붙인 부관은 위법하다.

본건에서 주된 행정행위가 금지해제결정으로 재량행위이기 때문에 문제없음.

대판 2007. 7. 12. 2007두6663 [사업시행인가처분일부취소] 주택재건축사업시행의 인가는 상대방에게 권리나 이익을 부여하는 효과를 가진 이른바 수익적 행정처분으로서 법령에 행정처분의 요건에 관하여 일의적으로 규정되어 있지 아니한 이상 행정청의 재량행위에 속하므로, 처분청으로서는 법령상의 제한에 근거한 것이 아니라 하더라도 공익상 필요 등에 의하여 필요한 범위 내에서 여러 조건(부담)을 부과할 수 있다.

▶ 본건에서 주된 행정행위인 금지해제결정을 기속행위로 해석한다면 부관의 성립상 한계 위반을 이유로 위법 주장할 수 있음. 법문에서 '대통령령으로 정하는 구역(상대정화구역)에서는 규정된 시설 중 교육감이나 교육감이 위임한 자가 학교환경위생정화위원회의 심의를 거쳐 학습과 학교보건위생에 나쁜 영향을 주지 아니한다고 인정하는 행위 및 시설은 제외한다'고 규정하고 있는데, 심의결과 '학습과 학교보건위생에 나쁜 영향을 주지 아니한 시설인 경우'에서는 헌법상 재산권 보장과 영업의 자유 보장 측면에서 반드시 제외되어야 한다고 해석해야 됨. 특히 법문에서 선택재량권이 부여되는 방식 즉, '제외할 수 있다'는 식으로 규율되어 있지 않기 때문에 기속행위로 해석해야 된다. [부관은 위법, 무효]

---

17 관광진흥법 제2조(관광사업의 종류) ① 관광진흥법(이하 "법"이라 한다) 제3조 제2항에 따라 관광사업의 종류를 다음과 같이 세분한다. 2. 호텔업의 종류 사. 의료관광호텔업: 의료관광객의 숙박에 적합한 시설 및 취사도구를 갖추거나 숙박에 딸린 음식·운동 또는 휴양에 적합한 시설을 함께 갖추어 주로 외국인 관광객에게 이용하게 하는 업

나. 부관의 일반적 한계

부관이 일반적 한계 즉, 목적상 한계, 사항상 한계, 내용상 한계, 시간상 한계를 일탈하는 경우 위법 부관이 된다. 부관이 종된 행위행위라는 점에서 비추어 주된 행정행위와 사항적 통일성이 없는 무관한 부관은 사항상 한계의 일탈, 이른바 부당결부금지의 원칙 위반으로 위법 부관이 된다. 따라서 '교육청공무원휴양시설 건립기금 10억원 납부'라는 건립기금납부 부관(부담)은 '학교환경위생정화구역내 금지행위 및 시설해제결정'이라는 금지해제결정과 상호 관련성이 없으므로 부당결부금지 원칙을 위반한 위법 부관이다.

또는 내용상 한계인 비례의 원칙의 입장에서 건립기금납부 부관은 공무원 복지시설을 확충하려는 목적을 가지고 있다는 점에서 목적의 정당성은 인정되지만, 공무원 복지시설 확충과 아무런 관련성이 없는 금지해제신청한 사인에게 부담시켰다는 점에서 수단의 적적성이 인정되지 않기 때문에 비례의 원칙, 즉 부당결부금지의 원칙 위반으로 건립기금납부 부관 부가행위는 재량권 일탈 남용으로 위법하다. [부관은 위법, 취소사유]

■ **부담 취소소송의 특징**

사실의 법률요건 포섭(사실오인, 법리오해 등)이라는 측면에서 주장할 수 있는 위법,

절차와 형식 측면에서 주장할 수 있는 위법 등은 통상 나타나지 않음.

〈**금지해제결정취소처분**(2016. 8. 17. 처분문서 ②)〉

1. 법령 검토

가. 근거 법령

철회란 유효한 행정행위에 대해 성립 후 사유를 원인으로 장래를 향해 효력을 소멸시키는 행정행위를 의미하고,[18] 금지해제결정취소처분은 수익적 행정행위의 철회에 해당된다.

> 금지해제결정취소처분은 강학상 철회에 해당하기 때문에 별도의 법령에 근거 없는 경우라도 가능하다.

나. 처분 요건(법률요건 검토)

    1) 법령상 철회요건; 해당 없음

---

[18] 직권취소란 성립 당시 하자를 이유로 소급적으로 효력을 소멸시키는 행위를 의미하는데, 본건 금지해제결정취소는 금지해제결정 당시 존재하는 위법을 이유로 취소한 것이 아니라, 부관에 부가된 건립기금을 납부하지 않았다는 이유로 취소한 것이기 때문에 철회에 해당된다.

2) 판례상 철회요건: 철회사유

　　철회권 유보

　　의무위반(법규위반 또는 부담 불이행)

　　사정변경(사실관계의 변경 또는 근거 법령의 변경)

　　중대한 공익상의 요청이 있는 경우

대판 1992. 1. 17. 선고 91누3130 [운송사업구역축소변경처분취소]

행정행위를 한 처분청은 그 처분 당시에 그 행정처분에 별다른 하자가 없었고 또 그 처분 후에 이를 취소할 별도의 법적 근거가 없다 하더라도 원래의 처분을 그대로 존속시킬 필요가 없게 된 사정변경이 생겼거나 또는 중대한 공익상의 필요가 발생한 경우에는 별개의 행정행위로 이를 철회하거나 변경할 수 있다.

다. 처분 내용 (법률효과 검토)

1) 철회: 금지해제결정 소멸, 장래효

2) 재량행위/철회권의 제한

2. **법률요건 측면에서 주장할 수 있는 위법**

가. 처분문서에 기재된 철회사유

① 예정시설인 외설악의료관광호텔이 설치될 경우 관광객 증가로 인하여 교통량 및 유동인구가 증가하고 공사로 인한 소음·먼지가 발생하게 되며 관련 유흥시설의 증가로 영랑중학교의 면학 분위기를 해치는 등 청소년기 학생들의 학습과 학교보건위생에 나쁜 영향을 주는 것으로 판단된다.

② 금지해제결정받은 박갑동은 2016. 8. 3.까지 우리 청에 속초교육지원청 공무원휴양시설 건립기금 10억원을 납부하지 않았다.

나. 사실오인

① 철회사유에 대하여: 외설악의료관광호텔이 설치될 경우 영랑중학교의 면학 분위기를 해치는 등 청소년기 학생들의 학습과 학교보건위생에 나쁜 영향을 줄 정도로 '관광객의 증가, 교통량 및 유동인구의 증가, 공사로 인한 소음·먼지의 발생, 관련 유흥시설의 증가' 사실이 없을 뿐만 아니라 그런 사실이 예상되지 않기 때문에 사실을 오인한 위법한 처분임. (기록에 나타나지 않은 사실이기 때문에 생략 가능)

다. 법리오해

① 철회사유에 대하여: ①에 기재된 사실은 철회권 유보, 의무위반(법규위반 또는 부담 불이행), 사정변경(사실관계의 변경 또는 근거 법령의 변경), 중대한 공익상의 요청이 있

는 경우 등에 해당되지 않음. ①에 기재된 사실은 금지해제결정 당시 존재하는 사실일 뿐만 아니라 금지해제결정 후 새롭게 발생한 공익에 해당되지 않기 때문에 철회사유에 해당되지 않는다. 철회사유 없는 철회로서 위법한 처분임. 만약, 본 사유를 근거로 한 취소를 철회가 아닌 직권취소로 본다면 위 사실오인을 직권취소의 위법으로 반드시 적시해야 됨.[19]

② 철회사유에 대하여: [건립기금부관을 위법,취소사유로 보는 견해] 건립기금 납부 부관은 이미 살펴본 바와 같이 위법하기 때문에 위법한 부담 불이행은 철회사유에 해당되지 않는다. 또는 [건립기금부관을 위법, 무효로 보는 견해] 건립기금 납부 부관은 위법, 무효이기 때문에 부담 불이행이란 철회사유가 존재하지 않는다. 결국 철회사유 없는 철회로서 위법한 처분임.

3. 법률효과 측면에서 주장할 수 있는 위법

가. 철회의 법적 성격: 재량행위

금지해제결정취소(철회) 여부에 대한 결정권, 취소(철회) 범위와 효력 등에 대한 선택권[20]

금지해제결정 전체를 철회함.

나. 재량심사: 재량권 일탈·남용

1) 비례의 원칙

추구되는 공익: 건립기금 10억 원 확보를 통한 공무원휴양시설 건립 등의 공익

침해되는 사익: 금지해제결정취소로 인한 경제적 손실(막대한 대출금과 이자, 이미 지출한 많은 공사비), 기타 손실 및 부관 불이행의 경위와 귀책 정도를 함께 고려

2) 평등의 원칙: 해당사항 없음[21]

---

19 직권취소사유의 부존재 및 직권취소(재량행위)에 대한 재량권 일탈·남용을 본안에서 주장해야 한다[철회로 보는 경우와 본안에서 주장할 내용은 동일함].

20 대판 2003. 5. 16. 선고 2003두1288 [보조금교부결정취소처분취소] [1] 보조금의예산및관리에관한법률 제35조, 같은법시행령 제16조 제2호의 규정에 의하면 보조금에 의하여 건축한 보육시설은 처분제한기간을 경과한 경우에는 그 처분에 아무런 제한을 받지 않는다는 점에 비추어 볼 때, 보조사업자가 보조금으로 건립한 보육시설, 기타 부대시설을 그 준공일로부터 일정기간 동안은 노동부장관의 승인 없이 국고보조금 교부목적에 위배되는 용도에 사용하거나 양도, 교환, 대여 또는 담보에 제공할 수 없다고 규정하고 있는 직장보육시설설립운영지침을 준수할 것을 조건으로 보조금을 교부받아, 여기에 자기 부담금을 보태서 보육시설을 건축하여 일정기간 보육시설을 운영하다가 임의로 이를 제3자에게 매도한 경우, 처분제한기간 중 스스로 보육시설을 운영한 기간에 상응한 부분은 직장보육시설 보조금이 그 목적대로 집행된 것이라고 볼 여지가 있으므로, 보육시설을 타에 매매함으로써 처분제한 조건을 위반하였다는 사유로 같은 법 제30조 제1항에 의하여 보조금교부결정을 취소함에 있어서는 매매에 이른 경위 등 다른 사정들과 함께 보조금이 일부 그 목적대로 집행된 사정을 감안하여 취소의 범위를 결정하여야 한다. [2] 보조금교부결정을 전부 취소한 행정청의 처분이 재량권의 한계를 일탈·남용한 것이라고 한 사례. <철회 사안>

21 비교대상집단 및 복수집단의 사이의 차별 취급에 관한 자료가 기록에 나타나지 않음.

3) 신뢰보호의 원칙: 부담 불이행으로 철회된 경우이기 때문에 해당사항 없음

▶ 부관이 위법 부담으로 무효라는 견해를 취하면 신뢰보호의 원칙을 주장할 수 있음. 즉, 공적 견해의 표명(금지해제결정), 귀책사유 없는 신뢰(위법한 부담으로 귀책사유가 없다고 보아야 됨), 신뢰에 따른 행위(공사와 대출) 및 인과관계, 선행처분에 반하는 후행처분(철회)이기 때문에 본건 철회는 신뢰보호의 원칙을 위반한 처분이다.

4. 절차와 형식의 측면에서 주장할 수 있는 위법

가. 행정절차법

금지해제결정 취소처분은 불이익처분이기 때문에 행정절차법상 절차 위반 주장 가능.

따라서 사전통지절차, 청문절차(의견제출), 문서주의와 이유부기, 송달 등 검토해야 됨.

본건 법률상담일지에서 나타난 '취소함에 있어서 의견을 제출할 수 있다는 뜻과 의견을 제출하지 않는 경우의 처리방법 등을 사전에 알려주지 않았다'는 내용에 비추어 사전통지누락사실 및 의견 제출 기회를 부여받지 못한 사실은 행정절차법 위반으로 위법함.

> 대판 2000. 11. 14. 선고 99두5870 [지하수개발이용수리취소및원상복구명령취소]
> [1] 행정절차법 제21조 제1항, 제4항, 제22조 제1항 내지 제4항에 의하면, 행정청이 당사자에게 의무를 과하거나 권익을 제한하는 처분을 하는 경우에는 미리 처분하고자 하는 원인이 되는 사실과 처분의 내용 및 법적 근거, 이에 대하여 의견을 제출할 수 있다는 뜻과 의견을 제출하지 아니하는 경우의 처리방법 등의 사항을 당사자 등에게 통지하여야 하고, 다른 법령 등에서 필요적으로 청문을 실시하거나 공청회를 개최하도록 규정하고 있지 아니한 경우에도 당사자 등에게 의견제출의 기회를 주어야 하되, 당해 처분의 성질상 의견청취가 현저히 곤란하거나 명백히 불필요하다고 인정될 만한 상당한 이유가 있는 경우 등에는 처분의 사전통지나 의견청취를 하지 아니할 수 있도록 규정하고 있으므로, 행정청이 침해적 행정 처분을 함에 있어서 당사자에게 위와 같은 사전통지를 하거나 의견제출의 기회를 주지 아니 하였다면 사전통지를 하지 않거나 의견제출의 기회를 주지 아니하여도 되는 예외적인 경 우에 해당하지 아니하는 한 그 처분은 위법하여 취소를 면할 수 없다.
> [2] 행정청이 온천지구임을 간과하여 지하수개발·이용신고를 수리하였다가 행정절차법상의 사전통지를 하거나 의견제출의 기회를 주지 아니한 채 그 신고수리처분을 취소하고 원상복 구명령의 처분을 한 경우, 행정지도방식에 의한 사전고지나 그에 따른 당사자의 자진 폐공 의 약속 등의 사유만으로는 사전통지 등을 하지 않아도 되는 행정절차법 소정의 예외의 경 우에 해당한다고 볼 수 없다는 이유로 그 처분은 위법하다고 한 사례.

나. 학교보건법상 절차: 해당사항 없음.

〈정보비공개처분(2016. 9. 5. 처분문서 ③)〉

1. **법령검토**

가. 근거법령

취소소송의 대상이 '2016. 7. 1. 자 속초시 학교환경위생정화위원회 회의록 중 회의록에 기재된 발언내용'로 한정됨.

> **공공기관의 정보공개에 관한 법률**
>
> 제9조(비공개 대상 정보) ① 공공기관이 보유·관리하는 정보는 공개 대상이 된다. 다만, 다음 각 호의 어느 하나에 해당하는 정보는 공개하지 아니할 수 있다.
>
>   5. 감사·감독·검사·시험·규제·입찰계약·기술개발·인사관리에 관한 사항이나 의사결정 과정 또는 내부검토 과정에 있는 사항 등으로서 공개될 경우 업무의 공정한 수행이나 연구·개발에 현저한 지장을 초래한다고 인정할 만한 상당한 이유가 있는 정보.

나. 처분 요건 (법률요건 검토)

5호 비공개정보: 의사결정 과정 또는 내부검토 과정에 있는 사항 등으로서 공개될 경우 업무의 공정한 수행이나 연구·개발에 현저한 지장을 초래한다고 인정할 만한 상당한 이유가 있는 정보.

다. 처분 내용 (법률효과 검토)

정보비공개결정

2. **법률요건 측면에서 주장할 수 있는 위법**

가. 처분문서에 나타난 정보비공개사유(거부처분사유)

① 청구대상 회의록에 기재된 발언내용 중 중요한 사항은 이미 언론과 인터넷 등을 통하여 공개되어 있어 쉽게 검색이 가능하므로 정보공개의 이익이 없음.

② 청구대상 회의록에 기재된 발언내용은 '의사결정 과정에 있는 사항' 또는 이에 준하는 사항에 해당됨.

나. 사실오인

① 정보비공개사유(거부처분사유): 해당사항 없음(기록상 다툼있는 사실이 존재하지 않음[22])

② 정보비공개사유(거부처분사유): 비록 청구대상 회의록에 기재된 발언내용이 '의사결정 과정에 있는 사항' 또는 이에 준하는 사항에 해당될지라도,[23] 법 제9조 제1항 제5호에서

---

22 이론상 '청구대상 회의록에 기재된 발언내용 중 중요한 사항은 이미 언론과 인터넷 등을 통하여 공개되어 있어 쉽게 검색이 가능하다'는 사실에 대하여 다툴 수 있음.

23 대판 2003. 8. 22. 선고 2002두12946 의사결정과정에 제공된 회의관련자료나 의사결정과정이 기록된 회의록 등이 공공기관의정보공개에관한법률 제7조 제1항 제5호 소정의 '의사결정과정에 있는 사항'에 준하는 사항으로서 비공개대상정보에 해당되는지 여부(적극)

규정하고 있는 '공개될 경우 업무의 공정한 수행에 현저한 지장을 초래한다고 인정할 만한 상당한 이유가 있는 경우'에 해당되는 경우라 할 수 없음. 즉, 청구대상 회의록에 기재된 발언내용이 공개될 경우 업무의 공정한 수행이 객관적으로 현저하게 지장을 받을 것이라는 고도의 개연성이 존재하지 않음.[24] 따라서 사실오인의 위법이 있음.

대판 2003. 8. 22. 선고 2002두12946 [정보공개거부처분취소]

[1] 공공기관의정보공개에관한법률상 비공개대상정보의 입법 취지에 비추어 살펴보면, 같은 법 제7조 제1항 제5호에서의 '감사·감독·검사·시험·규제·입찰계약·기술개발·인사관리· 의사결정과정 또는 내부검토과정에 있는 사항'은 비공개대상정보를 예시적으로 열거한 것 이라고 할 것이므로 의사결정과정에 제공된 회의관련자료나 의사결정과정이 기록된 회의 록 등은 의사가 결정되거나 의사가 집행된 경우에는 더 이상 의사결정과정에 있는 사항 그 자체라고는 할 수 없으나, 의사결정과정에 있는 사항에 준하는 사항으로서 비공개대상정보 에 포함될 수 있다.

[2] 공공기관의정보공개에관한법률 제7조 제1항 제5호에서 규정하고 있는 '공개될 경우 업무의 공정한 수행에 현저한 지장을 초래한다고 인정할 만한 상당한 이유가 있는 경우'라 함은 같은 법 제1조의 정보공개제도의 목적 및 같은 법 제7조 제1항 제5호의 규정에 의한 비공 개대상정보의 입법 취지에 비추어 볼 때 공개될 경우 업무의 공정한 수행이 객관적으로 현 저하게 지장을 받을 것이라는 고도의 개연성이 존재하는 경우를 의미한다고 할 것이고, 여 기에 해당하는지 여부는 비공개에 의하여 보호되는 업무수행의 공정성 등의 이익과 공개에 의하여 보호되는 국민의 알권리의 보장과 국정에 대한 국민의 참여 및 국정운영의 투명성 확보 등의 이익을 비교·교량하여 구체적인 사안에 따라 신중하게 판단되어야 한다.

[3] 학교환경위생구역 내 금지행위(숙박시설) 해제결정에 관한 학교환경위생정화위원회의 회 의록에 기재된 발언내용에 대한 해당 발언자의 인적사항 부분에 관한 정보는 공공기관의정 보공개에관한법률 제7조 제1항 제5호 소정의 비공개대상에 해당한다고 한 사례.[25]

동지, 대판 2012. 10. 11. 선고 2010두18758 [정보공개거부처분취소][26]

---

24 대판 2003. 8. 22. 선고 2002두12946 공공기관의정보공개에관한법률 제7조 제1항 제5호 소정의 '공개될 경우 업무의 공정한 수행에 현저한 지장을 초래한다고 인정할 만한 상당한 이유가 있는 경우'의 의미 및 그에 해당하는지 여부에 대한 판단 기준

25 원심은, 위 정화위원회의 심의회의에서는 위 정화위원회의 의사결정에 관련된 문답과 토의가 이루어지 므로 자유롭고 활발한 심의가 보장되기 위하여는 심의회의가 종료된 이후에도 심의과정에서 누가 어 떤 발언을 하였는지에 관하여는 외부에 공개되지 않도록 이를 철저히 보장하여야 할 필요성 즉, 위 정 화위원회의 회의록 중 발언내용 이외에 해당 발언자의 인적 사항까지 공개된다면 정화위원들이나 출 석자들은 자신의 발언내용에 관한 공개에 대한 부담으로 인한 심리적 압박 때문에 위 정화위원회의 심 의절차에서 솔직하고 자유로운 의사교환을 할 수 없고, 심지어 당사자나 외부의 의사에 영합하는 발언 을 하거나 침묵으로 일관할 우려마저 있으므로, 이러한 사태를 막아 정화위원들이 심의에 집중하도록 함으로써 심의의 충실화와 내실화를 도모하기 위하여는 회의록의 발언내용 이외에 해당 발언자의 인 적 사항까지 외부에 공개되어서는 아니된다 할 것이어서, '회의록에 기재된 발언내용에 대한 해당 발언

다. 법리오해

① 정보비공개사유(거부처분사유): 정보공개법 제9조 단서 각목에 해당되지 않기 때문에 위법함. 즉, 정보가 언론과 인터넷 등을 통하여 공개되어 있어 쉽게 검색이 가능하더라도 공개해야 됨.

> 대판 2010. 12. 23. 선고 2008두13101 판결 [정보공개거부처분취소] 〈소의 이익 유무〉
> 국민의 정보공개청구권은 법률상 보호되는 구체적인 권리이므로, 공공기관에 대하여 정보의 공개를 청구하였다가 공개거부처분을 받은 청구인은 행정소송을 통하여 그 공개거부처분의 취소를 구할 법률상의 이익이 있고, 공개청구의 대상이 되는 정보가 이미 다른 사람에게 공개되어 널리 알려져 있다거나 인터넷 등을 통하여 공개되어 인터넷검색 등을 통하여 쉽게 알 수 있다는 사정만으로는 소의 이익이 없다거나 비공개결정이 정당화될 수 없다(대판 2007. 7. 13. 선고 2005두8733, 대판 2008. 11. 27. 선고 2005두15694 참조).

3. 법률효과 측면에서 주장할 수 있는 위법

정보공개는 정보를 제공받는 수익적 행정행위이지만, 정보공개법이 반드시 공개하도록 기속해 위로 규정.

자의 인적 사항' 부분은 그것이 공개될 경우 정화위원회의 심의업무의 공정한 수행에 현저한 지장을 초래한다고 인정할 만한 상당한 이유가 있다고 판단하였다. <따라서 회의록 중 ② 회의록에 기재된 발언내용에 대한 해당 발언자의 인적사항을 제외한 ① 회의록에 기재된 발언내용 부분은 공개해야 된다고 해석됨>

26 대판 2012. 10. 11. 선고 2010두18758 [정보공개거부처분취소] [1] 공공기관의 정보공개에 관한 법률(이하 '정보공개법'이라 한다) 제9조 제1항 제5호에서 비공개대상정보로 규정하고 있는 '감사·감독·검사·시험·규제·입찰계약·기술개발·인사관리·의사결정과정 또는 내부검토과정에 있는 사항 등으로서 공개될 경우 업무의 공정한 수행에 현저한 지장을 초래한다고 인정할 만한 상당한 이유가 있는 정보'란 정보공개법 제1조의 정보공개제도의 목적 및 정보공개법 제9조 제1항 제5호에 따른 비공개대상정보의 입법 취지에 비추어 볼 때, 공개될 경우 업무의 공정한 수행이 객관적으로 현저하게 지장을 받을 것이라는 고도의 개연성이 존재하는 경우를 말하고, 이에 해당하는지는 비공개함으로써 보호되는 업무수행의 공정성 등 이익과 공개로 보호되는 국민의 알권리 보장과 국정에 대한 국민의 참여 및 국정운영의 투명성 확보 등 이익을 비교·교량하여 구체적인 사안에 따라 신중하게 판단할 것이다. 그리고 그 판단을 할 때에는 공개청구의 대상이 된 당해 정보의 내용뿐 아니라 그것을 공개함으로써 장래 동종 업무의 공정한 수행에 현저한 지장을 가져올지도 아울러 고려해야 한다. [2] 직무유기 혐의 고소사건에 대한 내부 감사과정에서 경찰관들에게서 받은 경위서를 공개하라는 고소인 갑의 정보공개신청에 대하여 관할 경찰서장이 공공기관의 정보공개에 관한 법률(이하 '정보공개법'이라 한다) 제9조 제1항 제5호 등의 사유를 들어 비공개결정을 한 사안에서, 위 경위서는 갑의 고소사건을 조사하는 과정이 아니라 내부 감사과정에서 제출받은 것인 점 등 위 경위서가 징구된 경위와 과정을 비롯하여 정보공개법 제9조 제1항 제5호에 따른 비공개대상정보의 입법 취지 등을 종합할 때, 경위서가 공개될 경우 앞으로 동종 업무 수행에 현저한 지장을 가져올 개연성이 상당하다는 이유로, 경위서가 공개될 경우 앞으로 내부 감사과정의 피조사자에게 어떤 영향을 미칠 수 있고, 그 때문에 업무수행에 어떤 변화가 초래될 수 있는지 등에 대한 고려 없이 위 경위서가 정보공개법 제9조 제1항 제5호의 비공개대상정보에 해당하지 않는다고 본 원심판결에 비공개대상정보에 관한 법리를 오해한 위법이 있다고 한 사례.

정보비공개는 거부처분이고, 정보공개법이 비공개정보에 해당하는 경우에만 비공개하도록 기속행위로 규정.

따라서 재량심사, 즉 재량권 일탈·남용의 문제가 발생하지 않음.

4. **절차와 형식 측면에서 주장할 수 있는 위법**

해당사항 없음(기록상 절차 위반 내용이 없음. 행정절차법 적용되지 않음.)

5. **법령 측면에서 주장할 수 있는 위법**

문제에서 근거 법령의 위헌·위법성에 관하여 기재하지 말 것.

〈소의 병합〉

1. **금지해제결정 중 건립기금 부관**(2016. 7. 4. 처분문서 ①)
   1) 부관의 성립상 한계 위반 (소수설)
   2) 부관의 일반적 한계 위반 / 부당결부금지의 원칙 위반

2. **금지해제결정취소처분**(2016. 8. 17. 처분문서 ②)
   1) 철회사유의 부존재
   2) 재량권 일탈·남용(비례의 원칙 위반, 신뢰보호의 원칙 위반(소수설))
   3) 행정절차법 위반(사전통지와 의견출기회부여 조항 위반)

3. **정보비공개처분**(2016. 9. 5. 처분문서 ③)
   1) 사실오인(5호 비공개대상정보에 해당하는지 여부)
   2) 법리오해(공개된 정보가 비공개대상정보에 해당하는지 여부)

소 장

원   고   박갑동
          속초시 영랑로 2길 1 3동 701호(영랑동, 대관령아파트)
          소송대리인 법무법인 동해
          담당변호사 나근면
          속초시 중앙대로 50 법조빌딩 3층
          전화: 033) 777-**** 팩스: 033) 777-*****

피   고   강원도 속초교육지원청 교육장

금지해제결정취소처분[27] 등 취소 청구의 소

청 구 취 지

1. 피고가 원고에게 한 2016. 7. 4.자 금지해제결정 중 건립기금부담[28]을, 같은 해 8. 17.자 금지해제결정취소처분을, 같은 해 9. 5.자 정보공개거부처분[29] 중 '회의록에 기재된 발언내용'부분[30]을 모두 취소한다.
2. 소송비용은 피고가 부담한다.
   라는 판결을 구합니다.

---

[27] 건립비용부담 부과처분 등, 부담 부과처분 등 또는 정보비공개결정 등, 정보공개거부처분 등 모두 가능하다.

[28] 금지해제결정 중 '신청인이 2016. 8. 3.까지 강원도 속초교육지원청에 속초교육지원청공무원휴양시설 건립기금 10억원을 납부할 것'부문을, 금지해제결정 중 부담(부분)을 및 건립기금 부담부과처분을 등 모두 가능하다.

[29] 정보비공개처분 또는 정보비공개결정 등 모두 가능하다.

[30] "2016. 7. 1.자 속초시 학교환경위생정화위원회 회의록"에 대한 정보공개거부처분 중 '회의록에 기재된 발언내용'부분을, "2016. 7. 1.자 속초시 학교환경위생정화위원회 회의록"에 대한 정보공개거부처분 중 '회의록에 기재된 발언내용에 대한 해당 발언자의 인적사항'을 제외한 나머지 부분을, 정보공개거부처분 중 '회의록에 기재된 발언내용에 대한 해당 발언자의 인적사항'을 제외한 나머지 부분을 등 모두 가능하다.

청 구 원 인

1. 이 사건 처분의 경위
생략

2. 이 사건 소의 적법성[31]

가. 대상적격

1) 금지해제결정 중 건립기금 부관

2016. 7. 4. 처분문서에 기재된 해제조건 "신청인은 2016. 8. 3.까지 강원도 속초교육지원청에 속초교육지원청공무원휴양시설 건립기금 10억 원을 납부할 것."부분은 실질적으로 부담에 해당되고, 판례에 따르면 부담은 독립해서 취소소송의 대상이 된다. 따라서 대상적격을 구비함.

2) 금지해제결정 취소처분

금지해제결정이 수익적 행정행위이고, 금지해제결정취소는 이러한 수익적 행정행위의 철회이기 때문에 취소소송의 대상이 된다. 따라서 대상적격을 구비함.

3) 정보비공개결정

정보비공개결정은 항고소송의 대상인 거부처분에 해당된다.

정보비공개결정 중 일부 취소 청구의 적법성: 2016. 9. 5.자 처분문서에 기재된 "2016. 7. 1. 자 속초시 학교환경위생정화위원회 회의록" 중 '회의록에 기재된 발언내용에 대한 해당 발언자의 인적사항'부분은 정보공개법 제9조 제1항 단서 제6회 비공개대상정보에 해당한다. 이러한 비공개대상 정보를 "2016. 7. 1. 자 속초시 학교환경위생정화위원회 회의록"에서 삭제한 나머지 '회의록에 기재된 발언내용'부분만을 공개하는 것이 가능하고 나머지 부분의 정보만으로도 공개의 가치가 있다. 본건 정보공개거부처분 중 일부 '회의록에 기재된 발언내용'부분만 취소소송의 대상이 된다. 따라서 대상적격을 구비함.

나. 제소기간

1) 금지해제결정 중 건립기금부분: 2016. 7. 5. 송달(송달보고서 – 본인수령)

안 날로부터 90일, 처분이 있는 날로부터 1년 중 전자(안 날)를 기준으로 2016. 10. 2.(일요일) 10. 3.(월요일, 공휴일, 개천절), 2016. 10. 4.(화요일)

2) 금지해제결정취소처분: 2016. 8. 19. 송달(송달보고서 – 본인수령)

안 날로부터 90일, 처분이 있는 날로부터 1년 중 전자(안 날)를 기준으로 2016. 11. 17. 목요일

3) 정보비공개처분: 2016. 9. 7. 송달(송달보고서 – 본인수령)

안 날로부터 90일, 처분이 있는 날로부터 1년 중 전자(안 날)를 기준으로 2016. 12. 5. 월요일

---

31 문제에서 출제된 바와 같이 대상적격과 제소기간만을 기재함.

4) 결론

금지해제결정 중 건립기금부분에 대한 취소를 구하는 2016. 10. 4.이 적법한 제소가 가능한 마지막 날짜임.

3. 이 사건 처분의 위법성

가. 금지해제결정 중 건립기금 부관

1) 부관의 성립상 한계 위반(소수설)

2) 부관의 일반적 한계 위반 / 부당결부금지의 원칙 위반

나. 금지해제결정취소처분

1) 철회사유의 부존재

2) 재량권 일탈·남용(비례의 원칙 위반, 신뢰보호의 원칙 위반(소수설))

3) 행정절차법 위반(사전통지와 의견출기회부여 조항 위반)

다. 정보비공개처분

1) 사실오인(5호 비공개대상정보에 해당하는지 여부)

2) 법리오해(공개된 정보가 비공개대상정보에 해당하는지 여부)

4. 결론

이상과 같은 이유로 금지해제결정 중 건립기금 부담부분, 금지해제결정취소처분, 정보비공개처분 등의 각 취소를 구하는 바입니다.

입 증 방 법

1. 금지해제신청에 대한 회신   (갑제1호증의 1)
2. 금지해제 결과통보서   (갑제1호증의 2)
3. 송달보고서   (갑제1호증의 3)
4. 금지해제결정 취소 통보   (갑제2호증의 1)
5. 송달보고서   (갑제2호증의 2)
6. 정보비공개 결정 통지징계서   (갑제3호증의 1)
7. 송달보고서   (갑제3호증의 2)

첨 부 서 류

1. 위 입증서류 사본   2부
2. 소송위임장   1부
3. 담당변호사 지정서   1부
4. 소장 부본   1부
(이하 생략)

2016.   10.   4.

원고의 소송대리인 법무법인 동해
담당변호사 나근면   ㊞

춘천지방법원 강릉지원 귀중

> 제2강
위헌법률제청신청

【문제[32] 2】

1. 의뢰인 박갑동을 위하여 법무법인 동해의 담당변호사 입장에서 위헌법률제청신청서를 첨부된 양식에 따라 아래 사항을 준수하여 작성하시오. (50점)

   가. 첨부된 위헌법률제청신청서 양식의 ①부터 ⑧까지의 부분에 들어갈 내용만을 기재할 것.

   나. "Ⅰ 쟁점의 정리"부분(③)부분에서는 본안과 관련된 쟁점만을 간략하게 기재할 것.

■ 작성요령

위헌법률제청신청서 작성 시 "신청이유"부분에서 「성매매알선 등 행위의 처벌에 관한 법률」은 '성매매처벌법'으로, 「아동·청소년의 성보호에 관한 법률」은 '청소년성보호법'으로 약칭할 수 있음.

---

[32] 2017. 1. 법무부에서 실시한 제6회 변호사시험 문제를 사용하였는데, 교육과 학습 목적을 위해 일부 수정, 삭제하였다.

위헌법률심판제청신청서

사 건 ①
피고인 (생략)
신청인 피고인

신 청 취 지
②
신 청 이 유

Ⅰ. 쟁점의 정리 ③
Ⅱ. 재판의 전제성 ④
Ⅲ. 이 사건 조항의 위헌성 ⑤
Ⅳ. 결 론 ⑥

첨부서류 (생략)

2017. (생략)

신청인의 대리인 ⑦ (인)

⑧ **귀중**

[시행 2014. 7. 29.] [법률 제12458호, 2014 1. 28. 개정]

제1조(목적) 이 법은 성매매, 성매매알선 등 행위 및 성매매 목적의 인신매매를 근절하고, 성매매피해자의 인권을 보호함을 목적으로 한다.

제2조(정의) ① 이 법에서 사용하는 용어의 뜻은 다음과 같다.
  1. "성매매"란 불특정인을 상대로 금품이나 그 밖의 재산상의 이익을 수수(收受)하거나 수수하기로 약속하고 성행위를 하거나 그 상대방이 되는 것을 말한다.
  2. ～ 3. (생략)
  4. "성매매피해자"란 다음 각 목의 어느 하나에 해당하는 사람을 말한다.
    가. 위계, 위력, 그 밖에 이에 준하는 방법으로 성매매를 강요당한 사람
    나. 업무관계, 고용관계, 그 밖의 관계로 인하여 보호 또는 감독하는 사람에 의하여 「마약류 관리에 관한 법률」 제2조에 따른 마약·향정신성의약품 또는 대마(이하 "마약 등"이라 한다)에 중독되어 성매매를 한 사람
    다. 청소년, 사물을 변별하거나 의사를 결정할 능력이 없거나 미약한 사람 또는 대통령령으로 정하는 중대한 장애가 있는 사람으로서 성매매를 하도록 알선·유인된 사람
    라. 성매매 목적의 인신매매를 당한 사람

제5조(다른 법률과의 관계) 이 법에서 규정한 사항에 관하여 「아동·청소년의 성보호에 관한 법률」 및 「대중문화예술산업발전법」에 특별한 규정이 있는 경우에는 그 법에서 정하는 바에 따른다.

제6조(성매매피해자에 대한 처벌특례와 보호) ① 성매매피해자의 성매매는 처벌하지 아니한다.
  ② ～ ③ (생략)

제10조(성매매금지) 누구든지 대통령령이 정하는 성행위 중 어느 하나에 해당하는 성매매를 하여서는 아니 된다.

제26조 (벌칙) ① 제10조를 위반하여 성매매를 한 사람은 1년 이하의 징역이나 300만원 이하의 벌금·구류 또는 과료(科料)에 처한다.
  ② (생략)

「성매매알선 등 행위의 처벌에 관한 법률 시행령」 (발췌)

[시행 2014. 7. 29.] [대통령령 제21087호, 2014 1. 28. 개정]

제1조(목적) 이 영은 성매매알선 등 행위의 처벌에 관한 법률에서 위임된 사항과 그 시행에 관하여 필요한 사항을 규정함을 목적으로 한다.

제19조(금지되는 성매매의 유형) 법 제10조에서 "대통령령이 정하는 성행위"라 함은 다음 각 호에 해당하는 행위를 말한다.
1. 성교행위
2. 구강, 항문 등 신체의 일부 또는 도구를 이용한 유사 성교행위

「성매매알선 등 행위의 처벌에 관한 법률」 (발췌)

[시행 2016. 8. 29.] [법률 제23456호, 2015 12. 28. 개정]

제1조(목적) 이 법은 성매매, 성매매알선 등 행위 및 성매매 목적의 인신매매를 근절하고, 성매매피해자의 인권을 보호함을 목적으로 한다.

제2조(정의) ① 이 법에서 사용하는 용어의 뜻은 다음과 같다.
1. "성매매"란 불특정인을 상대로 금품이나 그 밖의 재산상의 이익을 수수(收受)하거나 수수하기로 약속하고 다음 각 목의 어느 하나에 해당하는 행위를 하거나 그 상대방이 되는 것을 말한다.
   가. 성교행위
   나. 구강, 항문 등 신체의 일부 또는 도구를 이용한 유사 성교행위

제10조(성매매금지) 누구든지 성매매를 하여서는 아니 된다.

제21조(벌칙) ① 제10조를 위반하여 성매매를 한 사람은 1년 이하의 징역이나 300만원 이하의 벌금·구류 또는 과료(科料)에 처한다.
② (생략)

[시행 2016. 8. 29.] [대통령령 제34087호, 2016 1. 1. 개정]

제1조(목적) 이 영은 성매매알선 등 행위의 처벌에 관한 법률에서 위임된 사항과 그 시행에 관하여 필요한 사항을 규정함을 목적으로 한다.

제19조(금지되는 성매매의 유형) 삭제

수임번호 2016-159	법률상담일지		2016. 11. 15.
의 뢰 인	박갑동	의뢰인 전화	010-9988-2388(휴대전화)
의 뢰 인 주 소	속초시 영랑로2길 1, 3동 701호(영랑동, 대관령 아파트)	의뢰인 E-mail	pgd65@***.com

상 담 내 용

1. 의뢰인 박갑동은 희귀병 치료를 전문으로 하는 의사로서 강원도 속초시 영랑동에서 병원을 운영하고 있는데, 의료관광호텔 신축 건으로 2016.9.19. 본 법무법인에 내방하여 법률상담을 받은 후 위 건과 관련된 소송행위를 본 법무법인에게 위임하였다.

2. 의뢰인은 2016.8. 하순경 인터넷 채팅사이트를 통해 알게 된 정을순에게 현금 15만 원을 주고 성교행위를 한 사실이 있는데, 이와 같이 성매매를 하였다는 사실로 2016.11.1. 기소되었고, 2016.11.14. 공소장 부본을 송달받았다. 이에 형사재판과 관련된 법적 문제를 알아보고 변호인의 조력을 받기 위해 금일 본 법무법인에 다시 내방하였다.

3. 의뢰인은 정을순에게 현금 15만 원을 주고 성교행위를 1회 한 사실은 인정하나, 정을순이 먼저 의뢰인에게 돈을 주면 성관계를 하겠다는 제안을 하였으므로 자신이 오히려 피해자라고 생각하고 있다.

4. 의뢰인은 「성매매알선 등 행위의 처벌에 관한 법률」을 찾아보고, 위 법률이 돈을 받고 성을 파는 사람뿐만 아니라 돈을 주고 성을 사는 사람도 똑같이 처벌하도록 하고 있음을 알게 되었다. 의뢰인은 성매매를 처벌하려면 원인제공자인 성판매 여성을 처벌하는 것만으로도 충분할 것으로 보이는데, 성관계를 강요하거나 여성의 성을 착취한 적도 없는 자신까지 형사처벌하도록 한 관계 법령이 자신의 권리를 불합리하게 침해한다고 생각하게 되었다.

5. 의뢰인의 희망사항
   의뢰인은 어떠한 강제력도 행사하지 않은 성매수자를 형사처벌하도록 한 관계 법령의 위헌성을 헌법소송을 통해 다투기를 희망함

법무법인 동해(담당변호사 나근면)

전화 033-777-****, 팩스 033-777-****

속초시 중앙대로 50 법조빌딩 3층

법무법인 동해 내부회의록

일 시: 2016. 11. 16. 17:00~18:00
장 소: 법무법인 동해 회의실
참석자: 김삼수 변호사(송무팀장), 나근면 변호사

김 변호사: 수임번호 2016-159호 박갑동 씨의 형사사건에 관하여 논의하겠습니다. 의뢰인이 성
매매 혐의로 공소제기되어 형사재판을 앞두고 있다고 들었는데요, 의뢰인을 위하여
어떤 소송전략을 구상하고 있나요?

나 변호사: 의뢰인이 경찰 및 검찰 수사과정에서 성매매 사실을 모두 인정하는 취지로 진술하였
기 때문에 형사재판에서 무죄변론을 하기는 어려울 것 같습니다. 그런데 의뢰인은 어
떠한 강제력도 행사하지 않은 성매수자의 성매매 자체를 금지하고, 이를 위반하면 징
역형으로까지 처벌할 수 있도록 한 관계 법령이 부당하다고 생각하고 있습니다. 그래
서 제1회 공판기일 이후에 관계 법령에 대해 위헌법률심판제청신청을 하려고 생각하
고 있습니다.

김 변호사: 그렇군요. 의뢰인이 관계 법령의 위헌성을 주장하고 있으니 법원이 위헌법률심판제청
신청을 받아들여 헌법재판소로부터 위헌 판단을 받을 수 있도록, 관계 법령으로 인해
침해되는 의뢰인의 기본권 등 위헌성에 대해 면밀히 검토하시기 바랍니다.

나 변호사: 네, 잘 알겠습니다.

김 변호사: 그리고 관계 법령을 살펴보다 보니 최근 사회문제로 되고 있는 스폰서 계약의 경우에
도 성매매처벌법에 의해 처벌되는지 여부가 궁금해지더군요.

나 변호사: 관계 법령에 비추어 보면, 성행위의 대가로 일정 기간 금품이나 재산상의 이익을 주기
로 하는 내용의 소위 스폰서 계약의 경우 성매매처벌법으로는 처벌되지 않습니다.

김 변호사: 그렇군요. 성매매가 근절의 대상이 되어야 할 만큼 해로운 행위인지에 대해서는 많은
논의가 있는 것으로 알고 있는데, 이에 대해서도 나 변호사께서 잘 검토하여 주시기

바랍니다.

나 변호사: 네, 잘 알겠습니다.

김 변호사: 그럼, 이상으로 오늘 회의를 마치겠습니다. 끝.

변 호 인 선 임 신 고 서

사 건	(생략)
피 고 인	박갑동

위 사건에 관하여 다음 표시 수임인을 소송대리인으로 선임하고, 다음 표시에서 정한 권한을 수여합니다.

수임인	법무법인 동해 속초시 중앙대로 50 법조빌딩 3층 전화 033-777-**** 팩스 033-777-****
수권사항	1. 일체의 소송행위 1. 위헌법률심판제청신청 등과 관련된 모든 소송행위 1. (생략)

2016.   11.   15

위임인	박 갑 동 (인)

(생략) 귀중

담 당 변 호 사 지 정 서

사　　건	(생략)
피 고 인	박갑동

위 사건에 관하여 법무법인 동해는 피고인의 변호인으로서 변호사법 제50조 제1항에 의하여
그 업무를 담당할 변호사를 다음과 같이 지정합니다.

담당변호사	변호사 나 근 면

2016.　　11.　　15.

법무법인　　　동해
대표변호사 김 영 현

속초시 중앙대로 50 법조빌딩 3층
전화 033-777-**** 팩스 033-777-****

(생략) 귀중

춘천지방검찰청 속초지청

2016. 11. 1.

사건번호   2016년 형제161223호
수 신 자   춘천지방법원 속초지원   발신자
                                           검 사   김동우 **김동우** (인)

제 목   **공소장**
          아래와 같이 공소를 제기합니다.

Ⅰ. 피고인 관련사항

피 고 인   1. 박갑동(65****−1******), 51세
           직업 의사, 010−****−****
           주거 속초시 영랑로2길 1, 3동 701호(영랑동, 대관령아파트)
           등록기준지 서울 서초구 서초대로 500
죄 명   성매매알선등행위의처벌에관한법률위반(성매매)
적용법조   (생략)
구속여부   불구속
변 호 인   없음

1223

피 고 인   2. 정을순(96****−2******), ○세
           직업 무직, 010−****−****
           주거 강릉시 경포대로13길 11(삼척동)
           등록기준지 강릉시 경포대로 65
죄 명   성매매알선등행위의처벌에관한법률위반(성매매)
적용법조   (생략)
구속여부   불구속
변 호 인   법무법인 강릉(담당변호사 김철현)

Ⅱ. 공소사실
1. 피고인 박갑동

　피고인 박갑동은 2016. 8. 26. 14:00경 속초시 (주소 생략)에 있는 금강호텔 705호에서 인터넷 채팅사이트 "하나클럽"을 통해 알게 된 정을순(여, ○세)에게 성매매 대금 명목으로 현금 15만 원을 주고 1회 성교행위를 하여 성매매를 하였다.

2. 피고인 정을순

　피고인 정을순은 위 제1항 기재 일시·장소에서 위와 같이 박갑동으로부터 15만 원을 받고 1회 성교행위를 하여 성매매를 하였다.

Ⅲ. 첨부서류
1. 변호인선임서 1통 (생략)

춘 천 지 방 법 원

속 초 지 원

공 판 조 서

제 1 회

사　　　건　　2016고단623 성매매알선등행위의처벌에관한법률(성매매)

판　　　사　　안덕중　　　　　　　　　　　기　　　일: 2017. 1. 9. 10:00

　　　　　　　　　　　　　　　　　　　　장　　　소:　　제405호 법정

　　　　　　　　　　　　　　　　　　　　공개여부:　　　　　　공개

법원사무관　박사무　　　　　　　　　　고 지 된

　　　　　　　　　　　　　　　　　　　　다음기일: 2017. 2. 6. 15:00

피 고 인　　1. 박갑동 2. 정을순　　　　　　　　　　　　　　각 출석

검　　　사　　김가연　　　　　　　　　　　　　　　　　　　　출석

변 호 인　　법무법인 동해 담당변호사 나근면 (피고인 1을 위하여)　　출석

　　　　　　법무법인 동해 담당변호사 나근면 (피고인 2를 위하여)　　출석

판사

　　피고인들은 진술을 하지 아니하거나 각개의 물음에 대하여 진술을 거부할 수 있고, 이익되는 사실을 진술할 수 있음을 고지

판사의 인정신문

　　성　　　　　명: 1. 박갑동 2. 정을순

　　주민등록번호: 각 공소장 기재와 같음

　　직　　　　　업:　　　　〃

　　주　　　　　거:　　　　〃

　　등 록 기 준 지:　　　　〃

판사

　　피고인들에 대하여

　　주소가 변경될 경우에는 이를 법원에 보고할 것을 명하고, 소재가 확인되지 않을 때에는 피고인들의 진술 없이 재판할 경우가 있음을 경고

검사

    공소장에 의하여 공소사실, 죄명, 적용법조 낭독

피고인 박갑동

    공소사실 모두 인정한다고 진술

피고인 정을순

    공소사실 모두 인정한다고 진술

피고인 박갑동의 변호인 변호사 나근면

    피고인 박갑동을 위하여 유리한 변론을 하고, 위헌법률심판제청신청을 위하여 변론 속행을
    요청함 (변론기재는 생략)

피고인 정을순의 변호인 변호사 김철현

    피고인 정을순을 위하여 유리한 변론을 함 (변론기재는 생략)

판사

    증거조사를 하겠다고 고지

증거관계 별지와 같음 (검사, 변호인)

판사

    각 증거조사 결과에 대하여 의견을 묻고 권리를 보호하는 데에 필요한 증거조사를 신청할 수
    있음을 고지

소송관계인

    별 의견 없다고 각각 진술

판사

    변론 속행

                            2017.   1.   9.

                        법원사무관   박사무   ㉑
                        판   사   안덕중   ㉑

진 술 서

성 명	정을순 (한자: 丁乙順)		성 별	여
생년월일	1996. 3. 15.	주민등록번호	960315-2******	
등 록 기 준 지	강릉시 경포대로 65			
주 거	강릉시 경포대로13길 11(삼척동)			
	(통 반)	휴 대 전 화	010-****-****	직 장 전 화	없음
직 업	무직	직 장 주소지			

위의 사람은 성매매알선등행위의처벌에관한법률위반(성매매) 피의사건의 (피의자, 피해자, 목격자, 참고인)(으)로서 다음과 같이 임의로 자필 진술서를 작성 제출함

진술거부권 고지 및 변호인 조력 등 확인 (생략)

1. 저는 2016.8.26. 14:00경 속초에 있는 금강호텔 705호에서 인터넷 채팅사이트 "하나클럽"을 통해 알게 된 박갑동으로부터 15만 원을 받고 박갑동과 1회 성관계를 한 사실이 있습니다.

1. 쉽게 돈을 별 수 있다는 생각에, 인터넷 채팅사이트를 통해 알게 된 박갑동에게 제가 먼저 성매매를 제안하였습니다.

1. 과거에도 인터넷 채팅사이트를 통해 알게 된 남자들로부터 돈을 받고 성관계를 한 사실로 여러 번 단속된 적이 있습니다.

1. 잘못을 깊이 반성하오니 선처 바랍니다. 다시는 성매매를 하지 않겠습니다

이상 진술한 내용은 전부 사실이며, 이 진술서는 자필로 제가 직접 작성하였습니다.

2016. 8. 27.

진술인 정을순 (인)

피 의 자 신 문 조 서

피 의 자: 박 갑 동

위의 사람에 대한 성매매알선등행위의처벌에관한법률위반(성매매) 피의사건에 관하여 2016. 9. 6. 속초경찰서 수사과 사무실에서 사법경찰관 경위 유연해는 사법경찰리 경사 황 동원을 참여하게 하고, 아래와 같이 피의자임에 틀림없음을 확인하다.

문　　피의자의 성명, 주민등록번호, 직업, 주거, 등록기준지 등을 말하십시오.
답　　성명은 박갑동(朴甲東)
　　　주민등록번호, 직업, 주거, 등록지기준지, 직장주소, 연락처는 각각 (생략)

사법경찰관은 피의사건의 요지를 설명하고 사법경찰관의 신문에 대하여「형사소송법」제244조의 3에 따라 진술을 거부할 수 있는 권리 및 변호인의 참여 등 조력을 받을 권리가 있음을 피의자에게 알려주고 이를 행사할 것인지 그 의사를 확인하다.

진술거부권 및 변호인 조력권 고지 등 확인

1. 귀하는 일체의 진술을 하지 아니하거나 개개의 질문에 대하여 진술을 하지 아니할 수 있습니다.
1. 귀하가 진술을 하지 아니하더라도 불이익을 받지 아니합니다.
1. 귀하가 진술을 거부할 권리를 포기하고 행한 진술은 법정에서 유죄의 증거로 사용될 수 있습니다.
1. 귀하가 신문을 받을 때에는 변호인을 참여하게 하는 등 변호인의 조력을 받을 수 있습니다.

문:　　피의자는 위와 같은 권리들이 있음을 고지받았는가요.
답:　　예. 고지를 받았습니다.

문:　피의자는 진술거부권을 행사할 것인가요.

답:　**아닙니다.**

문:　피의자는 변호인의 조력을 받을 권리를 행사할 것인가요

답:　**변호사 없이 조사를 받겠습니다.**

이에 사법경찰관은 피의사실에 관하여 다음과 같이 피의자를 신문하다.

문:　피의자는 형사처벌을 받은 적이 있나요.

답:　그런 사실 없습니다.

(기타 병역관계, 학력, 사회경력, 가족관계, 재산이나 월수입, 건강상태 등의 질문과 답변에 대하여는 생략)

문:　피의자는 정을순을 알고 있나요.

답:　예. 제가 즐겨 찾는 인터넷 채팅사이트 "하나클럽"에서 채팅을 하다 알게 된 사람입니다.

문:　피의자가 정을순과 인터넷 채팅을 처음 한 날짜를 구체적으로 기억하나요.

답:　예. 실제로 정을순과 만나기 전날 밤이었으니 2016.8.25. 23:00경으로 기억합니다.

문:　피의자는 정을순과 실제로 만나 성교행위를 한 사실이 있나요.

답:　예. 인터넷 채팅사이트에서 다음 날인 2016.8.26. 14:00경 속초시에 있는 금강호텔 근처에서 만나기로 했습니다. 그 후 금강호텔 705호실에 투숙하여 1회 관계를 가졌습니다.

문:　피의자는 정을순에게 성교행위의 대가로 돈을 준 사실이 있나요.

답:　예. 채팅 도중 정을순이 저에게 돈을 주면 만나주겠다는 취지로 말을 하였고, 제가 15만 원을 제안하고 다음 날 만났던 것입니다. 호텔에 투숙하기 전에 현금으로 15만 원을 정을순에게 직접 건네주었습니다.

문:　피의자와 정을순은 이날 처음 알게 된 사이인가요.

답:　예. 그렇습니다.

문:　피의자가 성매매를 한 사실을 인정하는가요.

답:　예. 제가 정을순에게 돈을 주고 성관계를 한 사실 자체는 인정합니다. 그렇지만 정을순이 저에게 먼저 제의를 했고, 비록 돈을 조금 주기는 했지만 제가 정을순에게 어떠한 강제력을 행사한 바도 없습니다. 성인들끼리 합의하여 돈을 주고 성관계를 한 것이 범죄행위가 된다고는 생각지도 못했습니다.

문:　이상의 진술에 대하여 이의나 이견이 있는가요.

답:　**없습니다.**

위의 조서를 진술자에게 열람하였던바, 진술한 대로 오기나 증감·변경할 것이 전혀 없다고 말하므로 간인한 후 서명·무인하게 하다.

진술자 **박 갑 동** (무인)

2016.   9.   6.

속초경찰서
사법경찰관 경위 **유 인 혜** ㉑
사법경찰리 경사 **황 동 원** ㉑

피의자신문조서

성   명: 박갑동
주민등록번호: (생략)

위의 사람에 대한 성매매알선등행위의처벌에관한법률위반(성매매) 피의사건에 관하여 2016.
10. 12. 춘천지방검찰청 속초지청 301호 검사실에서 검사 김동우는 검찰주사 전예리를 참여하게
한 후, 아래와 같이 피의자임에 틀림없음을 확인하다.
주민등록번호, 직업, 주거, 등록기준지, 직장주소, 연락처는 각각 (생략)

검사는 피의사실의 요지를 설명하고 검사의 신문에 대하여 「형사소송법」 제244조의3에 따라
진술을 거부할 수 있는 권리 및 변호인의 참여 등 조력을 받을 권리가 있음을 피의자에게 알려주
고 이를 행사할 것인지 그 의사를 확인하다.

[진술거부권 및 변호인 조력권 고지하고 변호인 참여 없이 진술하기로 함(생략)]

이에 검사는 피의사실에 관하여 다음과 같이 피의자를 신문하다.
문: 피의자는 형사처벌을 받은 적이 있나요.
답: 그런 사실 없습니다.

**(기타 병역관계, 학력, 사회경력, 가족관계, 재산이나 월수입, 건강상태 등의 질문과 답변에 대하여
는 생략)**

문: 피의자는 정을순에게 현금 15만 원을 주고 성교행위를 한 사실이 있는가요.
답: 예. 2016. 8. 26. 14:00경 속초시에 있는 금강호텔 705호실에 들어가기 직전에 현금 15만 원
        을 건네주고 1회 성교행위를 하였습니다.
문: 어떻게 발각되어 경찰의 수사를 받게 되었나요.
답: 그날 속초시에서 대대적으로 성매매 단속을 하는 날이었다고 합니다. 호텔에서 경찰관에게
        적발이 되었는데, 정을순이 이미 여러 차례 적발된 적이 있어 저까지 바로 입건되었습니다.
문: 피의자는 그날 정을순을 처음 만났나요.
답: 예. 맞습니다. 그날 처음 본 사람입니다.

문: 피의자가 성매매를 한 사실은 인정하나요.

답: 예. 제가 정을순에게 돈을 주고 성관계를 한 것은 사실입니다. 그렇지만 그러한 제안 자체
      는 정을순이 저에게 먼저 하였고, 저는 합의하에 돈을 주고 성관계를 하는 것이 이렇게 죄
      가 되는지도 몰랐습니다. 만일 제가 성매매로 조사를 받는다는 사실이 알려지게 되면 그동
      안 의사로서 힘들게 쌓아 온 제 명성에 금이 가는 것뿐만 아니라, 환자들까지 저를 찾지
      않을 것 같아 많이 두렵습니다. 돈을 벌 목적으로 저를 유혹한 정을순이 많이 원망스럽습
      니다. 원인을 제공한 성판매자를 나라에서 엄격하게 단속하여 저 같은 피해자가 더 이상
      발생하지 않기를 바랍니다.

문: 조서에 진술한 대로 기재되지 아니하였거나 사실과 다른 부분이 있는가요.

답: **없습니다**.

위의 조서를 진술자에게 열람하게 하였던바, 진술한 대로 오기나 증감·변경할 것이 전혀 없다고
말하므로 간인한 후 서명·무인하게 하다.

진술자 **박 갑 동** (무인)

2016.   10.   12.

춘천지방검찰청 속초지청
검   사   **김 동 우** ㉑
검찰주사   **전 예 리** ㉑

위헌법률제청신청 초안

적법요건

1) 대상　　구 성매매알선 등 행위의 처벌에 관한 법률(2014. 1. 28. 법률 제12458호로 개정되고, 2015. 12. 28. 법률 제23456호로 개정되기 전의 것) 제26조 제1항 제10조

피고인 박갑동 등에 대한 춘천지방법원 속초지원 2016고단623 성매매알선 등 행위의 처벌에 관한 법률위반 사건의 적용법률:

－ 범죄일시 2016. 8. 26. 14 : 00
－ 성매매처벌법(제12458호) 2014. 7. 29.부터 시행
　성매매처벌법(제23456호) 2016. 8. 29.부터 시행
－ '형법 제1조(범죄의 성립과 처벌) ① 범죄의 성립과 처벌은 행위 시의 법률에 의한다. ② 범죄 후 법률의 변경에 의하여 그 행위가 범죄를 구성하지 아니하거나 형이 구법보다 경한 때에는 신법에 의한다.'에 따라 성매매처벌법(제12458호)을 적용

2) 재판의 전제성　① 구체적 사건이 법원에 계속 중 [춘천지방법원 속초지원 2016고단623 성매매알선 등 행위의 처벌에 관한 법률위반]
② 위헌 여부가 문제되는 법률이 당해 소송사건의 재판에 적용되는 것 [처벌의 근거법률]
③ 법률이 헌법에 위반되는지 여부에 따라 당해 사건을 담당하는 법원이 다른 내용의 재판을 하게 되는 경우(다른 재판이란 원칙적으로 법원이 심리 중인 당해 사건의 재판의 주문을 달리하게 되는 경우 및 재판의 내용이나 효력에 관한 법률적 의미가 달라지는 경우) [위헌이면 무죄 가능]

위 헌

1. 기본권과 과잉금지의 원칙 위반 여부

1) 제한되는 기본권

헌법 제10조(개인의 인격권과 행복추구권 - 성적자기결정권), 제17조(사생활의 비밀과 자유), 제
15조(직업선택의 자유)

> 헌결 2016. 3. 31. 2013헌가2 성매매알선 등 행위의 처벌에 관한 법률 제21조 제1항 위헌제청 [다
> 수의견]
>
> 헌법 제10조는 개인의 인격권과 행복추구권을 보장하고 있고, 인격권과 행복추구권은 개인
> 의 자기운명결정권을 전제로 한다. 이러한 자기운명결정권에는 성행위 여부 및 그 상대방을
> 결정할 수 있는 성적 자기결정권이 포함되어 있고, 경제적 대가를 매개로 하여 성행위 여부를
> 결정할 수 있는 것 또한 성적 자기결정권과 관련되어 있다 볼 것이므로 심판대상조항은 개인
> 의 성적 자기결정권을 제한한다.
>
> 또한 심판대상조항은 개인의 성생활이라는 내밀한 사적 생활영역에서의 행위를 제한하고 있
> 으므로 헌법 제17조가 보장하는 사생활의 비밀과 자유도 제한한다.
>
> 한편, 헌법 제15조에서 보장하는 '직업'이란 생활의 기본적 수요를 충족시키기 위하여 행하
> 는 계속적인 소득활동을 의미하고, 성매매는 그것이 가지는 사회적 유해성과는 별개로 성판매
> 자의 입장에서 생활의 기본적 수요를 충족하기 위한 소득활동에 해당함을 부인할 수 없다 할
> 것이므로, 심판대상조항은 성판매자의 직업선택의 자유도 제한하고 있다.

2) 위헌성 심사의 도구

헌법 제37조 제2항의 과잉금지의 원칙 위배 여부

3) 과잉금지의 원칙 위배 여부

목적의 정당성: 심판대상조항의 해석 및 심판대상조항을 포함하는 법률의 전체적인 해석

수단의 적합성: 목적달성에 유일한 수단일 필요는 없고, 적합한 수단으로 족함

침해의 최소성: 수단과 수단의 관계

법익의 균형성: 심판대상조항을 통해 달성하려는 공익(추상적)과 침해되는 사익(구체적)

[전부 위헌 - 재판관 조용호 / 목적의 정당선, 수단의 적합성, 침해의 최소성, 범익의 균형성 원칙
에 위배[33]]

---

33 [일부 위헌 - 재판관 김이수, 강일원 / 성판매자에 대한 처벌은 수단의 적합성이나 침해의 최소성 원칙

4) 소결

과잉금지원칙 위배로 기본권 제한을 넘어 침해에 이르렀으므로 위헌임.

헌결 2016. 3. 31. 2013헌가2 [재판관 조용호의 전부 위헌의견]

가. 과잉금지원칙 위반

심판대상조항은 과잉금지원칙에 위반하여 성매매자(성판매자 및 성매수자)의 성적 자기결정권 및 사생활의 비밀과 자유를 침해하여 헌법에 위반된다.

(1) 인간의 본성과 성매매의 본질

(가) 인간의 본성

인류의 역사와 함께 해온 성매매는 시대와 국가를 불문하고 개인윤리 차원에서 비난을 받아왔을 뿐만 아니라 사회규범에 의한 제재·처벌의 대상이 되어 왔고, 특히 성을 파는 여성들은 뭇사람들의 사회적 멸시를 받아왔다. 그럼에도 성매매가 사라진 적은 없으며, 오히려 시대와 상황에 따라서는 성매매를 사회적으로 용인하거나 국가가 이를 장려하기도 하였다. 물론 그러한 역사적 사실이 곧바로 성매매를 정당화하거나 전면 허용해야 할 근거가 될 수는 없다. 그러나 성매매가 지금은 물론 앞으로도 계속 존속하리라고 예상되는 것은, 우리 인류가 도덕적 소양·윤리적 성찰이 부족하거나 성매매에 대한 제재·처벌이 약하기 때문이 아니라 성에 대한 인간의 본성에서 연유하는 것이기 때문이다. 인간은 다른 동물과 달리 종족번식을 위해서만이 아니라 즐거움을 추구하기 위하여도 성행위를 한다. 성행위를 통하여 얻는 즐거움에는 육체적인 쾌락에서 오는 즐거움도 있지만, 정서적 교감·감정적 이완·심리적 만족감·자기정체성의 확인 등 정신적 즐거움도 있다. 성행위를 통하여 얻는 즐거움으로 우리의 삶이 건강하고 행복하게 되며, 상대방과 함께 함으로써 긴밀하게 소통하거나 결속을 강화하게 된다. 성 자체가 목적이 되거나 육체적 쾌락만을 추구하는 것은 아니고, 성적 욕구를 통하여 다양한 이익과 행복을 추구하여 왔다. 인간의 성은 개인의 일생을 통해 한 개인의 삶과 함께 하고 한 개인을 그 사람답게 하는 특징을 보여주는 행동양식이다. 인간의 강한 성적 욕구 때문에 인류라는 종(種)

에 위배] [합헌 다수의견]

제청법원의 위헌법률심판제청 이유

성매매 목적의 인신매매를 방지하고, 성매매피해자를 보호하기 위한 심판대상조항의 입법목적은 일응 정당하다. 그러나 착취나 강요 없는 성매매를 처벌하는 것은 성적 자기결정권을 존중하는 변화된 사회의 가치관을 반영하지 못하며, 성매매 근절에 실효성이 있는지도 의문이다. 성판매자들은 사회적 요인으로 성매매로 내몰렸다는 점에서 보호와 선도의 대상으로 바라보아야 함에도 불구하고 이들을 형사처벌하는 것은 수단의 적합성 및 침해의 최소성 원칙에도 위배된다.

자발적 성매매와 성매매피해자를 구분하는 차별적 범죄화는 성판매자로 하여금 성매매피해자로 구제받기 위하여 성매매 사실을 스스로 진술하게 하므로 이들의 진술거부권을 형해화시킨다. 또한 불특정인을 상대로 한 성판매자만을 처벌하고, 특정인을 상대로 한 소위 축첩행위 등은 처벌하지 않는 것은 평등권을 침해한다.

이 멸종되지 않고 사회적 연대를 통하여 오늘날처럼 번창한 것이다.

　(나) 성매매의 본질

　성매매의 본질을 도덕적 타락, 선택한 노동, 자본주의와 가부장제의 모순의 산물, 여성에 대한 성적 폭력 등 어느 것으로 보든 모두 부분적인 진실을 가지고 있다. 이상주의적 도덕관에 따르면 건전한 성풍속 및 성도덕에 부합하는 성행위는 남녀가 어떠한 대가를 바라고서가 아니라 서로의 사랑을 느끼며 자연스러운 합의하에 성관계를 갖는 경우일 것이다. 그러나 현실에 있어서는 성관계가 반드시 사랑을 전제로 하는 것도 아니고, 성매매라 하여 반드시 사랑이 매개되지 않는 것도 아니다. 역사적으로 인간의 사랑이 어떤 대가나 경제적 조건을 전제로 한 것이라고 하여 처벌이나 제재의 대상이 되지는 아니하였고, 오히려 아무런 대가가 결부되지 않은 사랑이나 성관계를 찾아보기 어렵다. 따라서 단순히 성관계에 돈이 개재되었다는 이유만으로 이를 백안시하거나 비난하는 것은 성에 대한 도덕적·윤리적 편견에 불과하다. 성매매는 어느 누구에게도 해악이 되지 않고, 결혼이나 사랑을 전제로 하지 않는 성행위라 하여 도덕적으로 비난받을 것도 아니다. 이미 성이 개방된 사회에서 성매매가 성도덕을 타락시킬 수 있다는 비난은 현실에 부합하지 않을 뿐만 아니라, 성매매가 성적 욕망이 해소되는 공간으로 이해될 수도 있다. 인간의 본성에 따라 성매매에 대한 수요와 공급은 항상 있어 온 것이고, 그런 연유로 성매매가 인류의 가장 오래된 직업 중의 하나가 된 것이다. 성매매가 허용되어야 하는지, 규제되어야 하는지, 금지되거나 형사 처벌되어야 하는지에 대한 입장의 차이와 상관 없이, 나는 이 문제가 우리의 삶의 질에 영향을 미친다고 믿는다. 따라서 인간의 본성에 대한 깊은 성찰을 통하여 성매매의 본질을 고찰해본다면, 입법자는 그 수단이 열린 민주사회에서 타당하게 받아들일 수 없을 만큼 다른 기본권을 제한하면서까지 성매매를 규율할 것은 아니라고 생각한다.

　(2) 입법목적의 정당성에 관하여

　다수의견은 성매매가 인간의 성을 물질로 취급하거나 도구화하여 비인간성, 폭력성, 착취성을 가지는 등 사회적 유해성이 인정되므로 성매매를 근절함으로써 건전한 성풍속 및 성도덕을 확립하고자 하는 심판대상조항의 입법목적이 정당하다고 보고 있고, 일부 위헌의견도 위 입법목적의 정당성을 일단 수긍하고 있다. 그러나 나는 위에서 본 인간의 본성과 성매매의 본질을 고려하여 볼 때 심판대상조항의 입법목적부터 정당하다고 보기 어렵다고 생각한다.

　(가) 성매매의 사회적 유해성 여부

　사회의 유지는 그 구성원들이 하나의 지배적인 가치관을 공유하는 데서 지켜지는 것이 아니라 각 개인이 서로 다른 가치관을 가지고 있다는 사실을 인정하고 다른 가치관을 가진 사람들의 행위를 관용(寬容)하는 데서 지켜지는 것이다. 사람에 따라 추구하는 가치관이나 행복의 내용이 다르듯이 성적 욕구를 외부로 표출하는 양상 또한 다를 수밖에 없다. 성에 대하여 매우 엄격한 관념을 가진 사람은 성을 판매하는 행위가 자기 자신을 상품화하는 것이고 도덕적 노예제를 인정하는 것과 마찬가지로 결코 용납될 수 없다고 생각할 수 있다. 그러나 모든 사람이 이처럼 성적으로 엄격한 도덕관념을 갖고 있는 것은 아니고, 성인들 사이의 자유로운 의사의 합치에 따른 자발적 성매매도 얼마든지 가능하다. 자발적 성매매는 성판매자가 자신의 이익을 위하여 자유의지에 따라 스스로 상대방과의 성행위를 결정한 것이지, 다수의견에서 말하는 바와 같이 인간의 인격과 신체를 자본의 위력에 양보하는 것이 아니다. 성매매는 성판매자와 성매수자 사이에서 합의 아래 이루어지기 때문에 반사회적 불법성도 적다. 또한 성매매는 인간의 신체 또는 인격이 아닌 성적 서비스를 판매하는 것으로서 그러한 한도 내에서는 성매매 역시 다른 서비스업에서 제공되는 노동과 본질적으로 다르지 않다. 성매매가 성을 상품화하여 성판매자의 인격권을 침해하고 건전한 성풍속을 해하며 산업구조를 기형화시킨다는 주장은 성매매 자체의 속성이 아니라 성매매에 대한 사회적 낙인의 결과일 뿐이다. 결국 다수의견이 제시하는 사회적 해악은 가정적인 것이거나 구체적 법익 침해가 없는 것이다. 한편, 성매매특별법은 성매매 근절이라는 목적을 밝힌 것(제1조 참조) 외에는 성매매가 왜 근절되어야 하는지 그 이유를 밝히고 있지 않다. 성매매 자체가 인간의 존엄성을 침해하는 행위라고 본다면 성매매특별법에서 '성매매 피해자'라는 개념을 따로 상정하는 것(제2조 제1항 제4호, 제2장 등 참조)은 무의미하다. 심판대상조항의 입법목적은 성판매자의 인간의 존엄과 인격적 자율성을 보호하기 위하여 성판매자를 처벌한다는 것이어서 수긍하기 어렵다.

(나) 건전한 성풍속 및 성도덕의 모호함

위에서 살펴본 바와 같이 성매매 자체는 사회적 유해성을 갖고 있지 아니하므로, 국가가 형벌권의 행사를 통하여 윤리적·도덕적 영역인 성풍속을 국민에게 강제하고 그 준수 여부를 감독하는 것이 과연 정당한 국가의 책무인지 의문이다. 성풍속 및 성도덕 그 자체에 관여하는 것이 법의 의무는 아니며, 인간의 성생활에 있어서 형벌에 의한 규제 대상이 아닌 사적인 도덕과 부도덕의 영역은 존재하여야 한다. 건전한 성풍속 및 성도덕은 사회구성원들의 일반적인 통념을 기초로 하여 결정되는 것으로서 매우 추상적·관념적이고 불명확할 뿐만 아니라 시대와 장소, 상황 및 가치관에 따라 얼마든지 변화될 수 있는 개념이며, 이를 누가 어떻게 규정할 수 있는지조차 의문이다. 개인주의 및 성개방적 사고의 급속한 확산에 따라 성에 대한 인식이 바뀌어가고 있는 상황에서, 특정 성행위가 금전 등을 매개로 이루어졌다는 사정만으로 건전한 성풍속 및 성도덕을 해한다고 보는 것이 우리 사회 구성원들의 일반적인 인식이라고 단정하기도 어렵다. 사회 스스로 질서를 잡아야 할 내밀한 성생활의 영역에 건전한 성풍속 및 성도덕을 확립한다는 명분으로 국가가 개입하여 성매매를 형벌의 대상으로 삼는 것은 결국 입법자가 특정한 도덕관을 확인하고 강제하는 것이며, 이는 성별·종교·사회적 신분 등에 중립적인 우리의 헌법적 가치에 명백히 배치되고 나아가 성매매 여성에 대한 낙인찍기라는 부정적 평가 및 여성의 정조라는 성차별적 사고에 기인한 것으로 남녀평등사상에 기초한 헌법정신과도 합치되지 아니한다.

(다) 국가의 최소보호의무 위반과 심판대상조항

1) 자발적 성매매, 특히 생계형의 경우는 경제적 사정으로 어쩔 수 없이 성매매라는 직업을 선택할 수밖에 없는 '실존적(實存的) 삶'에 관한 문제이다. 다수의견은 성매매가 인간의 존엄성을 침해하는 것이어서 법적 보호의 대상에서 제외되어야 한다고 하지만, 인간의 생존을 위협하는 것보다 더 인간의 존엄성을 침해하는 것은 없다. 많은 여성 성판매자들이 다른 대안이 없는 절박한 상황에서 성매매업에 종사하게 되었다는 현실을 간과해서는 안 된다. 성매매라는 직업이 돈을 벌 수 있다 하더라도 대단히 힘들고 위험한 직업이며 사회의 경멸을 인내해야 하므로, 생계 때문에 성매매를 선택하는 여성들로서는 최후의 선택인 것이다. 건전한 성풍속 및 성도덕의 확립이라는 고상한 사회적 삶의 가치는 생계에 지장이 없는 일반인들에게는 타당할 수 있지만, 당장 먹고 사는 문제에 내몰리는 사람들 특히 사회적·경제적 약자인 여성들에게는 공허한 환상일 뿐이다. 사회적 삶의 가치나 담론(談論)은 생존 이후의 문제이기 때문이다. 성매매 여성들의 인권 보호를 위한다는 명분으로 만들어진 심판대상조항이 오히려 성매매 여성들의 생존을 위협하는 가장 큰 인권유린의 결과를 낳고 있는 것이다.

2) 법률은 헌법에 부합하는 가치를 형성하기 위하여 면밀하게 형성되고 발전하여야 한다. 따라서 어떤 법률 규정이 비록 표면적으로는 가치중립적이라 하더라도, 헌법적 이념과 가치를 폄하하는 실질적 효과가 인정된다면 그것은 위헌적이다. 우리 헌법은 제34조에서 국민의 인간다운 생활을 할 권리를 보장하고(제1항), 국가의 국민에 대한 사회보장·사회복지 증진노력의무(제2항)와 생계와 생활을 유지할 능력이 없는 국민에 대한 최소보호의무(제5항)를 규정하고 있다. 생계형 자발적 성매매 여성의 경우 국가로부터 최소한의 보호도 받지 못한채 그야말로 먹고 살기 위해 마지막 선택으로 성매매에 나아가게 되는데, 국민에 대한 최소보호의무조차 다 하지 못한 국가가 오히려 이들을 형사처벌하는 것은 결국 또 다른 사회적 폭력이다. "최고의 악질포주는 나라"라고 외치는 성판매 여성들의 절규를 들어야 한다. 우리의 딸이자 누이이며 자매인 '영자'(영자의 전성시대), '판틴'(레미제라블), '소냐'(죄와 벌)가 심판대상조항에 의하여 성매매죄로 처벌받는다고 가정해보라. 수긍할 수 있겠는가?

(3) 수단의 적합성 및 침해의 최소성에 관하여

(가) 형사처벌의 적정성 여부

1) 우리의 생활영역에는 법률이 직접 규율할 부분도 있지만 도덕에 맡겨두어야 할 부분도 있다. 도덕적으로 비난받을 만한 행위 모두를 형벌의 대상으로 삼는 것은 사실상 불가능하다. 개인의 성생활과 같은 사생활 영역에 대하여는 그 권리와 자유의 성질상 최대한 개인의 자기결정권에 맡기는 것이 헌법정신에 부합한다. 인간의 존엄에 대한 헌법적 보호의 방점(傍點)은 인간의 신체의 불가침성과 가치의 중대성에 있다. 그런데 성인 간의 자발적 성매매는 본질적

으로 개인의 사생활 중에서도 극히 내밀한 사사(私事)의 영역에 속하는 것이고, 제3자에 의한 알선 없이 개인 차원에서 이루어질 경우 그 자체로 타인에게 피해를 주거나 건전한 성풍속 및 성도덕에 해악을 미친다고 보기 어렵다. 대가를 전제로 하였더라도 자발적 성매매는 서로 간에 동의 아래 이루어지는 것이므로 보호범위 안에서도 가장 보호받아야 할 지점에 해당하는 바, 법익 침해를 기준으로 보면 그 범죄성을 설명할 수 없게 된다. 따라서 성도덕에 맡겨 사회 스스로 질서를 잡아야 할 성생활의 영역에 국가가 개입하여 이를 형벌의 대상으로 삼는 것은 성적자기결정권 및 사생활의 비밀과 자유를 침해하게 된다. 성적 자기결정권 및 사생활의 비밀과 자유를 침해받지 아니할 권리는 궁극적으로 인간의 존엄성을 보호하고 보장하기 위한 것이다.

2) 다수의견도 긍정하고 있듯이 현대 형법의 추세는 사생활에 대한 비범죄화(非犯罪化) 경향이다. 우리 헌법재판소가 과거 형법에 규정되고 있던 혼인빙자간음죄나 간통죄에 대하여 위헌 결정을 내렸던 것은 이와 같은 맥락에서였다(헌재 2009. 11. 26. 2008헌바58등; 헌재 2015. 2. 26. 2009헌바17등 참조). 특히 간통죄와 심판대상조항을 비교하여 볼 때, 법정형에 있어서 간통죄의 경우 2년 이하의 징역(형법 제241조 제1항)임에 반하여, 심판대상조항은 1년 이하의 징역이나 300만 원 이하의 벌금·구류 또는 과료이고, 간통의 경우 성적 성실의무를 위배하여 혼인제도·가족제도를 깨뜨리거나 그럴 위험성이 있는 행위서 사회적 유해성이 인정되고 배우자라는 피해자가 있음에 반하여, 심판대상조항의 경우에는 사회적 유해성은 물론 피해자도 없다. 이처럼 실정법에서나 사회의 법감정에서도 심판대상조항을 간통죄보다 가벼운 사안으로 보고 있다. 따라서 우리 헌법재판소가 이미 간통죄를 위헌으로 결정한 까닭을 돌이켜보면서 심판대상조항을 숙고해볼 때 이제 성매매를 비범죄화하기에 여건도 충분히 성숙된 것으로 보인다. 국제앰네스티도 2015년 더블린 국제대의원 총회에서 "성노동자들은 세상에서 가장 소외된 집단 중 하나로 늘 차별과 폭력, 학대의 위험에 놓여 있다. 이들의 인권을 보호하고 이들에 대한 학대와 폭력의 위험을 감소시킬 수 있는 최선의 길은 성노동과 관련된 모든 측면을 비범죄화하는 것이다."라고 하는 결의문을 채택한 바 있다. 다만, 여기서 우리가 경계하여야 할 것은 성매매의 비범죄화를 '합법화'로 확대해석하여 비범죄화가 마치 성매매를 조장하고 확산시킴으로써 사회의 건전성을 해칠 것이라는 오해이다.

3) 다수의견은 성매매 자체가 비인간성, 폭력 및 착취의 성격을 갖는다고 보지만, 이는 오히려 국가가 성매매를 사회적으로 근절되어야 할 대상으로 봄으로써 성판매자들을 법적 보호의 사각지대로 내몰았기 때문에 발생하는 문제이다. 성매매 종사자들은 성매매 자체가 필연적으로 폭력과 착취를 낳는 것은 아니므로 성매매를 사회의 구조적 폭력으로 보는 시각에 반대하고 있는바, 결국 성매매를 사회의 구조적 폭력으로 보는 시각은 윤리·도덕의 이름으로 휘두르는 사회적 편견에 불과할 수도 있다. 성매매 과정에서 인신매매, 아동·청소년의 성매매, 강요,

감금, 착취, 폭행 등의 범죄가 이루어진다면 마땅히 그에 대응하여 형사 처벌을 하여야 한다. 성매매를 알선·조장·방조하는 행위, 호객행위, 성매매 광고 등도 성매매를 외부적으로 드러내어 사회적 유해성을 인정할 수 있으므로 국가가 개입하여 이를 억제할 필요성이 있다. 적어도 입법론으로는 위와 같은 범죄에 단속 및 처벌을 집중하고 실효적인 형집행을 받도록 하는 것이 더 효과적이라고 볼 수 있다.

(나) 형벌의 실효성 여부

1) 심판대상조항은 성매매를 근절하기 위한 것이므로 수단의 적합성이 인정되기 위해서는 심판대상조항이 성매매를 억제하거나 예방의 효과가 있어야 한다. 다수의견은 성매매처벌법 시행 이후 집창촌 등 일부 성매매 집결지를 중심으로 성매매 업소 및 성판매 여성의 수가 감소한 점을 근거로 수단의 적합성을 인정하고 있다. 그러나 심판대상조항은 성매매 집결지에서의 성매매만을 처벌하는 조항이 아니고, 그 이상 다른 유형의 성매매가 늘어남으로써 전체 성매매에 대한 수요·공급의 억제 효과가 부정된다면 수단의 적합성을 인정할 수 없다. 그런데 성매매처벌법이 시행된지 10여 년이 지났음에도 성매매가 전체적으로 감소하였다는 자료는 없고, 각종 성매매 실태조사보고에 의하면 오히려 음성적 형태의 성매매를 확산하는 부작용만 낳고 있다는 것이다. 즉, 전체 성매매 업소 및 성판매 여성의 수가 증가하였고, 성매매 집결지를 중심으로 한 전통적인 유형의 성매매뿐만 아니라 겸업형 성매매, 인터넷이나 스마트폰을 이용한 성매매, 해외원정 성매매, 신종·변종 성매매 등 다양한 유형의 성매매 시장이 활성화되어 심각한 사회문제가 되고 있지만 그 규모조차 제대로 파악되지 않고 있는 실정이다. 그렇다면 성매매 근절을 목적으로 하는 심판대상조항은 성매매 근절에 전혀 기여하고 있지 못하므로 그 실효성에 강한 의문이 있고, 이는 결국 수단의 적합성 요건에 위반된다.

2) 이처럼 성매매 규모에 대한 정확한 실태 파악조차 어려운 상황에서는 일반 국민이 일상생활 공간에서 성매매 전단지나 호객행위 등 유해환경에 얼마나 자주 또는 쉽게 노출되는지도 심판대상조항의 실효성 여부를 판단함에 있어 중요한 의미를 가진다. 그런데 성매매처벌법 시행 이후 집창촌과 같은 성매매 집결지에 대한 단속이 집중되면서 그 풍선효과로서 위에서 본 바와 같은 음성적 형태의 성매매가 급격히 확산되고 있고, 연구 결과에 따라서는 최근의 성추행·성폭력 사범의 증가도 이와 긴밀한 관련이 있는 것으로 보고하고 있다. 그 결과 성매매 단속이 더 어려워진 점은 논외로 하더라도 단속과 처벌이 어려운 형태의 신종 성매매가 주택가, 오피스텔 등을 포함한 다양한 지역에 산재하게 되면서, 주로 집창촌에서 성매매가 이루어지던 과거에 비하여 성매매에 대한 접근성은 오히려 높아지게 되었다. 이는 청소년을 비롯한 일반 국민이 원하든 원치 않든 성매매 관련 정보에 쉽게 노출되거나 성매매에 접근할 수 있는 기회가 더 많아지게 되어 건전한 성풍속 및 성도덕 확립이라는 심판대상조항의 보호법익이 더 훼손되고 있음을 의미한다.

3) 이러한 결과가 다수의견에서 말하듯이 단지 수사기관의 간헐적 단속, 선별적 형사소추와 같은 집행상의 문제에 불과하다고 볼 수는 없다. 시간과 장소에 구애받지 않고 내밀하게 이루어지는 성매매를 경찰이 모두 단속한다는 것은 애초에 불가능할 뿐더러, 오히려 단속 실적을 높이기 위해 집창촌에 대한 집중적인 단속과 함정수사의 유혹, 단속 과정에서의 유착과 비리 등 경찰권의 남용과 부패를 초래한다는 것이 역사적 경험이고 현실이다. 성매매의 금지로 성판매자는 폭력에 더 취약해지고 사회에서 소외된다. 이 점에서도 심판대상조항을 성매매 근절에 실효성 있는 적절한 수단이라고 보기 어렵다.

(다) 덜 제약적 방법의 존재

다수의견이 구체적으로 설시하고 있듯이, 성매매처벌법과 성매매피해자보호법에서 성판매자로 하여금 성매매에서 벗어나 정상적인 사회에 복귀할 수 있도록 하는 여러 제도적 방안을 마련해 놓고 있는 것은 사실이다. 그러나 성매매에 대한 규제가 필요하더라도, 성매매의 발생 원인이 성판매자의 경제적 욕망으로 인한 경우든 성매수자의 성적 욕망으로 인한 경우든, 그것은 형사처벌에 의한 것이어서는 아니된다. 성매매의 문제에 대한 최선의 해결책은 사회보장·사회복지정책의 확충을 통하여 성매매여성이 성매매로부터 벗어날 수 있도록 지원하는 것이다. 다수의견은 성판매자에 대한 보호처분 가능성이 있어 국가형벌권의 행사를 최소화하고 있다고 하지만, 성매매처벌법상 성판매자에 대한 보호처분은 지도와 치료 및 상담을 병행하여 실효성 있게 이루어져야 함에도 그러한 질적 인프라가 구축되어 있지 못한 한계가 있다. 결국 다수의견이 설시하고 있는 여러 제도적 방안은 근본적인 해결책이 되지 못하므로, 그 정도의 제도적 방안을 마련한 것만 가지고 침해최소성을 벗어난다고 쉽게 단정할 것은 아니다. 입법례 중에는 성매매를 일정 부분 허용하거나 비범죄화하는 국가들이 있는바, 이는 성매매자를 처벌하는 것보다 완화된 기본권 제한 수단이 있음을 실증하는 것이다. 또한 성판매자를 형사처벌하지 않고 일정구역 안에서만 성매매를 허용하는 등의 덜 제약적인 방법이 가능하므로, 심판대상조항은 침해의 최소성 원칙에 위배된다.

(라) 특히 성매수자만의 처벌과 관련하여

1) 일부 위헌의견은 성판매자에 대한 처벌은 헌법에 위반된다고 보면서도 성매수자에 대한 처벌은 헌법에 위반되지 않는다고 한다. 그러나 심판대상조항은 성판매자와 성매수자를 모두 처벌한다는 점에서 강학상 대향범(對向犯)에 해당하는데, 일부 위헌의견과 같이 성매매를 사회적으로 유해한 행위로 본다면 성판매자와 성매수자의 가벌성(可罰性)을 달리 볼 이유는 없다. 유독 성판매자에 대하여는 사회구조적 문제를 내세워 비난가능성이 없다고 보면서 성매수자만 처벌하는 것은 오히려 처벌에서의 불균형성 문제가 생길 수 있고 또 하나의 성적 이중잣대를 강화할 뿐이다. 성을 파는 행위와 사는 행위는 동시에 일어난다. 성에 있어서 수요와 공급이 생겨나는 것은 인간의 자연스러운 현상이고, 이 두 가지 행위 중 어느 것이 더 비도덕적이냐

또는 가벌적이냐 하는 논의는 무의미하다. 일부 위헌의견이 지적하는 것처럼 성매매 예방교육의 실시, 성매매 업소나 성매매로 인하여 수익을 얻는 제3자에 대한 강력한 제재, 수익 박탈을 위한 몰수·추징 등과 같이 성산업 자체를 억제함으로써 성판매자 및 성매수자의 기본권을 덜 제한하면서도 성매매를 근절할 수 있는 방법이 존재한다면, 성판매자뿐 아니라 성매수자에 대한 형사 처벌 역시 불필요하고 과도한 제재로서 침해의 최소성 원칙에 위배된다. 따라서 성판매자뿐만 아니라 성매수자의 경우도 그 자체로는 사회적 유해성이 없으므로 이들을 형사 처벌의 대상으로 삼는 것은 모두 헌법에 위반된다고 보는 것이 논리적으로도 타당하고 성판매 여성의 보호라는 정책적 측면에서도 바람직하다. 남녀를 불문하고 성판매자는 처벌하지 않고 성매수자만 처벌하는 국가(스웨덴 등 북유럽 국가)에서 오히려 인터넷, SNS 등을 이용한 은밀한 형태의 성매매를 양산하고 성판매자가 성매매 장소와 고객을 관리해주는 범죄조직에 의탁하는 결과를 낳고 있다는 연구 보고를 주목할 필요가 있다.

2) 심판대상조항에서 보는 바와 같이 국가가 특정 내용의 도덕관념을 잣대로 그에 위반되는 성행위를 형사 처벌한다면, 그러한 도덕관념을 갖지 아니한 사람들의 성적 욕구는 억압될 수밖에 없고, 특히 그러한 도덕관념에 따른 성관계가 어렵거나 불가능한 사람들은 인간으로서 가장 기본적인 성적 욕구를 충족시킬 수 없는 상황으로 내몰릴 수도 있으므로, 성적 자기결정권 및 사생활의 비밀과 자유에 대하여 불필요하고 과도한 제한을 당하게 된다. 성적 생활영역에서의 합의 여부는 개인의 성품이나 매력, 호감, 처한 환경 등 다양한 요인에 따라 달리 결정될 수 있다. 그런데도 유독 경제적 대가를 매개로 한 성관계를 가질 수 없도록 하는 것은 그 외에 다른 여건을 갖추지 못한 사람들에게 사실상 성생활을 포기하라고 강요하는 것과 마찬가지이고, 이는 인간의 본성을 거스르는 가혹한 처사이다. 우리 사회에는 사고, 질병, 장애, 고령 및 기타의 사유로 자연스러운 이성 교제를 통하여 자신의 성적 욕망을 해결하기가 어렵고 성적으로 위로를 받고자 하는 욕구가 있으나 성구매가 자신의 성적 욕구를 충족시킬 수 있는 사실상 유일한 방법인 사람들, 예컨대 지체장애인, 홀로 된 노인, 독거남(獨居男), 동성애자, 외모가 추(醜)한 사람, 불법체류자나 이주 노동자(이하 '성적 소외자'라 한다) 등이 있다. 성적 소외자의 성 문제는 이미 우리 사회가 당면한 중요한 과제이다. 성생활은 고독감, 우울증 등 사회적·정서적 어려움을 극복하고 삶에 대한 긍정적 인식의 확립 및 자기존재감과 삶의 질 향상에 도움을 주므로, 성적 소외자에 대한 배려 차원에서도 성매매 문제를 진지하게 고려해야 한다. 헌법 제34조는 인간다운 생활을 할 권리와 함께 국가의 사회보장·사회복지 증진 의무를 규정하고 있으며(제1항, 제2항), 국가는 노인의 복지향상을 위한 정책을 실시할 의무를 지고(제4항), 신체장애자 및 질병·노령 기타의 사유로 생활능력이 없는 국민은 법률이 정하는 바에 의하여 국가가 보호하도록 규정하고 있다(제5항). 성적 소외자는 국가로부터 특별히 더 보호받아야 할 사람들이라고 할 수 있고, 이들이 다른 누구에게도 피해를 주지 않으면서 자발적으로 성

을 판매하고자 하는 상대방의 도움을 받아 성적 만족을 얻는다고 하여 우리 사회의 건전한 성풍속 및 성도덕이 무너질 것이라고 볼 수는 없다. 그럼에도 이들이 겪고 있는 성생활의 어려움을 국가가 함께 고민하고 해결하기 위해 노력하지는 못할지언정, 도덕적으로 건전하지 못하다고 비난하고 범죄화하는 것은 국가의 책임 방기(放棄)를 국민 개개인의 도덕성 탓으로 전가시키는 위선적 행태라 아니할 수 없다.

(마) 소결

따라서 심판대상조항은 건전한 성풍속 및 성도덕을 확립하기 위한 적합한 수단이 아닐 뿐더러 그러한 입법목적을 달성하기 위한 필요 최소한의 제재로 볼 수도 없으므로, 수단의 적합성 및 침해의 최소성 원칙에 위배된다.

(4) 법익균형성에 관하여

앞서 본 바와 같이 건전한 성풍속 및 성도덕의 확립은 심판대상조항의 정당한 입법목적이라고 보기 어렵고, 설령 심판대상조항의 입법목적의 정당성을 수긍한다 하더라도 그러한 공익은 지극히 추상적이거나 모호하여 개인의 주관적 도덕감정에 따라 달라질 수 있으며, 입법정책적 법익에 불과하여 헌법적 가치에 해당한다고 볼 수 없을 뿐만 아니라, 실제로 심판대상조항이 그 기능을 다하고 있다고도 볼 수 없다.

반면, 심판대상조항에 따른 형사처벌이 가져오는 사적 불이익은 매우 실질적이고 구체적이며 그 불이익의 정도가 크고, 심판대상조항으로 인하여 인간의 기본적 욕구 충족과 행복 추구를 위해 반드시 필요한 성적 자기결정권 및 사생활의 비밀과 자유라는 헌법상 기본권의 박탈에 이를 정도로 중대한 기본권침해가 발생하고 있다. 결국 심판대상조항은 법익 균형성도 상실하였다.

(5) 결론

따라서 심판대상조항은 과잉금지원칙에 위반하여 성매매자(성판매자 및 성매수자)의 성적 자기결정권 및 사생활의 비밀과 자유를 침해하므로 헌법에 위반된다.

2. 평등권과 자의금지의 원칙 위반

1) 비교대상 집단의 설정

- 본질적인 부분이 같은 집단

- 특정 소수를 상대로 한 성매매 vs 불특정 다수인을 상대로 한 성매매

　☞ 법무법인 동해 내부회의록 '성해위의 대가로 일정 기간 금품이나 재산상 이익을 주기로 하는 내용의 소위 스폰서 계약의 경우 성매매처벌법으로 처벌되지 않음.

2) 복수 집단의 차별적 취급

- 특정 소수를 상대로 한 성매매는 불처벌(성매매방지법 적용되지 않음) vs 불특정 다수인을 상대로 한 성매매는 처벌

3) 차별취급에 대한 심사(차별에 대한 위헌성 심사의 강도)

합리성 심사(합리적 이유에 관한 완화된 심사) / 합리적 차별인지 여부 / 원칙

- 차별 목적의 정당성

- 차별 수단의 적성성

비례성 심사(비례의 원칙에 따른 엄격한 심사) / 과잉차별인지 여부 / 헌법이 특별히 명시적으로 평등권을 보호하고 있는 영역 및 기본권의 침해와 관련된 영역

- 차별 피해의 최소성

- 법익의 균형성

4) 소결

자의금지원칙을 위반한 차별이 존재하므로 평등원칙을 위배하여 평등권을 침해한다.

헌결 2016. 3. 31. 2013헌가2 [재판관 조용호의 전부 위헌의견]

나. 평등원칙 위반

금품이나 그 밖의 재산상의 이익을 수수하거나 수수하기로 약속하고 일정한 성행위를 하는 경우에는 특정인을 상대로 하든 불특정인을 상대로 하든 본질적으로 동일한 성매매임에도 불구하고, 심판대상조항이 불특정인을 상대로 한 경우에만 처벌하여 이를 달리 취급하는 것은 합리적인 이유가 없다. 불특정인을 상대로 한 성매매가 특정인에 대한 성매매에 비해 사회적 유해성이 훨씬 크다고 하는 다수의견은 근거 없는 사회적 편견일 뿐이다. 심판대상조항이 불특정인을 상대로 한 성매매만을 처벌하는 결과, 가진 자들인 특정인을 상대로 한 값비싼 성매매, 예컨대 축첩행위나 외국인 상대의 현지처 계약 또는 최근 사회문제로 되고 있는 스폰서 계약 등은 문제삼지 않으면서, 불특정의 소시민들을 상대로 한 비교적 저렴하고 폐해가 적은 전통적인 성매매만을 처벌하고 사회적 망신을 주는 결과를 초래하여 심히 부당하다.

결국 심판대상조항은 불특정인을 상대로 한 성매매만을 처벌하므로 헌법상 평등원칙에 위반된다.[34]

---

34 헌결 2016. 3. 31. 2013헌가2 [다수의견] (3) 평등권 침해 여부 등 제청법원은 심판대상조항이 불특정인을 상대로 한 성판매는 처벌하면서 특정인에 대한 성판매는 처벌하지 않으므로, 불특정인을 상대로 한 성판매자의 평등권을 침해한다고 주장한다. 그런데 사회 전반의 건전한 성풍속과 성도덕에 미치는 영향, 제3자에 의한 착취 문제나 성산업의 재생산 등의 측면에서 볼 때 불특정인을 상대로 한 성판매는 특정인에 대한 성판매에 비해 사회적 유해성이 훨씬 크다고 평가할 수 있으므로 그러한 차별에는 합리적 이유가 인정된다. 따라서 심판대상조항은 평등권을 침해한다고 볼 수 없다. 그 밖에 제청법원은 심

3. 형식: 죄형법정주의 위반 여부

1) 내용

헌법 제13조 제1항(죄형법정주의), 명확성 원칙과 포괄위임금지의 원칙 위반 여부

헌결 1989. 12. 22. 88헌가13

죄형법정주의는 범죄와 형벌이 법률로 정하여져야 함을 의미하는 것으로 이러한 죄형법정주의에서 파생되는 명확성의 원칙은 누구나 법률이 처벌하고자 하는 행위가 무엇이며 그에 대한 형벌이 어떠한 것인지를 예견할 수 있고 그에 따라 자신의 행위를 결정지을 수 있도록 구성요건이 명확할 것을 의미하는 것이다.

---

2) 사안

성매매처벌법 제10조 누구든지 '대통령령이 정하는 성행위 중 어느 하나에 해당되는 성매매'를 하여서는 아니 된다.

성매매처벌법시행령 제19조 법 제10조에서 대통령령으로 정하는 성행위라함은 다음 각호에 해당되는 행위를 말한다. '1. 성교행위 2. 구강, 항문 등 신체의 일부 또는 도구를 이용한 유사성교행위'

3) 결론

성매매처벌법 제10조는 처벌대상 행위의 구체적 기준을 법률로 정하고 있고 하위법령에 위임하고 있는데, 위임법령에 구성요건과 형벌의 예측 가능한 구체적 내용이 규정되어 있지 않기 때문. 즉, 어떤 행위가 처벌될 것인지, 어떠한 형벌이 부과될 것인지를 예측할 수 없으므로 죄형법정주의, 명확성 원칙 위반으로 위헌임.

헌결 1994. 6. 30. 93헌가15,16,17 [수산업법 제52조 제2항 등 위헌제청]

(1) 이 사건의 논점은 수산업법 제52조 제1항 제4호, 제79조 제1항 제2호에 규정된 "어구의 선적·사용에 관한 제한 또는 금지" "어구의 제한 또는 금지"라는 범죄의 구성요건이 국민의 대표기관인 국회가 제정한 법률에 의해서 그 대강이 규정되어야 한다는 법치주의 내지 죄형법정주의의 원칙 및 그에서 파생되는 명확성의 원칙에 합당한 것이라 할 수 있는가, 그 규정을 통해서 국민의 예측가능성이 보장될 수 있는가 등의 문제에 귀착된다고 할 수 있는데, 우선 죄

판대상조항이 진술거부권을 침해하고 국제협약에 위반된다고 주장하나, 심판대상조항은 성판매자에게 형사상 불이익한 진술의무를 부과하는 조항이라 볼 수 없으므로 진술거부권을 제한하지 아니하며, 국내법과 동일한 효력을 가지는 국제협약은 위헌심사의 기준이 되지 못한다는 점에서 위 주장은 모두 이유 없다.

형법정주의 내지 명확성의 원칙에 대하여 살펴본다.

(2) 죄형법정주의는 반드시 국회가 제정한 형식적 의미의 법률로써 범죄와 그에 대한 형벌을 정하여야 함을 뜻한다. 그러나 오늘날 범죄의 구체적 내용, 환언하면 구성요건의 일부가 어쩔 수 없이 행정부에 위임되는 것이 용인되고 있다(헌법재판소 1991.7.8. 선고, 91헌가4 결정 등 참조). 위와 같은 위임입법이 불가피하게 행하여지는 이유는 현대 행정영역의 복잡화·방대화와 국회의 전문적·기술적 능력의 한계 및 시간적 적응능력의 한계 때문인데 다른 나라에서도 행정법 분야에서 형벌의 종류, 정도 자체는 법률로 정하되, 범죄구성요건에 관한 규정의 일부는 행정입법에 맡기고 있는 예가 적지 않은 것이다. 따라서 각 법률의 목적·내용에 따라 그러한 의미에서 위임입법이 허용될 수밖에 없는 합리적 이유가 있는 것인지의 여부가 구체적으로 검토되지 않으면 안 될 것이다. 물론 위임입법의 경우라도 권력분립주의·법치주의와 죄형법정주의의 본질에 입각하여 범죄의 구성요건과 형벌의 대강은 반드시 법률(모법)에 규정되어 국민들은 모법을 통해 어떤 행위가 처벌될 것인지, 어떠한 형벌이 부과될 것인지를 예측할 수 있어야만 할 것이고, 처벌법규에 있어서 구성요건과 형벌의 예측 가능한 구체적 내용이 규정되어 있지 않다면 이는 위임입법의 한계의 일탈문제인 동시에 죄형법정주의원칙의 침해문제가 경합된다고 할 것이다. 그런데 이 사건 심판대상규정은 국회의 기술적·전문적 능력과 아울러 시간적 적응능력과 관련이 있는 것으로서 앞서 본 바와 같이 형벌의 종류와 그 범위(상한)는 확실히 정하여져 있고 범죄의 대상이 되는 행위도 그 대강은 예측할 수 있도록 수권법률에 구체적으로 정하여져 있다고 볼 것이므로 결국 죄형법정주의의 원칙(특히 명확성의 원칙)에도 위반되지 않는다고 할 것이다. 이에 관련하여 예측가능성 문제를 아래에서 다시 상술하기로 한다.

(3) 예측가능성

처벌법규의 위임에 있어서 모법상의 범죄구성요건과 형벌의 범위는 더욱 예측 가능하여야 된다는 헌법재판소의 위 판례들에 비추어 볼 대 이 사건 심판대상규정으로는 무엇이 금지되는 행위인지 다소 애매하지 않는가 하는 의문을 가질 여지가 없지 않다. 그러나 위의 예측가능성의 유무는 당해 특정조항 하나만을 가지고 판단할 것은 아니고 관련법조항 전체를 유기적·체계적으로 종합판단하여야 하며 각 대상법률의 성질에 따라 구체적·개별적으로 검토하여야 할 것이다.

[일부 위헌 / 성판매자 처벌 위헌[35]]

헌결 2016. 3. 31. 2013헌가2 [재판관 김이수, 재판관 강일원의 일부 위헌의견]

우리는 성매매 근절과 건전한 성풍속과 성도덕 보호라는 심판대상조항의 입법목적이 정당하고, 성구매자를 형사처벌 하는 것 또한 헌법에 위반되지 않는다는 점에서는 다수의견과 견해를 같이 한다. 그러나 성판매자도 형사처벌의 대상에 포함시키는 것은 국가의 지나치게 과도한 형벌권의 행사로서 헌법에 위반된다고 생각하므로, 아래와 같이 반대의견을 밝힌다.

가. 성매매의 본질

성매매는 성구매자와 성판매자 사이의 개별적인 차원의 거래의 문제가 아니다. 이는 가부장적 사회구조와 노동 시장의 구조적 문제, 빈곤 등이 결합된 복합적인 문제이다. 즉, 성을 파는 개별적인 인간이 있는 것이 아니라 성이 상품화된 사회경제적 구조의 문제가 성판매자들을 성매매로 내몰고 있는 것이다. 10대에 성매매로 유입된 청소년들은 의존적이고 취약한 상태에서 빈곤 등의 이유로 성산업 구조에 편입되어 성인이 되어도 별다른 대안 없이 성매매에 남아 있는 경우가 많고, 성인이 된 후 빈곤 등의 이유로 성판매에 유입된 자들도 사회적 낙인과 차별로 인한 고립과 절망 상태에서 성매매에 종사하는 경우가 많다. 이들은 사회구조 내에서 취약한 지위에 놓인 경우로 성매매 외에는 달리 생계수단이 없다고 볼 수 있는 자들이다. 성매매 가운데는 남성 성판매자와 여성 성구매자 사이의 거래 유형도 있지만 거의 대부분 성판매자는 여성, 성구매자는 남성인 경우이고, 무엇보다 성매매라고 하면 여성이 성을 팔고 남성이 돈을 지불하는 유형이 이미 문화적으로 각인되어 있다. 이와 같이 성매매는 통상 여성 성판매자가 남성 성구매자에게 성적 서비스를 제공하고 남성 성구매자로부터 금전 기타 대가를 취득하는 형태로만 이루어지고 반대의 경우는 거의 드문 비대칭적 거래의 형태로 존재한다. 육아, 요리, 간호와 같이 주로 여성들이 종사해 온 다른 노동 역시 오늘날 상업화된 형태로 빈번하게 거래되는 것은 마찬가지지만, 이러한 노동은 설사 상업화된 거래가 아니어도 그 자체로 존재의 의미와 가치를 부여받고 있지만 성매매는 그렇지 않을뿐더러 그렇게 볼 수도 없다. 성구매 남성은 성판매 여성의 인격이나 감정을 전혀 고려하지 않고 자신의 일방적 만족을 위해 여성을 사용하고, 여성 성판매자는 성행위 자체를 동의한다 하더라도 성구매자의 일방적 요구에 따라 애정이나 친밀함은 커녕 일면식도 없는 성구매자와 성행위를 하게 되는 것이므로 그러한 행위는 단순히 거북함을 벗어나 여성 성판매자에게 신체적, 정신적인 고통을 유발한다. 결국 성매매는 가부장적 사회구조에서 여성 억압과 성차별을 더욱 강화하고, 자본에 의한 성판매자의 사물화, 대상화를 필연적으로 내포하게 되므로, 본질적으로 남성의 성적 지배와 여성의 성적 종속을 정당화하는 수단이자 성판매자의 인격과 존엄을 침해하는 행위로 볼

---

35 피고인 박갑동은 성매수인이기 때문에 본 일부 위헌의견과 관련 없음.

수밖에 없다.

　나. 성매매 관련 행위에 대한 규제와 성매매에 대한 사회적 인식의 변화

　(1) 성매매의 규제와 관련하여 성매매를 전적으로 금지하여 불법화하거나, 성매매자체는 합법화하되 알선 등 중개행위는 불법화하거나, 공창을 만들어 그곳에서의 성매매를 합법화하거나, 성판매는 비범죄화하고 성구매만을 형사처벌하는 정책 등 다양한 정책이 있다. 오늘날 성매매가 합법화된 나라에서도 인신매매에 의한 성매매 등 비자발적 성매매는 성판매자에 대한 인권침해행위이므로 이를 범죄화하여 성구매자나 인신매매에 관련된 자를 형사처벌하고 있다. 성인간의 자발적 성매매의 경우 성을 사고, 팔고, 중개하는 행위에 대한 법적인 규제는 나라마다 다르다. 우리나라와 미국 대다수의 주는 성을 사고, 파는 행위 모두를 형사처벌하고 있지만, 판매와 구매행위 모두 다 처벌하지 않는 나라들이 많다(네덜란드, 영국, 프랑스, 독일, 캐나다, 호주 등). 일본도 성매매자체는 금지하고 있지만 성매매를 형사처벌하고 있지는 않다. 다만 성판매자가 적극적으로 권유, 유인하는 행위를 처벌함으로써 사실상 성판매자만을 처벌하고 있다. 그리고 스웨덴, 아이슬랜드, 노르웨이와 같이 성판매자는 처벌하지 않되 성구매자만을 처벌하는 나라도 있다. 한편 중개행위에 대하여는 대부분의 나라들이 형사처벌을 하고 있다.

　(2) 인류의 역사를 살펴보면, 부계사회를 유지하고자 하는 남성 본위의 정조관념은 여러 남자에게 성을 제공하는 여성을 사회질서를 저해하는 부도덕한 존재로 비난하면서 사회적 낙인을 찍어 왔으며, 이를 근거로 성매매를 금지하기 시작하였다. 우리나라에서는 1961. 11. 9. '윤락행위 등 방지법'에서 '여자가 타락하여 몸을 파는 처지에 빠짐'이라는 의미의 '윤락'이라는 용어를 사용하면서 윤락행위 여성과 그 상대방을 형사처벌하기 시작하였다. 2004. 3. 22. '윤락행위 등 방지법'이 폐지되고 한 단계 진전된 성매매처벌법이 제정되었다. 성매매처벌법은 윤락이라는 표현 대신 '성매매'라는 가치중립적인 용어를 사용하고, 여전히 성매매 당사자 모두를 처벌하되, 강요 등에 의하여 성매매를 한 성판매자는 '성매매피해자'로 규정하여 형사처벌의 대상에서 제외하고 있다. 그뿐만 아니라, 2004. 3. 22. 성매매를 방지하고 성매매피해자 및 성판매자의 보호와 자립을 지원하는 것을 목적으로 '성매매방지 및 피해자보호 등에 관한 법률'이 함께 제정되었는데, 이 법률은 성매매피해자뿐 아니라 성판매자까지도 법적 보호의 대상으로 규정하고 있다. 제19대 국회에서는 성구매행위가 성착취행위이고 성매매여성을 처벌하는 것은 성매매의 본질에 반하므로, 성판매여성에 대한 세계적인 비범죄화 경향에 맞추어 성구매행위만을 처벌하도록 하는 내용의 성매매처벌법개정안이 발의되어 있기까지 하다. 또한 성매매피해자의 개념에서 물리적인 감금, 폭행, 강요 등의 정황이 없다고 하여 자발적인 성매매자로 분류되는 것을 막기 위하여 강요라는 용어를 삭제하고, 성판매자가 성매매알선이나 성매매목적의 인신매매를 신고하는 경우에는 처벌을 면제하는 내용의 성매매처벌법개정안도 발의되어 있다. 한편 2011년 제49차 유엔여성차별철폐위원회에서는 한국에 유엔 여성차별철폐 협약 제6조

를 이행할 것을 권고하면서 '성매매 여성을 비범죄화하고 성매매에 개입된 여성들을 처벌하지 않도록 성매매관련 정책과 형법을 포함한 관련 법안들을 검토할 것'을 촉구함으로써, 이와 같은 차별적 범죄화 정책을 지지하고 있다. 2014. 2. 유럽의회 결의문에서도 성판매자는 처벌되지 않아야 하며 회원국들에게 성판매자에 억압적인 법을 폐지할 것을 촉구하면서 "여성과 미성년여성의 인신매매를 줄이고 젠더평등을 개선하는 한 가지 방법은 스웨덴, 아이슬란드, 노르웨이가 채택한 모델(소위 노르딕 모델)임을 고려하는 것이며, 여러 유럽 국가들에서 고려 중인 이 모델 하에서는 성 서비스의 구매는 범죄이지만 성판매자의 서비스는 범죄가 아님"을 밝힌 바 있다. 위와 같은 변화는 성매매를 둘러싼 사회·경제·문화적 구조를 직시하면서 성판매자인 여성은 억압적이고 성차별적인 사회구조의 피해자라는 인식이 점차 확산되면서 일어난 것이다. 이러한 사회적 인식의 변화와 세계적인 흐름에 비추어 볼 때 오늘날 우리 사회에서 성판매자는 기본적으로 형사처벌의 대상이라기보다는 보호와 선도를 받아야 할 사람이라고 인식하는 것이 중요하다.

다. 성판매자 처벌의 위헌성

(1) 성매매의 근절과 건전한 성풍속 내지 성도덕의 확립이라는 심판대상조항의 입법목적의 달성을 위하여 성판매자를 형사처벌하는 것이 적합한 수단인지, 침해의 최소성 요건을 갖추고 있는지 살펴본다. 앞에서 살펴본 바와 같이 성매매는 신체적, 정신적 고통을 유발함에도 불구하고 다른 생계수단이 없어 성매매로 내몰린 여성을 사물화, 대상화함으로써 성판매자인 여성의 인격과 존엄을 침해하는 행위이고, 성구매남성은 이러한 인격권 침해행위의 주체인 반면 성판매여성은 사회구조적 억압과 차별의 그늘에 자리 잡은 자이므로, 오늘날 우리 사회에서 성판매여성은 형사처벌의 대상이라기보다는 오히려 우선적으로 보호와 선도를 받아야 할 사람이다. 한편, 헌법은 국가의 모성 보호의무(제36조 제2항)와 여자의 복지와 권익 향상(제34조 제3항) 및 근로에 대한 특별한 보호(제32조 제4항) 의무를 규정하여 일정한 영역에서는 여성의 권리를 남성보다 더 특별히 보호하여야 한다고 선언하고 있다. 성판매자는 여성이라고 각인되어 있는 현실에서 성판매자인 여성은 여성과 모성의 보호라는 헌법정신을 구현하기 위해서도 성구매자인 남성과는 달리 더 두텁게 보호되어야 한다. 절도나 다른 생계형 범죄와는 달리 성매매는 타인의 법익에 대한 구체적인 침해나 위협을 가하는 행위가 아니므로 사회구조적인 측면에서 성판매여성이 다른 직업을 선택할 가능성이 없다면 이를 도외시하고 형식적으로 자발적인 성매매라고 하여 온전히 자율적인 판단에 의한 선택으로 보아 형사책임을 물을 수는 없을 것이다. 이에 대하여 다수의견은 사회구조적 요인에 따른 영향이 성매매에만 국한된 특유한 문제라고 볼 수 없고, 그러한 외부적 요인이 성판매자의 자율적인 판단을 완전히 박탈할 정도에 이르지 않은 이상 비난가능성이나 책임이 부정될 수 없다고 한다.

그런데 유독 성매매에 있어 다른 생계형 범죄와 달리 사회구조적 요인이 부각될 수밖에 없는 이유는 성은 특별하기 때문이다. 성은 인간의 삶에서 가장 근본이 되는 사랑, 결혼, 출산의 원천이며, 자신의 성을 가치있는 것으로 지켜내는 것은 인간으로서의 존엄과 가치를 위한 토대가 된다. 이러한 성을 스스로가 거래의 대상으로 하는 것은 성판매자로 하여금 상상하지 못할 정도의 신체적, 정신적 고통을 가져올 수 있다. 그럼에도 불구하고 성판매자들이 성매매를 할 수밖에 없는 이유는 그러한 고통을 감수하고 남을 정도로 이들이 직면한 먹고 살 걱정, 즉 생존의 문제가 절박하기 때문이고 이는 사회구조적인 것으로 개인이 쉽게 해결할 수 있는 것도 아니다. 자발적으로 시작한 성매매라고 하더라도 그 과정에서 성구매남성의 폭력적, 일탈적 행위가 벌어지기 십상이고, 강요된 성매매로 변질되기 쉽다. 우리 사회 전반에 퍼져 있는 성차별적 상황 및 성매매여성에 대한 편견과 낙인 등에 비추어 볼 때, 성판매자가 포주 등으로부터 성매매를 강요받게 되더라도 성매매를 자발적으로 중단하기란 사실상 어렵다고 보인다. 이와 같이 성판매자가 자율적 판단에 따라 선택한 성행위라 하더라도 이를 직업으로 선택함에 있어서는 비자발적 요소가 필요불가결하게 개입될 수밖에 없기 때문에 성판매자의 성행위를 자율적인 판단에 의한 선택으로만 보기도 어렵다. 그럼에도 불구하고 성판매여성에 대한 보호와 선도 대신 형사처벌을 가한다면 차별적인 노동시장이나 가부장적 사회구조, 여성에 대한 성적 편견 등이 더욱 고착되어 여성의 성이 억압되고 착취되는 상황을 더욱 악화시킬 수 있게 된다. 성매매 근절과 건전한 성풍속 및 성도덕 보호라는 입법목적이 이러한 상황까지 정당화할 수 있는 것은 아니다.

(2) 성매매로의 유입 억제와 성판매자들에 대한 성매매 이탈 유도는 형사처벌만으로 달성할 수 있는 것이 아니다. 대부분의 성판매자들은 형사처벌의 위협에도 불구하고 경제적인 이유로 성판매에 종사하고 있는바, 이들의 성매매 이탈을 촉진하고 유입을 억제하려면 다른 경제활동을 할 수 있는 지원과 보호를 제공하는 것이 보다 근원적이고 바람직하다. 성에 대한 올바른 인식 정립을 위한 성매매 예방교육 실시와 더불어 성매매 업소나 성매매로 인하여 수익을 얻는 제3자에 대한 제재와 몰수, 추징 등의 방법으로 그 수익을 박탈하여 성산업 자체를 억제하는 방법도 중요하다. 또한 형사처벌 대신 보호나 선도 조치, 예를 들어 성매매 장소나 지역에의 출입금지, 보호관찰, 사회봉사·수강명령, 성매매피해상담소에의 상담위탁, 전담의료기관에의 치료위탁 등의 보호처분을 통하여 성매매 이탈을 유도하는 방법도 있다(성매매처벌법 제12조, 제14조 제1항). 이처럼 형사처벌을 하지 않더라도 성판매자들의 기본권을 보다 덜 제한하는 방법에 의한 성매매 근절이 충분히 가능하다고 보인다. 이에 대해 다수의견은 성매매처벌법에서 성매매피해자의 개념을 넓게 인정하여 형사처벌의 대상에서 제외하고 성매매피해자에 해당하지 않는 자발적인 성판매자에 대하여만 형사처벌을 하고 있다는 점을 들어 성판매자에 대한 형사처벌이 과도하지 않다고 주장한다. 그러나 이러한 이분법은 성판매자에게 다른 직업의 선택가능성이 존재하고 차별적인 노동시장이나 빈곤 등과 같은 사회구조적인 요인이 성판

매자의 선택에 영향을 미치지 않는다는 전제에서만 타당한 것이다. 그렇지 않은 상황에서는 무의미한 구별에 불과하다. 특히 위계, 위력, 그 밖에 이에 준하는 방법으로 성매매를 강요당한 사람 등을 성매매피해자로 규정하여(성매매처벌법 제2조 제1항 제4호 가목) 처벌대상에서 제외하고 각종 보호를 제공한다고는 하지만(성매매처벌법 제6조), 포주 등으로부터 위계, 위력으로 성매매를 강요당하여 위 처벌특례 및 보호조항의 적용을 받을 수 있는지를 스스로 판단하기 어려운 성판매자가 처벌의 위험을 무릅쓰고 폭력적인 포주나 고객을 신고하기란 쉽지 않다. 오히려 다른 직업의 선택가능성이 없어 성매매 외에 달리 생계수단이 없는 성판매자의 입장에서는 성매매가 발각되어 수사를 받게 되는 경우 성매매를 자발적으로 하였다고 할 수도 없고 성매매피해자라고 적극적으로 주장할 수도 없는 애매한 상황에 처하게 된다. 이 경우 대부분 이들은 형사처벌을 피하고자 성구매자와의 관계에서 불평등한 지위에 놓이게 되고, 처벌의 위험으로부터 자신들을 보호해 줄 포주나 범죄조직 등에 더욱 의존하게 된다. 그 결과 성판매자들에 대한 성착취 환경을 고착시켜 경제적 착취와 인권침해적인 상황을 더욱 심화하고, 성매매 시장을 지하화, 음성화하여 오히려 성매매 근절에 장해가 된다. 다수의견은 성매매근절의 실효성을 달성하기 위해서도 성판매자까지 반드시 처벌하여야 한다고 주장하나, 성판매자에 대한 비범죄화를 택한 스웨덴에서 오히려 성매매 근절에 괄목할만한 성과가 있었다는 평가를 받고 있는 점을 주목할 필요가 있다. 이러한 점들을 종합하여 보면 결국 사회구조적 요인에서 약자로서 보호와 선도의 대상이 된 성판매여성을 형사처벌하는 것은 성매매 자체의 근절에 효과적이지도 못하고, 오히려 성판매여성에 대한 사회구조적 억압과 차별, 착취를 악화시킬 수 있으므로 수단의 적합성이나 침해의 최소성 원칙에 위배된다.

(3) 심판대상조항 중 성판매자를 처벌하는 부분은 성매매 근절에 기여하지 못하면서 오히려 성매매를 음성화시키면서 성판매자에 대한 경제적 착취와 인권침해적인 상황을 고착화시킨다. 위 조항에 따라 성판매자들의 생존수단은 박탈되고 그 결과 이들은 더욱더 사회적 취약계층으로 내몰릴 수밖에 없다. 위 조항으로 인해 달성되는 공익은 건전한 성풍속 내지 성도덕의 확립이라는 추상적이고 막연한 것인 반면, 성판매자들이 받게 되는 불이익의 정도는 그러한 공익에 비할 수 없을 정도로 중대하고 절박하다고 할 것이므로, 심판대상조항 중 성판매자를 처벌하는 부분은 법익균형성 원칙에도 위배된다.

(4) 그러나 성판매자에 대한 형사처벌이 과도하다고 하여 이것이 성매매 자체를 국가가 보호해야 할 가치가 있다거나, 성매매의 사회적 유해성이 없다거나, 성판매를 허용해야 한다는 의미는 아니다. 다만 성판매자에 대해서는 형벌 이외의 수단으로 성매매를 제한하는 것이 성판매여성의 성이 억압되고 착취되는 상황을 막을 수 있다는 것이다. 그러나 성구매자의 처벌에 대하여는 달리 볼 필요가 있다. 앞에서 살펴 본 바와 같이 여성의 성을 구매할 수 있다거나 여성을 성적 대상으로 이용할 수 있다는 관념 자체가 여성의 성을 남성의 시각에서 정의하고

여성을 사물화, 대상화하는 것이므로, 여성에게 해악을 끼치는 억압 및 차별과 다름이 없다. 성판매자가 성매매에 동의를 하였거나 성구매자로부터 대가를 지불받았다고 하여 여성에 대한 억압과 착취라는 성매매의 본질은 변하지 않는다. 다수의견과 전부위헌의견은 심판대상조항이 개인의 성적자기결정권을 제한한다고 하면서 성판매자와 성구매자의 성적자기결정권을 같은 평면에 놓고 논증하고 있다. 그러나 성매매는 성판매자의 인격과 존엄을 침해하는 행위로서, 성매매를 통해 만족을 얻는 성구매자와 경제적 이유로 자신의 신체와 인격을 성구매자의 처분에 맡겨야 하는 성판매자의 법적 지위는 엄연히 다르다. 역사적으로 성의 문제에 있어서는 산아제한과 낙태 등 여러 쟁점에서 여성만이 법적 규제의 대상이 되어 왔다. 오랫동안 규제의 대상이 되어 온 여성이 자신의 신체에 대하여 자기 스스로 결정할 권리가 있다는 의미에서 성적자기결정권의 개념이 태동되었다. 임신과 출산을 하는 여성의 성적자기결정권을 남성에게도 동일하게 인정할 수는 없다. 성적자기결정권을 성관계 상대방을 자유롭게 선택할 권리 또는 대가를 지불하고 여성의 성적 자유를 살 수 있는 권리로 해석해서는 안 되는 것이다. 가부장적인 사회구조에서 고착되어 온 남성본위의 성 인식을 잘못된 것으로 인식하면서 바로 잡는 것은 중요하다. 심판대상조항이 성구매자를 처벌하는 것은 위와 같이 잘못된 성 인식을 바로잡는 것이다. 수많은 여성들이 성매매를 선택할 수밖에 없는 것은 근본적으로 성차별이라는 구조적 문제에서 비롯된 것임을 각인시키는 효과가 있으며, 이를 통하여 성차별에 대한 경계심을 일깨워 양성평등 의식을 높일 수 있다. 반면, 성매매를 전면 합법화하여 성구매자까지 처벌하지 않는다면, 우리 사회에 만연한 성차별적 인식의 확산을 막는 것과 이미 현재도 위협받고 있는 건전한 성도덕을 지키기가 어려워진다. 앞서 살펴본 유럽의회 결의문에서도 성매매는 여성의 신체가 남성의 성욕을 충족시키기 위해 판매될 수 있다는 차별적 관념을 영속화시킬 수 있고, 성매매의 합법화는 자라나는 젊은이들에게 성과 남녀 관계에 대한 인식에 영향을 준다고 지적한 바 있다. 그리고, 자발적 성매매와 강제적 성매매가 개념적으로는 구별된다고 하더라도, 성산업은 강제적 성매매와 자발적 성매매가 상호 복잡하게 연계되어 있다. 자발적 성매매라는 이유로 성구매자를 처벌하지 않는다면 결과적으로 성매매 수요가 증가한다. 이러한 수요에 맞추어 성매매를 공급하고자 하는 업주 등은 이익을 극대화하기 위해 인신매매와 감금 등 범죄행위를 불사하면서까지 성판매자를 확보하려 들 것이므로, 성매매의 합법화는 강제 성매매까지 확산시키는 결과를 낳게 된다. 독일의 경우 성매매를 합법화함으로써 성매매 종사자의 사회보험 가입률을 높이고 성매매 근로환경을 개선함으로써 탈성매매 환경을 조성하고자 하였으나, 실제로는 성매매 수요가 증가하고 성매매산업이 급속히 팽창하였을 뿐 근로환경 개선이나 성매매 이탈의 효과는 크게 나타나지 않은 것으로 보고되고 있다.

(5) 소결

결국 심판대상조항 중 성판매자를 형사처벌의 대상에 포함시키는 부분은 과잉금지원칙에 반하는 과도한 형벌권의 행사라 할 것이므로, 이 부분에 한하여서는 헌법에 위반된다고 봄이 상당하다.

[합헌]

헌결 2016. 3. 31. 2013헌가2 [다수의견]

(2) 과잉금지원칙 위배 여부

(가) 입법목적의 정당성 및 수단의 적절성

성매매처벌법 제1조는 "성매매, 성매매알선 등 행위 및 성매매 목적의 인신매매를 근절하고, 성매매피해자의 인권을 보호함을 목적으로 한다."고 규정하여 성매매 근절을 성매매처벌법의 주된 입법목적으로 밝히고 있다. 이와 같은 입법목적이 정당한지 여부를 판단하기 위해서는 과연 성매매가 근절의 대상이 되어야 할 해로운 행위인지에 대한 논의가 먼저 이루어져야 할 것이다. 최근 우리 사회는 개인주의와 성개방적 사고의 확산에 따라 성과 사랑은 법으로 통제할 사항이 아닌 사적 영역의 문제라는 인식이 커져 가고 있다. 또한 사회의 성풍속 및 성도덕의 유지라는 사회적 법익 못지않게 성적 자기결정권의 자유로운 행사라는 개인적 법익을 중요시하는 사회로 변해가고 있다. 그러나 이와 같은 성의 자유화, 개방화 추세가 성을 사고 파는 행위까지 용인하거나 이를 정당화시킨다고 볼 수 없다. 성매매를 단순히 인류 역사상 가장 오래된 직업이라거나, 인간의 성에 대한 본능을 충족하는 불가피한 수단의 하나로 보는 것은 성매매가 가진 비인간성과 폭력적, 착취적인 성격을 간과한 것이다. 성매매는 경제적 대가를 매개로 하여 경제적 약자인 성판매자의 신체와 인격을 지배하는 형태를 띠므로, 대등한 당사자 사이의 자유로운 거래 행위로 볼 수 없다. 인간의 정서적 교감이 배제된 채 경제적 대가를 매개로 하여 이루어지는 성매매는 성을 상품화하고, 돈만 있으면 성도 쉽게 살 수 있다는 인식을 확대, 재생산한다. 그 결과 성판매자는 하나의 상품으로 간주되며, 성구매자의 성욕을 충족시키는 과정에서 정신적·신체적 폭력에 노출될 위험을 안게 된다. 또한 성폭력이나 성매매 목적의 인신매매 등 강압적인 성범죄가 발생하기 쉬운 환경이 만들어짐에 따라 퇴폐·향락 문화가 확산되고, 종국적으로는 사회 전반의 건전한 성풍속과 성도덕을 허물어뜨리게 된다. 개인의 성행위 그 자체는 사생활의 내밀영역에 속하고 개인의 성적 자기결정권의 보호대상에 속한다고 할지라도, 그것이 외부에 표출되어 사회의 건전한 성풍속을 해칠 때에는 마땅히 법률의 규제를 받아야 하는 것이고(헌재 2015. 2. 26. 2009헌바17등 참조), 외관상 강요되지 않은 자발적인 성매매행위도 인간의 성을 상품화함으로써 성판매자의 인격적 자율성을 침해할 수 있으며, 성매매산업이 번창할수록 자금과 노동력의 정상적인 흐름을 왜곡하여 산업구조를 기형화시키는 점에서 사회적으로 매우 유해한 것이다(헌재 2012. 12. 27. 2011헌바235). 특히 최근의 성매매 산업이 음성적이고 기형적인 형태로 조직화, 전문화되고 있고, 정보통신의 발달로 인터넷이나 스마트폰 애플리케이션을 이용한 성매매알선업자의 영업수법이 지능화되고 있는 현실을 감안할 때 성매매행위를 합법화하거나 처벌하지 않게 되면 성산업으로의 거대자금의 유입, 불법체류자의 증가, 노동시장의 기형화 등을 초래하여 국민생활의 경제적·사회적 안정을 해치고 국민의 성도덕을 문란하게 하는 현상을 더욱 심화시킬 수 있다. 또한 인간의 성을 고귀한 것으로 여기고, 물질로 취급하거나 도구화하지 않아야 한다는 것은 인간의 존엄과 가치를 위하여 우리 공동체가 포기할 수 없는 중요한 가치이자 기본적 토대라 할 수 있다. 설령 강압이 아닌 스스로의 자율적인 의사에 의하여 성매매를 선택한 경우라 하더라도, 자신의 신체를 경제적 대가 또는 성구매자의 성적 만족이나 쾌락의 수단 내지 도구로 전락시키는 행위를 허용하는 것은 단순히 사적인 영역의 문제를 넘어 인간의 존엄성을 자본의 위력에 양보하는 것이 되므로 강압에 의한 성매매와 그 본질에 있어 차이가 없다. 따라서 성매매를 근절함으로써 건전한 성풍속 및 성도덕을 확립하고자 하는 심판대상조항의 입법목적은 성매매의 자발성 여부와 상관없이 그 정당성을 인정할 수 있다.

다만, 성매매처벌법 시행 이후에도 여전히 성매매 시장이 음성화되어 존재하고 있으므로 성매매에 대한 형사처벌이 성매매 근절에 기여하지 못한다는 비판이 있다. 그러나 성매매가 완전히 근절되지 않고 있는 것은 여전히 존재하는 성매매에 관대한 접대문화, 낮은 불법성 인식, 신·변종 성매매 산업의 등장, 인터넷이나 스마트폰을 이용한 성매매알선의 지능화, 전담 수사인력의 부족, 성구매자에 대한 관대한 처벌 경향, 일관된 단속과 집행이 이루어지지 못한 점 등 복합적인 요인에서 그 원인을 찾을 수 있고, 현실적인 집행상의 문제를 규범 자체의 실효성 문제와 직접 결부시킬 수 없다. 오히려 2013년 여성가족부의 성매매 실태조사에 따르면, 성매매업소가 밀집된 특정지역, 이른바 '성매매 집결지'를 중심으로 한 성매매 업소와 성판매 여성의 수가 감소하는 추세에 있고, 성구매사범 대부분이 성매매처벌법에 의해 성매매가 처벌된다는 사실을 인지한 후 성구매를 자제하게 되었다고 응답하고 있으므로, 심판대상조항이 성매매를 규제하기 위한 형벌로서의 처단기능을 갖지 않는다고 볼 수 없다. 따라서 심판대상조항은 성매매 근절을 통한 건전한 성풍속 및 성도덕 확립이라는 입법목적 달성을 위한 적절한 수단에 해당한다고 할 것이다.

(나) 침해의 최소성

1) 현대 형법의 추세는 개개인의 행위가 비록 도덕률에 반하더라도 본질적으로 개인의 사생활에 속하고 사회적 유해성이 없거나 법익에 대한 명백한 침해가 없는 경우에는 국가권력이 개입해서는 안 된다는 사생활에 대한 비범죄화 경향이 강한 것은 사실이다. 그러나 특정한 인간의 행위를 범죄로 보아 국가가 형벌권을 행사하여 규제할 것인지, 아니면 단순히 도덕률에

맡길 것인지의 문제는 인간과 인간, 인간과 사회와의 상호관계를 고려하여 시간과 공간에 따라 그 결과를 달리할 수밖에 없는 것이고, 결국은 그 사회의 시대적인 상황, 사회 구성원들의 의식 등에 의하여 결정될 수밖에 없다. 그런데 앞서 본 것처럼 성매매는 단순히 사적이고 은밀한 영역에서의 개인활동에 국한된 문제가 아니라 성에 대한 인식을 왜곡함으로써 사회 전반의 성풍속 및 성도덕을 허물어뜨리는 유해한 행위로 평가할 수 있다. 그러므로 성매매를 개인의 자유 영역에 남겨두지 않고 국가가 개입하여 형사처벌하는 것을 두고 국민 일반의 법 감정과 상충된다거나 성매매에 대한 규제의 필요성이 지금의 한국 사회에서는 더 이상 통용되기 어려워졌다고 볼 수 없다.

2) 특히 성매매에 대한 수요는 성매매 시장을 형성하고 이를 유지, 확대하는 주요한 원인이 된다. 따라서 성매매 근절을 위해서는 성구매자의 수요를 억제하는 것이 무엇보다 중요하다. 우리 사회는 잘못된 접대문화 등으로 인하여 성매매에 대한 관대한 인식이 팽배해 있으며, 성매매 집결지를 중심으로 한 전통적인 유형의 성매매뿐만 아니라 산업형(겸업형) 성매매, 신·변종 성매매, 인터넷·스마트폰을 통해 이루어지는 성매매 등 다양한 유형의 성매매 시장이 활성화되어 있다. 또한 불법 체류자나 이주 노동자들의 성매매, 청소년·노인의 성매매, 해외 원정·관광을 통한 성매매 등 성매매의 양상도 점차 복잡해지고 있다. 이러한 상황에서 성매매에 대한 지속적인 수요를 억제하지 않는다면, 성인뿐만 아니라 청소년이나 저개발국의 여성들까지 성매매 시장에 유입되어 그 규모가 비약적으로 확대될 우려가 있다. 이에 대하여 성구매자를 형사처벌하는 대신 성매매 예방이나 재범방지 교육 등과 같은 덜 제약적인 수단에 의하여도 성매매 근절이 가능하다는 주장이 있을 수 있다. 그러나 성매매처벌법의 존재와 내용, 불법성 등을 인지하면서도 여전히 성매매의 유혹을 뿌리치지 못하는 사람들이 존재하고, 성구매에 대한 관대한 사회적 인식이 팽배한 현실에서 성매매 예방이나 재범방지 교육이 성구매자에 대한 형사처벌과 유사하거나 더 높은 효과를 갖는다고 단정할 수 없다. 이러한 점에서 성구매자에 대한 형사처벌이 과도하다고 볼 수 없다.

3) 심판대상조항은 성구매자뿐만 아니라 성판매자도 동일한 법정형으로 처벌하도록 하고 있다. 이는 성구매자를 처벌하여 성매매에 대한 수요를 억제한다 하더라도 성매매에 대한 공급이 합법적으로 존재하는 상황에서는 성매매 근절의 실효성을 달성할 수 없다는 인식에 기초한 것이다. 만약 성판매 행위를 비범죄화한다면 경제적 이익을 목적으로 한 성매매 공급이 더욱 확대될 수 있고, 성매매를 원하는 자들로 하여금 성판매자에게 보다 쉽게 접근할 수 있는 길을 열어줄 위험이 있다. 성판매자가 성구매자들의 적발과 단속을 피할 수 있는 방안을 보장하는 등의 불법적인 조건으로 성매매를 유도할 가능성도 배제할 수 없다. 또한 성판매 행위를 비범죄화한다면 포주 조직이 불법적인 인신매매를 통하여 성매매 시장으로 유입된 성매매 여성에게 합법적인 성판매를 강요하는 등 성매매 형태가 조직범죄화될 가능성도 얼마든지 있을 수

있고, 성을 상품화하는 현상이 만연한 현실을 감안하면 성판매 여성의 인권향상은커녕 오히려 탈(脫)성매매를 어렵게 만들어 성매매에 고착시킬 우려도 있다. 따라서 성매매를 근절하기 위해서는 성구매자뿐만 아니라 성판매자도 형사처벌의 대상에 포함시킬 필요성이 충분히 인정된다. 성매매 여성에 대한 차별과 낙인, 기본적 생활보장, 인권침해의 문제는 성매매를 '노동'으로 인정하거나 성판매의 비범죄화를 통하여 해결할 것이 아니라, 성을 판매하지 않고도 얼마든지 살아갈 수 있도록 국가와 사회가 효과적인 대안을 제시하면서 보다 많은 투자를 하고 우리 사회의 문화적 구조와 의식을 변화시키는 것이 우선적인 과제이다. 다만, 사회구조적 요인에 의해 불가피하게 성판매에 종사하는 자가 많은 상황에서 이들에 대한 형사처벌이 과도하다는 비판이 있을 수 있다. 실제로 차별적인 노동시장이나 빈곤 등과 같은 사회구조적 요인이 성판매 종사에 커다란 영향을 미칠 수 있음을 부인할 수 없다. 하지만 실제 성매매 실태를 보면 빈곤 등의 사회구조적 요인이 아니라, 쉽게 돈을 벌 수 있다는 유혹에 따라 소득 보충, 용돈 마련 등을 위한 적극적이거나 자발적인 성판매자도 상당 부분 있다는 점도 부인할 수 없다. 그런데 성판매자의 정체성은 '자유로운 개인'과 '피해자'라는 양 극단에서부터 그 중간을 아우르는 영역까지 다양한 양상을 띠고 있으며, 성판매자들 사이에서도 다양한 계층이 형성되어 각기 속한 환경에 따라 다른 모습을 보이기도 한다. 이러한 복잡한 양상 때문에 개개의 성매매에 대한 통일적이고 일반적인 원인을 규명하여 어쩔 수 없이 성매매에 내몰린 성판매자들의 집단을 구별해 내기가 쉽지 않다. 게다가 빈곤한 사람들이나 사회적 취약 계층의 사람들이 모두 성판매에 종사하는 것은 아니며, 사회구조적 요인에 따른 영향이 성매매에만 국한된 특유한 문제라고 볼 수도 없다. 설령 외부적인 요인에 의해 성매매에 내몰린 경우라도 그것이 성판매자의 자율적인 판단을 완전히 박탈할 정도에 이르지 않은 이상 비난 가능성이나 책임이 부정된다고 볼 수는 없을 것이다. 만약 성판매자에게 책임을 묻기 어려운 구체적 사정이 있는 경우에는 성매매처벌법상의 '성매매피해자'로 인정되어 형사처벌의 대상에서 제외될 수 있는 가능성도 존재하므로, 성매매피해자에 해당되지 않는 성판매자를 처벌하는 것을 두고 국가의 과도한 형벌권 행사라고 보기 어렵다. 또한 '생계형 성판매자'는 처벌하지 말아야한다는 주장도 있다. 그러나 어떤 경우를 생계형 성판매로 인정할 것인지 그 구별 기준을 정하기 매우 어렵고(성매매 집결지에서의 성판매만을 '생계형'이라고 단정할 수도 없을 것이다.), 성매매가 아닌 다른 범죄에도 생계형이 충분히 있을 수 있다는 점 등을 감안하면 생계를 유지하기 위한 어쩔 수 없는 성판매행위를 처벌하느냐 하는 것은 위헌의 문제에서 고려할 것이 아니라, 형사처벌에서의 정상참작이나 여러 가지 성판매자 지원정책에서 반영할 문제이다.

4) 성매매처벌법은 형법상의 범죄피해자의 개념에서 벗어나 넓은 범위의 피해자 개념을 인정함으로써 성매매피해자를 보호하고 있다. 구체적으로 위계, 위력, 그 밖에 이에 준하는 방법으로 성매매를 강요당한 사람, 업무관계, 고용관계 등으로 인하여 보호 또는 감독하는 사람에

의하여 마약 등에 중독되어 성매매를 한 사람, 청소년, 사물을 변별하거나 의사를 결정할 능력이 없거나 미약한 사람, 성매매 목적의 인신매매를 당하여 성매매를 한 사람은 성매매피해자의 범주에 포함된다(성매매처벌법 제2조 제1항 제4호). 또한 선불금 등으로 인하여 그 의사에 반하여 이탈을 제지받은 사람이나 다른 사람을 고용·감독하는 사람, 출입국·직업을 알선하는 사람 또는 그를 보조하는 사람이 성을 파는 행위를 하게 할 목적으로 여권이나 여권을 갈음하는 증명서를 채무이행의 확보 수단으로 받은 경우에는 그 대상자를 성매매 목적의 인신매매를 당한 것으로 의제하여 성매매피해자로 보고 있다(성매매처벌법 제2조 제2항, 제1항 제3호, 제4호 라목). 이처럼 성판매자가 성매매피해자로 인정되면 성매매에 대한 책임을 물을 수 없는 경우로 인정하여 형사처벌의 대상에서 제외하고 있다(성매매처벌법 제6조 제1항). 그 밖에 성매매처벌법에서는 성매매피해자에 해당하지 아니하는 성판매자라 하더라도 사건의 성격이나 동기, 행위자의 성행 등에 따라 형사처벌이 아닌 보호사건으로 처리될 수 있는 길을 열어두고 있다(제12조). 검사나 판사가 성판매자에 대하여 보호처분을 하는 것이 적절하다고 인정할 때에는 보호사건으로 처리하도록 하여 성매매가 이루어질 우려가 있는 장소나 지역에의 출입금지, 보호관찰, 사회봉사·수강명령, 성매매 피해상담소에의 상담위탁, 전담의료기관에의 치료위탁 등의 보호처분을 받을 수 있도록 한다(제14조 제1항). 이처럼 성매매처벌법은 성매매피해자에 해당하지 아니하는 성판매자에 대하여 원칙적으로 형사처벌을 하도록 하는 한편, 일정한 경우에는 형사처벌 없이도 성매매에서 이탈하도록 유도하는 제도적 방안을 두는 등 형사처벌에 따른 부작용을 최소화하기 위한 보완장치도 마련해 놓고 있다. 또한 '성매매방지 및 피해자보호 등에 관한 법률'(이하 '성매매피해자보호법'이라 한다)에서는 성판매자가 성매매에서 벗어나 정상적인 사회에 복귀할 수 있도록 하는 여러 제도적 방안을 마련해 놓고 있다. 성매매피해자보호법에서는 성매매피해자 등의 보호, 피해 회복 및 자립·자활을 지원하기 위하여 법적, 제도적 장치를 마련하고 필요한 행정적, 재정적 조치를 하는 것을 국가와 지방자치단체의 책임으로 규정하고 있다(성매매피해자보호법 제3조). 국가와 지방자치단체는 성매매피해자의 사회복귀를 돕기 위하여 취학지원을 할 수 있을 뿐만 아니라(제8조), 이들을 위한 지원시설이나 성매매피해 상담소, 자활지원센터 등을 통하여 숙식제공, 상담 및 치료, 의료지원, 수사기관의 조사와 법원의 증인신문에의 동행 등을 할 수 있다(제10조, 제11조, 제15조 내지 제18조). 이러한 수단을 통하여 성매매피해자나 성판매자들은 성매매의 굴레에서 벗어나 원활히 사회복귀를 하는 데 도움을 받을 수 있다.

5) 성매매를 바라보는 시각은 매우 다양하여 그에 대한 각국의 법적 대책은 한 가지로 통일되어 있지 않다. 즉, 성매매에 대한 정책은 우리나라와 같은 금지정책 외에도 관리정책, 비범죄화 정책 등 각국이 처한 현실에 따라 다양하게 이루어지고 있다. 그런데 성인 사이의 자발적인 성매매를 형사처벌 하지 않는 국가라 하더라도, 성매매가 지역 공동체에 미치는 부정적인

영향을 막기 위하여 성판매자들의 호객행위를 규제하거나 성매매 업소의 운영을 금지하기도 하고, 성매매와 성매매 업소가 합법화된 국가라도 성매매 시간이나 지역을 제한하거나, 성매매 집결지 폐쇄나 성매매 업소에 대한 엄격한 규제정책을 병행하기도 한다. 또한 성판매를 비범죄화한 국가의 경우에 그것이 성판매자들의 안전이나 인권보호 개선으로 바로 이어지지 않고, 오히려 성매매의 확대와 성착취의 심화, 성구매 관광수요의 증가로 인한 인신매매의 증가 등 심각한 폐해가 나타나는 경우도 볼 수 있다. 이처럼 나라별로 시대정신, 국민인식의 변화, 사회 경제적 구조 등을 고려하여 성매매에 대하여 다양한 정책이 시행되고 있을 뿐만 아니라, 단기간의 가시적이고 외부적인 통계나 성과만으로 그 정책의 효율성을 판단하는 것도 쉽지 않다. 따라서 성매매에 대하여 국가가 어떠한 태도를 취해야 하는가에 대한 답은 일도양단 식으로 쉽게 내릴 수 없는 문제라 할 것이고, 입법자가 성매매행위를 유해한 것으로 평가하여 이를 근절하기로 결정한 후 다양한 입법적인 시도를 하는 것 자체에 대하여 일률적으로 그 위헌성 여부를 논할 수는 없다고 할 것이다(헌재 2006. 6. 29. 2005헌마1167). 그러므로 심판대상조항이 성매매행위를 처벌하되, 성매매피해자는 처벌의 대상으로 하지 않고 오히려 보호의 대상으로 하고 있으며, 미수범을 처벌하지 않을 뿐 아니라 법정형도 '1년 이하의 징역이나 300만 원 이하의 벌금, 구류 또는 과료'로 비교적 높지 않게 규정한 것을 다른 국가와 평면적으로 비교하여 침해최소성에 어긋난다고 볼 수도 없다.

(다) 법익의 균형성

자신의 성뿐만 아니라 타인의 성을 고귀한 것으로 여기고 이를 수단화하지 않는 것은 모든 인간의 존엄과 평등이 보장되는 공동체의 발전을 위하여 기본전제가 되는 가치관이다. 인간의 성에 대한 자본의 극단적인 침식행위를 용인하는 성매매는 이러한 가치관을 허물어뜨리는 행위이므로 성매매의 형태로 이루어지는 개인의 성적 행위에 국가가 적극 개입하고 성매매를 근절함으로써 확립하려는 사회 전반의 건전한 성풍속과 성도덕이라는 공익적 가치는 개인의 성적 자기결정권 등 기본권 제한의 정도에 비해 결코 작다고 볼 수 없다. 그러므로 심판대상조항은 법익균형성 원칙에도 위배되지 아니한다.

(라) 소결

심판대상조항은 과잉금지원칙에 위배되지 아니한다.

[합헌 보충의견]

헌결 2016. 3. 31. 2013헌가2 [재판관 이정미, 재판관 안창호의 다수의견에 대한 보충의견]

우리는 인간의 성을 거래의 대상으로 삼는 성매매가 행복추구권에서 파생되는 성적 자기결정권에 의해 보호되는지에 대해 의문이 들고, 성매매의 비범죄화가 가져올 사회적 유해성이 지나치게 크다고 생각하므로 다음과 같이 보충의견을 밝힌다.

가. 헌법 제10조의 행복추구권은 개인의 자기운명결정권을 전제하는바, 여기에는 성행위 여부와 상대방을 결정할 수 있는 자유, 즉 성적 자기결정권도 포함되어 있다. 그런데 행복추구권에서 말하는 행복의 의미에 관하여는 다양한 견해가 있을 수 있지만, 인간이 추구하는 모든 유형의 절제되지 않은 욕망까지 이에 포함된다고 볼 수는 없다. 인간이 이성보다 감각이나 욕망의 이끌림에 순응하는 모든 행위를 헌법의 테두리에서 보호하는 것은 곧 사회적으로 유해한 각종 범죄행위도 인간의 본능에 따른 행위로서 보호한다는 것을 의미한다. 이는 사회 전체를 무질서와 혼란에 빠뜨려 그 구성원들의 삶조차 불행하게 할 수 있다. 따라서 행복을 추구할 권리는 어디까지나 공동체의 존립을 위해 사회 구성원들 사이에 공유된 가치관의 보호와 그것을 지켜내기 위한 이성적인 절제를 바탕으로 하는 것이어야 하고, 절제되지 않은 본능에 좌우되어 공동체가 추구하는 가치관을 훼손하는 욕망 및 이를 추구하는 행위까지 행복추구권으로 보호되지 아니한다. 성과 관련하여서도 마찬가지이다. 모든 인간은 성적 본능을 가지며, 성에 대한 본능이 표출되는 방식은 사람마다 다를 수 있지만, 성과 관련된 모든 형태의 인간의 행동이 헌법상 기본권으로 보호되는 것은 아니다. 헌법에 의해서 보호되는 성적 자기결정권은 성적 폭력·착취·억압으로부터의 자유에서 연유하는 것인바, 성을 상품화하여 거래의 대상으로 삼으면서 사회의 건전한 성풍속과 성도덕을 해하는 성매매가 '성적 자기결정권'이라는 헌법적 테두리 안에서 보호되어야 하는지에 대하여는 강한 의문이 든다.

나. 어떠한 행위를 범죄로 볼 것인지, 그러한 범죄를 어떻게 처벌할 것인지의 문제는 범죄의 죄질과 보호법익에 대한 고려뿐만 아니라 우리의 역사와 문화, 입법당시의 시대적 상황, 국민 일반의 가치관 내지 법감정 그리고 범죄예방을 위한 형사정책의 측면 등 여러 요소를 종합적으로 고려하여 입법자가 결정할 사항으로서 광범위한 입법재량 내지 형성의 자유가 인정되어야 할 분야이다(헌재 2010. 3. 25. 2008헌바84 참조). 특히 사회의 성풍속 및 성도덕에 관한 입법의 경우에는 규범 자체가 도덕적, 윤리적 가치 판단에 근거한 것으로 우리의 역사와 사회 현실, 사회의 가치관과 이에 대한 구성원들의 공감대 및 국민적 합의 등 여러 요소를 고려하여 이루어진 입법자의 결단이라 할 것이므로, 심판대상조항과 같이 성풍속 및 성도덕에 관련된 입법의 경우에는 그 위헌성을 보다 신중하게 판단해야 한다. 앞서 본 바와 같이 입법자가 성매매의 형사처벌 여부를 결정함에 있어서는 그 사회의 특유한 문화와 사회적 현실 외에도 비범

죄화에 따라 발생할 수 있는 사회문제 등이 전반적으로 고려되어야 한다. 그런데 2010년도 여성가족부의 실태조사를 보도한 기사에 따르면, 우리나라에서 성구매 경험이 있는 자는 미국이나 영국 등에 비하여 월등히 높은 수치를 보여주고 있고, 이는 우리 사회 특유의 성매매에 관대한 조직문화와 접대문화를 반영한 것으로 볼 수 있다. 이 같은 상황에서 성매매를 전면 비범죄화하게 되면, 성산업의 팽창은 걷잡을 수 없게 되고, 사회의 건전한 성풍속과 성도덕이 훼손될 것임은 자명한 사실이다. 성매매의 비범죄화에 따른 문제점은 다른 나라의 경우를 통해서도 경험적으로 뒷받침되고 있다. 독일의 경우 2001년 성매매 행위를 합법적 직업으로 인정하고 관련 종사자들의 노동권을 보장하는 법률을 제정한 이래 성매매 산업이 급속히 팽창하였으며, 성매매로 유입되는 여성의 수는 물론 성구매자의 수 역시 증가하였다. 독일은 성매매 종사자의 사회보험 가입률을 제고하고 성매매 근로 환경을 개선하며 탈성매매 환경을 조성하고자 하였으나 그러한 개선효과는 오히려 크게 나타나지 않았다. 그 밖에 네덜란드, 영국, 프랑스, 호주 등 성매매를 허용하는 국가들에서는 성매매 산업의 확대와 저개발국 여성들의 성매매 유입 증가와 같은 사회문제를 공통적으로 경험하고 있다. 성매매의 비범죄화에 따른 이 같은 문제점이 우리의 경우에만 예외일 것이라고 보기 어려우므로, 전부 위헌의견에서와 같은 성매매의 비범죄화 주장은 쉽게 받아들일 수 없다.

다. 한편, 일부 위헌의견에서는 성구매자에 대하여만 형사처벌을 하고, 성판매자에 대하여는 형사처벌을 해서는 안 된다는 차별적 범죄화를 주장하고 있다. 사회구조적인 이유로 성매매에 내몰린 자들이 존재한다는 것은 우리 사회의 안타깝지만 엄연한 현실이고, 이들에 대한 보호 및 선도의 필요성도 인정된다. 그런데 음란물이나 마약 판매, 장기 매매 등과 같은 범죄의 경우 죄질과 입법목적 달성의 효과 등을 고려하여 매도인을 거래 상대방보다 더 중하게 처벌하는 등 매도인 중심의 처벌이 이루어지고 있으며, 특히 장기 매매의 경우에는 사회구조적 요인에 기인한 생계형 범죄가 많다는 측면에서 보면 성판매와 유사한 특징을 가짐에도 불구하고, 유독 성매매에 있어서는 성구매자 등만 처벌하고 성매매의 공급자, 즉 성판매자를 처벌해서는 안 된다는 주장이 다른 범죄와 비교하여 처벌의 형평성 문제를 비켜갈 수 있는지 의문이다. 성판매행위를 경제적·사회구조적 요인에 기인하는 것으로 보면서 오히려 성판매자의 경제적 절박함을 직접적으로 해소해 줄 수 있는 성구매자와 포주 등은 처벌해야 한다는 주장 역시 논리 일관성 문제나 그에 따른 처벌의 형평성 문제에서 자유롭지 못하다. 절박한 생존상의 이유로 성매매에 종사하는 '생계형' 성판매자의 범위 역시 불분명하다. 사람마다 생계에 필요한 경제적 이익이 다를 수 있으므로 '생계형'의 범위가 모호할 뿐만 아니라, 급여나 근로시간과 같은 노동조건을 달리하는 다른 직업이 존재함에도 불구하고 더 많은 돈을 벌 수 있다는 이유로 성매매에 종사하는 경우에도 생계유지 목적을 이유로 '생계형' 성판매자로 분류할 수 있을지도 의문이다. 설령 생계형 성판매자의 존재를 인정하더라도, 다양한 유형의 성판매자 중에는 절박한 생존상의 이유로 어쩔 수 없이 성매매에 내몰린 자뿐만 아니라, 유흥이나 과소비 등을 이유로 쉽게 돈을 벌기 위해 성매매에 종사하는 자들도 존재하는바, 이들을 오로지 주관적 동기만으로 구별하여 선별적인 형사처벌을 하는 것은 사실상 불가능에 가깝다. 그렇다고 하여 성판매행위 모두를 비범죄화하게 되면, 보호의 필요성이 없는 성판매자에 대하여까지 법적인 제재를 포기하는 결과가 되고, 이들이 다양한 방법을 사용하여 성구매자로 하여금 성매매를 하도록 유도하는 것도 막을 수 없게 되어 사회의 건전한 성풍속 및 성도덕 확립이라는 입법목적이 훼손될 수밖에 없다. 나아가 성판매의 비범죄화는 국민적 합의 없이 '성매매가 사회적으로 보호받는 노동의 일종'이라는 인식을 심어 주어, 열심히 일하며 생계를 꾸려가는 대다수 일반국민의 건전한 근로 의욕을 저하시킬 우려가 있다. 특히 1990년대 가출 청소년의 증가로 청소년 성매매가 번성하였던 우리의 경험에 비추어 보면, 성판매의 비범죄화는 장래에 대한 판단능력이 미약하거나 다른 직업을 구하기 어려운 청소년들이 쉽게 돈을 벌 목적으로 성매매에 빠지도록 유인할 가능성이 크다. 성매매를 처벌하지 않던 스웨덴의 경우 1999년 입법을 통해 성구매자를 처벌하도록 하면서 성매매가 일부 감소하였으나, 성판매를 형사처벌하지 않음에 따라 성판매 여성의 포주나 범죄조직에 대한 예속을 강화시켰다는 비판이 있는 점을 고려하면, 성판매를 비범죄화한다고 하여 성판매자의 포주나 범죄조직에의 예속 문제가 해결되는 것도 아니다. 이처럼 성매매에 대한 비범죄화는 여러 사회문제를 가져올 수 있는바, 성판매자를 형사처벌하면 안 된다는 일부 위헌의견의 입장은 타당하지 않다.

라. 물론 경제적으로 절박한 이유에서 성매매에 내몰리는 경우도 있으므로, 그러한 성판매자를 보호할 필요가 있음을 부인할 수 없다. 하지만 그 경우 모든 성판매자에 대하여 비범죄화 정책을 취할 것이 아니라, 구체적인 사안을 고려하여 성매매처벌법상의 '성매매피해자'의 개념을 유연하게 해석함으로써 성매매처벌법의 테두리 안에서 이들을 보호하는 것이 보다 적절하다. 나아가 성판매자에 대한 보호관찰, 사회봉사·수강명령, 성매매 피해상담소에의 상담위탁, 전담의료기관에의 치료위탁 등과 같이 성매매처벌법상의 보호처분을 적극 활용함으로써 성판매자의 보호 및 선도에 국가가 앞장서 더욱 노력해야 할 것이다. 또한 성매매를 규제하는 이유는 그것이 사회의 건전한 성풍속과 성도덕을 해하고, 그로 인해 인간의 존엄과 가치를 저해하기 때문인바, 성매매에 대한 적발 및 단속 또한 어디까지나 그러한 입법목적을 고려하여 신중하게 이루어져야 한다. 따라서 혹여라도 건전한 성풍속 및 성도덕에 실질적으로 어떠한 영향을 주는지에 대한 고민 없이 단순히 실적을 쌓는 등 입법목적과 부합하지 않는 단속이 있다면 이는 지양되어야 할 것이다.

위헌법률제청신청

사　　건　　춘천지방법원 속초지원 2016고단623 성매매알선 등 행위의 처벌에 관한 법률 위반
　　　　　　(성매매)
피 고 인　　박갑동 외 1
신 청 인　　피고인 박갑동

신 청 취 지

"구 성매매알선 등 행위의 처벌에 관한 법률(2014. 1. 28. 법률 제12458호로 개정되고, 2015. 12. 28. 법률 제23456호로 개정되기 전의 것) 제26조 제1항 제10조의 위헌 여부의 심판을 헌법재판소에 제청한다."
라는 결정을 구합니다.

신 청 이 유

Ⅰ. 쟁점 정리
신청인의 범죄사실 및 기소사실
범죄사실 중 쟁점 부분(적용 법률의 위헌성, 기본권에 대한 과잉금지의 원칙 위반, 자의금지의 원칙 위반, 죄형법정주의 위반 등)

Ⅱ. 적법요건의 구비 여부 / 재판의 전제성
1. 구체적 사건이 법원에 계속 중[춘천지방법원 속초지원 2016고단623 성매매알선 등 행위의 처벌에 관한 법률위반]

2. 위헌 여부가 문제되는 법률이 당해 소송사건의 재판에 적용되는 것 [처벌의 근거법률]

3. 법률이 헌법에 위반되는지 여부에 따라 당해 사건을 담당하는 법원이 다른 내용의 재판을 하게 되는 경우(다른 재판이란 원칙적으로 법원이 심리 중인 당해 사건의 재판의 주문을 달리하게 되는 경우 및 재판의 내용이나 효력에 관한 법률적 의미가 달라지는 경우) [위헌이면 무죄 가능]

Ⅲ. 위 법률조항의 위헌 이유
1. 기본권 침해 여부
　1) 제한되는 기본권
　헌법 제10조(개인의 인격권과 행복추구권 – 성적자기결정권), 제17조(사생활의 비밀과 자유), 제

15조(직업선택의 자유)

2) 위헌성 심사의 도구

헌법 제37조 제2항의 과잉금지의 원칙 위배 여부

3) 과잉금지의 원칙 위배 여부

목적의 정당성

수단의 적합성

침해의 최소성

법익의 균형성

4) 소결

과잉금지원칙 위배로 기본권 제한을 넘어 침해에 이르렀으므로 위헌임.

2. 평등권 침해 여부

1) 비교대상 집단

— 본질적인 부분이 같은 집단

— 특정 소수를 상대로 한 성매매 vs 불특정 다수인을 상대로 한 성매매

☞ 법무법인 동해 내부회의록 '성해위의 대가로 일정 기간 금품이나 재산상 이익을 주기로 하는 내용의 소위 스폰서 계약의 경우 성매매처벌법으로 처벌되지 않음.

2) 비교대상 집단의 차별

— 특정 소수를 상대로 한 성매매는 불처벌(성매매방지법 적용되지 않음) vs 불특정 다수인을 상대로 한 성매매는 처벌

3) 차별에 대한 위헌성 심사의 강도

자의금지의 원칙에 의한 심사[36]

— 차별 목적의 정당성

— 차별 수단의 적성성

4) 소결

자의금지원칙을 위반한 차별이 존재하므로 평등원칙을 위배하여 평등권을 침해한다.

3. 형식: 죄형법정주의 위반 여부

1) 내용

헌법 제13조 제1항(죄형법정주의), 명확성 원칙과 포괄위임금지의 원칙 위반 여부

2) 사안

성매매처벌법 제10조 누구든지 '대통령령이 정하는 성행위 중 어느 하나에 해당되는 성매매'를

---

36 비례의 원칙에 의한 심사 / — 차별의 최소성 / — 차별의 균형성

하여서는 아니 된다.

성매매처벌법시행령 제19조 법 제10조에서 대통령령으로 정하는 성행위라함은 다음 각호에 해당되는 행위를 말한다. '1. 성교행위 2. 구강, 항문 등 신체의 일부 또는 도구를 이용한 유사 성교행위'

3) 결론

성매매처벌법 제10조는 처벌대상 행위의 구체적 기준을 법률로 정하고 있고 하위법령에 위임하고 있는데, 위임법령에 구성요건과 형벌의 예측 가능한 구체적 내용이 규정되어 있지 않기 때문. 즉, 어떤 행위가 처벌될 것인지, 어떠한 형벌이 부과될 것인지를 예측할 수 없으므로 죄형법정주의, 명확성 원칙 위반으로 위헌임.

Ⅳ. 결론

이상에 살펴본 바와 같이 심판대상 법률조항은 기본권에 대한 과잉금지의 원칙 위반, 자의금지의 원칙 위반, 죄형법정주의 위반 등으로 위헌이므로 위헌제청결정을 바람.

["동냥은 못 줄망정 쪽박은 깨지 마라"는 우리 속담이 있습니다. 국가가 국민에 대한 최소보호 의무를 다 하지 못하여 삶의 밑바닥에 내몰린 성매매 종사자들이 성매매를 통해서나마 어떻게든 살아가려고 애쓰는 마당에, 인간의 본성과 성매매의 본질에 반하는 '성매매 근절'이라는 명분을 내세워 이들을 형사 처벌하는 것은 국가가 할 일이 아니라고 믿습니다. 이런 전제 아래 심판대상 법률조항에 대하여 위헌 제청하여 주시기 바랍니다.[37]]

첨부서류

(생략)

2017 .   (생략)   .

신청인의 대리인 법무법인 동해
담당변호사 나근면 (인)

춘천지방법원 속초지원 형사 단독   귀중

---

37 재판관 조용호의 전부 위헌의견 판시를 원용함.

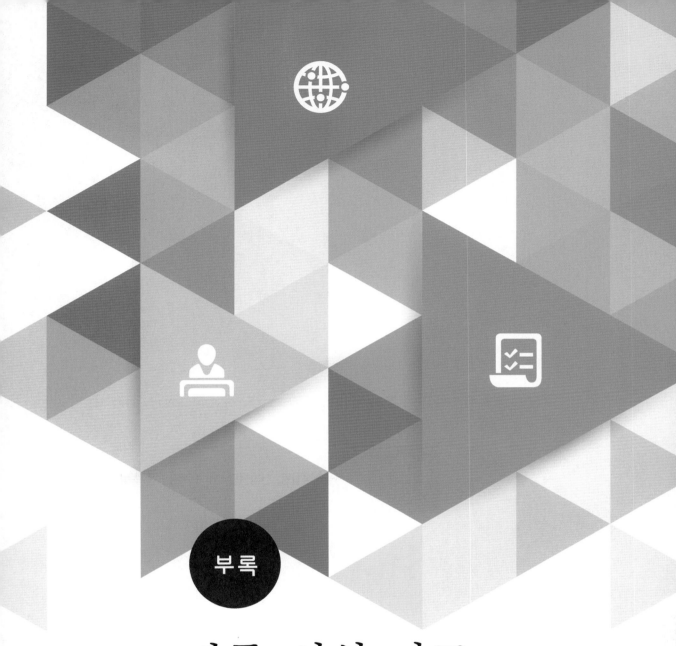

각종 서식 자료

PUBLIC LAW PROCEDURE PRACTICUM&LEGAL WRITING

 서울행정법원, 헌법재판소에서 제공하는 자료임

소　장

원　고　　　　○ ○ ○ (주민등록번호)

　　　　　　　서울 중랑구 면목동 123

　　　　　　　(전화 000-000, 팩스 000-000)

피　고　　　　서울특별시○ ○ 구청장

소　가	50,000,000원
첨부할인지액	230,000원 (소가×0.0045+5,000원)
송　달　료	71,000원 (3,550원×10회×당사자수)

파면처분취소 청구의 소

청 구 취 지

1. 피고가 200○. ○○. ○○. 원고에 대하여 한 파면처분을 취소한다.

2. 소송비용은 피고의 부담으로 한다.

라는 판결을 구합니다.

청 구 원 인

(원고가 피고를 상대로 위 청구취지와 같은 청구를 하게 된 원인을 구체적으로 기재)

입 증 방 법

1. 갑 제1호증 징계의결통보서

첨 부 서 류

1. 위 각 입증방법 각 1부.

1. 송달료 납부서　　1부.

200○.　　.　　.

위 원고 ○ ○ ○ (서명 또는 날인)

서울행정법원　　　귀중

행정처분 집행정지신청

신 청 인   임 길 동(주민등록번호)
　　　　　　 서울 ○○구 ○○동 123의 45
　　　　　　 (전화 000-000, 팩스 000-000)

첨 부 할 인 지 액	2,000원
송 달 료	원

(3,550원×2회×당사자수)

피신청인   서울특별시 ○○구청장

신 청 취 지

　피신청인이 20 . ○. ○○. 신청인에 대하여 한 영업정지처분은 이 법원 201 구합   호   영업정지처분취소 청구사건의 판결 선고 시까지 그 집행을 정지한다´.1

신 청 이 유

생략(신청취지와 같은 신청을 하는 이유를 구체적으로 기재)

휴대전화를 통한 정보수신 신청

위 사건에 관한 재판의 종국내역(인용, 기각, 각하, 일부인용, 이송)에 관한 정보를 예납의무자가 납부한 송달료 잔액 범위 내에서 아래 휴대전화를 통하여 알려주실 것을 신청합니다.

▣ 휴대전화 번호 :

　　　　　　　　　　　　　 2014.   .   .
　　　　　　 신청인　　　　　　　　 (날인 또는 서명)

※ 재판의 종국내역(인용, 기각, 각하, 일부인용, 이송)이 법원재판사무시스템에 입력되는 당일 위 휴대전화로 문자메시지가 발송됩니다.
※ 문자메시지 서비스 이용금액은 메시지 1건당 17원씩 납부된 송달료에서 지급됩니다(송달료가 부족하면 문자메시지가 발송되지 않습니다).
※ 추후 서비스 대상 정보, 이용금액 등이 변동될 수 있습니다.

---

1 절차에 대한 속행정지 사례: 신청외 강남세무서장이 200 . ○. ○. 한 증여세부과처분에 기하여 서울 서초구 서초동 1701 대 1100㎡에 대하여 피신청인이 진행 중인 공매절차는 이 법원 200○구합12345호 증여세부과처분취소 사건의 판결 선고시까지 그 속행을 정지한다.라는 결정을 구합니다.

소명방법 및 첨부서류

1. 소갑 제 1호증 행정처분명령서
1. 소갑 제 2호증 영업허가증
1. 소갑 제 3호증 사업자등록증
1. 송달료 납부서   1부.

2014.   .   .

위 신청인 임   길   동 서명 또는 날인

○○법원   귀중

준 비 서 면

사건번호   20   구합(구단)

원   고

피   고

위 사건에 관하여 원고는 다음과 같이 변론을 준비합니다.

다   음

1.

2.

3.

입증방법

1.

1.

20   .   .   .

원(피)고   (날인 또는 서명)

서울행정법원 제   부(단독)   귀중

◇유의사항◇

준비서면을 제출하실 때에는 상대방 수만큼의 부본을 첨부하여야 합니다.

〈헌법소원심판청구서(부작위)〉

헌법소원심판청구서

청 구 인   ○ ○ ○
         서울 성북구 ○○로 ○○, ○○○호(○○동)
        대리인 변호사 ○   ○   ○
         서울 서초구 ○○로 ○○, ○○○호(○○동)
피청구인   고용노동부장관

청 구 취 지

"피청구인이 ○○법 제○○조 및 ○○법 시행령 제○○조가 정하는 경우에 관하여 평균임금을 정하여 고시하지 아니한 부작위는 청구인의 재산권을 침해한 것이므로 위헌임을 확인한다."라는 결정을 구합니다.

침 해 된 권 리

헌법 제23조 재산권

침 해 의 원 인

피청구인이 ○○법 제○○조 및 ○○법 시행령 제○○조가 정하는 경우에 관하여 평균임금을 정하여 고시하지 아니한 부작위

청 구 이 유

1. 사건개요
2. 위 부작위의 위헌성
3. 심판청구에 이르게 된 경위

첨 부 서 류

1. 각종 입증서류
2. 소송위임장(소속변호사회 경유)

20 .   .   .

청구인 대리인 변호사   ○   ○   ○   (인)

헌법재판소 귀중

헌법소원심판청구서

청 구 인 　 ○　○　○
　　　　　　　서울 성북구 ○○로 ○○, ○○○호(○○동)
　　　　대리인 변호사 ○　○　○
　　　　　　　서울 서초구 ○○로 ○○, ○○○호(○○동)

청 구 취 지

"구 ○○법(2004. 12. 31. 법률 제7291호로 개정되고, 2011. 4. 5. 법률 제10551호로 개정되기 전의 것) 제○○조 제○항 제○호는 헌법에 위반된다."라는 결정을 구합니다.

침 해 된 권 리

헌법 제11조 평등권, 제15조 직업선택의 자유

침 해 의 원 인

구 ○○법 (2004. 12. 31. 법률 제7291호로 개정되고, 2011. 4. 5. 법률 제10551호로 개정되기 전의 것) 제○○조 제○항 제○호

청 구 이 유

1. 사건개요
2. 위 규정의 위헌성
3. 심판청구에 이르게 된 경위
4. 청구기간의 준수 여부 등

첨 부 서 류

1. 각종 입증서류
2. 소송위임장(소속변호사회 경유)

　　　　　　　　　　　　　　20 ． 　 ． 　 ．

　　　　　　　　　　　청구인 대리인 변호사 　○　○　○　(인)

헌법재판소　귀중

위헌법률심판제청신청

사　건 : 2013가합0000　분담금

원　고 : 교통안전공단

피　고 : ○○해운(주)

위 사건에 관하여 피고는 아래와 같이 위헌법률심판제청을 신청합니다.

신 청 취 지

교통안전공단법 제13조 제2항 제1호ㆍ제2호, 제17조, 제18조, 제19조 및 제21조의 위헌 여부에 관한 심판
을 제청한다.

신 청 이 유

1. 교통안전기금에 관한 교통안전공단법 관련규정의 개요

2. 재판의 전제성

　　…… 따라서 위 법률의 위헌 여부는 현재 ○○지방법원 2013가합0000호로 계속 중인 분담금 사건에서
　　재판의 전제가 된다고 판단됩니다.

3. 교통안전분담금제도의 위헌성에 관하여

　　가. 헌법 제11조 제1항의 평등원칙 위배 여부

　　나. 헌법 제23조 제1항의 재산권 침해 여부

4. 결 어

　　이상의 이유로 …… 위헌이라고 판단되므로, 신청인의 소송대리인은 귀원에 위헌법률심판을 제청해줄
　　것을 신청하기에 이르렀습니다.

20　.　.　.

위 피고　○　○　○　(인)

○○지방법원 귀중

헌법소원심판청구서

청 구 인   ○   ○   ○
　　　　　　서울 성북구 ○○로 ○○, ○○○호(○○동)

대리인 변호사   ○   ○   ○
　　　　　　서울 서초구 ○○로 ○○, ○○○호(○○동)

청 구 취 지

"구 ○○법((2004. 12. 31. 법률 제7291호로 개정되고, 2011. 4. 5. 법률 제10551호로 개정되기 전의 것) 제○○조 제○항 제○호는 헌법에 위반된다."라는 결정을 구합니다.

당 해 사 건

서울고등법원 2006구000호 퇴직처분 무효확인

원고 ○○○,   피고 ○○○

위헌이라고 판단(해석)되는 법률조항

구 ○○법 (2004. 12. 31. 법률 제7291호로 개정되고, 2011. 4. 5. 법률 제10551호로 개정되기 전의 것) 제○○조 제○항 제○호

청 구 이 유

1. 사건개요
2. 재판의 전제성
3. 위헌이라고 판단(해석)되는 이유
4. 심판청구에 이르게 된 경위(청구기간의 준수 여부 등)

첨 부 서 류

1. 위헌제청신청서
2. 위헌제청신청기각 결정문 및 동 결정의 송달증명서
3. 당해사건의 판결문 등 기타 부속서류
4. 소송위임장(소속변호사회 경유)

20　　.　　.　　.

청구인 대리인 변호사   ○   ○   ○   (인)

헌법재판소   귀중

권한쟁의심판청구서

청 구 인   국회의원 ○ ○ ○
            대리인 변호사 ○ ○ ○

피청구인   국회의장

심판대상이 되는 피청구인의 처분 또는 부작위

피청구인이 20 . . . 국회 본회의에서 ○○○ 법률안을 가결처리한 행위

침해된 청구인의 권한

헌법 및 국회법에 의하여 부여된 청구인의 법률안 심의·표결권

청 구 취 지

피청구인이 20 . . . 국회 본회의에서 ○○○법률안을 가결선포한 행위가 헌법 및 국회법에 의하여
부여된 청구인의 법률안 심의·표결의 권한을 침해한 것이라는 확인을 구하며, 또한 피청구인의 위 행위
가 무효임을 확인하여 줄 것을 청구합니다.

청 구 이 유

1. 헌법 또는 법률에 의하여 부여된 청구인의 권한의 유무 또는 범위
2. 권한다툼이 발생하여 심판청구에 이르게 된 경위
3. 피청구인의 행위에 의한 청구인의 권한의 침해
4. 피청구인의 처분이 취소 또는 무효로 되어야 하는 이유
5. 청구기간의 준수 여부 등

첨 부 서 류

1. 각종 입증서류
2. 소송위임장

20 . . .

청구인 대리인 변호사 ○ ○ ○   (인)

헌법재판소 귀중

권한쟁의심판청구서

청 구 인   서울특별시 ○○구
　　　　　 대표자 구청장 ○ ○ ○
　　　　　 대리인 변호사 ○ ○ ○
피청구인   ○ ○ ○ 부 장관

심판대상이 되는 피청구인의 처분 또는 부작위

피청구인이 20 ． ． ． 자 ○○○업무처리지침 중에서 ………라고 규정한 것

침해된 청구인의 권한

헌법 및 국회법에 의하여 부여된 청구인의 예산편성 및 집행권

청 구 취 지

피청구인이 20 ． ． .자 ○○○업무처리지침 중에서 ………라고 규정한 것은 헌법 및 국회법에 의하여 부여된 청구인의 ○○에 대한 예산편성 및 집행의 권한을 침해한 것이라는 확인을 구하며, 또한 피청구인의 위 행위가 무효임을 확인하여 줄 것을 구합니다.

청 구 이 유

1. 헌법 또는 법률에 의하여 부여된 청구인의 권한의 유무 또는 범위
2. 권한다툼이 발생하여 심판청구에 이르게 된 경위
3. 피청구인의 행위에 의한 청구인의 권한의 침해
4. 피청구인의 처분이 무효로 되어야 하는 이유
5. 청구기간의 준수 여부 등

첨 부 서 류

1. 각종 입증서류
2. 소송위임장

20 ． ． ．

청구인 대리인 변호사 ○ ○ ○ (인)

헌법재판소 귀중

항 소 장

항소인(원,피고)   (이름)

                    (주소)

                    (연락처)

피항소인(원,피고)   (이름)

                    (주소)

위 당사자 사이의 서울행정법원 20 구   호   사건에 관하여 원(피)고는 귀원이 20 . . . 선고한 판결을 20 . . . 송달받고 이에 불복하므로 항소를 제기합니다.

원판결의 표시

항 소 취 지

항 소 이 유

별지와 같음.

첨 부 서 류

1. 납부서

20 . . .

항소인(원,피고)   (날인 또는 서명)

서울고등법원   귀중

*이 신청서를 접수할 때에는 1심의 1.5배에 해당하는 인지와 10회분의 송달료(61,200원)를 송달료 수납 은행에 납부하여야 합니다.

청구취지 및 원인변경신청서

사건번호   20 구합(구단)

원   고

피   고

위 사건에 관하여 원고는 다음과 같이 청구취지 및 원인을 변경합니다.

변경된 청구취지

1. 피고가 2005. 2. 12. 원고에게 한 증여세 금988,000,000원의 부과처분은 이를 취소한다.
2. 소송비용은 피고의 부담으로 한다.

라는 판결을 구합니다.

변경된 청구원인

20   .   .   .

원고   (날인 또는 서명)

서울행정법원 제   부(단독)   귀중

◇유의사항◇

1. 이 서면을 제출하실 때에는 상대방 수만큼의 부본을 첨부하여야 합니다.
2. 청구취지의 추가나 청구금액의 증가가 있을 경우에는 추가나 증가된 부분에 대한 인지를 추가로 납부
하여야 합니다.

피 고 경 정 신 청 서

사　건　　　20　구합(구단)　　　호
원　고
피　고

　　위　사건에 관하여 원고는 피고를 잘못 지정하여 행정소송법 제14조 제1항에 의하여 다음과 같이 피고 경정을 신청하오니 허가하여 주시기 바랍니다.

다　　음

▷ 경정 전 피고 :
　　명　　칭 :
　　주　　소 :
▷ 경정 후 피고
　　명　　칭 :
　　주　　소 :

20 .　　.　　.

위　원고　　　　　(날인 또는 서명)

휴대전화를 통한 정보수신 신청

위 사건에 관한 재판의 종국내역(인용, 기각, 각하, 일부인용, 이송)에 관한 정보를 예납의무자가 납부한 송달료 잔액 범위 내에서 아래 휴대전화를 통하여 알려주실 것을 신청합니다.

■ **휴대전화 번호 :**

2014.　　.　　.

신청인　　　　　(날인 또는 서명)

※ 재판의 종국내역(인용, 기각, 각하, 일부인용, 이송)이 법원재판사무시스템에 입력되는 당일 위 휴대전화로 문자메시지가 발송됩 니다.
※ 문자메시지 서비스 이용금액은 메시지 1건당 17원씩 납부된 송달료에서 지급됩니다(송달료가 부족하면 문자메시지가 발송되지 않 습니다).
※ 추후 서비스 대상 정보, 이용금액 등이 변동될 수 있습니다.

○○법원 제　　부(단독)　귀중

당사자(피고)표시정정신청서

[담당재판부 : 제   민사부(단독)]

사   건   20○○가단(합, 소)○○○○ 손해배상(기)

원   고   ○○○

피   고   ○○○

이 사건에 관하여 원고는 당사자를 잘못 표시하였으므로, 다음과 같이 당사자 표시를 정정 신청합니다.

- 다 음 -

1. 정정 전 당사자의 표시
   박○○ (000000-0000000)
   서울 서초구 서초동 300-1

2. 정정 후 당사자의 표시
   임○○ (000000-0000000)
   서울 서초구 서초동 300-1

3. 신청이유

원고는 피고의 사망 사실을 모르고 사망자를 피고로 표시하여 소를 제기하였으므로, 사망자의 상속인인 임○○로 피고의 표시를 정정하여 주시기 바랍니다.

첨 부 서 류

1. 가족관계증명서   1통

20○○. ○○. ○○.

원고 ○○○ (날인 또는 서명)
연락처 : 000-0000-0000

○○지방법원 (○○지원) 제 ○민사부(단독) 귀중

보조참가 신청서

사건번호   20   구합(단)   [담당재판부 : 제   (단독)부]

원   고

피   고

피고 보조참가인   ○   ○   ○

        주 소 :

  위 당사자간 귀원   구합(단)   호   청구사건에 관하여 피고를 보조하기 위하여 위 소송에
참가하고자 하오니 허가하여 주시기 바랍니다.

참 가 이 유

                    20   .   .   .

      위 피고보조참가인   (날인 또는 서명)
              (연락처   )

                              ○○지방법원   귀하

소 송 고 지 신 청 서

사 건 20   구합(단)
원 고
피 고

위 사건에 관하여 원고는 다음과 같이 소송의 고지를 신청합니다.

다   음

고지인(원고) :

피고지인   성 명 :
         주 소 :

1. 고지할 소송의 표시
    사 건   20
    원   고
    피   고

2. 고지 이유

첨 부 서 류

2011.   .   .

위 신청인   (서명 또는 날인)

○○법원   귀중

간 접 강 제 신 청

신 청 인   임 길 동(주민등록번호)
              서울 은평구 불광동 123의 45
              (전화 000-000, 팩스 000-000)

첨부할 인지액	1,000원
송 달 료	14,200원(3,550원×4회×당사 자수)

피신청인 서울특별시종로구청장

신 청 취 지

피신청인은 이 결정정본을 받은 날로부터 ○○일 이내에 신청인에 대하여 이 법원 20 구합   토지형질변경행위허가신청반려처분취소 청구사건의 확정판결의 취지에 따른 처분을 하지 않을 때에는 신청인에 대하여 위 기간이 마치는 다음날부터 그 이행 처분시까지 1일 금 ○○원의 비율에 의한 금원을 지급하라. 라는 결정을 구합니다.

신 청 이 유

생략(신청취지와 같은 신청을 하는 이유를 구체적으로 기재)

소 명 방 법

1. 소갑 제 1호증 토지형질변경행위허가신청반려처분취소 판결의 정본

첨 부 서 류

1. 위 각 소명방법   각 1부.
1. 송달료 납부서   1부.

                    20 .   .   .

              위 신청인 임   길   동 서명 또는 날인

○○법원   귀중

판 례 색 인

저자 약력

정 승 윤
현 부산대학교 법학전문대학원 교수
변호사시험 공법기록형 출제 및 채점위원
사법시험 2차 행정법 출제 및 채점위원
각종 공무원시험 출제위원 등

학 력
서울대학교 법과대학 졸업
부산대학교 일반대학원 석사 졸업
부산대학교 일반대학원 박사 수료

경 력
사법시험 제35회 합격
사법연수원 제25기 수료
부산 지방·고등검찰청 공익법무관(국가소송, 행정소송 담당)
서울지방검찰청 남부지청, 광주지방검찰청 순천지청, 부산지방검찰청 검사
부산지방변호사회 소속 변호사
(부산지방국세청, 부산경남본부세관, 부산시청, 부산상공회의소 등 고문·자문변호사)
진실·화해를 위한 과거사 정리위원회 상임위원(인권침해사건 담당 제3소위 위원장)
보호관찰심사위원, 항고심사위원, 형사조정위원, 관세과세전적부심사위원
부산고등검찰청 보통징계위원, 부산범죄피해자지원센터 이사
부산대학교 홍보실장, 법률상담소장, 부산대학교병원 인사위원
한국산업기술평가관리원 이사
국회공직자윤리위원회 위원, 국민대통합위원회 통합가치분과 자문위원
부산광역시 시설관리공단 청렴위원
부산지방노동위원회 심판공익위원 등

논문 및 저서
무죄확정판결과 국가배상책임
인감증명과 국가배상책임
입법부작위와 국가배상책임
국가배상법상 위법 개념에 대한 소고
국가배상법상 위법과 고의·과실에 관한 대법원 판례 분석·비평
기성회비의 법적 성격에 관한 소고
행정소송실무강좌 Ⅰ-Ⅳ(단행본 4권)
행정소송법(디엔비)
행정쟁송법(박영사)

공법기록형 공법소송실무

초판인쇄	2017년 2월 20일
초판발행	2017년 2월 25일

저 자	정승윤
펴낸이	안종만

편 집	전채린
기획/마케팅	안상준
표지디자인	조아라
제 작	우인도 · 고철민

펴낸곳	(주) **박영시**
	서울특별시 종로구 새문안로3길 36, 1601
	등록 1959. 3. 11. 제300-1959-1호(倫)

전 화	02)733-6771
f a x	02)736-4818
e-mail	pys@pybook.co.kr
homepage	www.pybook.co.kr
ISBN	979-11-303-2988-8 93360

정 가   42,000원